Einführung in das Datenschutzrecht

Datenschutz und Informationsfreiheit in europäischer Sicht

von
Prof. Dr. iur. Marie-Theres Tinnefeld
Hochschule München
Prof. Dr. iur. Benedikt Buchner
Universität Bremen
Dr. iur. Thomas Petri
Bayerischer Landesbeauftragter für den Datenschutz

5., vollständig überarbeitete Auflage

Oldenbourg Verlag München

Bibliografische Information der Deutschen Nationalbibliothek

Die Deutsche Nationalbibliothek verzeichnet diese Publikation in der Deutschen Nationalbibliografie; detaillierte bibliografische Daten sind im Internet über http://dnb.d-nb.de abrufbar.

Rosenheimer Straße 145, D-81671 München
Telefon: (089) 45051-0
www.oldenbourg-verlag.de

Lektorat: Christiane Engel-Haas, M.A.
Herstellung: Constanze Müller
Titelbild: thinkstockphotos.de
Einbandgestaltung: hauser lacour
Gesamtherstellung: Grafik & Druck GmbH, München

Dieses Papier ist alterungsbeständig nach DIN/ISO 9706.

ISBN 978-3-486-59656-4

Inhaltsverzeichnis

Vorwort

Auch die fünfte Auflage befasst sich schwerpunktmäßig wieder mit der dynamischen europäischen Integration und den Bedingungen eines modernen Datenschutzrechts einschließlich des Rechts auf Informationsfreiheit. Dass es heute ein Datenschutzrecht gibt, ist eine der größten Errungenschaften der Informationsgesellschaft und eine bedeutende zivilisatorische Leistung. Jedoch zeigt sich auch, dass das Datenschutzrecht angesichts der Weiterentwicklung neuer Technologien stets eine gefährdete Errungenschaft ist.

Eben dieses Spannungsverhältnis wird im Zentrum der nachfolgenden Ausführungen stehen: Wie geht unsere moderne Informationsgesellschaft mit den Chancen und Risiken einer sich rasant fortentwickelnden technologischen Entwicklung um? Kann eine faire, das Selbstbestimmungsrecht der Menschen respektierende Datenverarbeitung durch Unternehmen im Wege der Selbstregulierung hergestellt werden – oder bedarf es einer strikten Datenschutzregulierung durch den Staat? Wie ist in diesem Zusammenhang die Globalisierung des Datenverkehrs einzuordnen? Erfordert das Internet eine restriktivere Innen- und Sicherheitspolitik, beispielsweise eine zwangsweise Vorratsspeicherung von Telekommunikationsdaten, wie sie von einer Europäischen Richtlinie (2006/24/EG) vorgegeben werden? In welchem Umgang bedarf es im Zusammenhang mit der Globalisierung einer grenzüberschreitenden Datenverarbeitung zur Gefahrenabwehr, wie sie z. B. in Abkommen zwischen der EU und den USA zur Übermittlung von Bank- und Flugpassagierdaten vorgesehen ist?

Diese und andere grundlegende Fragen zur Bedeutung des Datenschutzes der Gegenwart haben den Anlass gegeben, die vorliegende Einführung in den Datenschutz erneut grundlegend zu überarbeiten. Die fünfte Auflage zeichnet nicht nur die unionsweite Entwicklung im Datenschutzrecht nach, sondern auch die zurückliegenden Novellierungen des deutschen Datenschutzrechts. Die möglichen Auswirkungen der geplanten Datenschutznovellierung in der Union werden ebenso angesprochen wie Fragen des Beschäftigtendatenschutzes, der seit mehr als zwanzig Jahren die deutsche Politik beschäftigt. Daneben widmet sich das Buch auch den Fragen der Datenschutz-Risikovorsorge, dem Datenschutz durch Technik sowie der Transparenz der Datenverarbeitung hoheitlicher Entscheidungsträger, wie sie etwa in den Informationsfreiheitsgesetzen zum Ausdruck kommt.

Das Buch richtet sich nach wie vor in erster Linie an Studentinnen und Studenten, aber auch an Praktiker, die sich mit dem Datenschutzrecht befassen. Vor diesem Hintergrund haben die Autoren bei der Neuauflage besonderen Wert darauf gelegt, möglichst zahlreich konkrete Fälle aus der Praxis als Beispiele für die Erörterung von datenschutzrechtlichen Grundbegriffen darzustellen. Zugleich bringt es der Charakter des Buches als Einführung mit sich, dass die Darstellung auf wesentliche Grundfragen des Datenschutzes beschränkt bleibt und nicht alle Detailfragen geklärt werden können. Die meisten Gesetze und gerichtlichen Entscheidungen sind mittlerweile auch online zugänglich. Die entsprechenden Fundstellen ebenso wie auch die in der Neuauflage verwendete Kommentar- und Handbuchliteratur finden sich im Literaturverzeichnis. Weitergehende Vertiefungshinweise sind den Fußnoten zu entnehmen.

Die Neufassung des Buches ist das Ergebnis der intensiven Zusammenarbeit zwischen den Autoren Marie-Theres Tinnefeld (im Wesentlichen für Teil I verantwortlich) Benedikt Buchner (im Wesentlichen für Teil II und Teil IV verantwortlich) und Thomas Petri (im Wesentlichen für Teil III verantwortlich). Der langjährige Mitautor, Dr. Eugen Ehmann ist auf eigenen Wunsch ausgeschieden. Hans-Joachim Hof (Professor für IT-Sicherheit an der Hochschule München) hat teilweise nach Vorschlägen von Prof. Dr. Rainer W. Gerling (Datenschutzbeauftragter der Max-Planck-Gesellschaft) den Teil V neu bearbeitet. Prof. Dr. Dr. Hubert Kaufhold und Prof. Dr. Klaus Köhler danken wir für Korrekturen. In vielfältiger Weise unterstützt haben uns die Mitarbeiterinnen und Mitarbeiter am Institut für Informations-, Gesundheits- und Medizinrecht (IGMR) der Universität Bremen, allen voran Dennis-Kenji Kipker, Matthias Lindhorst, Sabrina Neuendorf und Friedrike Voskamp sowie Kerstin True-Biletski und Petra Wilkins. Besonderer Dank gilt auch Frau Dipl. Inform. Hedwig Brobeil, die wiederum Text und Grafiken im Auftrag des Oldenbourg Verlags sorgfältig und mit Sachkenntnis setzte. Unser ganz besonderer Dank gilt auch der Lektorin des Oldenbourg Verlags, Frau Christiane Engel-Haas. Sie hat die Herausgabe der Neuauflage mit Rat und Verständnis begleitet.

Mai 2012,

Marie-Theres Tinnefeld

Benedikt Buchner

Thomas Petri

Teil I:
Grundfragen

1 Technologische Entwicklung – Auswirkung auf menschliche Lebenswelten

Der anhaltende Fortschritt in der **Informations- und Kommunikationstechnologie** (ITK) formt in immer stärkerem Maß menschliches Leben bis hin zu einem digitalisierten Alltag. Die ITK ermöglicht eine allgegenwärtige Verfügbarkeit von Informationen und Diensten zu jeder Zeit und an jedem Ort. Diese Entwicklung wird durch den Begriff **„ubiquitous computing"** gekennzeichnet. Dadurch sollen die Sinne des Menschen über körperabhängige Fähigkeiten hinaus technisch erweitert und geschärft werden. Zu den Grundlagen gehören winzige Sensoren, die vielfältige Informationen erfassen und energieeffiziente, preiswerte Prozessoren mit integrierter drahtloser Kommunikationsfähigkeit. Sie ermöglichen auch die Fernidentifikation von Dingen durch eine passive und praktisch unsichtbare Elektronik sowie die präzise Lokalisierung von Gegenständen. Wird die Umwelt mit Prozessoren und Sensoren versehen, dann entstehen Sensornetze, die ihre Umgebung beobachten und Ereignisse melden können.[1]

Chipkarten bieten Platz für sämtliche relevanten Informationen über Menschen in der Rolle als Patient, Kunde, Arbeitnehmer, Autofahrer, Kontoinhaber und Strafgefangener. Sie verändern ebenso wie der personalisierte Radio Frequency Identifikation **(RFID)-Chip** (in Form von auslesbaren Funketiketten) private und öffentliche Lebenswelten. Viele Alltagsdinge werden „smart", indem sie mit Informationstechnologie zum Sammeln, Speichern, Verarbeiten und Kommunizieren von Daten ausgestattet werden. Beispiele für smarte Dinge sind Autoreifen, die den Fahrer rechtzeitig benachrichtigen, wenn der Luftdruck abnimmt, oder Medikamente, die sich bemerkbar machen, bevor das Haltbarkeitsdatum abläuft, Patienten-Armbänder, die der Lokalisierung von demenzkranken oder desorientierten Menschen dienen oder die Erfassung von Vitalparametern (Blutdruck usw.) von Personen in Verbindung mit mobilen Endgeräten. Diese technologischen Möglichkeiten werden auch als „Internet der Dinge" bezeichnet. Die Lokalisierung von Dingen aus der Ferne wird immer einfacher und billiger. Die „Dinge" können ihre „erfahrenen" Informationen protokollieren, so dass sie dem Nutzer, dem Hersteller oder einem Dienstanbieter zur Verfügung stehen. In diese Rubrik gehört auch das satellitengestützte Global Positioning System (GPS), mit dem der Aufenthaltsort von Fahrzeugen und Personen festgestellt werden kann.

Beispiel: Bei hochwertigen Mietfahrzeugen wird von einigen Autoverleihern bereits seit geraumer Zeit GPS eingesetzt, um vertraglich nicht erlaubte Fahrten (z. B. Grenzübertritte) mit technischen Mitteln zu verhindern. Nähert sich das Fahrzeug einem vertraglich nicht erlaubten Grenzübertritt, wird eine zentrale Leitstelle des Autoverleihers informiert, die dann über weitere Maßnahmen zu entscheiden hat.

---

1 Mattern in Roßnagel/Sommerlatte/Wienand (Hg.), Digitale Visionen (2008), S. 3–27.

Zunehmend verbreiten sich leistungsfähige digitale Endgeräte wie Smartphones, Tablet PCs und Notebooks im Verbund mit einer breitbandigen drahtlosen Infrastruktur. Die mobilen Geräte laufen mit schlanken Betriebssystemen und Interaktionsmöglichkeiten z. B. durch berührungsempfindliche Bildschirme. Sie verfügen über erheblichen Speicherplatz und weitreichende Möglichkeiten im Zusammenhang mit der mobilen Internet- und E-Mail-Nutzung oder dem Abspielen von Audio- und Videodateien. Dafür wurden kleine **Softwareprogramme** („Apps"/Applications, Anwendungen) erfunden, die dem Nutzer bestimmte Funktionalitäten zur Verfügung stellen. Viele **Apps** nutzen die Ortung der aktuellen Position, gespeicherte Kontaktdaten oder die von den Geräten zur Verfügung gestellten Sensordaten, die den Nutzungskontext erfassen (z. B. Ort, Lage, Licht- und Bewegungsdaten, Bild und Ton). Vernetzte Smartphone-Dienste sind riskant, wenn die persönlichen Daten Dritten zugänglich sind und nicht mehr ausschließlich zu den vorgesehenen Zwecken genutzt werden. Es zeichnet sich auch ein Trend zu mobilen Geschäftsprozessen und zur Personalisierung von Produkten durch (Business) Apps ab.

Neue Technologien für die Identifizierung und/oder die Lokalisierung von Menschen bergen einiges an sozialem Sprengstoff, wenn sie zum Hinterherspionieren etwa von Mitarbeitern oder als Instrumente zur Kontrolle etwaiger Verdächtiger durch die Sicherheitsbehörden genutzt werden. In Deutschland ist die Einführung der mit RFID und **Biometrie** versehenen Pässe seit dem Jahre 2007 Pflicht.[2] Dasselbe gilt für den elektronischen Personalausweis, der seit dem Jahre 2010 biometrische Verfahren (Vermessung des Gesichts und auf freiwilliger Basis zwei Fingerabdrücke) vorschreibt. Er soll darüber hinaus auch das Internet sicherer machen und rechtssichere elektronische Anwendungen ermöglichen. Die auf dem Ausweis zu lesenden Daten sind in einem integrierten RFID-Chip gespeichert, der kontaktlos ausgelesen werden kann.

Grundsätzlich stellt sich die Frage nach den sozialen Auswirkungen biometrischer Verfahren, die unsichtbar zur Identifikationsfeststellung (maschinellen Ähnlichkeitsmessung) verwandt werden können, etwa wenn Asylsuchende an den Grenzen verwechselt oder Messungen manipuliert werden, ohne dass der Betroffene dies durchschauen kann. Biometrische Merkmale auf elektronischen Dokumenten oder genetische Daten sollen auch dazu beitragen, Täter zu überführen.[3] Werden Menschen angesichts dieser Entwicklung künftig noch über ihre Lebensführung selbst bestimmen können? Werden sie noch eine geschützte Privatsphäre haben? Wird die offene Kommunikation gefährdet?

Spätestens seit den siebziger Jahren des zwanzigsten Jahrhunderts ist es absehbar, dass im Zuge der technologischen Entwicklung immer mehr personenbezogene Informationen (in der EDV-geprägten Sprache: personenbezogene Daten) in Staat und Wirtschaft verarbeitet werden. Der weltweite Ausbau vernetzter privater Datenbestände wird gleichzeitig zum „potenziellen Datenreservoir" für staatliche Stellen. Dadurch wächst staatlichen Einrichtungen und wirtschaftlichen Unternehmen eine **Informationsmacht** zu, die gleichzeitig zu neuen Informationsbedürfnissen und Begehrlichkeiten führt. Der Bürger selbst hat es nicht mehr nur mit einer Technologie der (Orwellschen) Bedrohung,[4] sondern auch mit einer Technologie der

---

2 Zur Biometrie-Strategie der Europäischen Union vgl. Verordnung (EG) N. 2252 2004.

3 Vgl. etwa Esch, Kriminalistik 2008, S. 225 ff.

4 Orwell, Nineteen Eighty-four (Penguin Books 1949/1999). In seinem Roman beschreibt Orwell Big Brother „telescreen", der die Menschen ununterbrochen mit Propaganda überschüttet und der sog. „Thought Police" die (unsichtbare) Observierung des Einzelnen ermöglicht: "There was of course no way of knowing whether

Verführung zu tun, die ihn dazu verleitet, privaten Unternehmungen (Arbeitgebern, Banken, Versicherungen, Medienanstalten, Krankenhäusern) alle geforderten Informationen über sich preiszugeben, um im marktwirtschaftlichen Netz von Angebot und Nachfrage zu bestehen und sich tatsächliche oder vermeintliche Vorteile zu verschaffen.[5]

Darüber hinaus haben Menschen im 21. Jahrhundert begonnen in digitalen sozialen Netzwerken nicht nur vertrauensvoll neue Beziehungen und Freundschaften zu knüpfen, sondern wie Narziss[6] private und intime Informationen über sich selbst, gleichsam das eigene Tagebuch offenzulegen. Die digitale Netzwelt verleitet Menschen dazu, Mitmenschen heimlich und anonym wegen körperlicher Gebrechen, aus Eifersucht und Rache an den digitalen Pranger zu stellen oder sich Zugang zu harten kinderpornografischen Inhalten zu verschaffen.[7] „Information", wie sie dann zur Debatte steht, schädigt Persönlichkeitsrechte der Betroffenen. Sie wird zu einem „negativen Wert", der auch demokratisches Verhalten gefährdet. Anknüpfend an Orwells Albtraum einer perfekten Tyrannis mit technischen Mitteln schrieb Ernst Benda bereits 1983:

> *„Die fortschreitende Erweiterung der technischen Möglichkeiten, die menschlichen Fähigkeiten zu einer sinnlichen Wahrnehmung um ein Vielfaches zu verstärken, stellt einen revolutionären Schritt dar, an dessen Ende die völlige Schutzlosigkeit der Privatsphäre stehen könnte […]. George Orwell's 1984 mag eine unrealistische Vision sein. Die wirkliche Gefahr ist weniger die Unterwerfung der Menschen durch Menschen, also die subjektive Despotie mit Hilfe der Technik, als vielmehr die politische Herrschaft der Technik selbst, die freilich ihre Nutznießer finden wird."*[8]

Die Entwicklung und Ausgestaltung der ITK bis hin zur globalen Netzwelt verändert menschliches Wissen und Tun tiefgreifend. Beides, Wissen und Tun, hängt zusammen. Der Einzelne orientiert sich bei seinem Tun am Wissen. *„Wo das (eigene) Wissen fehlt, wird der Mensch orientierungslos oder von fremdem Wissen abhängig. Er gehört in diesem Fall nicht sich selbst, weil ihm seine Orientierungen nicht gehören."*[9]

Eine deutende und erklärende Aneignung von Wissen ist dem Einzelnen nur möglich, wenn ihm „seine" Informationen nicht entfremdet werden. Menschen müssen die Möglichkeit haben **„zu wissen, wer was wann wo und bei welcher Gelegenheit über sie weiß"**.[10] Ohne dieses Wissen, so hat das Bundesverfassungsgericht (BVerfG) im „Volkszählungsurteil" aus dem Jahre 1983[11] eindringlich festgestellt, kann der Einzelne nicht angstfrei am öffentlichen Leben teilnehmen. Jeder habe grundsätzlich das Recht, selbst zu bestimmen, welche Lebens-

---

you were being watched at any given moment. How often, or on what system, the Thought Police plugged in on any individual wire was guesswork […] You had to live – did live, from habit that became instinct – in the assumption that every sound you made was overheard […]", S. 23.

5 Ström, Die Überwachungsmafia (2005).

6 Narziss, griechisch Narkissos, der narkotisierte Jüngling, der sich in sein Spiegelbild verliebt, ist eine Gestalt aus der griechischen Mythologie.

7 Palfrey/Gasser, Generation Internet (2008), S. 114 ff., 107 f.

8 Benda in Benda/Maihofer/Vogel (Hg.), Handbuch des Verfassungsrechts (2. A.1995), S. 122, 127.

9 Mittelstraß, Leonardo-Welt (2. A. 1992), S. 12 f.

10 Podlech in Hohmann (Hg.), Freiheitssicherung durch Datenschutz (1987), S. 21.

11 BVerfG v. 15.12.1983, BVerfGE 65, 1 ff.

sachverhalte er offenbaren will. Jeder hat, wie es Samuel Warren und Louis Brandeis (ein späterer Richter am Supreme Court der USA) schon im Jahre 1890 ausdrückten, den Anspruch auf das Recht *„to be let alone"* (in Ruhe gelassen zu werden).[12] Der amerikanische Politikwissenschaftler Alan F. Westin erweitert den Begriff um den Aspekt der Selbstdarstellung und definiert Privatheit (privacy) als *„the right of the individual to decide for himself, with only extraordinary exeptions in the interest of society, when and on what terms his acts should be revealed to the general public"*[13].

Ganz in diesem Sinn ergänzt das BVerfG mit Blick auf die Möglichkeiten der automatisierten Datenverarbeitung, der Einzelne habe auch das Recht zu wissen, wer welche Informationen bei welcher Gelegenheit über ihn erfasst, speichert, für oder gegen ihn verwendet. Nur derjenige werde sich am öffentlichen Leben beteiligen, der sich seines Persönlichkeitsrechts sicher sein könne. Unter dem Aspekt der stetig expandierenden Datenverarbeitung verknüpfte das BVerfG den Schutz personenbezogener Daten mit dem Konzept der Privatsphäre und dem **allgemeinen Persönlichkeitsrecht**, das grundrechtlich in Art. 2 Abs. 1 („Jeder hat das Recht auf die freie Entfaltung seiner Persönlichkeit, soweit er nicht die Rechte anderer verletzt") und in Art. 1 Abs. 1 GG („Die Würde des Menschen ist unantastbar") verankert ist.[14] Damit hat das Gericht auf technikbedingte Freiheitsgefahren reagiert, die jünger sind als das Grundgesetz, das am 23. Mai 1949 in Kraft getreten ist. Die Rechtsprechung des BVerfG hat wesentlich dazu beigetragen, dass grundrechtliche Schutzbereiche fortgeschrieben wurden. So hat das Gericht im Volkszählungsurteil 1983 den rechtlichen und politischen Durchbruch für die Anerkennung des Grundrechts auf **informationelle Selbstbestimmung** bzw. des Datenschutzes bzw. des (informationellen) Rechts auf Privatheit und Intimität (Art. 2 Abs. 1 i.V.m. Art. 1 Abs. 1 GG) eingeleitet. Es soll dem Einzelnen die Chance sichern, seine Individualität auch unter den Bedingungen subtiler Informationstechnologien zu entwickeln, so dass er sich in unterschiedlichen sozialen Kontexten darstellen und kommunizieren kann (personale Entfaltung durch Kommunikation).[15] Dabei gehe es dem Datenschutz auch um das Gemeinwohl im demokratischen Rechtsstaat und seine Voraussetzung: den mündigen, informierten Bürger, der sich politisch einmischen will.[16] Der Datenschutz bildet somit die Basis für die **Kommunikations- und Partizipationsfähigkeit der Individuen** und damit die **Demokratiefähigkeit der Gesellschaft**.[17] Datenschutz in diesem Sinn steht in enger Verbindung mit den kommunikativen Grundrechten (Meinungs- und Informationsfreiheit – Art. 5 Abs. 1 Satz 1 GG, Schutz der vertraulichen Kommunikation durch das Fernmelde- bzw. Telekommunikationsgeheimnis – Art. 10 GG; Schutz der Wohnung – Art. 13 GG u. a.).[18] In allen diesen Fällen werden zugleich Sonderaspekte der Verarbeitung personenbezogener Daten angesprochen.[19]

---

12 Warren/Brandeis, 4. Harv. L. Rev. (1890), 193 ff.

13 Westin, Privacy and Freedom (1967), S. 36; vgl. auch Britz, Freie Entfaltung durch Selbstdarstellung (2007).

14 BVerfG v. 15.12.1983, BVerfGE 65, 1, 43.

15 BVerfG v. 05.06.1973, BVerfGE 35, 202, 220; ähnlich BVerfG v. 26.06.1990, BVerfGE 82, 236, 269: Freiheit des Einzelnen, selbst zu bestimmen, welches Persönlichkeitsbild er von sich vermitteln will.

16 Hirsch, Das Ende der Zuschauerdemokratie, SZ v. 30.10.2010, S. 2.

17 BVerfG v. 15.12.1983, BVerfGE 65, 1, 42.

18 Simitis, KritV 2000, 368.

19 BVerfG v.14.07.1999, BVerfGE 100, 313, 359.

Mit der Anerkennung der individuellen Freiheitsrechte erhält der Einzelne die Möglichkeit, autonom in sozialen Kontexten zu handeln. Er gewinnt damit gleichzeitig die Chance, persönliche **Verantwortung** zu übernehmen.[20] Dadurch kommen „gemeinschaftliche Bezüge" ins Spiel, von denen Zusammenhalt und **Solidarität** in einer Gesellschaft abhängig sind.[21] Dieses Verständnis legt es nahe, Einschränkungen im Grundrechtsschutz zu hinterfragen, die insbesondere durch die internationale Kriminalität und das Phänomen des **Terrorismus** entstanden sind. Seit den brutalen Terroranschlägen in den USA vom 11. September 2001 tendieren die Strafverfolgungsbehörden und Geheimdienste verstärkt dazu, aktiv zu werden, bevor eine bestimmte Gefahr aufgetreten ist oder sich realisiert hat. Das so verstandene Postulat „Freiheit durch Sicherheit" hätte zur Folge, dass der **Staat** ohne Rücksicht auf Privat- und (Tele-)Kommunikationssphären tendenziell alles und jeden **präventiv** beobachten und die so gewonnenen Daten zu weiteren Sicherungszwecken auf **Vorrat** verarbeiten darf.[22] Das besagt, dass er nicht erst nach dem Entdecken einer Straftat versucht, mit den ab diesem Zeitpunkt erfassbaren Informationen die Identität des Täters zu ermitteln. Es genügt die Tatsache, dass eine Person die Straftat begehen könnte. Die anlasslose, flächendeckende Vorratsdatenspeicherung soll international etwa auch auf Fluggastdaten ausgedehnt werden.[23]

Vor diesem Hintergrund bedeutet **Sicherheit** in erster Linie nicht mehr *„die Gewissheit der dem Individuum verbürgten Freiheit"*, sondern eine nie endende *„staatliche Aktivität zum Schutz des Bürgers […]"*.[24] Bei einer solchen Entwicklung kann *„der Einzelne den Staat durch legales Verhalten nicht mehr auf Distanz halten"*.[25] Daher ist es rechtsstaatlich geboten, grundrechtlich verankerte Freiheiten grundsätzlich über die Möglichkeiten einer umfassenden Straf- und Rechtsverfolgung zu stellen und zu diesem Zweck ein Minus an Sicherheit und Aufklärung bewusst in Kauf zu nehmen: **„Zielgröße ist immer die Freiheit"**.[26] Erst daran, dass der Staat auch den Umgang mit seinen Gegnern den allgemein geltenden Grundsätzen unterwirft, zeigt sich die Kraft des Rechtsstaates. Angesichts von immer neuen Terrorwarnungen und den allgegenwärtigen Einsatzmöglichkeiten der ITK auch im militärischen Bereich (Cyberwar), sehen sich indessen europäische Gesetzgeber veranlasst, die rechtlichen Schranken für den Zugriff auf Daten des Bürgers immer niedriger zu halten. Das höchste deutsche Gericht hat dazu kritisch angemerkt:

---

20 Wilhelm von Humboldt schreibt bereits 1792 in seiner subtilen Schrift „Ideen zu einem Versuch, die Grenzen der Wirksamkeit des Staates zu bestimmen", dass die Entscheidung für die individuelle Freiheit auch eine Entscheidung zugunsten der persönlichen Verantwortung ist.

21 Zur Solidarität mit den Schwächeren vgl. Herzog in Köbler/Heinze/Hromadka (Hg.), FS für Alfred Söllner (2000), S. 441; s. a. Denninger, Menschenrechte und Grundgesetz (1994), S. 46.

22 Leutheusser-Schnarrenberger, ZRP 2007, 9; s. a. Bäumler/Leutheusser-Schnarrenberger/Tinnefeld, DuD 2002, 562.

23 Ausführlich zur problematischen Ausdehnung der Vorratsspeicherung: Knierim, ZD 2011, 17 ff.

24 Bizer in Bizer/Koch (Hg.), Symposium zum 65. Geburtstag Denningers (1998), S. 29; zur Staatslegitimation durch Sicherheit (Hobbes) Isensee, Das Grundrecht auf Sicherheit (1983), S. 1 f., 31 ff.

25 Grimm, Die Verfassung und die Politik (2001), S. 103.

26 Baum, Rettet die Grundrechte (2009), S. 31.

„Inzwischen scheint man sich an den Gedanken gewöhnt zu haben, dass mit den mittlerweile entwickelten technischen Möglichkeiten auch deren grenzenloser Einsatz hinzunehmen ist. Wenn aber selbst die persönliche Intimsphäre […] kein Tabu mehr ist, vor dem das Sicherheitsbedürfnis Halt zu machen hat, stellt sich auch verfassungsrechtlich die Frage, ob das Menschenbild, das eine solche Vorgehensweise erzeugt, noch einer freiheitlich-rechtsstaatlichen Demokratie entspricht.“[27]

In einer langen Kette von Entscheidungen hat das BVerfG das **Prinzip der Verhältnismäßigkeit** in den Dienst der Persönlichkeitsentfaltung gestellt.[28] Nicht von ungefähr hat dieses Prinzip etwas mit dem Gedanken des Maßhaltens zu tun. Spiros Simitis spricht angesichts der tendenziell schrankenlosen Verarbeitung persönlicher Daten vom *„Informationsverzicht als freiheitssicherndes Prinzip“*.[29]

Der Schutz der Bürger vor Kriminalität und terroristischen Anschlägen ist zwar wesentlicher Teil staatlicher Verantwortung. Je mehr aber im Interesse der **inneren Sicherheit** der vorbeugende Rechtsschutz Platz greift (Rasterfahndung, elektronische Abhörmaßnahmen, staatliche Trojaner usw.), desto deutlicher stellt sich die Frage nach dem Rangverhältnis zwischen der kollektiven Sicherheit und den individuellen Freiheitsrechten der Bürger. Auch angesichts neuer technikbestimmter Bedrohungen ändert sich nichts an der Aufgabe des Staates, eine Kombination beider Zielsetzungen so auszubalancieren, dass ein maximales Maß an Freiheit durch optimale technikunterstützte Sicherheitsmaßnahmen erhalten bleibt.[30] Auf diese Weise trägt das Verhältnismäßigkeitsprinzip mittlerweile die Hauptlast der Freiheitssicherung.

Teil der verfassungsmäßigen Verhältnismäßigkeit ist das Prinzip der Erforderlichkeit, das auf Strukturen und Zusammenhänge verweist, welche regelmäßig empirischer Natur sind und der rechtlichen Regelung vorausgehen. Mit anderen Worten: Die Erforderlichkeit bringt die rechtsrelevanten Tatsachen (z. B. Korruption oder Betrug) und ihre rechtliche Beurteilung (datenschutzrechtlich, strafrechtlich usw.) in einen nachvollziehbaren Zusammenhang. In Anwendung dieser Grundsätze ist bei den grundrechtseinschränkenden Maßnahmen jeweils zu fragen,

- ob sie überhaupt geeignet (tauglich) sind, das erstrebte Ziel zu erreichen (z. B. den Terrorismus erfolgreich zu bekämpfen),
- ob sie den geringsten Eingriff unter den möglichen Varianten darstellen (der klassische Fall der Erforderlichkeit),
- ob die damit verbundene Einbuße an Freiheit in einem angemessenen Verhältnis zur Schwere des Eingriffs steht (verhältnismäßig im engeren Sinn) und schließlich
- ob „die beabsichtigten Maßnahmen nicht mit gravierenden Nebenfolgen verbunden sind, so dass sie in ihrer Summe die Freiheit verkümmern lassen“[31].

27 Sondervoten, in BVerfG v. 03.03.2004, BVerfGE 109, 279, 391.

28 So auch BVerfG v. 15.12.1983, BVerfGE 65, 1 ff.

29 Simitis, in Kroker/Dechamps (Hg.), Information – eine dritte Möglichkeit neben Materie und Geist (1995), S. 287 f.

30 Denninger, Recht in globaler Unordnung (2005), S. 207–220; zu neuen Sicherheitsinstrumenten Schneider, ZD 2011, 6, 12.

31 Dazu Grimm, Die Verfassung und die Politik (2001), S. 103.

Bei einem Ausgleich zwischen den rivalisierenden Forderungen ist immer zu prüfen, ob etwa eine verdachtslose Vorratsdatenspeicherung über die näheren Umstände einer Telekommunikation (Verkehrsdaten) zu Zwecken einer umfassenden Sicherheitsüberwachung noch den Anforderungen der Verhältnismäßigkeit genügen kann.[32] Von ihrer Wirkungsweise her kann auch eine verdachtslose Rasterfahndung unerwünschte Nebenfolgen haben. Es ist nicht auszuschließen, dass sie „einen demütigenden Effekt hat und eher Feinde schafft als dass sie Schläfer aufdeckt".[33]

Im Zuge neuer Persönlichkeitsgefährdungen durch die Vernetzung von informationstechnischen Systemen, z. B. über das Internet, hat das Bundesverfassungsgericht im Jahre 2008 ein weiteres Grundrecht aus dem allgemeinen Persönlichkeitsrecht abgeleitet: **Das Grundrecht auf Gewährleistung der Vertraulichkeit und Integrität informationstechnischer Systeme** (IT-Grundrecht).[34] Im Ausgangsfall ermächtigte das Verfassungsschutzgesetz eines Bundeslandes die eigene Verfassungsschutzbehörde, Computer von verdächtigen Personen zu infiltrieren und Spionageprogramme einzusetzen, um die Kommunikation und abgelegte Daten auf internetfähigen Rechnern verdächtiger Personen heimlich zu erforschen. Der *„Zugriff"* auf die gesamten Datenbestände eines privat genutzten PC gehe *„in seinem Gewicht für die Persönlichkeit des Betroffenen über einzelne Datenerhebungen, vor denen das Recht auf informationelle Selbstbestimmung schützen soll, weit hinaus"*.[35] Das IT-Grundrecht soll dem Umstand Rechnung tragen, dass eigene *„informationstechnische Systeme einen besonders großen Funktionsumfang und besonders weitreichende Entfaltungschancen bieten, zugleich für den Nutzer aber wenig beherrschbar sind"*.[36] Aus diesem Grund ist auch ein wirkungsvoller technischer Selbstschutz für den Nutzer (z. B. bei PDAs und Mobiltelefonen) äußerst schwierig.

Das BVerfG fordert daher verfahrensrechtliche Vorkehrungen zum Schutz des Betroffenen. Sie sollen insbesondere ein Eindringen in den **„absolut geschützten Kernbereich privater Lebensgestaltung"** verhindern:

> *„Zur Entfaltung der Persönlichkeit im Kernbereich privater Lebensgestaltung gehört die Möglichkeit, innere Vorgänge wie Empfindungen und Gefühle sowie Überlegungen, Ansichten und Erlebnisse höchstpersönlicher Art ohne die Angst zum Ausdruck zu bringen, dass staatliche Stellen dies überwachen."*[37]

In einem früheren Urteil, in dem sich das Gericht mit dem Abhören von Gesprächen innerhalb der Wohnung (Wanze) zu Zwecken der Strafverfolgung durch die Polizei befasste, hieß es weiter: *„Die Privatwohnung ist als ‚letztes Refugium' ein Mittel zur Wahrung der Menschenwürde"*[38]. Totalitäre Regime haben sie immer missachtet und hemmungslos observiert.

---

32 Vgl. Petri, RDV 2010, 197, 201 f.

33 Limbach, Festvortrag anlässlich des 53. Deutschen Anwaltstages (2000).

34 BVerfG v. 27.02.2008, BVerfGE 120, 274 ff.; s. a. Hoffmann-Riem, JZ 2008, 1009, 1015 f.

35 BVerfG v. 27.02.2008, BVerfGE 120, 274, 313.

36 Bäcker in Uerpmann-Wittzack (Hg.), Das neue Computergrundrecht (2009), S. 11.

37 BVerfG v. 27.02.2008, BVerfGE 120, 274, 335 unter Berufung auf BVerfG v. 03.03.2004, BVerfGE 109, 279, 313.

38 BVerfG v. 03.03.2004, BVerfGE 109, 279, 314. Dazu Hohmann-Dennhardt in Duttge/Tinnefeld (Hg.), Gärten, Parkanlagen und Kommunikation (2006), S. 85–95.

Der Schutz der räumlichen Privatheit war seit jeher Teil einer zivilen Rechtskultur und trägt in tatsächlicher Hinsicht zur Wahrung und Erweiterung innerer Freiräume bei.[39]

Dazu gehört die Möglichkeit der höchstpersönlichen Selbstdarstellung etwa in Tagebüchern oder in Film- und Tonaufzeichnungen. Das ist unabhängig davon, ob sie an geografisch bestimmbaren Orten oder im virtuellen Raum stattfindet.[40] Davon unabhängig spielt der geografische Raum als *„organisierendes Prinzip und als ein Konstituens sozialer Beziehungen"* weiterhin eine Rolle.[41] Der virtuelle Raum ist durch die ITK mit der physikalischen Welt verknüpft (Cyber Physical Systems). In beiden stellen sich daher neue Herausforderungen an den Datenschutz und die Informationsfreiheit.[42]

Im europäischen Datenschutz ist der Schutz der Privatheit mit der Forderung nach **Transparenz** verbunden. Der Betroffene muss klar und deutlich darüber informiert werden, welche Daten (Gesundheits- und Sozialdaten, Konto-, Kredit-, und Steuerdaten usw.) über ihn gesammelt werden und zu welchem Zweck, und für wen sie transparent sind. Insbesondere im Internet erfahren Nutzer häufig nicht, für wen Daten einsehbar sind und an wen sie weitergeleitet werden.[43]

Viele grundrechtlich hochentwickelte Staaten der Welt haben das datenschutzrechtliche Transparenzprinzip mit dem Recht auf **Informationsfreiheit** verbunden. In erster Linie handelt es sich um das Recht auf **Zugang zu den Informationen der öffentlichen Verwaltung** (Freedom of Information).[44] Er sichert Rechte des Einzelnen und der Allgemeinheit gegen Verletzungen durch die Staatsgewalt. In einer Demokratie bilden öffentlich zugängliche Informationen auch die Voraussetzung für die politische Auseinandersetzung und die Einflussnahme der Bürger auf die Staatsgeschäfte. Datenschutz und Informationsfreiheit sind beide Bedingung für eine freiheitliche, demokratische Ordnung.[45] Das bedeutet, beide Rechte in eine jeweils optimale Konkordanz zu bringen.

Seit dem 1. Dezember 2009 ist der (supranationale) Vertrag von Lissabon in Kraft. Damit ist auch die Charta der Grundrechte der Europäischen Union (EGRC) rechtswirksam geworden.[46] Die Erhaltung und Entfaltung der Grundrechte in der EU richten sich wesentlich nach den Vorgaben der Europäischen Menschenrechtskonvention (EMRK), die 1953 als völkerrechtlicher Vertrag wirksam geworden ist. Die Konvention enthält zwar keine Bestimmungen über die Art ihrer Geltung in den einzelnen Mitgliedstaaten, Einigkeit besteht aber darüber, dass sie mit deren Beitritt zum Europarat neben den eigenen Grundrechten in das innerstaatliche Recht jedes Landes aufgenommen worden ist.[47] Die Konvention wird nach dem Beitritt der EU zur EMRK unmittelbarer Bestandteil des Unionsrechts und damit an Wirkkraft für

---

39 S. a. Britz, Freie Entfaltung durch Selbstdarstellung (2007). S. 36 f.

40 BVerfG v. 27.02.2008, BVerfGE 120, 274, 335 f.

41 Schlögel, Im Raume lesen wir die Zeit (3. A. 2003), S. 36 f.

42 Reding, ZD 2011, 1, 2.

43 Pariser, The Filter Bubble: What the Internet is Hiding from You (2012), S. 47 ff.

44 Zur Entstehungsgeschichte vgl. Masing, Transparente Verwaltung: Konturen eines Informationsverwaltungsrechts, VVDStRL 63 (2004), S. 377 ff; grundlegend Vismann, Akten: Medientechnik und Recht (5. A. 2011).

45 Simitis, KritV 2000, 368.

46 Ausführlich dazu Meyer in Meyer (Hg.), Charta der Grundrechte der Europäischen Union (3. A. 2011), Präambel Rn. 9.

47 Vgl. Leutheusser-Schnarrenberger, DuD 2010, 519 ff.

die Unionsbürger gewinnen.[48] Der Europäische Gerichtshof für Menschenrechte (EGMR) in Straßburg wird zum einflussreichsten Gericht in Europa, weil er dann nicht nur die Macht hat, Entscheidungen der nationalen Verfassungsgerichte in Frage zu stellen, sondern auch die des Europäischen Gerichtshofs (EuGH) in Luxemburg.[49] Schon bisher hat insbesondere der EGMR den unantastbaren Menschenrechtsgehalt der Freiheitsrechte unmissverständlich verteidigt.[50] Durch den Beitritt wird die umfassende Einhaltung der EMRK im Bereich der EU auch durch die mögliche Anrufung des EGMR sichergestellt.

1.1 Informations-, Wissens- und Zivilgesellschaft

Die vernetzte Welt-Gesellschaft versteht sich als Informations- und Wissensgesellschaft. Was aber bedeutet Information und Wissen in Verbindung mit den Informations- und Kommunikationstechnologien (ITK)? Welcher Zusammenhang besteht zwischen menschlichem Tun, Kulturen und Zivilisationen?

Information zeichnet sich durch ihren immateriellen Charakter aus. Sie bestimmt als dritte Grundgröße neben der Materie und der Energie alle Lebensbereiche. Information ist Grundlage der interaktiven Freiheit aller Menschen und zugleich unentbehrlich für die Funktionserfüllung des Staates.[51] Information leistet Dienste und erzeugt Wirkungen (pragmatische Dimension). Sie ist zu einer dynamischen Produktivkraft im Wirtschaftsleben geworden und gewinnt als **Wirtschaftsgut** und damit auch als **Wettbewerbsfaktor** zunehmend an Bedeutung.[52]

Wissen und Information stehen zueinander in einer Verbindung bzw. Wechselbeziehung. Informationsinhalte beeinflussen menschliches Bewusstsein und das Wissen über die Bedeutung der Privatheit in unterschiedlichen situationsspezifischen **Kontexten**. Insofern ist es konsequent, wenn der Datenschutz hervorhebt, dass die persönliche Information nur im Rahmen einer konkreten sozialen Relation rechtlich zugeordnet werden kann. Das datenschutzrechtliche Gebot der Zweckbindung, wonach Informationen nur zu bestimmten, legitimen Zwecken verwendet werden dürfen,[53] folgt dieser Einsicht.

Beispiel: Die Berufsbezeichnung „Staatsanwalt“ oder „Organist einer Kirche“ usw. kann in Verbindung mit einer Namensliste von Patienten, die sich vorübergehend in psychiatrischer Behandlung befunden haben, eine berufliche Gefährdung einleiten. Die Verknüpfung der Patientennamen mit dem jeweiligen Beruf auf der Namensliste ist für die Zwecke der Behandlung nicht erforderlich. Das Wissen des Dienstherrn oder des Arbeitgebers über die Tatsache der Behandlung kann dazu führen, dass der Betroffene als „psychisch Kranker“

---

48 Zur Identität durch Grundrechte vgl. Schmale/Tinnefeld, DuD 2010, 523 ff.

49 EuGH v. 09.11.2010, DuD 2011, 137 ff.

50 Starck in v. Mangold/Klein/Starck (Hg.), Kommentar zum Grundgesetz, Art. 2 Abs. 1 Rn. 89.

51 Hoffmann-Riem in Der Landesbeauftragte für Datenschutz und für das Recht auf Akteneinsicht Brandenburg (Hg.), Dokumentation internationales Symposium Informationsfreiheit und Datenschutz in der erweiterten Europäischen Union (2001), S. 28 f.

52 Zur marktwirtschaftlichen Orientierung des Datenschutzes Roßnagel/Pfitzmann/Garstka, Gutachten Modernisierung des Datenschutzrechts (2001), S. 72 ff.

53 BVerfG v. 15.12.1983, BVerfGE 65, 1, 43.

diskriminiert sowie als untauglich für das Arbeitleben eingestuft und entlassen wird. Das Recht auf informationelle Selbstbestimmung und Diskriminierungsverbote garantieren, dass die betroffene Person „sich selbst“ darstellen kann und nicht automatisch als Mitglied einer bestimmten Gruppe mit bestimmten (vermeintlichen) Eigenschaften wahrgenommen wird.[54]

Wo die kontextgebundene Einbettung der Information durch eine zweckfreie Verarbeitung verloren geht, verliert sich Wissen und mithin auch die Transparenz über bedeutungstragende Zusammenhänge. Wenn aber die an einem Informationsprozess Beteiligten nicht mehr durchschauen können, was ihnen in Form von Informationen zur Verfügung steht, wachsen *„die Abhängigkeiten gegenüber Informationen und das selbst erworbene und selbst beherrschte Wissen nimmt ab“*.[55]

Francis Bacon (1561–1626) hat sich bereits vor dem eigentlichen Zeitalter der Aufklärung nach der Maxime **„Wissen ist Macht“** mit den Informationsbedingungen befasst, unter denen der wissenschaftliche und technische Fortschritt wirkungsvoll organisiert werden kann.[56] Danach ist es nicht mehr die Wissenschaft selbst (ipsa scientia), sondern *„die gezielt erhobene, sicher gespeicherte, vernetzbare und abrufbare Information über ein spezifisches Faktum“*, welche Macht schaffen kann.[57] Die Einsicht von Bacon kann angesichts der digitalen Datenverarbeitung auch so formuliert werden: Macht, die nur auf unzureichender Information basiert, ist **Macht ohne Wissen**, die Unsicherheit, Angst und Unterlegenheit bei vielen Menschen erzeugt. Der Philosoph Hans Jonas verdeutlicht diese Situation, wenn er auf die *„enorme Entmündigung des Einzelnen durch den faktischen und psychologischen Massenzwang der technologischen Ordnung“* hinweist.[58]

Kultur ist die Art, wie Menschen miteinander und mit der Umwelt umgehen. Sie ist das Ergebnis einer Wechselwirkung, in der zunehmend verschiedene Kulturen aufeinandertreffen. Kulturen müssen mit Mehrdeutigkeiten leben: Sprache, Gesten und Zeichen sind häufig nicht eindeutig, Handlungen müssen interpretiert und Werte müssen miteinander versöhnt oder unversöhnt nebeneinander toleriert werden. Die Konsequenzen für die jeweiligen Gesellschaften sind einschneidend. Politik, Recht und Religion, der Umgang mit sexuellem Verhalten, mit Freunden, Fremden und mit Minderheiten wird wesentlich davon geprägt. Die menschenrechtlichen Probleme, die im Umgang mit *„kultureller Differenz“* auftreten, sind vielgestaltig und im vereinten Europa jeweils aus der konkreten verfassungsrechtlichen Perspektive der EU und ihren Mitgliedstaaten zu erschließen.[59] Kulturelle Ähnlichkeit und Verschiedenheit des Menschen in seinem gesellschaftlichen und rechtlichen Umfeld muss realitätsgerecht erfasst und in die Wertung jeweiliger Teilrechtsordnungen wie der Datenschutzordnung eingebettet werden.[60]

---

54 Britz, Freie Entfaltung durch Selbstdarstellung (2007), S. 55.

55 Mittelstraß, Leonardo-Welt (1992), S. 232 ff.

56 Bacon, Neues Organ der Wissenschaften (1974).

57 Hassemer, Datenschutz und Datenverarbeitung heute (1995), S. 28.

58 Jonas, Das Prinzip Verantwortung (1985), S. 219; Beck, Risikogesellschaft (1986), S. 24, charakterisiert die heutige Gesellschaft als Risikogesellschaft, die zur „Einschätzung und Abwendung des Schlimmsten an das Urteil der Techniker (aus)geliefert ist.“

59 Siehe auch Britz, Kulturelle Rechte und Verfassung (2000), S. 2 f.

60 Zum Datenschutz als Lotse in der Informationsgesellschaft Tinnefeld, DuD 2005, 328 ff.

Eine umweltbezogene Modifikation des Begriffs Kultur findet sich bei Andrea Raschèr und Christoph Reichenau. Beide verbinden Kultur mit den drei Dimensionen des Begriffs **Nachhaltigkeit** im Sinne des Brundtlandberichts von 1987, der von der Untrennbarkeit der ökologisch-ökonomisch-sozialen Lebensgrundlagen ausgeht.[61] Die so verstandene Kultur ist Ausdruck einer ganzheitlichen Sicht menschlichen Lebens, die den **„zivilisatorischen Kulturbegriff"** ausmacht.[62] Dieses Verständnis ist relevant, um die inneren und äußeren Voraussetzungen für den Schutz der Privatheit näher darzustellen.[63] Auch der EGMR in Straßburg hat die umweltbezogenen Einwirkungen auf die Entfaltung des Privatlebens (Art. 8 Abs. 1 EMRK) betont und ausgeführt, dass sie als äußerer Teil zur Lebenswirklichkeit der Privatsphäre des Einzelnen gehört, in der er die Entwicklung und Erfüllung seiner Persönlichkeit anstreben kann.[64]

Zu der als **Zivilisation** verstandenen Kultur gehört die Anerkennung der Allgemeinen Menschenrechte (1948), *„die als der bisher größte Beweis [...] hinsichtlich eines bestimmten Wertesystems angesehen werden kann"*.[65] Seither betonen europäische Grundrechtskataloge die **Achtung der Menschenwürde** (Art. 1 EGRC, Art. 1 Abs. 1 GG), die jedem Menschen zusteht, die unantastbar und unveräußerlich ist. Es gehört zu den maßgeblichen Prinzipien einer Verfassung, die in der Menschenwürde wurzelnde Gleichheit aller zu respektieren: Die Anerkennung der **Gleichheit jedes Menschen** (vgl. etwa Art. 20 EGRC; Art. 3 Abs. 1 GG) verbietet das Entwürdigen und die Verächtlichmachung Anderer, begründet ein rechtliches Unterscheidungsverbot nach Abstammung, Geschlecht, Stand, Herkunft und Religion (vgl. etwa Art. 14 EMRK; Art. 21 EGRC; Art. 3 Abs. 3 GG).

Seit den brutalen Weltkriegen im 20. Jahrhundert leben Menschen- und Grundrechtserklärungen von der Bindung an die Menschenwürde und den daraus folgenden Grundsätzen individueller Selbstbestimmung und gleicher Freiheit.[66] Sie schützen die Autonomie der verschiedenen Subsysteme: politische und wirtschaftliche Instanzen, Gewerkschaften oder andere Einrichtungen und mithin eine pluralistische (tolerante) Demokratie.[67] Der moderne (liberale) Staat ist verpflichtet, die Menschenrechte mit den rechtsstaatlichen Grundsätzen der Verfassung (Gesetzmäßigkeit der Verwaltung und Unabhängigkeit der Gerichte) zu verbinden und einzuhalten.[68] Aus diesem Standard heraus lassen sich Antworten auf fundamentalistische Bewegungen finden, die andersartige Vorstellungen etwa religiöser oder politischer Art zum einzig verbindlichen Prinzip der Weltordnung machen.

---

61 Siehe unter: http://www.nachhaltigkeit.info/artikel/brundtland_report_1987_728.htm (letzter Abruf 22.03.2012).

62 Zum Begriff Kulturen – Zivilisationen vgl. Raschèr/Reichenau in Mosimann/Renold/Raschèr (Hg.), Kultur, Kunst und Recht (2009), 1. Kap. § 1, Rn. 1 ff. m.w.N.

63 Tinnefeld, DuD 2011, 598 ff. m.w.N.

64 Vgl. EGMR v. 19.02.1998, NVwZ 1999, 57 ff. In dem Urteil ging es um Staatenpflichten im Zusammenhang mit Umweltverschmutzungen aufgrund industrieller Emissionen.

65 Bobbio, Das Zeitalter der Menschenrechte (1999), S. 9.

66 Dazu Joas, Die Sakralität der Person (2011), S. 108 ff.

67 Zur Respekt-Toleranz vgl. Forst, Toleranz im Konflikt (2003), S. 45.

68 Grundlegend Häberle, Europäische Rechtskultur (1997).

1.2 Internetkommunikation und technischer Grundrechtsschutz

Im Zusammenhang mit den neuen **Technologien** zeichnet sich zunehmend eine **kulturelle Wende** in Verbindung mit einer globalen Kommunikationsstruktur ab.[69] Das Denken und Tun des Menschen ist zwar nach wie vor durch seine Kultur (in Stamm, Volk, Nation, Religion, Klasse usw.) geprägt. Es wird aber mehr und mehr durch die Internetkommunikation verändert.

> *„Wir sind sprachliche Wesen. Wir verstehen uns nur im Gespräch mit anderen. Erzählend entwickeln wir unsere Vorstellung von uns selbst. Von unserer Herkunft erfahren wir durch die Geschichten, die erinnerten, die erfundenen unserer Vorfahren, von uns selbst erfahren wir durch die Reaktionen der anderen. Als solche sprachlichen Wesen, die sich dialogisch, mit und durch andere begreifen, sind wir abhängig davon, dass wir unsere Erfahrungen in eine Geschichte betten können. Wie mäandernd sich unsere Leben auch ihren Weg bahnen, suchen wir doch danach, den Verlauf in ein Narrativ bringen zu können.[…]. Durch Anerkennung oder Abweisung der Gegenüber zeichnen sich unsere Eigenarten und Andersartigkeiten, Ähnlichkeiten und Verschiedenheiten, unsere Individualität also, erst ab und aus.“*[70]

Oder anders ausgedrückt: Andere Menschen bilden online und offline das soziale Umfeld, in dessen Rahmen sich der Einzelne kulturell entfaltet.[71]

Im Internet konnte bisher niemand sicher wissen, wer der Kommunikationspartner war. Jedem war es möglich, prinzipiell jedwede „Identität“ annehmen, die nichts oder wenig mit ihm als „Persönlichkeit“ zu tun hat. Die Zeit, in der das Internet ein anonymes Medium war, wo jeder in der Maske eines Anderen auftreten konnte, wo, so die Worte auf der berühmten New Yorker Karikatur von Peter Steiner (1993) „nobody knows you're a dog“, wandelt sich. Das Internet wird zunehmend zu einem Medium der personalisierten Suche und Analyse, wo die Ergebnisse für neue Zwecke (z. B. durch Auslesen von Profildaten für das Beschäftigtenverhältnis, für speziell ausgesuchte Werbung oder für „Friendfinder“ in sozialen Netzwerken) verwandt werden.[72] Die umstrittene anlasslose Speicherung von Daten über die näheren Umstände einer Telekommunikation (Verkehrsdaten) für Zwecke der Strafverfolgung ist ein besonders aussagekräftiges Beispiel für die Tendenz, unbeobachtete menschliche Kommunikation zu eliminieren. Vor dem Hintergrund dieser Entwicklung ist es fraglich, ob und wie Kommunikationspartner noch anonym an vertrauliche Nachrichten gelangen können.

Zahlreiche Menschen, insbesondere Jugendliche, erproben neue kommunikative Rollen im World Wide Web (WWW). In welcher Gestalt und in welcher Rolle (identifizierbar, anonym oder pseudonym) wollen und können sie ihre Privatheit und Selbstbestimmung leben? Im Zusammenhang mit den technischen Möglichkeiten und Maßnahmen zum Schutz der Privat-

---

69 Raschèr/Reichenau in Mosimann/Renold/Raschèr (Hg.), Kultur, Kunst und Recht (2009), 1. Kap. § 1 Rn. 10.

70 Emcke, Stumme Gewalt, ZEITmagazin Leben 37 2007, S. 45.

71 Dazu Suhr, Entfaltung des Menschen durch den Menschen (1976), S. 78 f.

72 Übersicht bei Pariser, The Filter Bubble (2011), S. 6 ff.

heit sind die dafür wesentlichen Begriffe der Anonymität, Pseudonymität und Vertraulichkeit näher zu betrachten.

Die Sprache gibt erste Hinweise auf die Bedeutung von **Anonymität**. Das Wort ist griechischen Ursprungs. „An-onymus" ist der Namenlose, aber auch der Un-Bekannte, den man nicht kennt oder der nicht identifiziert werden kann. Menschen identifizieren sich gegenseitig vornehmlich über ihren Namen. Damit wird bereits deutlich, dass Anonymität sich auf zwei oder mehrere Parteien beziehen kann.

Beispiele: Der Sender einer Nachricht will gegenüber seinem Kommunikationspartner unerkannt, also anonym bleiben. Der Patient möchte nicht, dass seine Kommunikation mit einem Arzt gegenüber Dritten offenbar wird. Sie soll „geheim" und vertraulich bleiben. In der Verbindung Arzt-Patient wird der Inhalt der Kommunikationsbeziehung als solche durch das Patientengeheimnis und ggf. durch das Telekommunikationsgeheimnis geschützt.

Rechtlich handelt es sich um „Senderanonymität", wenn der Empfänger einer Nachricht nicht weiß, wer sie verschickt hat. Dagegen spricht man von „Empfängeranonymität", wenn der Sender eine Nachricht abschicken kann, ohne, dass er weiß, wer der Empfänger ist. Technisch gesehen wäre bei einer Web-Anfrage Senderanonymität gegeben, wenn der Rechner nicht einem bestimmten Webserver zugeordnet werden kann.[73]

Beispiel: Ein Aidsverdächtiger möchte, dass sein HIV-Test anonym durchgeführt wird. Der Getestete kann zu diesem Zweck ein Codewort mit der testenden Stelle vereinbaren und darüber das Ergebnis der Blutuntersuchung erfahren. Das Verfahren ist aufgrund des Selbstbestimmungsrechts der betroffenen Person geboten und auch möglich, da die testende Einrichtung bei einem positiven Ergebnis keine namentliche Meldepflicht an das Robert-Koch-Institut in Berlin hat, das für seine Zwecke nur die Anzahl der infizierten Personen, nicht aber die persönliche Zuordnung der besonderen (sensiblen) Information benötigt.[74]

Anonymität hat pragmatisch betrachtet immer auch etwas mit den konkreten Gefährdungslagen zu tun, aus denen heraus sich der wesentliche Inhalt, das Ausmaß und die Wirkungen des grundrechtlichen Schutzes bestimmen lassen.

Beispiele: Bankräuber maskieren sich, um eine Bank auszurauben. Sie wollen anonym bleiben, damit ihnen die Tat nicht zugerechnet werden kann. Whistleblower, die erhebliche Missstände in ihrer Firma öffentlich machen, wollen anonym bleiben, um vor einer Kündigung durch den betroffenen Arbeitgeber geschützt zu sein. Wenn ihnen die Meldung nicht zugerechnet werden kann, ist es aber für einen anderen angeschuldigten Mitarbeiter wesentlich schwerer, sich zu rechtfertigen. Datenschutzrechtlich ist ein Verfahren zu suchen,

73 Ausführlich Brunst, Anonymität im Internet (2009), S. 7–31.

74 Vgl. § 7 Abs. 3 Nr. 2 i.V.m. Abs. 2 IFSG. Damit identische Fälle nicht mehrfach erfasst werden, muss eine fallbezogene Verschlüsselung übermittelt werden.

dass auch den Angegriffenen schützt.[75] Strafverfolgungsbehörden nutzen deanonymisierende Elemente wie biometrische Merkmale, DNA-Material, Daten aus einer Videoüberwachung, um verdächtige Personen zu identifizieren oder anlasslos gespeicherte Telekommunikationsdaten, um mögliche Täter zu finden.[76]

Beispiel: Informanten von Journalisten wollen anonym bleiben. In Fällen schwerer Kriminalität und Menschenrechtsverletzungen (z. B. Folter) hängt häufig der Schutz ihres Lebens davon ab, dass sie unbekannt bleiben. Der EGMR hat den Schutz journalistischer Quellen als eine der Grundbedingungen der Pressefreiheit und als wichtigen Beitrag zur Meinungsfreiheit anerkannt.[77] Anonymität steht daher häufig nicht nur im Zusammenhang mit dem Schutz der Privatheit, sondern auch mit den Möglichkeiten der freien Meinungsäußerung und der Informationsfreiheit.

In der Realität liegt Anonymität immer nur relativ vor. Die Frage ist, welche zusätzlichen Informationen mit welchem Aufwand für eine De-Anonymisierung notwendig sind. Roger Dingledine formuliert treffend: „[...] the question shifts from, is it anonymous? to is it anonymous enough?“[78] Es gibt verschiedene Auffassungen darüber, wie Anonymität zu definieren ist. Die Informatik orientiert sich an internationalen Standards (z. B. an ISO 15408) und spricht von einem Zustand, in dem jemand oder etwas innerhalb der ihn umgebenden Subjekte nicht identifizierbar ist (Anonymitätsset).[79] Das Risiko personenbezogener Datenspuren im vernetzten Internet lässt sich durch Maßnahmen der Nutzer oder durch die Inanspruchnahme von Anonymisierungsdiensten (z. B. von AN-ON) oder anderen datenschutzfördernden Techniken (z. B. attributbasierter Zertifikate) selbst minimieren. Sie sind Teil begrenzter Möglichkeiten des **Selbstdatenschutzes**. Werden mehr als nur die erforderlichen Informationen offenbart, dann erhöht sich die Gefahr des Identitätsmissbrauches, etwa im Rahmen mobiler sozialer Netzwerke. Ein gewisses Dilemma ergibt sich allerdings für die Sicherheitsbehörden: Der kriminelle Nutzer soll enttarnt, der unbescholtene Nutzer aber nicht identifiziert werden.

In vielen Fällen, in denen von Anonymität die Rede ist, handelt es sich allerdings um pseudonyme Konstruktionen. Unter dem aus dem Griechischen kommenden Begriff **Pseudonym** wird ein Deckname verstanden. Die Handlungen eines pseudonymen Nutzers sind mit einer alternativen Identität, etwa einem frei gewählten Nutzernamen oder auch einer Nummer verbunden.

Beispiel: Ein weltberühmtes Pseudonym war „Deep Throat“. Unter diesem Decknamen gab der wichtigste Informant in der Watergate-Affäre (1972–1974) Journalisten der Washington Post Einblicke in korruptes Regierungsverhalten, die zum Rücktritt des US-

75 Tinnefeld/Rauhofer, DuD 2008, 717 ff. m.w.N.

76 Zur Verfassungswidrigkeit und zur Datenschutzfrage in Europa vgl. Petri, DuD 2011, 607 ff.

77 EGMR v. 27.03.1996, MR 1996, 123 ff.; zum Schutz des Vertrauensverhältnisses von Informanten vgl. BVerfG v. 27.02.2007, BVerfGE 117, 244 ff.

78 Dingledine, The Free Haven Project (2000), S. 11.

79 Pfitzmann/Hansen, Anonymity, Unlikability. Undetectability, Unobservability, Pseudonymity, and Identity Management – A consolidated proposal for Terminology (2008).

Präsidenten Nixon führten.[80] Die Zuordnung des Pseudonyms zum „realen“ Namen des Agenten William Mark Felt wurde 30 Jahre lang geheim gehalten.[81] Mit dem Skandal verbunden ist gleichzeitig ein Plädoyer zugunsten einer allgemeinen Zugänglichkeit von Regierungsunterlagen (freedom of information).[82]

Pseudonymität ermöglicht es den interagierenden Parteien, dass sie untereinander erkennbar bleiben (z. B. im rechtsgeschäftlichen Verkehr bei Karten einer Payback-Gruppe oder in Mobiltelefonen mit SIM- und E-Mail-Nummer). Sicherheitsbehörden decken nicht nur Pseudonyme auf, sondern nutzen sie ihrerseits, um etwa im Rahmen von Zeugenschutzprogrammen Informanten eine Tarnidentität zu geben[83] oder verdeckte Ermittlungsaufgaben durchzuführen.[84] Denkbar ist auch, dass Anbieter eine Reihe von Interessensdaten beobachten, ohne die Betroffenen zu identifizieren (Datensammlung unter Pseudonym). Das kann dazu führen, dass Nutzer Angebote erhalten, die für sie nicht transparent sind.[85]

Anonymität und Pseudonymität betreffen die Identität der Partner. Dagegen bezieht sich der Begriff **Vertraulichkeit** auf den Inhalt einer übertragenen Information, der nur für Befugte zugänglich sein soll. Im Hinblick auf die digitale Kommunikation bedeutet dies, dass Sender und Empfänger Informationen austauschen können, zu denen eine dritte Partei keinen Zugang hat.

Beispiel: Anonymisierungsdienste haben die Aufgabe, den Nutzer gegenüber einem Anbieter unkenntlich zu machen. Wenn zusätzlich der Datenverkehr zwischen Nutzer und Anonymisierungsdienst verschlüsselt wird, kann auch ein externer Beobachter nicht erkennen, welche Inhalte zwischen Nutzer und Anbieter vertraulich ausgetauscht werden.

Der Vertraulichkeitsschutz steht im Zentrum des grundrechtlich verankerten Post- und Fernmeldegeheimnisses. Exemplarisch hat der EGMR auf die *„Bedeutung einer richterlichen Kontrolle auf einem Gebiet [hingewiesen], in dem Missbräuche in Einzelfällen so leicht möglich sind und derart schädliche Folgen für die demokratische Gesellschaft insgesamt haben können“*.[86]

---

80 Detaillierter Überblick bei Bernstein/Woodward, All The President's Men (1974).

81 Day, Credit Management 04/2006, 38 f.

82 Vgl. etwa den novellierten Freedom of Information Act von 1974, der US-Behörden dazu verpflichtet, den Bürgern größtmögliche Akteneinsicht zu gewähren. Abrufbar unter: http://www.loc.gov/rr/frd/Military_Law/pdf/FOIA-1974.pdf (letzter Abruf 22.03.2012).

83 § 5 ZSHG.

84 § 110a Abs. 1 StPO.

85 Vgl. europäische Datenschutzrichtlinie für elektronische Kommunikation (E-Privacy) in der Fassung der Richtlinie 2009/136/EG v. 25.11.2009.

86 EGMR v. 06.09.1978, EGMR-E 1, 320 ff.; vgl. auch EGMR v. 25.03.1998, StV 1998, 683 ff.

1.3 Neue Räume und Zugriffsmöglichkeiten in der digitalisierten Netzwelt

Die Entwicklung und Ausgestaltung der Gesellschaft und ihres Umfeldes (z. B. in der Stadt) ist von der digitalisierten Netzwelt nicht mehr zu trennen.[87] Es entstehen neue Räume, die nicht nur an geografische Territorien gebunden sind. Die Menschen rücken darin aufeinander zu und kommunizieren im Rahmen verschiedener Zeiten, Kulturen und Zivilisationen. Zugleich finden sich in den globalen „Informationsströmen" Merkmale und Verhaltensweisen einer Vielzahl von Personen, an denen Staaten und Dritte interessiert sind. Von der Entwicklung profitieren insbesondere organisierte Cyberkriminelle, aber auch Geheimdienste. Auch unter diesem Aspekt ist eine wirksame Fortschreibung des Schutzes der Privatheit und der Informationsfreiheit erforderlich.[88]

Mit überzeugenden Gründen hat das BVerfG darauf hingewiesen, dass nicht nur die private Wohnung, sondern auch die Öffentlichkeit Räume bieten muss, in denen der Einzelne ungestört kommunizieren kann.[89] Nichts anderes kann grundsätzlich im Cyperspace gelten. Das schließt allerdings nicht aus, dass sich in der Netzwelt interkulturelle Wertkonflikte anbahnen, die insbesondere den grundrechtlichen Schutz der Privatheit sowie der Informations- und Pressefreiheit berühren. Ein herausragendes Beispiel ist WikiLeaks. Dabei geht es um eine Webseite, auf welcher der Betreiber geheimgehaltene Meinungen und Informationen von Staaten oder von privaten Einrichtungen (z. B. Banken) der Öffentlichkeit zugänglich macht.[90]

Beispiel: Ein Staatsdiener hat Zugriff auf die zentrale Datenbank der US-Administration, in der Botschafterdepeschen gespeichert sind. Er lädt mehrere tausend Dokumente auf einen oder mehrere Memory-Sticks und sendet den Inhalt an WikiLeaks. Damit unterläuft er nicht nur die ursprünglichen Zweckbindungsgebote der vertraulichen Depeschen, sondern verrät möglicherweise auch Staatsgeheimnisse.

In der Allgemeinen Erklärung der Menschenrechte von 1948 wird die Meinungs- und Informationsfreiheit definiert als *"freedom to receive and impact information and ideas through any media and regardless of frontiers"* (Art. 19 AllgErklMR). Darf dieses Recht aus Gründen des Gemeinwohls eingeschränkt werden? Wer entscheidet darüber, wem und wann eine Nachricht mitzuteilen ist, die bei der Bevölkerung, im eigenen Land oder in anderen Teilen der Welt, Panik auslösen könnte? Kann das Informationsinteresse der Bürger im Interesse des Schutzes der Privatheit betroffener Personen begrenzt werden? Diese Fragen stehen im Zentrum internationaler Bürgerdebatten, die auch von Enthüllungsplattformen ausgelöst wurden.

---

87 Dazu Klumpp/Kubicek/Rossnagel/Schulz (Hg.), Netzwelt – Wege, Werte, Wandel (2009); zum Wirken der digitalen Nervensysteme in den Städten vgl. Shephard, Sentient City (2011).

88 Vgl. Heckmann, Herausforderungen für das Gemeinwesen 2.0, digma 01/2011, S. 12 ff.

89 BVerfG v. 15.12.1999, BVerfGE 101, 361; s. a. BGH v. 19.06.2007, GRUR 2007 899, 900; vgl. Übersicht über die Rechtsprechung zur „Privatsphäre in der Öffentlichkeit" bei Kröner in Paschke/Berlit/Meyer (Hg.), Hamburger Kommentar Gesamtes Medienrecht (2. A. 2012), 33. Abschnitt, Rn. 42.

90 http://wikileaks.org/ (letzter Abruf 22.03.2012).

Der demokratische Diskurs kann Impulse für eine Strukturreform zugunsten einer größeren Verwaltungs-Transparenz geben.[91]

Prominente Journalisten fordern mit überzeugenden Gründen „Enthüllungsjournalisten" auf, *„handwerkliche Tugenden wie das Einordnen und die Gewichtung von Informationen in die digitale Welt hineinzuretten"*.[92] Das BVerfG hat diese Aufgabe der Presse beredt skizziert: *„[...] Soll der Bürger politische Entscheidungen treffen, muss er umfassend informiert sein, aber auch die Meinungen kennen und gegeneinander abwägen können, die andere sich gebildet haben. Die Presse hält diese ständige Diskussion in Gang; sie beschafft die Informationen, nimmt selbst dazu Stellung und wirkt damit als orientierende Kraft in der öffentlichen Auseinandersetzung. In ihr artikuliert sich die öffentliche Meinung."*[93]

In der politischen Auseinandersetzung um die Legalität der Enthüllungsplattform von WikiLeaks wurden von Netzaktivisten unter dem Motto „Alle Informationen sind frei" sog. „Dedicated-Denial-of-Service" (DDoS) Attacken gegen Kreditgesellschaften durchgeführt, die Spendengelder für WikiLeaks einbehalten haben. Durch die Überfülle von koordinierten Massenanfragen (Spam) sind die Rechner zusammengebrochen und haben den Dienst verweigert.[94] Solche **Cyberproteste** gehen über legale Proteste gegen wirtschaftliche Maßnahmen im realen Leben weit hinaus und führen zu einer Art Selbstjustiz. Von ihnen zu unterscheiden sind **Cyberangriffe**, die **militärische Reaktionen** auslösen können und dem Cyberwar zuzurechnen sind.[95]

1.4 Entwicklung des Internets

1.4.1 Geschichte

Das **Internet** und das darauf aufbauende World Wide Web (WWW) sind eine der wichtigsten technischen Innovationen in der Geschichte der Neuzeit. Die Weiterentwicklung der Kommunikationsmöglichkeiten charakterisiert den Fortgang menschlicher Kulturtechniken, also das, was den Menschen vor anderen Lebewesen auszeichnet. Information wurde erst nur im menschlichen Gedächtnis, dann in schriftlichen Texten und immer größeren Bibliotheken für die Menschheit gespeichert. Sie wandert nun in immer kleinere und leistungsfähigere Chips und wird heute in digitalisierter Form sekundenschnell weltweit übertragen. Für menschliche Kommunikation ist menschliche Anwesenheit und Gleichzeitigkeit nicht mehr erforderlich.[96] Sind die neuen technischen Medien „Symbole menschlicher Vereinsamung"?[97] Welche Be-

---

91 Dazu Schaar, Presserklärung v. 30.12.2010 unter pressestelle@bfdi.bund.de: „Die digitale Informationsgesellschaft hat ein Recht auf proaktive Veröffentlichung von Informationen durch die Behörde".

92 Leyendecker, Die Systemfrage, SZ v. 11./12.12.10, S. 23.

93 BVerfG v. 05.08.1966, BVerfGE 20, 162, 174 f.; s. a. BVerfG v. 27.02.2007, BVerfGE 117, 244.

94 Helft, Delete it or leave it? Drawing a line on Facebook comments, International Herald Tribune v. 13.12.10, S. 14; s. a. Boie, „Anonymous" zieht in den Krieg, SZ v. 10.12.10, S. 1.

95 Zu militärischen Vorfällen vgl. Gaycken, Cyberwar (2010), S. 87, 169.

96 Vgl. Frühwald in Weis (Hg.), Bilder von Menschen (1993), S. 191 ff., 203.

97 Frühwald in Weis (Hg.), Bilder von Menschen (1993), S. 191 ff., 203 m.w.N.

deutung haben die neuen Zentren globaler Kommunikation wie die Online-Plattformen von YouTube, Facebook, Twitter & Co für die individuelle Entwicklung des Menschen?

Zum besseren Verständnis der neueren Entwicklung des Internets sollen deren Phasen skizziert werden, die sich durch die Formen der Nutzung, den technischen Kontext, die Eigenschaften der Angreifer, deren Kultur und Methoden unterscheiden.[98]

In der Pionierzeit (1980er-Jahre bis 1993) waren die Nutzer des Internets gleichzeitig dessen Designer und Entwickler, die in einer überwiegend akademischen Umgebung mit neuen Technologien experimentierten. Die teilweise noch bis heute verwendeten Protokolle dienten in erster Linie der Funktionalität. Sicherheitsaspekte rückten erst nach Missbrauchsfällen (z. B. durch den ersten Internetwurm „Morris“) in den Fokus der Betrachtung. Aufgrund weiterer Experimente (1993–1999) wurde das Internet durch die „Killer-Applikation“ WWW und den für jedermann verfügbaren Web-Browser „Mosaic“ in der Öffentlichkeit bekannt. Die Nutzer waren innovative Privatpersonen und Mitarbeiter größerer Firmen, die vor allem das Web und die E-Mail anwandten. Die Sicherheit im Internet wurde in dieser Zeit allenfalls durch Hacker beeinträchtigt, die Schwachstellen in Protokollen und Systemen für Attacken auf einzelne Server nutzten. Bis heute steht die Subkultur vieler Hacker für den Grundsatz: „Alle Daten sind frei“ und damit auch für eine schrankenlose Informationsfreiheit.[99] Davon zu unterscheiden ist die Tätigkeit von Hackern wie dem Chaos Computer Club (CCC), die explizit hervorragende und sinnvolle Projekte im Dienste von Datenschutz und Informationsfreiheit verfolgen.[100]

In einer weiteren Phase (1999–2004) waren viele Menschen aus den Industriestaaten und praktisch alle Firmen mit dem Netz verbunden; die ersten Web-Anwendungen für E-Commerce nahmen ihren Anfang. Gleichzeitig wurden Anleitungen für Angriffstechniken im Netz verbreitet, bis hin zu Angriffsprogrammen von sogenannten „Script-Kiddies“, die in der Regel zwar über kein großes Fachwissen verfügten, aber mit vorbereiteten Hacking-Tools in Systeme einbrachen und großen Schaden anrichteten. Dazu gehörten auch massive Störungen im Netz (z. B. Würmer), die sich schnell verbreiten. Kriminelle Angreifer, die auch Cracker genannt werden, bedienten sich verschiedener Medien für ihre Attacken (z. B. via E-Mail, aber auch direkt über die Netzwerkinfrastruktur). Mit dem Massenversand von unerwünschter E-Mail (Spam) wurden vielfach E-Mail-Zugänge von Nutzern blockiert. Daraufhin erfolgte eine technische Aufrüstung sowohl bei der Entwicklung des Internets als auch im Rahmen neuer Angriffstechniken (2004–2006), die bis heute andauert.

Unter dem Begriff **„Social Engineering“** (soziale Manipulation) entwickeln sich neue kriminelle Angriffsmethoden (z. B. Phishing-Attacken), mit denen Kriminelle versuchen, arglose Internet-Nutzer zur Preisgabe von Zugangsdaten zu bringen, wie Passwörtern und persönlichen Daten ihrer Bankkonten. Dabei werden häufig zwischenmenschliche Beziehungen ausgenutzt. Die Durchführung krimineller Aktivitäten wie der Kreditkartenbetrug, das Hosting von Phishing-Webseiten oder Spearphishing (Senden personalisierter E-Mails mit schädlichen Anhängen) ist ohne eine entsprechende Infrastruktur kaum möglich. So nutzen sog. Cracker die Schwachstellen gut erreichbarer, leistungsstarker PCs der Internet-Nutzer aus, um diese unbeobachtet in ein sog. Botnetz (Netz von Robotern) einzufügen, das dann plan-

98 Vgl. Überblick bei Frei/Plattner, Cyber Crime als Dienstleistung, digma 04/2008, S. 160 ff. m.w.N.

99 Zum Thema WikiLeaks und Subkultur der Hacker vgl. Kreye, Alle Daten sind frei, SZ v. 30.11.2010, S. 11.

100 S. unter: http://www.ccc.de/hackerethics (letzter Abruf 22.03.2012).

mäßig Attacken gegen Dritte ausführt. Die Angriffe werden immer noch weiterentwickelt und perfektioniert. Mit dem Wurm Stuxnet wurde 2010 eine erste Malware entdeckt, die in Produktionsanlagen, in Satelliten und Kraftwerken eingesetzt wird und als Teil einer militärischen Entwicklung, als **Cyberwar** interpretiert werden kann.[101]

Mit dem Aufkommen des interaktiven Internets **Web 2.0** und der damit verbundenen Verbreitung komplexer Web-Dienste (z. B. Software as a Service mit Google Docs und Social Networks) entwickelt sich das Web zu einem Zweiweg-Medium bzw. zu einer Zweiweg-Kommunikationsplattform.[102] Darüber hinaus ist zu beobachten, dass reale und virtuelle Lebenswelten immer mehr konvergieren, sich auch die Grenzen zwischen lokalen und Cyber-Kriegen aufheben. Es bahnt sich eine weitere Stufe des Web an: das semantische **Web 3.0**. Die in menschlicher Sprache ausgedrückten Informationen im Internet sollen mit einer Beschreibung ihrer Bedeutung versehen werden, die auch von Computern „verstanden" und verarbeitet werden kann. So sollen etwa Informationen über Orte, Menschen und Dinge mithilfe des semantischen Webs kontextbezogen verarbeitet werden können. Es handelt sich um ein „bewertendes" Web, das den notwendigen Zusammenhang zwischen Lebens- und Maschinenwelten herstellen soll.

Die steigende Verbreitung von digitalen „sozialen Kreisen" bzw. **„sozialen Netzwerken"** wie YouTube, Facebook, Myspace, dem Fotodienst Flickr, Twitter & Co., ermöglicht nicht nur neue Beziehungsformen und politische Aktivitäten, die bis hin zu Social-Media-Plattformen in Wahlkämpfen oder in Bürger-Revolutionen etwa über gut verlinkte Twitter-Nutzer an Bedeutung gewinnen.[103] Sie wecken auch die Begehrlichkeiten der Marketingfachleute, weil dort Millionen von Personen bereitwillig ihre persönlichen und intimsten Gedanken und Vorlieben offenlegen.[104] Dazu gehört auch die Veröffentlichung von Abbildungen anderer Personen oder von Meinungen über diese (Lehrer, Mitschüler, Professoren, Richter, Polizisten, Ärzte oder Finanzdienstleister) in Bewertungsportalen (Ranking Sites). Bei solchen Formen des „User Generated Content" handelt es sich nach deutschem Recht um Telemedien (Online-Dienste). Die neuen Dienste übernehmen teilweise auch die Funktion eines Prangers oder von Schwarzen Brettern, Foren und visuellen Kuschelecken. Aber auch Beschäftigte und Arbeitgeber/Dienstherren nutzen Plattformen etwa in Bewerbungsverfahren.[105] Durch den Einsatz von sozialen Netzwerken in Unternehmen kann nicht nur der Wissenstransfer innerhalb einer Firma erleichtert und das Betriebsklima positiv beeinflusst, sondern auch ein über Jahre aufgebautes Marketing-Image blitzschnell zerstört werden.[106] Denn die Betreiber von sozialen Netzwerken wie der Business Community Xing oder von Twitter können beobachten, worüber Menschen reden und daraus nützliche Analysen für Marketing-Experten, Prognosen für Aktienwerte usw. ableiten. Der informationelle Machtgewinn für diejenigen, die soziale Netzwerke für ihre Interessen auch personenbezogen abschöpfen, ist gewaltig.[107]

---

[101] Gaycken, Cyberwar (2010), S. 175 f.; Krüger, Wettrüsten im virtuellen Raum, SZ v. 07.02.2011, S. 8.

[102] Hoeren/Vossen, DuD 2010, 463.

[103] Kocher, Ägypten mit verändertem Gesicht, NZZ International v. 29.01.2011, S. 5; Kornelius, Die Macht im Internet, SZ v. 27.01.2011, S. 4.

[104] Zur immensen Gewinnsteigerung durch das Sammeln von persönlichen Daten bei Facebook etwa für die Werbung vgl. Koch, Wallstreet steigt bei Facebook ein, SZ v. 04.01.2011, S. 1.

[105] Zum Problem Tinnefeld/Petri/Brink, MMR 2011, 427, 432.

[106] Zu den Risiken von sozialen Netzwerken für Unternehmen vgl. Langheinrich/Karjoth, digma 2010, 50 ff.

[107] Dazu Mislove/Viswanath/Gummadi/Druschel, You are who you know. Interfering user profiles in Online Social Networks (2010).

Beispiel: Der Online-Buchhändler Amazon und Facebook kombinieren ihre Datenbanken. Amazon stellt aus den vorhandenen Informationen eine Wunschliste zusammen und veröffentlicht sie bei Facebook. Freunde in der Facebook-Community registrieren die Wünsche des Einzelnen und kaufen ihm etwa ein bestimmtes Buch zum Geburtstag. Dabei handelt es sich um eine besondere Form des Word of Mouth Marketing (WoMa).

Beispiel: Der kostenlose Internetdienst Google Analytics befasst sich u. a. mit dem Surf-Verhalten von Internetnutzern. Die Betreiber von Webseiten erhalten ein Analysewerkzeug, um Aufschluss darüber zu gewinnen, welche Seiten die Surfer zuvor besucht, wo sie danach hingeklickt haben und wie lange sie dort verweilt haben usw. Der Nutzen für Google besteht darin, dass auf den Rechnern des Konzerns in den USA alle Informationen zusammenkommen und ausgewertet werden können. Google ermöglicht den Nutzern über eine Zusatzsoftware, die nicht überall einsetzbar ist, der Verwendung ihrer Daten für Google Analytics zu widersprechen. Bei der Zusatzsoftware wird auch die IP-Adresse des Nutzers an Google übermittelt.[108]

Auf Online-Plattformen werden zunehmend auch illegale Inhalte verbreitet, vor allem (harte) Kinder-Pornografie, aber auch rechtsextremistische Angebote.[109] Nach neueren Studien ist im Deliktsbereich der Anteil von Kindern und Jugendlichen, die im Internet gewollt oder ungewollt mit harter Pornografie konfrontiert werden, sehr hoch.[110] Schließlich haben insbesondere kleine Länder illegale Internetangebote als Geschäftsmodell entdeckt und hosten illegale Spielplattformen sowie Film- und Musikdownloadseiten, ohne auf internationale Anfragen nach den Betreibern der Seiten zu reagieren.

Daten werden häufig nicht mehr nur auf lokalen Computern, sondern auf Online-Speicherplätzen, sog. Online-Repositories, abgelegt. In solchen Fällen ist die Polizei im Rahmen einer klassischen Durchsuchung nicht mehr in der Lage, auf solcherart gesicherte Daten zuzugreifen. Auch aus diesem Grunde wurde die sog. Online-Überwachung, der heimliche Zugriff auf persönliche IT-Systeme des Nutzers, erlaubt, um dort nach Dateien zu suchen oder Eingaben des Nutzers zu überwachen.

Weltweit nimmt **Cloud-Computing**, eine über Netze angeschlossene Rechnerlandschaft zu, in welche die eigene Datenverarbeitung ausgelagert wird. Wissen die Anwender dann noch, wo sich ihre Daten befinden und wie sie verarbeitet werden? Haben sie die notwendige Kontrolle? Häufig werden die Daten auf Servern in Ländern gelagert, die eine divergierende Rechtsprechung und unterschiedliche technische Vorgaben im Bereich des Datenschutzes und der IT-Sicherheit haben.[111] Innerhalb und außerhalb der EU bestehen noch viele offene Fragen, vor allem zum Schutz besonderer (sensibler) Daten, etwa Gesundheitsdaten oder Beschäftigtendaten. Die Gestaltung einer sicheren Cloud-Umgebung, die den europäischen Datenschutzanforderungen genügt, *„ohne dass auf die Vorteile von Cloud-Computing verzichtet*

108 Zum datenschutzrechtlichen Problem Hoeren, ZD 2011, 3, 5; s. a. Martin-Jung, Zoff um die Zahlen, SZ v. 12.01.11, S. 21.

109 Dazu Sieber/Nolde, Sperrverfügungen im Internet (2008).

110 Sieber/Nolde, Sperrverfügungen im Internet (2008), S. 12 m.w.N.

111 Zu den Risiken vgl. Bericht der Firma Cisco unter: http://www.cisco.com/go/securityreport/ (letzter Abruf 22.03.2012).

werden muss, also z. B. auf Kostenersparnis, Skalierbarkeit der angebotenen Leistungen und Datenverfügbarkeit", gehört inzwischen zu den Forschungsschwerpunkten in der EU.[112]

1.4.2 Beteiligte und Adressen

Im Rahmen von Kommunikationsvorgängen in der Netzwelt sind Nutzer und Provider beteiligt.

- **Nutzer** sind diejenigen, die angebotene Dienste oder Informationen über das Internet oder andere Netze in Anspruch nehmen. Es ist nicht immer einfach, einen Nutzer zu identifizieren. Mit dem Auffinden eines benutzten Rechners kann nicht immer der Nachweis erbracht werden, dass eine konkrete Kommunikation durch eine bestimmte Person stattgefunden hat, insbesondere wenn ein Rechner von mehreren Personen (bspw. in der Familie, der Firma, der Universität) benutzt wird. Der Nutzer kann auch selbst etwa durch Anonymisierungs- und Verschlüsselungsverfahren daran mitwirken, dass eine vorhandene Datenspur zwar den Rechner, nicht aber ihn als Sender oder Empfänger erkennen lässt. Aus Sicht des Datenschutzes ist allerdings problematisch, dass viele Nutzer, etwa in sozialen Netzwerken, bereitwillig umfangreiche eigene Profile erstellen, die von Dritten, insbesondere auch von Wirtschaftsunternehmen, zu eigenen Zwecken genutzt werden, etwa bei Berufsbewerbungen.[113] Ein weiteres Problem sind nutzerseitig anfallende Daten, die zur Identifizierung verwendet werden können, etwa **Cookies**. Mit Cookies können verschiedene textbasierte Informationen auf dem Rechner des Nutzers bspw. für eine aktuelle Browser-Sitzung (z. B. für die Realisierung einer Einkaufskorbfunktion) oder auf Dauer von einem Betreiber (Web-Server) gespeichert werden.

  Beispiel: Häufig legen auch Marketingfirmen Werbebanner mit Hilfe eines gemeinsam betriebenen Servers ab, um dienstübergreifende personenbezogene Nutzerprofile zu erstellen. Um ein Cookie lesen zu können, müssen gemäß Spezifikation[114] Top-Level- und erste Unterdomain mit den Angaben beim Setzen des Cookies übereinstimmen (z. B. de-mail.de), eine Variante der sog. Same Origin Policy. In Ländern wie Großbritannien, wo es quasi zwei Top-Level-Domains gibt (.co.uk), ist die Lesbarkeit der Cookies dann besonders großzügig.

- **Access-Provider** ermöglichen den Zugang zu Computernetzen. Sie betreiben Router (Netzknoten zur Zusammenschaltung des Nutzers mit dem Internet – Verbindungsrechner), DNS Server (Domain Name System etwa www.oldenbourg.de), Kabel usw. Teilweise werden die Dienstleistungen der Access-Provider zum Dienstangebot der sog. Carrier (reinen Network-Betreiber) abgegrenzt. Sie bieten die Infrastruktur für die Verbindungen der Access-Provider untereinander. Carrier stellen also lediglich Leistungen zur Verbindung mit weiteren Netzknoten zur Verfügung.[115]

---

[112] Dazu Helmbrecht, DuD 2010, 554 f.

[113] Zum Beschäftigtendatenschutz vgl. Tinnefeld/Petri/Brink, MMR 2010, 727, 730 f.

[114] RFC 2109 und RFC 2965.

[115] Pfitzmann/Köpsel/Kriegelstein, Sperrverfügung gegen Access-Provider – Technisches Gutachten (2006), S. 48.

- **Bürgerportaldienste** bieten Plattformen für Bürger, Verwaltung und Unternehmen, die eine Infrastruktur für eine verschlüsselte, geschützte, nachweisbare Kommunikation im Internet ermöglichen.[116] Zu den Diensten gehört etwa ein sicherer Speicherplatz, der die Nutzer in die Lage versetzt, wichtige elektronische Dateien unter Erhalt der Vertraulichkeit gegen Verlust zu sichern, ein sicheres Postfach einzurichten, das durch einen sicheren Versanddienst ergänzt wird. Ein Bürgerportal-Gesetz soll die datenschutzgemäße De-Mail sicherstellen.[117]
  Für die persönliche Zuordnung einer Internetverbindung ist die jeweilige Adresse im Internet von Bedeutung. Die Übertragung einer IP-Adresse ist bislang technisch zwingend.
- **IP-Adressen**, über die Rechner im Internet gefunden werden, bestehen aus einer Zahl, die traditionell als vier durch Punkte getrennte Dezimalzahlen angegeben wird (z. B. 192.168.123.145). Die Zahl der möglichen IP-Adressen ist auf 2^{32} Adressen beschränkt, die Anfang 2011 vollständig vergeben waren. Deshalb wird das bisherigen Adressschema IPv4 auf eine neues Schema IPv6 umgestellt. In dem neuen Schema gibt es 2^{128} verschiedene IP-Adressen.
  Eine **IPv6-Adresse** besteht aus einem Providerteil (maximal 32 Bit; der vordere Teil der IP-Adresse), der dem Provider von der Regional Internet Registry zugewiesen wird. Die nachfolgenden 32-Bit können vom Provider dem Kunden zugewiesen werden. Die letzten 64 Bit der IP-Adresse (Interface Identifier) können vom Kunden selbst festgelegt werden. Dabei ist vorgesehen, dass der Interface Identifier eindeutig aus Hardwareeigenschaften des Netzwerkinterfaces bestimmt wird[118]. Damit wären die letzten 64 Bit einer IP-Adresse eindeutig einem Rechner zuzuordnen; der Rechner wäre weltweit verfolgbar. Um dieses Datenschutzproblem zu umgehen, wurden die Privacy Extensions[119] eingefügt. Über diesen Mechanismus ändert ein Rechner seine IPv6-Adresse regelmäßig. Derzeit unterstützen (noch) nicht alle Betriebssysteme diese Datenschutzerweiterung.
  Der Mangel an IPv4-Adressen führte dazu, dass Provider – insbesondere im Privatkundengeschäft – keine festen (statischen), sondern sich regelmäßig ändernde (dynamische) IP-Adressen zugewiesen haben. Wenn aber ein Rechner ständig unter einer anderen IP-Adresse im Internet agiert, verhindert dies die Nachverfolgbarkeit der Aktionen des Nutzers. Insofern führt der Mangel zu mehr Datenschutz, da die Profilbildung erschwert wird.
  Da an IPv6-Adressen kein Mangel besteht, ist zu erwarten, dass die dynamische Zuteilung der IP-Adressen an Bedeutung verliert. Damit dürfte es dann sehr leicht fallen, den Kunden oder das Unternehmen zu identifizieren.

Beispiel: Zugangsprovider halten Verkehrsdaten zum Internet (Benutzererkennung, zugewiesene dynamische IP-Adresse, Zeitstempel) für Sicherheitszwecke sieben Tage vor. Nach dem deutschen TKG[120] ist das Vorgehen zwar zulässig, die Provider sind

116 Dazu Roßnagel in Klumpp/Kubicek/Roßnagel/Schulz (Hg.), Netzwelt – Wege, Werte und Wandel (2010), S. 221–230.

117 Vgl. De-Mail Kriterienkatalog unter http://www.bfdi.bund.de/DE/Schwerpunkte/DEMail/InformationenAnbieter/Artikel/KriterienkatalogNachweis.html?nn=1958446 (letzter Abruf 22.03.2012).

118 RFC 4291, Anhang A.

119 RFC 3041.

120 Vgl. § 100 Abs. 1 i.V.m. § 109 TKG.

dazu aber nicht verpflichtet. Da die Daten – bei allen Tarifen – nicht für betriebliche Zwecke (Abrechnung) erforderlich sind, verzichten einige Provider auf diese Speicherung. Konsequenz: In diesen Fällen ist eine Bestandsdatenauskunft nach dem TKG[121], nämlich die Frage der Ermittler, wer hatte zu einem bestimmten Zeitpunkt eine bestimmte IP-Adresse, nicht möglich. Das Eckpunktepapier des Bundesjustizministeriums vom Januar 2011 sieht vor, die siebentägige Vorratsspeicherung der o. g. Verkehrsdaten verpflichtend einzuführen, damit sie bei allen Providern insbesondere im Rahmen der Bekämpfung von Kinderpornografie zur Verfügung stehen. Bei einer Umstellung auf neue Adresssysteme würde die dynamische IP-Adresse allerdings an Bedeutung verlieren und weitere Kontrollmöglichkeiten entstehen.[122]

- **Host-Provider** sind diejenigen Dienstleister, die fremde Informationen auf ihren IT-Systemen speichern und ggf. Dritten zum Abruf zur Verfügung stellen. Host-Provider werden als Anbieter von E-Mail-Lösungen (z. B. GMX oder Hotmail), Webspace oder anderen internetbasierten Diensten auch als Service-Provider bezeichnet.
- **Proxy-Cache-Provider** speichern Informationen kurzfristig und automatisiert zwischen (Cache). Sie leiten Anfragen, die sie nicht aus dem Cache beantworten können, unter einer eigenen IP-Adresse weiter. Sie können auch als Filter eingesetzt werden. Diese Funktion wird etwa genutzt, um Zugriffe auf pornografische Angebote oder andere unerwünschte Angebote aus Firmennetzen zu unterbinden.
- **Content-Provider** sind Server, die Inhalte der Nutzer einstellen oder Informationen für Dritte bzw. für den anfordernden Client bereithalten. Die Content-Betreiber nehmen zur Darstellung der Inhalte die Angebote eines Service oder Host-Providers in Anspruch oder treten parallel selbst in dieser Eigenschaft auf.
- **Suchmaschinenbetreiber** erleichtern nicht nur den Zugang zu Informationen im Internet. Sie bestimmen oft auch, welche Informationen im Internet zugänglich sind bzw. faktisch unzugänglich bleiben. Sie haben gleichsam eine Funktion wie Gatekeeper im öffentlichen Kommunikationsprozess.[123] Sie sind von Bedeutung im Prozess der Meinungsbildung, so dass auch die Grundrechte auf Meinungs- und Informationsfreiheit berührt sein können, die ggf. bei staatlich angeordneten Zugangsbeschränkungen beachtet werden müssen.[124] Das zentrale Angebot von Suchmaschinen wie Google besteht in der Zusammenstellung von Informationen, die auf den von Nutzern angegebenen Suchbegriffen beruhen. Google indiziert (i.S.v. Indexerstellung) das WWW. Aufgrund der Suchbegriffe recherchiert Google im Index die Hyperlinks. Der Suchmaschinenbetreiber bewertet die gefundenen Informationen nicht. Die hinter der Ergebnisliste stehenden Angebote können unter Umständen jugendgefährdend sein.[125]
- **Suchmaschinenbetreiber** wie **Google, Yahoo und Microsoft** planen neuartige Maschinen für Zwecke der **social search**. Bisher gibt es integrierte Lösungen wie „See what

121 Vgl. § 113 i.V.m. §§ 161, 163 StPO.

122 Dazu Rieger, Das kommende Vorratsdatendrama, FAZ v. 20.01.2011, S. 29.

123 Schulz/Held/Laudien, Suchmaschinen als Gatekeeper in der öffentlichen Kommunikation (2005).

124 Verfassungsrechtliche Bewertung vgl. Heckmann, Gutachterliche Stellungnahme (2010) unter:http://www.bundestag.de/bundestag/ausschuesse17/a06/anhoerungen/archiv/03_Zugangserschwerung/04_Stellungnahmen/Stellungnahme_Heckmann.pdf (letzter Abruf 22.03.2012); s. a Tinnefeld, DuD 2010, 15, 17.

125 Dazu Schindler in Machili/Schneider (Hg.), Suchmaschinen: Neue Herausforderungen für die Medienpolitik (2005), S. 55.

your friends are sharing on facebook", „E-mailed-Blogged-Viewed most" auf den Seiten der New York Times und den neuen Service „Buzz" (zu deutsch Summen, Brummen, also alles, was um die Menschen herum passiert), der in „gmail" von Google integriert ist.

- **Suchmaschinenoptimierung (SEO)** bedeutet, dass alle Modifikationen einer Webseite zusammengefasst werden, die für bestimmte Suchbegriffe (z. B. für die Generierung eines höheren Rankings) in den Trefferlisten der Suchmaschinen dienen. Dazu wird das Internet mit spezieller Software (Crawler, Spider oder Robots) durchleuchtet. Diese Programme analysieren die gefundenen Webseiten unter dem Aspekt ihrer Bedeutung für bestimmte Stichwörter und Themen.
- **Social Networks** sind Plattformen der Selbstdarstellung und des Austausches. Die Teilnahme erfordert oft eine Anmeldung bei der gewünschten Community. Bei jedem Vorgang des Einloggens wird mindestens die IP-Adresse des Rechners benötigt. Die Nutzer übermitteln Informationen und rufen die der anderen Nutzer ab, die der Betreiber der Plattform bereithält. Die Nutzer und Dienstanbieter verbinden außerdem Nutzerinformationen durch Verlinkungen und Tagging. In jeder Phase fallen personenbezogene Daten an.

Beispiel: Die Anbieter der Plattformen Facebook oder StudiVZ verfolgen aus wirtschaftlicher Sicht das Ziel, die Informationen ihrer Nutzer für eine personalisierte Werbung auszuwerten und das Ergebnis sodann zu „verkaufen". Um dieses Ziel zu erreichen, bietet der Anbieter einen technisch-organisatorischen Rahmen und Handlungsmöglichkeiten, die so allgemein gehalten sind, dass der Nutzer sie weitgehend selbst gestalten kann. Anders ist die Situation etwa bei spickmich.de. Hier geben die Anbieter Rahmenangaben wie Bewertungskriterien und Bewertungssysteme detailliert vor. Der Nutzer ist Lieferant der personenbezogenen Informationen, die der Anbieter verarbeitet und präsentiert.

Ein weitere Kategorie Beteiligter im Internet sind die **„Cyber-Angreifer"** wie Hacker und Cracker. Der Begriff Hacker ist nicht eindeutig. Eine grobe Unterscheidung ist die zwischen White Hats, die moralisch gute Projekte verfolgen und Black Hats, die kriminell handeln, sowie Grey Hats, die sich keiner der beiden Gruppierungen zuordnen lassen.[126]

- **Hacker**, die den White Hats zugerechnet werden, nutzen ihre Fähigkeiten zu Forschungszwecken, für Sicherheitstests an Systemen, für die Optimierung des Datenschutzes. Ein herausragendes Beispiel ist der CCC, der sich explizit für eine White-Hat-Ethik positioniert hat.[127] Seine Tätigkeit lässt sich im weitesten Sinn mit der von Whistleblowern vergleichen, die schwerwiegende Missstände in ihrem Arbeitsumfeld aus primär uneigennützigen Motiven aufdecken.[128] Davon zu unterscheiden sind die Grey Hats, die illegal in fremde Systeme einbrechen, um öffentlichkeitswirksam auf Sicherheitslücken hinzuweisen und ggf. ausgespähtes Rohmaterial wie Kriegsdokumente etwa im Internet zu veröffentlichen. Sie sind insoweit auch die Informationsquelle ihrer Nachrichten.

---

126 Vgl. zu den Begriffen Gaycken, Cyberwar: Das Internet als Kriegsschauplatz (2010), S. 49 ff.

127 Vgl. unter: http://www.ccc.de/hackerethics (letzter Abruf 22.03.2012).

128 Vgl. Deutscher Bundestag Wissenschaftlicher Dienst, Begriff: Whistleblower (2009), S. 1.

- **Cracker**, die den Black Hats zugerechnet werden, haben negative Absichten. Wenn es ihnen etwa um die illegale Beschaffung von Geld durch Kreditkartenbetrug und ähnliche Techniken des Social Engineering geht, werden sie auch unter der Kategorie **Cyberkriminelle** geführt. Es ist auch davon auszugehen, dass sie zunehmend strategisch von Staaten militärisch eingesetzt werden.

Im Ganzen werden Menschen, die im Internet aktiv sind, ohne Selbstdatenschutz immer verwundbarer: Im Rahmen des sog. Information Gathering können mit Footprinting zahlreiche persönliche Basisinformationen erfasst und Profile der betroffenen Ziel-Person entwickelt werden usw.

1.4.3 Netzverbindungen und Netzneutralität

Den Zusammenschluss vieler einzelner Netze (z. B. Telekom, Deutsches Forschungsnetz) bezeichnet man auch als das Internet. Dabei ist die Interoperabilität durch detailliert festgelegte Standards, den sog. RFC (Request for Comment) sicher gestellt. Insgesamt gibt es mehrere tausend derartiger Dokumente. Ob es um den Aufbau von Datenpaketen beim IP-Protokoll oder um die Details der Zustellung einer E-Mail geht, alle Parameter sind in den entsprechenden RFCs detailliert beschrieben. Im Gegensatz zu vielen anderen Normungsdokumenten stehen die RFC jedermann kostenfrei zur Verfügung.

Eine Adressierung von Rechnern im Internet geschieht heute nahezu ausnahmslos durch ihre IP-Adressen. Dies ist völlig unabhängig von einer hardwarespezifischen Adressierung, die sich aus dem konkret eingesetzten technischen Medium (z. B. Glasfaser, Kupferkabel, Funk-LAN) ergibt.

Neben der IP-Adresse des absendenden oder empfangenden Rechners kennt das IP-Protokoll noch eine größere Zahl weiterer (Unter)protokolle, wie z. B. TCP, UDP, ICMP und andere, Diese (Unter)protokolle erlauben die Verwendung bestimmte Dienstgütemerkmale. Eine TCP-Verbindung ist sitzungsorientiert und sendet verloren gegangene Pakete automatisch neu. Eine UDP-Verbindung ignoriert einen Paketverlust vollständig.

Die häufig verwendeten Protokolle TCP und UDP erlauben weiterhin die konkrete Adressierung eines bestimmten Dienstes über eine Dienstbezeichnung, die sog. Portnummer (z. B. 80 für http und 443 für https). So können auf einem Server über die zahlreichen Portnummern verschiedene Dienste adressiert werden.

Das Internet wird in der Öffentlichkeit oft fälschlich als WWW bezeichnet. Im Allgemeinen wird darunter die Möglichkeit des Aufrufs von Web-Seiten verstanden. Tatsächlich ist das WWW ein Dienst unter vielen, der allerdings mit Abstand am häufigsten genutzt wird.

Um eine Ressource im Internet abrufen zu können, muss sie adressiert werden können. Dazu hat sich die Notation mittels Uniform Resource Indicator (URI) eingebürgert. Insbesondere die Spezialform des Uniform Ressource Locators (URL) ist vertraut, da so die Quellen im Internet angegeben werden. Nach diesen allgemeinen Schemata können sowohl Dateien auf Web-Seiten (http://…), E-Mail-Adressen (mailto://name@…) oder Videostreams (mms://…) bezeichnet werden.

Zu den wesentlichen Konzepten des Internets gehört die Transportfreiheit durch Sicherung der **Netzneutralität**. Anders formuliert, es geht um den diskriminierungsfreien Transport von

Internetpaketen.[129] Danach dürfen Netzbetreiber grundsätzlich keine Prioritäten bei der Durchleitung der Datenpakete durch das Netz setzen (z. B. durch ein besonderes Entgelt für schnellere Beförderung). Sie müssen alle Datenpakete gleich behandeln, also Netzneutralität bewahren.[130] Die Debatte um Netzneutralität und Quality of Service (QuoS) ist Teil des Zusammenspiels von Inhalten und Netzen, Telemedien und Telekommunikation. Dabei ist zu berücksichtigen, dass bei zunehmenden Datenmengen in besonderen Fällen eine gewisse Steuerung der Netzströme dann notwendig werden kann, wenn die Übertragungskapazitäten etwa für eine Rundfunksendung nicht ausreichen.

Beispiel: Internet Television (TV) muss anders als E-Mail unterbrechungsfrei laufen. Eine störungsfreie Übertragung bei Netzengpässen kann eventuell nur gewährleistet werden, wenn solche Anwendungen bevorzugt behandelt werden. Das gilt ebenso für die Internet-Telefonie.

Netzbetreiber sind technisch in der Lage, durch differenzierte Transportschwierigkeiten oder Blockaden von Diensten die freie Kommunikation über das Internet zu beeinträchtigen. Dazu gehören auch technische Methoden, die eine **Just-in-Time-Inhaltsprüfung** ermöglichen. Sie gefährden dann das an sich offene Internet durch

- Inhaltsüberwachung (Bruch des TK-Geheimnisses, Art. 10 GG) und
- Zensur (Verstoß gegen Meinungs- und Informationsfreiheit, Art. 5 Abs. 1 S. 1 GG).

Als Arbeithsypothese gilt im Internet der Grundsatz:

- Unterschiedliche Anwendungskategorien dürfen unterschiedlich behandelt werden und
- innerhalb einer Kategorie ist eine Unterscheidung nicht erlaubt.

Offen ist die praktische Frage, wer die Kategorien wie unterscheiden soll. Verbraucher und Inhaltsanbieter können die Transportqualitäten nicht nachvollziehen. Der neue EU-Rechtsrahmen enthält Ansatzpunkte für erweiterte Transparenzverpflichtungen und die Einführung von Mindeststandards, die in die deutsche TK-Regulierung umgesetzt werden.[131]

1.4.4 Beschäftigungsflexibilität und Kontexte

Der schnelle Ausbau vernetzter Unternehmen ermöglicht Flexibilität bei der Beschäftigungsstrategie. Dabei ändern sich die Raum-Zeit-Koordinaten für Beschäftigte an verschiedenen Orten. Es herrscht praktisch **Gleichzeitigkeit**. Die Kommunikation der Beschäftigten in und außerhalb der Firma ist in der Regel im Kontext des örtlichen Miteinander verständlich. Das kann sich ändern, wenn Menschen etwa in wirtschaftliche Strukturen anderer Länder (Indien, China, Russland, USA usw.) eingebunden werden. Weltweit arbeitende Unternehmen müssen im **Non-Stop-Arbeitsmarkt** berücksichtigen, dass beteiligte Beschäftigte nicht nur an Raum- und Zeitvorstellungen (z. B. betriebliche Orte/Familienhaushalt, 8-Stunden-Tag und

---

129 Zum Begriff Holznagel/Ricke, DuD 2011, 611 ff.

130 Vgl. Vogelsang in Klumpp/Kubicek/Roßnagel/Schulz (Hg.), Netzwelt – Wege, Werte, Wandel (2010), S. 5–14.

131 Ricke, MMR 2011, 642, 645 m.w.N.

40-Stunden-Woche), sondern auch an eine soziale Verständigung gebunden sind, die auf den jeweiligen Gesellschaftsordnungen und spezifischen Kulturtraditionen beruht.[132]

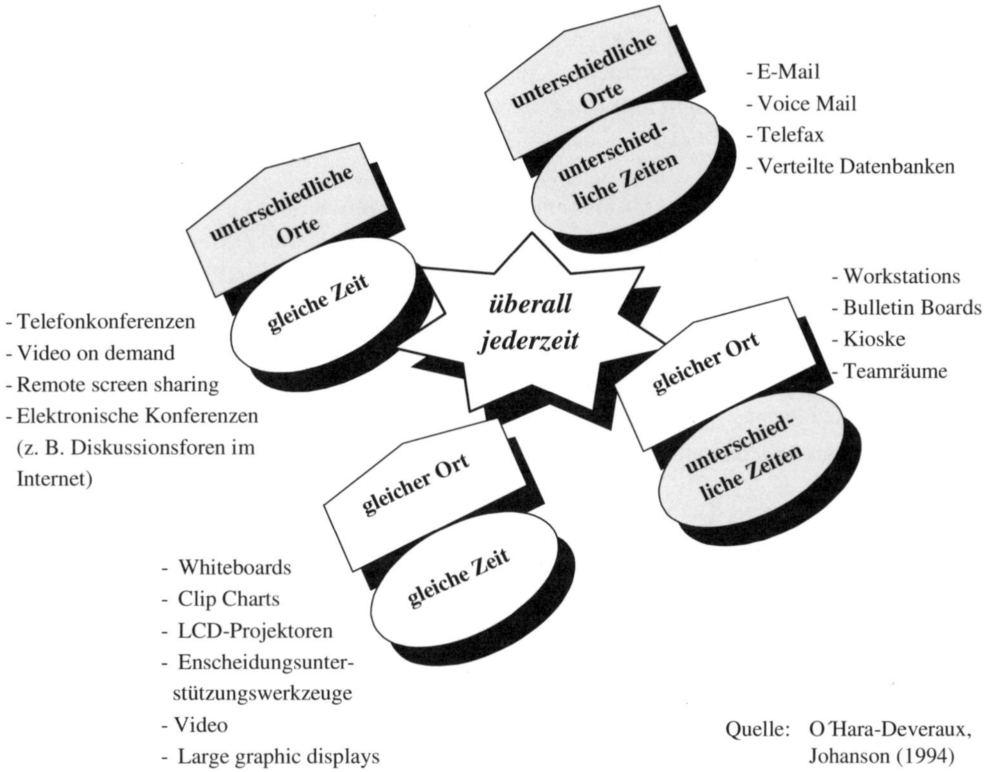

Quelle: O'Hara-Deveraux, Johanson (1994)

Abb. 1: Globalisierung der Arbeitswelt

Die mobilen Technologien sind **Wegbereiter neuer sozialer Kontrollen**. Mit dem Einsatz von computerunterstützten und „digital cellular" Netzwerksystemen sind staatliche und private Stellen in der Lage, Einzelne und Gruppen über Grenzen hinweg unbemerkt zu beobachten und ihre Datenspuren auszuwerten. Nachrichtendienste, polizeiliche Fahnder und Ermittler verlangen ebenso nach diesen Instrumentarien wie Arbeitgeber oder Wirtschaftsspione. So macht es technisch keine Schwierigkeiten, mit speziellen Geräten den jeweiligen Standort der Handys auszumachen, und zwar auch dann, wenn der Teilnehmer nicht telefoniert.[133] Wo immer Netze abgehört werden können, wird auch **vertrauliche Kommunikation** gefährdet.

Beispiel: Bei einem aktiven modifizierten Handy kann der Display abgeschaltet werden, so dass der Eindruck entsteht, das Handy sei ausgeschaltet. Wenn das Handy mit einem be-

---

132 Sennett, Der flexible Mensch. Die Kultur des neuen Kapitalismus (1998), S. 37. Zutreffender ist der Titel des amerikanischen Originals „The Corrosion of Character".

133 Fox, DuD 2002, 212, 213 f.

sonders sensiblen Mikrophon ausgestattet ist, können mittelgroße Räume überwacht werden. Ruft man das Handy an, so kommt sofort das „Gespräch" zustande – ohne Klingelzeichen und bei ausgeschaltetem Display. Das Herausnehmen des Akkus hilft nur bedingt gegen Abhörattacken. Eine „Wanze" benötigt immer eine Stromversorgung. Sofern daher ein als Wanze umgebautes Handy den Handy-Akku zur Stromversorgung nutzt, deaktiviert ein Herausnehmen des Akkus die Arbeitsfähigkeit der Wanze. Es ist aber auch möglich, dass ein modifiziertes Handy mit einer Sekundärstromversorgung ausgestattet ist. Ein solcher versteckter Zweit-Akku müsste wegen Platzmangels extrem klein sein und würde nur über eine sehr niedrige Kapazität verfügen. In diesen Fällen wäre eine Nutzung des GSM-Netzes nicht oder nur über sehr wenige Minuten möglich.

Beispiel: Konzerne bauen zentrale **Kompetenzdatenbanken** auf, in denen Qualifikationen und Leistungen (Skills) von potenziellen Mitarbeitern oder Arbeitnehmern global erfasst und zusammengeführt werden, um von Projekt zu Projekt den Mitarbeiter zu finden, der sich in das **Skill-(Persönlichkeits-)Profil** einpassen lässt. Diese Informationen sind faktisch kulturabhängig. Es fehlt häufig das situationsspezifische kulturelle Wissen, wenn die jeweils betroffene Person bei der Verarbeitung ihrer Daten kein informationelles (Mit-)Entscheidungsrecht hat.

Der Zugriff auf international vernetzte Datenbestände setzt Staat und Wirtschaft faktisch in den Stand, personenbezogene Informationen massenhaft zu erfassen und in neuer Qualität und für unterschiedliche Zwecke und ohne Rücksicht auf den ursprünglichen Kontext zu verarbeiten.

1.5 Explosion von Information

In der Netzwelt finden sich unendliche Informationsströme, die sich von Mensch zu Mensch, von Fach zu Fach, von Staat zu Staat usw. bewegen und häufig auch Dritten zugänglich sind und von ihnen in anderen Zusammenhängen analysiert werden. Das Phänomen **Informationsfülle** hat der Nobel-Preisträger und Wirtschaftsexperte Herbert Simon problematisiert: „A wealth of information creates a poverty of attention."[134] Seine Analyse gilt nicht nur für den Bereich der Wirtschaft, sondern ist grundsätzlicher Natur.

Es besteht die Gefahr, dass sie einen Menschen auf eine Rolle festlegt, in der sich der Betroffene seinem kulturellen, geschlechtlichen, religiösen oder ethischen Selbstverständnis nach nicht sieht.[135] Das gilt insbesondere dann, wenn er mit der von anderen auferlegten Kategorisierung Muslim, schwarzer Vollbart, dicke Lippen usw. etwa in einer staatlichen Terrorliste leben muss, obwohl kein konkreter Verdacht einer Straftat gegen ihn vorliegt.

Das Problem, dass Datenabgleich und Selektion von Daten oft die Kenntnis des zu vermittelnden (kontextbezogenen) Wissens voraussetzen, stellt sich nicht nur hinsichtlich des Abrufs von Daten, sondern auch bezüglich des Inhalts; es wächst die Gefahr der falschen Aus-

---

[134] Zitiert nach Shapiro/Shapiro/Varian, Information Rules (1998), S. 6.

[135] Goffmann, Stigma. Über Techniken der Bewältigung beschädigter Identität (13. A. 1998), S. 136 ff.

wahl wegen unbestimmter Kriterien. Relevante Nachrichten werden oft nicht mehr wahrgenommen: sie bieten sich vergeblich an.[136]

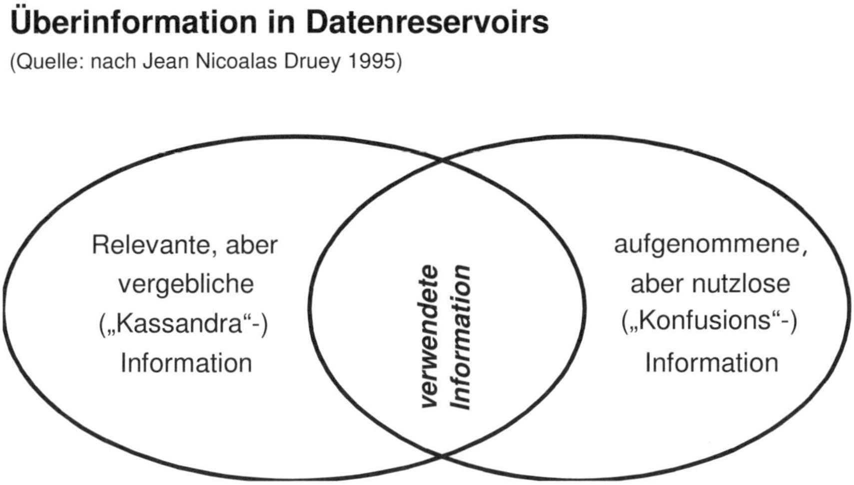

Abb. 2: Vorratsspeicherung

Der Aufwand und die Machtposition der staatlichen Behörden beim Zugriff auf die Daten wachsen in Abhängigkeit von der

- Unbestimmtheit der Selektionskriterien und der
- Ausdehnung des Begriffs der Verfügbarkeit.

Auswahlkriterien jeglicher Art fehlen etwa bei einer anlasslosen Vorratsspeicherung der TK-Verkehrsdaten auf der ersten Ebene: statt an einer am tatsächlichen Bedarf im Einzelfall orientierten Speicherung, die bei Vorliegen eines konkreten Verdachts verlängert werden könnte, sollen anfallende Daten aller Nutzer (verdachtlos und ohne eine vorliegende Rechtsgutverletzung) bei einem Provider über einen längeren Zeitraum für Zwecke der Strafverfolgungsbehörden gespeichert werden. Auf der Zugriffsebene soll eine Verfügbarkeitsschranke die Strafverfolgungsbehörden verpflichten, personenbezogene Daten nur nach bestimmten Selektionskriterien (Fälle schwerer Kriminalität) abzurufen.[137]

Fraglich ist, ob das Sammeln einer Überfülle von personenbezogenen Informationen im Rahmen einer Vorratsspeicherung noch verhältnismäßig ist. Eine Maßnahme ist danach nur dann erforderlich, wenn keine gleichermaßen geeignete Maßnahme denkbar ist, die die Rechte des Betroffenen i.S.d. grundrechtlich geschützten Telekommunikationsgeheimnisses weniger beschneiden würde. Mit dem Quick-Freeze-Verfahren, das in der Cybercrime Konvention des Europarates vorgesehen ist, liegen heute Methoden vor, die den Schutz der Telekommunikation weit weniger beeinträchtigen würden.[138] Bei dem Verfahren übermitteln Ermittler, die einen Verdächtigen anhand einer IP-Adresse gefunden haben, diese an den Provider, der daraufhin dessen Daten „einfriert". Wenn sich die Verdachtsmomente für die Ermittler ver-

---

[136] Druey, Information als Gegenstand des Rechts (1996), S. 68 f.

[137] Dazu BVerfG v. 11.03.2008, NVwZ 2008, 543, 546.

[138] Cybercrime Konvention (2002) für gespeicherte Computerdaten (Art. 16) und für Verkehrsdaten (Art. 17).

dichten, können sie (mit Hilfe eines gerichtlichen Verfahrens) die Herausgabe der eingefrorenen Daten verlangen.

In einer Gesamtschau ist zu prüfen, ob das mit der Beschränkung der Freiheitsrechte verfolgte Ziel, den Terror auch präventiv zu bekämpfen, gleich oder höher zu bewerten ist als die Beschränkung des TK-Geheimnisses und des Rechts auf Privatheit. Kann durch ein maßloses Akkumulieren von Daten eine Terrorgefahr wirksam eingeschränkt werden? Wird dadurch nicht der polizeiliche Gefahrenbegriff entkonkretisiert? Wird hier am Ende nicht auch eine diffuse Angst vieler Menschen vor dem Terror bedient? Gräbt sich der Rechtsstaat durch das verdachtlose Anhäufen von persönlichen Daten i.S.v. von Goethes Faust sein eigenes Grab?[139]

„Sentient city" ist der Begriff für eine Stadt, die von allgegenwärtiger Information geprägt ist. Solcherart Information wird auch durch den Einsatz „optisch elektronischer Einrichtungen" (Videos) erzeugt, die Menschen in der Stadt kontinuierlich und in Echtzeit präventiv überwachen. Um etwa Selbstmordattentäter oder andere Kriminalität im Vorfeld zu entdecken, setzen Großstädte wie London flächendeckend digitale Überwachungssysteme ein, z. B. CCTV (Closed-Circuit-Television)-Kameras. Die noch im vergangenen Jahrhundert unterstellte „Anonymität der Großstadt" (Georg Simmel) weicht damit einer „Rund-um-die-Uhr-Überwachung", die weder Terroranschläge verhindert, noch zu deren polizeilichen Aufklärung einen nennenswerten Beitrag geleistet hat.[140]

Der vorbeugende heimliche Einsatz von Videokameras im öffentlichen Raum oder in Betriebsstätten von Unternehmen ist geeignet, Angst und Unsicherheit zu erzeugen. Dadurch wird eine unbefangene Kommunikation nicht nur beeinträchtigt, sie kann auch den Mitbürger oder den Mitarbeiter isolieren:

„Video is a powerful medium: it can make a point or convince people in ways that other media cannot. Video captures aspects of human behaviour, such as gaze and body language, that are not available in any other form. Somehow video seems ‚real' yet, perhaps it is too powerful. Just as statements taken out of context can be very damaging, so can video clips misconstrue events or violate the privacy of the subjects involved."[141]

Zu den Kernbereichen des verfassungsrechtlichen Demokratieprinzips gehört die notwendige Aufgabe einer politischen Selbstregulierung.[142] Sie umfasst lebenswichtige Bereiche wie den Beschäftigtendatenschutz. Eines der hier wohl dringendsten Anliegen betrifft die Regelungsbefugnisse kollektiver Instanzen etwa beim Einsatz von Videos, die jeweils am Prinzip der Verhältnismäßigkeit zu messen sind.[143]

Das Datenschutzrecht hat seit seinen Anfängen nach Möglichkeiten gesucht, um den Schutz personenbezogener Daten rechtlich und technisch angemessen einbinden. Dazu zählen Forderungen der Datenvermeidung und Datensparsamkeit bei der Erhebung und Verwendung

---

139 Goethe beschreibt in Faust II, 5. Akt wie Lemuren, Knechte des Faust und des Mephisto, den Weltbesitz des gierigen Faust verkleinern, der die Arbeit nur noch am Geklirr des Spaten erkennt: Graben und Grablegung gehen ineinander über (erstmals veröffentlicht 1832).

140 Dazu ausführlich Schafer, DuD 2009, 483, 484 m.w.N.

141 Mackay, Ethics, Lies and Videotape (1995), S. 1. Zur Frage gefährliche Orte oder gefährliche Kamera Stolle/Hefendehl, Krim. Journal 2002, 257 ff.

142 BVerfG v. 02.03.1977, BVerfGE 44, 125, 142.

143 Tinnefeld/Petri/Brink, MMR 2010, 728 f.

von personenbezogenen Daten. Im modernen Datenschutzrecht muss der Datenschutz auch Teil des Entwicklungsprozesses sein – privacy by design.

Insgesamt beruht der **Datenschutz durch Technik** auf der Einsicht, dass unter den Bedingungen weltweiter digitalisierter Datenflüsse Technikgestaltung präventiv zur Risikominimierung beitragen kann.[144] Rechtsdogmatisch beruht der Grundsatz auf einer Konkretisierung des Erforderlichkeitsprinzips. Die Umsetzung des Prinzips der Informationsaskese sowie eine frühzeitige datenschutzgemäße Technikgestaltung finden sich heute nicht nur in nationalen und supranationalen gesetzlichen Regelungen,[145] sondern auch in internationalen Selbstregelungen der Unternehmen.[146]

1.6 Ganzheitliche Regelungsansätze

Der normative Datenschutz in Europa bindet den Staat und zunehmend die Wirtschaft. Aus Sicht des Staates könnte insbesondere im weltweiten Informationstransfer die Nutzung von Selbstregulierungspotentialen eine entlastende Wirkung haben. Sie könnte nicht nur die Durchsetzungskosten staatlichen Rechts vermindern, sondern auch das Vertrauen der Nutzer in die Integrität der Datenerhebung und Datenverwendung und damit in eine zivile Informationsgesellschaft stärken.[147] Durch das Zulassen von Problemlösungen in relativer Autonomie der Beteiligten und durch die Anerkennung je eigener sozialer Felder und kultureller Konfliktlagen könnten Probleme selbstregulativ in Verbindung mit geltenden Gesetzen bewältigt werden.

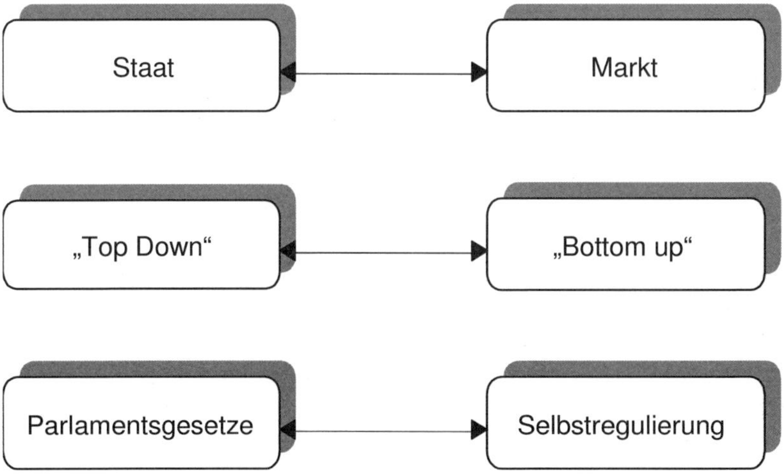

Abb. 3: Staatliche Regulierung – Selbstregulierung

---

144 Bizer in Bäumler/von Mutius (Hg.), Datenschutzgesetze der dritten Generation (1999), S. 26 ff.

145 Vgl. etwa § 3a BDSG.

146 Roßnagel, ZRP 1997, 26 ff.; ders. in Roßnagel (Hg.), Datenschutz beim Online-Einkauf (2002); zu den Verhaltensregeln der Marktpartner vgl. Kolonko in Paschke/Berlit/Meyer (Hg.), Hamburger Kommentar Gesamtes Medienrecht (2. A. 2012), 56. Abschnitt, Rn. 88 ff.

147 Hoffmann-Riem, AöR 123 (1998), 537.

Die USA setzt traditionell auf die Impulskräfte der Selbstregulierungsprozesse (bottom up). Europa hat sich bislang überwiegend auf den Gegenpol hin bewegt, nämlich den Weg der staatlichen Regulierung (top down).[148]

Die Kombination staatlicher Regulierung und Selbstregulierung des Marktes im europäischen Datenschutz eröffnet die Chance, wichtige Bereiche (Exportmarkt, Gesundheitswesen, Medien und Wissenschaft usw.) angemessen zu regeln und die materiellen Rechte des Einzelnen auch unter kulturellen Aspekten zu respektieren.[149]

1.6.1 Von der Eidesformel des Hippokrates und anderen Standesregeln

Es gibt alte und neue Optionen für eine ganzheitliche Konfliktbewältigung. Das älteste Beispiel einer Regelung für den Umgang mit besonderen (sensiblen) Informationen ist das Patientengeheimnis in Form des **Hippokratischen Eids**, der seit circa 2500 Jahren ein wesentlicher Bestandteil des ärztlichen Berufsethos ist. Die alte Eidesformel dokumentiert einen **„kulturgeschichtlich einzigartigen Vorgang“**.[150]

Beispiel: In der alten Eidesformel findet sich die Erklärung des Arztes: „Was ich bei der Behandlung oder auch außerhalb meiner Praxis im Umgang mit Menschen sehe und höre, das man nicht weiterreden darf, werde ich verschweigen und als Geheimnis bewahren.“ Damit schützt der Eid „die Privatsphäre und achtet die Intimität in einer Weise, wie es sie sonst in der antiken Welt nicht gab“. Er bestimmt ein Verhältnis zwischen Individuum und Gemeinwesen, das sich aus der Achtung vor dem Kranken ergibt.

In Europa wurde der „Hippokratische Eid“ zum Gegenstand ärztlicher **Standesregeln** (codes of conduct). Sie geben dem medizinischen Datenschutzrecht ein eigenes Profil. Bertolt Brecht hat in der letzten Fassung seines Theaterstückes „Galilei“ (1954), erschreckt durch die atomare Rüstung, beklagt, dass Naturwissenschaftler es versäumt haben, so „etwas wie den hippokratischen Eid der Ärzte“ zu entwickeln. Heute sind Standesregeln und verbindliche Unternehmensrichtlinien bzw. Verhaltensregeln in Form von privacy policies auch im Unionsrecht verankert.[151]

Eine besondere Beachtung verdienen medieneigene Verhaltensregeln. Kern der Pressefreiheit und anderer Medien ist die Sicherung des ungehinderten Nachrichtenflusses und des freien Meinungsaustausches in einer offenen Gesellschaft, auch im Internet. Es gehört zum Charakter der Medienfreiheit, dass sie „wertvolle und wertlose Artikel, anständige und anstößige Fotos, langweilige und provozierende Karikaturen“ erträgt.[152] Aus diesem Grund erfährt der journalistisch-redaktionelle Bereich eine datenschutzrechtliche Sonderbehandlung. Dies ist

---

148 Tinnefeld, DuD 2002, 232 m.w.N.

149 Zum notwendigen Aufbau von Kombinationsmodellen vgl. Hoffmann-Riem, Modernisierung von Recht und Justiz (2001), S. 28 ff.

150 Dazu Negt, Arbeit und menschliche Würde (2001), S. 543 m.w.N.

151 Art. 27 EU-Datenschutzrichtlinie (95/46/EG).

152 Prantl in Deutscher Presserat (Hg.), Selbstkontrolle der gedruckten Medien 1956 – 2006 (2006). Zum kulturellen Umfeld des Karikaturenstreits vgl. Knieper/Tinnefeld in Schweighofer et al. (Hg.), Komplexitätsgrenzen der Rechtsinformatik (2008), S. 473–482.

auch der Hintergrund für einen **Pressekodex** in Deutschland. Der deutsche Presserat hat in einem „presseethischen Regelwerk“ Fragen des Redaktionsdatenschutzes und der Informationsfreiheit offline und online selbst reguliert.[153]

Beispiel: WikiLeaks hat nur einen Teil der verfügbaren amerikanischen Depeschen-Dokumente veröffentlicht. Der Betreiber der Plattform hat fünf bekannten Printmedien einen exklusiven Zugang zu allen unpublizierten Akten unter der Voraussetzung zugesagt, dass er den Zeitpunkt der Veröffentlichung mitbestimmt.[154] Hier ist unter dem Stichwort „Exklusivverträge“ der Richtlinie 1.1 des deutschen Pressekodex folgende Verhaltensregel bedenkenswert: *„Die Unterrichtung der Öffentlichkeit über Vorgänge oder Ereignisse, die für die Meinungs- und Willensbildung wesentlich sind, darf nicht durch Exklusivverträge mit den Informanten oder durch deren Abschirmung eingeschränkt oder verhindert werden. Wer ein Informationsmonopol anstrebt, schließt die übrige Presse von der Beschaffung von Nachrichten dieser Bedeutung aus und behindert damit die Informationsfreiheit.“*

1.6.2 Selbstregulierung, Datenschutz und Compliance

Unternehmenseigene Regeln und **Ethik-Richtlinien**, die Unternehmen etwa in Umsetzung der europäischen Datenschutzrichtlinie aus eigenem Antrieb erstellen, gewinnen zunehmend an Bedeutung.[155] So hat die Deutsche Post DHL (ein global agierender Konzern) eine unternehmensweite Datenschutzregelung (binding corporate rule) nach einem umfassenden Kooperationsverfahren zwischen den Datenschutzbehörden der EU anerkannt.[156] Bindende Unternehmensregeln können schnell und flexibel Datenschutzexporte in Drittstaaten legitimieren. Dieses Konzept ist ursprünglich von Deutschland entwickelt worden und wurde dann auch von anderen europäischen Datenschutzbehörden umgesetzt.[157] Es hat nunmehr Eingang in den Vorschlag der (Europäischen) Kommission für eine Datenschutzgrundverordnung gefunden.[158]

Ethik-Richtlinien sollen häufig auch bestimmte erwünschte Verhaltensweisen bei den Mitarbeitern fördern bzw. unerwünschte unterbinden. Dazu gehören unter anderem Regeln wie das

---

[153] Vgl. Deutscher Presserat, Publizistische Grundsätze (Pressekodex). Richtlinien für die publizistische Arbeit nach den Empfehlungen des Deutschen Presserats. Beschwerdeordnung; zum Schwerpunkt Online-Journalismus vgl. Deutscher Presserat (Hg.), Jahrbuch 2008; Zur Fortschreibung des Redaktionsdatenschutzes (2010) unter: http://www.presserat.info/inhalt/der-presserat/reds.html (letzter Abruf 23.03.2012).

[154] Herrmann, Ohne Assange. Wie „Aftenposten“ das Monopol bei Wikileaks umgeht, SZ v. 21.01.2011, S. 15; s. a. Caryl, Why WikiLeaks Changes Everything, The New York Review of Books v. 13.01.2011, S. 28: *„The Guardian ended up sharing its own copies with the Times, thus in effect, leaking the leak*“.

[155] Im Gegensatz zum anglo-amerikanischen Recht begründet das deutsche Recht keine Pflicht zur Einführung von Ethik-Richtlinien in Unternehmen, vgl. Kort in Bauer et al. (Hg.), FS für Herbert Buchner (2009), S. 477, S. 479.

[156] Pressemitteilung des BfDI v. 03.02.2011, wonach zur DHL mit ihren rund 500.000 Beschäftigten in 220 Ländern und Territorien „auch ein grenzüberschreitender Austausch von Kunden- und Beschäftigtendaten gehört. Bei einer Übermittlung personenbezogener Daten an Stellen außerhalb der Europäischen Union und außerhalb der Vertragsstaaten des Abkommens über den Europäischen Wirtschaftsraum verlangt das Bundesdatenschutzgesetz den Nachweis eines angemessenen Datenschutzniveaus“; vgl. zum Nachweis § 4 Abs. 2 BDSG.

[157] Büllesbach, Transnationalität und Datenschutz – Die Verbindlichkeit von Unternehmensregeln, 2008.

[158] Vgl. Art. 43 DS-GOV-E; s. a. Teil I, Kap. 6.4.2.

Verbot der Verbreitung von Bildern, Karikaturen oder Witzen sexueller Natur, selbst wenn diese nicht die Rechtswidrigkeitsschwelle überschreiten.[159]

Unter dem Stichwort **Compliance** werden in der Regel alle organisatorischen Maßnahmen verstanden, die erforderlich sind, damit sich ein Unternehmen im Ganzen rechtskonform verhält.[160] Compliance hat sich gleichsam als ein Strukturelement moderner Organisation und Verwaltung nach den Skandalen großflächiger, heimlicher Überwachung in deutschen Unternehmen etabliert.[161] Eine möglichst vollständige, frühzeitige und transparente Informationsverarbeitung soll Fälle von Betrug und Korruption, Schmiergeldzahlungen, Außenwirtschaftsdelikte und schwarze Konten, also tatsächliche erhebliche Missstände in Unternehmen, unterbinden.[162] Bislang haben häufig Informanten bzw. Whistleblower solche schwerwiegenden Missstände in Unternehmen aufgedeckt. Nach der Rechtsprechung und der h. M. ist die Anzeige eines Whistleblowers zulässig, wenn er in Erfüllung staatsbürgerlicher Pflichten uneigennützig und nicht leichtfertig handelt.[163] Andernfalls ist er ein Denunziant, insbesondere dann, wenn er vorsätzlich Falschangaben macht.[164] Solche Angaben verändern die Lebens- und Arbeitsbedingungen der Angezeigten in jenen Fällen besonders hart, in denen die Denunziation anonym erfolgt und ins Netz gestellt wird.

Compliance Regeln finden sich etwa im Deutschen Corperate Governance Codex (CGK), der neben der Zusammenfassung gesetzlicher Regelungen auch Empfehlungen und Anregungen dafür enthält, wie börsennotierte Gesellschaften im Sinne der Einhaltung *„international und national anerkannter Standards guter und verantwortungsvoller Unternehmensführung"* geleitet und überwacht werden sollten.[165] Compliance Regeln in Unternehmen mit Sitz in der Union müssen mit dem europäischen Datenschutz übereinstimmen. Andernfalls sind sie unzulässig, wie z. B. die datenschutzrelevanten Regelungen zur Einrichtung von anonymen Wistleblower-Hotlines, die im amerikanischen Sarbanes-Oxley Act von 2002 [SOX] niedergelegt sind, der dem Schutz von Investoren dient.[166]

Compliance kann als Schnittpunkt für neue Tendenzen im Bereich von Ökonomie, Ethik und Recht betrachtet werden. In **ethischer Hinsicht** wird Compliance als Schrittmacher gesellschaftlicher Re-Moralisierungstendenzen verstanden, wie sie etwa die US-amerikanischen codes of conduct zeigen. In **rechtstheoretischer Hinsicht** steht Compliance für die nichtstaatliche Fundierung normativer Ordnungen, mithin für „weiche" Normen (soft law), deren Folgen im datenschutzrechtlichen Normengefüge der Union (noch) klärungsbedürftig sind. Hier muss über die gesetzliche Ausgestaltung des Whistleblowings nachgedacht werden, die ein Grundbaustein für Compliance ist.

---

159 Vgl. dazu etwa BAG v. 22.07.2008, 1 ABR 40/07, Abs. 4, 6, 10.

160 Thüsing, Arbeitnehmerdatenschutz und Compliance (2010); Petri in Schweighofer et al. (Hg.), Globale Sicherheit und proaktiver Staat – Die Rolle der Rechtsinformatik (2010), S. 305–312 m.w.N.

161 Hamm, NJW 2010, 1332 ff.

162 Zu den Folgen einer Treueverletzung der Geschäftsleitung vgl. Thüsing, Arbeitnehmerdatenschutz und Compliance (2010), Rn. 25.

163 Vgl. Deutscher Bundestag Wissenschaftlicher Dienst, Begriff: Whistleblower (2009).

164 BVerfG v. 02.07.2001, NJW 2001, 3474 ff.; s. a. Tinnefeld/Rauhofer, DuD 2008, 717, 721 f. m.w.N.

165 Vgl. Regierungskommission, Deutscher Corporate Governance Kodex, Fassung vom 18.6.2009, Präambel.

166 Public Law 107–204 July 30, 2002 [H.R. 3762], 15 USC 7201 pp.

2 Freiheit der Meinung, Presse und Information – Zeichen einer offenen Gesellschaft?

2.1 Historische Eckpunkte und Definitionen

Die **Meinungsfreiheit** wurde in der Zeit der **Aufklärung** im 17./18. Jahrhundert erstmals von Bürgern eingefordert. Sie steht am Anfang aller Startversuche in die Demokratie. Der ungarische Verfassungsrechtler Laszló Sólyóm bezeichnet das **Recht auf freie Meinungsäußerung** als **„Mutterrecht aller kommunikativen Grundrechte“**, welches auch alle anderen Freiheitsrechte wie die Presse-, Religions-, Medien- und Wissenschaftsfreiheit gewährleiste.[1] Die Meinungsfreiheit selbst ist ein **elementares Menschenrecht**, aufgrund dessen sich Menschen ohne staatliche Zensur oder Drohungen äußern und ihre Meinungen unbehindert verbreiten und austauschen können. Die funktionale Bedeutung der Meinungs- und insbesondere auch der Presse- bzw. der Medienfreiheit für eine Demokratie kann nach der Rechtsprechung des EGMR nicht hoch genug eingeschätzt werden.[2] In jeder Demokratie ist Öffentlichkeit das typische Medium zur Kontrolle der Staatgeschäfte und der Einflussnahme auf Staatsgeschäfte. Öffentlichkeit ist mit der Grundvorstellung verbunden, dass *„jeder diejenigen Ereignisse und Verhältnisse, die ihn angehen, auch kennen solle – da dies die Bedingung davon ist, dass er über sie zu beschließen hat […]“.*[3]

Der Wissenschaftstheoretiker Karl R. Popper hat im Jahre 1945 für die Unterscheidung von demokratisch gewählten und diktatorisch geführten Gesellschaften (z. B. im Faschismus oder leninistischen Sozialismus)[4] die Begriffe **„offene“ und „geschlossene“ Gesellschaft** gewählt. Popper bezeichnet solche Gesellschaften als offen, die die Einstellung selbstkritischer Wirklichkeitswahrnehmungen nicht nur zulassen, sondern in ihre Verfassung einbauen.[5] Damit spricht er den grundrechtlichen Gehalt der Meinungs- und Pressefreiheit an, wonach Kritik und abweichende Meinungen in einer offenen Gesellschaft unverzichtbar sind. Das BVerfG hat bereits im Spiegel-Urteil vom 5. August 1966 klargestellt, dass die Kritik an Regierung, Regierungspolitik, Parlament und anderen Verfassungsorganen sowie an den kon-

---

1 Sólýom in Tinnefeld/Philipps/Heil (Hg.), Informationsgesellschaft und Rechtskultur in Europa (1995), S. 72 ff.

2 EGMR v. 08.07.1986, EuGRZ 1986, 424 ff.; s. a. BVerfG v. 15.01.1958, BVerfGE 7, 198, 208.

3 Simmel in Rammstedt (Hg.), Georg Simmel Gesamtausgabe in 24 Bänden (6. A. 1992), S. 413.

4 Zur „Gesinnungsverwaltung“ in der ehemaligen DDR.

5 Popper, Die offene Gesellschaft und ihre Feinde (6. A. 1980), S. 126, S. 246.

kreten politischen und sozialen Verhältnissen zulässig ist, auch wenn sie hart, unsachlich und uneinsichtig ausfällt.[6]

Die **verfassungsrechtliche Anerkennung** der **Meinungs- und Pressefreiheit** begann in Nordamerika mit der Bill of Rights des Staates Virginia von 1776. In Europa folgte Art. 11 der französischen Erklärung der Menschen- und Bürgerrechte von 1789. In den USA wird Redefreiheit (free speech) und Pressefreiheit bis heute durch den berühmten ersten Zusatzartikel (First Amendment) zur Bundesverfassung ausdrücklich geschützt.[7] Seit 1886 vertritt die mächtige Frau mit der Fackel der Aufklärung (Freiheitsstatue) im Hafen von New York symbolhaft die Kultur politischer Freiheit. Der Standort, der perspektivische Code ist auf den Ankömmling im Hafen ausgerichtet und signalisiert die Meinungs- und Redefreiheit jeder Person in den USA.

Der Begriff **Pressefreiheit** knüpfte zwar ursprünglich an den technischen Vorgang des Drucks an, zielte aber von jeher auf die kommunikative Entfaltung des Einzelnen, ohne strenge Grenzen zwischen Denk-, Gedanken-, Gewissens- und Pressefreiheit zu ziehen.[8] Die Meinungs- und Pressefreiheit richtete sich zunächst nur gegen staatlichen Zugriff. Der Austausch von Information und Meinung unter den Bürgern sollte die Wahrheit ans Licht bringen und Gesetze bewirken, die dem Wohl „aller" dienen.[9] Nach der modernen Konsenstheorie kann sich eine vernünftig agierende Gemeinschaft nur im Rahmen eines dauernden Prozesses der Irrtumskorrektur allmählich der Wahrheit annähern. Der Soziologe Jürgen Habermas geht vom gesellschaftlichen Diskurs als Instrument der Wahrheitsfindung aus.[10] Ein richtiger Konsens stelle sich dann ein, wenn nach dem Austausch aller Argumente allen Diskursteilnehmern das betreffende Argument einsichtig sei. Zu den Aufgaben der Presse gehöre es, einen solchen „herrschaftsfreien" Diskurs durch wahre und richtige Informationen zu ermöglichen.

Seit der Mitte des 20. Jahrhundert wird eine umfassende **Meinungs- und Pressefreiheit** zusammen mit der **Informationsfreiheit** in der Allgemeinen Menschenrechtserklärung der Vereinten Nationen (Art. 19) und der Europäischen Menschenrechtserklärung (Art. 10) zwar garantiert, aber nicht sichergestellt. So sind beispielsweise vertikal und horizontal verflochtene Medienkonzerne nicht nur ökonomische Großmächte, sondern auch politische Machtfaktoren, welche die verfassungsgemäße Erfüllung öffentlicher Aufgaben der Medien drastisch vermindern.

Die **Meinungsäußerungsfreiheit** schließt die Vermittlung von **Nachrichten**, die Berichterstattung durch Presse, Rundfunk und neue Medien ein (vgl. etwa Art. 5 Abs. 1 Satz 2 GG).

---

6 BVerfG v. 05.08.1966, BVerfGE 20, 162 ff.

7 The First Amendment (45 Wörter, 5 Freiheitsrechte): „Congress shall make no law respecting an establishment of religion, or prohibiting the free exercise thereof; or abridging the freedom of speech, or of the right of press, or of the people peacably to assemble, and to petition the Government for a redress of grievances." Zur Auslegung vgl. Supreme Court v. 09.06.1969, 395 U.S. 367, 390: „It is the purpose of the First Amendment to preserve an uninhibited marketplace of ideas in which truth will ultimately prevail, rather than to countenance monopolization of that market, whether it is the government itself or a private licensee [...] It is the right of the public to receive suitable access to social, political, esthetic, moral and other ideas and experience which is crucial here."

8 Schneider, Pressefreiheit und politische Öffentlichkeit (1966), S. 104.

9 Simitis, KJ 1989, 157 ff.

10 Habermas, Theorie des kommunikativen Handelns (1981); ders., Vorstudien und Ergänzungen zur Theorie des kommunikativen Handelns (1984). S. a. Lessig, 62 Chicago L. Rev. (1995), 943, 1037.

Weil ohne hinreichende Information eine **Meinungsbildung** nicht möglich ist, wird aus der Meinungsfreiheit auch die **Informationsfreiheit** abgeleitet, namentlich der Zugang zu bestimmten Informationen bzw. Informationsträgern wie Akten (records) der Verwaltung (freedom of information). Die Informationsfreiheit ist in vielen nationalen Verfassungen sowie in der EMRK und der EGRC als Bestandteil der Meinungsfreiheit geregelt worden. Das deutsche Grundgesetz enthält dagegen eine ausdrückliche Regelung zur Informationsfreiheit. Danach hat jeder das Recht, sich *„aus allgemein zugänglichen Quellen ungehindert zu unterrichten"* (Art. 5 Abs. 1 Satz 1 2. Hs. GG). Die Qualität des Rechtes hat sich im Hinblick auf allgemein zugängliche Daten/Informationen im Internet geändert.[11] Die allgemeine Zugänglichkeit von digitalisierten Informationen und die vielfältigen Formen der Verlinkung haben Auswirkungen für die Austarierung von Persönlichkeitsschutz und Informationsfreiheit. Das Problem zeigt sich im Rahmen des (strafbaren) Zugangs zu krimineller Kinderpornografie besonders deutlich.[12]

Beispiel: Ein Access Provider ist nicht verpflichtet, den Zugang zu rechtswidrigen Websites zu sperren. *„Die Umsetzung solcher Vorsorgemaßnahmen hätte zur Folge, dass die Beklagte die Datenkommunikation zwischen ihren Kunden auf Begehung von gerügten Verletzungshandlungen kontrollieren müsste, wodurch sie Kenntnis von den Umständen der Telekommunikation einschließlich ihres Inhalts erhielte [...]. Die Errichtung solcher Filter- und Sperrmaßnahmen durch den Internetzugangsanbieter als zentrale Schnittstelle für die Datenkommunikation ist ohne gesetzliche Grundlage mit dem durch Art. 10 Abs. 1 Abs. 2 GG geschützten Fernmeldegeheimnis, dessen Wertungen auch bei der Auslegung zivilrechtlicher Norm Geltung beanspruchen[...], nicht zu vereinbaren."*[13]

In der Zeit des Absolutismus herrschte in Europa eine **Kultur der Geheimhaltung**.[14] Sie beruhte auf der Lehre von den Geheimnissen des Reiches („arcana imperii"),[15] die die Staatslehre bestimmte[16] und sich u. a. in den weitgefassten Amtseiden der Bediensteten spiegelte. Die Forderung, staatliches Wissen geheim zu halten, ist bis heute ein Fixpunkt absoluter Staaten, die jede Kritik schon im Ansatz unterbinden wollen. Diese Tendenz hat auch in westlichen Demokratien seit den Anschlägen des 11. September 2001 zugenommen. Allerdings haben das Internet und speziell die sozialen Netzwerke die Informationsebene zwischen Staaten und Bürgern geändert. Dieser Wandel ermöglicht zunehmend unbegrenzte Einsichten in Regierungsakten (government files).[17] Die neuen Möglichkeiten werden politisch

---

11 Dazu Rifkin, The Age of Access (2000).

12 Zu § 184b StGB – Verbreitung pornographischer Schriften vgl. Liesching in Paschke/Berlit/Meyer (Hg.), Hamburger Kommentar Gesamtes Medienrecht (2. A. 2012), 88. Abschnitt, Rn. 54–59. Zur Frage Informationsfreiheit, DNS-Blockierungen statt Löschung kinderpornografischer Inhalte Tinnefeld, DuD 2010, 15, 16 ff.; Petri, DuD 2008, 443, 448.

13 LG Köln v. 31.08.2011, 28 O 362/10.

14 Vgl. Wegener, Der geheime Staat – Arkantradition und Informationsfreiheit in Deutschland (2006).

15 Vgl. Stolleis, Arcana imperii und Ratio status (1980).

16 Dazu Thomasius, Grundlehren (1699), Teil I, C 17, § 97, S. 135 f. Der Frühaufklärer Christian Thomasius (1655–1728) war sich nicht sicher, ob und inwieweit staatsrechtliche Angelegenheiten wegen ihres geheimen Charakters überhaupt gelehrt werden dürfen.

17 Vgl. Caryl, Why WikiLeaks Changes Everything, The New York Review of Books v. 13.01.2011, S. 27: *„The implications for the conduct of Government policy (not to mention individual lives) are monumental."*

treffend von Gabor Benedek (2011) karikiert: Die Computermaus fliegt in zwei Bürotürme, heraus fallen tausende von Dokumenten, darüber steht: WikiLeaks".

Den **Zugang zu amtlichen Informationen** eröffnete Schweden, wo im Jahre 1788 auch das erste allgemeine Informationszugangsgesetz in Kraft trat; das zweite Gesetz folgte im Jahre 1966 in den USA und ein weiteres in Kanada. Auf der supranationalen europäischen Ebene wurde im Jahre 1990 ein ungehinderter Zugang zu Informationen im Bereich des Umweltrechts erstmalig statuiert. Die allgemeine Informationsfreiheit wurde 1997 im Vertrag von Amsterdam (Art. 225) verankert.[18] Sie wird als „Schlüsselressource" in der EU[19] rechtlich weiterentwickelt.

Informationsfreiheitsgesetze (IFG) etwa in Deutschland wollen dem Bürger die Chance geben, sich grundsätzlich über das Regierungsgeschehen zu informieren. Es genügt nicht allein ein **Recht im Sinne des Sich-Informierens**, so dass der Einzelne den Informationsvorgang erst in Gang bringen muss. Dazu bedarf er entsprechender Informationen. Daher ist in vielen Fällen eine vorverlagerte (proaktive) Veröffentlichung der Behörde im Sinne einer im Einzelnen zu gestaltenden **Publizität** erforderlich.[20] Die Verwirklichung **demokratischer Selbstbestimmung** setzt schließlich eine informierte Öffentlichkeit („informed public", „opinion public") voraus.[21] Im Rahmen der zunehmenden Verlagerung staatlicher Aufgaben auf Private, wächst allseitig die Forderung nach einer transparenten Gestaltung der Informationsvorgänge in allen Sektoren, insbesondere in wirtschaftlichen Bereichen. Für Beschäftigte und Verbraucher werden sie teilweise bereits durch **Compliance-Regelungen** angestrebt, die an das Grund- und Menschenrecht auf Datenschutz gebunden sind.

Europa ist ein bedeutender **Motor** im Bereich von **Informationsfreiheit und Datenschutz**. Beide Rechte betonen die Prinzipien der Offenheit und der größtmöglichen **Partizipation in einer Demokratie**. Der Datenschutz steht einerseits für Transparenz beim Umgang mit personenbezogenen Daten: Ohne Information darüber, wer was über ihn weiß, kann der Bürger nicht angstfrei am öffentlichen Leben und der politischen Kommunikation teilnehmen (z. B. an einer politischen Demonstration).[22] Der Privatheitsschutz ist gleichzeitig ein Schild gegen unzulässige **Überwachung** in Form einer unangemessenen Erfassung und Verwendung persönlicher Daten. Wenn Menschen befürchten müssen, dass ihnen aus der Äußerung ihrer Meinung Nachteile erwachsen können, dann werden sie diese häufig unterlassen. Diese Wirkung wird in der amerikanischen Verfassungsrechtsprechung als „chilling effect" (vereisende Wirkung) bezeichnet.[23] Sie kann durch ein „Lockspitzelwesen" intensiviert werden, d. h. durch einen exzessiven Einsatz von sogenannten V-Personen (die aus der Szene kommen und dem Staat für Geld Informationen liefern) sowie von verdeckten Ermittlern (Staatsbedienste-

---

18 Zur Entwicklung in der EU vgl. Bernsdorff in Meyer (Hg.), Charta der Grundrechte (3. A. 2011), Art. 11, Rn. 1 ff.

19 Richtlinie des Rates (90/313/EWG) ABlEG L158/56 v. 23.06.1990.

20 Schaar, Presserklärung v. 30.12.2010 unter pressestelle@bfdi; zur Entwicklung des Zugangs zu Informationen der öffentlichen Verwaltung im Jahr 2011 vgl. Schnabel, ZD 2012, 67–72.

21 Zur nachherigen Rechtfertigung getroffener Entscheidungen bei Planfeststellungsverfahren vgl. Prantl, Basta. Planung von Großprojekten: Wenn Bürger als Störer betrachtet werden, sind Störungen programmiert, SZ v. 08./09.01.2011, S. 4.

22 BVerfG v. 15.12.1983, BVerfGE 65, 1, 43.

23 Supreme Court v. 30.01.1976, 424 U.S. 1.

te, die unter einer Legende arbeiten).[24] Schließlich nähert sich jede geheime Observierung immer auch einem **„Verbot privat zu sein"**. Es ist das Signum absoluter bzw. diktatorischer Staaten, die immer schon ein ausgefeiltes Spitzel- und Denunziantentum gepflegt haben.

Bürger, die sich am öffentlichen Diskurs beteiligen wollen, sind auf eine **Kultur der Transparenz** angewiesen. Das gilt sowohl beim datenschutzgemäßen Umgang mit ihren Informationen als auch für den Zugang zu verlässlichen Informationen der Verwaltung und ggf. auch der Wirtschaft. Die Erfahrungen mit totalitärer Propagandapolitik, der informationellen Abschottung der eigenen Bürger von der Außenwelt, und die Verbote, ausländische Rundfunksender zu hören, haben nach dem Zweiten Weltkrieg in der Bundesrepublik Deutschland maßgeblich dazu beigetragen, die Informationsfreiheit als selbständiges Grundrecht anzuerkennen.[25] In einer Demokratie sind Informationsfreiheit und Datenschutz eine wesentliche **Voraussetzung für „Gutes Regieren"** („Good Governance"). Insoweit ist der Datenschutz mit der Informationsfreiheit eng verbunden und sein demokratiebezogenes Spiegelbild. Beide Rechte bilden eine notwendige Voraussetzung für die offene Gesellschaft.

Der Begriff **Freiheit der Information** ist nicht deckungsgleich mit dem der Informationsfreiheit. Er bezeichnet den Informationsvorgang selbst als frei. Im Zusammenhang mit Fragen der Informationsverteilung entwickelten die USA im Konflikt mit den ehemaligen Ostblockländern, *„welche eine Abschirmung ihrer Territorien gegen den externen Einfluss der Massenmedien, namentlich vom ausländischen Radio und Fernsehen suchten"*, die **Doktrin vom freien Informationsfluss** (free flow of information).[26] Das Postulat des freien Informationsflusses soll global einen freien Informationsmarkt, einen unbegrenzten Informationsaustausch zwischen Sendern und Empfängern ermöglichen.[27]

Franz Kafka hat sich eindringlich mit dem Thema der fehlenden Information in einem Staat in Form der „Unzugänglichkeit" des Gesetzes befasst. Der Dichter hat in seiner ausgefeilten Erzählung „Vor dem Gesetz" (1915)[28] den vergeblich erbetenen **Zugang** des Mannes vom Land „K" zu der Welt der staatlichen Instanzen und ihren **Geheimnissen** dargestellt. Niemand teilt K mit, was hinter dem Tor des unbekannten Gesetzes und dessen Verwaltern liegt.

Heute stehen zwar Informationsfreiheitsgesetze für eine wachsende Verwaltungstransparenz, die auch online fortentwickelt wird.[29] Zu Beginn des 21. Jahrhunderts ist aber eine grundlegende **Informationswende** eingetreten: Nicht allein das Gesetz, sondern die **Netzwelt** eröffnet einen weltweiten Zugang zu Informationen aller Art.

Neue Kommunikationsformen wie Internet-Zeitungen, Webblogs, SMS, Nachrichten über Twitter usw. enthalten ein gewisses Freiheitspotenzial, das Nachrichten und Diskussionen etwa über Leistungen und Fehlleistungen von Regierenden nützt. Dabei werden zunehmend

---

24 Zum Begriff V-Personen vgl. Kinzing, Die rechtliche Bewältigung von Erscheinungsformen organisierter Kriminalität (2004), S. 100 f.; zur Entwicklung vgl. Prantl, Wenn der Spitzel lockt, SZ v. 31.01.2011, S. 4.

25 Dazu BVerfG v. 03.10.1969, BVerfGE 27, 71 ff.; BayVerfGH v. 27.09.1985, BayVerfGH 38, 134, 139.

26 Druey, Information als Gegenstand des Rechts (1996), S. 87 m.w.N.; zu Pressetexten und Karikaturen in kulturpolitischen Wochenzeitschriften ehemaliger Ostblockländer vgl. auch Gulińska-Jurgiel, Die Presse des Sozialismus ist schlimmer als der Sozialismus (2010).

27 Kübler in Simon/Weiss (Hg.), FS für Spiros Simitis (2001), S. 215 f.; Tinnefeld, RDV 2002, 167; zur begrenzten Anerkennung des Grundsatzes im Völkerrecht vgl. Degenhardt, EuGRZ 1983, 212 f.

28 Teil des Romans „Der Prozess", s. Pasley (Hg.), Franz Kafka, Der Prozess, Roman in der Fassung der Handschrift (8. A. 2000), S. 226–235.

29 Picot/Quadt (Hg.), Verwaltung ans Netz! (2001).

staatliche oder private **Informationsschranken** aufgelöst, insbesondere durch **Hacker**. Das bekannteste Beispiel sind die Netzaktivisten von WikiLeaks, die nicht nur Geheimnisse von Regierungen (Afghanistan-Feldberichte, Diplomaten-Depeschen u. a.), sondern auch von Unternehmen (z. B. Banken) veröffentlichen, die sie entweder als Hacker ausgespäht oder von Informanten erhalten haben.[30] Die Netzaktivisten von WikiLeaks haben teilweise das (unbearbeitete) Rohmaterial auf ihre Webseite gestellt, ohne Rücksicht auf **schützenswerte Geheimhaltungsinteressen** der Diplomaten, die in Depeschen befreundete und verfeindete Politiker charakterisieren, Staats- oder Geschäfts- und Betriebsgeheimnisse vertraulich austauschen.[31]

Dass die Geheimhaltung von Informationen auch eine Schutzfunktion haben kann, zeigt sich nicht nur im Daten- und Privatheitsschutz. Die Dimension des Geheimnisses hat Georg Simmel in seiner feinsinnigen Studie *„Das Geheimnis und die geheime Gesellschaft"* (1908) ausgelotet. Danach steht zwar nicht jedes Geheimnis mit dem Bösen, wohl aber das Böse mit dem Geheimnis in einem unmittelbaren Zusammenhang.[32]

Der entscheidende **Unterschied** der Tätigkeit von WikiLeaks und vergleichbarer Einrichtungen des **klassischen Journalismus** liegt im Anspruch der **Netzaktivisten**, jede Art von Dokumenten im Internet zu veröffentlichen, wenn sie nur einen Test auf Authentizität bestehen.[33] Das zielt auf eine grenzenlose „Freiheit der Information" und ein reines **Inputmodell**, wonach keinem Beitrag, von wem und woher er auch stammt, der Zugang zur Öffentlichkeit verwehrt werden darf. Die Auswahl der veröffentlichten Informationen ist nicht transparent. Es fehlt auch jede erkennbare Selbstbeschränkung, die dem **Qualitätsjournalismus** eigen ist. Das Vorgehen entspricht nicht dem Prinzip der „Informationsfreiheit" und den anerkannten **publizistischen Standesregeln** (Selbstregulierung) der Medien, die zugleich Konflikte zwischen der Wahrheitspflicht, der Pflicht zur Aktualität und dem Persönlichkeitsschutz aufgreifen. Wo immer es zu Enthüllungen kommt, sind in der Regel auch personenbezogene Daten der beteiligten Akteure im Spiel. Das gilt für die Pentagon-Papiere[34] und Watergate[35] ebenso wie für Spendenaffären und andere Vertuschungsmanöver.[36]

Dem verantwortlich arbeitenden Journalisten bzw. Redakteur obliegt es, gesellschaftlich relevante Vorgänge zu beschreiben, Informationen einzuordnen, zu hinterfragen und zu ergänzen, bevor er sie als Nachrichten veröffentlicht, jedenfalls idealtypisch betrachtet. Diese spezielle **Aufgabe der Presse** bzw. der digitalen Massenmedien kann das **Entscheidungsverhalten der Bürger** im positiven Sinn beeinflussen. Diesen Teil der **politischen Kultur** in einer Demokratie betont der EGMR, wenn er die Rolle der Presse als „public watchdog" umreißt,[37] also einer kontrollierenden Einrichtung, die ausreichend Distanz zu den Kräften voraussetzt, die sie im Rechtsstaat kontrollieren soll.

---

30 Kritische Darstellung der Tätigkeit bei Rosenbach/Stark, Staatsfeind WikiLeaks (2010).

31 Vgl. etwa § 117 UWG.

32 Vgl. Simmel in Rammstedt (Hg.), Georg Simmel Gesamtausgabe in 24 Bänden (6. A. 1992), S. 407.

33 Ebd. 295.

34 Vgl. Supreme Court v. 30.06.1971, 403 U.S. 713.

35 Bernstein/Woodward, All the President's Men (1974).

36 Dazu Schmale/Tinnefeld, MMR 2011, 786–790.

37 So EGMR v. 08.07.1986, EuGRZ 1986, 428 ff.; s. a. Entschließung N. 2 und 4 der 4. Europäischen Ministerkonferenz über Massenmedienpolitik in Prag v. 07./08.12.1994 zu den journalistischen Freiheiten und Menschenrechten RuF 1995, 67 ff.

Es genüge nicht, so das Bundesverfassungsgericht, *„wenn eine Obrigkeit sich bemühe, noch so gut für das Wohl ihrer Untertanen zu sorgen"*. Der Staat habe vielmehr dem Bürger den Weg zu öffnen, dass er an Entscheidungen für die Gesamtheit mitwirken könne.[38] Er darf ihn grundsätzlich nicht bei der Beschaffung von Informationen behindern;[39] denn sie sind der Stoff, aus dem Entscheidungen gemacht werden.[40] Nur **gut informierte Bürger** können ihre Rechte richtig und **verantwortlich** wahrnehmen. Ein besonderes Problem besteht allerdings beim Austausch von E-Mails im **Internet**: De-Mail soll in diesem Zusammenhang den rechtsverbindlichen Versand und Empfang von Nachrichten erlauben sowie Vertrauen, Privatheit und Sicherheit (confidence, privacy and security) zwischen den Nutzern herstellen, die sich vorher identifizieren und registrieren lassen müssen.[41] Mit definierten Anforderungen können auf diesem Weg **Bürgerportale** und ihre Dienste etwa e-Government-Angebote verbessern.[42]

2.2 Besondere Konflikte und Maßstäbe

Die Grund- und Menschenrechte stellen die Presse bzw. die (audiovisuellen) Medien im Allgemeinen und andere Personen, die nicht nur für sich selbst, sondern für eine Vielzahl von Personen sprechen, unter ihren besonderen Schutz. Dabei geht es um folgende Inhalte:

- Verbot der Vorzensur
- Achtung der Persönlichkeitsrechte
- Redaktionsgeheimnis
- kulturelle Rechte

a. Zensur

Der Philosoph Immanuel Kant (1724–1804) hat in seiner Schrift *„Beantwortung der Frage: Was ist Aufklärung?"* **Mündigkeit als Befreiung** aus *„selbstverschuldeter Unmündigkeit"*[43] beschrieben. Desinformation, Geheimhaltung bzw. der fehlende Zugang zu notwendigen Informationen ist mit den Anforderungen einer wirksamen Aufklärung unvereinbar. Eine solche Aufklärung bedarf, um wirksam zu sein, einer breit gestreuten (unzensierten) Weitergabe von Gedanken, Meinungen und Informationen durch die Presse.[44] In diesem Sinn äußerte sich auch der preußische Staatsmann und Reformer Wilhelm von Humboldt (1767–1835), der die herrschende Pressezensur in Frage stellte. Ein fehlender öffentlicher gedanklicher

---

38 BVerfG v. 17.08.1956, BVerfGE 5, 85, 204 f.

39 BVerfG v. 24.01.2001, BVerfGE 103, 44 ff.

40 Steinbuch, GRUR 1982, 582.

41 Roßnagel, NJW 2011, 1473 ff.

42 Vgl. Brunst, DuD 2011, 623 m.w.N.

43 Kant in von Weischedel (Hg.) Werke in 6 Bänden. Bd. VI Schriften zur Anthropologie, Geschichtsphilosophie, Politik und Pädagogik (1956), S. 57 f.; dazu Hinske, Pluralismus und Publikationsfreiheit im Denken Kants, in Schwartländer/Willoweit (Hg.), Meinungsfreiheit (1986), 31, 46 ff.

44 Habermas, Strukturwandel der Öffentlichkeit. Untersuchungen zu einer Kategorie der bürgerlichen Gesellschaft (4. A. 1995).

Austausch sei weder im Sinne der geistigen Bildung des Einzelnen und noch im Interesse des Volksganzen.[45]

In Schillers Schauspiel „Don Carlos" fordert Marquis von Posa **„Gedankenfreiheit"**: Der König solle die Äußerung der Gedanken nicht unterbinden.[46] Der Ideen-Dichter Schiller verteidigt damit die Freiheit der inneren Überzeugung gegen jede Art ideologischer Einflussnahme, wie sie auch in Art. 10 EGRC gewährleistet ist.[47] Hier wird die Nähe der Gedankenfreiheit zur **Freiheit der Meinungsäußerung** sichtbar, die den *„geistigen Kampf der Meinungen gewährleisten will"*.[48] Sie umfasst gleichzeitig die **Freiheit der Medien** (vgl. etwa Art. 3 Abs. 1 S. 2 GG).[49]

Der kommunikative Sinn des Grundrechts auf freie Meinung gilt „[...] nicht nur für die günstig aufgenommenen oder als unschädlich oder unwichtig angesehenen Informationen oder Gedanken, sondern auch für die, welche den Staat oder irgendeinen Bevölkerungsteil verletzen, schockieren oder beunruhigen. So wollen es Pluralismus, Toleranz und Aufgeschlossenheit, ohne die es eine demokratische Gesellschaft nicht gibt."[50] Eine generelle präventive **Zensur** von Äußerungen verstößt gegen den grundrechtlichen Schutz der Meinungsfreiheit. Ein solcher Eingriff soll nach der Rechtsprechung des EGMR im Einzelfall und nach besonderer Prüfung zulässig sein, etwa wegen ihres rassistischen Inhalts.[51]

Mit seinem berühmten **Lüth-Urteil** vom 15. Januar 1958 hat das BVerfG eine Grundsatzentscheidung über die Bedeutung von Grundrechten mit Blick auf die **Meinungsfreiheit** gefällt. Das Gericht hat betont, dass der Meinungsfreiheit in der Demokratie ein hoher Stellenwert zukomme. Der **grundrechtliche Schutz** umfasse nicht nur das **äußere**, sondern auch das **geistige Wirken durch die Meinungsäußerung**. Die Schranken der Meinungsfreiheit (Art. 5 Abs. 2 GG) seien im Licht der besonderen Bedeutung dieses Grundrechts auszulegen.[52] Denn in den Grundrechten des Grundgesetzes verkörpere sich *„auch eine objektive Wertordnung, die als verfassungsrechtliche Grundentscheidung für alle Bereiche des Rechts gilt"*[53], also auch im Konflikt mit privaten Interessen Anderer. Die Entscheidung machte anhand der Meinungsfreiheit wieder deutlich, dass die Grundrechte nicht allein subjektive Abwehrrechte des Einzelnen gegenüber dem Staat sind, sondern für alle Bereiche des Rechts gelten und auch gegenüber Dritten Wirkung entfalten können: die sog. **Drittwirkung der Grundrechte**.

Die Grundrechte begründen staatliche Schutzpflichten für die grundrechtlich garantierte Meinungsfreiheit wie für andere Freiheiten auch, wo diese von dritter Seite gefährdet sind, etwa im Falle eines Presseunternehmens durch einen Boykottaufruf, wenn diesem die Sorge um politische, wirtschaftliche, soziale oder kulturelle Belange der Allgemeinheit zugrunde lie-

---

45 Humboldt in Gebhardt (Hg.), Wilhelm von Humboldts Politische Denkschriften,Bd. 1 (1903, 1968), S. 54.

46 Schiller, Don Carlos, 3. Akt, 10. Auftritt (Erstaufführung 1787).

47 Dazu Bernsdorff in Meyer (Hg.), Charta der Grundrechte (3. A. 2011), Art. 10 Rn. 11.

48 BVerfG v. 26.02.1969, BVerfGE 25, 256, 165; vgl. Grimm, NJW 1995, 1697 ff.

49 Vgl. auch Art. 10 EMRK, der die Freiheit der Medien als implizite Form der Meinungsäußerung ansieht und Art. 11 Abs. 2 EGRC, der sie einer besonderen Regelung zuführt.

50 EGMR v. 07.12.1976, EuGRZ 1977, 42 ff.

51 EGMR v. 23.09.1994, ÖJZ 1995, 227 ff.; vgl. zum Verbot der Auschwitzlüge BGH v. 12.12.2000, MMR 2001, 228 ff. mit Anmerkungen von Clauß.

52 BVerfG v. 15.01.1958, BVerfGE 7, 198 ff.

53 So der Wortlaut des 1. Leitsatzes der Entscheidung, BVerfG v. 15.01.1958, BVerfGE, 7, 198 ff.

gen.[54] Die **Ausübung wirtschaftlichen Drucks** widerspreche allerdings dem Sinn des Grundrechts auf freie Meinungsäußerung.[55] Das BVerfG hat immer wieder klargestellt, dass die **Kritik** an Regierungen, Parlamenten und anderen Verfassungsorganen sowie an den konkreten politischen und sozialen Verhältnissen zulässig ist, auch wenn sie hart und uneinsichtig ausfällt.[56] Das BVerfG lässt nur solche Einschränkungen der Meinungsfreiheit zu, *„die sich nicht gegen die Äußerung der Meinung als solche richten"*.[57]

Das Grundgesetz verbietet – wie alle menschenrechtlich basierten Verfassungen auch – eine vorgängige (präventive) systematische Inhaltskontrolle von Äußerungen (Art. 5 Abs. 1 S. 3 GG). Eine **Vorzensur** würde die Freiheit, auch die vorbehaltlose Freiheit des künstlerischen Ausdrucks (Art. 5 Abs. 3 GG) etwa im Bereich der Satire und Karikatur, unterbinden.[58] Um der bürokratischen Kontrolle durch eine Vorzensur zu entkommen, ging der deutsche Jurist, Dichter und Journalist Heinrich Heine 1831 nach Paris ins Exil. Sein radikaler Protest gegen die Zensur findet sich am Ende seiner berühmten Verse „Deutschland. Ein Wintermährchen" (1844), wo er dem preußischen König mit der literarischen Hölle drohte, falls er die Dichter nicht unbehelligt lasse.[59]

Zensurmaßnahmen können über die bloße **Verbotswirkung** hinausreichen und zur **Selbstzensur** führen. So kann das polizeiliche Filmen von Demonstrationen Menschen von einer Meinungskundgabe so nachhaltig abhalten, dass sie auf die Ausübung der entsprechenden Grundrechte verzichten.[60] Jeder Kommunikationsprozess, der durch die Meinungsfreiheit sowie die Versammlungsfreiheit (Art. 8 GG) und ggfs. die Vereinigungsfreiheit (Art. 9 GG) grundrechtlich abgesichert ist, ist auch im Recht des Datenschutzes verankert, das die Erfassung und Verwendung von personenbezogenen Daten nur unter engen gesetzlichen Voraussetzungen erlaubt.[61] Die Medien können zu einer Selbstzensur durch die Androhung von Strafen veranlasst werden, etwa wegen der Ehrverletzung eines Politikers oder durch eine strafbewehrte Kontrolle der Berichterstattung. Das wäre dann der Fall, wenn etwa regierungsnahe Medienanstalten nationale Medien zur Zahlung erheblicher Summen verpflichten können, auch wenn ein tatsächlicher Hintergrund für deren kritische Berichterstattung vorliegt. In einer Demokratie ist es zudem erforderlich, dass Werturteile in einer politischen Auseinandersetzung grundsätzlich in vollem Umfang geschützt sind. Andernfalls droht die Gefahr von „Maulkörben" mit dem Ziel, ein gleichgerichtetes *„Denken und Sinnen"* in Staat und Gesellschaft zu erreichen, das brutale Diktaturen oder überwiegend autoritäre Regime und deren politische Propaganda regelmäßig anstreben.[62]

---

54 Vgl. BVerfG v. 26.02.1969, BVerfGE 25, 256 ff.

55 BVerfG v. 26.02.1969, BVerfGE 25, 256, 265.

56 BVerfG v. 17.08.1956, BVerfGE 5, 85, 318; BVerfG v. 17.08.1956, BVerfGE 5, 85, 368 f.

57 BVerfG v. 15.01.1958, BVerfGE 7, 198, 209 f.

58 Vgl. etwa Knieper/Tinnefeld, in Schweighofer et al. (Hg.), Komplexitätsgrenzen der Rechtsinformatik.Tagungsband 11. IRIS (2008), S. 473–482.

59 Heine, Deutschland. Ein Wintermährchen., Caput XXVII; s. a. v. Woesler in Vormbaum (Hg.), Heinrich Heine. Deutschland. Ein Wintermährchen. Geschrieben im Januar 1844 (2006), S. 133 f.; s. a. v. Eichendorff in Baum/Grosse, Neue Gesamtausgabe der Werke und Schriften(1957 f). Bd. 4 Vermischte Schriften, S. 1187 ff., 1193 ff.

60 Grimm, NJW 1995, 1697, 1703.

61 So schon BVerfG v. 15.12.1983, BVerfGE 65, 1, 43 ff.

62 Zur Gefahr der Selbstzensur durch ein umstrittenes ungarisches Mediengesetz Martin Winter, SZ v. 07.01.2011, S. 4.

b. Persönlichkeitsschutz

Die Schutzkonzepte der Privatheit und des allgemeinen Persönlichkeitsrechts verlangen, dass die Medien **sensible Interessen Privater** achten. Eine entsprechende datenschutzrechtliche Regelung findet sich im europäischen **„Medienprivileg“**.[63] Das Privileg wird durch gegenläufige Bindungen kompensiert wie

- das Recht auf Gegendarstellung,
- die Verpflichtung zu besonderer Sorgfalt im Umgang mit belastendem Material,
- die Bindung des Medienprivilegs an die Wahrnehmung publizistischer Aktivitäten.

Es bedarf etwa einer besonderen Rechtfertigung, wenn Fotos von Prominenten, die deutlich der privaten Sphäre zuzuordnen sind, veröffentlicht werden. Diese Situation haben der EGMR und das BVerfG im Zusammenhang mit Bildveröffentlichungen aus der Privat- und Familiensphäre der Prinzessin Caroline von Monaco/Hannover intensiv erörtert.[64]

Der EGMR lehnt ebenso wie das deutsche BVerfG die von jeder tatsächlichen Würdigung entfernte und nicht weiter begründete reine **Schmähkritik** (Überschuss an nicht mehr hinnehmbarer Kritik) ab, weil sie gegen das Persönlichkeitsrecht verstößt.[65] Auch die Kritik an prominenten Personen darf die Grenzen zum Takt- und Geschmacklosen weit überschreiten.[66] Andere, etwa rassistisch motivierte Diffamierungen, durch die Einzelne oder Gruppen als Ratten oder anderes Ungeziefer apostrophiert werden, sind unzulässig, weil sie darauf abzielen, ihre Opfer sozial auszugrenzen und mundtot zu machen.[67] Der EGMR hat sich auch mit Fragen der **Satire und Ironie** befasst, insbesondere der Gesellschaftssatire. Sie sei eine Form künstlerischen Ausdrucks und Sozialkommentars und ziele naturgemäß darauf ab, zu provozieren. Jeder Eingriff müsse daher mit besonderer Aufmerksamkeit untersucht werden.[68]

Die **Unterscheidung zwischen Werturteilen** (dazu gehören auch scharfe Ansichten in Zusammenhang mit einem sachlichen Anknüpfungspunkt) **und Tatsachenbehauptungen** kann im Einzelfall zu einem Problem mit der Meinungsfreiheit führen (Art. 5 Abs. 1 S. 1 GG).[69] Häufig werden wertende und tatsächliche Bestandteile einer Äußerung vermischt. Die Zulässigkeit der Äußerung kann dann schwer von tatsächliche Elementen getrennt werden. Daher sind Werturteile grundsätzlich zwar keinem Wahrheitsbeweis zugänglich. Sie müssen sich aber auf eine **ausreichende Tatsachengrundlage** stützen können.[70]

Beispiel: Ein Journalist behauptet, dass der BKA-Präsident eine positive Rasterfahndung betreibe, obwohl er sich allein für den negativen Datenabgleich ausgesprochen hat.[71] Dabei

---

63 Vgl. Art. 9 DSRL.

64 Dazu BVerfG v. 26.02.2008, EuGRZ 2008, 202 ff. mit deutlicher Berücksichtigung der Rechtsprechung des EGMR.

65 Zu den Grenzen der Medienfreiheit Bruns, Informationsansprüche gegen Medien (1997), S. 84 f.

66 Zu Äußerungen, die die Menschenwürde verletzen vgl. BVerfG v. 03.06.1987, BVerfGE 75, 369, 380.

67 Vgl. etwa EGMR v. 23.09.1994, NL 1994, 294 ff.

68 EGMR v. 25.01.2007, NL 2007, 19 ff.

69 Grimm, NJW 1995, 1697, 1699.

70 EGMR v. 24.02.1997, NL 1997, 50 ff.

71 Die positive Rasterfahndung sucht nach unbekannten Tätern mit beschreibenden, also positiven Kriterien (Ausländer, Student, Muslim zwischen 20 und 30 Jahren). Die negative Rasterfahndung gilt dem Aufspüren von Trägern falscher Namen oder mit falschen Identitäten. Wenn der Verdacht besteht, dass in einem außer-

handelt es sich um eine unwahre **Tatsachenbehauptung**, wenn er sie nicht erkennbar als eine subjektive Einschätzung wiedergibt.[72] Somit stehen dem Präsidenten die äußerungsrechtlichen Gegendarstellungsansprüche zu.[73]

Beispiel: Der Inhaber einer Homepage bringt in einer Internet-Kampagne den Chefredakteur einer Zeitschrift als Publizisten mit rechtsextremen politischen Positionen in Verbindung, die weder als richtig noch als falsch nachgewiesen werden können. Bei Äußerungen im politischen Meinungskampf, bei denen es sich um **Werturteile** handelt und die keine verbotene Schmähkritik beinhalten, überwiegt die Meinungsfreiheit.[74]

Beispiel: Eine prominente Person (public figure) begibt sich für Dritte erkennbar an einen abgeschiedenen Ort. Diese Möglichkeit muss grundsätzlich auch einer **Person der Zeitgeschichte** zustehen, so dass ein „Paparazzo" sie nicht behelligen und fotografieren darf.[75] Die **Privatsphäre** endet auch im Verhältnis zur Presse nicht immer an der Haustüre. Aus diesem Grund ist eine einwilligungsfreie Verbreitung oder Zurschaustellung des Bildnisses auch im Sinne des Kunsturhebergesetzes nicht zulässig, wenn dadurch ein berechtigtes Interesse des Abgebildeten verletzt wird.[76]

Beispiel: Eine Rechtsanwaltskanzlei betreibt **Webseiten** im Sinne der „Telemedien" (§ 56 Abs. 1 RStV), wenn sie journalistisch redaktionell gestaltet sind, regelmäßig über juristische Neuigkeiten berichten und kanzleieigene Pressemitteilungen öffentlich zugänglich machen. Bei unrichtigen Mitteilungen besteht das Recht auf Veröffentlichung einer Gegendarstellung.[77]

Unter den Schutzbereich der Meinungsfreiheit fallen keine Tatsachenbehauptungen, deren Unwahrheit der Autor kennt (bewusste Lüge), oder deren Unwahrheit im Zeitpunkt der Äußerung evident ist, wie beispielsweise die Auschwitzlüge.[78] An Mitteilungen aus der Intimsphäre besteht grundsätzlich kein legitimes Interesse Dritter, auch wenn sie wahr sind.

c. Redaktionsgeheimnis

Es liegt auf der Hand, dass viele Skandale ohne mutige Journalisten nie aufgedeckt worden wären. Allerdings erhalten Journalisten sehr oft Informationen von Menschen, die dadurch

---

polizeilichen Datenbestand solche Daten vorhanden sind, müssen alle legalen Namensträger so lange herausgelöst werden, bis nur noch illegale Namensträger übrig bleiben.

72 BVerfG v. 04.10.1988, NJW 1989, 1789 f.

73 Zivilrechtliche Ansprüche auf Widerruf und Unterlassung (§ 1004 i.V.m. § 823 Abs. 2 BGB) sowie der presserechtliche Gegendarstellungsanspruch.

74 OLG Braunschweig v. 18.09.2000, ITRB 2001, 105, 105 mit Beraterhinweis: *„Jeder Domain-Inhaber haftet für die in seiner Homepage gemachten Äußerungen."*

75 BVerfG v. 15.12.1999, BVerfGE 101, 361 ff.

76 Vgl. § 23 Abs. 2 KUG.

77 OLG Bremen v. 14.01.2011, MMR 2011, 337 f.

78 BVerfG v. 13.04.1994, BVerfGE 90, 241, 249; BVerfG v. 13.04.1994, BVerfGE 90, 241, 249, 254.

Gesetze brechen, etwa das Dienstgeheimnis oder besondere Geheimhaltungspflichten (§ 335b StGB). Das Grundgesetz schützt die *„institutionelle Eigenständigkeit"* der Presse (Art. 5 Abs. 1 S. 2 GG) *„von der Beschaffung der Information bis zur Verbreitung der Nachricht und Meinung"*.[79] Daraus ergibt sich, dass auch die Informationsfreiheit zu den grundrechtlich verankerten Rechten gehört, die der autonomen Recherchefreiheit des Journalisten dienen.[80] Das bedeutet, dass die grundrechtliche Qualifikation eines Zugriffs *„aus allgemein zugänglichen Quellen"* (Art. 5 Satz 2 2. Hs. GG) *„allein explikative und keine einschränkende Wirkung hat"*.[81] Das **Redaktionsgeheimnis** der Journalisten[82] zeigt, dass diese sich auch aus anderen Quellen informieren dürfen.

Die Tätigkeit des investigativen Journalismus steht und fällt mit dem **Quellenschutz**, wozu nicht nur die selbst erschlossene Quelle, sondern auch die ungefragt zutragende Quelle zählt.[83] Nach dem EGMR darf eine Offenlegung der Quellen nur erzwungen werden, wenn ein überragendes öffentliches Interesse daran besteht.[84] Im **Cicero-Urteil**[85] aus dem Jahre 2009 hat das BVerfG wie zuvor schon im Spiegel-Urteil[86] aus dem Jahre 1966 deutlich darauf hingewiesen, dass Durchsuchungen und Beschlagnahmen in einem Ermittlungsverfahren gegen Presseangehörige verfassungsrechtlich unzulässig sind, wenn sie ausschließlich oder vorwiegend dem Zweck dienen, die **Person des Informanten** zu ermitteln.[87] Geschützt wird allerdings nicht die Person des Informanten, sondern das Vertrauensverhältnis zwischen ihm und dem Medienmitarbeiter. Diesem Ziel dient auch das **Zeugnisverweigerungsrecht** des Medienmitarbeiters im Zivil- oder Strafprozess (§ 383 Abs. 1 Nr. 5 ZPO; § 53 Abs. 1 Nr. 5 ZPO). Dem Informanten selbst steht grundsätzlich kein Anspruch auf Geheimhaltung seiner Identität zu, auch dann nicht, wenn er in Erfüllung seiner Bürgerpflicht etwa brisantes Material über Rauschgiftbanden oder Korruption in Staat und Wirtschaft den Medien zuspielt. Dies entspricht auch der gegenwärtigen Rechtslage von Whistleblowern, die erhebliche Missstände in ihren Unternehmen oder Behörden den Medien gegenüber offenlegen. Eine gesetzliche Regelung zugunsten des Schutzes von Informanten sowie der von diesen gemeldeten bzw. angezeigten Personen gehört zu den dringenden Aufgaben einer datenschutzgemäßen Rechtsfortbildung.

d. Kulturelle Rechte

Die Meinungs- und Informationsfreiheit ist im Zusammenhang mit der Medienfreiheit relevant bei der Berücksichtigung **kultureller Rechte**. Diese spielen im Integrationsprozess der EU eine wichtige Rolle. Er basiert auf dem gemeinsamen kulturellen Erbe der Mitgliedstaa-

---

79 BVerfG v. 25.01.984, BVerfGE 66, 116, 133.

80 BVerfG v. 16.06.1981, BVerfGE 57, 295, 319.

81 So zutreffend Kübler in Simon/Weis (Hg.), FS Simitis (2000), S. 219 m.w.N.

82 BVerfG v. 05.08.1966, BVerfGE 20, 162, 176, 187; BVerfG v. 28.11.973, BVerfGE 36, 193, 204.

83 Vgl. Bruns, Informationsansprüche gegen die Medien (2007), S. 87 ff. m.w.N.

84 EGMR v. 21.01.1999, EuGRZ 1999, 54 ff. Ausführlich dazu Berka, Redaktionsgeheimnis und Pressefreiheit (2001), 14 ff.; s. a. Berka, in Österreichische Juristenkommission (Hg.), Recht und Öffentlichkeit (2004), 66 ff.

85 BVerfG v. 27.02.2007, BVerfGE 117, 244 ff.

86 BVerfG v. 05.08.1966, BVerfGE 20, 162, 191 f.; BVerfG v. 05.08.1966, BVerfGE 20, 162, 217.

87 BVerfG v. 27.02.2007, BVerfGE 117, 244 ff.; Vgl. auch BVerfG v. 01.02.2005, NJW 2005, 965 f. Zu den Grenzen vgl. BVerfG v. 22.08.2000, NJW 2001, 507 f.; s. a. EGMR v. 22.11.2007, NJW 2008, 2563 ff.; EGMR v. 27.11.2007, NJW 2008, 2565 ff.; vgl. Leutheusser-Schnarrenberger, Die gesetzliche Sicherung der Pressefreiheit: Eine endlose Geschichte, ZRP 2007, 249 ff.

ten. Nach Werner Maihofer beauftragt die Kultur den Staat, *„die Zerstörung aller bisherigen Fortschritte in der Kultur zu hindern und den künftigen Fortschritt seiner Bürger zu fördern“*.[88]

So schützt die **Informationsfreiheit** nach Art. 5 Abs. 1 S. 1 GG generell auch das Informationsinteresse des Einzelnen, sich über die **eigene Kultur** laufend zu informieren. Die **Meinungsfreiheit** (Art. 5 Abs. 1 S. 1 GG) sowie die Presse- und Rundfunkfreiheit bzw. die Freiheit der Massenmedien (Art. 5 Abs. 1 S. 2 GG) garantieren jedem die Möglichkeit, selbst mit Hilfe der Medien Maßnahmen zu ergreifen, um eigene Vorstellungen zu erhalten und zu verbreiten.[89] Dabei sind rechtskonforme, verhältnismäßige Begrenzungen anderer Freiheiten (z. B. der Verfügungsbefugnis über das Privateigentum, Art. 14 GG) im Interesse der Wahrung kultureller Freiheiten möglich.

Es gibt allerdings **keine verfassungsrechtliche Privilegierung** für kulturell motivierte Anliegen des Einzelnen. In bestimmten Fällen lässt sich jedoch begründen, dass eine Nutzung der Informationsfreiheit etwa im Zusammenhang mit einer Berufsausübung (Art. 12 Abs. 1 GG) oder des elterlichen Erziehungsrechts (Art. 6 Abs. 2 S. 1 GG) geboten ist. Kulturelle Handlungsmotive sind grundrechtlich nicht geschützt. Anders ist die Rechtslage bei religiös motivierten Handlungen (Art. 4 Abs. 1 und Abs. 2 GG).[90]

Das BVerfG hat in den **Parabolantennen-Entscheidungen**[91] die kulturelle Dimension der Informationsfreiheit betont. Es müsse das Motiv von Menschen, die ihre **kulturelle Identität** durch den Gebrauch der Informationsfreiheit wahren wollen, berücksichtigt werden. Konkret handelte es sich um das *„gesteigerte Informationsinteresse“* ausländischer Mieter am Empfang ihrer Heimatprogramme, die sie ohne Einschränkung des Verfügungsrechts des Hauseigentümers durch Anbringung einer Antenne am Balkon nicht hätten empfangen können. Die Entscheidungen beinhalten zwei kulturelle Aspekte:

- Die objektive Komponente berührt die gegenständliche Seite: die Erhaltung, Wiedergabe und Überlieferung des Informationsgehalts etwa durch Heimatprogramme.
- Die subjektive Komponente zeigt die Bedeutung der kulturellen Werte für die Entfaltung der Persönlichkeit.

Die Entscheidungen des BVerfG können als Rechtsfortbildung verstanden werden, um dem dynamischen Charakter der Kultur insgesamt sowie kulturellen Handlungsmotiven im Rahmen der Grundrechte, insbesondere der Meinungs- und Informationsfreiheit und des Persönlichkeitsrechts mehr, Gewicht zu geben.[92]

Eine besondere Gruppe kultureller Anliegen, die im Zusammenhang mit dem Persönlichkeitsschutz stehen, lässt sich unter dem Stichwort **Integritätsschutz** zusammenfassen. Damit sind Fallkonstellationen gemeint, in denen eine Person etwa aus Gründen ihrer ethnischen Herkunft oder Religionszugehörigkeit diskriminiert wird. Die Herabwürdigung eines Ande-

---

88 Maihofer in Benda/Maihofer/Vogel (Hg.), Handbuch des Verfassungsrechts der Bundesrepublik Deutschland (1994), S. 966.

89 Britz, Kulturelle Rechte und Verfassung (2000), S. 114 f.

90 Britz, Kulturelle Rechte und Verfassung (2000), S. 115 ff.

91 BVerfG v. 09.02.1994, BVerfGE 90, 27, 36 f.; BVerfG v. 09.06.1994, NJW 1994, 2143, 2143.

92 Zu den Rechten i.S.d. EMRK vgl. Batliner in Fleiner-Gerster (Hg.), Die multikulturelle und multiethnische Gesellschaft (1995), S. 23.

ren z. B. wegen seiner abweichenden Lebensgewohnheiten ist unter dem Schirm des europäischen Datenschutzes grundsätzlich nicht erlaubt.[93]

2.3 Vom Wert der Privatheit im sozialen und kulturellen Kontext

Daten haben eine Doppelfunktion. Sie vermitteln nicht nur Informationen über eine bestimmte Person, sondern schaffen auch ein **„Abbild sozialer Realität“**.[94] Potenziell kann die Sichtweise, das Urteil der Anderen dem Einzelnen die Möglichkeit nehmen, sich unabhängig zu entwerfen, zu interpretieren und zu begreifen.[95] Die soziale Realität kann zudem durch die Manipulation von Text-, Ton- und Bilddaten beliebig verfälscht dargestellt werden. Abhilfe kann unter diesen Umständen vor allem eine strenge Zweckbindung der Daten im Rahmen des Verarbeitungsprozesses schaffen. Das Gebot der Zweckbindung hat so gesehen auch mit der Frage einer angemessenen Informationssicherheit (IT-Security) zu tun. Falls diese fehlt, gewinnt *„die Logik zur Triebkraft“* derjenigen, die verantwortungslos mit Computersystemen umgehen.[96]

Die multifunktionale Verknüpfung und Auswertung von Daten kann bei einem hohen Automatisierungsgrad soziale Realitäten verändern. Zahlreiche Umstände des Einzelschicksals können bei einer formalisierten Auswertung durch den Rechner verloren gehen (Qualitätsaspekt).[97] Soweit sich persönliche Angaben gegenüber dem ursprünglichen Verarbeitungskontext verselbständigen, verlieren sie den konkreten Bezug zum Einzelnen.

Das Problem tritt im Arbeitsleben häufig dann auf, wenn der Computer im Rahmen von Bewerbungen oder bei der sozialen Auswahl im Kündigungsschutzverfahren nach bestimmten Kriterien „eigenständig“ selektiert und sich damit einen fatalen Anstrich von Objektivität gibt. Im Datenschutzrecht der EU-Mitgliedstaaten darf daher die **Bewertung einer Person** nicht ausschließlich dem Computer überlassen werden.[98] Die einschlägigen Regelungen sollten allerdings nicht nur vorsehen, dass der Arbeitgeber oder Dienstherr dem Betroffenen die Gelegenheit zur Stellungnahme einräumt, sondern ihn auch im Falle einer Stellungnahme verpflichten, eine (negative) Entscheidung erneut zu überprüfen. Im globalisierten Markt sind zudem kulturelle Unterschiede (in China, Japan, Russland, USA usw.) relevant, deren Kenntnis für eine kritische bzw. richtige Personalentscheidung in weltweiten Geschäftsprozessen eine Rolle spielen.

Zwischen **Menschen** und zwischen **Kulturen** bestehen **unterschiedliche Wissens- und Bewusstseinshorizonte**. Wer mit anderen Menschen und Gesellschaften (Kulturen) nicht kommunizieren und sich verständigen kann, dem fehlt auch die Eigenschaft eines partizipations-

---

93 Zum Verbot der Verarbeitung besonderer Daten vgl. Art. 8 Abs. 1 DSRL.

94 BVerfG v. 15.12.1983, BVerfGE 65, 1, 43.

95 Rössler, Der Wert des Privaten (2001), S. 272 ff.

96 Dieses Phänomen beschreibt Kerr in seinem preisgekrönten Kriminalroman „Das Wittgenstein-Programm“ (1996).

97 Vgl. Jonas, Verantwortung (1985), S. 47, der zum Thema „Der Mensch als Objekt der Technik“ ausführt: „Homo faber kehrt seine Kunst auf sich selber und macht sich dazu fertig, den Erfinder und Verfertiger alles Übrigen erfinderisch neu zu fertigen.“

98 Art. 15 Abs. 1 DSRL.

fähigen Weltbürgers. Schon der auf zeitlose Geltung bedachte Philosoph Immanuel Kant bezog die Weltgesellschaft in seine Betrachtungen ein: *„Handle so, dass du die Menschheit sowohl in deiner Person, als in der Person eines jeden anderen, jederzeit zugleich als Zweck, niemals bloß als Mittel brauchest."*[99] Mehr denn je ist es daher eine Schlüsselaufgabe der Unternehmen, Wissen und Fähigkeiten ihrer Mitarbeiter auszubauen (Weiterbildungskultur) und datenschutzrechtliche Anforderungen in die Geschäftsprozesse, in die Qualität der jeweiligen Informations- und Kommunikationstechnologien zu integrieren.

2.3.1 Gestörte Balance zwischen Öffentlichkeit und Privatheit

Der von Menschen bestimmte interkulturelle Kommunikationsprozess wird empfindlich gestört, wenn personenbezogene Informationen hinter dem Rücken der betroffenen Personen in Datentools auf Vorrat gelagert und beliebig verfügbar und abrufbar gehalten werden. Begriffe wie „**Datamining**", eine Technik für die Suche nach bisher ungeahnten Verwendungsmöglichkeiten personenbezogener Daten in Datenlagerhäusern, kennzeichnen eine maßlose Goldgräberstimmung im Wirtschaftswettbewerb und zugleich auch eine datenschutzfremde Entwicklung. Ein ähnlicher Ansatz zeichnet sich bei der Ausweitung staatlicher Prävention zum Zweck der Sicherheit ab.[100]

Eine zweckoffene Datenspeicherung und ungebundene Datensuche ist geeignet, Privatheit und Intimität offenzulegen. Entprivatisierungsprozesse bzw. den **Verlust von Trennlinien zwischen öffentlichen und privaten Bereichen** hat der Soziologe Richard Sennett bereits im Jahre 1983 als **Gefährdung von Kommunikation und Geselligkeit** bezeichnet: *„Sichtbarkeit und Isolation treiben einander auf die Spitze"*.[101] Sennett spricht damit die Tendenz vieler Menschen an, sich in das Rampenlicht der Öffentlichkeit zu begeben und dabei Privates und Intimes bloßzulegen. Als der Schriftsteller Milan Kundera 1975 aus *„der mit Abhörgeräten gespickten"* ehemaligen Tschechoslowakei ins Exil nach Frankreich ging, beschrieb er die **gestörte Balance zwischen Nähe und Distanz**, zwischen Öffentlichkeit und Privatheit in den Ländern diesseits und jenseits des ehemaligen so genannten Eisernen Vorhanges und stellte fest: *„[...] wenn es zur Gewohnheit und Regel wird, die Intimität des anderen unter die Leute zu bringen, dann treten wir in eine Epoche ein, in der das Überleben oder das Verschwinden des Individuums auf dem Spiel steht"*.[102] Totalitäre Staaten sind sich dieser Folgen immer bewusst gewesen. Sie haben ihren Bürgern so weit wie möglich die Verfügung über private Räume genommen, um sie so an der Entwicklung individueller Autonomie zu hindern.[103]

„Der [...] verfassungsrechtliche Schutz gerade der Wohnung im engeren Sinn entspricht dem grundgesetzlichen Gebot unbedingter Achtung der Privatsphäre des Bürgers [...] und hängt

---

99 Kant in von Weischedel (Hg.), Werke in 6 Bänden. Bd. IV Grundlegung zur Metaphysik der Sitten, S. 61.

100 Zur übermäßigen Datenspeicherung auf Vorrat bei nicht-deutschen Staatsangehörigen bspw. Frankenberg in Simon/Weis (Hg.), FS Simitis (2000), S. 104 ff.

101 Richard Sennett, Verfall und Ende des öffentlichen Lebens. Die Tyrannei der Intimität (1983), S. 292 ff., S. 300 ff., S. 319.

102 Milan Kundera, Verratene Vermächtnisse (1993), S. 248.

103 Margalit, The Decent Society (1996), S. 201 f.

eng zusammen mit dem Schutz der Persönlichkeitsentfaltung […].“[104] *Er ist ein wirkmächtiger Teil alter Kulturwerte.*[105]

Der Datenschutz will die **Autonomie des Einzelnen** durch den Schutz von Privatheit und informationeller Selbstbestimmung gewährleisten. Mit der rechtlichen Institutionalisierung des Datenschutzes ist das Recht des Einzelnen verbunden, über das Schicksal der Informationen, die ihm zugerechnet werden können, (mit) zu bestimmen.[106] Darin klingt die Vorstellung an, jeder könne sein eigener Identitätsstifter sein. Tatsächlich kann aber vor allem über die digitalen Netzwerke eine persönliche Datenhistorie entstehen, die mit der gegenwärtigen Person wenig zu tun hat. Diese Entstehung von „Fremdbildern“ kann fatale Folgen haben, von denen insbesondere auch das Arbeitsleben betroffen ist. Aus diesem Grund ist nicht nur der Grundsatz der Direkterhebung bei dem Betroffenen eine zentrale datenschutzrechtliche Forderung. Auch die Datenerhebung aus „Sozialen Netzwerken“ muss auf ein legitimes Maß eingegrenzt werden.[107]

Der Mensch gewinnt seine Individualität als Persönlichkeit im sozialen Austausch.[108] Es kommt für ihn darauf an, dass Andere auf seine Selbstdarstellung, sei es durch Konsens, sei es durch Dissens, reagieren. Zu den Möglichkeiten seiner Selbstdarstellung und Selbstfindung gehört auch, dass er unterschiedliche Rollen in der sozialen Umwelt wahrnehmen kann (Verhaltensoption). Im sozialen Prozess der Persönlichkeitsentfaltung ist es für seine **Orientierung** wesentlich, dass er, um von anderen verstanden und akzeptiert zu werden, Kenntnis von Vorgängen erhält, die für ihn bedeutsam sind. Dies erhöht seine **Verhaltenssicherheit** und damit seine soziale Kompetenz. Andernfalls wächst das Risiko, dass er sich zurückzieht und sich von freien Entscheidungen „befreit“ fühlt, und das kann auch immer heißen, dass er

- die Verantwortung für die eigene Lebensgestaltung und
- die soziale Einbeziehung des Anderen nicht wahrnimmt.

2.3.2 Phänomen der Scham und der Maske

Mit der Formulierung, *„Alle Beziehungen von Menschen untereinander beruhen selbstverständlich darauf, dass sie etwas voneinander wissen“*, spricht der Soziologe Georg Simmel 1908 die Wechselwirkung und Funktionszusammenhänge menschlicher Beziehungen an. Die **innere Struktur menschlicher Beziehungen** ist nach Simmel von den **Elementen Wissen/Nichtwissen bzw. Mitteilen/Verbergen** (Geheimhalten) **geprägt**, auch in intimen Beziehungen.[109] Die Kundgabe von persönlichen Informationen wie auch deren Verschweigen bilden jeweils eine wesentliche Seite menschlicher Sozialität. Das Verbergen ist, unbesehen seiner Inhalte, eine notwendige Bedingung für die Beziehungen der Menschen untereinander und eine notwendige Bedingung für ein differenziertes soziales Leben. Die verbreitete These „Wer vor anderen etwas verbirgt, hat sich etwas zuschulden kommen lassen“, ist damit im

---

104 BVerfG v. 03.04.1979, BVerfGE 51, 107 ff.; BVerfG v. 14.09.1989, BVerfGE 80, 373 ff.

105 Tinnefeld, NZZ v. 01/02.02.2003, S. 91.

106 BVerfG v. 15.12.1983, BVerfGE 65, 1 ff.

107 Dazu Tinnefeld/Petri/Brink, MMR 2011, 432.

108 Suhr, Entfaltung der Menschen durch die Menschen (1976), S. 82.

109 Simmel in Rammstedt (Hg.), Soziologie. Untersuchungen über die Formen der Vergesellschaftung. Gesamtausgabe Bd. 11 (1992), S. 303, S. 393, S. 394 ff.

Kern widerlegt. Das heißt andererseits nicht, das sich hinter dem Schild des Verbergens nicht auch Kriminelles verbergen kann.

Im Phänomen der **Scham** kommt das Streben nach Verbergen in elementarer Form zum Ausdruck: In der Scham schützt der Einzelne etwa intime *„Inhalte und Beziehungen, die durch das Eindringen Unbefugter gestört, zerstört oder im Keim verhindert werden"*.[110] Für den Religionsphilosophen Max Scheler ist die Scham Wurzel der Moral.[111] Der Ethnologe Hans Peter Dürr hält das Gefühl der Scham nicht für das Ergebnis eines Zivilisationsprozesses, sondern für den Ausdruck einer symbolischen Abgrenzung zwischen Öffentlichem und Intimem.[112]

Es sind Vorstellungen dieser Art, die auch in dem antiken Gedanken der **persona „als Maske"**[113] zum Ausdruck kommen: es geht um die Rolle, *„die das Individuum in seinen verschiedenen Umfeldern spielt und spielen dürfen soll"*.[114] Geheim ist, was anderen Personen unbekannt bleiben soll. Wenn *„Wahrheit"* in Anlehnung an die ursprüngliche griechische Wortbedeutung soviel wie *„Unverborgenheit"* bedeutet, dann ergibt sich daraus nicht – so der polnische Philosoph Leszek Kolakowski –, *„dass die Menschen im Unverborgenen, also Enthüllten, Nackten leben sollen"*.[115] Die Maske vor dem Gesicht (abgesehen von Strumpfmasken, die Terroristen oder Bankräuber in Aktion tragen) bedeutet nicht, dass der Einzelne in den Augen Fremder eine andere Identität annehmen will. Wenn man die Maske im Sinne des Kunsthistorikers Hans Belting allgemein als Bild versteht, verweist die Akteur-Maske-Konfiguration auf einen entsprechenden anthropologischen Befund: Mittels Maske bzw. mittels Bilderzeugung kann der Mensch zu sich selbst auf Abstand gehen.[116] Die Möglichkeit des *„Sichzusichverhaltens"* ist ein Element autonomer Handlungsorientierung.[117]

Die Maske ist ein Schlüsselmotiv in pseudonym oder anonym veröffentlichen Werken, bei der Nachrichtenweitergabe von Informanten, beim Austausch von E-Mails. Eine Art „Privatheits-Maske" steht im Mittelpunkt der Datenschutzpraxis, wonach die Gestaltung von Systemen und Verfahren nach den Grundsätzen der **Datenvermeidung** (durch Anonymität) und der **Datensparsamkeit** (durch Pseudonymität) zum Schutz der Privatheit geboten sein können. So gesehen ermöglichen die verschiedenen Formen der Maske erst die Freiheit, das eigene soziale Auftreten selbst bestimmen zu können.[118] Dies gilt für alle gesellschaftlichen Bereiche und lässt sich besonders anschaulich im Kontext des Arbeitsrechts darstellen.

„Vertragsgegenstand" bei der Begründung des Arbeitsverhältnisses ist eine Person. Der Arbeitgeber ist daher an weitgehenden „persönlichen" Informationen interessiert. Die Rechtsprechung hat dieser Ausgangsposition Rechnung getragen und das Fragerecht des Arbeitge-

---

110 Seif, Daten vor dem Gewissen (1986), S. 74 ff.

111 Scheler in Scheler (Hg.), Gesammelte Werke, Bd. 10 Schriften aus dem Nachlass (1957), S. 67 ff., S. 92 ff.

112 Duerr, Nacktheit und Scham. Der Mythos vom Zivilisationsprozess, Bd. 1 (2. A. 1988); Zur ethnologischen Differenzierung zwischen Scham- und Schuldgesellschaften vgl. Benedict, Urformen der Kultur (1957).

113 Das Wort persona in der Bedeutung Maske ist nach neueren Erkenntnissen etruskischer Herkunft, vgl. Der neue Pauly, Bd. 7 (1999), Sp. 975.

114 Dazu Druey, Information als Gegenstand des Rechts (1995), S. 157 m.w.N.

115 Kolakowski, Neue Mini-Traktate über Maxi-Themen (2002), S. 101.

116 Belting, Bild-Anthropologie, Entwürfe für eine Bildwissenschaft (2001), S. 34.

117 Rössler, Der Wert des Privaten (2001), S. 99.

118 BVerfG v. 15.12.1983, BVerfGE 65, 1, 43.

bers auf berufsbezogene Angaben eingeschränkt.[119] Setzt sich der Arbeitgeber über die ihm gezogenen Grenzen hinweg, dann hat der Bewerber das Recht auf eine Maske bzw. das „Recht zur Lüge“[120], da andernfalls sein Recht auf Privatsphäre verletzt würde. Anders und präziser ausgedrückt: Ein unangemessener Enthüllungs- bzw. Transparenzruf des Arbeitgebers würde den Arbeitnehmer „entkleiden“. In der ökonomischen Wissenschaft wird „entkleiden“ mit „disembedding“ (entbetten) übersetzt, eine Variante, welche die Folgen des Niederreißens persönlicher Grenzen aufzeigt.

Insbesondere Nachrichtendienste sind seit der Terrorismus- und neuerdings der Cyberwar-Debatte an der Kategorie „personenbezogene Information“ interessiert. Das Aufzeichnen von Gesprächen, die Überwachung von Wohnungen, der Einsatz von Lügendetektoren, das Lesen von Tagebüchern, die nicht zur Veröffentlichung bestimmt sind, sind Mittel, geheime Informationen zu erlangen und unterscheiden sich von den überkommenen Instrumenten der Nachforschung (z. B. Durchsuchung, Beschlagnahme).

Die Rechtsprechung bejaht bei der Abwehr und Aufklärung schwerer Delikte die Zulässigkeit einer vorbeugenden Überwachung der Telekommunikation.[121] Die Aufklärung von Verbrechen mit Hilfe eines polygrafischen Verfahrens, der **Lügendetektion,** ist rechtlich jedoch unzulässig, weil man dem Einzelnen sein Innenleben nicht auf diese technische Art „entreißen“ und der Manipulation aussetzen dürfe.[122] Ein solches Verfahren wird von Wissenschaftlern bislang auch als ungeeignet abgelehnt, weil sich die Grenzen der Zuverlässigkeit nicht genau bestimmen lassen.[123] Fraglich ist allerdings, ob Lügendetektion bzw. Neuroimaging zulässig sein kann, wenn sie vom Angeklagten selbst bzw. von seinem Verteidiger nach einer entsprechenden Aufklärung über die Grenzen des Verfahrens beantragt wird.

Die Intimität eines **Tagebuchs**, in dem es dem Schreibenden um spezifisch Persönliches, in vielen Fällen um seine Selbstfindung oder auch um phantasievolle Rollenvorstellungen geht, ist nicht immer geschützt.[124] Wenn aber der Inhalt kontrolliert und bekannt gegeben werden darf, ist auch die Funktion eines Tagebuchs, das wegen seiner Beschaffenheit einen sehr persönlichen, Charakter besitzt, gefährdet.

2.3.3 Geheimnisschutz und Kommunikationsfähigkeit

Die Rechtsprechung des Bundesverfassungsgerichts hat im Zusammenhang mit der psychischen Integrität einer Person bei beratenden und seelsorglichen Gesprächen darauf verwiesen, dass die Rat suchende Person nicht verpflichtet ist, unter ihrem Namen aufzutreten. Sie kann etwa bei einer Schwangerschaftsberatung anonym oder pseudonym auftreten. Andernfalls sei der oder die Ratsuchende häufig nicht in der Lage, sich an der Suche nach einer Lösung des Konflikts aktiv zu beteiligen. Dies sei aber eine wesentliche Voraussetzung für eine

---

119 BAG v. 20.02.1986, NZA 1986, 739 f.

120 BAG AP Nr. 2 zu § 123 BGB, st. Rechtsprechung.

121 Dazu rechtlich und tatsächlich BVerfG v. 14.07.1999, BVerfGE 100, 313, 317 ff., 336 ff.

122 Wegleitend BGH v. 16.02.1954, BGHSt 5, 332 f.

123 Dazu Markowitsch/Merkel in Bonhoeffer/Gruss (Hg.), Zukunft des Gehirns (2011), S. 210–240; Zur Funktionsweise des Hirnscanner vgl. Schleim, Die Neurogesellschaft (2011), S. 51 f.

124 Vgl. Minderheitenvotum bei der Tagebuchentscheidung, BVerfG v. 14.09.1989, BVerfGE 80, 367, 381 ff.; vgl. BGH v. 30.03.1994, CR 1995, 51 ff., wonach die Verwendung von Tagebüchern als Beweismittel im Interesse der Strafverfolgung unzulässig sein kann, je nach den Umständen des konkreten Einzelfalles.

erfolgreiche Beratung.[125] Das Gericht hat aus diesem Grund die Verfassungsmäßigkeit der Beschlagnahme von Akten über Beratungsgespräche einer differenzierten Wertung nach dem Verhältnismäßigkeitsprinzip unterzogen.[126]

Eine Forderung nach unbedingter Mitteilung sowie dem Zugriff auf **intime Informationen** (Geheimnisse) hat zur Folge, dass der Einzelne persönlich unsicher und misstrauisch wird, das gegenseitiges Vertrauen schwindet und der soziale Zusammenhalt gefährdet wird. Aus diesem Grund sind **Geheimhaltungspflichten** innerhalb von **bestimmten Berufsgruppen** entstanden, die den Kommunikationskanal etwa zwischen Anwalt und Mandant oder Arzt und Patient durch Schweigepflichten, Zeugnisverweigerungsrechte und Beschlagnahmeverbote usw. schützen sollen. Diesen Zusammenhang verdeutlicht auch der uralte Hippokratische Eid, zu dessen Bestandteil die Formel gehört: *„Was ich bei der Behandlung oder auch außerhalb meiner Praxis im Umgang mit Menschen sehe und höre, das man nicht weiterreden darf, werde ich verschweigen und als Geheimnis bewahren“* (Art. 8). Die vertraulichen Gespräche zwischen Arzt und Patient, dem Beschuldigten und seinem Verteidiger wie auch das Gespräch zwischen dem Seelsorger und dem Gläubigen haben Staaten seit Jahrhunderten rechtlich anerkennt.

Das Seelsorggeheimnis hat seine Wurzeln im **Beichtgeheimnis**, das nach katholischem Kirchenrecht nicht angetastet werden darf.[127] Eine Verletzung kann die schwere Schädigung des guten Rufes eines Pönitenten zur Folge haben.[128] Das Beichtgeheimnis soll eine negative Festlegung (Bloßstellung), die den Menschen aus der Gemeinschaft herausdrängen könnte, verhindern.[129] Dieser Schutzgedanke findet sich unter ähnlichen Vorzeichen im säkularisierten Bereich in der Ausgestaltung des Zeugnisverweigerungsrechts.[130] Dadurch, dass die zeugnisverweigerungsberechtigte Person über die strafrechtlich oder polizeirechtlich relevanten Sachverhalte schweigen darf, ergeben sich aus Sicht der Strafverfolgungs- und Gefahrenabwehrbehörden etwa beim Abhören solcher Gespräche grundrechtliche Probleme.

Ist jemand strafrechtlich verurteilt worden, so hat er seine namentliche Erwähnung in den Medien hinzunehmen, wobei die Besonderheit des Angriffsobjekts, Art der Begehung oder die Schwere der Begehung einen gewissen Maßstab für den Umfang der Berichterstattung abgeben (Abwägung zwischen Medienfreiheit und Persönlichkeitsschutz). Ein Entlassener darf mit Rücksicht auf die **Resozialisierung** grundsätzlich nicht oder nicht auf Dauer in der medialen Kommunikationsgesellschaft (Öffentlichkeit) bloßgestellt werden.[131] Diesem Gedanken entspricht ein **Recht auf Vergessen** (right to be forgotten), das insbesondere mit Blick auf die elektronischen Datenspuren in der Online-Welt Gestalt annimmt.[132] Die Ausgestaltung des Individualschutzes ist allerdings zu spezifizieren, wenn es sich etwa um Sexualstraftäter handelt (z. B. bei sexuellen Missbrauch von Kindern). Hier fällt ins Gewicht, dass diese häufig rückfallgefährdet sind. Der Journalist hat also nicht nur zu prüfen, ob seine Darstellung mit dem zugrunde liegenden Sachverhalt übereinstimmt. Er muss auch prüfen, ob

---

125 BVerfG v. 28.05.1993, BVerfGE 88, 203, 282.

126 BVerfG v. 24.05.1977, BVerfGE 44, 353, 376.

127 Vgl. Can. 983 § 1 CIC (Fassung 1983).

128 Schwendenwein, Lexikon für Theologie und Kirche Bd. 2 (3. A. 1994), Sp. 160 f.

129 BVerfG v. 03.03.2004, BVerfGE 109, 279, 322 f.

130 Ausführlich Petri, KuR 2008, 640 ff.

131 BVerfG v. 05.06.1973, BVerfGE 35, 202 ff.

132 Dazu Weber, digma 2011, 102 ff. m.w.N.

die Veröffentlichung unabhängig vom Wahrheitsgehalt rechtlich vertretbar ist. Dies gilt insbesondere bei Schilderungen aus dem Intimbereich.

Nach dem Grundgesetz sowie der europäischen Verfassungstradition ist die Rolle zwischen der Öffentlichkeit bzw. den Medien und dem Datenschutz nicht so verteilt, dass die Tätigkeit der Medien immer dem Gemeinwohl dient und der Datenschutz nur dem Interesse des Einzelnen nutzt. Der vergleichende Blick auf beide Rechte zeigt, das der Einzelne auf ein intaktes privates und öffentliches Umfeld angewiesen ist, wenn er zu einer eigenen Identität finden will. Vor diesem Hintergrund ist die Forderung des Soziologen Niklas Luhmann zu verstehen, dass *„Freiheit und Würde des Menschen im Sinne einer uneingeschränkten Kontaktfähigkeit der Persönlichkeit als Werte zu institutionalisieren sind“*.[133]

2.4 Technologischer Wandel und das Prinzip Verantwortung

Die Gesellschaft ist mit technischen Risiken bis in die ferne Zukunft hinein konfrontiert, wie sie in dieser Tragweite neu sind. Dies zeigen bereits die öffentlich umlaufenden Stichworte: Entschlüsselung der Baupläne des menschlichen Lebens (Genomprojekte), Präimplantationsdiagnostik (PID), Stammzellenforschung, Klonen von Menschen usw. Dabei geht es um die Anwendung der Gentechnik auf menschliches Leben, um die Frage der Manipulationsmöglichkeiten, die in die Zukunftsvision einer genetisch herstellbaren Population münden können. Nichts scheint mehr unmöglich zu sein. Exemplarisch sei auch auf die Bedeutung der Hirnforschung für Ethik und Recht hingewiesen.

2.4.1 Entscheidungsfindung und Verantwortungsethik

Die Menschheit in der eigenen Person zu achten, bezeichnete Kant als einen **Ausdruck von Würde**. Ausgehend von diesem Grundtext seiner Philosophie setzte Kant einen Handlungsmaßstab in Form des kategorischen Imperativs, wonach jeder nur nach der Maxime handeln soll, von der er zugleich wollen kann, dass sie ein allgemeines Gesetz werde.[134] Hans Jonas hat den Imperativ Kants umformuliert und auf die Spannung zwischen der Weltgesellschaft und dem Individuum in der heutigen Welt zugespitzt: *„Handle so, dass die Wirkungen deiner Handlungen verträglich sind mit der Permanenz echten menschlichen Lebens auf Erden“*; oder negativ ausgedrückt „Handle so, dass die Wirkungen deiner Handlungen nicht zerstörerisch sind für die künftige Möglichkeit solchen Lebens“; oder wieder positiv gewendet: „Schließe in deine gegenwärtige Wahl die zukünftige Integrität des Menschen als Mitgegenstand deines Wollens ein.“[135] Jonas fordert nicht nur verantwortliches individuelles Verhalten ein, sondern wendet sich vor allem an Politiker und die Öffentlichkeit.[136]

Am Beginn des 21. Jahrhunderts zeichnet sich ab, „dass traditionelle Formen der Steuerung, Lenkung, Kontrolle und Entscheidungsfindung im öffentlichen Sektor, im Unternehmensbe-

133 Luhmann, Grundrechte als Institution (1974), S. 70 ff.

134 Kant in von Weischedel (Hg.) Werke in 6 Bänden. Bd. IV Grundlegung zur Metaphysik der Sitten, B 36–37, 54.

135 Jonas, Das Prinzip Verantwortung. Versuch einer Ethik für die technische Zivilisation (1984), S. 36.

136 Jonas, a.a.O., S. 37.

reich und in der Gesellschaft weitgehend überholt sind".[137] Damit wächst die Chance, Probleme ganzheitlicher zu betrachten und zu bewältigen als im Rahmen der bisherigen rechtlichen Lösungsansätze. Der neue Imperativ kann für verlässliche ethische Maßstäbe in allen Bereichen fruchtbar gemacht werden.

Ethik fordert eine **Selbstverpflichtung der Handelnden auf ein ethisches Gut**. Im vorliegendem Kontext geht es um den Wert der Privatheit bzw. den **Datenschutz als Grundrechtsschutz**. Die Verantwortlichen müssen Regeln entwickeln, die es ihnen erlauben, im Wege der Güterabwägung zu entscheiden, ob und wie dieses Gut etwa mit politischen, ökonomischen oder anderen Interessen konkurriert. Sie müssen sich also mit den voraussehbaren Folgen ihrer Handlungen auch unter dem Aspekt des Gemeinwohls auseinandersetzen (Verantwortungsethik). Ein wesentliches Element der **Verantwortungsethik** ist nach Max Weber die Verantwortung für unbeabsichtigte Nebenfolgen des eigenen Handelns.[138] In diesen Zusammenhang kommt es konkret darauf an, sich etwa bei einem Datentransfer mit dem politischen Charakter staatlicher Systeme (totalitär, diktatorisch, demokratisch) in den Empfängerländern zu befassen, die etwa bestimmte personenbezogene Informationen ganz anders und zweckentfremdet verwenden als dies im Interesse der betroffenen Person beabsichtigt war und rechtlich zulässig ist.

Zu den Ausprägungen ethischer Prinzipien gehört der **Grundsatz von Treu und Glauben**.[139] Verantwortliche Stellen im Datenschutz sind verpflichtet danach zu handeln.[140] In einer multikulturellen, vernetzten Welt liegt es nahe, den Grundsatz anwendungsspezifisch zu konkretisieren. Dies gilt ebenso für gesetzliche Generalklauseln, nach denen die Interessen eines Unternehmens an der Datenverarbeitung mit den schutzwürdigen Interessen der betroffenen Person in Einklang gebracht werden sollen (allgemeine Abwägungsklausel). Die Forderung „fairly and lawfully" zu handeln, gilt insbesondere für diejenigen Organisationen und Unternehmen, die bei einer Umorientierung des staatlichen Rechts in die Gestaltung des Datenschutzes als Regulierer einbezogen werden sollen.[141] Weniger Staat heißt hier gleichzeitig mehr Verantwortung für den Selbstregulierer.

2.4.2 Verhaltensregeln (codes of conduct)

Bertolt Brecht hat in der letzten Fassung seines Theaterstückes „Galilei" (1954), erschreckt durch die atomare Rüstung, beklagt, dass Naturwissenschaftler es versäumt haben, so „etwas wie den hippokratischen Eid der Ärzte" zu entwickeln. Diese Erkenntnis mit ihrer zugleich moralischen Dimension ist von großer Aktualität für die Lösung von datenschutzrechtlichen Fragen in unterschiedlichen sozialen Feldern und Konfliktlagen.[142]

Die um die Privat- und Kommunikationssphäre gelegten datenschutzrechtlichen Schutzschichten könnten stabiler werden, wenn **Verhaltensregeln** (Codes of Conduct, Privacy Poli-

---

137 OECD, Governance im 21. Jahrhundert (2001), Klappentext.

138 Weber, Gesammelte politische Schriften (1958), S. 533 f.

139 Zum Vertrauensschutz als überdachendes Prinzip der gesamten Rechtsordnung vgl. Verdross/Simma, Universelles Völkerrecht (3. A. 1984), §§ 583, 615.

140 So explizit Art. 6 Abs. 1 lit. a DSRL.

141 Zur staatswissenschaftlichen Diskussion in Verbindung mit Fragen der Selbstregulierung in relativer Autonomie vgl. Hoffmann-Riem, AöR 1998, 537 f.

142 Etwa zu datenschutzrelevanten Fragen der Berufsethik vgl. Lamnek/Tinnefeld, DuD 1995, 629 ff.

cy usw.) mit Wissen und Kompetenz von den Verantwortungsträgern so entwickelt würden, dass die jeweiligen Interessenlagen, sozialen Gewohnheiten, kulturellen Unterschiede einbezogen werden. Zu vieles wird vom Gesetzgeber von oben (top down) entschieden, was unten, vor Ort (bottom up), von beruflichen Gruppen, Branchen oder Unternehmen mit mehr Kenntnis geregelt werden könnte. Das Zulassen von Datenschutzregelungen in relativer Autonomie der Beteiligten eröffnet eine Verantwortungsverteilung zwischen Staat und Privaten und zugleich neue Möglichkeiten einer Interessenoptimierung. In diesem Prozess müssten die kooperativen Momente betont und teilweise auch auf der Unionsebene neu gestaltet werden.

Vor diesem Hintergrund sind Formen der kontrollierten **Selbstregulierung** geeignet, eine verantwortliche Gestaltung des Datenschutzes insbesondere in global agierenden Konzernen oder Branchen zu fördern. Sie können

- eine größere Wirkung erreichen als nationale Gesetze, die teilweise divergieren oder (noch) nicht bestehen oder grenzüberschreitend häufig nur mit Konzessionen durchgesetzt und kontrolliert werden können;[143]
- die allgemeinen Datenschutzgrundsätze an die Technikentwicklung vorausschauend, flexibel und zügig anpassen;
- fachlich wie psychologisch so vorbereitet werden, dass sie von den betroffenen Bürgern als vertrauenbildende Maßnahmen akzeptiert werden können.

In der Europäischen Union werden Verhaltenregeln als Chance für einen situationsspezifischen Schutz des Rechts auf Privatheit gefördert.[144] Datenschutzgemäße Problemlösungen in relativer Autonomie (kontrollierte Selbstregulierung) sieht das BDSG 2001 vor.[145] Festzuhalten bleibt allerdings, dass sie eine Ergänzung und keine Alternative zu einer gesetzlichen Regelung sind.[146]

---

143 Büllesbach/Höss/Löw, DuD 2001, 135 ff.

144 Vgl. Art 27 Abs. 2 DSRL: Verhaltensregeln und Erwägungsgrund 61.

145 Gesetzlich nicht explizit geregeltes Standesrecht (§ 1 Abs. 3 Satz 2 BDSG); Vertragsklauseln oder verbindliche Unternehmensregelungen im Datentransfer mit Drittstaaten bspw. standortübergreifende Regelungen internationaler Konzerne (§ 4c Abs. 2 BDSG); Vereinbarungen von Berufsverbänden der sonstigen Vereinigungen (§ 38a BDSG).

146 Simitis in Simitis (Hg.), BDSG Kommentar (7. A. 2011), Einl. Rn. 16 f.

3 Entwicklung von Datenschutz und Informationsfreiheit

Die Geschichte der **Informationsfreiheit** (Art. 5 Abs. 1 S. 1 GG) und des **Datenschutzes** (Art. 2 Abs. 1 i.V.m. Art. 1 Abs. 1 GG) bewegt sich im 21. Jahrhundert aufeinander zu. Es gibt inzwischen eine Reihe grundrechtlich hoch entwickelter Staaten, die den Schutz der Privatheit mit dem Recht auf Information eng verbinden. Im 19. Jahrhundert ging es um den freien Zugang zu Informationen in archivierten Akten, im zwanzigsten werden auch Akten der laufenden Verwaltung und der Regierung zum Gegenstand von Einsichtsbegehren. Informationsfreiheit (Informationszugangsrecht im engeren Sinn) und Datenschutz streben die Zugänglichkeit (Offenlegung/Transparenz) von Information an, um Bürgerrechte zu stärken. Im Mittelpunkt des Datenschutzes steht das Recht des Bürgers auf Zugang zu Informationen, die in Staat und Gesellschaft über ihn erfasst und verwendet werden. Bei der Informationsfreiheit im engeren Sinn handelt es sich um das Recht der Bürger auf Zugang zu allen bei den Behörden vorhandenen Informationen, ohne Rücksicht darauf, ob sie davon selbst betroffen sind. Beide Rechte sind, positiv betrachtet, ein politisches Instrument, dem Bürger mehr Teilnahme am gesellschaftlichen Geschehen zu ermöglichen.

3.1 Kennzeichen und Grenzen einer transparenten Verwaltung

Informationsfreiheit und Datenschutz dienen beide der **Verwirklichung demokratischer Selbstbestimmung**, die eine **informierte Öffentlichkeit** voraussetzt:

- Die **demokratische Öffentlichkeit** soll nicht nur die Kontrolle der Staatsverwaltung, sondern vor allem die allgemeine politische Auseinandersetzung und Einflussnahme der Bürger auf die Staatsgeschäfte in Gang halten. Dazu sind Verfahren öffentlicher Kommunikation erforderlich.[1] Sie sind Teil der Staatsform und Lebensnerv der Demokratie entsprechend dem prägnanten Grundsatz *„Alle Staatsgewalt geht vom Volke aus"* (Art. 20 Abs. 2 GG). Die demokratische Öffentlichkeit dient also der Kundgabe und Integration gesellschaftlicher Interessen, um so politisch wirken zu können.
- Die **rechtsstaatliche Öffentlichkeit** (Art. 20 Abs. 3 GG) soll primär den Missbrauch der Staatsgewalt verhindern. Sie hat eine Schutzfunktion und sichert garantierte Rechte des Einzelnen und der Allgemeinheit gegen Verletzungen durch die Staatsgewalt oder andere Machteinflüsse. Je durchsichtiger staatliches Handeln für den Bürger ist, desto weniger sind Behörden korrumpierbar.

---

1 Zu prozeduralisierten demokratischen Verfahren vgl. Scherzberg, Die Öffentlichkeit der Verwaltung (2000), S. 294.

- Die **Legitimation staatlicher Tätigkeit durch Transparenz** hat Louis D. Brandeis mit seinem Dictum: *„Sunlight is said to be the best of all desinfectants“*[2] auf den Punkt gebracht. Er hat zusammen mit Samuel D. Warren erstmals auch den Privatheitsschutz als right to an „inviolate personality“ bzw. als Teil des generellen „right to be let alone“ dem Recht auf Informationsfreiheit zur Seite gestellt.[3]
- Die **Geheimhaltung als Gegenbegriff zur Transparenz** findet sich im Datenschutz und der Informationsfreiheit. Auf der Seite des Datenschutzes besteht das Gebot, die Intim- und Privatsphäre gegen unzulässigen Zugriff zu sichern bzw. das Verbot, den Einzelnen als Informationsobjekt zu betrachten und zu behandeln. Die Forderung nach Transparenz der Verwaltung und dem allgemeinen Zugang zu ihren Daten sind für den Bürger daher immer auch mit der Sorge um den Schutz seiner persönlichen Informationen verbunden.[4] Wenn der Bürger aber über Regierungsfragen informiert werden will, stößt er seinerseits auf staatliche **Geheimhaltungs- und Funktionsinteressen**: das Amtsgeheimnis (z. B. bei der Strafverfolgung, Verteidigung, Wirtschaft und Außenpolitik). Die Forderung nach Transparenz der öffentlichen Verwaltung führt mittelbar auch zu einer partiellen Offenlegung von Informationen, die private Unternehmen den Behörden zugänglich machen. Dabei wird der Schutz von **Betriebs- und Geschäftsgeheimnissen** tangiert.[5] Soweit der wirtschaftlich bedingte Informationszugang einen Personenbezug aufweist, ist auch er Gegenstand des Datenschutzes.[6]

Unter bestimmten institutionellen Voraussetzungen sind Spannungen zwischen der Informationsfreiheit und dem Datenschutz vorprogrammiert (z. B. bei der Presse, der Forschung oder den Unterlagen des Staatssicherheitsdienstes der ehemaligen DDR). Daher besteht die Notwendigkeit, gegenläufige Interessen auszubalancieren.[7] Die verfassungs- und einfachgesetzliche Ausformung beider Rechte ist zudem von den Rechtstraditionen der Länder innerhalb und außerhalb von Europa geprägt.[8]

In aller Regel enthalten Informationsfreiheitsgesetze in der Bundesrepublik Deutschland mindestens drei Schranken des Informationszugangsanspruchs zur öffentlichen Verwaltung:

- **noch nicht abgeschlossene Willensbildungsprozesse**, die etwa in verantwortlichen Gremien oder innerhalb einer Behörde stattfinden,[9]
- **Staatsgeheimnisse**,[10] die insbesondere durch die Pflicht zur Amtsverschwiegenheit geschützt werden. Zu beachten ist im Verhältnis zur Presse die Rechtsprechung des BVerfG, wonach Durchsuchungen und Beschlagnahmen in einem Ermittlungsverfahren

---

2 Brandeis, Others People’s Money and How the Bankers Use It (1914), S. 92.

3 Brandeis/Warren, 4 Harvard L. Rev. (1890), 193 ff.

4 Albers, Analyse und Neukonzeption des Rechts auf informationelle Selbstbestimmung (2004), 4. Teil, 10. Kapitel; so schon Westin, Privacy and Freedom (1967), S. 34.

5 Zum Begriff BGH v. 01.07.1960, GRUR 1961, 40, 43; s. a. Wiebe, Know-How-Schutz von Computersoftware (1992), S. 221 f.

6 Dix in Bäumler/v. Mutius (Hg.), Datenschutz als Wettbewerbsvorteil (2002), S. 206.

7 Hesse, Grundzüge des Verfassungsrechts der Bundesrepublik Deutschland (1999), Rn. 317 ff.

8 Zum Anspruch auf Einsicht in die Unterlagen der EU vgl. dazu Nolte, DÖV 1999, 368–374; Kloepfer, Informationsrecht (2002), S. 402 f.

9 Vgl. z. B. § 4 Abs. 1 IFG (Bund).

10 Vgl. z. B. § 3 IFG (Bund), insbesondere Nr. 4. Zum Begriff des Staatsgeheimnisses vgl. etwa § 94 StGB (Landesverrat): Ein Staatsgeheimnis ist danach eine Geheimnis, das vor einer fremden Macht geheim gehalten werden muss, um die Gefahr eines schweren Nachteils für die äußere Sicherheit der BRD abzuwenden.

gegen Presseangehörige verfassungsrechtlich unzulässig sind, wenn sie ausschließlich oder vorwiegend dem Zweck dienen, die Person des Informanten zu ermitteln.[11] Der ermittlungsrechtliche Ansatz ist die Strafbarkeit einer Verletzung von Dienstgeheimnissen und besonderen Geheimhaltungspflichten.[12] Es gibt zu dieser Frage eine entsprechende Rechtsprechung des EGMR.[13]

- **Persönlichkeitsrechte**, die insbesondere durch das Recht auf Privatheit und den Datenschutz, das Recht am eigenen Bild usw. relevant sind.[14]

In der Realität liegt also immer eine Kombination von Geheimhaltung und Transparenz vor. Im Falle des Amtsgeheimnisses bleibt dem Einzelnen allerdings der Zugang zu den Akten/Unterlagen der Verwaltung grundsätzlich versperrt. Im Übrigen legen die einschlägigen Regelungen den Grundsatz der Öffentlichkeit der Verwaltung fest. Danach hat jede Person das Recht, amtliche Unterlagen einzusehen oder Auskünfte darüber zu erhalten, ohne in ihren eigenen Rechten betroffen zu sein oder ein berechtigtes Interesse nachweisen zu müssen. Dieses grundsätzliche Recht wird durch die angesprochenen Ausnahmen wieder eingeschränkt. Dabei kann sich bei den allgemeinen Zugangsrechten, die unabhängig vom Nachweis eines berechtigten Interesses und insofern „zweckfrei" sind, unter Umständen ein schwer zu lösendes datenschutzrechtliches Problem stellen.[15] Diese Frage ist im Stasi-Unterlagengesetz eigens geregelt worden.[16]

3.2 Datenschutz und Informationszugang bei den Stasi-Akten

Die ehemalige DDR war eine „geschlossene Gesellschaft". Sie besaß ein flächendeckendes Kontrollsystem zur Überwachung der eigenen Bürger.[17] Wer den Mut hatte, sich abweichend zu verhalten, wurde in eine oft lebensgefährliche Randsituation gedrängt. *„Sie haben die Menschen als austauschbare Teile einer Staatsmaschinerie behandelt, die nach Maßgabe staatlicher Erfordernisse benutzt, ausrangiert oder vernichtet werden können."*[18] Diesen Zustand dokumentieren die zahlreichen aufgefundenen Akten des vormaligen Ministeriums für Staatssicherheitsdienst (MfS), die heute einem unabhängigen Sachwalter unterstehen, der/die als **Bundesbeauftragter/e** als selbständige Archivbehörde getrennt von der übrigen Administration arbeitet. Das StUG regelt den Umgang mit den Akten.[19]

---

11 BVerfG v. 27.02.2007, BVerfGE 117, 244 ff.; vgl. auch BVerfG v. 01.02.2005, NJW 2005, 965 f.; zu den Grenzen vgl. BVerfG v. 22.08.2000, NJW 2001, 507 f.

12 Vgl. § 353b StGB: Die Vorschrift wurde in einigen Fällen so ausgelegt, dass sich ein Journalist der Beihilfe schuldig macht, wenn er Material veröffentlicht, das ihm zugespielt wurde, vgl. dazu Leutheusser-Schnarrenberger, ZRP 2007, 249 ff.

13 Entscheidungen des EGMR zu Rügen von Verletzungen der Pressefreiheit in europäischen Ländern: EGMR v. 22.11.2007, NJW 2008, 2563 ff.; EGMR v. 27.11.2007, NJW 2008, 2565 ff.

14 Vgl. z. B. § 5 IFG (Bund).

15 Masing, VVDStRL Bd. 63 (2004), 377, 399 ff.

16 Vgl. zur lex-specialis-Wirkung des StUG OVG Berlin v. 27.05.1992, RDV 1992, 182 ff.

17 Dazu Geiger/Klinghardt, Stasi-Unterlagengesetz mit Erläuterungen für die Praxis (2. A. 2006).

18 Kolakowski, Die Moderne auf der Anklagebank (1993), S. 69.

19 Vgl. StUG v. 20.12.1991 (BGBl. I, S. 2272) in der Fassung v. 21.12.2006 (BGBl. I, S. 3326).

Die sog. Stasi-Akten enthalten umfangreiches Material über Bespitzelungen der einzelnen Bürger durch Nachbarn, Freunde, Mitarbeiter, Parteigenossen oder eigene Ehepartner und Kinder. Die privaten, die beruflichen wie auch die sonstigen Lebensbereiche aller DDR-Bürger (und nicht nur dieser) wurden systematisch von Stasi-Mitarbeitern ausgeforscht. Sie stammten möglichst aus dem engeren, wenn nicht engsten Verwandten- und Freundeskreis. *„Der besondere Wert der inoffiziellen Mitarbeiter besteht in deren Anpassung, Beweglichkeit, und Reaktionsfähigkeit. Die inoffiziellen Mitarbeiter sind in der Lage, sich Personen ohne Verdacht zu nähern und anzupassen, Verbindungen und Vertrauensverhältnisse herzustellen und das Wesen der Person zu studieren."*[20]

Die auf diese Weise zustande gekommenen personenbezogenen Sammlungen sind geordnet nach:

- offiziellen Mitarbeitern, die hauptamtlich für das MfS tätig waren,
- inoffiziellen Mitarbeitern, die Zuträger des MfS waren,
- Opferakten, die einen Personenkreis betreffen, der wegen angeblicher konspirativer (staatsfeindlicher) Tätigkeit vom Staatssicherheitsdienst verfolgt wurde. Diese Akten enthalten eine genaue Dokumentation über die Vorgehensweise des Dienstes und decken die Wege auf, wie er – etwa im Wege von Rufschädigung und Untergrabung von beruflichen Existenzen und Bedrohung von Familienangehörigen – unbotmäßige Bürger nachhaltig schwer geschädigt hat,
- Personendossiers, die Angaben über Reisekader oder andere wichtige Personen enthielten, die z. B. als Zuträger in Frage kamen,
- Sachakten über volkseigene Betriebe, die größtenteils auch personenbezogene Daten enthalten.

Nach der Wende haben nicht nur Reißwölfe gearbeitet, sondern auch Kopierer. Sie setzten Kundige in die Lage, Stasi-Akten den Tätern und Opfern bzw. interessierten Dritten zu Marktpreisen anzubieten.[21] Der Inhalt der aufgefundenen Akten eignet sich für Manipulations- und Erpressungsversuche und sorgt für Verunsicherung und ein tiefgreifendes Misstrauen innerhalb der Bevölkerung.[22] Ziel des bundesdeutschen Gesetzgebers war eine Regelung, mit der die Bevölkerung vom Mythos „MfS" befreit werden sollte.[23] Dabei spielte der technische Stand der Datenverarbeitung keine Rolle. Das Gesetz regelt die Einsicht in „die eigene Akte".[24] Bei dem spezifischen Einsichtsrecht geht es um die Möglichkeit, dass

- der freie Bürger Informationen, die überwiegend rechtsstaatswidrig über ihn angelegt wurden, kennen lernen kann (informationelle Selbstbestimmung),
- Mitglieder und Mitarbeiter des Staatssicherheitsdienstes und andere Personen, die etwa wegen Verstößen gegen Grundsätze der Menschlichkeit bekannt werden, von verant-

20 Bauer, Kontrolle und Repression – individuelle Erfahrungen in der DDR (1979–1989). Historische Studien und methodologischer Beitrag zur Oral History (2006), S. 67–68.

21 Vgl. z. B. Loest, der in seiner Veröffentlichung „Die Stasi war mein Eckermann" (1990) dokumentiert, wie ihm ehemalige Stasi-Mitarbeiter 300 Blatt Aktenkopien (Wanzenberichte) zu seiner Person angeboten haben; s. a. Ash, Die Akte „Romeo" (1997), S. 19, der nach Aktenlage sein Schicksal aufklärt und danach seine „Persönliche Geschichte" schreibt, wie der Untertitel seiner Lebensbeschreibung lautet.

22 Vgl. Gauck, Akteneinsicht fördert inneren Frieden, SZ v. 30.04.1991; ders. in Schädlich (Hg.), Aktenkundig (1992), S. 256–276.

23 Geiger in Lamnek/Tinnefeld (Hg.), Globalisierung und informationelle Rechtskultur in Europa (1998), S. 231–240.

24 Vgl. zum Einsichtsrecht §§ 12 ff. StUG.

wortlichen öffentlichen Ämtern oder Funktionen (Regierung, Parlament, Bildung) ausgeschlossen werden.

In den mittelosteuropäischen Staaten sind wesentlich später ähnliche Bestrebungen entstanden, die unter dem Stichwort Lustration (Reinigung) den Versuch unternehmen, individuelle und gesellschaftliche Folgen der sozialistischen Regime rechtlich zu bewältigen.[25]

In den Stasi-Akten finden sich Informationen über Opfer und Täter: **Schutzbedürftige und Enthüllungswürdige**. Der Gesetzgeber hat versucht, mit dem StUG dieser Sondersituation Rechnung zu tragen. Abweichend von sonstigen Regelungen eröffnet er den Opfern weitgehende Auskunfts- und Einsichtsrechte, denen gegenüber die Rechte der Täter zurücktreten müssen. Besonders geregelt ist auch die Zulässigkeit der Datenverwendung durch öffentliche und nicht-öffentliche Stellen. Die Vielzahl der Regelungen kann an dieser Stelle nicht erschöpfend aufgelistet werden. Betont sei aber, dass den Nachrichtendiensten grundsätzlich kein Datenzugangsrecht zusteht. Dagegen haben die wissenschaftliche Forschung, die Presse, der Film und das Fernsehen abgestufte Zugangsrechte.[26]

Im Rahmen der Neuregelungen hat der Gesetzgeber den Datenschutz von Tätern, die bspw. keine Personen bespitzelt haben, stärker berücksichtigt und die Verwendung der Stasi-Unterlagen zum Zwecke der historischen, politischen und juristischen Aufarbeitung nutzbar gemacht.[27] Probleme bereiten **Abhörprotokolle prominenter Personen der Zeitgeschichte**. Rechtswidrig, also unter Verletzung elementarer Grundrechte wie des Brief-, Post- und Fernmeldegeheimnisses sowie des Schutzes der Wohnung erlangte Informationen sollen gegen den Willen des Betroffenen nicht veröffentlicht werden dürfen.[28] Die Unterlagen von Personen der Zeitgeschichte, Inhaber politischer Funktionen und Amtsträger können gegen deren Willen dann herausgegeben werden, wenn der Schutz der Privatsphäre sichergestellt ist (Abwägungsklausel).[29]

Die Stasi-Akten werden für verschiedene Zwecke – wissenschaftliche, journalistische, administrative, gerichtliche oder biografische – offen gelegt. Das StUG (§ 32) öffnet im Interesse der zeitgeschichtlichen Forschung die Akten und weicht damit von den ansonsten üblichen Regelungen ab, die den Ablauf bestimmter Fristen gesetzlich vorschreiben. Die ausdrückliche Einschränkung der Forschungszwecke und die besondere unterschiedliche Behandlung personenbezogener Informationen sollen die Forschung vor unangemessenen Einschränkungen bewahren, aber auch die Interessen der Betroffenen angemessen berücksichtigen. Die Unterlagen können als Urkunden im Sinne der Zivilprozessordung (§ 415 ff. ZPO) oder der Strafprozessordnung (§ 247 Abs. 1 StPO) verwendet werden. Sie gehören zur Kategorie „Akten der öffentlichen Verwaltung“, sobald sie einer anderen Behörde übersandt werden dürfen, die Unterlagen daraus für ein laufendes Verwaltungsverfahren verwenden will. Und sie werden jeweils zur fremdgeführten biografischen Akte, sobald eine Privatper-

25 Zur kontroversen Debatte vgl. die erste Ombudsperson in Polen, Letowska, DuD 1997, 133 ff.; Banaszak, DuD 1997, 142 ff.; Vgl. Sólyom in Lamnek/Tinnefeld (Hg.), Globalisierung und informationelle Rechtskultur in Europa: informationelle Teilhabe und weltweite Solidarität, S. 259–269.

26 Vgl. StUG zum Verwendungszweck in der Forschung § 32, zur Benachrichtigung Betroffener § 32a, zum Verfahren § 33, zur Verwendung durch Presse und Medien § 34.

27 Ausführlich bei Stoltenberg, DuD 1997, 149 ff.; zum Problem der Täter vgl. Garstka, DuD 1997, 146 f.

28 Vgl. BVerwGE 2002, 494; dazu BfD, 19. TB (2001–2002), 1.12.

29 Kritisch BfD, 19. TB (2001–2002), 1.12.

son Einsicht darin nimmt.[30] Insgesamt zeichnen sich die Regelungen durch einen angemessenen Ausgleich zwischen den rechtsstaatlichen Forderungen der Informationsfreiheit und des Datenschutzes aus. Die Intensität der Berücksichtigung von Stasi-Kontakten scheint allerdings nach mehr als zwei Jahrzehnten wieder zuzunehmen. Ein Gesetz, dass die Entlassung von ehemaligen MfS-Mitarbeitern in der Stasi-Behörde plant, widerspricht verfassungsrechtlichen Regeln, wonach nach *„Ablauf einer bestimmten Zeit Rechtsfrieden einkehren, also der eingetretene Zustand akzeptiert werden kann"*.[31]

3.3 Legislative Ausformung im Bereich Datenschutz und Informationszugang

In der Erzählung von Franz Kafka *„Vor dem Gesetz"*[32] findet sich ein Tor, davor ein Türhüter und der Mann K vom Land, der durch das Tor Einlass in die Welt der Gesetze begehrt. Das Tor zum Gesetz ist nicht verschlossen, und der Türhüter hindert K auch nicht mit Gewalt daran einzutreten. Aber er weist ihn darauf hin, dass hinter ihm weitere Türhüter stehen, einer mächtiger als der andere.[33]

Die Erzählung lässt sich auf den häufig vergeblich erbetenen Zugang der Menschen zu Informationen der Verwaltung übertragen. Das Problem mit den Akten der Staatssicherheit hat auch Deutschland das Modell einer grundsätzlichen Transparenz des Staatsgeschehens nahegelegt. In vielen Ländern der Welt und im Recht der EU hat sich die Erkenntnis durchgesetzt, dass Datenschutz und Informationszugang als komplementäre Aspekte einer abgewogenen Informationsordnung zu begreifen sind.[34] Im Reformvertrag von Lissabon wurde nicht nur der Datenschutz, sondern auch ein Transparenzgebot im primären und sekundären Recht der Union verankert.[35]

Mittlerweile gibt es auch auf Bundes- und auf Länderebene in Deutschland Informationsfreiheitsgesetze (IFG).[36] Sie gewährleisten einen Anspruch auf Zugang zu Informationen bzw. Akten der Behörden. In welchem Maße staatliches Handeln für den Bürger tatsächlich transparent wird, hängt von der „Eingangssituation" ab. Das Bürgerrecht auf Einblick in alle amtlichen Akten (z. B. das Baurecht, Verkehrszahlungen, Schulmaßnahmen, Privatisierung von städtischen Betrieben) wird von zahlreichen Bestimmungen ausgebremst. Einige IFG sehen als Ausschlussgrund „geistiges Eigentum" vor (z. B. Urheberrechte, dem Urheberrecht verwandte Schutzrechte, Patentrechte, Rechte des Datenbankherstellers, geografische Herkunftsangaben).[37]

---

30 Zu den einzelnen Facetten Vismann, Akten (2000), S. 306–316.

31 Geiger zit. nach Berg, Der Chef als Bürge, Der Spiegel v. 19.09.2011, S. 42; zum Konflikt Prantl, Alte Akten, neuer Furor, SZ v. 13.09.2011, S. 4.

32 Teil des Romans „Der Prozeß", publiziert 1915.

33 Zur irritierenden Erzählung über die Macht der Diener des Gesetzes vgl. Foegen, Das Lied vom Gesetz, (2006), S. 80 f.

34 Vgl. Burkert in Bayeriswayl/Rudin (Hg.), Perspektive Datenschutz (2002), S. 193 f.

35 Teil I, Kap. 4.3 und 6.4.

36 Zur Übersicht über das IFG des Bundes und die 11 IFG der Länder vgl. Wendt, ZD 2011, 166 f.

37 Vgl. zum Begriff Erklärung der Kommission zu Art. 2 der RL 2004/48/EG des Europäischen Parlaments und des Rates zur Durchsetzung der Rechte des geistigen Eigentums (2005/295/EG, ABl. I. 94/37).

Die Gesetze dürfen nicht durch weit gefasste Ausnahmeregelungen den Informationszugang von Bürgern verhindern.[38] Der offene Zugang ist für Journalisten und Rechtsanwälte von besonderer Bedeutung. Sie müssen wie jeder Bürger auch kein „berechtigtes Interesse" an den von ihnen begehrten behördlichen Informationen mehr nachweisen. Zuvor hatte das Verwaltungsverfahrensgesetz allein dem Verfahrensbeteiligten einen Anspruch auf die ihn betreffenden Verwaltungsakten gewährt. Der Vorteil für Journalisten besteht vor allem darin, dass sie offiziell in Akten und Dokumenten der Verwaltung recherchieren können und weniger auf Indiskretionen angewiesen sind. In den USA ist der Ur-Typ eines Informationsfreiheitsgesetzes, der Freedom of Information Act von 1966, durch eine Novelle nach der Watergate-Affäre zur scharfen Waffe der Presse geworden.[39] Viele Nachrichten über Kriege und Korruption und Überwachungsinstrumente (z. B. Spy Files) werden heute häufig über eine Plattform wie WikiLeaks verbreitet.[40] Im Interesse des Demokratieprinzips ist es eine Aufgabe des Rechts, die öffentliche Hand für ihre Bürger durchsichtig zu machen.

---

[38] Dazu Wendt, ZD 2011, 166–173.

[39] Teil I, Kap. 2.1.

[40] Steier, Wenn Daten zu Waffen werden, NZZ International v. 03.12.2011, S. 18.

4 Datenschutz in Europa

Datenschutzrechtliche Bestimmungen im weiteren Sinn gab es bereits, bevor sich der Begriff „Datenschutz“ im Zusammenhang mit neuen Technologien einbürgerte. Dazu gehören die rechtlich geschützten Sondergeheimnisse (z. B. Patientengeheimnis, Brief-, Post- und Fernmeldegeheimnis, das Statistik- und Sozialgeheimnis) sowie der räumliche Schutz der Privatheit.

4.1 Exkursion in die deutsche Entwicklung

Die (eigentliche) Datenschutzdiskussion in Deutschland beginnt mit der automatisierten Datenverarbeitung auf zentralen Großrechnern Anfang der siebziger Jahre des 20. Jahrhunderts. Sie ist eng mit der weiteren Entwicklung der Informations- und Kommunikationstechnologie verbunden, die eine Umstellung

- von der analogen zur elektronischen Übertragungstechnik,
- von der elektromechanischen zur digitalen Vermittlungstechnik zur Folge hatte und zu einem Integrationsprozess von Übertragungswegen und Inhalten führt.

Im Hinblick auf die Entwicklung zukünftiger Computer erwarten einige Neuroinformatiker einen weiteren Paradigmenwechsel.[1] Ihrer Prognose zufolge wird der Computer der Zukunft weitgehend autonom sein, indem er Informationen nicht mehr nach einem vorgegebenen Ablaufschema verarbeitet, sondern die in ihm ablaufenden Informationsprozesse nach dem Prinzip des lebenden Organismus selbst organisiert. Die Möglichkeiten der **Neurotechnologie** haben die Leistungsfähigkeit des menschlichen Gehirns noch nicht erreicht und werden sie vielleicht auch nie erreichen. Die „maschinelle“ Bestimmung der Glaubwürdigkeit eines Menschen wird zur Zeit noch auf ihre Verlässlichkeit geprüft. Ähnliches gilt für die Methode des „Brain-Scanning“, bei der bestimmte Gehirnaktivitäten und ihre Funktionsdefizite in bildgebenden Verfahren sichtbar gemacht werden sollen.[2] Sie sind mit zwei neueren Vernehmungsmethoden in das Blickfeld geraten. Dazu gehört der Einsatz von polygrafischen Untersuchungen als strafprozessuale Ermittlungsmethode sowie hypnotherapeutischen Verfahren als Vernehmungsmethode.[3] Bislang sind zwar in Deutschland Verfahren untersagt, die das Erinnerungsvermögen oder die Einsichtsfähigkeit eines Beschuldigten beeinträchtigen. Aber die Reichweite des Verbots ist ungeklärt. Differierende Interpretationen haben Auswirkungen auf die Wertung der Methoden am Maßstab des allgemeinen Persönlichkeitsrechts und des Datenschutzes.

---

1 Dazu Müller-Schloer et al., Informatik-Spektrum 27 (2004), 332–336.

2 Schleim, Die Neurogesellschaft (2011), S. 49 ff., S. 95 ff.; Rizzolatti/Sinigaglia, Empathie und Spiegelneurone. Die biologische Basis des Mitgefühls (2008), S. 122 ff.

3 Dazu Bayerischer LBfD, 24. TB (2010), Kap. 5.3.1, S. 94 f.; Beetz/Wiest, Kriminalistik 6 (2008), 355.

Die Forderung nach mehr Persönlichkeitsschutz in der wachsenden Informationsgesellschaft beschäftigt Regierung und Parlament der Bundesrepublik seit Ende der sechziger Jahre des 20. Jahrhunderts. Das Bundesinnenministerium erteilte bereits 1970 einen Forschungsauftrag an die Universität Regensburg mit dem Ziel, ein Datenschutzkonzept zu erarbeiten.[4] Ebenso beeinflusste eine differenzierte Rechtsprechung die Entwicklung des Datenschutzrechts.[5] Dies lässt sich exemplarisch am folgenden Beispiel zeigen:

Beispiel: Der Untersuchungsführer in einem Disziplinarverfahren erbat im Wege der Rechts- und Amtshilfe bei einem Zivilgericht die Scheidungsakte eines Stadtdirektors ohne Einwilligung des betroffenen Ehepaares. Die Richter des Bundesverfassungsgerichts sahen in diesem Vorgehen das vom Grundgesetz (Art. 2 Abs. 1 i.V.m. Art. 1 Abs. 1 GG) garantierte allgemeine Persönlichkeitsrecht der Eheleute in seinem Wesensgehalt angetastet (Art. 19 Abs. 2 GG). Sie entschieden, dass die Weitergabe dieser sensiblen Daten ohne Einwilligung der Betroffenen oder ohne eine gesetzliche Grundlage nicht zulässig ist.[6]

In der Scheidungsaktenentscheidung des BVerfG wird bereits die Grundregel der späteren deutschen Datenschutzgesetze angesprochen, wonach schutzwürdige personenbezogene Daten nur aufgrund

- von Gesetzen oder
- mit der Einwilligung des Betroffenen

verarbeitet werden dürfen (Prinzip des Verbots mit Erlaubnisvorbehalt). In der Mikrozensusentscheidung betont das BVerfG, dass es dem Staat verboten ist, *„den Einzelnen wie eine Sache zu behandeln, die einer Bestandsaufnahme in jeder Hinsicht zugänglich ist"*.[7]

Der verfassungsrechtliche Meilenstein auf dem Weg zur Einrichtung und Ausführung des Datenschutzes ist das Urteil des Bundesverfassungsgerichts vom 15. Dezember 1983 zum Volkszählungsgesetz. Im sog. **Volkszählungsurteil**[8] leitet das höchste deutsche Gericht aus dem verfassungsrechtlichen allgemeinen Persönlichkeitsrecht (Art. 2 Abs. 1 i.V.m. Art. 1 Abs. 1 GG)[9] das **Grundrecht auf informationelle Selbstbestimmung/Datenschutz** ab,[10] worunter der rechtliche Schutz der Intimität und Privatheit zu verstehen ist. Das Gericht verpflichtet den Gesetzgeber, diesen Schutz *„mit Blick auf moderne Entwicklungen und der mit ihnen verbundenen neuen Gefahren"* zu konkretisieren und dynamisch fortzuschreiben. Wer heute am gesellschaftlichen Leben teilnehmen und seine Persönlichkeit entfalten möchte, ist darauf angewiesen, informationstechnische Systeme zu nutzen. Die meisten Nutzer können ihre Systeme kaum zuverlässig gegen Einblicke von Dritten abschirmen.[11] Um dieses beson-

---

4 Steinmüller/Lutterbeck/Mallmann et al., Grundfragen des Datenschutzes, Gutachten im Auftrag des Bundesministeriums des Innern (1971), BT-Drs. 6/3826, S. 5 ff.

5 Zur Auseinandersetzung vgl. Podlech, AK-GG (3. A. 2001), Art. 2 Abs. 1 Rn. 35 ff., Rn. 38.

6 BVerfG v. 15.01.1970, BVerfGE 27, 344, 350; BVerfG v. 18.01.1973, BVerfGE 34, 205 ff.

7 BVerfG v. 16.07.1969, BVerfGE 27, 1, 6 f.

8 BVerfG v. 15.12.1983, BVerfGE 65, 1 ff.

9 Zum verfassungsrechtlichen Persönlichkeitsschutz vgl. Vesting in Götting/Scherz/Seitz (Hg.), Handbuch des Persönlichkeitsrechts (2008), § 6; Ladeur in Götting/Scherz/Seitz (Hg.), Handbuch des Persönlichkeitsrechts (2008), § 7.

10 BVerfG v. 15.12.1983, BVerfGE 65, 1, 3 f.

11 Bäcker in Uerpmann/Wittzack (Hg.), Das neue Computergrundrecht (2009), S. 8 f.

dere Schutzbedürfnis zu sichern, schöpfte das BVerfG aus dem entwicklungsoffenen Persönlichkeitsschutz am 27.02.2008 ein weiteres Grundrecht: das **„Grundrecht auf Gewährleistung der Vertraulichkeit und Integrität informationstechnischer Systeme“** (IT-Grundrecht).[12]

Im Folgenden soll die **Wirkungsgeschichte des normativen Datenschutzes** in der Bundesrepublik Deutschland kurz skizziert werden:

1. Mit der Verabschiedung des Bundesdatenschutzgesetzes (BDSG) vom 27. Januar 1977 und den vorangehenden bzw. nachfolgenden Landesdatenschutzgesetzen (LDSGen) beginnt als Reaktion auf die zunehmende Automatisierung der Datenverarbeitung die erste allgemeine Datenschutzgesetzgebung. Dabei verdient das Hessische Datenschutzgesetz vom 7. Oktober 1970 besondere Aufmerksamkeit.[13]
2. Mit dem Volkszählungsurteil des Bundesverfassungsgerichts hat das höchste deutsche Gericht betont, dass durch die Entwicklung der modernen Informationstechnologie dem Staat und der Gesellschaft eine Informationsmacht zugewachsen sei, der die Bürger ohne flankierende verfahrensrechtliche und organisatorische Schutzvorkehrungen (z. B. Verbot der Weitergabe und anderweitigen Verwendung von Daten – Zweckbindungsprinzip, Grundsatz der frühzeitigen Anonymisierung von Daten, Garantierung unabdingbarer Auskunftsrechte des Betroffenen und die Einrichtung unabhängiger Datenschutzinstanzen) nicht mehr gewachsen seien.
3. Mit der Neufassung des Bundesdatenschutzgesetzes vom 20. Dezember 1990[14] reagiert der Bundesgesetzgeber auf die besonderen Gefahrenpotentiale, die durch die neuen Technologien entstanden sind und entwickelte das Datenschutzrecht auf der Basis des Volkszählungsurteils weiter. Die Gesetzgeber aller sechzehn Länder haben ihre allgemeinen Datenschutzgesetze entsprechend ausgestaltet. Da die Datenschutzgesetze Querschnittsregelungen sind und zu wenig Einzelregelungen für die unterschiedlichen Lagen der Datenverarbeitung enthalten, wurden nach Maßgabe des Volkszählungsurteils auch eine Reihe bereichsspezifischer Regelungen neu geschaffen.
4. Mit der Neufassung des Bundesdatenschutzgesetzes am 6. April 2001[15] passt der Gesetzgeber das BDSG an die Vorgaben der EG-Datenschutzrichtlinie (DS-RL) vom 24. Oktober 1995 an.[16] Im Rahmen seiner Verpflichtung zu einer *„grundsätzlich umfassenden Harmonisierung“*[17] transformiert der Gesetzgeber die unionsrechtlichen Vorgaben in das nationale Recht. Dazu gehören etwa das grundsätzliche Verbot der Verarbeitung besonderer Daten (z. B. Gesundheitsdaten), das Verbot automatisierter Einzelentscheidungen und Elemente der Selbstregulierung. Zuletzt hat der Gesetzgeber das BDSG

---

12 BVerfG v. 27.02.2008, BVerfGE 120, 274 ff.

13 Zur Pionierleistung Hessens vgl. Hassemer/Möller (Hg.), 25 Jahre Datenschutz (1996); Simitis in HDSB, 19. TB, S. 138 ff.

14 Vgl. Neubekanntmachung des BDSG i.d.F der Bek. V. 20.12.1990 (BGBl. I S. 2954) in der ab 28.08.2002 geltenden Fassung.

15 Vgl. Neubekanntmachung des BDSG i.d.F der Bek. V. 20.12.1990 (BGBl. I S. 2954) in der ab 28.08.2002 geltenden Fassung.

16 Richtlinie 95/46/EG des Europäischen Parlaments und des Rates vom 24.10.1995 zum Schutz natürlicher Personen bei der Verarbeitung personenbezogener Daten und zum freien Datenverkehr (ABl. EG vom 23.11.1995 Nr. L 281 S. 31).

17 EuGH v. 06.11.2003, MMR 2004, 95 ff. m. Anm. Roßnagel.

2009 in Einzelbereichen weiter modernisiert.[18] Darüber hinaus plant er den Beschäftigtendatenschutz im BDSG umfassend zu präzisieren.[19]

5. Mit der Forderung nach einer „Modernisierung" wurde eine allseitige Diskussion über die Zukunft des Datenschutzes eingeleitet.[20] Die EU-Kommission hat 2010 eine Mitteilung zu einem *„Gesamtkonzept für den Datenschutz in der Europäischen Union"* veröffentlicht.[21]
6. Mit der Schaffung des IT-Grundrechts hat das BVerfG die Weichen gestellt, sich praxisnah mit den neuen technischen Entwicklungen und der zeitgleichen Zunahme von Kontroll- und Überwachungsmaßnahmen in Staat und Gesellschaft zum Schutz der Privatheit zu befassen und die Gesetze daran auszurichten. Gerade durch die global angelegten Netzwerke gewinnt die Forderung *„Datenschutz durch Technik"* in Europa an Bedeutung.[22] Im Hintergrund wächst auch der Interessen-Konflikt zwischen Persönlichkeitsrechten und einer freien ungehinderten Kommunikation.[23]

Die Konzepte des Datenschutzes sind nicht nur auf der nationalen und supranationalen Ebene entwickelt worden, sondern von Beginn an auch durch internationale Regelungen bewegt worden.

4.2 Internationale Grundlagen

Zu den internationalen Grundlagen gehören die Regelungen der Vereinten Nationen, der OECD und des Europarats.

4.2.1 Vereinte Nationen

Bei den Vereinten Nationen bestand ebenso wie beim Europarat die Befürchtung, dass durch die automatisierte personenbezogene Datenverarbeitung **Menschenrechte** gefährdet werden könnten.[24] Die **UN-Menschenrechtskonvention** hat bereits 1985 einen Richtlinienentwurf zum Datenschutz ausgearbeitet. Am 14. Dezember 1990 beschloss die **Generalversammlung der UN** für ihre Mitgliedstaaten sowie für die Organisationen, die ihr angehören, **„Richtlinien zur Verarbeitung personenbezogener Daten in automatisierten Dateien"** für den öffentlichen und den nicht-öffentlichen Sektor.[25] Die Richtlinien enthalten Empfehlungen und **kein bindendes Völkerrecht**. Bei den Verarbeitungsgrundsätzen lehnen sie sich eng an die Datenschutzkonvention des Europarates und die OECD-Leitlinien an. Sie sind das

---

18 Das BDSG wurde zuletzt geändert durch Art. 1 zur Änderung datenschutzrechtl. Vorschriften v. 14. August 2009 (BGBl. I, S. 2814).

19 Tinnefeld/Petri/Brink, MMR 2011, 427–432.

20 Vgl. Roßnagel/Pfitzmann/Garstka, Modernisierung des Datenschutzrechts (2001); Kühling/Bohnen, JZ 2010, 600.

21 Mitt. der Kommission v. 04.11.2010, Gesamtkonzept für den Datenschutz in der EU, KOM(2010) 609 endg.

22 Zum Datenschutz durch Technik in Europa Hornung, ZD 2011, 51–56 m.w.N.

23 Zum Konflikt Schneider/Härting, ZD 2011, 64.

24 Dazu Hondius, Emerging Data Protection in Europe (1975), S. 5 ff.; Ellger, Der Datenschutz im europäischen Binnenverkehr (1990), S. 564 ff.

25 United Nations, Guidelines on the Use of Computerized Personal Data Flow, Resolution 44/132, 14 December 1990, UN.Doc. E7CN, 4/Sub.2/1988/22.

erste internationale Dokument, dass ausdrücklich die Einrichtung von kompetenten und unabhängigen Datenschutzinstanzen vorsieht (Art. 8 UN-Richtlinie). Ebenso wie die Datenschutzkonvention des Europarates räumen die Richtlinien dem Datenschutz Vorrang beim grenzüberschreitenden Datenaustausch ein. Ein freier Austausch ist nur bei einer gleichwertigen Regelung im Empfängerland zulässig.

Die Richtlinien billigen den Mitgliedstaaten **Ausnahmen** von den Verarbeitungsgrundsätzen zu, soweit es sich um personenbezogene Dateien handelt, die der humanitären Hilfe oder dem Schutz der Menschenrechte und Grundfreiheiten dienen, z. B. beim Internationalen Roten Kreuz, bei Amnesty International oder beim UN-Hochkommissar für Flüchtlinge.[26] Diese Organisationen könnten daran gehindert sein, den Opfern politischer Verfolgung oder rassistischer Diskriminierung zu helfen, wenn sie etwa deren Daten nur mit einer Einwilligung speichern dürften. Ein weiteres Problem könnte sich bei einem Auskunftsverlangen der Verfolger über die zu ihrer Person gespeicherten Daten geben, die sich gleichzeitig auch auf die Opfer beziehen und diese in Gefahr bringen können.

4.2.2 OECD

Das **Übereinkommen über die Organisation für Wirtschaftliche Zusammenarbeit und Entwicklung (OECD)** wurde am 14.12.1960 von zahlreichen Staaten der westlichen Welt unterzeichnet und ist 1961 für die Bundesrepublik Deutschland in Kraft getreten.[27] Die OECD hat sich aus der 1948 gegründeten OEEC[28] entwickelt. Sie ist eine Organisation westlicher Industrieländer, die über den europäischen Bereich hinausreicht (USA, Kanada, Japan, Australien, Neuseeland, Mexiko usw. einschließt), mit Sitz in Paris. Hauptorgane sind der aus allen Mitgliedern zusammengesetzte Rat, der allein zur Rechtssetzung berufen ist, und der Generalsekretär.

Die OECD hat die Notwendigkeit internationaler Regelungen zum **Datenschutz** in Verbindung mit Überlegungen zum **freien Informationsfluss** schon früh ausdrücklich bejaht. Ihnen sollte die Aufgabe zukommen, potenzielle **Handelshemmnisse** frühzeitig zu verhindern. Nach langen Vorarbeiten hat der Rat der OECD **„Leitlinien für den Schutz des Persönlichkeitsbereichs und den grenzüberschreitenden Verkehr personenbezogener Daten“** am 23. September 1980 verabschiedet,[29] die gleichermaßen materielle und verfahrensrechtliche Regelungen für den öffentlichen und privaten Sektor enthalten. Dabei handelt es sich um **kein bindendes Völkerrecht**. Es steht den Mitgliedstaaten frei, ob sie die Leitlinien im Rahmen ihrer nationalen Datenschutzgesetzgebung umsetzen wollen. Hier liegt ein wesentlicher Unterschied zu der Datenschutzkonvention des Europarates, zu deren Einhaltung die beigetretenen Staaten nach Ratifizierung der Konvention verpflichtet sind.[30]

Die Leitlinien unterstützen das Prinzip der **Selbstregulierung** in den Mitgliedstaaten (Nr. 19 lit. b). Die Selbstregulierung verantwortlicher Stellen soll bei **grenzüberschreitenden**

---

26 Dazu Joinet in CNIL, 11e rapport d'activité 1990 (1991), S. 77.

27 Dazu Burkert in Roßnagel (Hg.), Handbuch Datenschutzrecht (2003), Kap. 2.3 Rn. 30 ff.

28 Organisation für europäische und wirtschaftliche Zusammenarbeit.

29 OECD, Guidelines governing the Protection of Privacy and Transborder Flows of Personal Data (1980), Document C (80) 58 (Final), Bekanntgabe Banz, Amtl. Teil v. 14.11.1981, Nr. 215; s. a. OECD, Recommendation on Cross-border Co-operation in the Enforcement of Laws Protecting Privacy (2007).

30 Ellger, CR 1994, 559.

Datenübermittlungen ausreichen (Nr. 19 Satz 2). Die Forderung trägt zwar der veränderten Rolle der Staaten im Globalisierungsprozess Rechnung. Sie vernachlässigt indessen die neuen Möglichkeiten des Missbrauchs, die zunehmen, wenn verantwortliche Stellen den Umgang mit den Daten ausschließlich selbst regulieren und der eigenen Kontrolle unterstellen.

Die globale Veränderung der Kommunikationsstrukturen hat die OECD 1996 veranlasst, eine Expertengruppe zu bilden, die sich mit Fragen der Datensicherung, des Datenschutzes, des geistigen Eigentums und der Krypto-Politik befasste, um den Kommunikationspartnern eine gesicherte Telekooperation zur Erhaltung ihrer wirtschaftlichen Freiheit und des Schutzes der Privatheit zu sichern.[31] Die verabschiedeten Leitlinien zur Kryptographie[32], die Erklärung zum Datenschutz in globalen Netzwerken[33] sowie der Anfang 2000 vorgestellte Datenschutz-Generator[34] dienen diesem Ziel. Die Bestrebungen nach mehr Selbstregulierung sollen durch ein internes Datenschutz-Audit sowie durch eigens auf Datenschutzkonflikte zugeschnittene Mediationsverfahren gestärkt werden. Im Sinne des unionsrechtlichen Datenschutzes bedürfen die Regelungen einer verbindlichen datenschutzrechtlichen Unterfütterung.

4.2.3 Europarat

Keine internationale Organisation hat die **Entwicklung** der Menschenrechte und insbesondere die des **Grund- und Menschenrechts auf Datenschutz** so nachhaltig beeinflusst wie der **Europarat**, der seinen Sitz in Straßburg hat. Er wurde von den Mitgliedern der Westeuropäischen Union (WEU) am 5. Mai 1949 in der Absicht gegründet, Demokratie, Rechtsstaatlichkeit und die Menschenrechte dauerhaft in Europa zu sichern (Art. 3 der Satzung des Europarates – EurRatS). Vom Europarat ging 1958 auch die Initiative zur Gründung der Europäischen Atomgemeinschaft (Euratom bzw. EAG) und der Europäischen Wirtschaftsgemeinschaft (EWG, später EG) aus, die zusammen den Bezugspunkt für das Gemeinschaftsrecht in der Europäischen Union (EU) bilden, zu dem auch die inzwischen ausgelaufene Europäische Gemeinschaft für Kohle und Stahl (EGKS) gehörte. Das Tätigkeitsfeld des Europarates umfasst heute alle Aspekte der EU mit Ausnahme von Fragen der Verteidigung (Präambel Abs. 4 EurRatS).

Bedeutung der EMRK

Zielsetzung des Europarates ist die Schaffung eines effizienten Menschenrechtsschutzes auf der Grundlage der **Europäischen Menschenrechtskonvention (EMRK)** vom 4. November 1950 und den entsprechenden Zusatzprotokollen.[35] Dem Europarat stehen – anders als der EU – **keine Hoheitsrechte** zu. Die im Rahmen des Europarates ausgearbeiteten Abkommen bedürfen der Unterzeichnung und ggf. der Ratifikation durch die Mitgliedstaaten. Zu den Mitgliedstaaten gehören neben denen der EU zahlreiche mittel- und osteuropäische Staaten.

---

31 CR aktuell 1996, 709.

32 OECD, Guidelines for Cryptography Policy (1997).

33 OECD, Declaration on Privacy in Global Networks (1998).

34 OECD, Privacy Policy Statement Generator (2000).

35 Abgeschlossen in Rom am 4. November 1950, 213 UNTS 221; soweit Zusatzprotokolle zur EMRK deren Menschen- und Grundrechtskatalog neue Rechte hinzufügen, gelten sie entsprechend, vgl. die jeweiligen Artikel in den Protokollen.

Die EMRK verpflichtet nicht nur die einzelnen Mitgliedstaaten der EU, sondern auch die EU als solche.[36]

Der Europarat verfügt nach seiner Satzung über eigene Organe: Ministerkomitee (Art. 13 f.), Parlamentarische Versammlung (Art. 22) und das Sekretariat (Art. 36 lit. a), dessen Generalsekretär dem Komitee unmittelbar verantwortlich ist. Auf der Grundlage der EMRK wurde der ständige **Europäische Gerichtshof für Menschenrechte (EGMR)** in Straßburg (Art. 19 EMRK) als **internationale Rechtsschutzinstanz** eingerichtet, die im Rahmen des Europarates arbeitet und aus seinem Budget finanziert wird. Die EMRK eröffnet als erstes Instrument des völkerrechtlichen Menschenrechtsschutzes Durchsetzungsmechanismen im Rahmen eines justizförmigen Verfahrens (vgl. zur Individualbeschwerde beim EGMR – Art. 34 und 35 Abs. 1; zur Staatenbeschwerde – Art. 33; zum Gutachterverfahren – Art. 47).

Die EMRK gehört zu den herausragenden **völkerrechtlichen Verträgen** und hat von allen **internationalen Menschenrechtsinstrumenten** am nachhaltigsten auf das **europäische Recht** eingewirkt.[37] Die EMRK ist nach der Grundrechtsrechtsprechung des EuGH, die bereits durch den 1992 abgeschlossenen Vertrag von Maastricht kodifiziert wurde[38], **Rechtserkenntnisquelle** für die Gewinnung der **Gemeinschaftsgrundrechte**.[39] Dies gilt ebenso nach dem Vertrag von Lissabon von 2007 hinsichtlich der jetzt in Art. 6 Abs. 3 EUV verankerten **Unionsgrundrechte** als allgemeine Grundsätze des EU-Rechts. Nach dem in Art. 6 Abs. 2 EUV vorgesehenen Beitritt der EU zur EMRK wird Art. 8 EMRK zur unmittelbar verbindlichen Rechtsquelle für die EU und ihre Mitgliedstaaten beim Vollzug des Unionsrechts. Dies hat zur Folge, dass auch die Rechtsprechung des EuGH der Kontrolle durch den EGMR unterliegt.[40]

Die EMRK hat in den Rechtsordnungen der Vertragsstaaten einen unterschiedlichen Rang, etwa in Griechenland und Österreich Verfassungsrang, in Deutschland formell den Rang eines einfachen Gesetzes. Aber schon das BVerfG betont, dass andere gesetzliche Bestimmungen nach der EMRK und der Rechtsprechung des EGMR auszulegen sind.[41] Damit steht die EMRK de facto über dem einfachen Gesetz.

Datenschutz nach der EMRK

Die EMRK gewährleistet den Anspruch eines jeden Menschen auf **Achtung** seines **Privat-** und seines **Familienlebens**, seiner **Wohnung** und seiner **Korrespondenz** (Art. 8 Abs. 1). Nach der Rechtsprechung des EGMR umfasst dieser Anspruch auch das Recht, *„Beziehungen zu anderen Menschen einzugehen und zu entfalten“*.[42] Schon früh hat die Europäische Menschenrechtskommission den Schutz personenbezogener Daten dem Schutzbereich der Privatheit zugeordnet.[43] Unter den Begriff der Korrespondenz fällt auch die Vertraulichkeit

---

36 Dazu Fischer/Köck/Karollus, Europarecht (4. A. 2002), Rn. 903 ff.

37 Vgl. Häberle, Das Grundgesetz zwischen Verfassungsrecht und Verfassungspolitik (1996), S. 489, S. 525 m.w.N.

38 Art. F Abs. 2 EUV/Maastricht; Art. 6 Abs. 2 EUV/Amsterdam/Nizza.

39 Streinz, Europarecht (8. A. 2008), Rn. 761 m.w.N.; s. a. Sobotta in Grabitz/Hilf/Nettesheim (Hg.), Das Recht der Europäischen Union, Kommentar (Loseblatt), Art. 16 AEUV, Rn. 5 m.w.N.

40 Streinz, DuD 2011, 604 m.w.N.

41 BVerfG v. 26.03.1987, BVerfGE 74, 358, 370.

42 Vgl. EGMR v. 16.12.1992, EuGRZ 1993, 66 ff.

43 X. v. Vereinigtes Königreich, EKMR DR 30, 239, 241.

der Telekommunikation, wozu u. a. auch Telefongespräche, E-Mails und Internet-Telefonie gehören.[44] Soweit Art. 8 EGRC dem Art. 8 EMRK entspricht, hat er die gleiche Bedeutung wie dieser. Ein weitergehender Schutz durch Art. 8 EGRC bleibt unberührt. Der EuGH nimmt regelmäßig und übereinstimmend auf die Rechtsprechung von Art. 8 EMRK Bezug.[45]

Ausgehend von Art. 8 Abs. 1 EMRK hat das Ministerkomitee im Mai 1979 das **„Übereinkommen zum Schutz des Menschen bei der automatischen Verarbeitung personenbezogener Daten“** (Europäische Datenschutzkonvention – sog. Straßburger Vertrag) verabschiedet, das am 28. Januar zur Zeichnung für die Mitgliedstaaten aufgelegt wurde.[46] Damit hat der Europarat die erste internationale Datenschutzregelung geschaffen, die für die zeichnenden Staaten **völkerrechtlich verbindlich** ist.

Der Konvention können auch die nichteuropäischen Mitgliedstaaten der OECD beitreten (Art. 23). Sie verpflichtet die Unterzeichnerstaaten, die dort niedergelegten Grundsätze (Art. 5 bis 11) als gemeinsames datenschutzrechtliches Minimum (common core/noyau dur/harter Kern) zu verwirklichen, trifft aber nicht selbst eine entsprechende Anordnung.[47] Die beitretenden Staaten müssen die Regelungen in innerstaatliches Recht umsetzen.

In materieller Hinsicht erfassen die Vorgaben der Richtlinie den öffentlichen und privaten Sektor (Art. 3 Nr. 1). Sie bezieht sich auf die automatische Verarbeitung personenbezogener Daten natürlicher Personen. Die Konvention formuliert **Grundprinzipien des europäischen Datenschutzes:**

- die eingeschränkte, d. h. rechtmäßige und nach Treu und Glauben erfolgende Erhebung und Verarbeitung personenbezogener Daten (Art. 5 lit. a),
- die Zweckbindung der Datenerhebung und -verarbeitung (Art. 5 lit. b),
- den Verhältnismäßigkeitsgrundsatz bei der Erhebung und Verarbeitung (Art. 5 lit. c),
- das Prinzip der Datenqualität (Art. 5 lit. d),
- den Grundsatz der frühestmöglichen Anonymisierung personenbezogener Daten (Art. 5 lit. e),
- den Grundsatz der Datensicherheit (Art. 7),
- Sonderregelungen zum Umgang mit sensiblen Daten (Art. 6),
- Rechte des Betroffenen wie etwa das Auskunftsrecht, die Rechte auf Berichtigung und Löschung (Art. 8),
- grenzüberschreitende Übermittlung personenbezogner Daten zwischen Vertragsstaaten (Art. 12).

Die **Datenübermittlung** zwischen Vertragsstaaten ist erlaubt, soweit sie nicht zulässigerweise nach nationalem Recht verboten ist (Art. 12).[48] Dies Regelung berücksichtigt insbesondere die Bedenken der Vereinigten Staaten von Amerika, die im Datenschutz ein „nicht-tarifäres“ (also nicht mit Zöllen und Steuern zusammenhängendes) Handelshemmnis sehen.[49] Die

---

44 Grabenwarter, EMRK (4. A. 2009), § 22 Rn. 10.

45 Britz, EuGRZ 2009, 6 f.; EGMR v. 04.12.2008, EuGRZ 2009, 299 ff.: Vernichtung des gespeicherten DNA-Materials und der Fingerabdrücke; vgl. Schafer, DuD 2009, 484 f.

46 European Treaty Series No. 108, EU DS, EuRAT Con.; zur Vorgeschichte Henke, Die Datenschutzkonvention des Europarates (1986), S. 44 ff.; Ellger, CR 1994, 558 ff.

47 Burkert, CR 1988, 753.

48 Vgl. BfD, 11. TB (1989), S. 90 zum sog. Fiat-Fall; s. a. Ellger, RabelsZ 1996, 744.

49 Vgl. Simitis in Tinnefeld/Philipps/Heil (Hg.), Informationsgesellschaft und Rechtskultur in Europa (1995), S. 52; zum WTO-GATS-Abkommen, wonach der Schutz personenbezogener Daten als Beschränkungs-

Übermittlung personenbezogener Daten in einen Nicht-Vertragsstaat ist in einem Zusatzprotokoll (Art. 2) zur Datenschutzkonvention geregelt.[50] Danach dürfen personenbezogene Daten in einen **Nicht-Vertragsstaat** nur dann übermittelt werden, wenn dieser ein **angemessenes Datenschutzniveau** gewährleistet. In Staaten ohne angemessenes Datenschutzniveau dürfen Daten dann weitergegeben werden, wenn dies das nationale Recht vorsieht. Voraussetzung ist, dass spezifische Interessen des Betroffenen oder wichtige öffentliche Interessen dies gebieten. Eine Übermittlung ist auch zulässig, wenn die verantwortliche Stelle Garantien bietet (z. B. in Form von Vertragsklauseln), die von der zuständigen nationalen Stelle für hinreichend angesehen werden. Das Zusatzprotokoll (Art. 1) sichert die Durchsetzung der materiell-rechtlichen Voraussetzungen durch **Kontrollinstanzen** ab, die ihre Aufgaben in **völliger Unabhängigkeit** wahrnehmen sollen. Die Vorgaben der Konvention haben den unionsrechtlichen Datenschutz erheblich beeinflusst.

Die Konvention enthält Bestimmungen für eine praktische Zusammenarbeit der Vertragsstaaten. Diese haben die Aufgabe, ein „Beratendes Komitee" zu bilden, das die Auswirkungen der Konvention beobachtet und Ergänzungs- oder Änderungsvorschläge beim Europarat einbringt.

Am 19. November 1996 hat der Europarat die datenschutzrelevante **Konvention über Menschenrechte und Biomedizin** (Bioethik-Konvention) verabschiedet[51] und damit einen **Verhaltenskodex** für den Umgang mit der Gentechnik, Embryonenforschung und Organtransplantation in einem **völkerrechtlichen Vertrag** festgelegt. Er liegt seit dem 4. April 1997 zur Zeichnung auf. Die Konvention verpflichtet den nationalen Staat nach Ratifizierung zur Schaffung und Überwachung rechtlicher Rahmenbedingungen in konfliktreichen Sektoren der Biomedizin.

In der Konvention fehlen weitgehend spezielle datenschutzrechtliche Regelungen. So ist die Weitergabe von personenbezogenen Gentest-Ergebnissen nicht geregelt. Die Konvention enthält ein grundsätzliches Recht des Betroffenen auf Schutz des privaten Lebens sowie auf Information über die zu seiner Person gesammelten Gesundheitsdaten (Art. 10 Abs. 1 und 2). Das Recht auf Nichtwissen ist nur bedingt geschützt („... shall be observed" – Art. 10 Abs. 2 Satz 2). Die Forschung an nicht einwilligungsfähigen Personen, die ihrer Zielrichtung nach nicht unmittelbar dem Nutzen dieser Person dient, soll möglich sein. Die Konvention stellt Mindestvoraussetzungen auf – ein bereits bestehender höherer nationaler Schutzstandard kann unbeschränkt beibehalten oder eingeführt werden (Art. 27).

Im Rahmen der Strafverfolgung ist die **Cybercrime-Convention** von großem Interesse.[52] Mit ihr hat der Europarat eine weltweit als **Modellgesetzgebung** genutzte Konvention geschaffen, **„zu deren Kernzielen die Harmonisierung der legislativen Standards der Internetkriminalität zählt".**[53] Sie enthält Vorgaben zur Kriminalisierung von daten- und systembezogenen Delikten (Art. 3 ff.). Sie regelt strafprozessuale Zugriffsmöglichkeiten auf

möglichkeit der Dienstleistungsfreiheit im Zusammenhang mit dem multilateralen Handelsabkommen ausdrücklich zugelassen ist, vgl. Kilian, Europäisches Wirtschaftsrecht (1996), S. 70, S. 83.

50 Europarat, Zusatzprotokoll zum Europäischen Übereinkommen zum Schutz des Menschen bei der automatischen Verarbeitung personenbezogener Daten bezüglich Kontrollstellen und grenzüberschreitendem Datenverkehr (2001), SEV-Nr. 181.

51 Vgl. Europarat, Convention on Human Rights and Biomedicine (1997), ETS no. 164. Sie entspricht dem Entwurf Europarat DIR/Jur(96) 06.06.1996.

52 Europarat, Convention on Cybercrime (2001), ETS No.185.

53 Gercke/Brunst, Praxishandbuch Internetstrafrecht (2009), Rn. 42.

die Telekommunikations- und allgemeinen Computerdaten, die datenschutzrechtlich relevant sein können wie etwa das in der Konvention (Art. 16) niedergelegte „Quick-Freeze-Procedere“. Dieser Ansatz wird auch im Rahmen der umstrittenen EU-Richtlinie zur Vorratsdatenspeicherung verfolgt.[54]

Der Europarat hat außer den genannten Konventionen zahlreiche spezifische datenschutzrechtliche **Empfehlungen** in bestimmten Bereichen von Wirtschaft, Verwaltung und wissenschaftlicher Forschung geschaffen. Dazu gehört u. a. die Empfehlung zum **Arbeitnehmerdatenschutz** im Allgemeinen.[55] Parallel dazu hat sich die **Internationale Arbeitsorganisation (ILO)** für den Arbeitnehmerdatenschutz eingesetzt und einen **Verhaltenskodex** entworfen.[56] Dieser soll grundsätzlich der Ergänzung gesetzlicher Bestimmungen oder deren Vorbereitung dienen. Zu betonen ist, dass er in der Einwilligung der betroffenen Arbeitnehmer keine vollwertige Alternative zu gesetzlichen Vorschriften sieht. Der Kodex bezieht sich damit auf die spezifischen Bedingungen eines abhängigen Arbeits- bzw. Beschäftigtenverhältnisses, das vorerst in der Union nicht speziell geregelt ist.

4.3 Supranationales Recht (Unionsrecht)

Europa wurde nach dem Ende des Zweiten Weltkrieges in zwei etwa gleich große Hälften geteilt. Gleichwohl begannen in der westlichen Hälfte **europäische Integrationsbestrebungen**, deren Wurzeln sich bis zum Mittelalter zurückverfolgen lassen. In der Zeit der Aufklärung rief der Königsberger Philosoph Immanuel Kant in der 1794 erschienen Schrift *„Zum ewigen Frieden“* bereits zu einer Organisierung der Staatengemeinschaft auf, wobei er allerdings nicht nur die Integration Europas, sondern auch die Einbeziehung außereuropäischer Staaten im Auge hatte. Pläne für eine Integration nahmen im Schatten des sog. „Kalten Krieges“ und im Schutz des von den USA 1949 gegründeten Verteidigungsbündnisses, der Nordatlantik-Vertragsorganisation (NATO), konkrete Formen an. Seit der sog. Wende im Jahre 1989 werden die mittel- und osteuropäische Länder in diesen Prozess einbezogen.

Die **nationale verfassungsrechtliche Grundlage** zugunsten der europarechtlichen Entwicklung gründet in der Bundesrepublik Deutschland auf dem seit 1992 geltendem Art. 23 GG (vormals Art. 24 Abs. 1 GG): Darin bekennt sich Deutschland zur **Verwirklichung eines vereinten Europas**. Die Bestimmung nimmt den in der **Präambel des Grundgesetzes** von Anfang an als Staatsziel enthaltenen Begriff auf und betont die Integrationsoffenheit der Verfassung.[57] Sie enthält die Regeln für eine **integrationsbezogene Hoheitsrechtsübertragung** (Abs. 1), die vom Bundestag mit Zustimmung des Bundesrats (Satz 2) durchgeführt werden kann und weitgehend einer qualifizierten Mehrheit bedarf (Satz 3 mit Verweis auf den Art. 79 Abs. 3 GG).

Bei aller Integrationsoffenheit darf der Kern der deutschen Staatlichkeit nicht angetastet werden. Im **Lissabon-Urteil** hat sich das BVerfG mit dieser Frage befasst und geprüft, ob der unantastbare Kerngehalt der Verfassungsidentität des Grundgesetzes (Art. 23 Abs. 1 S. 3

54 Gercke/Brunst, Praxishandbuch Internetstrafrecht (2009), Rn. 44 m.w.N.

55 Empfehlung Nr. R (89) 2 v. 18.01.1989, EU DS, EuRAT-Conv.

56 International Labour Office, Protection of workers' personal data. An ILO Code of practice (1997); dazu Simitis in ders. (Hg.), BDSG (7. A. 2011), Einl. Rn. 199 ff.

57 BVerfG v. 12.10.1993, BVerfGE 89, 155, 183.

i.V.m. Art. 79 Abs. 3 GG) gewahrt ist.[58] Als Gegenstände der „Identitätskontrolle", die auf die Union übertragbar sind, lassen sich unter anderem Bereiche nennen, in denen den Mitgliedstaaten ein *„ausreichender Raum zur politischen Gestaltung der wirtschaftlichen, kulturellen und sozialen Lebensverhältnisse"* bleiben muss.[59] Dies gelte insbesondere *„für Sachbereiche, die die Lebensumstände der Bürger, vor allem ihren von den Grundrechten geschützten privaten Raum der Eigenverantwortung und der persönlichen und sozialen Sicherheit prägen, sowie für solche politischen Entscheidungen, die in besonderer Weise auf kulturelle, historische und sprachliche Vorverständnisse angewiesen sind, und die sich im parteipolitisch und parlamentarisch organisierten Raum einer politischen Öffentlichkeit diskursiv entfalten"*.[60] Das BVerfG nennt ausdrücklich Bereiche wie den Freiheitsentzug in der Strafrechtspflege oder bei Unterbringungsmaßnahmen sowie die *„Gestaltung der Bildungs- und Familienverhältnisse, die Ordnung der Meinungs-, Presse- und Versammlungsfreiheit oder den Umgang mit dem religiösen oder weltanschaulichen Bekenntnis"*.[61] Diese Bereiche berühren intensiv auch das Recht auf Privatheit und Datenschutz. Je mehr Hoheitsrechte von der Union hier wahrgenommen werden, desto näher rücken ihre Gesetzesakte an den unantastbaren Kerngehalt der Verfassungsidentität des Grundgesetzes heran. Diese Frage stellt sich deutlich im Rahmen der Neuregelung des Datenschutzes durch eine (Grund)Verordnung, die die Mitgliedstaaten unmittelbar binden soll.[62]

4.3.1 Entwicklung der EU

Die europäischen Staaten haben den Vertrag von Lissabon (2009) als vorläufig letzte Stufe der Integration abgeschlossen. Sie haben ihn teils durch Abstimmung ihrer Bürger, teils durch ihre Parlamente gebilligt. Der Vertrag ist zwar keine Verfassung im herkömmlichen Sinn. Er bildet aber einen rechtlich höherrangigen Überbau zu den EU-Mitgliedstaaten, zumal er über eine europäische Grundrechtecharta verfügt.

Die strukturellen Veränderungen in Europa führten über die heutige OECD zum Europarat und über die **drei Europäischen Gemeinschaften** zur **Gründung der Europäischen Union**:

- Die Gemeinschaft für Kohle und Stahl – EGKS, Montanunion 1952–2000 (ausgelaufen). Sie wurde in die Wirtschaftsgemeinschaft übernommen.
- Die Europäische Wirtschaftsgemeinschaft – EWG 1957 mit einem gemeinsamen Markt für Waren und Dienstleistungen, die seit der Einheitlichen **Europäischen Akte (EEA)** 1987 als Europäische Gemeinschaft – EG zum **Kern der Integration** wurde.
- Die Europäische Atomgemeinschaft – EAG/ Euratom (1957) mit dem Abkommen über gemeinsame Organe für die Europäischen Gemeinschaften (Gründungsverträge), die auf den so genannten Römischen Verträgen (1957) beruhen.
- Die Europäische Union (EU) wurde als erste Stufe der **politischen Einheit** Europas durch den **Vertrag von Maastricht** (VvM) 1992 gegründet, als politisches Dach für die

58 BVerfG v. 30.06.2009, BVerfGE 123, 267, 352; vgl. dazu Streinz, Europarecht (9. A. 2012), § 3 Rn. 237a.
59 BVerfG v. 30.06.2009, BVerfGE 123, 267 ff., insb. Leitsatz 4.
60 BVerfG v. 30.06.2009, BVerfGE 123, 267, 357 f., insb. Leitsatz 2b.
61 BVerfG v. 30.06.2009, BVerfGE 123, 267, 358.
62 Vgl. Teil I, Kap. 4.8.2; 6.3.

drei Europäischen Gemeinschaften und zwei neue politische Einheiten, eine für Zwecke der gemeinschaftlichen Außen- und Sicherheitspolitik, die andere für die Zusammenarbeit in den Bereichen Justiz und Inneres (sog. Dreisäulenmodell). Im VvM wurde auch eine weitere Neuerung beschlossen, die der Integration dienen soll: die Währungsunion (Einführung des Euro und stufenweise Abschaffung der Landeswährungen bis 2002). Im **Vertrag von Amsterdam** (VvA) wurde 1999 die Revision der EU mit den drei Gemeinschaften fortgesetzt. Die sog. „left overs" wurden im **Vertrag von Nizza** (VvN) 2003 geregelt. Der Verfassungsvertrag von 2004 trat nicht in Kraft.

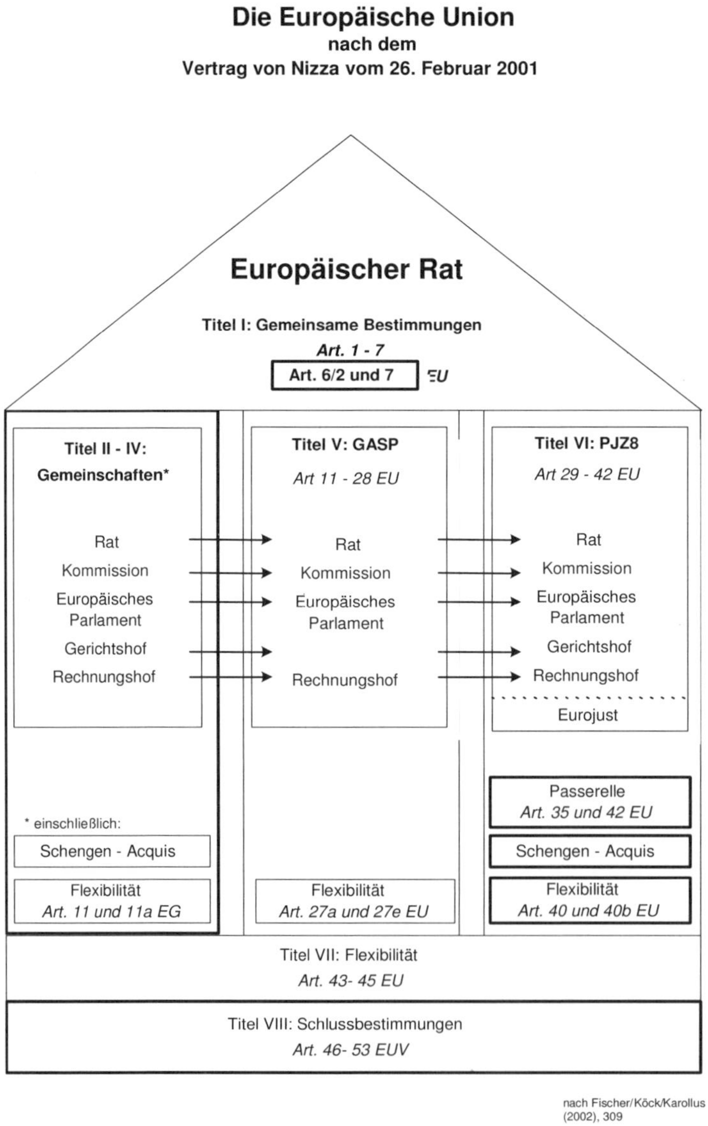

Abb. 4: Die EU und ihr bisheriges Dreisäulenmodell

Die EU wurde im Reformvertrag von **Lissabon** (VvL) 2007 zeitgemäß erneuert und institutionell geändert. Die Neuerungen finden sich im **EU-Vertrag (EUV)** und im (ex-)EG-Vertrag, dem **Vertrag über die Arbeitsweise der EU (AEUV).** Darüber hinaus ist die **EU-Grundrechte-Charta (EGRC)** mit dem Inkrafttreten des Reformvertrages zum 1.1.2009 rechtsverbindlich geworden.

Nach der neuen Ordnung des Vertrags von Lissabon wird das bisherige Dreisäulenmodell, das in Abbildung 4 noch einmal dargestellt wird, aufgegeben.

Die erste Säule der Gemeinschaften ist nunmehr aufgelöst. Die beiden anderen Säulen, die die Gemeinsame Außen- und Sicherheitspolitik (GASP) sowie die polizeiliche und justizielle Zusammenarbeit in Strafsachen (PJZS) betreffen, bleiben in ihrer bisherigen Form als Teile der EU erhalten. Während die frühere dritte Säule auch materiell in das Unionsrecht einbezogen wird, bleiben für die GASP Besonderheiten bestehen (Art. 24 Abs. 1 UAbs. 2 EUV)

Euratom, die Gemeinschaft für die friedliche Nutzung der Kernenergie, wird als selbständiges Subjekt des Völkerrechts von der EU getrennt. Die nun allein noch vorhandene (wirtschaftliche) Europäische Gemeinschaft (EG) wird mit der (politischen) Union zu einer Einheit verbunden. Die **Union** ist nun selbst das **Völkerrechtssubjekt**, Auch alle Organe gehören nun zu ihr, etwa der (Minister-)Rat, das Europäische Parlament, die Europäische Kommission usw.[63]

Die Grundordnung der Union wird durch das in den Gründungsverträgen von den Mitgliedstaaten vertraglich geregelte **primäre Unionsrecht** bestimmt. Grundlage (Art. 1 Abs. 3 S. 1 EUV) sind der EUV und der AEUV („die Verträge"). Das gilt auch für die Charta der Grundrechte (Art. 6 Abs. 1 EUV). Danach sind die Charta und die Verträge *„rechtlich gleichrangig"*. Die Schaffung des **sekundären Unionsrechts** (z. B. Datenschutzrichtlinien oder Datenschutzverordnungen) obliegt den Rechtssetzungsorganen der EU.

Die Charta (EGRC) gilt als rechtlich verbindliche Formulierung einer *„Europäischen Werteordnung"*, deren Kern in der Präambel zusammengefasst ist.[64] Sie fordert ein Denken vom Menschen her und stellt ebenso wie das deutsche Grundgesetz die **Achtung der unveräußerlichen Menschenwürde** (Art. 1 EGRC) an den Beginn des Dokumentes. Dieses Verständnis hat dazu beigetragen, dass die Menschenwürde als **„Schutzwall gegen schwere Formen von Demütigung, Misshandlung, Diskriminierung, Ächtung und Verfolgung"** verstanden wird.[65] Schon in der Allgemeinen Erklärung der Menschenrechte, die die Vereinten Nationen am 10. Dezember 1948 verkündeten, wurde die Verpflichtung auf die Menschenwürde damit begründet, *„dass die Verkennung oder Missachtung der Menschenrechte zu Akten der Barbarei führten"*.[66] Aus diesem Grund wurde ein absolutes Folterverbot statuiert.[67] Ganz im Geiste dieser Verpflichtung soll jedem Menschen ein unantastbarer Kernbereich gegenüber hoheitlicher Gewalt gesichert werden.

Nach dem EUV (Art. 6 Abs. 3) sind die Grundrechte der EMRK „wie sie sich aus den gemeinsamen Verfassungsüberlieferungen der Mitgliedstaaten ergeben [...] als allgemeine

---

63 Vgl. Teil I, Kap. 4.3.2.

64 Meyer in Meyer (Hg.), Charta der Grundrechte (3. A. 2011), Vorb. Rn. 8.

65 Meyer in Meyer (Hg.), Charta der Grundrechte (3. A. 2011), Rn. 3a.

66 Zur Entstehung der Erklärung vgl. Morsink, The Universal Declaration of Human Rights (1999), S. 36 ff.

67 Zur Reichweite und Legitimität des absoluten Folterverbots EGMR v. 01.06.2010, NJW 2010, 3145 ff.; dazu Petri, DuD 2010, 539 ff.; zur Folterproblematik vgl. Reemtsma, Folter im Rechtsstaat? (2005).

Grundsätze Teil des Unionsrechts". Die Freiheitsrechte der EGRC (z. B. in Art. 8) stützen sich teilweise wörtlich auf diejenigen der EMRK (z. B. in Art 8). Die EMRK war bereits nach der Grundrechtsrechtsprechung des EuGH Rechtserkenntnisquelle für die Gewinnung der Gemeinschaftsgrundrechte. Der EuGH nimmt regelmäßig auf die Rechtsprechung des EGMR zu Art. 8 EMRK Bezug. Nachdem in Art. 6 Abs. 2 EUV durchgeführten Beitritt der EU zur EMRK wird **Art. 8 EMRK** zur **„unmittelbar verbindlichen Rechtsquelle für die Union und für die Mitgliedstaaten"**.[68] Dies hat zur Folge, dass beim Vollzug des Unionsrechts die Rechtsprechung des EuGH der Kontrolle durch den EGMR unterliegt.

<table>
<tr>
<td>EUV (TEU)
Vertrag über die EU</td>
<td>AEUV (TEVU)
Vertrag über die Arbeitsweise der EU</td>
<td>EGRC (ECFR)
EU-Charta der Grundrechte</td>
</tr>
<tr>
<td colspan="2">Art. 1 Abs. 3 EUV
führt das vormals unterschiedliche Rechtssystem Unions-Gemeinschaftsrecht zusammen

<u>Art. 1 (3) TEU:</u>
„The Union shall be founded on the present Treaty and on the Treaty on the Functioning of the European Union […]. Those two Treaties shall have the same legal value."</td>
<td>Art. 6 Abs. 1 EUV
übernimmt die Charta in das Primärrecht der Union

<u>Art. 6 (1) TEU:</u>
The Charter of Fundamental Rights of 7 December 2000 as adapted 12 December 2007,
„shall have the same legal value as the Treaties."</td>
</tr>
</table>

Abb. 5: Die EU nach dem Vertrag von Lissabon (Lisbon Treaty)

Art. 6 EGRC statuiert **„Jede Person hat das Recht auf Freiheit und Sicherheit".** Die Freiheit darf nur in fest umrissenen Fällen unter Beachtung gesetzlich vorgesehener Verfahren entzogen werden. Das Freiheitsrecht des Einzelnen ist gegen willkürliche Eingriffe seitens der staatlichen Gewalt geschützt: Das **„habeas corpus" - Grundrecht**[69] des Art. 6 entspricht Art. 5 EMRK und hat inhaltlich die gleiche Bedeutung wie dieser. Es gewährleistet **Rechtssicherheit** in der Union.

Art. 52 Abs. 3 EGRC soll die notwendige Kohärenz zwischen der Charta und der EMRK herstellen: Die Grundrechte unterliegen den gleichen zulässigen Einschränkungen wie sie für die entsprechenden Menschenrechte in der EMRK vorgesehen sind. Der EuGH hat dies sowohl in der Gewährleistungs- als auch in der Rechtfertigungsdimension für Art. 7 EGRC und

---

68 Vgl. Streinz, DuD 2011, 602 ff. m.w.N.

69 Zur Entstehungsgeschichte der „habeas-corpus"-Garantien vgl. Riedel, EuGRZ 1980, 192.

Art. 8 EGRC im Hinblick auf Art. 8 EMRK im sog. Agrarbeihilfenfall am 9. November 2010 ausdrücklich betont.[70]

Datenschutzrelevante Freiheitsrechte der Charta im Vergleich zur EMRK

Art. 7 – Achtung des Privat- und Familienlebens (vgl. Art. 8 EMRK) Jede Person hat das Recht auf Achtung ihres Privat- und Familienlebens, ihrer Wohnung sowie ihrer Kommunikation. (Erläuterung: Art. 7 entspricht 8 EMRK. Der Begriff „Korrespondenz“ wird durch den Begriff „Kommunikation“ ersetzt und trägt damit der technischen Entwicklung durch die Telekommunikation Rechnung.). Zur Übersicht der legitimen Einschränkungen vgl. Art. 8 Abs. 2 EMRK: „Eine Behörde darf in Ausübung ihres Rechts nur eingreifen, soweit der Eingriff gesetzlich vorgesehen und in einer demokratischen Gesellschaft notwendig ist für die nationale und öffentliche Sicherheit, für das wirtschaftliche Wohl des Landes, zur Aufrechterhaltung der Ordnung, zur Verhütung von Straftaten, zum Schutz der Gesundheit oder der Moral oder zum Schutz der Rechte und Freiheiten anderer.“
Art. 8 – Schutz personenbezogener Daten (s. a. Art. 8 EMRK) (1) Jede Person hat das Recht auf Schutz der sie betreffenden personenbezogenen Daten. (In den Schutzbereich fallen Daten der natürlichen Person und der juristischen Person – soweit wesensmäßig auf sie anwendbar.) (2) Diese Daten dürfen nur nach Treu und Glauben für festgelegte Zwecke und mit Einwilligung der betroffenen Person oder auf einer sonstigen gesetzlich geregelten legitimen Grundlage verarbeitet werden. Jede Person hat das Recht, Auskunft über die sie betreffenden erhobenen Daten zu erhalten und die Berichtigung der Daten zu erwirken. (3) Die Einhaltung dieser Vorschriften wird von einer unabhängigen Stelle überwacht.
Art. 10 Abs. 1 – Gedanken-, Gewissens- und Religionsfreiheit (vgl. Art. 9 EMRK)
Art. 11 –Freiheit der Meinungsäußerung und Informationsfreiheit (vgl. Art. 10 EMRK) (1) Jede Person hat das Recht auf freie Meinungsäußerung. Dieses Recht schließt die Meinungsfreiheit und die Freiheit ein, Informationen und Ideen ohne behördliche Eingriffe und ohne Rücksicht auf Staatsgrenzen zu empfangen und weiterzugeben. (2) Die Freiheit der Medien und ihre Pluralität werden geachtet. (Erläuterung: Art. 11 entspricht Art. 10 EMRK. Mögliche Einschränkungen des Rechts dürfen also nicht über die in Art. 10 Abs. 1 EMRK vorgesehenen Einschränkungen hinausgehen.)
Art. 13 –Freiheit von Kunst und Wissenschaft (vgl. Art. 10 EMRK) Kunst und Forschung Wissenschaft sind frei. Die akademische Freiheit wird geachtet. (Erläuterung: vgl. Art. 10 EMRK und die dort gestatteten Einschränkungen.)

Abb. 6: Datenschutzrelevante Freiheitsrechte – 1

[70] EuGH v. 9.11.2010, C-92/09 u. C-93/09 (noch nicht in der amtl. Sammlung veröffentlicht), Rn. 52, 59, 27, 87.

Art. 16 – unternehmerische Freiheit
Art. 17 Abs. 2 – Schutz des geistigen Eigentums (vgl. Art. 1 des Zusatzprotokolls zur EMRK)
Art. 21 – Verbot von Diskriminierungen (vgl. Art. 14 EMRK)
Art. 24 – Rechte des Kindes
Art. 35 – Gesundheitsschutz
Art. 47 – Recht auf einen wirksamen Rechtsbehelf und ein unparteiisches Gericht (vgl. Art. 13 EMRK)
Art. 52 – Tragweite der garantierten Rechte (1) Jede Einschränkung der Ausübung der in dieser Charta anerkannten Rechte und Freiheiten muss gesetzlich vorgesehen sein und den Wesensgehalt dieser Rechte und Freiheiten achten. Unter Wahrung des Grundsatzes der Verhältnismäßigkeit dürfen Einschränkungen nur vorgenommen werden, wenn sie notwendig sind und den von der Union anerkannten dem Gemeinwohl dienenden Zielsetzungen oder den Erfordernissen des Schutzes der Rechte und Freiheiten anderer tatsächlich entsprechen. (2) Die Ausübung der durch diese Charta anerkannten Rechte, die in den Gemeinschaftsverträgen oder im Vertrag über die Europäische Union begründet sind, erfolgt im Rahmen der darin festgelegten Bedingungen und Grenzen. (3) Soweit diese Charta Rechte enthält, die den durch die Europäische Konvention zum Schutze der Menschenrechte und Grundfreiheiten garantierten Rechten entsprechen, haben sie die gleiche Bedeutung und Tragweite, wie sie ihnen in der gesamten Konvention verliehen wird. Diese Bestimmung steht dem nicht entgegen, dass das Recht der Union einen weitergehenden Schutz gewährt.

Abb. 7: Datenschutzrelevante Freiheitsrechte – 2

Die datenschutzrelevanten Grund- und Menschenrechte der EU-Bürger werden nach dem Vertrag von Lissabon in doppelter Form garantiert:

- durch die Rechtsverbindlichkeit der EGRC
- durch den Beitritt der EU zur EMRK.

Die Regelung über den Schutz personenbezogener Daten in der EGRC verlangt, dass diese Daten „nur nach Treu und Glauben für festgelegte Zwecke und mit Einwilligung der betroffenen Person oder auf einer sonstigen gesetzlich geregelten legitimen Grundlage verarbeitet werden“ (Art. 8 Abs. 2 Satz 1 EGRC). Damit werden neben dem Erfordernis einer gesetzlichen Grundlage (Art. 52 Abs. 1 EGRC) weitere datenschutzrechtlich entwickelte europäische Vorgaben im Primärrecht verankert:

- Zweckbindungsgrundsatz und
- Zulässigkeitsvoraussetzungen in Form der Einwilligung, gesetzlicher Spezialregelungen oder allgemeiner Gesetze (Art. 8 Abs. 2 Satz 1 EGRC);
- Auskunftsanspruch (Transparenz) für die betroffene Person (Art. 8 Abs. 2 Satz 2 EGRC);
- Unabhängige Kontrollinstanzen (Art. 8 Abs. 3 EGRC) in Form einer ausdrücklichen Institutsgarantie (z. B. keine Schiedsverfahren).

Der AEUV enthält ein Transparenzgebot (Art. 15 Abs. 1 AEUV) und eine datenschutzrechtliche Kompetenzregel (Art. 16 Abs. 1 AEUV). Es ist Aufgabe des Gesetzgebers, den Grundsatz der Offenheit der Verwaltung, der wesentlich für die Beteiligung der Unionsbürger und im Interesse einer Zivilgesellschaft ist, mit den unionsrechtlichen Grundrechten in Einklang zu bringen, insbesondere mit Art. 7 und Art. 8 EGRC.[71]

4.3.2 Einrichtungen, Kompetenzen und Regelungsinstrumente der Union

Die EU besitzt seit dem Vertrag von Lissabon eine eigene und einheitliche Rechtspersönlichkeit. (Art. 47 EUV). Sie wird bestimmt von einem institutionellen Rahmenwerk (Art. 13–19 EUV), in dem der Europäische Rat mit zahlreichen Institutionen zusammenarbeitet, die ursprünglich im Rahmen der EG geschaffen wurden. Das Demokratiedefizit in der EU wird abgebaut: Die Kompetenzen des Europaparlaments werden erweitert. Bei der Gesetzgebung ist es nunmehr mit dem (Minister-)Rat fast gleichberechtigt. Dem Parlament ist es am 3. Mai 2012 außerdem gelungen, bei der Bestätigung der Kommission eine Regelung zu vereinbaren, nach der es praktisch die Möglichkeit hat, selbst den Erlass eines Gesetzes einzuleiten.[72]

Die politische Spitze der EU bildet der **Europäische Rat** – European Council, der auch die Verträge zeichnet (Art. 15 EUV). Er setzt sich zusammen aus den Staats- und Regierungschefs, den jeweiligen Präsidenten von Rat und Kommission; der Hohe Vertreter für die Außen- und Sicherheitspolitik nimmt an seiner Arbeit teil (Art. 15 Abs. 2 EUV). Der Rat wählt mit qualifizierter Mehrheit einen hauptamtlichen Präsidenten für einen Zeitraum von 2,5 Jahren (Art. 15 Abs. 5 EUV), der auf seiner Ebene auch die Außenvertretung in Angelegenheiten der Gemeinsamen Außen- und Sicherheitspolitik wahrnimmt (Art. 15 Abs. 5d EUV).

Weitere politische (political), rechtliche (judical) und geldwirtschaftliche (financial) Institutionen in der EU sind (Art. 13 EUV):

- das **Europäische Parlament –** European Parliament (EP) wird gemeinsam mit dem Rat als Gesetzgeber tätig und wählt den Präsidenten der Kommission (Art. 14 Abs. 1 EUV). Das EP besteht aus Vertretern der Unionsbürger. Sie belaufen sich auf 750 Mitglieder zuzüglich des Präsidenten (Art. 14 Abs. 2 EUV). Italien steht ein zusätzliches Mitglied zu (Deklaration Nr. 4, Schlussakte des Lissaboner Vertrags). Nach der Neuregelung werden **EP und Rat** grundsätzlich gleichberechtigt als **„Gesetzgebungsorgane“** tätig. Das Verfahren ist kompliziert (Art. 294 Abs. 14 AEUV). Das EP muss gegenüber dem Standpunkt des Rats in erster Lesung für Ablehnungen und Abänderungsvorschläge die Mehrheit seiner Mitglieder und nicht nur der abgegebenen Stimmen aufbringen: *„Das erfordert eine im Gesetzgebungsverfahren generell wünschenwerte Präsenz der Abgeordneten.“*[73] Das EP hat außerdem die Möglichkeit, selbst den Erlass eines Gesetzes

---

71 EuGH v. 12.09.2007, C-73/07, Slg. 2008, 1–9831, Rn. 53; EuGH v. 09.11.2010, C-93/09 (noch nicht in der amtlichen Sammlung veröffentlicht), Rn. 76.

72 Zur Vereinbarung des Europaparlaments mit der Kommission über eigene Gesetzesinitiativen vgl. SZ v. 10.2.2010, 7.

73 Streinz, Europarecht (9. A. 2012), § 3 Rn. 551.

einzuleiten (Art. 223 Abs. 2, Art. 226 Abs. 3, Art. 228 Abs. 4 AEUV). Dies dient ebenfalls dem Abbau des Demokratiedefizits in der EU.

- der **Rat** – Council besteht aus je einem Vertreter eines jeden Mitgliedstaates auf Ministerebene. Dieser muss für seinen Staat verbindlich handeln und das Stimmrecht ausüben können (Art. 15 Abs. EUV). Zusammen mit dem EP ist der Rat Gesetzgeber der EU (Art. 14 Abs. 1, Art. 16 Abs. 1 EUV), soweit in den Verträgen nichts anderes festgelegt ist, sind EP und Rat gleichberechtigte Mitgesetzgeber (Art. 289 Abs. 1 AEUV). Die Abstimmungen im Rat sollen nach 2014 nach dem Prinzip der „doppelten Mehrheit" stattfinden (Art. 16 Abs. 5 EUV). Die Datenschutzrichtlinien von 1995 und 2002 sind im Verfahren der Mitentscheidung (Art. 294 AEUV, vormals Art. 251 EG) erlassen worden.[74]
- die **Europäische Kommission** – European Commission (im Folgendem Kommission) besteht *„ab dem 1. November 2014, einschließlich ihres Präsidenten und des Hohen Vertreters der Union für Außen- und Sicherheitspolitik, aus einer Anzahl von Mitgliedern, die zwei Dritteln der Zahl der Mitgliedstaaten entspricht"* (Art. 17 Abs. 5 EUV). Sie wird vom EP bestätigt und kann von ihm zum Rücktritt gezwungen werden. Die Kommission übt ihre Tätigkeit in voller Unabhängigkeit aus (Art. 17 Abs. 3 EUV). Sie hat grundsätzlich das **Vorschlagsrecht für Gesetzgebungsakte** (Art. 17 Abs. 2 EUV; vgl. auch Art. 294 Abs. 1 AEUV). Sie wird in völliger Unabhängigkeit tätig (Art. 17 Abs. 3 Satz 3 EUV).
- der **Gerichtshof der Europäischen Union** – European Court of Justice (EuGH/ECJ) mit Sitz in Luxemburg umfasst den Gerichtshof, das Gericht und Fachgerichte, die die Wahrung des Rechts bei der Auslegung und Anwendung der Verträge sichern (Art. 19 Abs. 1 EUV). Der Gerichtshof besteht aus mindestens einem Richter je Mitgliedstaat und Generalanwälten, die das Gericht unterstützen (Art. 19 Abs. 2 EUV).
- die **Europäische Zentralbank** – European Central Bank (EZB) mit Sitz in Franfurt am Main hat die Aufgabe, für Preisstabilität im Währungsgebiet des Euro zu sorgen (Art. 11 Abs. 1 AEUV).
- der Europäische **Rechnungshof** – European Court of Auditors.

Einrichtungen (bodies) und neue Einrichtungen (offices) und Agenturen (agencies) der EU sind

- beratende Einrichtungen der EU: **Wirtschaft und Sozialausschuss** (Economic and Social Committee) und **Ausschuss der Regionen** (Committee of Regions)
- der **Hohe Vertreter der Union für Außen- und Sicherheitspolitik** (The High Representative of the Union for Foreign Affairs and Security Policy). Er sitzt dem Rat für Auswärtige Angelegenheiten vor und ist gleichzeitig **Vizepräsident der Kommission**.

Die Rechtssetzungsorgane der Union können nur im Rahmen einer **ausdrücklichen Kompetenzzuweisung** tätig werden. Im Vertrag von Lissabon ist der **Grundsatz der begrenzten Einzelermächtigung** in Art. 5 Abs. 1 S. 1, Abs. 2 EUV verankert worden. Er entspricht der Regelung in Art. 288 Abs. 1 EUV, wonach die Rechtssetzungsorgane in der vorgesehenen Art nur dort tätig werden dürfen, wo die Verträge eine Kompetenz der Union begründen. Das Unionsrecht hat prinzipiell **Vorrang** gegenüber mitgliedstaatlichen Gesetzen: Eine unionswidrige nationale Rechtssetzung ist zu unterlassen.

---

[74] Vgl. Art. 1 Abs. 1 und Erwägungsgrund 10 der Richtlinie 95/46/EG sowie Art. 1 Abs. 1 und Erwägungsgrund 2 der Richtlinie 2002/58/EG.

Aufgrund der Relevanz des **Datenschutzes für den Binnenmarkt** gilt Art. 114 AEUV als Grundlage für die allgemeine Datenschutzrichtlinie (95/46/EG)[75] sowie für die Datenschutzrichtlinie 2002/58/EG[76]. Durch den Vertrag von Amsterdam wurden auch die heutige Union sowie ihre Organe und Einrichtungen auf die Richtlinien verpflichtet. Auf derselben Grundlage wurde die EG-Datenschutzverordnung 45/2001 erlassen.

Art. 16 Abs. 1 AEUV stimmt mit Art. 8 Abs. 1 EGRC überein. Der Absatz 2 des Art. 16 AEUV bildet seit dem Vertrag von Lissabon die **Rechtsgrundlage für sekundärrechtliche Regelungen** bei der Verarbeitung personenbezogener Daten durch Einrichtungen und sonstige Stellen der Union wie auch durch die Mitgliedstaaten im Rahmen der Ausübung von Tätigkeiten im Anwendungsbereich des Unionsrechts, die den freien Datenverkehr regeln. Dazu wurden in der Schlussakte zum Vertrag von Lissabon die Erklärung Nr. 20 zum Schutz personenbezogener Daten im Bereich der justiziellen Zusammenarbeit in Strafsachen[77] und der polizeilichen Zusammenarbeit[78] (PJZS) angefügt. Diese Erklärungen sind als Auslegungshilfen relevant. Für die Gemeinsame Außen- und Sicherheitspolitik (GASP) enthält Art. 39 EUV besondere Bestimmungen. Das heißt: Bei der personenbezogenen Datenverarbeitung im Rahmen des **GASP** ist der **Rat** befugt, erforderliche datenschutzrechtliche Bestimmungen zu erlassen. In allen anderen Fällen ist das EP zusammen mit dem Rat ermächtigt, solche Gesetzesverfahren durchzuführen (Art. 16 Abs. 2 AEUV).

Die **Rechtsakte** sind im Vertrag über die Arbeitsweise der Union (Art. 288 AEUV) geregelt. Der Vertrag unterscheidet zwischen legislativen (Art. 289 Abs. 3 AEUV) und nicht legislativen Akten, also „soft law“ (Art. 289 Abs. 1–3 AEUV) in der Union. Als Fortschreibung für die bestehende allgemeine Datenschutzrichtlinie sollen auf Vorschlag der Kommission folgende Lösungen in Frage kommen:

- für den **Binnenmarkt** eine Verordnung und
- für **Polizei und Justiz** eine Richtlinie.[79]

Im Folgenden werden die Gesetzesakte der Union näher definiert:

- **Verordnungen** (regulations) sind in allen ihren Teilen verbindlich und gelten unmittelbar in jedem Mitgliedstaat. Sie dienen als „Europäische Gesetze“ der **Rechtsvereinheitlichung**. Sie sollen Komplexitäten im Binnenmarkt reduzieren. Eine VO (General Data Protection Regulation) kann Kernregelungen in besonderen Fällen vorsehen (z. B. das grundsätzliche Verbot der Einwilligung in abhängigen Vertragsverhältnissen wie dem Arbeitsverhältnis oder konkrete Regelungen für besondere (sensible) Daten).[80] Ebenso sind Öffnungsklauseln für Spezialregelungen möglich, damit besondere verfassungsrechtliche Prinzipien im einzelnen Mitgliedstaat berücksichtigt werden können. Dadurch könnten sich die Chancen erhöhen, den Datenschutz vor dem Hintergrund partikulärer Erfahrungen konsequent weiterzuentwickeln. Die VO kann so gesehen den Datenschutz nachhaltig ausbauen. Andererseits kann aber durch eine VO das Datenschutzrecht in der

---

75 Richtlinie 95/46/EG, ABl. EG 1995, L 281, S. 31 ff.

76 Richtlinie 2002/58/EG, ABl. EG 2002, L 201, S. 37 ff.

77 ABl. EU 2010, C 83, S. 345.

78 ABl. EU 2010, C 83, S. 345.

79 Vgl. European Commission, Proposal for a Regulation of the European Parliament and of the Council, Version 56 (2011), S. 2 f.

80 Nemitz, Neues EU-Datenschutzrecht – Der Vorschlag der EU Kommission, Vortrag auf der DAFTA 2011 (2011).

EU umfassend so harmonisiert werden, dass der Datenschutzstandard in einem Mitgliedstaat nicht mehr sektorspezifisch verbessert werden kann.[81]

- **Richtlinien** (directives). Sie müssen in einem bestimmten Zeitraum in nationales Recht umgesetzt werden. Sie sind hinsichtlich des zu erreichenden Ziels für jeden Mitgliedstaat verbindlich. Den innerstaatlichen Stellen wird die Wahl der Form und der Mittel überlassen. Vorrangiges Ziel der RL ist die **Rechtsangleichung** in den Mitgliedstaaten. Im Bereich Polizei und Justiz finden sich nationale verfassungsrechtliche Vorgaben, die angepasst werden müssen. Aus diesem Grund diskutiert die Kommission eine RL (Police and Criminal Justice Data Protection Directive).
- **Beschlüsse** (not traditional decisions) sind in all ihren Teilen für die bestimmten Adressaten, an die sie gerichtet sind, verbindlich. Sie sind im deutschen Recht mit einem Verwaltungsakt vergleichbar.
- **Empfehlungen und Stellungnahmen** (recommendations and opinions) sind nicht verbindlich (soft law).

Die EU hat als Völkerrechtssubjekt auch die Möglichkeit, datenschutzrelevante **internationale Übereinkünfte** abzuschließen (Art. 216 Abs. 1 AEUV), die sowohl die EU als auch deren Mitgliedstaaten binden (Art. 216 Abs. 2 AEUV). Davon sind im Bereich der öffentlichen Sicherheit, des Strafrechts und des personenbezogenen Datentransfers Passenger Name Records – **PNR-(Fluggastdaten)-Abkommen** zwischen der Union und Drittstaaten etwa der USA[82], Kanada oder Australien betroffen.

Beispiel: Nach den Terroranschlägen von 9/11 bindet die USA Landeerlaubnisse für einfliegende Passagierflugzeuge daran, dass der zuständigen Zollbehörde zuvor ein Zugriff auf die im automatisierten Reservierungssystem der Fluggesellschaften erfassten Passagierdaten (Herkunft, Essensgewohnheiten usw.) erlaubt wird. Entsprechende Abkommen werden zwischen der Union und der USA auf Initiative der Kommission und auf Beschluss des EP und des Rates beschlossen (Art. 16 Abs. 2 AEUV i.V.m. Art. 25 Abs. 1 DSRL von 1995). Darin wird der grenzüberschreitende Transfer personenbezogener Fluggastdaten durch europäische Fluggesellschaften an die USA geregelt.[83] Anders als bei der Vorratsdatenspeicherung handelt es sich nicht um eine Speicher-, sondern um eine Übermittlungspflicht der privaten Unternehmer an einen dezentralen Datenbankverbund. In den Mitgliedstaaten selbst sollen die Daten ausschließlich für die Verhütung, Aufdeckung, Aufklärung und strafrechtliche Verfolgung schwerer Kriminalität einschließlich terroristischer Straftaten gespeichert und ausgewertet und sodann zweckgebunden an dafür zuständige Behörden übermittelt werden.[84]

Die Verfahren für Beschlüsse zu völkerrechtlichen Vereinbarungen mit Drittstaaten sind in Art. 218 AEUV geregelt. Im datenschutzrechtlichen Bereich „muss“ das EP einem Beschluss

---

81 Vgl. EuGH v. 24.11.2011, C468/10 und C-489/10, NZA 2011, 1409 ff., der in zwei Vorentscheidungsersuchen des Obersten spanischen Gerichtshofs „nationale Alleingänge im Datenschutz“ nach Art. 7 lit. f DSRL verbieten will; dazu kritisch Wuermeling, Europarichter verbieten nationale Alleingänge im Datenschutz, FAZ v. 14.12.2011, S. 21.

82 Beschluss 2007/551/GASP/II des Rates, ABl. EU 2007, L 204, S. 16.

83 Vgl. KOM(2010) 492 endg.

84 Ausführlich zum verfassungsrechtlichen Problemen der PNR-Speicherung Knierim, ZD 2011, 19 ff.

des Rates zustimmen (Art. 218 Abs. 6 Satz 2 lit. v). Umstritten ist, ob das EP eine echte Entscheidungsmöglichkeit hat.[85]

Die Union bildet einen **Raum der Freiheit, der Sicherheit und des Rechts** (Art. 67 Abs. 1 Satz 1 AUEV; Art. 2 Ziff. 83 VvL), der an die Menschen- und Grundrechte gebunden ist. Dies gilt auch im Verhältnis zu Staaten außerhalb der Union, eben sog. Drittstaaten. Ein besonderes Problem bildet das Asylrecht (Art. 18 EGRC; Art. 77 und Art. 78 AEUV). Der EGMR hat die Asylpolitik der Union im Januar 2011 in Frage gestellt und der EuGH[86] hat am 27.12.2011 betont, dass jedem Asylbewerber die gleichen Grundrechte zukommen, unabhängig davon, in welchem EU-Staat er eintrifft.[87] In diesen Kontext gehört auch der Schutz bei Abschiebung, Ausweisung und Auslieferung (Art. 19 EGRC, Art. 4 Zusatzprotokoll Nr. 4 zur EMRK). Hier hat ggf. auch das Recht auf Unversehrtheit (Art. 3 EGRC und Art. 3 EMRK) Bedeutung.[88] Drittstaatenregelungen sind im Asylrecht immer auch unter dem Aspekt des Datenschutzes relevant.

4.3.3 Polizeiliche und justizielle Zusammenarbeit: Das Beispiel Schengen und Europol

Auf Unionsebene zeichnet sich zunehmend eine Entwicklung zur Zentralisierung von Sicherheitsaufgaben ab, die durch den Wegfall der Dreisäulenstruktur und die damit verbundene Änderung der legalen Machtstrukturen bedingt ist.[89] Die EU-Einrichtungen und EU-Informationssysteme sammeln und tauschen personenbezogene Daten mit den Mitgliedstaaten, aber auch untereinander aus. Vor allem die Justizbehörde der EU „Eurojust“ (Art. 85 AEUV) und das Europäische Polizeiamt „Europol“ (Art. 88 EUV) haben Zugang zu dem Schengen-, dem Visa- und dem Zollinformationssystem.[90] Daten, die für einen bestimmten Zweck gesammelt worden sind, werden somit immer häufiger für andere Zwecke übermittelt und genutzt, ohne angemessene Kontrollen.[91]

Die Schlagworte „Schengen“ und „Europol“ sind zu Synonymen für die ehemals dritte Säule der EU geworden. Zum Beispiel wurden in einigen Schengen-Staaten polizeiliche Kontrollbefugnisse ausgeweitet. Die polizeiliche Zusammenarbeit durch Europol bedeutet eine erhebliche Einschränkung des Datenschutzes.[92]

Eine explizite Regelung zu **Europol** findet sich im Vertrag über die Arbeitsweise der Union (Art. 88 AEUV, vormals Art. 29, 30 EUV). Zu **Schengen** wurde das sog. Schengenprotokoll als Bestandteil des EUV ausgearbeitet (vgl. im alten Schaubild, Abb. 4, die Darstellung in

---

85 Vgl. zum Abkommen zwischen der EU und Australien, unter: http://www.heise.de/newsticker/meldung/EU-Parlament-nickt-Fluggastdaten-Abkommen-ab-1367894.html (letzter Abruf 26.03.2011).

86 Urteil zur Asylzuständigkeitsregelung bzgl.Verordnung (EG) Nr. 243/2003, ABl. EG 2003, L 50, S. 1.

87 Dazu Müller, Brüchiges Vertrauen, FAZ v. 22.12.2011, S. 8.

88 Vgl. EGMR v. 17.12.1996, Slg. 1996, VI-2206.

89 Dazu Fischer, Der Vertrag von Lissabon (2008), S. 68 f.; Mitsilegas. EU criminal law (2009), S. 223.

90 Vgl. de Buck, Joint Investigation Teams: The participation of Europol officials, Era forum 8 2007, 263.; da Mola, Eurojust and its role in Joint Investigation Teams, Eucrim 3 2009, 88–90.

91 Vgl. Europäischer Datenschutzbeauftragter: EDPS opinion, OJ 2008, C 310/1, S. 6, Fn. 34.

92 Schubert, Europol und der virtuelle Verdacht, 2008.

der dritten Säule).[93] Der Schengen Acquis umreißt den Schengen-Besitzstand. Er bezeichnet die Gesamtheit der auf „Schengen" bezogenen Regelungen, die durch das „Schengen-Protokoll" mit In-Kraft-Treten des Amsterdamer Vertrages in das EU-Primärrecht einbezogen wurden. Es bindet allerdings nicht alle EU-Mitgliedstaaten gleichermaßen. Für das Vereinigte Königreich, Irland und Dänemark gelten Sonderregelungen. In das Protokoll wurden für das Vereinigte Königreich und Irland Bereiche eingefügt, an denen beide Staaten aufgrund eines Opt-out nicht beteiligt sind.[94]

In seiner heutigen Ausgestaltung hat sich das System der Schengen-Regelungen von seinem ursprünglichen Zweck, einen kontrollfreien Grenzverkehr zu ermöglichen, teilweise gelöst. Die „Schlagbäume" abzubauen gehört zwar zu den großen Erfolgen der europäischen Einigung: Nach innen sollte Europa keine Grenzen mehr haben, dafür aber eine gemeinsame Grenze nach außen. Für Flüchtlinge soll dies bedeuten, dass sie nur dort aufgenommen werden können, wo sie zuerst den Boden eines Schengenstaates betreten. Der Druck durch illegale Zuwanderung sowie durch die grenzüberschreitende organisierte Kriminalität hat dazu geführt, dass im Vordergrund der Schengen-Regelungen der Zweck steht, zu Sicherheit und Ordnung in der Union beizutragen. Die Entwicklung zum sicherheitsbehördlichen System wird deutlich am Beispiel des Schengener Informationssystems (SIS). Es besteht aus einer umfassenden Datenbank, die der Personen- und Sachfahndung dient. Ihre „Zentrale" befindet sich in Straßburg. Sie hat die Funktion, den Datenbestand in den nationalen Teilen des Systems identisch zu halten. Die Inhalte selbst liegen in den nationalen Teilen des Systems, so dass es sich technisch um ein Verbundsystem mit Sternstruktur handelt.[95]

Neben dem SIS sind weitere Sicherheitsbehördliche Informationssysteme in Betrieb (z. B. die Fingerabdruckdatei – Eurodac, das Visa-Informationssystem – VIS). Auf europäischer Ebene wird die Zusammenarbeit mit den verschiedenen Systemen durch die „Counter Terrorist Group" (CTG) und die übergreifende Auswertung des Internet „Check the web" im Rahmen von Europol verstärkt.

Europol hat wie Eurojust seinen Sitz in Den Haag. Rechtsgrundlage für die Tätigkeit des Europäischen Polizeiamtes ist das Europol-Übereinkommen vom 26. Juli 1995.[96] Das Amt hat keine exekutiven Befugnisse auf den Gebieten der Strafverfolgung oder der Gefahrenabwehr (Art. 88 Abs 1 AEUV).[97] Es darf *„operative Maßnahmen nur in Verbindung und in Absprache mit den Behörden der Mitgliedstaaten ergreifen, deren Hoheitsgebiet betroffen ist. Die Anwendung der Zwangsmaßnahmen bleibt ausschließlich den zuständigen einzelstaatlichen Behörden vorbehalten"* (Art. 88 Abs. 3 AEUV).

---

93 Den Inhalt der Regelungen (Schengen-Protokoll, Schengen I, Schengen II, Beitrittsprotokolle und -abkommen sowie eine Reihe von Beschlüssen und Erklärungen) hat der Rat durch Beschluss 1999/435/EG vom 20.05.1999 fixiert, ABl. EG 1999, L 176, S. 1 ff.; vgl. auch Verordnung des Rates VO (EG) N. 2424/2001 zur Entwicklung des Schengener Informationssystems der 2. Generation.

94 Zum Umbau der Sicherheitsarchitektur in Europa vgl. Teil III, Kap. 1.1.1.

95 Siehe Verordnung des Rates VO (EG) Nr. 2424/2001 betreffend die Entwicklung des Schengener Informationssystems der 2. Generation.

96 Siehe Rechtsakt des Rates vom 26. Juli 1995 über die Fertigstellung des Übereinkommens über die Errichtung eines Europäischen Polizeiamts (Europol-Übereinkommen) ABl. EG 1995, C 316, S. 2 ff.; grundlegend zu Europol Petri, Grenzüberschreitenden polizeiliche Tätigkeit in Europa (2001).

97 Petri, Grenzüberschreitende polizeiliche Tätigkeit in Europa (2001), S. 209.

Aufbau und Aufgaben von Europol werden im Rahmen des ordentlichen Gesetzgebungsverfahren von EP und Rat durch Verordnungen festgelegt (Art. 88 Abs. 2 AEUV). Dazu gehören insbesondere auch die datenschutzrelevanten Aufgaben der Erfassung und Analysen von Informationen und Erkenntnissen, die von den Behörden der Mitgliedstaaten oder Drittländern übermittelt werden (Art. 88 Abs. 2 lit. a AEUV).

Die geplante EU-Richtlinie (RL-E) enthält Regelungen zu den Übermittlungen zwischen den EU-Mitgliedstaaten sowie an oder von Stellen bzw. Einrichtungen der EU. Sie werden in der Systematik des RL-E nicht von Übermittlungen zwischen verschiedenen Behörden eines einzelnen Mitgliedstaates unterschieden. Die Zulässigkeit richtet sich nach den allgemeinen Verarbeitungsgrundsätzen des RL-E und den Bestimmungen gesonderter (bereichsspezifischer) Rechtsakte.[98]

98 Vgl. Art. 59 RL-E; s. a. Bäcker/Hornung, ZD 2012,148.

5 Dimensionen der Privatheit und des Datenschutzes in Deutschland

Das Wort „Datenschutz“ wird im deutschen Grundgesetz zwar nicht ausdrücklich verwandt. Dennoch ist es grundrechtlich fest im allgemeinen Persönlichkeitsrecht (Art. 2 Abs. 1 i.V.m. Art. 1 Abs. 1 GG) verankert, das durch zahlreiche weitere Grundrechte konkretisiert wird. Eine ausdrückliche grundrechtliche Gewährleistung des Datenschutzes findet sich in der EGRC (Art. 8).

Das **allgemeine Persönlichkeitsrecht** hat seine materielle Wurzel im Recht auf **freie Entfaltung der Persönlichkeit** (Art. 2 Abs. 1 GG). Eine zentrale Bedeutung kommt dabei der Vorstellung von *„autonomer Freiheit“* zu. Sie wird letztlich nicht von der Handlung, sondern vom handelnden Menschen und seinen menschenspezifischen Eigenschaften her verstanden.[1] Geht man diesem Gedanken auf den Grund, so führt er zum Recht auf Privatheit, wie es in der EMRK (Art. 8) und fast wortgleich in der EGRC (Art. 7) formuliert ist. Das Recht soll dem Einzelnen die Chance geben, sich selbst zu entfalten.[2] Im Zentrum der Überlegung steht dabei nicht nur der innere Prozess der Selbstfindung einer Person. Die Entwicklung der Persönlichkeit ist auch ein kommunikativer Vorgang. Je genauer die Vorstellungen sind, die sich andere von der eigenen Person machen, desto schwieriger kann es sein, dem Anderen ein abweichendes eigenes Selbstbildnis entgegenzuhalten.[3]

Grundrechtliche **Diskriminierungsverbote** knüpfen an spezifische Gefährdungslagen an (vgl. Art. 14 EMRK, Art. 21 Abs. 1 EGRC, Art. 3 Abs. 3 GG), die besondere Merkmale (Geschlecht, genetische Merkmale, Weltanschauung, Religion, sexuelle Abweichung, ethnische Herkunft usw.) mit sich bringen können.[4] Die Merkmale können eine Anzahl von Stereotypen vermitteln und dadurch den Blick auf die eigentliche Person versperren. Dies kann schon durch die Verknüpfung eines einzelnen Datums mit Merkmalen und Tätigkeiten anderer bzw. von Gruppen geschehen. Hier wird bereits deutlich, warum der Persönlichkeitsschutz im Datenschutz der EU durch Diskriminierungsverbote als erforderliches Mittel zum Schutz gegen abwertende Fremdbilder ergänzt worden ist.[5] Darüber hinaus ist die Entfaltung der Person auch durch die Verhinderung „richtiger“ Fremdbilder erforderlich. Der Einzelne muss grundsätzlich über Strategien des Zeigens und Verbergens verfügen, um seine Privatheit schützen zu können.[6] Die Anerkennung einer Privatrechtswirkung der Grundrechte (mittelbare Drittwirkung) ist darum eine notwendige Konsequenz aus der Rückführung des

---

1 Zum grundrechtlichen Freiheitsverständnis Britz, Freie Entfaltung durch Selbstdarstellung (2007), S. 7 ff.; s. a. Luhmann, Grundrechte als Institution (4. A. 1999), S. 78.

2 Vgl. Teil I, Kap. 2.2.

3 Vgl. Teil I, Kap. 2.2.

4 S. etwa BVerfG v. 04.04.2006, BVerfGE 115, 320, 242.

5 Vgl. Art. 8 Abs. 1 DRL 95/46/EG zur Verarbeitung besonderer Kategorien personenbezogener Daten.

6 Suhr, Entfaltung des Menschen durch die Menschen (1976), S. 96.

Privatheit- bzw. Datenschutzes und der Diskriminierungsverbote auf das Schutzziel des allgemeinen Persönlichkeitsrechts.[7] Das allgemeine Persönlichkeitsrecht *„schützt Elemente der Persönlichkeit, die nicht Gegenstand besonderer Freiheitsgarantien sind, aber diesen in ihrer konstituierenden Bedeutung für die Persönlichkeit nicht nachstehen […]“.*[8] Die hier relevanten Grundrechte werden genauer bestimmt.

5.1 Welche Grundrechte gewährleisten den Datenschutz?

Nach herrschender Grundrechtsdogmatik gewährleistet das Grundgesetz zunächst durch spezielle Grundrechte den Schutz des Persönlichkeitsrechts in besonderen Situationen.

Beispiele: Das Brief-, das Post- und das Fernmeldegeheimnis werden in Art. 10 Abs. 1 GG gewährleistet. Diese Grundrechte schützen die Vertraulichkeit von Kommunikationsverhältnissen, in denen die Kommunikationspartner aufgrund der Kommunikationsweise auf Dritte (Post, Telekommunikationsanbieter usw.) angewiesen sind. Die Unverletzlichkeit der Wohnung wird durch Art. 13 GG garantiert. Sie schützt die Wohnung als Inbegriff all jener Räumlichkeiten, denen eine besondere Privatsphäre anhaftet.

Die ausdrücklich im Grundgesetz benannten Grundrechte werden durch das allgemeine Persönlichkeitsrecht als „unbenanntes“ Freiheitsrecht ergänzt. Für alle Fälle eines fehlenden speziellen Grundrechtsschutzes sollte die allgemeine Handlungsfreiheit als *„Auffangtatbestand“* bereitstehen (Art. 2 Abs. 1 GG),[9] allerdings mit dem einschränkenden Zusatz, dass der Bürger sich nicht auf sie berufen dürfe, wenn sein umstrittenes Tun im Kernbereich eines speziellen Grundrechts liege und dessen Verletzung abgelehnt werde. Die so eingeleitete Heranziehung der allgemeinen Handlungsfreiheit diente als Wegbereiter für die grundrechtliche Ausformung des „allgemeinen Persönlichkeitsrechts“.[10] Nach Feststellungen des Bundesverfassungsgerichts ist es Aufgabe dieses Rechts *„im Sinne des obersten Konstitutionsprinzips der ‚Würde des Mensche‘ (Art. 1 Abs. 1 GG) die engere persönliche Lebenssphäre und die Erhaltung ihrer Grundbedingungen zu gewährleisten, die sich durch die traditionellen konkreten Freiheitsgarantien nicht abschließend erfassen lassen; diese Notwendigkeit besteht namentlich auch im Blick auf moderne Entwicklungen und die mit ihnen verbundenen neuen Gefährdungen für den Schutz der menschlichen Persönlichkeit.“*[11] Das allgemeine Persönlichkeitsrecht ist folglich **entwicklungsoffen**.

Wenn die eigentliche Funktion der Grundrechte darin besteht, Menschen wirksam vor unangemessenen Beschränkungen ihrer Freiheit zu schützen, dann müssen Grundrechte Antworten auf neue Gefährdungen der individuellen Freiheit geben können.[12] Treten durch den zunehmenden Einsatz der modernen Informationstechnologie – etwa durch Erscheinungsfor-

---

7 Vgl. zum Rahmen und zur Herleitung des Antidiskriminierungsrechts Somek, Rechtliches Wissen (2006), S. 225.

8 Vgl. nur BVerfG v. 10.11.1998, BVerfGE 99, 185. 193.

9 Smend, VVDStRL 4, 1928, 44–47.

10 Jarrass, NJW 1989, 857 ff.

11 BVerfG v. 03.06.1980, BVerfGE 54, 148, 153.

12 Zu dem Problem vgl. Petri, KJ 2004, 201, 204 ff.

men der Sozialen Netzwerke – neue Gefährdungen der Freiheit zutage, dann ergeben sich im Zusammenhang mit dem dynamischen Verständnis des allgemeinen Persönlichkeitsrechts **neue Schutzdimensionen**.

Wie die Rechtsprechung des BVerfG und der Fachgerichte zeigt, weist das allgemeine Persönlichkeitsrecht große Verwandtschaft zu anderen grundrechtlichen Garantien auf, die ebenfalls dem Schutz des Persönlichkeitsrechts dienen.[13] So liegen den sonstigen Grundrechtsverbürgungen aus Art. 2 Abs. 1, Art. 1 Abs. 1 GG und den spezielleren persönlichkeitsrechtsgeprägten Vorschriften z. B. aus Art. 10 Abs. 1 GG und Art. 13 Abs. 1 GG weitgehend vergleichbare Schutzgedanken zugrunde. Gemäß der höchstrichterlichen und verfassungsgerichtlichen Rechtsprechung sind deshalb die aus ihnen folgenden Grundsätze einheitlich zu behandeln, soweit nicht die besonderen Schutzwirkungen der Spezialgewährleistungen etwas anderes verlangen.[14] Nachfolgend sollen die grundrechtlichen Gewährleistungen aus Art. 13 Abs. 1 GG, Art. 10 Abs. 1 GG und weitere wichtige Ausprägungen des allgemeinen Persönlichkeitsrechts erläutert werden.

5.1.1 Unverletzlichkeit der Wohnung

Die Garantie der Unverletzlichkeit der Wohnung aus Art. 13 Abs. 1 GG bewahrt dem Einzelnen einen elementaren Lebensraum, der als reale Bedingung der Persönlichkeitsentfaltung in besonderem Maß geeignet ist.[15] Dort hat jedermann das Recht, in Ruhe gelassen zu werden.[16] Der Mensch benötigt solche privaten Rückzugsräume, damit er wenigstens zeitweise unbehelligt zu sich selbst kommen kann. Die grundrechtliche Gewährleistung umfasst auch den Schutz der räumlichen Privatsphäre vor technisch unterstützten Überwachungsmaßnahmen, selbst wenn sie von außerhalb der Wohnung eingesetzt werden.[17]

Beispiel: Bei der akustischen Wohnraumüberwachung (so genannter „Großer Lauschangriff") setzen Sicherheitsbehörden technische Mittel ein, um Gespräche innerhalb von Wohnräumen abzuhören und aufzuzeichnen. Die Maßnahme stellt einen schwerwiegenden Eingriff in das Grundrecht auf Unverletzlichkeit der Wohnung dar. Immer dann, wenn erkennbar „höchstpersönliche Gespräche" in Räumen geführt werden, ist von einem absoluten Schutz auszugehen. Nach den Ausführungen des BVerfG ist „ein gewichtiger Anhaltspunkt für die Menschenwürderelevanz des Gesprächsinhalts [...] die Anwesenheit von Personen des höchstpersönlichen Vertrauens. Ehe und Familie haben eine besondere Bedeutung. Nichts anderes gilt für das Gespräch mit anderen engsten Familienangehörigen."

---

13 Ähnlich wie hier Tinnefeld in Lamnek/Tinnefeld (Hg.), Zeit und kommunikative Rechtskultur in Europa (2000), S. 47 f.

14 Vgl. BVerfG v. 04.04.2006, BVerfGE 115, 320, 347.

15 Dazu Westin, Privacy and Freedom (1970), S. 36 f., der den Wert der räumlichen Abgeschiedenheit für die Begründung der Privatheit betont.

16 So bereits BVerfG v. 03.04.1979, BVerfGE 51, 97, 107; BVerfG v. 20.02.2001, BVerfGE 103, 142, 150 f.; zum „right to be let alone" als Gegenstand des Schutzes der Privatheit vgl. Warren/Brandeis, 4. Harv. L. Rev. (1890), 193 ff.

17 Vgl. BVerfG v. 03.03.2004, BVerfGE 109, 279, 309.

Zum „Kernbereich privater Lebensgestaltung“ können auch Gespräche mit dem Strafverteidiger oder dem Arzt gehören.[18]

Die Garantie der Unverletzlichkeit der Wohnung erstreckt sich auf den Informations- und Datenverarbeitungsprozess, der sich an die Erhebung anschließt.[19] Werden erlangte Kenntnisse gespeichert und weiter genutzt, ist dieser Umgang mit personenbezogenen Daten auch an dem Grundrecht aus Art. 13 GG zu messen.[20]

Beispiel: Der Ermittlungsdienst eines Sozialamtes will mit einem unangekündigten Hausbesuch die Wohnverhältnisse eines Sozialleistungsempfängers prüfen. Jedenfalls die Durchführung eines unangekündigten Hausbesuchs ist datenschutzrechtlich unzulässig. Eine ausdrückliche gesetzliche Grundlage für die Durchführung von Hausbesuchen gibt es nicht.[21] Verweigert die aufgesuchte Person den Zutritt, darf diese Entscheidung regelmäßig nicht als Verletzung der Mitwirkungspflicht bei der Aufklärung des Sachverhalts ausgelegt werden.

Als Wohnungsinhaber gilt jeder Bewohner oder Inhaber einer Wohnung, unabhängig davon, ob er als Eigentümer oder Mieter den Wohnraum nutzt.[22] Der Begriff der Wohnung umfasst die Stätte privaten Lebens und Wirkens. Mit dieser Funktion ist notwendig ein Mindestmaß an gewollter räumlicher Abschottung nach außen verbunden.

Beispiele: Neben den typischen Wohnräumen zählen auch abgegrenzte Nebenräume wie Keller, Garagen und Terrassen zur grundrechtlich geschützten Wohnung. Gleiches gilt für Räume, die nur vorübergehend zu Wohnzwecken dienen, beispielsweise Krankenhauszimmer.[23] Unter diesen Bedingungen sind auch Betriebs- und Geschäftsräume geschützt.[24] Dazu gehört der umfriedete Hof oder Garten.[25] Sie werden unter bestimmten Voraussetzungen vom Schutzbereich des Art. 13 GG miterfasst.[26]

---

18 BVerfG v. 03.03.2004, BVerfGE 109, 279, 322 f., in Bezug auf das Arztgespräch unter Verweis auf BVerfG v. 08.03.1972, BVerfGE 32, 373, 379.

19 Zur grundrechtlichen Bewertung von erhobenen Nutzerdaten im Smart-Grid, die aus der räumlichen (häuslichen) Sphäre stammen vgl. Hornung/Fuchs, DuD 2012, 22 f.

20 Vgl. BVerfG v. 03.03.2004, BVerfGE 109, 279, 326 unter Verweis auf BVerfG v. 14.07.1999, BVerfGE 100, 313, 359.

21 Die Frage der Zulässigkeit von unangekündigten Hausbesuchen ist streitig. Wie hier Sozialgericht Lübeck v. 14.02.2008, S 27 AS 106/08 ER.

22 Vgl. BVerfG v. 03.03.2004, BVerfGE 109, 279, 326.

23 Vgl. BGH v. 10.08.2005, RDV 2005, 266; für Haftraum eines Strafgefangenen noch verneinend Sächs.VerfGH v. 27.07.1995, NJW 1995, 2980.

24 Vgl. BVerfG v.14.01.2005, NJW 2005, 1707.

25 Vgl. zum uralten Schutz der räumlichen Privatheit in Gärten, Lamnek/Tinnefeld (Hg.), Privatheit, Garten und politische Kultur (2003).

26 Vgl. z. B. die Legaldefinition in Art. 23 Abs. 1 Satz 2 BayPAG.

5.1.2 Fernmeldegeheimnis

Das Fernmeldegeheimnis aus Art. 10 Abs. 1 GG garantiert den **Schutz des Kommunikationsinhalts und der Kommunikationsumstände** hinsichtlich aller mittels Fernmeldetechnik ausgetauschten Informationen, also auch das Wissen, „ob, wann, wie oft und zwischen welchen Personen Telekommunikation stattgefunden hat oder versucht worden ist",[27] also wer mit wem per Telefon, Handy oder E-Mail eine Verbindung versucht oder aufgenommen hat. Damit fallen auch die näheren Umstände einer Kommunikation, die **Verkehrsdaten** unter den Schutz des TK-Geheimnisses. Jede Art der TK-Überwachung (TKÜ) ist ein **Eingriff in das Fernmeldegeheimnis**.

Die TKÜ gehört nach der Postkontrolle zu den ältesten heimlichen Überwachungsmethoden der Sicherheitsbehörden. Die öffentliche Aufmerksamkeit gegenüber der TKÜ nimmt nicht nur aufgrund ihrer Bedeutung in einem national und international vernetzten Kommunikationsmarkt zu. Sie löst auch hinsichtlich ihrer rechtlichen Begrenzung heftige politische Kontroversen anlässlich zunehmender Maßnahmen der Terrorbekämpfung aus. Grund für die Debatten ist die besondere Sensibilität dieser Überwachungsmethode, die

- unter Mitwirkung des Dienstanbieters gegenüber dem Betroffenen heimlich durchgeführt wird,
- mit einer erheblichen Streubreite das soziale Umfeld der Zielperson einbezieht und
- sich auch auf völlig unverdächtige Kommunikationsteilnehmer erstreckt.

Das BVerfG hat unter ausdrücklicher Bezugnahme auf das Volkszählungsurteil darauf hingewiesen, dass die durch Art. 10 GG zu sichernde freie Kommunikation gefährdet ist, wenn der Staat Kenntnisse aus einer TKÜ verwertet.[28] Deshalb wird der Schutz des Fernmeldegeheimnisses auch auf den Informations- und Datenverarbeitungsprozess erstreckt, der sich an die Kenntnisnahme von geschützten Kommunikationsvorgängen anschließt und die erlangten Kenntnisse weiterverwendet.[29]

Beispiel: Die Strafverfolgungsbehörden haben ein Telefongespräch aufgezeichnet. Die weitere Speicherung der aufgezeichneten Daten in einer polizeilichen Datenbank ist an Art. 10 GG zu messen.

Nach der Rechtsprechung des BVerfG schützt das Fernmeldegeheimnis die private Fernkommunikation. Der Schutz beziehe sich nur auf den **Übertragungsvorgang**. Er ende in dem Moment, in dem eine Nachricht bei dem Empfänger angekommen, der Übertragungsvorgang beendet sei. Die an diesen Vorgang anschließende Speicherung von Daten unterscheide sich nicht mehr von Daten, die der Nutzer selbst angelegt habe.[30]

---

27 Vgl. BVerfG v. 02.03.2006, MMR 2006, 219; s. a. BVerfG v. 20.06.1984, BVerfGE 67, 157, 127; BVerfG v. 10.03.1992, BVerfGE 85, 366, 396; BVerfG v. 12.03.2003, BVerfGE 107, 299, 312 ff.; BVerfG v. 14.07.1999, BVerfGE 100, 313, 358.

28 Vgl. BVerfG v. 15.12.1983, BVerfGE 65, 1, 42 f.; BVerfG v. 05.07.1995, BVerfGE 93, 181, 188.

29 So z. B. BVerfG v. 03.03.2004, BVerfGE 110, 33, 68 f. unter Bezugnahme auf BVerfG v. 15.12.1983, BVerfGE 65, 1, 42 f.

30 Vgl. BVerfG v. 02.03.2006, BVerfGE 115, 166, 184.

Beispiel: Die Bundesanstalt für Finanzdienstleistungen (BAFin) hat einen Hinweis erhalten, dass bestimmte Mitarbeiter eines Kreditinstituts gegen das Verbot des Wertpapier-Insiderhandels verstoßen. Deshalb verlangt die BAFin, dass das Kreditinstitut alle E-Mails der namentlich bezeichneten Mitarbeiter innerhalb eines bestimmten Zeitraums herausgibt. Das Kreditinstitut macht geltend, es müsse dann auf die Mail-Accounts seiner Mitarbeiter zugreifen, was das Fernmeldegeheimnis verbiete. Das Fernmeldegeheimnis schützt jedoch keine Daten, die auf dem Arbeitsplatzrechner der betroffenen Beschäftigten abgespeichert sind.

Beispiel: Die Mailbox eines Chefredakteurs zeichnet die Nachricht eines bekannten Politikers oder eines Staatoberhauptes auf. Das TK-Geheimnis schützt nur gegen Eingriffe in die Nachrichtenübermittlung, nicht aber gegen eine Veröffentlichung durch den Gesprächspartner. Hier kann das allgemeine Persönlichkeitsrecht greifen, das allerdings nur einen eingeschränkten Schutz des Betroffenen gegenüber der Presse gewährt.

Wird insoweit der Schutz durch das Fernmeldegeheimnis verneint, dann kann gleichwohl das allgemeine Persönlichkeitsrecht einer Veröffentlichung oder der weiteren Verwendung der Daten entgegenstehen. In seiner Ergänzungsfunktion zum Fernmeldegeheimnis kann schließlich der Datenschutz die Schutzlücke ausfüllen.[31]

Für große **politische Aufmerksamkeit** sorgt europaweit die **Vorratsdatenspeicherung** im Kontext der TKÜ.[32]

Rückblick: *Die Richtlinie 2006/24/EG des Europäischen Parlaments und des Rates vom 15. März 2006*[33] *sieht vor, dass die Mitgliedstaaten der EU alle Unternehmen, die öffentlich zugängliche Telekommunikationsdienstleistungen anbieten, zu einer mindestens sechsmonatigen Speicherung von Verkehrsdaten verpflichten. Erfasst werden sollen dabei Daten, die insbesondere Auskunft geben:*

– über die an einer Telekommunikationsverbindung beteiligten Anschlüsse,
– über die Zeit, zu der eine Telekommunikation stattgefunden hat,
– über die Orte, von denen aus kommuniziert worden ist.

Nach dieser Regelung sind Überwachungsmaßnahmen nicht nur gegen Beschuldigte oder Kontaktpersonen zulässig, wenn bestimmte Tatsachen den Verdacht der Begehung einer Straftat begründen. Davon sind auch TK-Daten aus besonderen Vertrauensverhältnissen betroffen (z. B. Anwalts- und Arztberatungen, der Schutz journalistischer Quellen).

Das BVerfG hat in seinem Urteil von 2010 zwar die deutschen Regelungen zur Umsetzung der Richtlinie 2006/24/EG für grundrechtswidrig erklärt. Allerdings soll die Pflicht zu einer anlasslosen, also verdachtsfreien sechsmonatigen Erfassung von Verkehrsdaten nicht schlechthin unvereinbar mit Art. 10 Abs. 1 GG sein. Der Grundsatz der Verhältnismäßigkeit

31 Vgl. BVerfG v. 02.03.2006, BVerfGE 115, 166, 187 ff.
32 BVerfG v. 02.03.2010, BVerfGE 125, 260 ff.
33 ABl. EU 2006, L 105, S. 54.

verlange jedoch, dass die gesetzliche Ausgestaltung einer solchen Datenerfassung *„dem besonderen Gewicht des mit der Speicherung verbundenen Grundrechtseingriffs angemessen Rechnung trägt. Erforderlich sind hinreichend anspruchsvolle und normenklare Regelungen hinsichtlich der Datensicherheit, der Datenverwendung, der Transparenz und des Rechtsschutzes“.*[34] Das Gericht hat damit allerdings nur die Bedingungen für eine Vorratsdatenspeicherung erschwert. Es hat nicht geklärt, ob die Union bei der Vorratsdatenspeicherung jenseits ihrer Kompetenzen tätig geworden ist. Damit hat das höchste deutsche Gericht die äußerst umstrittene Frage offengelassen, ob die EU-Richtlinie 2006/24/EG im Einklang mit Europäischen Grundrechten (Art. 7, Art. 8 EGRC und Art. 8 EMRK) steht. Es hat diese Frage auch dem EuGH nicht zur Entscheidung vorgelegt.

5.1.3 Allgemeines Persönlichkeitsrecht

Begriff und Konzept des allgemeinen Persönlichkeitsrechts haben Ende des 19. Jahrhunderts ihre erste Ausprägung erhalten. Von besonderer Bedeutung ist in der Folgezeit die Rechtsprechung des Bundesgerichtshofs (BGH), der 1954 in seiner Leserbrief-Entscheidung[35] das allgemeine Persönlichkeitsrecht nicht nur gegenüber dem Urheberpersönlichkeitsrecht, sondern als ein i.S.v. § 823 Abs. 1 BGB gegen jedermann wirkendes Freiheitsrecht anerkannt hat.[36] Die weitere Entwicklung des Persönlichkeitsschutzes in Deutschland ist deutlich vom Gedanken des Schutzbereichs der Privatsphäre geprägt, wie er von Samuel D. Warren und Louis D. Brandeis bereits 1890 umrissen worden ist.[37] Das BVerfG weitete den Schutz aus und leitete aus dem verfassungsrechtlichen Persönlichkeitsschutz den Anspruch des Einzelnen auf Respektierung eines privaten Lebensbereichs ab. Vor diesem Hintergrund entstanden seit Beginn der automatisierten Datenverarbeitung die ersten Datenschutzgesetze.[38]

Im Zusammenhang mit der Verarbeitung personenbezogener Daten hat das BVerfG am 15. Dezember 1983 in seinem berühmten Volkszählungsurteil das **Recht auf informationelle Selbstbestimmung** als „Grundrecht auf Datenschutz“ geprägt.[39] Das Gericht hat dieses Recht aus dem allgemeinen Persönlichkeitsrecht abgeleitet und sich bei der Bestimmung des Schutzbereichs auf eine Reihe von Entscheidungen zum allgemeinen Persönlichkeitsrecht berufen. Zu nennen ist u. a. die „Arztkartei-Entscheidung“ aus dem Jahr 1972. Danach betreffen ärztliche Karteikarten *„mit ihren Angaben über Anamnese, Diagnose und therapeutische Maßnahmen zwar nicht die unantastbare Intimsphäre, wohl aber den privaten Bereich des Patienten“.*[40] Beachtenswert ist dabei die sinngemäße Feststellung, dass es nicht allein darauf ankommt, ob die Aufzeichnungen in den Karteien besondere Informationen enthalten. Vielmehr verdient ganz allgemein der Wille des Einzelnen Achtung, höchstpersönliche Dinge wie die Beurteilung seines Gesundheitszustandes durch einen Arzt vor fremden Einblick zu

---

34 BVerfG v. 02.03.2010, BVerfGE 125, 260 f.

35 BGH v. 25.05.1954, BGHZ 13, 334 ff.

36 Zum zivilrechtlichen Persönlichkeitsschutz vgl. Hubmann, Das Persönlichkeitsrecht, (2. A. 1967), S. 5 f.

37 Warren/Brandeis, 4 Harv. L. Rev. (1890), 193 ff.; s. a. Teil I, Kap. 2.3.

38 Teil I, Kap. 5.1.5.

39 BVerfG v. 15.12.1983, BVerfGE 65, 1 ff.; s. a. Teil I, Kap. 4.

40 Das BVerfG kennzeichnet den absolut geschützten Bereich des Allgemeinen Persönlichkeitsrechts nicht mit einem einzigen Begriff. Verwendet werden Begriffe wie „unantastbarer Bereich privater Lebensgestaltung“ (z. B. BVerfG v. 16.07.1969, BVerfGE 27, 1, 6), „innerster Lebensbereich“ (BVerfG v. 16.07.1969, BVerfGE 27, 1, 7) sowie „unantastbare Intimsphäre“ (vgl. BVerfG v. 08.03.1972, BVerfGE 32, 373, 379).

bewahren.[41] In diesem Zusammenhang spielt auch die **Vertraulichkeit eines Kommunikationsverhältnisses** als solches eine Rolle. Sie wird im Verhältnis Arzt-Patient durch das Patientengeheimnis auch strafrechtlich geschützt (§ 203 Abs. 1 Nr. 1 StGB).

Beispiel: Die Diagnose eines Arztes, dass ein Patient kerngesund sei, ist nur bei isolierter Betrachtung wenig risikoträchtig. Gleichwohl ist das Vertrauensverhältnis zwischen Arzt und Patient von besonderer Qualität und genießt eine große Schutzwürdigkeit. Für überwiegende Belange des Gemeinwohls sind zwar Ausnahmen zugelassen. Das Interesse an der Aufklärung einer Straftat rechtfertigt jedoch nicht generell den staatlichen Datenzugriff.[42]

Gesundheitsbezogene Informationen können für den Betroffenen immer bedrohliche Auswirkungen entfalten. Man könnte das genannte Beispiel etwa dahingehend fortentwickeln, dass der Patient sich zuvor unwohl gefühlt und bei seinem Arbeitgeber krank gemeldet hat. Spätestens dann, wenn der Betroffene in der Vergangenheit wiederholt krankheitsbedingt gefehlt hatte, liegen Rückschlüsse nahe, die objektiv betrachtet unrichtig sein können. Es ist daher folgerichtig, dass das BVerfG seine Rechtsprechung zum gesteigerten Schutz von besonderen Vertrauensverhältnissen in der Suchtberatungsstellen-Entscheidung bestätigt hat.[43] In Bezug auf die Rechtfertigung von Eingriffen hat es die Strafverfolgungsbehörden auf die strenge Beachtung des **Verhältnismäßigkeitsprinzips** verpflichtet.[44]

Im Zusammenhang mit dem Recht des Einzelnen auf freie Entfaltung durch **Selbstdarstellung in der Öffentlichkeit** ist die Lebach-Entscheidung hervorzuheben.[45] Danach kann das Informationsinteresse der Öffentlichkeit an der aktuellen Presse-Berichterstattung über schwere Straftaten Vorrang gegenüber dem Persönlichkeitsschutz des Straftäters haben. Dabei ist jedoch der unantastbare innerste Lebensbereich zu achten und ggf. der Grundsatz der Verhältnismäßigkeit zu prüfen. Die Herstellung von Transparenz durch Namensnennung, Abbildungen oder sonstige Identifikation des Täters ist nach diesen Maßstäben nicht immer zulässig.

Beispiel: Die Staatsanwaltschaft veröffentlicht eine Pressemitteilung, wonach sie eine bekannte Popsängerin verhaftet habe. Sie stehe im Verdacht, mindestens einen Mann bei ungeschütztem Geschlechtsverkehr mit dem HIV-Erreger infiziert zu haben, obwohl sie von ihrer eigenen Infektion gewusst habe. Eine solche Pressemitteilung stellt einen schwerwiegenden Eingriff in das Persönlichkeitsrecht der Sängerin dar. Auch wenn man bei der Verhaftung von prominenten Personen ein gesteigertes Informationsinteresse der Öffentlichkeit unterstellen kann, muss eine unnötige Bloßstellung der beschuldigten Person vermieden werden.[46]

---

41 BVerfG v. 08.03.1972, BVerfGE 32, 373, 380 mit Hinweis auf BGH v. 02.04.1957, BGHZ 24, 72, 81.

42 BVerfG v. 08.03.1972, BVerfGE 32, 373, 381.

43 Vgl. BVerfG v. 24.05.1977, BVerfGE 44, 353, 372 f.

44 Vgl. BVerfG v. 24.05.1977, BVerfGE 44, 353, 373 ff.

45 Vgl. BVerfG v. 05.08.1973, BVerfGE 35. 202 ff.

46 Anschaulich dazu Kerscher, Details von der Quelle, SZ v. 16.4.2009, S. 15.

Wesentlich strengere Maßstäbe gelten regelmäßig für die spätere Berichterstattung über einen bereits verurteilten Täter. Nach rechtsstaatlichen Grundsätzen zielt die Strafe (auch) auf seine Wiedereingliederung in die Gesellschaft. Eine personenbezogene Berichterstattung über die Tat nach erfolgtem Strafvollzug kann geeignet sein, die Resozialisierung des ehemals Verurteilten nachhaltig zu gefährden.[47] Der EGMR betont, dass die Publikation einer früheren strafrechtlichen Verurteilung die Ehre und Reputation der betroffenen Person besonders stark berühre sowie die moralische und psychologische Integrität beeinträchtige.[48] Die Länge der rechtlich noch zu billigenden Zeitspanne zwischen einer strafrechtlich relevanten Tat und späteren nochmaligen Veröffentlichungen der Verurteilung sei abhängig von den konkreten Gegebenheiten des Einzelfalles.[49] Die höchstricherlichen Urteile sind von besonderer Bedeutung für die Onlinewelt, in der zunehmend ein individuelles Recht auf Vergessen und mithin das Löschen von persönlichen Informationen gefordert wird.[50]

Die Lebach-Entscheidung bestätigt die Grundsätze der **mittelbaren Drittwirkung der Grundrechte**, die sich im **Elfes-Urteil** (1957)[51] andeuten und später im **Lüth-Urteil** (1958)[52], das zu einer der **„Großen Leitentscheidungen"** des BVerfG gehört,[53] rechtsdogmatisch entfaltet wurden. Die erstgenannte Entscheidung diente der Schließung potenzieller Lücken im Grundrechtsschutz. Seine eigentliche Wirkung lag in der programmatischen Interpretation der allgemeinen Handlungsfreiheit (Art. 2 Abs. 1 GG), die nun als Auffanggrundrecht herangezogen wurde. Die andere Entscheidung bewirkte die Umsetzung der Wertordnung des Grundgesetzes in das Privatrecht. Mit diesem Urteil wurde anerkannt, dass die **Grundrechte** nicht allein subjektive Abwehrrechte des Einzelnen gegenüber dem Staat, sondern zugleich **„objektive Prinzipien bilden, die der Rechtsordnung Maß und Richtung geben"**.[54] Sie begründen damit auch Schutzpflichten für grundrechtlich garantierte Freiheitsrechte, wo diese von dritter Seite gefährdet oder ohne staatliche Vorkehrungen tatsächlich nicht realisiert werden können.

Das BVerfG hat im Zusammenhang mit dem allgemeinen Persönlichkeitsrecht betont, dass grundrechtliche Anforderungen rundum gelten und sich mittelbar auch im Privatrecht entfalten. Aus diesem Grund muss auch die Rechtsprechung im Rahmen einer privatrechtlichen Streitigkeit den Schutzgehalt des allgemeinen Persönlichkeitsrechts beachten.[55] Danach müssen die zu Maßnahmen der öffentlichen Gewalt entwickelten Grundsätze der Grundrechtswirkung im Rahmen der Auslegung des einfachen Gesetzesrechts berücksichtigt werden, wenn es um den Interessenausgleich zwischen Privaten – im Lebachurteil um die Presse und

---

47 Vgl. BVerfG v. 05.08.1973, BVerfGE 35, 202, 203, Leitsatz 3; vgl. a. Teil I, Kap. 2.2.3.

48 EGMR v. 09.04.2009, NJW-RR 2010, 1483 ff.

49 Werro in Colombo Ciacchi/Godt/Smith/Rott (Hg.), Liability in the Third Millenium, Liber Amicorum Gert Brüggemeier (2009), S. 285 ff.

50 Vgl. aber BGH U.v. 22.02.2011, AfP 2011, 180 ff.: zur Zulässigkeit des Bereithaltens nicht mehr aktueller Beiträge in dem für Altmeldungen vorgesehenen Teil eines Internetportals („Online-Archiv"), in denen ein verurteilter Straftäter namentlich genannt wird. S. a. Teil I, Kap. 2.2.3.

51 BVerfG v. 16.01.1957, BVerfGE 6, 32 ff. Die Entscheidung stützt die Ausreisefreiheit aus dem Bundesgebiet nicht auf Art. 11 Abs. 1 GG (Freizügigkeit), sondern auf die Handlungsfreiheit des Art. 2 Abs. 1 GG.

52 BVerfG v. 28.11.1957, BVerfGE 7, 183; zum Verhältnis Privatrecht und Grundrechte vgl. auch Teil I, Kap. 2.1.2.

53 Limbach, NZV 2001, 97, 98.

54 Grimm, Die Verfassung und die Politik (2001), S. 307.

55 Vgl. auch BVerfG v. 11.06.1991, BVerfGE 84, 192, 194 f.

freigelassene Gefangene nach abgebüßter Strafe – geht.[56] Auch in solchen Fällen ist anhand einer Betrachtung des jeweiligen Einzelfalls die Intensität des Eingriffs in das Persönlichkeitsrecht gegen das Informationsinteresse der Öffentlichkeit abzuwägen.[57]

Das allgemeine Persönlichkeitsrecht umfasst nicht nur das Recht des Einzelnen auf Einsamkeit, sondern auch die Befugnis, „grundsätzlich selbst und allein zu bestimmen, ob und inwieweit andere sein Lebensbild im ganzen oder bestimmte Vorgänge hiervon aus seinem Leben öffentlich darstellen dürfen."[58] Dieses Rechts bedarf der Einzelne auch dann, wenn er sich aus der räumliche Privatsphäre im engeren (im wörtlichen Sinn) hinaus in eine Beziehung zur sozialen Umwelt begibt.[59] Auch im Kontakt mit der Öffentlichkeit ist er auf mentale Rückzugsräume angewiesen. Hier deutet sich bereits der Gedanke einer informationellen Selbstbestimmung an, wonach dem Einzelnen ein **(Mit-)Gestaltungsrecht an ihn betreffenden Informationsverarbeitungen** zusteht. Das Recht ist später vom BVerfG[60] und ausdrücklich vom EGMR[61] mit Bezug auf einen unbeobachteten „Freiraum" in der Öffentlichkeit erweitert worden.

Die Möglichkeiten der Selbstdarstellung durch Sicherungen gegen eine unangemessene Informationsverarbeitung sind durch die Rechtsprechung des BVerfG schon frühzeitig durch die sogenannte „Eppler-Entscheidung"[62] und die Entscheidung zum Gegendarstellungsrecht im Presserecht fortentwickelt worden.[63] In der Eppler-Entscheidung wird die bereits erwähnte Entwicklungsoffenheit des allgemeinen Persönlichkeitsrechts betont, die im Volkszählungsurteil als Rechtfertigungsgrund dient, um eine grundrechtliche Antwort auf die neuartigen Bedrohungen durch die automatisierte Verarbeitung personenbezogener Daten zu geben: *„Das allgemeine Persönlichkeitsrecht ergänzt als ‚unbenanntes' Freiheitsrecht die speziellen ‚benannten' Freiheitsrechte, die ... ebenfalls konstituierende Elemente der Persönlichkeit schützen. Seine Aufgabe ist es, im Sinne des obersten Konstitutionsprinzips der ‚Würde des Menschen' (Art. 1 Abs. 1 GG) die engere persönliche Lebenssphäre und die Erhaltung ihrer Grundbedingungen zu gewährleisten, die sich durch die traditionellen konkreten Freiheitsgarantien nicht abschließend erfassen lassen; diese Notwendigkeit besteht namentlich auch im Blick auf moderne Entwicklungen und die mit ihnen verbundenen neuen Gefährdungen für den Schutz der menschlichen Persönlichkeit."*[64]

Zum Gegendarstellungsrecht im Presserecht wird festgestellt, dass das allgemeine Persönlichkeitsrecht nach einer den sachlichen Erfordernissen entsprechenden **Ausgestaltung durch Verfahrensrecht** verlangt: *„Erfüllt das vom Gesetzgeber geschaffene Verfahrensrecht seine Aufgabe nicht oder setzt es der Rechtsausübung so hohe Hindernisse entgegen, dass*

---

56 Vgl. dazu bereits BVerfG v. 15.01.1958, BVerfGE 7, 198, 210, seither st. Rspr. des BVerfG.

57 Zur Kritik an dieser Rechtsprechung vgl. z. B. Petri, KJ 2004, 203 ff. m.w.N.

58 Vgl. BVerfG v. 05.06.1973, BVerfGE 35, 202, 220.

59 Höfling, Offene Grundrechtsinterpretation (1987), S. 24; Podlech in Perels (Hg.), Grundrecht als Fundament der Demokratie (1979), S. 50 f.

60 BVerfG v. 15.12.1999, BVerfGE 101, 361, 382 f.

61 EGMR v. 24.06.2004, NJW 2004, 2647 ff.

62 BVerfG v. 03.06.1980, BVerfGE 54, 148 ff.

63 BVerfG v. 08.02.1983, BVerfGE 63, 131 ff.

64 BVerfG v. 03.06.1980, BVerfGE 54, 148, 153.

die Gefahr der Entwertung der materiellen Grundrechtsposition entsteht, dann ist es mit dem Grundrecht, dessen Schutz es bewirken soll, unvereinbar."[65]

5.1.4 Recht am eigenen Bild, Recht am eigenen Wort und das Namensrecht

Neben dem Recht auf informationelle Selbstbestimmung sind für den Umgang mit personenbezogenen Informationen auch die Rechte am eigenen Bild[66], am eigenen Wort[67] und am eigenen Namen[68] relevant. Sie wurden bereits vor der verfassungsrechtlichen Entwicklung des allgemeinen Persönlichkeitsrechts durch Gesetz und Rechtsprechung bereichsspezifisch konkretisiert: das Recht am eigenen Bild im Kunsturhebergesetz (§§ 22 ff. KUG)[69], das Recht am eigenen Wort im Strafgesetzbuch (§ 201 StGB) und das Namensrecht im Bürgerlichen Gesetzbuch (§ 12 BGB). Das Namensrecht ist nicht übertragbar. Es wird in seine diversen Ausprägungen (z. B. als Familienname, Künstlername oder Deckname) grundsätzlich vom Persönlichkeitsschutz umfasst.[70] Durch die übrigen beiden sektorspezifischen Rechte wird jeweils die grundsätzliche Verfügungsbefugnis des Einzelnen geschützt, ob und inwieweit sein Bild bzw. sein gesprochenes Wort aufgenommen werden darf und was mit diesen Aufnahmen geschehen soll.[71] Danach dürfen Bildnisse grundsätzlich nur mit dessen Einwilligung verbreitet werden (§ 22 Satz 1 KUG). Eine Ausnahme gilt für Bildnisse aus dem Bereich der Zeitgeschichte, allerdings nur dann (§ 23 Abs. 1 Nr. 1 KUG), wenn keine berechtigten Interessen des Abgebildeten verletzt werden (§ 23 Abs. 2 KUG).[72]

Das KUG schützt im Gegensatz zum verfassungsrechtlichen Persönlichkeitsschutz nur die Verbreitung und öffentliche Zurschaustellung von Bildnissen, nicht aber deren Herstellung.[73] Da das Recht am eigenen Bild von seiner Rechtsnatur her ein Persönlichkeitsrecht und kein Urheberrecht ist,[74] finden sich seine Rechtsgrundlagen im allgemeinen Persönlichkeitsrecht und inzwischen auch im Strafrecht (§ 201a StGB). Nach dem BVerfG ergibt sich das Schutz-

---

65 BVerfG v. 08.02.1983, BVerfGE 63, 131, 143.

66 Vgl. BVerfG v. 05.06.1973, BVerfGE 35, 202, 224; BVerfG v. 03.06.1980, BVerfGE 54, 148, 154; BVerfG v. 17.02.1998, BVerfGE 97, 228, 268.

67 Vgl. BVerfG v. 21.08.2006, NJW 2007, 671 ff.

68 Vgl. BVerfG v. 31.01.1973, BVerfGE 34, 238, 246.

69 Das Reichsgericht (vgl. RG v. 28.12.1899, RGZ 45, 170 ff.) verurteilte bereits 1899 zwei Reporter, die sich Zutritt zu Bismarcks Sterbezimmer verschafft und Fotos von dem Leichnam des ehemaligen Reichskanzlers gemacht haben, die Verbreitung des im Wege des Hausfriedensbruchs widerrechtlich erlangten Materials zu unterlassen und dieses zu vernichten. Die Diskussion über das Ob und Wie des Schutzes am eigenen Bild führte 1907 zu einer gesetzlichen Regelung, die bis heute Geltung hat, dazu Tinnefeld/Viethen, NZA 2003, 428 ff.

70 Vgl. detaillierte Übersicht zum Namensschutz bei Vendt in Paschke/Berlit/Meyer (Hg.), Hamburger Kommentar Gesamtes Medienrecht (2. A. 2012), 36. Abschnitt, Rn. 10–19.

71 Vgl. BVerfG v. 09.10.2002, BVerfGE 106, 28, 39 f.

72 Zur Verbreitung eines identifizierenden Fotos aus einer Hauptverhandlung vgl. BGH v. 07.06.2011, ZD 2011, 31 ff.; zur Übersicht und Erörterung der Rechtsprechung des BVerfG und des EGMR zum Bildnisschutz von Personen der Zeitgeschichte vgl. Kröner in Paschke/Berlit/Meyer (Hg.), Hamburger Kommentar Gesamtes Medienrecht (2. A. 2012), 34. Abschnitt, Rn. 51–64.

73 BVerfG v. 26.02.2008, BVerfGE 120, 180, 198; BVerfG v. 19.12.2007, BVerfGE 119, 309, 323; BVerfG v. 15.12.1999, BVerfGE 101, 361, 381 f.

74 Zum urheberrechtlichen Bildschutz vgl. § 60 UrhG.

bedürfnis *„vor allem aus der Möglichkeit, das Erscheinungsbild eines Menschen in einer bestimmten Situation von diesem abzulösen, datenmäßig zu fixieren und jederzeit vor einem unübersehbaren Personenkreis zu reproduzieren"*,[75] so dass sich auch der Sinngehalt eines digitalisierten Bildes in Wort und Ton ändert.[76]

Beispiel: Bei der Öffentlichkeitsfahndung gibt die Polizei zu Fahndungszwecken Bilder beschuldigter Personen an die Allgemeinheit weiter. Dies stellt einen erheblichen Eingriff in das Persönlichkeitsrecht der jeweils gesuchten Person dar. Stellt sich die Person später als unschuldig heraus, ist zu befürchten, dass sie gleichwohl Zeit ihres Lebens sozial abgestempelt ist.

Das Recht am eigenen Bild weist Verbindungen zu anderen Grundrechten auf, etwa zur Versammlungs- bzw. Demonstrationsfreiheit (Art. 8 GG), die von herausragender Bedeutung für die politische Meinungsbildung ist.[77]

Beispiel: Die Versammlungsfreiheit aus Art. 8 GG kann vor Bildaufnahmen und Aufzeichnungen durch Polizei und Verfassungsschutz schützen, weil und soweit diese Datenerhebungen dazu geeignet sind, eine unbefangene Teilnahme an einer Versammlung zu beeinträchtigen. Das gilt insbesondere für so genannte Übersichtsaufnahmen, bei der eine Versammlung ganz oder zumindest in ihren wesentlichen Teilen aufgenommen und aufgezeichnet wird.[78] Insoweit stellt Art. 8 GG die speziellere Norm da.

Bei jeder Form der optischen Überwachung von Wohnraum ist zumeist Art. 13 Abs. 1 GG als die speziellere Grundrechtsverbürgung betroffen.[79] Das Recht am eigenen geschriebenen Wort ist durch jede Form des Abhörens, der Tonaufnahme und deren Verwendung (z. B. durch das Abspielen eines privaten oder geschäftlichen Gesprächs) oder durch eine mündliche Kommunikation über das Internet (z. B. über VoIP) betroffen, soweit der Schutzbereich nicht spezieller geregelt ist (z. B. Art. 10 Abs. 1 GG; Art. 13 Abs. 1 GG).[80]

5.1.5 Das „Grundrecht auf Datenschutz" – Recht auf informationelle Selbstbestimmung

Ende der siebziger Jahre des vergangenen Jahrhunderts begann die öffentliche Verwaltung zunehmend, personenbezogene Daten automatisiert zu verarbeiten. Auf diese Weise erlangte sie die schier unerschöpflichen Möglichkeiten, personenbezogene Informationen schnell zu

---

75 BVerfG v. 15.12.1999, BVerfGE 101, 361, 381.

76 Dazu Albers, Informationelle Selbstbestimmung (2005), S. 260 f.; richtigerweise dürften Karikaturen, Comic-Figuren, Puppen oder Schattenrisse einer Person dagegen nicht unter den Bildnisschutz, sondern unter den allgemeinen Persönlichkeitsschutz fallen: so auch Kröner in Paschke/Berlit/Meyer (Hg.), Hamburger Kommentar Gesamtes Medienrecht (2. A. 2012), 14. Abschnitt, Rn. 11.

77 Vgl. BVerfG v. 14.05.1985, BVerfGE 69, 315 ff.

78 Vgl. dazu BVerfG v. 17.02.2009, BVerfGE 122, 342, 368 ff.

79 Vgl. BVerfG v. 03.03.2004, BVerfGE 109, 279, 327.

80 BVerfG v. 09.10.2002, BVerfGE 106, 28, 39.

verknüpfen, zu übermitteln und in neue Sachzusammenhänge zu stellen. Die neuen Datenzentralen ließen die Furcht vor einem nummerierten, gänzlich erfassten „gläsernen“ Bürger aufkommen, der unsichtbar und unkontrolliert gesteuert werden kann. Der „verdatete“ Bürger und die damit einhergehenden Risiken für das Persönlichkeitsrecht haben das Bundesverfassungsgericht im Jahr 1983 veranlasst, in seinem berühmten **Volkszählungsurteil** aus dem allgemeinen Persönlichkeitsrecht ein Grundrecht auf informationelle Selbstbestimmung abzuleiten. Mit dem Urteil vom 15. Dezember 1983 hat das Gericht eine Entscheidung verkündet, die Geschichte gemacht hat.[81]

Anlass des Urteils waren über tausend Verfassungsbeschwerden gegen das Volkszählungsgesetz (VZG) 83. Stein des Anstoßes war der Melderegisterabgleich und die Vermischung administrativer und statistischer Funktionen. Die protestierenden Bürger wollten verhindern, mit einer strafbewehrten Auskunftspflicht dazu gezwungen zu werden, jede nur gewünschte Information für die unterschiedlichen Verwendungszwecke der öffentlichen Verwaltung preiszugeben. Wegen der Schärfe des Konflikts hat sich das Gericht nicht nur zum Streitfall geäußert, sondern sich grundsätzlich auch mit der Notwendigkeit von Volkszählungen und der automatisierten Datenverarbeitung auseinandergesetzt. Schon im Mikrozensusurteil[82] und im Scheidungsaktenbeschluss[83] hatte sich das BVerfG von einer rein mechanischen Akkumulation personenbezogener Daten distanziert. Im Mikrozensusurteil heißt es: „Mit der Menschenwürde wäre es nicht zu vereinbaren, wenn der Staat das Recht für sich in Anspruch nehmen könnte, den Menschen zwangsweise in seiner ganzen Persönlichkeit zu registrieren und zu katalogisieren […].“[84] Aus diesem Grund müssen etwa Erhebungsprogramme für statistische Zwecke so beschaffen sein, dass auch keine teilweise Registrierung oder Katalogisierung des Einzelnen möglich ist.[85]

Das Recht auf informationelle Selbstbestimmung wird sinngemäß als Grundrecht auf Datenschutz bezeichnet[86], worunter im Kern das Recht auf Privatheit und Intimität zu verstehen ist. Es umfasst die Befugnis des Einzelnen, grundsätzlich selbst zu entscheiden, wann und innerhalb welcher Grenzen persönliche Lebenssachverhalte offenbart werden.[87] Eine Datenverarbeitung ist daher nur zulässig, wenn sie gesetzlich erlaubt ist oder die betroffene Person darin (informiert und ohne Zwang) eingewilligt hat (Modell des Verbots mit Erlaubnisvorbehalt). Die im Volkszählungsurteil formulierte Forderung nach **Beachtung des Gesetzesvorbehalts**[88] wird durch die Forderung nach Beachtung des **Gebots der Bestimmtheit und Normenklarheit** ergänzt. Zweck und Grenzen eines staatlichen Eingriffs in den Datenschutz müssen bereichsspezifisch, präzise und normenklar festgelegt werden.[89]

---

81 Simitis, KritV 2000, 359.

82 BVerfG v. 16.07.1969, BVerfGE 27, 1 ff.

83 BVerfG v. 15.01.1970, BVerfGE 27, 344 ff.

84 BVerfG v. 16.07.1969, BVerfGE 27, 1, 6 f.

85 BVerfG v. 15.12.1983, BVerfGE 65, 1, 52.

86 Vgl. dazu u. a. Entschließungen der 43a. Sonderkonferenz der Datenschutzbeauftragten des Bundes und der Länder am 28. April 1992: Grundrecht auf Datenschutz.

87 Vgl. BVerfG v. 15.12.1983, BVerfGE 65, 1, 42; BVerfG v. 13.01.1981, BVerfGE 56, 37, 41 ff.

88 BVerfG v. 15.12.1983, BVerfGE 65, 1, 45 ff.

89 Vgl. BVerfG v. 13.01.1981, BVerfGE 65, 1, 42; BVerfG v. 03.03.2004, BVerfGE 110, 33, 52; BVerfG v. 27.07.2005, BVerfGE 113, 348, 375.

Im Volkszählungsurteil stellt das BVerfG zunächst ausführlich die Risiken der modernen Datenverarbeitung für die individuelle Selbstbestimmung dar:

> *„Unter den Bedingungen der modernen Datenverarbeitung wird der Schutz des Einzelnen gegen unbegrenzte Erhebung, Speicherung, Verwendung und Weitergabe seiner persönlichen Daten von dem allgemeinen Persönlichkeitsrecht aus Art. 2 Abs. 1 in Verbindung mit Art. 1 Abs. 1 GG gewährleistet. Das Grundrecht gewährleistet insoweit die Befugnis des Einzelnen, grundsätzlich selbst über die Preisgabe und Verwendung seiner persönlichen Daten zu bestimmen. Einschränkungen dieses Rechts auf ‚informationelle Selbstbestimmung' sind nur im überwiegenden Allgemeininteresse zulässig. Sie bedürfen einer verfassungsmäßigen gesetzlichen Grundlage, die dem rechtsstaatlichen Gebot der Normenklarheit entsprechen muss. Bei seinen Regelungen hat der Gesetzgeber ferner den Grundsatz der Verhältnismäßigkeit zu beachten. Auch hat er organisatorische und verfahrensrechtliche Vorkehrungen zu treffen, welche der Gefahr einer Verletzung des Persönlichkeitsrechts entgegenwirken."*[90]

Mit seinen Ausführungen spricht das Gericht das „Ob" und das „Wie" der Datenverarbeitung an. Das Ob betrifft die Zulässigkeit, die wiederum regelmäßig vom Zweck abhängt, den der Verantwortliche mit der Datenverarbeitung verfolgt oder der seine geplante Aktion leitet. Der Zweck muss im Voraus festgelegt werden und hinreichend bestimmt sein (Zweckbindungsgrundsatz). Mit dem Fehlen der Zweckbestimmung auch hinsichtlich der weiteren Verwendung der Daten geht nach der Rechtsprechung des BVerfG eine grundrechtswidrige Unbestimmtheit im Falle der Datenerhebung einher.[91]

Das Wie der Datenverarbeitung betrifft die Mittel, also technische und organisatorische Aspekte (z. B. die Hard- und Software, die Art der Daten und die Zugriffsmöglichkeiten), die der Verantwortliche verwenden will (Datenschutz durch Technik). Das Gericht fordert mithin **verfahrensmäßige Rahmenbedingungen** für die Durchführung einer Datenerhebung, aber auch für die weitere Datenverwendung zu bestimmten Zwecken.

Zu den flankierenden Schutzvorkehrungen zählen weitere datenschutzrechtliche Pflichten der verantwortlichen Stelle wie

- Transparenz der Datenvorgänge durch Aufklärung des Betroffenen, Auskunft an ihn und Sperrung bzw. Löschung seiner Daten zum gegebenen Zeitpunkt;
- Einrichtung und Beteiligung von Datenschutzinstanzen, die rechtlich unabhängig und faktisch befähigt sind, über die Rechte der Bürger zu wachen.

Mit dem prozeduralen Grundrechtsschutz schafft das Gericht Voraussetzungen dafür, dass der Betroffene über das Schicksal seiner Daten tatsächlich (mit)bestimmen kann. Dabei handelt es sich teilweise um kommunikative Vorgänge zwischen den Beteiligten. Der Betroffene muss allerdings auch in (automatisierten) digitalen Bewertungsprozessen (z. B. bei Einstel-

---

90 BVerfG v. 15.12.1983, BVerfGE 65, 1, 41.

91 Zum Problem der automatisierten Erfassung von Kraftfahrzeugkennzeichen vgl. BVerfG v. 11.03.2008, EuGRZ 2008, 186 ff.

lung oder Kündigung eines Beschäftigten) Möglichkeiten der (interaktiven) Stellungnahme haben.[92]

Im Jahr 2011 wurde in der Bundesrepublik Deutschland unter der Bezeichnung „**Zensus 2011**" erneut eine Volkszählung durchgeführt. Der Zensus erfolgte dabei teilweise registergestützt. Dementsprechend wurden die für die Zählung erforderlichen Daten aus verschiedenen Verwaltungsregistern zusammengeführt; eine direkte Befragung erfolgte nur stichprobenartig. Im Gegensatz zur Volkszählung 1983 fielen Proteste weitgehend aus, möglicherweise weil der Gesetzgeber die im Volkszählungsurteil festgestellten verfassungsrechtlichen Voraussetzungen zumindest im Wesentlichen beachtet hat.[93]

Kommunikationsmöglichkeiten laufen leer, wenn derjenige, der etwas mitteilen möchte, wegen eines bestehenden Vorurteils (Fremdbildes), nicht gehört wird. Daher ist ein besonderer **Schutz vor Diskriminierungen** erforderlich.

Beispiel: Musiker werden häufig bei Probeanhörungen hinter einem Vorhang positioniert. Dadurch soll verhindert werden, dass die Auswahlkommission in stereotypen Bildern über die vermeintlich ideale Besetzung etwa mit einem Harfenisten aus Frankreich, einem Kontrabassisten aus Österreich oder mit einer Frau oder einem Mann verfangen ist.

Informationsverfügbarkeit und die Konstruktion von Persönlichkeit durch Fremde hängen miteinander zusammen. Eine besondere Gefährdung des informationellen Selbstbestimmungsrechts sah das BVerfG bereits im Volkszählungsurteil in der Möglichkeit, dass Einzelangaben über persönliche und sachliche Verhältnisse einer Person zu einem „teilweise oder weitgehend vollständigen Persönlichkeitsbild zusammengefügt werden, ohne dass der Betroffene dessen Richtigkeit und Verwendung zureichend kontrollieren kann".[94] Das Unionsrecht hat darüber hinaus den Zusammenhang zwischen Fremdbild und informationeller Selbstbestimmung aufgegriffen und die Verarbeitung besonderer Kategorien von Daten (ethnische Herkunft, politische Meinungen und Überzeugungen, Daten über die Gesundheit usw.) grundsätzlich verboten.[95] Damit entfalten Diskriminierungsverbote als Instrumente des Datenschutzes auch eine mittelbare Drittwirkung.

Das Recht auf informationelle Selbstbestimmung kann nur lebenden Personen zukommen. Das heißt jedoch nicht, dass ein Toter schutzlos gestellt ist und sein Lebensbild verfälscht werden darf. Das Bundesverfassungsgericht geht hier von **Nachwirkungen der Menschenwürde** aus: *„Es würde mit dem verfassungsverbürgten Gebot der Unverletzlichkeit der Menschenwürde, das allen Grundrechten zugrunde liegt, unvereinbar sein, wenn der Mensch, dem Würde kraft seines Personseins zukommt, in diesem allgemeinen Achtungsanspruch auch nach seinem Tod herabgewürdigt oder erniedrigt werden dürfte. Dementsprechend endet die in Art. 1 Abs. 1 GG aller staatlichen Gewalt auferlegte Verpflichtung, dem Ein-*

---

92 Vgl. Art. 15 Abs. 1 DSRL (1995).

93 Vgl. dazu z. B. Bayerischer Landesbeauftragter für den Datenschutz, Zensus 2011 (2011), abrufbar unter www.datenschutz-bayern.de unter Veröffentlichungen / Flyer (letzter Abruf 26.03.2012).

94 BVerfG v. 15.12.1983, BVerfGE 65, 1, 42; dazu weiterführend Albers, Informationelle Selbstbestimmung (2005), S. 157 f.

95 Vgl. Art. 8 Abs. 1 DSRL (1995).

zelnen Schutz gegen Angriffe auf seine Menschenwürde zu gewähren, nicht mit dem Tode."[96] Aus diesem Grund fallen die Daten Verstorbener bis zum Ablauf einer bestimmten Frist unter den **postmortalen Persönlichkeitsschutz.** Eine Frist von höchstens 30 Jahren, etwa die Dauer einer Generation, wird als angemessen betrachtet.[97]

5.1.6 Das Grundrecht auf Gewährleistung der Vertraulichkeit und Integrität informationstechnischer Systeme (IT-Grundrecht)

Das BVerfG hat das „**Grundrecht auf Gewährleistung der Vertraulichkeit und Integrität informationstechnischer Systeme**" (IT-Grundrecht) – ähnlich wie das Recht auf informationelle Selbstbestimmung – als Reaktion auf die aktuellen Entwicklungen der Informationstechnik und die daraus resultierenden Persönlichkeitsgefährdungen entwickelt.[98] Gegenstand des Schutzes ist das komplexe, technisch vernetzte System eines Nutzers. Nach Einschätzung des Gerichts biete das **eigene IT-System** dem Nutzer durch seinen Funktionsumfang zwar besonders weitreichende Entfaltungschancen, sei afber gleichzeitig für ihn nicht mehr beherrschbar.[99] Im Zusammenhang mit der **Online-Durchsuchung** (auch Online-Überwachung, Online-Datenerhebung[100] oder verdeckter Zugriff auf informationstechnische Systeme[101] genannt) betont das BVerfG, dass der bereits bestehende Schutz der Privatheit, der Telekommunikation nicht mehr ausreichend ist.[102] Der Einzelne sei darüber hinaus auf den Schutz der Integrität und Vertraulichkeit seines Systems angewiesen. Dies sei sachgerecht und auch notwendig, da etwa Speichermedien über Netzwerke angeschlossen werden und auch Ermittlungsbehörden entsprechende Zugriffsrechte erhalten haben.

Beispiel: Bei der Online-Überwachung setzen Sicherheitsbehörden Spionageprogramme (Staatstrojaner) ein, um die Kommunikation und abgelegte Daten auf internetfähigen Rechnern verdächtiger Personen heimlich zu erforschen.[103] Auf diese Weise können sie das Kommunikationsverhalten oder das sonstige Nutzungsverhalten des Betroffenen über einen längeren Zeitraum beobachten. Hierbei werden Informationen wahrnehmbar, die bei einer einmaligen Durchsicht des Systems nicht erlangt werden können. Die Heimlichkeit des Vorgehens verhindert die Einflussnahme des Betroffenen auf den Gang der Ermittlungen durch eine Änderung seines Verhaltens.[104]

Grundlage der Online-Durchsuchung ist eine Trojaner-Software. In der Informatik wird ein Trojaner als ein Programm definiert, dessen implementierte Ist-Funktionalität nicht mit der

---

96 BVerfG v. 24.02.1971, BVerfGE 30, 173, 194.

97 Zu den verschiedenen Fristenregelungen (z. B. § 22 KUG).

98 BVerfG v. 27.02.2008, BVerfGE 120, 274 ff.; ausführlich dazu Bäcker in Uerpmann-Wittzack (Hg.), Das neue Computergrundrecht (2009), S. 1–30; zum technischen Hintergrund vgl. Teil I, Kap. 1.

99 BVerfG v. 27.02.2008, BVerfGE 120, 274, 314.

100 So z. B. Art. 6e BayVSG.

101 So § 20k BKAG und Art. 34d BayPAG.

102 Vgl. BVerfG v. 27.02.2008, BVerfGE 120, 274 ff.

103 Zu den technischen Einzelheiten vgl. BlnBDI, JB 2007, 29 ff.; Pohl, DuD 2007, 684 ff.

104 BVerfG v. 27.02.2008, BVerfGE 120, 274, 325.

angegebenen Soll-Funktionalität übereinstimmt.[105] Die Ermittlungsbehörden nutzen verschiedene Möglichkeiten, ein „Trojanisches Pferd" bzw. einen Staatstrojaner heimlich auf einen Zielrechner zu installieren, durch Fern-Installation über das Internet in automatisierter oder manueller Weise als auch durch unmittelbare manuelle Installation.[106] Bei der häufigeren manuellen Installation wird dem Verdächtigen für kurze Zeit der Laptop weggenommen, z. B. anlässlich einer polizeilichen Kontrolle. Während dieser Zeit spielt die Ermittlungsbehörde die Software auf. In den anderen Fällen wird ein sogenannter Remote-Zugriff durchgeführt, bei dem das System online infiziert wird. Dazu wird dem IT-System der verdächtigen Person eine E-Mail mit dem Trojaner im Anhang entweder zugespielt oder der Nutzer wird dazu gebracht, eine bestimmte Webseite zu öffnen, welche den Trojaner enthält.[107]

Beispiel: Bei der Infiltration eines Rechners können die Ermittler auf tagebuchähnliche Aufzeichnungen stoßen, die weitaus intimere Daten enthalten, als sie in einer „normalen" Telekommunikation anzutreffen sind. Mindestens ebenso problematisch ist es, wenn Sicherheitsbehörden mit Hilfe der Auswertung technischer Hintergrundprozesse Eigenschaften des Nutzers erforschen. Dies ist etwa der Fall, wenn die Abstrahlung des Systems (z. B. von Monitor oder Tastatur) abgefangen wird, um so die Informationen sichtbar zu machen.

Vertraulichkeit und Integrität sind neben der Verfügbarkeit eines Systems die wichtigsten Schutzziele der Informationssicherheit.[108] Das IT-Grundrecht gewährleistet allerdings nicht die Verfügbarkeit, also die Betriebssicherheit eines Systems. Das Grundrecht erfasst die beiden eher nach „innen gerichteten Schutzziele" der Vertraulichkeit und Integrität[109]:

- Vertraulichkeit eines Systems bedeutet, dass nur Berechtigte Zugriff auf das eigene IT-System und die darauf erzeugten, verarbeiteten und gespeicherten Daten haben. Der heimliche Zugriff staatlicher Ermittlungsbehörden oder privater Täter verletzt die Vertraulichkeit des Systems und ggf. auch der Daten.
- Integrität eines Systems bedeutet, dass das System selbst oder seine Daten nicht durch Dritte beeinträchtigt werden. Das System ist verletzt, wenn etwa die Leistung oder Funktion eines Geräts verändert wird. Die Ergänzung, Modifikation und Löschung oder auch das neue Erzeugen von Daten berührt immer auch deren Integrität. Das IT-Grundrecht dient einem vorlaufenden Integrationsschutz.

Im Fall des „Staatstrojaners" ist die Software darauf angelegt, Informationen verdeckt aus dem Rechner herauszuschaffen und an eine andere Stelle zu übertragen. Aus technischer Sicht kann nicht ausgeschlossen werden, dass unter nicht vorhersehbaren Voraussetzungen Daten verloren gehen oder das IT-System kollabiert.[110] *Ein Eingriff in das IT-Grundrecht ist deshalb* auch anzunehmen, *„wenn die Integrität des geschützten informationstechnischen*

105 Eckert, IT-Sicherheit (6.A. 2009), S. 71.

106 Fox, DuD 2007, 827 f.

107 Vgl. dazu z. B. BayLT-Drs. 16/10082, S. 4.

108 Vgl. Art. 2–6 Cybercrime Konvention.

109 Brunst, Anonymität im Internet – rechtliche und tatsächliche Rahmenbedingungen (2009), S. 237 f.

110 Zum Programm des „Bundestrojaners" vgl. CCC, Analyse einer Regierungs-Malware (2011), abrufbar unter: http://www.ccc.de/system/uploads/76/original/staatstrojaner-report23.pdf (letzter Abruf 26.03.2012).

Systems angetastet wird, indem auf das System so zugegriffen wird, dass dessen Leistungen, Funktionen und Speicherinhalte durch Dritte genutzt werden können; dann ist die entscheidende technische Hürde für eine Ausspähung, Überwachung oder Manipulation des Systems genommen".[111]

Abgrenzung zur Telekommunikation: Das Beispiel Quellen-TKÜ

In Fällen der sogenannten Quellen-Telekommunikationsüberwachung (Quellen-TKÜ) und der Online-Durchsuchung spähen Ermittlungsbehörden fremde Computersysteme heimlich mit einer staatlichen Trojanersoftware aus. Nach der heimlichen Installation der Überwachungssoftware unterscheiden sich Quellen-TKÜ und Online-Untersuchung erheblich. Die Online-Durchsuchung zielt auf alle gespeicherten Daten des infiltrierten IT-Systems einer betroffenen Person. Wenn daher ein Nutzer eine lokal gespeicherte verschlüsselte Datei öffnet und entschlüsselt, so ist nicht nur der technische Zugriff auf die Klarinhalte möglich. Sie können auch heimlich an die Strafverfolgungsbehörden ausgeliefert werden. Auch wenn ein Tatverdächtiger entfernt gespeicherte Daten aufruft (z. B. bei Cloud Storage), so kann dieser Vorgang von den Ermittlungsbehörden verfolgt werden.[112] Der Online-Eingriff ist daher extrem eingriffsintensiv. Die Quellen-TKÜ soll sich dagegen ausschließlich auf übermittelte Daten, etwa einer Voice over IP (VoIP)-Kommunikation beschränken, die mittels des Internet-Protokolls (IP) erfolgt. Dass es bedenklich ist, die Entscheidung über den Funktionsumfang einer Trojanersoftware in die Hand der Justiz zu legen, zeigt der Fall des LG Landshut vom 20. September 2011.[113]

Beispielsfall: Ein Ermittlungsrichter ordnet die Überwachung und Aufzeichnung des Telekommunikationsverkehrs auf Ton und Schriftträger unter gleichzeitiger Schaltung einer Zählervergleichseinrichtung bzw. Herausgabe von Gesprächsverbindungsdaten und Standorten des Mobiltelefons für den Telefonanschluss des Beschuldigten … mit der Nummer … des Netzbetreibers … für 3 Monate an. Beim Vollzug dieses Beschlusses bringt das zuständige Landeskriminalamt zum Zwecke der Ausleitung der verschlüsselten Telekommunikation auf dem Computer des Beschuldigten eine Trojanersoftware auf, die insbesondere über zwei Überwachungsfunktionen verfügt: erstens die heimliche Überwachung und Ausleitung der verschlüsselten Skype-Kommunikation (Voice over IP sowie Chat) vor der Verschlüsselung bzw. nach der Entschlüsselung und zweitens das Erstellen von Screenshots der Skype-Software sowie des Internet-Browsers Firefox im Intervall von 30 Sekunden zur Überwachung der über https geführten Telekommunikation.

Die Quellen-TKÜ ist nach Ausführungen des BVerfG nur zulässig, wenn die Beschränkung der Überwachung auf einen **„laufenden Telekommunikationsvorgang"** *„durch technische*

[111] BVerfG v. 27.02.2008, BVerfGE 120, 274, 314.

[112] Vgl. auch Brunst, DuD 2011, 618 f.

[113] Vgl. LG Landshut v. 20.01.2011, MMR 2011, 690 f. mit Anm. Bär, das eine Rechtsgrundlage für das Kopieren und Speichern von grafischen Bildschirminhalten, also der Fertigung von Screenshots verneint, wenn zu diesem Zeitpunkt kein Telekommunikationsvorgang stattfindet. Das Bayerische Staatsministerium für Justiz und Verbraucherschutz hält demgegenüber auch die Ausleitung von Screenshots für zulässig, vgl. BayLT-Drs. 16/8125; s. a. CCC, Analyse einer Regierungs-Malware (2011), abrufbar unter: http://www.ccc.de/system/uploads/76/original/staatstrojaner-report23.pdf (letzter Abruf 26.03.2012).

Vorkehrungen und rechtliche Vorgaben" sichergestellt ist.[114] Allerdings ist offen, inwieweit ein computerbasierter Spähangriff mit technischen Maßnahmen sicher auf Kommunikationsdaten eingegrenzt werden kann. Verschlüsselte Nachrichten können schlecht oder gar nicht von Sicherheitsbehörden überwacht werden. Eine Eingrenzung ist daher nur dann möglich, wenn Daten unverschlüsselt an Softwareschnittstellen abgegriffen werden, die nur Verkehrsdaten verarbeiten. In Fällen, in denen Daten aus anderen Quellen wie Tastatureingaben oder Bildschirmanzeigen erlangt werden, die u. a. auch verhaltenbezogene Daten enthalten, wird nicht „nur" das Fernmeldegeheimnis verletzt. Mit technisch vorprogrammierter Govware allein kann außerdem nur schwer festgestellt werden, ob die abgegriffenen Daten etwa beim Cloud Computing aus der Interaktion zwischen zwei Datenbeständen des Verdächtigen auf unterschiedlichen Computern stammen. Es ist auch denkbar, dass die erfassten Daten nur die Vorbereitung einer TK-Verbindung betreffen und daher nicht Teil einer laufenden Telekommunikation gem. Art. 10 Abs. 1 GG sind.

Beispiel: Eine E-Mail wird erst dann zum Server und damit in die Außenwelt transportiert, wenn der Nutzer den „Versenden-Button" betätigt hat. Ist sie verschlüsselt, dann kann der Empfänger mit Hilfe des richtigen Schlüssels das Chiffrat wieder in den Klartext zurückverwandeln. Diese Möglichkeit haben Ermittlungsbehörden nicht, die nur verschlüsselte Daten abgefangen haben. Die Quellen-TKÜ dient in solchen Fällen dazu, die Verschlüsselung der Kommunikation zu umgehen.

Es bestehen daher viele Gründe, wonach für die Quellen-TKÜ die gleichen gesetzlichen Schutzmaßnahmen wie für die Online-Durchsuchung gelten müssen.[115]

Abgrenzung zu anderen Grundrechten

Regelmäßig greift die Online-Überwachung nicht in das **Grundrecht auf Unverletzlichkeit der Wohnung** ein. Der Schutz des Art. 13 Abs. 1 GG erstreckt sich zwar auf solche Fälle, in denen Ermittlungsbehörden in eine Wohnung eindringen, um manuell dort befindliche informationstechnische Systeme zu manipulieren. Entsprechendes gilt für die Infiltration von IT-Systemen derart, dass räumliche Vorgänge in der Wohnung überwacht werden können.

Beispiel: Im Rahmen einer Online-Datenerhebung installieren die Sicherheitsbehörden eine Kamera oder ein Mikrofon an dem infiltrierten Computer, mit der Raumgespräche aufgenommen werden können.[116] Dann wäre ausnahmsweise auch die Unverletzlichkeit der Wohnung betroffen.

Im Übrigen kann aber ein Eingriff unabhängig von dem Standort des informationstechnischen Systems erfolgen. Der raumbezogene Schutz des Art. 13 GG kann daher nicht die spezifische Gefährdung des IT-Systems abwehren.[117] Entsprechend den Feststellungen des

---

114 Vgl. BVerfG v. 27.02.2008, BVerfGE 120, 274, 309.

115 Vgl. Entschließungen der 79. Konferenz der Datenschutzbeauftragten des Bundes und der Länder am 17./18. März 2010: „Ohne gesetzliche Grundlage keine Telekommunikationsüberwachung auf Endgeräten!".

116 Vgl. BVerfG v. 27.02.2008, BVerfGE 120, 274, 310.

117 A.A. noch Hornung, DuD 2007, 575, 577 f.; Kutscha, NJW 2007, 1169 f.

BVerfG ist zwischen Eingriffen in die Garantie der Unverletzlichkeit der Wohnung einerseits und dem Eingriff in das IT-Grundrecht zu unterscheiden. Das heißt auch, dass Überwachungsmaßnahmen durch Systemprüfungen zu ergänzen sind. Berührt eine Ermittlungsmaßnahme (auch) die Garantie der Unverletzlichkeit der Wohnung, bedarf es hierfür einer besonderen Rechtsgrundlage.

Das BVerfG[118] grenzt mit folgenden Gründen das IT-Grundrecht vom **Recht auf informationelle Selbstbestimmung** ab:

> *„Das Recht auf informationelle Selbstbestimmung [trägt] den Persönlichkeitsgefährdungen nicht hinreichend Rechnung, die sich daraus ergeben, dass der Einzelne zu seiner Persönlichkeitsentfaltung auf die Nutzung informationstechnischer Systeme angewiesen ist und dabei dem System persönliche Daten anvertraut. Ein Dritter, der auf ein solches System zugreift, kann sich einen potentiell äußerst großen und aussagekräftigen Datenbestand verschaffen, ohne noch auf weitere Datenerhebungen und Datenverarbeitungsmaßnahmen angewiesen zu sein. Ein solcher Zugriff geht in seinem Gewicht für die Persönlichkeit des Betroffenen über einzelne Datenerhebungen, vor denen das Recht auf informationelle Selbstbestimmung schützt, weit hinaus.“*[119]

Das Wesen des informationellen Selbstbestimmungsrechts besteht darin, dass der Betroffene grundsätzlich ein Steuerungsrecht über die Erhebung und Verwendung ihn betreffender Daten hat.[120] Es soll daher keine Anwendung finden, wenn eine Steuerung des Datenflusses durch den Betroffenen schon aufgrund der technischen Gegebenheiten eines IT-Systems nicht möglich ist, wenn etwa Verbindungsdaten ohne Zutun des Nutzers auf Telekommunikationsendgeräten entstehen.[121] Inzwischen haben zwei nahezu zeitgleich ergangene Entscheidungen des BVerfG verdeutlicht, dass sich das Grundrecht auf informationelle Selbstbestimmung auch auf diejenigen personenbezogenen Daten erstreckt, von deren Erhebung und Verwendung der Betroffene nichts weiß.[122]

Beispiel: Die verantwortliche Stelle beschafft sich die personenbezogenen Daten nicht bei der betroffenen Person, sondern ohne ihr Wissen bei einem Dritten.

Mit dem Zugriff auf ein IT-System ist zugleich die Integrität der gespeicherten personenbezogenen Daten gefährdet.[123]

---

118 Das Gericht grenzt auch von dem allgemeinen Persönlichkeitsrecht in seiner Ausprägung als Schutz der Privatsphäre ab, vgl. BVerfG v. 27.02.2008, BVerfGE 120, 274, 311.

119 Vgl. BVerfG v. 27.02.2008, BVerfGE 120, 274, 313.

120 Vgl. BVerfG v. 15.12.1983, BVerfGE 65, 1, 43 f.: „Das Grundrecht gewährleistet insoweit die Befugnis des Einzelnen, grundsätzlich selbst über die Preisgabe und die Verwendung seiner persönlichen Daten zu bestimmen.“

121 Vgl. BVerfG v. 02.03.2006, BVerfGE 115, 166, 189.

122 Vgl. BVerfG v. 11.03.2008, BVerfGE 120, 378 ff.; BVerfG v. 10.03.2008, BVerfGE 120, 351 ff.

123 Vgl. BVerfG v. 27.02.2008, BVerfGE 120, 274, 322 ff.

Beispiel: Bei einem heimlichen Zugriff auf das IT-System ist nicht mehr sicher, dass die Informationen, die der Nutzer (z. B. als ein elektronisches Tagebuch, als einen elektronischen Terminkalender usw.) angelegt hat, unverändert bleiben.

Das allgemeine Persönlichkeitsrecht schützt vor dem Zugriff auf IT-Systeme unabhängig davon, ob es sich um die Erhebung oder Verwendung von personenbezogenen Daten handelt. Die Einzelfallprüfung von Überwachungsmaßnahmen muss daher durch Systemprüfungen ergänzt werden.

Die Entscheidungen des BVerfG können zum Politikum werden. So kann etwa die Aufhebung einer Online-Durchsuchung eine ganze Anti-Terror-Strategie beenden, *„wenn es nicht bloß im konkreten Fall an den gesetzlichen Voraussetzungen für die Maßnahme fehlte, sondern wenn sich aus Anlass der Einzelfallprüfung herausstellt, dass die Voraussetzungen unvereinbar mit der Verfassung sind."*[124]

Der Gestaltungskraft der Grundrechte insgesamt und der aus dem allgemeinen Persönlichkeitsrecht geschöpften Grundrechte im Besonderen kommt daher auch politisch eine wichtige Bedeutung zu. Das Bedürfnis nach einem IT-Grundrecht ist zunächst gegenüber dem Staat erkannt worden. Bei der Sicherung der Freiheitsrechte geht es aber nicht nur um Abwesenheit staatlichen Zwangs, sondern auch um die Freiheit des Einzelnen vor Beeinträchtigungen Dritter, hier Angriffen privater Hacker bzw. Cracker, organisierter Straftätergruppen und ausländischer Nachrichtendienste.[125] Der Staat muss daher darauf hinwirken, dass unzulässige Gefährdungen des IT-Systems auch durch Dritte unterbleiben.[126]

---

[124] Grimm, Was das Grundgesetz will, ist eine politische Frage, FAZ v. 22.12.2011, S. 30.

[125] Sieber, Gut getarnt, FAZ v. 3.11.2011, S. 8, unter: http://www.faz.net/aktuell/poltik/staat-und-recht/trojaner-gut-getarnt-11515396.html (letzter Abruf 26.03.2012).

[126] Zur objektiven Schutzwirkung vgl. BVerfG v. 15.01.1958, BVerfGE 7, 198, 205; BVerfG v. 08.08.1978, BVerfGE 49, 89, 141 f.; BVerfG v. 09.05.1997, BVerfGE 96, 56, 64.

6 Bundes- und Landesrecht in der Bundesrepublik Deutschland

Deutschland ist ein föderativer Staat, in dem sowohl der Bund als auch die Länder bestimmte Kompetenzen zur Regelung des Datenschutzes haben. Der deutsche Föderalismus soll eine Politik blockieren, die alles einheitlich regeln kann und auf regionale Eigenarten keine Rücksicht nehmen muss. Die Frage ist, ob das bundesstaatliche System in der digitalisierten Informationsgesellschaft im Feld des grenzüberschreitenden Datenschutzes notwendige Korrekturen benötigt. Dieses Problem wird insbesondere im Unionsrecht angesprochen.

Das Bundesdatenschutzgesetz (BDSG) wie auch die Landesdatenschutzgesetze (LDSGe) sind **Querschnittsregelungen,** die für viele Lebensbereiche gelten und teilweise sehr abstrakt ausgestaltet sind. Die Normadressaten des BDSG sind vor allem öffentliche Stellen des Bundes und nicht-öffentliche (private) Stellen im Bereich von Wirtschaft, Handel und Arbeit.

Die Normadressaten der LDSGe finden sich meist im Verwaltungsrecht. Bei datenschutzrechtlichen Fragen aus dem Kommunalrecht, dem Polizeirecht oder dem Schulrecht muss jeweils auf landesrechtliche Eigenheiten geachtet werden. Grundbegriffe aus dem Verfassungsrecht lassen sich im Bundesrecht, aber auch im Landesrecht weitgehend vom Grundgesetz her darstellen.

Die bundesstaatliche (vertikale) Gewaltenteilung zwischen Bund und Ländern ergänzt die (horizontale) Gewaltenteilung zwischen den unterschiedlichen Organen der Gesetzgebung, Verwaltung und Rechtsprechung.[1] Die bundesstaatlichen Teilgewalten, also die Gesetzgebung des Bundes und die Gesetzgebung eines Landes, sind jeweils gesondert demokratisch zu legitimieren. Das Datenschutzrecht muss entsprechend eingebunden werden. Das gilt sowohl für staatsbezogene als auch für ökonomische Bereiche in den Mitgliedstaaten. Ein Bedarf an Harmonisierung des nationalen Rechts besteht auf europäischer Ebene. Aus den Verträgen von Maastricht bis Lissabon ergeben sich datenschutzrelevante Kompetenzminderungen für die nationalen Staaten (Art. 253 AEUV)[2] mit der Folge, dass das **Unionsrecht** in seinem Anwendungsbereich **Vorrang vor dem mitgliedstaatlichen Recht** hat.[3]

---

1 Hesse, Grundlage des Verfassungsrechts der Bundesrepublik Deutschland (20. A. 1999), Rn. 231, 232, 476 ff.

2 Teil I, Kap. 4.3.2.

3 Vgl. zum Anwendungsvorrang auch BVerfG 08.04.1987, BVerfGE 75, 223, 244; BVerfG v. 28.01.1992, BVerfGE 85, 191, 204; Teil I, Kap. 4.3.2.

6.1 Kompetenzverteilung

Die **Gesetzgebungskompetenz** zwischen Bund und Ländern ist im **Grundgesetz** näher ausgestaltet (Art. 70 ff. GG). Dabei unterscheidet das GG die Materien der ausschließlichen (Art. 73 GG), der konkurrierenden (Art. 74 GG), der Rahmengesetzgebung (Art. 75, Art. 98 Abs. 3 Satz 2 GG) und der Grundsatzgesetzgebung (Art. 91a Abs. 2 Satz 2; 109 Abs. 3 GG). Für die **Verwaltung** geht das GG als Regel von der Landeseigenverwaltung (Art. 30 und 83 GG) aus. Die Verwaltungen von Bund und Ländern sind grundsätzlich getrennt zu führen und zu verantworten. Durchbrechungen dieses Grundsatzes finden sich in besonders geregelten Fällen: bei Gemeinschaftsaufgaben (Art. 91a, Art. 91b GG), in der Finanzverwaltung (Art. 108 Abs. 2 und Abs. 4 GG) und beim Verfassungsschutz (Art. 73 Nr. 10 GG). Besonderheiten ergeben sich unter anderem auch im Rahmen von freiwilligen Kooperationen zwischen Bund und Ländern (z. B. im Rahmen des Rundfunkstaatsvertrages).

Die datenschutzrechtliche Zuständigkeit der Gesetzgeber von Bund und Ländern ergibt sich aus ihrer Zuständigkeit für den jeweils betroffenen Sektor, in dem der Datenschutz zu regeln ist. Eine erste grobe Kompetenzverteilung trifft Art. 70 Abs. 1 GG, wonach die Länder das Recht zur Gesetzgebung haben, soweit das Grundgesetz dem Bund nicht ausdrücklich Gesetzgebungsbefugnisse zugesteht.

Immer dann, wenn der **Bund** eine **ausschließliche Zuständigkeit** für bestimmte Materien (Art. 73, Art. 105 Abs. 1 GG) hat, kann nur er gesetzliche Regelungen erlassen, es sei denn, er ermächtigt die Länder durch ein Bundesgesetz zum Erlass von entsprechenden Gesetzen (Art. 71 GG).

Art. 73 GG enthält eine Aufzählung von Einzelmaterien, für die der Bund ausschließlich zuständig ist. Für den Bereich des Datenschutzes sind folgende gesetzliche Regelungen von besonderer Relevanz:

- Geheimdienste: Bundesverfassungsschutzgesetz (BVerfSchG), in dem die Tätigkeit der Geheimdienste (Bundesamt und Landesämter für Verfassungsschutz) geregelt ist (Art 73 Nr. 10b GG – „Verfassungsschutz“ und Art. 73 Nr. 10c GG – „Schutz gegen Bestrebungen im Bundesgebiet, die … auswärtige Belange … gefährden“);
- parallele Gesetze existieren für den Militärischen Abschirmdienst (MAD) und den Bundesnachrichtendienst (BND) (Art. 73 Nr. 1 GG – „Verteidigung“ i.V.m. Art. 73 Nr. 10 lit. b GG – „Verfassungsschutz“);
- Paßgesetz (PassG) mit Bestimmungen über den zulässigen Umfang der im Pass enthaltenen Daten und deren Verwendung durch Behörden (Art. 73 Nr. 3 GG – „Paßwesen“);
- Bundesbeamtengesetz (BBG) mit Regelungen für Personalaktendaten der Beamten (Art. 73 Nr. 8 GG – „Rechtsverhältnisse, der im Dienste des Bundes … stehenden Personen“);
- Bundesstatistikgesetz (BStatG) mit der Regelung des Statistikgeheimnisses (Art. 73 Nr. 11 GG – „Statistik für Bundeszwecke“).

Soweit die Datenverarbeitung der öffentlichen Verwaltung des Bundes als Arbeits- und Organisationsmittel zur Durchführung von Verwaltungsverfahren dient, ist eine ausschließliche Zuständigkeit des Bundesgesetzgebers als Annexkompetenz zur Regelung des Verwaltungsverfahrens zu bejahen (Art. 73 bis 75 GG).

Vollziehen öffentliche Stellen der Länder Bundesgesetze als eigene Angelegenheiten, dann kann der Bund mit Zustimmung des Bundesrates (Art. 84 Abs. 1 GG) auch für diese Verfahren Datenschutzregelungen erlassen, wie dies z. B. für die Steuerbehörden durch eine Ergänzung der Abgabenordnung (AO) vorgesehen ist. Führen hingegen Landesbehörden Landesgesetze aus, so steht die Gesetzgebungskompetenz dazu ausschließlich dem jeweiligen Land zu (Art. 70 Abs. 1 GG). Aufgrund einer Öffnungsregelung im BDSG kann das jeweilige LDSG auch für Landesbehörden, die Bundesrecht ausführen, angewendet werden. Dies – und nicht der Erlass von Bundesregelungen mit Zustimmung des Bundesrates – ist der Regelfall.

Im Falle der **konkurrierenden Gesetzgebungskompetenz** (Art. 74 GG) hat die Zuständigkeit des Bundesgesetzgebers grundsätzlich den Vorrang, wenn ein Bedürfnis für eine bundeseinheitliche Regelung besteht (Art. 72 Abs. 2 GG). Die Regelung verdeutlicht das Spannungsverhältnis, das dem Bundesstaat immanent ist. Einerseits soll der Bund nur dann eine Regelungskompetenz für die Materien der konkurrierenden Gesetzgebung haben, wenn dies notwendig und zweckmäßig ist, andererseits soll die Eigenstaatlichkeit der Länder weitestmöglich zum Tragen kommen. Typische Gründe für ein solches Bedürfnis sind die Herstellung gleichwertiger Lebensverhältnisse oder die Wahrung der Rechts- und Wirtschaftseinheit. Der **Trend zu bundeseinheitlichen Regelungen** wächst unter dem Aspekt des gemeinsamen Binnenmarktes für den Bereich der Wirtschaft (Art. 74 Nr. 11 GG) und des Arbeitsrechts (Art. 74 Nr. 12 GG). Soweit der Bund von seiner datenschutzrechtlichen Kompetenz für diese Sektoren umfassend Gebrauch gemacht hat, haben die Länder keine Kompetenz für eine selbständige, andersartige Normierung. Das Datenschutzrecht für die Privatwirtschaft ist aufgrund dieser verfassungsrechtlichen Kompetenzverteilung bundeseinheitlich im BDSG geregelt.

Umfassende Bundesregelungen im Bereich des Datenschutzes finden sich u. a. in folgenden Bereichen:

- Strafprozessordnung (StPO) mit zahlreichen Bestimmungen vor allem zur Datenerhebung im Strafverfahren (Art. 74 Nr. 1 GG – „gerichtliches Verfahren");
- Personenstandsgesetz (PStG) mit einer Regelung über die Einsicht in Personenstandsbücher (Art. 74 Nr. 2 GG – „Personenstandswesen");
- Gesetz über das Ausländerzentralregister in Köln (Art. 74 Nr. 4 GG – „Aufenthalts- und Niederlassungsrecht der Ausländer");
- Sozialgesetzbuch (SGB) mit einer Regelungen zum sog. Sozialgeheimnis, zum Sozialdatenschutz, zur Datenerhebung und Datenübermittlung an andere Stellen (Art. 74 Nr. 12 GG – „Sozialversicherung" bzw. Art. 84 Abs. 1 GG und Art. 86 GG – Befugnisse des Bundes zur Regelung von Verwaltungsverfahren);
- Straßenverkehrsgesetz (StVG) mit Vorschriften über die „Verkehrssünderkartei" in Flensburg und die verschiedenen Fahrzeugregister (Art. 74 Nr. 22 GG – „Straßenverkehr" und „Kraftfahrwesen");
- Im kollektiven Arbeitsrecht ist im Bereich der Informationstechnologie die wichtigste gesetzliche Grundlage das Betriebsverfassungsgesetz (BetrVG). Es deckt sich im wesentlichen mit dem Bundespersonalvertretungsgesetz, das für den öffentlichen Bereich Anwendung findet. Das Tarifvertragsgesetz (TVG) gibt den Tarifvertragsparteien in Ergänzung und bei Fehlen förmlicher Gesetze die Möglichkeit, kollektivarbeitsrechtliche Regelungen im Bereich des Datenschutzes zu schaffen.

In Bereichen der **Rahmengesetzgebungskompetenz des Bundes** können „Eckdaten" festgelegt werden, die den Ländern einen hinreichenden Spielraum für eine sachnahe Ausgestaltung belassen (Art. 75 GG). Wichtigstes Beispiel dazu ist das Meldewesen (Art. 75 Nr. 5 GG), das der Bund im Melderechtsrahmengesetz (MRRG) geregelt hat. Eine eingehende Regelung zum Personalaktenrecht der Länder und Gemeinden findet sich im Beamtenrechtsrahmengesetz (BRRG). Relevant für die Rahmengesetzgebungskompetenz des Bundes sind auch die „allgemeinen Rechtsverhältnisse der Presse und des Films“ (Art. 75 Nr. 1 lit. a GG).

Bereitstellung von Infrastruktur:

Telekommunikationsgesetz des Bundes (TKG)

Enthält die für individuelle Kommunikation und Telekommunikationsdienstleistungen notwendigen Übertragungs- und Vermittlungsregeln. Umfasst sind:

Telefonate
Mobilfunk
Satellitenfunk
Infrastruktur zur Datenübertragung in Computernetzen (z. B. E-Mail)

Bereitstellung von Angeboten:

Rundfunkstaatsvertrag der Länder und Landesrundfunkgesetze	**Telemediengesetz (TMG)**
Regeln Rundfunk und Fernsehen:	Regelt Angebote, die nicht Rundfunk sind:
Fernsehen	*Webseiten*
Hörfunk	*Internetforen*
Videostreaming	*Elektronische Presse*

Abb. 8: Bereichsspezifische Bundes- und Landesgesetze zum Telekommunikations- und Medienrecht

Es gibt einige wichtige Sachbereiche, in denen sich die **ausschließliche Gesetzgebungskompetenz** der Länder (Art. 70 Abs. 1 GG) im Datenschutz praktisch auswirkt. Dazu gehören folgende Gebiete:

- das Polizeiwesen in den Ländern. Alle in den letzten Jahren novellierten Polizeigesetze der Länder enthalten umfassende Datenschutzregelungen. Zu beachten ist, dass es daneben Bundespolizeibehörden für bestimmte Bereiche gibt (Art. 73 Nr. 10 GG).
- das Kommunalwesen (klassische Länderrechtsmaterie),
- Erziehung und Kultus,
- öffentliches Gesundheitswesen.

Der bereichsspezifische Datenschutz in der Telekommunikation etablierte sich als eigenständige Gesetzesmaterie erst im Zuge der Liberalisierung im TK-Markt zu Beginn der 1990er Jahre. Er ist nunmehr der Wirtschaft zuzurechnen (Art. 74 Nr. 11 GG). Schwierig war bislang die Zuordnung der neuen Multimediadienste.[4] Mediendienste, die sich an die Öffentlichkeit richten, können teilweise unter den Rundfunkbegriff subsumiert werden.[5]

Von besonderer Bedeutung ist die seit dem 1. April 2003 geltende Neuordnung des Jugendschutzes im Internet. Regelungsinstrument ist im Wesentlichen der Jugendmedienschutz-Staatsvertrag (JMStV) der Länder.[6] Die Aufsicht über die Anbieter dieser Telemedien und die Anbieter von **privatem Rundfunk** wird durch die Kommission für den Jugendmedienschutz (KJM) als zentralem Aufsichtsorgan wahrgenommen. Auch dieses Regelungsmodell beruht letzten Endes auf Bund-/Länderabsprachen und löst die verwickelten Kompetenzfragen, was vom praktischen Ergebnis her als „ein gelungenes Stück kooperativen Föderalismus" bezeichnet werden kann.[7] Die Regelung des **öffentlich-rechtlichen Rundfunks** ist mit Ausnahme des Sonderfalls der Bundes-Rundfunkanstalt „Deutsche Welle" Ländersache.

Es liegt in der Hoheit der Länder, ob sie privaten Rundfunk in ihrem Bereich überhaupt zulassen. So enthält Art. 111a Abs. 2 Satz 1 Bayer. Verfassung ein Verbot privaten Rundfunks („Rundfunk wird … in öffentlich-rechtlicher Trägerschaft betrieben"). Im Übrigen enthalten die Landesmedien- oder Landesrundfunkgesetze Datenschutzregelungen, die die Rundfunkfreiheit besonders berücksichtigen. Im Hinblick auf die Presse kann der Bund Bestimmungen erlassen (Art. 75 Nr. 2 GG), die den datenschutzrechtlichen Rahmen für Landesregelungen vorgeben.

6.2 Rangordnung und Anwendbarkeit nationaler Parlamentsgesetze

Die nationalen parlamentarischen Datenschutzgesetze stehen in einem bestimmten Rangverhältnis. Die bereichsspezifischen Gesetze gehen den allgemeinen Gesetzen vor. Die jeweils zuständige Gerichtsbarkeit kann die Einhaltung der Schranken kontrollieren.

Beispiel: Deutsche Landesverfassungsgerichte (z. B. der Bayerische Verfassungsgerichtshof) kann keine Kontrolle über Bundesrecht am Maßstab des Landesverfassungsrechts (z. B. Bayerische Verfassung) ausüben.

Im Folgenden werden die Strukturen im föderalen deutschen Gesetzgebungssystem für verantwortliche Datenverarbeiter in vereinfachter Form dargestellt:

4 Vgl. Enquete-Kommission, Zukunft der Medien in Wirtschaft und Gesellschaft. Vierter Zwischenbericht: Sicherheit und Schutz im Netz (1998), BT-Drs. 13/11002, S. 93.

5 Zu Vorfragen bei den Rundfunk-, Medien- und Telediensten vgl. Holznagel in Hoeren/Sieber (Hg.), Handbuch Multimediarecht (2000), Teil 3.2.

6 Staatsvertrag über den Schutz der Menschenwürde und den Jugendschutz im Rundfunk und bei Telemedien (2002), greifbar z. B. im Nds. GVBl. 2002, S. 706.

7 Detailliert dazu Langenfeld, MMR 2003, 309 ff.

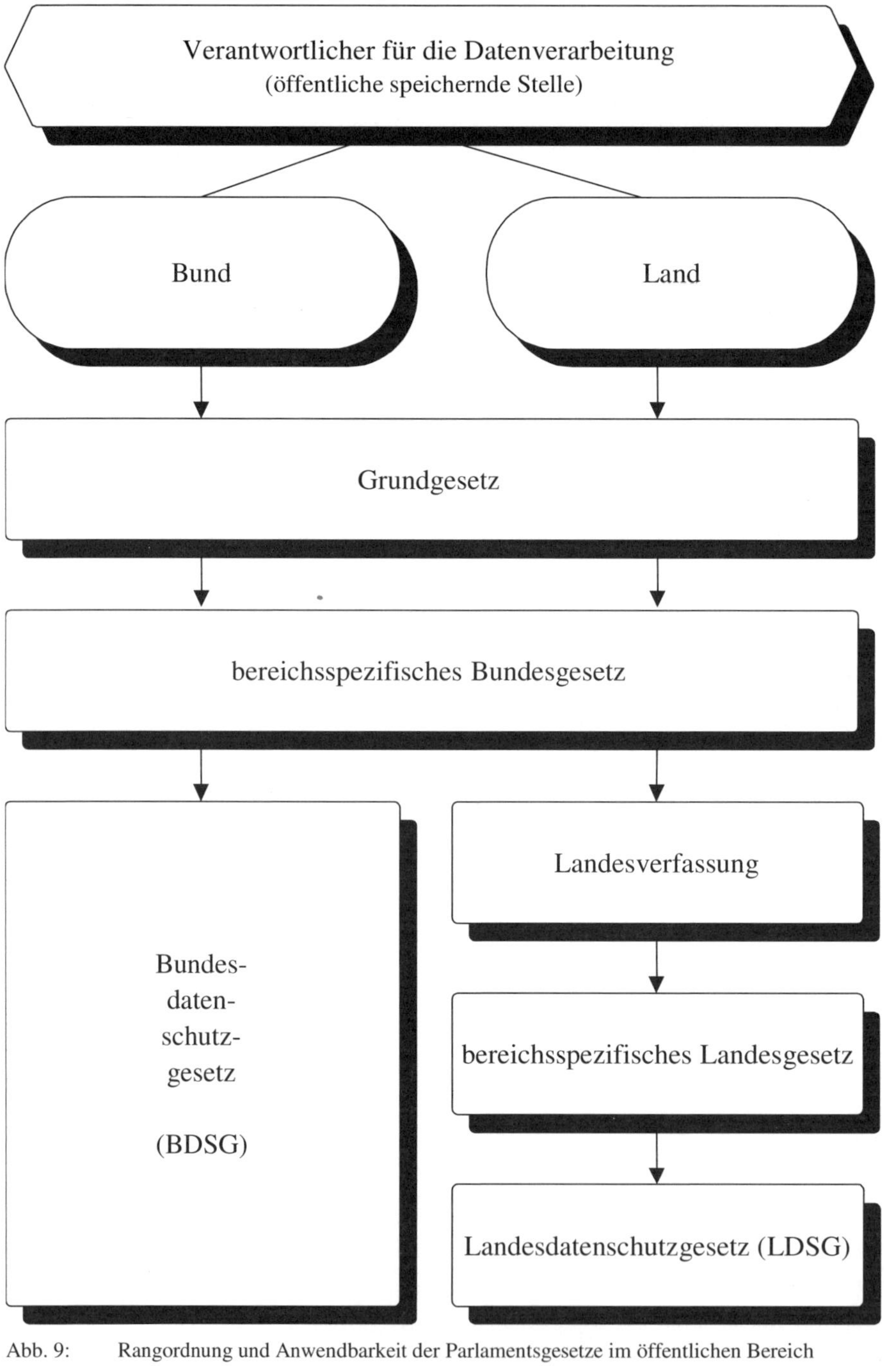

Abb. 9: Rangordnung und Anwendbarkeit der Parlamentsgesetze im öffentlichen Bereich

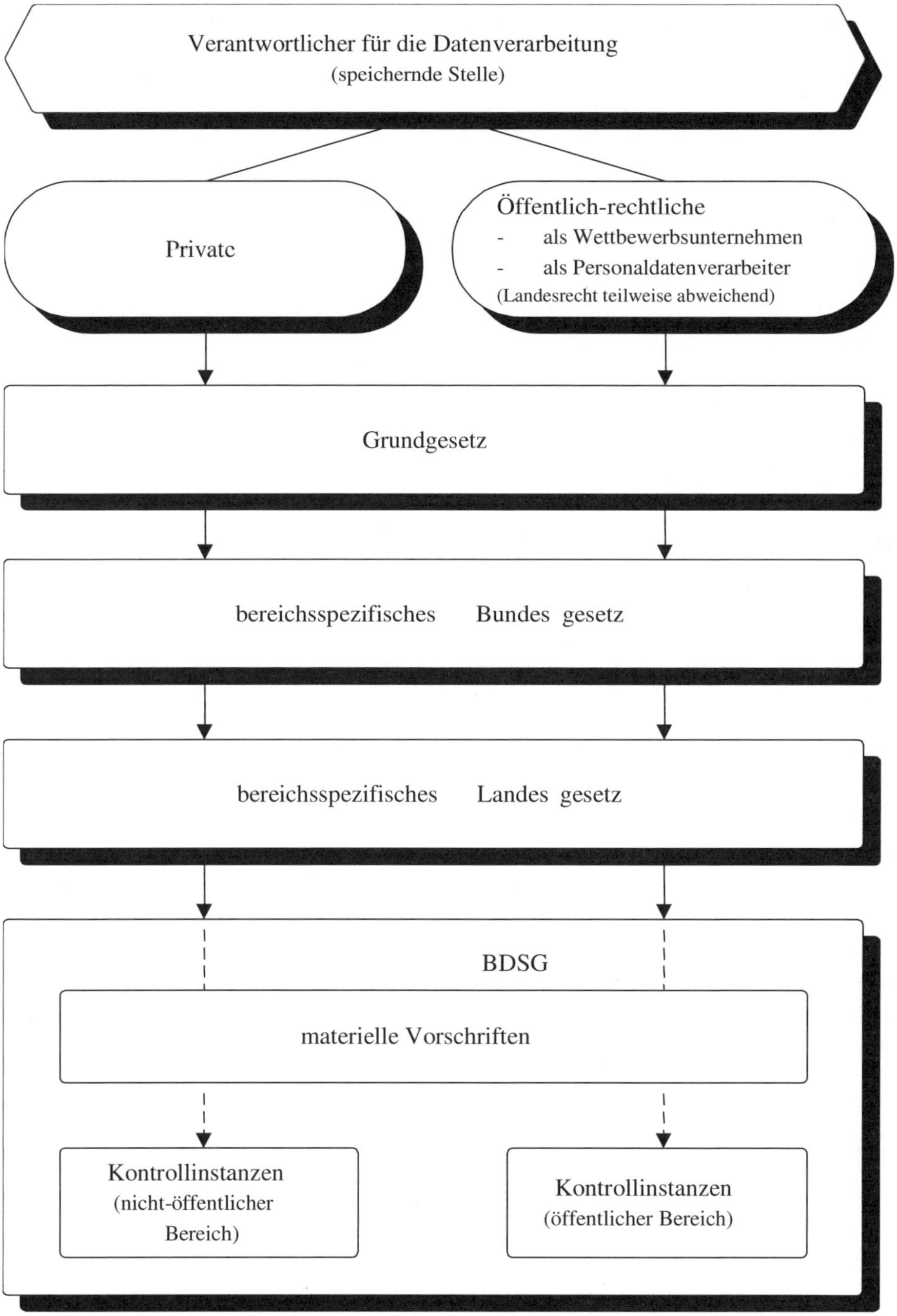

Abb. 10: Rangordnung und Anwendbarkeit der Parlamentsgesetze im nicht-öffentlichen Bereich

6.3 Rangverhältnis: Unionsrecht und nationales Recht

Bereits die Verträge von Amsterdam über Maastricht bis Nizza haben nach ständiger Rechtsprechung des EuGH eine **neue Rechtsordnung** geschaffen, zu deren Gunsten die Mitgliedstaaten ihre Souveränität eingeschränkt haben, um **Vorrang und einheitliche Geltung des Unionsrechts** (ehemals Gemeinschaftsrechts) nicht nur gegenüber den Mitgliedstaaten, sondern auch im Verhältnis zu den Unionsbürgern zu sichern.[8]

Datenschutz ist in erster Linie Grundrechtsschutz, mit dem sich auch die Rechtsprechung des BVerfG in Bezug auf das bisherige Gemeinschaftsrecht befasst hat. Die einschlägige Rechtsprechung verlief nicht immer gradlinig,[9] kann aber grundsätzlich als gefestigt betrachtet werden.[10] Danach darf abgeleitetes Gemeinschaftsrecht nicht am Maßstab der Grundrechte im GG überprüft werden, „solange die Europäischen Gemeinschaften, insbesondere die Rechtsprechung des Gerichtshofs der Gemeinschaften einen wirksamen Schutz der Grundrechte gegenüber der Hoheitsgewalt der Gemeinschaften generell gewährleisten, der dem vom GG als unabdingbar gebotenen Grundrechtsschutz im Wesentlichen gleich zu achten ist, zumal er den Wesensgehalt der Grundrechte generell verbürgt".[11] Das BVerfG betont dementsprechend die Verzahnung der beiden Grundrechtskreise.

Das BVerfG ist ein selbständiges Verfassungsgericht.[12] Seine Einsetzung ist nach der Rechts- und Verfassungsverwüstung in der Zeit des Nationalsozialismus 1949 im Grundgesetz angeordnet worden. Es hat weitgehende Kompetenzen, im Wesentlichen die Normenkontrolle, Organ- und Bund-Länderstreitigkeiten sowie die Entscheidung über Verfassungsbeschwerden. Das Gericht hat seine Arbeit 1951 begonnen und in vielen Entscheidungen auf die Entwicklung eines demokratischen Rechtsstaats Einfluss genommen, vor allem durch seine Rechtsprechung zu den Grundrechten. Das Gericht hat in herausragenden Entscheidungen auf eine europaweite einmalige Feinsteuerung des Persönlichkeitsschutzes in Form des Schutzes der Privatheit bzw. des Datenschutzes eingewirkt.

Nach dem Verständnis des BVerfG gibt es keine „höherrangige" Grundrechtsebene zwischen der Union und ihren Mitgliedstaaten. Grob vereinfachend formuliert akzeptiert das Gericht in Ansehung des europäischen Integrationsprozesses Abstriche am Grundrechtsschutz des Grundgesetzes – allerdings nur bis zu bestimmten Grenzen, die sich u. a. aus Art. 19 Abs. 2 GG (Wesensgehaltssperre) und aus Art. 9 Abs. 3 GG (Veränderungssperre) ergeben. Im Falle der Vorratsdatenspeicherung hat das BVerfG „nur" den grundsätzlichen Anwendungsvorrang des Unionsrechts bejaht.[13] Das Gericht hat nicht geprüft, ob die umstrittene Richtlinie zur

---

8 EuGH v. 15.07.1964, C-6/64, Slg. 1964, 1253; zum Prüfungs- und Verwerfungsrecht der nationalen Gerichte: EuGH, v. 22.06.1989, C-103/88, Slg 1989, 1839, 1871; zu den Problemen in Deutschland: Streinz, Europarecht (5. A. 2001), S. 83 ff.

9 BVerfG v. 29.05.1974, BVerfGE 37, 271 ff.; BVerfG v. 22.10.1986, BVerfGE 73, 339 ff.; BVerfG 08.04.1987, BVerfGE 75, 223 ff.; BVerfG 11.04.1989, BVerfGE 80, 74 ff.; BVerfG v. 12.10.1993, BVerfGE 89, 155 ff.; BVerfG 07.06.2000, BVerfG NJW 2000, 3124 ff.; BVerfG v. 09.01.2001, AuR 2001, 105.

10 Zum Grundrechtsschutz durch den Gerichtshof der Europäischen Gemeinschaften vgl. Colneric, AuR 2001, 366 ff.

11 BVerfG v. 22.10.1986, BVerfGE 73, 339 ff.

12 Vgl. dagegen die Stellung des Supreme Court in den USA, der ein normales oberstes Gericht für Zivil- und Strafsachen ist, das seit 1803 gleichzeitig die Aufgabe der Normenkontrolle übernommen hat.

13 Vgl. BVerfG 02.03.2010, BVerfGE 125, 260, 306 f.

Vorratsdatenspeicherung im Einklang mit Art. 8 EGRC steht. Diese Frage zu beantworten ist vorrangig Sache des EuGH.

Kann sich in Folge dieser Entscheidung ein Nachlassen des nationalen Grundrechtsschutzes ausbreiten? Das BVerfG berücksichtigt zwar zunehmend die europäische Grundrechtslage. Nach wie vor misst es aber deutsche Grundrechte grundsätzlich am Standard des Grundgesetzes. Bei der Entscheidung zur Vorratsdatenspeicherung hat das Gericht stärker als bisher den europäischen Grundrechtsrahmen in den Blick genommen. Falls es zu der Einschätzung gekommen wäre, dass die Vorratsdatenspeicherungsrichtlinie möglicherweise schon gegen den europäischen Grundrechtsschutz verstößt, hätte es diese Frage im Rahmen eines Kooperationsverhältnisses dem EuGH vorlegen müssen. Da es eine Vorlage nicht wollte, hat es sich darauf beschränkt, die Richtlinie rein aus dem Blickwinkel des „integrationsoffenen“ GG zu beurteilen.

Im Falle einer Richtlinienkollision mit nationalem Recht besteht eine Vorlagepflicht des letztinstanzlichen nationalen Fachgerichts beim EuGH.[14] damit der Konflikt zwischen höher- und niederrangigem Recht geklärt werden kann. Das Gesetz wird geprüft und gelangt ggf. mit einem Mängelbericht wieder zurück an die Legislative, die korrigiert. Der EuGH hat sich schon mehrfach mit dem Datenschutz befasst und in seinen Urteilen dem Datenschutz bemerkenswert starkes Gewicht zugewiesen.[15] Das Gericht betont allerdings, dass zugunsten einer umfassenden unionsrechtlichen Harmonisierung die Mitgliedstaaten keinen weitergehenden Schutz als den von der DSRL vorgesehenen treffen dürfen.[16]

Die Vorlagepflicht besteht regelmäßig nur bei letztinstanzlich entscheidenden Gerichten. Sollte eine gebotene Vorlage unterbleiben, kann das BVerfG angerufen werden. Der verpflichtend vorgesehene Beitritt der Union zur EMRK führt dazu, dass bei einer Anrufung des EGMR in Straßburg der EuGH vor dessen Urteil zunächst die Möglichkeit erhält, sich mit dem Fall zu befassen.[17]

Das supranationale **Unionsrecht** hat wie das vorausgegangene supranationale Gemeinschaftsrecht[18] grundsätzlich **Vorrang** vor dem nationalen Recht. Das nationale Recht tritt im einzelnen Konfliktfall zurück und behält nur dann Geltung, wenn das (primäre und sekundäre) Recht nicht anwendbar ist. Einzelne grundgesetzliche Garantien, z. B. die **Tarifautonomie**, müssen ggf. hinter europarechtlichen Regelungen zurückstehen.[19] Bei der Bestimmung der einschlägigen Rechtsgrundlage zum Erlass von datenschutzrechtlichen Regelungen muss zwischen den Verfahren zur Datenverarbeitung im Rahmen des Binnenmarktes (Art. 16 Abs. 2 AEUV) und den Verfahren im Rahmen der Gemeinsamen Außen- und Sicherheitspolitik (Art. 39 EUV) unterschieden werden.[20]

---

14 Zur Vorlagepflicht beim EuGH, BVerfG v. 09.01.2001, AuR 2001, 105; zum EuGH als gesetzlichem Richter im Sinne von Art. 101 Abs. 1 Satz 2 GG bereits BVerfG 22.10.1986, BVerfGE 73, 339 ff.

15 So EuGH v. 06.11.2003, C-101/01, Slg. 2003, I-12971; s. a. EuGH v. 7.5.2009, C-553/07, Rn. 55 f., unter: http://lexetius.com/2009, 937 (letzter Abruf 26.03.2012).

16 EuGH v. 24.11.2011, C-468/10 und C-469/10, NZA 2011, 1409 ff., der in zwei Vorentscheidungsersuchen des Obersten spanischen Gerichtshofs „nationale Alleingänge im Datenschutz“ nach Art. 7 lit. f RL 95/46 verbieten will.

17 Teil I, Kap. 4.3.

18 EuGH v. 11.1.2000, C-285/98, DB 2000, 279 f.

19 Zum Thema Grundrechte der Arbeit und Europa vgl. Bryde, RdA 2003, Sonderbeilage, Heft 5, 5 ff.

20 Ausführlich dazu Teil I, Kap. 4.3.2.

Die Datenschutzgesetzgebung der EU-Mitgliedstaaten wird insbesondere durch folgende Rechtsakte geprägt:

- Allgemeine Richtlinie vom 24.10.1995 zum Schutz natürlicher Personen bei der Verarbeitung personenbezogener Daten und zum freien Datenverkehr,[21] die von allen Mitgliedstaaten umgesetzt wurde und durch eine Verordnung der Union abgelöst werden soll. Sie soll den öffentlichen und privaten Datenschutz insgesamt „vollharmonisieren".
- Bereichsspezifische Richtlinie vom 12.7.2002 über die Verarbeitung personenbezogener Daten und den Schutz der Privatsphäre in der elektronischen Kommunikation, geändert durch RL 2009/136/EG.[22]
- Grundrechtlich umstrittene bereichsspezifische Richtlinie vom 15.1.2006 über die Vorratsspeicherung von Daten, die bei der Bereitstellung öffentlich zugänglicher elektronischer Kommunikationsdienste oder öffentlicher Kommunikationsnetze erzeugt oder verarbeitet werden.[23] Sie wurde von vielen Mitgliedstaaten nicht zum vereinbarten Termin umgesetzt. Aus diesem Grund sind Vertragsverletzungsverfahren gegen die Mitgliedstaaten möglich.[24]
- Rahmenbeschluss des Rates vom 27.11.2008 über den Schutz personenbezogener Daten, die im Rahmen der polizeilichen und justiziellen Zusammenarbeit in Strafsachen verarbeitet werden.[25] Der Rahmenbeschluss (umgesetzt bis zum 27.11.2010 von den Mitgliedstaaten), bezieht sich nur auf den grenzüberschreitenden Austausch von personenbezogenen Daten innerhalb der Union, nicht aber auf die Datenverarbeitung innerhalb der Mitgliedstaaten.

Verordnungen der Union wirken unmittelbar und lassen im Grundsatz keine oder nur wenige Umsetzungsspielräume offen. Sie verdrängen in ihrem Anwendungsbereich jede Form des mitgliedstaatlichen Rechts. Gegebenenfalls umfasst eine Datenschutzverordnung nicht nur den europäischen Markt, sondern auch internationale und internetbasierte Unternehmen wie Amazon, Ebay, Google oder Facebook, die Daten der Unionsbürger verarbeiten. Sachlich können sie sich wie bisher schon die Richtlinie auf den gesamten innerstaatlichen Umgang mit personenbezogenen Daten beziehen, etwa auf die Bereiche der Ausländer-, Finanz- und Umweltbehörden, der Sozialversicherung und Bildungseinrichtungen (Schule und Universitäten usw.). Dabei ist eine Datenschutzverordnung (ebenso wie die Richtlinie 95/46/EG) auf innerstaatliches Recht angewiesen. Auf der Abstraktionshöhe einer übergreifenden Grundverordnung lässt sich der Datenschutz allerdings nicht abschließend regeln.[26] Den Mitgliedstaaten muss die gesetzliche Konkretisierung der öffentlichen Aufgaben vorbehalten bleiben, für die Behörden zuständig sind und für die sie personenbezogene Daten erheben, verarbeiten und nutzen.

---

21 Richtlinie 95/46/EG, ABl. EG 1995, L 281/31; zu den Materialien vgl. Ehmann/Helfrich, Kommentar DSRL (1999).

22 Richtlinie 2009/136/EG, ABl. EU 2009, L 337, S. 11.

23 Richtlinie 2006/24/EG, ABl. EU 2006, L 105, S. 54.

24 Petri, DuD 2011, 607 ff. m.w.N.; zum Problem Vorratsspeicherung und dem sog. Quick-Freeze Verfahren als alternative oder zusätzliche Lösung vgl. Brunst, DuD 2011, 619 f.

25 Rahmenbeschluss 2008/977/JI, ABl. EU 2008, L 350/60.

26 Zur Neuregelung des unionsrechtlichen Datenschutzes vgl. Johannes Masing, Ein Abschied von Grundrechten, SZ v. 1.2012, S. 10. Die Aussagen Masings zu einer „Monopolisierung" des Datenschutzes durch die Union sind allerdings missverständlich.

Das **traditionelle Völkerrecht** ist im Kern das Recht für die Beziehungen zwischen souveränen Staaten. Es dient der Sicherung des Friedens der Staaten, die im Globalisierungsprozess immer abhängiger voneinander werden. Das Grundgesetz hat das Verhältnis des Völkerrechts zum nationalen Recht eigens geregelt:

Die **„allgemeinen Regeln des Völkerrechts“**[27] gehören zum **Bundesrecht** (Art. 25 Satz 1 GG) und gehen den nationalen Gesetzen vor (Art. 25 Satz 2 GG). Sie stehen im Rang unter der Verfassung, aber über den Bundesgesetzen (Zwischenrang).[28] **Völkerrechtliche Verträge** (z. B. Datenschutzkonvention, die Bioethik-Konvention des Europarats) werden ratifiziert und in innerstaatliches Recht umgesetzt bzw. transformiert (Art. 59 Abs. 2 Satz 1 GG). Nach der Umsetzung haben sie Gesetzesrang und unterfallen dem Grundgesetz. Dies bedeutet, dass sie grundrechtskonform sein und mit der verfassungsrechtlichen Kompetenzverteilung zwischen Bund und Ländern im Einklang stehen müssen.

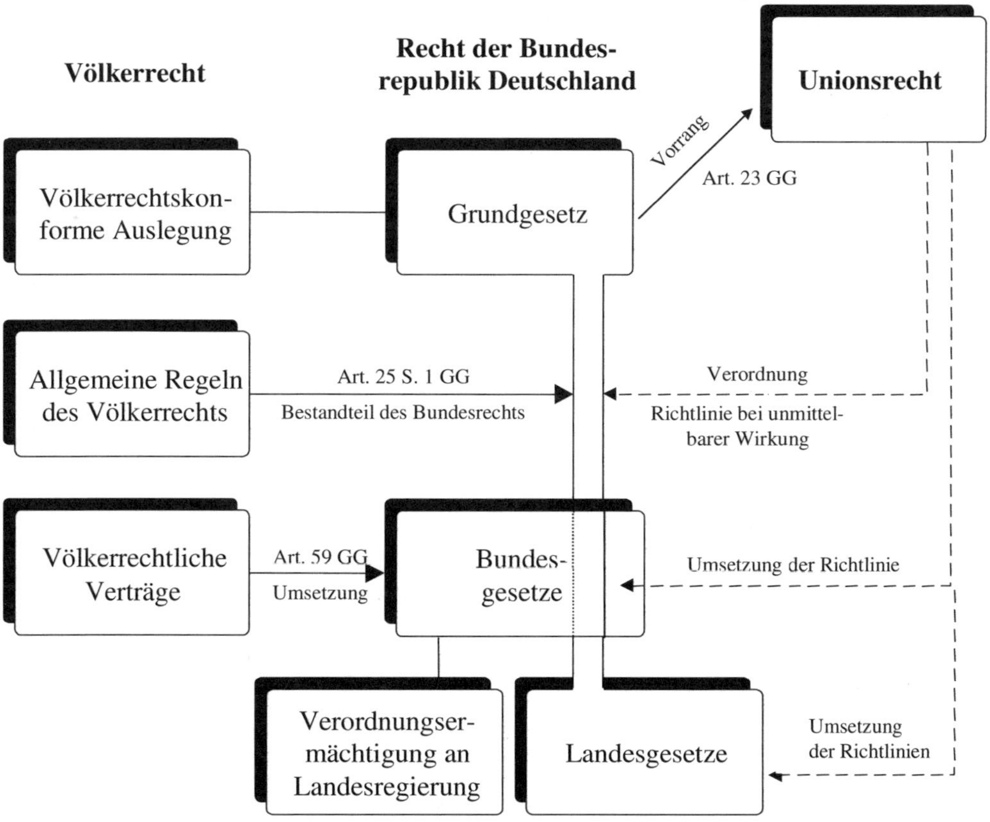

Abb. 11: Rangfolge von nationalem Recht zu Völkerrecht und Unionsrecht

27 Hierzu gehören vor allem das Völkergewohnheitsrecht (z. B. völkerrechtliches Notwehr- und Nachbarrecht) und die allgemeinen Rechtsgrundsätze des Völkerrechts (z. B. das Prinzip von Treu und Glauben, das Verbot des Rechtsmissbrauchs).

28 BVerfG v. 29.05.1974, BVerfGE 37, 271, 279.

Nach dem Auftrag des Vertrags von Lissabon (Art. 16 AEUV) hat sich der europäische Gesetzgeber der Aufgabe gestellt, das Datenschutzrecht in der Union zu modernisieren und zu harmonisieren. Allerdings sollte eine Harmonisierung auf möglichst hohem Niveau möglich bleiben, so dass eine entwickelte nationale Datenschutzkultur erhalten bleibt.

6.4 Eckpunkte der geplanten EU-Datenschutzregelungen (Stand 25. Januar 2012)

Der komplexe Wechselprozess von Politik, Wirtschaft und Datenschutz sowie die wachsende europäische Zusammenarbeit im strafrechtlichen Bereich spielen eine zentrale Rolle im Aktionsplan der Europäischen Kommission zur Umsetzung des Stockholmer Programms[29] und in der Digitalen Agenda für Europa,[30] die Bestandteil der Wachstumsstrategie für Europa 2020 ist.[31] Unter den Bedingungen weltweiter digitaler Datenverarbeitung ist eine Modernisierung der Datenschutzregulierung erforderlich geworden. Das gilt insbesondere für die Harmonisierung des Datenschutzes als Teil eines einheitlichen europäischen Marktes. Tatsächlich lässt sich Datenschutz im Rahmen des Cloud-Computings oder gegenüber sozialen Netzwerken (z. B. bei Google oder Facebook[32]) nur noch durchsetzen, wenn dieses Recht zumindest an europaweite Standards gebunden ist. In praktischer Hinsicht hat daher die **Europäische Kommission** – gestützt auf Art. 16 Abs. 2 S. 1 AEUV[33] – am 25. Januar 2012 **zwei Entwürfe zum Datenschutz** veröffentlicht,[34] die im Gesetzgebungsverfahren von Parlament und Rat[35] behandelt werden müssen:

- eine **Verordnung** (als Ersatz für die DSRL 95/46/EG), mit der unionsweit eine verbindliche **Datenschutzgrundordnung** geschaffen werden soll (DS-GVO),[36]
- eine **Richtlinie** (als Ersatz für den Rahmenbeschluss 2008/977/JI)[37] mit Regeln für den Schutz personenbezogener Daten, die zum Zweck der **Verhütung, Aufdeckung, Untersuchung oder Verfolgung von Straftaten und für damit verbundene justizielle Tätigkeiten** verarbeitet werden (DSRL-IJ).[38]

29 KOM(2010) 171 endg.

30 KOM(2010) 245 endg.

31 KOM(2010) 2020 endg.

32 Vgl. Varinia Bernau, Sie machen, was sie wollen, SZ v. 1.2.2012, S. 20; Zu den datenschutzrechtlichen Auskunftsverlangen von Max Schrems gegenüber Facebook vgl. Julia Brummer, Der untreue Freund, SZ v. 20.4.2012, S. 18; s. a. http://www.europe-v-facebook.org/DE/Datenbestand/datenbestand.html.

33 Zur datenschutzrechtlichen Gesetzgebungskompetenz vgl. Teil I, Kap. 4.3.2.

34 Abgedr. unter: http://ec.europa.eu/justice/newsroom/data-protection/news/120125_en.htm (letzter Abruf 26.03.2012).

35 Zum Verfahren vgl. Teil I, Kap. 4.3.2.

36 Vorschlag der EU-Kommission für eine Verordnung zum Schutz natürlicher Personen bei der Verarbeitung personenbezogener Daten und zum freien Datenverkehr (Datenschutz-Grundverordnung – DS-GVO), KOM(2012) 0011 endg. Die Verordnung enthält u. a. technische Anpassungen der Datenschutzrichtlinie im Bereich der elektronischen Kommunikation (Richtlinie 2009/136/EG, ABl. EU 2009, L 337, S. 11).

37 Rahmenbeschluss 2008/977/JI, ABl. EU 2008, L 350/60.

38 KOM(2012) 0010 endg.

Für den Gesetzgeber in den Mitgliedstaaten hat es weitreichende Folgen, wenn an die Stelle der DSRL nun eine DS-GVO treten soll, die grundsätzlich eine lückenlose unionsweite Regelung für alle Bereiche anstrebt.

Eine extensive unionsweite Regelung des mitgliedstaatlichen Rechts berührt die im Primärrecht geregelten **Grundsätze der Subsidiarität und der Verhältnismäßigkeit** (Art. 5 Abs. 3 und Abs. 4 EUV). Danach wird die Union in Bereichen, die nicht in ihre ausschließliche Zuständigkeit fallen, nur dann tätig, sofern und soweit die Ziele der in Frage kommenden Maßnahmen wegen ihres Umfangs oder ihrer Wirkung auf Unionsebene besser zu verwirklichen sind. Die genannten Grundsätze sind bei den Gesetzgebungsverfahren der Union zu beachten.[39] Danach hat die Kommission vor einem Gesetzentwurf etwa öffentliche Anhörungen zum Datenschutz[40] und Gespräche mit Interessenvertretern oder Datenschutzbehörden der EU[41] vorzunehmen, um herauszufinden, wie eine einheitliche Anwendung der Datenschutzvorschriften erreicht werden kann. Für die Beachtung der Subsidiarität haben auch die Mitgliedstaaten Sorge zu tragen (Art. 69 AEUV).[42]

Der Grundsatz der **Subsidiarität** ist ein **Architekturprinzip der Union**. Die Maßnahmen der Union dürfen inhaltlich wie formal nicht über das zur Erreichung der Ziele der Verträge erforderliche Maß hinausgehen. Dient die geplante „Vollharmonisierung“ diesem Ziel? Ist es nicht auch durch „mildere“ Maßnahmen zu erreichen? Werden die Gestaltungsspielräume der Mitgliedstaaten entsprechend der allgemeinen Kompetenzverteilung (Art. 5 Abs. 2 EUV) zugunsten der Mitgliedstaaten hinreichend beachtet?

Es entspricht der gefestigten Rechtsprechung des EuGH, dass bereits die Richtlinie (95/46/EG) auf eine **Vollharmonisierung des Datenschutzes** ausgerichtet ist.[43] Das Gericht hat in diesem Zusammenhang allerdings nie in Zweifel gezogen, dass die DSRL den Mitgliedstaaten Gestaltungsspielräume offenhält und auch offenhalten sollte.[44] In den Erwägungsgründen (EG) zum DS-GVO-E stellt die Kommission fest, dass technologischer Fortschritt und Globalisierung zwar eine Neuordnung des Datenschutzes in der Union notwendig machen (EG 5 ff.). Bei allem Überarbeitungsbedarf ist aber das grundsätzliche Ziel der **DSRL** aus dem Jahre 1995, die unionsweite Gewährleistung des Grundrechts auf Datenschutz, nach wie vor gültig (EG 7). Die Kommission ist allerdings der Auffassung, dass die DSRL **nicht** zu einer hinreichenden Harmonisierung des Datenschutzes in der Union geführt habe (EG 7).

Der DS-GVO-E zielt auf eine gesamteuropäische Stärkung des Datenschutzes ab. Anknüpfend an die DSRL soll er den öffentlichen und privaten Datenschutz in der Union weiter festigen bzw. „vollharmonisieren“. Die Informationserhebung und -verwendung im Bereich der Polizei und Justiz soll wegen deren spezifischen nationalen Ausformungen der DSRL-IJ vorbehalten bleiben.

---

39 Vgl. Protokoll über die Anwendung der Grundsätze der Subsidiarität und der Verhältnismäßigkeit, die dem EUV und AEUV beigefügt sind, abgedr. in: Fischer, Der Vertrag von Lissabon (2008), S. 463.

40 Vgl. unter: http://ec.europa.eu/justice/news/consulting_public/news_consulting_0006_en.htm (letzter Abruf 26.03.2012).

41 KOM(2010) 609 endg..

42 Vgl. dazu den Beschluss des Bundesrates v. 30.3.2012, BR-Drs. 52/12 (Beschluss).

43 Vgl. zuletzt EuGH v. 24.11.2011, C-469/10, NZA 2011, 1409, 1410, Rn. 28 m.w.N.; s. a. Teil I, Kap. 4.3.

44 Vgl. EuGH v. 06.11.2003, C-101/10, EuGRZ 2003, 714 ff.; EuGH v. 29.01.2008, C-275/06, NJW 2008, 743, 746; EuGH v. 07.05.2009, C-553/07, EuZW 2009, 546, 548; Teil I, Kap. 4.3.

Die Frage ist, ob und inwieweit der DS-GVO-E den Mitgliedstaaten eigene Gestaltungsmöglichkeiten belässt. So soll etwa dem nationalen Gesetzgeber die gesetzliche Konkretisierung der öffentlichen Aufgaben, für deren Zwecke personenbezogene Daten verarbeitet werden dürfen, vorbehalten bleiben. Ebenso soll ihm die Festlegung von Sonderregelungen im Bereich der Presse, der Gesundheitsdaten, der Forschung, der Geheimhaltungspflichten oder des Beschäftigtendatenschutzes offen stehen. Die Regelungsermächtigungen sind allerdings restriktiv eingegrenzt. Sie stehen unter dem Vorbehalt entgegenstehender (delegierter) Rechtsakte, die von der Kommission selbst erlassen werden können. Im Ganzen soll der Datenschutz in den Mitgliedstaaten vom Unionsrecht „beherrscht" werden. Unter diesen Vorgaben zielt der DS-GVO-E grundsätzlich auf eine unionsweite Vollregelung ab.

6.4.1 Charakter und Wirkung einer Grundverordnung

Eine Grundverordnung ist wie jede andere Verordnung auch in ihrer Wirkung ein *„europaweites Gesetz"*.[45] Sie verdrängt mitgliedstaatliches Recht (Art. 288 Satz 2 AEUV). Der DS-GVO-E enthält naturgemäß zahlreiche allgemeine Regelungen und ist daher von einer großen **Abstraktionshöhe**. Die Kommission soll in zahlreichen Fällen zum Erlass von

- delegierten Rechtsakten (delegated acts) und
- Durchführungsakten (implementing acts) befugt sein.

Der DS-GVO-E sieht an sehr vielen Stellen **delegierte Rechtsakte der Kommission** i.S.v. Art. 290 AEUV vor.[46] Bei diesen handelt es sich um eine **exekutive Rechtssetzung** durch die Kommission, die mit dem Erlass einer Rechtsverordnung in der bundesdeutschen Rechtsordnung (Art. 80 GG) vergleichbar ist. Sie findet ihre Rechtsgrundlage nicht in Art. 290 Abs. 1 AEUV, sondern im jeweiligen Unionsgesetz, hier ggf. in der Datenschutzgrundverordnung.

Die delegierten Rechtsakte stehen dem Rechtsakt des Unionsgesetzgebers im Rang nach. Entsprechend ihrer hierarchischen Unterordnung sind sie immer dann nichtig, *„wenn sie mit der im delegierenden Gesetzgebungsakt enthaltenen Ermächtigung nicht vereinbar sind"*.[47] Als Ausdruck des **Gewaltenteilungsprinzips** des Unionsrechts müssen sie als **„tertiäres Unionsrecht"** mit dem Primärrecht (den Verträgen), aber auch mit dem gesamten Sekundärrecht (einer Verordnung usw.) übereinstimmen.[48]

Die Ermächtigung bezieht sich auf die Ergänzung oder Änderung von Vorschriften, die nicht **wesentliche Aspekte**[49] eines Bereichs berühren. Sie ist in erster Linie darauf angelegt, die entsprechenden Normen detailliert und konkret auszufüllen. Die Befugnis zur Änderung soll der Kommission die Möglichkeit geben, den jeweiligen Gesetzgebungsakt zu aktualisieren, beispielsweise technische Detailbestimmungen zu regeln.[50] In dieser Hinsicht hat die Kommission einen substantiellen Gestaltungsspielraum. Die wesentlichen Aspekte eines Bereichs sind dagegen stets dem Unionsgesetzgeber selbst vorbehalten (Art. 290 Abs. 1 Uabs. 2.

---

45 Vgl. Masing, SZ v. 09.01.2012, S. 10 ff.

46 Vgl. dazu Schild/Tinnefeld, DuD 2012, 312–317.

47 Gellermann in Streinz (Hg.), EUV, AEUV (2. A. 2012), Art. 290 AEUV Rn. 3–6; s. a. Vedder in Vedder/Heintschel von Heinegg (Hg.), EUV (2012), Art. I-36, Rn. 2.

48 Gellermann, in Streinz (Hg.), EUV, AEUV (2. A. 2012), Art. 290 AEUV, Rn. 3.

49 Vgl. EuGH v. 06.12.2005, Slg. 2005, I 1 0553, Rn. 48 mit Anmerkung Ohler, JZ 2006, 359 ff.

50 Gellermann in Streinz (Hg.), EUV, AEUV (2. A. 2012), Art. 290 AEUV Rn. 4.

Satz 2 AEUV).[51] In den delegierenden Gesetzgebungsakt sind die Bedingungen aufzunehmen, unter denen die Ergänzungs- und Änderungsbefugnis steht, so dass sie von Parlament und Rat kontrolliert werden können (Art. 290 Abs. 2 AEUV).[52] Die Kommission kann sich beim Erlass delegierter Rechtsakte des Sachverstandes der Mitgliedstaaten bedienen, muss dies aber nicht.[53]

Der DS-GVO-E bestimmt in einigen Fällen, dass die Kommission **Durchführungsrechtsakte** i.S.v. Art. 291 AEUV vornehmen kann, die der Festlegung formaler Details dienen sollen. Dabei geht es nicht um die Ergänzung oder Änderung von Gesetzesakten der Union. Art. 291 AEUV betont den **Grundsatz der mitgliedstaatlichen Durchführung** nach innerstaatlichem Recht (Abs. 1) und macht die Übertragung der Durchführungsbefugnisse an die Kommission (Abs. 2) von dem Erfordernis einheitlicher Bedingungen abhängig, deren Wahrnehmung (Abs. 3) unter mitgliedstaatliche Kontrolle gestellt werden soll.[54] Im Einzelnen dürfen der Kommission Durchführungsbefugnisse nur im Einklang mit dem Subsidiaritätsprinzip (Art. 5 Abs. 3 EUV) zustehen, wenn im Bereich des Datenschutzes eine gleichförmige Durchführung in den Mitgliedstaaten andernfalls nicht gesichert ist oder sich die Durchführungsmaßnahme ihres Umfangs oder ihrer Wirkung nach auf Unionsebene besser verwirklichen lässt.[55]

Bedeutsam sind in diesem Zusammenhang die Regelungen im DS-GVO-E über die **Zuständigkeiten der Aufsichtsbehörden** in den Mitgliedstaaten. Bereits während der Beratungen zur DSRL von 1995 zeichnete sich die Notwendigkeit ab, auf europäischer Ebene ein koordiniertes Verfahren für die Meinungsbildung und Abstimmung unter den Datenschutzbehörden zu schaffen, das von der Art. 29-Gruppe praktiziert wurde.[56]

Das Urteil des EuGH[57] zur notwendigen Stärkung der Aufsichtsbehörden im Jahre 2010 hat in Deutschland dazu beigetragen, dass die ehemals gespaltene Datenschutzaufsicht im öffentlichen und nicht-öffentlichen Bereich nahezu ganz aufgehoben wurde, die Aufgaben nunmehr koordiniert sind. Die Zusammenarbeit unter den Aufsichtsbehörden zwischen diesen und der Kommission soll nach dem DS-GVO-E allerdings innerstaatlich und auf europäischer Ebene verdichtet werden. Das Verfahren in der bisherigen Art. 29-Gruppe wird ersetzt: Mitgliedstaaten, in denen mehrere Aufsichtsbehörden zuständig sind, sollen zukünftig eine Aufsichtsbehörde als zentrale Kontaktstelle für die wirksame Beteiligung aller Aufsichtsbehörden in einem **Europäischen Datenausschuss** bestimmen.[58] Nach der bisherigen Praxis in der Art-29 Gruppe vertritt der Bundesbeauftragte für den Datenschutz und die Informations-

---

51 Zur Entwicklung des Begriffs wesentlicher Rechtsakt vgl. etwa EuGH v. 17.12.1970, C-25/70, Slg. 1970, 1161; EuGH v. 27.10.1992 C-240/90, Slg. 1992, I-5383 Rn. 36; EuGH v. 06.05.2008, C133/06, Slg. 2008, I-31189 Rn. 45 ff. m.w.N.

52 Dazu Schild/Tinnefeld, a.a.O.

53 Gellermann in Streinz (Hg.), EUV, AEUV (2. A. 2012), Art. 290 AEUV Rn. 12 m.w.N.

54 Gellermann in Streinz (Hg.), EUV, AEUV (2. A. 2012), Art. 291 AEUV Rn. 2 f., 30 f.

55 Vedder in Vedder/Heintschel von Heinegg (Hg.), EUV (2012), Art. I-37 Rn. 9.

56 Vgl. dazu die Stellungsnahmen und Arbeitspapiere der Art. 29-Gruppe, die nach dem Inkrafttreten der DSRL ihre Arbeit aufgenommen hat. Sie sind veröffentlicht unter: http://ec.europa.eu/justice/data-protection/article-29/documentation/opinion-recommondation/index_en.htm.

57 Vgl. EuGH, Urteil v. 9.3.2010, Rechtssache C-518/07 (Kommission v. Deutschland), MMR 2010, 352 m. Anm. Petri/Tinnefeld; zur Unabhängigkeit der Aufsichtsbehörden s. a. Schild, DuD 2010, 549.

58 Vgl. Art. 46 Abs. 2 DS-GOV-E und EG 93.

freiheit als stimmberechtigtes Mitglied die Bundesrepublik Deutschland. Dazu muss er sich vorher mit dem Vertreter der Landesdatenschutzbehörden abstimmen.[59]

Eine **harmonisierte Rechtsanwendung** in der Union ist schon deshalb wichtig, weil der Entwurf das Prinzip des „one stop shop" für Unternehmen und für Betroffene verankert.[60]

Beispiel: Hat ein Unternehmen wie Facebook in mehr als einem Mitgliedstaat Niederlassungen, dann ist allein die Aufsichtsbehörde des Mitgliedstaates, in dem das Unternehmen seine Hauptniederlassung hat, für die unionsweite Datenverarbeitung zuständig. Ein Betroffener kann sich an die Aufsichtsbehörde des eigenen Mitgliedstaates wenden, wenn seine Daten in einem anderen Mitgliedstaat verarbeitet werden.

Es besteht die Gefahr, dass Unternehmen das one stop shop-Prinzip zum forum shopping nutzen und ihre Entscheidung für den Ort der Hauptniederlassung von dem jeweiligen Datenschutzregime in einem Land abhängig machen. Schon aus diesem Grund ist ein **Kohärenzverfahren** notwendig.[61] Danach besteht auch die Möglichkeit für jede (auch unzuständige) Aufsichtsbehörde, die einen dringenden Handlungsbedarf sieht, eine zuständige Aufsichtsbehörde um eine Stellungsnahme zu ersuchen, wenn diese keine Maßnahmen zum Schutz der Betroffeneninteressen trifft.[62] Ebenso sind Verfahren für Standard-Klauseln, die Genehmigung von Vertragsklauseln und die Annahme unternehmensinterner Vorschriften vorgesehen, wenn die Datenverarbeitungen für betroffene Personen in mehreren Mitgliedstaaten oder die Beobachtung ihres Verhaltens eine Beeinträchtigung des freien Datenverkehrs beinhaltet.

Die Befugnisse, die die Kommission für sich selbst im Kohärenzverfahren sowie der elektronischen Kommunikation festlegt, gehen allerdings über das zulässige Maß hinaus.[63] Die Kommission kann nicht nur Maßnahmen der einzelnen Aufsichtsbehörden mit einem suspensiven Veto belegen.[64] Sie kann vor allem auch letztverbindliche Durchführungsakte über die ordnungsgemäße Anwendung der Datenschutzverordnung vor und unabhängig von einem Kohärenzverfahren fassen, die unbefristet gelten.[65]

Die Kommission ist als „Hüterin der Verträge" zwar unabhängig gegenüber den Mitgliedstaaten.[66] Diese Unabhängigkeit entspricht aber nicht der Unabhängigkeit „vollständig unabhängiger" Datenschutz-Aufsichtsbehörden bzw. Kontrollstellen. Diese hat der EuGH in seinem von der Kommission erwirkten Urteil im Jahre 2010 ausdrücklich als „Hüter der Grundrechte" nach Art. 8 Abs. 3 EGRC eingeordnet.

Die Kommission ist – wie nationale Regierungen auch – in erster Linie ein Exekutivorgan. Sie hat eine Vielzahl von Aufgaben, die sie gegenüber nationalen Behörden ausübt (z. B. im

59 Vgl. dazu das Gesetz über die Zusammenarbeit von Bund und Ländern in Angelegenheiten der Europäischen Union (§ 6 EUZBLG).

60 Vgl. Art. 51 Abs. 2 DS-GOV-E.

61 Vgl. Art. 57 ff. DS-GOV-E; s. dazu Dix, DuD 2012, 318–321.

62 Vgl. Art. 61 Abs. 3 DS-GOV-E.

63 Vgl. dazu Hornung, ZD 2012, 99, 105; s. a. Dix, a.a.O.

64 Vgl. Art. 59, 60 DS-GOV-E.

65 Vgl. Art. 59, 60 DS-GOV-E.

66 Vgl. Art. 17 Abs. 3 S. 3 EUV; s. a. Teil I, Kap. 4.3.2.

Kartellrecht). Bereits dadurch könnte sie veranlasst werden, die Waagschale wirtschaftlicher Interessen im Verhältnis zum Datenschutz kräftig nach oben zu ziehen.[67]

Es ist mit dem Bild von vollständig unabhängigen nationalen Datenschutzbehörden unvereinbar, wenn sie dem Regime einer europäischen Behörde unterstellt werden, das auch gegen ihren Willen Fragen der Rechtsanwendung letztverbindlich auslegt, über sie entscheidet und sie lenkt. Im Verhältnis zu den Aufsichtsbehörden zeichnet sich eine *„systemwidrige Befugnisfülle"* der Kommission ab.[68] Diese kann dazu führen, dass (vormals) unabhängige nationale Datenschutzbehörden zu bloßen Außenstellen bzw. **„Vollzugsstellen"** der Kommission werden.

Die Harmonisierung des europäischen Datenschutzes sollte auf möglichst hohem Niveau stattfinden, soweit deren Überschreitung nicht den grenzübergreifenden Datenschutz beeinträchtigt. Andernfalls würden bereits erreichte hohe nationale Datenschutzstandards gefährdet. Auch unter dem Aspekt nationaler Grundrechtsstandards ist es problematisch, wenn die geplante Neuregelung im Rahmen einer Vollharmonisierung **nicht** nur einen **Mindeststandard** im Datenschutz garantiert, sondern eine **Schutzobergrenze** für den Datenschutz vorsieht. Die Begrenzung nach oben steht in einem deutlichen Spannungsverhältnis zu den grundrechtlichen Gewährleistungen des Datenschutzes (vgl. Art. 8 EGRC, Art. 8 EMRK, Art. 2 Abs. 1 i.V.m. Art. 1 Abs. 1 GG).

Sollte sich die datenschutzrechtliche Einschränkung von Grundrechten und mitgliedstaatlicher Beteiligung in der Union durch die geplante Grundverordnung tatsächlich weiter verdichten, dann wären – so der für den Datenschutz zuständige Bundesverfassungsrichter Johannes Masing – *„in all diesen Bereichen die deutschen Grundrechte demnächst nicht mehr anwendbar, wäre die Kontrollfunktion des Bundesverfassungsgerichts in wesentlichen Bereichen ausgeschaltet […]."*[69]

Durch den Wechsel von der Richtlinie zu einer Grundverordnung werden nicht nur die Wirtschaft, sondern auch die deutschen Gerichte und Behörden den Regeln des Europarechts unterworfen, für dessen Auslegung ggf. der EuGH nach den Regeln des **Vorabentscheidungsverfahrens** (Art. 267 Abs. 1 lit. b AEUV) zuständig wäre.[70] In diesem Licht ist auch das große Problem der Richter in Luxemburg ins Auge zu fassen: der dramatische Anstieg der Verfahren, die zusammen mit den Verfahrenszeiten vor den nationalen Gerichten eine Dauer von vier Jahren und länger aufweisen können.[71]

---

67 Hornung, a.a.O., 105.

68 Dazu Dix, a.a.O.

69 Masing, SZ 09.01.2012, S. 10 ff.

70 Grund dafür ist: Weist ein Rechtsstreit in den Mitgliedstaaten unionsrechtlich ungeklärte Fragen auf, dann muss der letztinstanzlich entscheidende Richter den Sachverhalt zur Vorabentscheidung an den EuGH vorlegen. Nach dessen Entscheidung darf er selbst in der Sache urteilen. Die Richter am EuGH sind mit einer Ausnahme nicht auf Fachbereiche spezialisiert. Die Ausnahme bildet das Gericht für den öffentlichen Dienst, das für beamtenrechtliche Fälle zuständig ist.

71 Zum Problem Rösler, Europas Gerichte unter Reformdruck (2012): Der Europarechtsexperte am Hamburger Max-Planck-Institut für ausländisches und internationales Privatrecht Hannes Rösler schlägt in seinem neuesten Werk vor, einen judikativen Föderalismus zwischen den mitgliedstaatlichen und europäischen Gerichten zu entwickeln. Erstrebenswert sei vor allem eine Strukturreform, die eine neue europäische Justizarchitektur bilde. Dazu gehöre auch eine europäische Gerichtsbarkeit für Bürger. Sie sollen den EuGH – anders als bisher – in festgelegten Grenzen unmittelbar anrufen können.

Ohne angemessene Einbeziehung eines optimalen Grundrechtsschutzes, ohne demokratische Mitwirkung der Gesellschaften und ihrer nationalen Gesetzgeber könnte das Vertrauen der Bürger in die Stabilität supranationaler Regelungen leiden. Gefragt ist und in Frage steht daher auch die Fähigkeit der Bürger zur politischen Mitgestaltung ihrer Lebensverhältnisse. Die Bürger in einem Land müssen wissen und spüren, dass die Entscheidungen nicht allzu weit weg von ihnen fallen, so dass sie zustimmen können. Vertrauen ist daher auch Teil einer Erfahrung, die mit einer bestimmten (nationalen) **Rechtskultur** gewonnen werden kann.[72]

Damit zeichnet sich ein Problem ab, das Friedrich Hebbel in seinem unvollendeten Trauerspiel „Demetrius" so beschrieben hat: „Wer damit anfängt, dass er allen traut, wird damit enden, das er jeden für einen Schurken hält."[73] Anders formuliert legt Hebbels „bedrohlicher" Spruch die Schlussfolgerung nahe, alles und jeden unter Kontrolle zu halten.

6.4.2 Ausgewählte Regelungen im DS-GVO-E

Der DS-GVO-E ist in elf Kapitel unterteilt. Im Folgendem sollen schwerpunktmäßig die Inhalte von Regelungen der Datenverarbeitung (DV) vorgestellt werden:

- **Sachlicher Anwendungsbereich:** Der Schutz des DS-GVO-E zielt auf personenbezogene Daten natürlicher Personen. Daten juristischer Personen (z. B. Unternehmensnamen und Adressen) werden nicht geschützt. Die personenbezogene Information über den jeweiligen Ansprechpartner in einem Unternehmen ist dagegen von der Regelung erfasst.
- **Räumlicher Anwendungsbereich:** Der DS-GVO-E regelt vor allem die DV durch Datenverarbeiter **innerhalb der Union**. Datenverarbeiter **außerhalb der Union** werden von der Regelung erfasst, wenn sie personenbezogene Daten von Betroffenen in der EU verarbeiten. Die DV muss
  - sich auf das Anbieten von Waren oder Dienstleistungen an diese Betroffenen beziehen oder
  - auf die Beobachtung bzw. Kontrolle („monitoring") ihres Verhaltens gerichtet sein.
- **Grundsätze der Zweckbindung und Verhältnismäßigkeit:** Jedes Handeln soll nach dem DS-GVO-E zielgerichtet sein und darf nicht über das hinausgehen, was für die Erreichung der angestrebten Ziele erforderlich ist. Damit wird der Grundrechtsschutz des Einzelnen weit mehr als bisher gesichert. Dem trägt auch die Forderung Rechnung, den Grundsatz der Datensparsamkeit und Datenvermeidung bereits in das Vorfeld der DV einzubeziehen.
- **Rechtmäßigkeit der Datenverarbeitung**: Der DS-GVO-E stützt sich auf die DSRL (Art. 7). Die Kriterien der DSRL sollen weiter konkretisiert werden in Bezug auf die Interessenabwägung und die Erfüllung rechtlicher Verpflichtungen und Aufgaben im öffentlichen Interesse. Der DS-GVO-E zielt auf eine Vollharmonisierung des Datenschutzes ab, wonach die Mitgliedstaaten eine Schutzobergrenze beachten sollen. Fraglich ist, ob nicht im öffentlichen Bereich, anders als im grenzüberschreitenden Wirtschaftsbereich, Rechtsunsicherheiten vorprogrammiert sind.
- **Einwilligung:** Nach dem DS-GVO-E können Betroffene nur **explizit** und nur für konkret bestimmte Zwecke in die DV einwilligen. Die Einwilligung soll zum Ausdruck

---

[72] Teil I, Kap. 1.1.

[73] Hebbel, Demetrius, IV, Kap. 1, Vers. 2394 ff.; s. a. Prantl, Wir sind viele (2011), 15 f.

bringen, dass die betroffene Person mit der Verarbeitung *„einverstanden"* ist. Ein allgemeines Schriftformerfordernis soll nicht bestehen, allerdings soll der Verantwortliche die **Beweislast** für das Vorliegen der Einwilligung tragen. Das würde in der Praxis heißen, dass eine nachprüfbare schriftliche oder elektronische Dokumentation erforderlich ist. Eine wirksame Einwilligung soll entfallen, wenn ein **erhebliches Ungleichgewicht** zwischen der Position des Betroffenen und der Position des Verantwortlichen für die DV besteht. Im Erwägungsgrund (EG 34) wird davon ausgegangen, dass eine Einwilligung im **behördlichen Subordinationsverhältnis** sowie in anderen Abhängigkeitsverhältnissen, wozu auch das **Beschäftigtenverhältnis** gehören soll, nicht rechtfertigend wirkt. Besondere Einwilligungs-Regelungen sind für Kinder (Personen unter achtzehn Jahren) vorgesehen. Die Definition **Kind** lehnt sich an Art. 1 Satz 1 der UN-Kinderrechtskonvention von 20.11.1989 an, die einen Minimalschutzstandard für Minderjährige statuiert. Nach dem DS-GVO-E soll für Kinder unter 13 Jahren eine DV nur mit Einwilligung der Eltern zulässig sein. Zu der Frage, was für Jugendliche im Alter von 13 bis 17 Jahren gelten soll, macht der Entwurf keine Aussage. Aus dem Erwägungsgrund (EG 129) ergibt sich allerdings, dass die Kommission diese Lücke im Wege der delegierten Rechtsakte ausfüllen will, wofür sich jedoch keine Ermächtigung im Entwurf findet. Unter Berücksichtigung der vorhandenen Technologien sollen angemessene Anstrengungen unternommen werden, um eine nachprüfbare Einwilligung der Eltern zu erhalten. Hier stellt sich die Frage nach praktikablen Altersverifikationsverfahren (z. B. bei Onlinespielen).

- **Besondere Datenkategorien:** Der DS-GVO-E stellt hohe Anforderungen an das Verarbeiten besonderer (sensibler) Daten: personenbezogenen Daten über Rasse, ethnische Herkunft, politische Meinungen, Religion oder Glauben, Gewerkschaftszugehörigkeit, genetische oder gesundheitsbezogene Daten sowie Daten über das Sexualleben oder strafrechtliche Verurteilungen oder damit zusammenhängende Sicherungsmaßnahmen („security measures").
- **Erweiterte organisatorische Pflichten, insbesondere Transparenzmaßnahmen:** Der DS-GVO-E erweitert die **Rechte des Betroffenen**. Er sieht Informations- und Auskunftsrechte vor, die deutlich präzisiert werden sollen. Der Datenverarbeiter soll außerdem verpflichtet werden, transparente und leicht zugängliche Richtlinien bezüglich der DV und der Wahrnehmung von Betroffenenrechten zu erstellen, insbesondere auch die Rechte von Kindern durch *„eine adressatengerechte Sprache"* zu berücksichtigen. Zudem soll der Verantwortliche für die DV verpflichtet werden, eine aufwendige Dokumentation zu erstellen.
- **Verbot von Maßnahmen, die auf einem automatisierten Profiling beruhen:** Diese Bestimmung knüpft an Art. 15 Abs. 1 DSRL an. Der Gedanke eines vollständigen Verbots von auf Profiling basierenden Maßnahmen bei Kindern findet sich nun im entsprechenden Erwägungsgrund (EG 58).
- **Das Recht auf „Vergessenwerden" und auf Löschung** (right to be forgotten and to erasure): Der Betroffene darf nach dem DS-GVO-E unter bestimmten Voraussetzungen von der verantwortlichen Stelle verlangen, dass sie seine personenbezogenen Daten unverzüglich löscht und sie nicht weiter verbreitet
  - wenn Daten nicht mehr länger für den ursprünglich mit der Datenverarbeitung verfolgten Zweck der Speicherung erforderlich sind,
  - der Betroffene seine Einwilligung widerruft oder

– der Betroffene berechtigterweise der weiteren Verarbeitung seiner Daten widerspricht.

Das Recht auf „Vergessenwerden" des Betroffenen im Netz soll so weit gehen, dass derjenige, der die Daten öffentlich gemacht hat, Dritte, die diese Daten verarbeiten, von den Löschungsbegehren etc. unterrichtet. Dieses Recht soll nicht nur für Online-Dienste gelten. Mit dem Recht auf Datenlöschung soll insbesondere auch dem Umstand Rechnung getragen werden, dass Betroffene möglicherweise im Kindesalter Daten preisgegeben haben, ohne die damit verbundenen Gefahren einer Datenverarbeitung in vollem Umfang erkannt zu haben. Der Verantwortliche muss außerdem Verfahren zur Sicherung der Löschfristen einrichten.

- **Das Recht, Daten mitzunehmen** (right to data portability): Der DS-GVO-E sieht vor, dass der Betroffene eine Kopie seiner Daten vom Verantwortlichen für die DV verlangen kann, wie sie in einem strukturierten und häufig genutzten Format (etwa Kunden- und Adressendaten) verarbeitet worden sind. Dies soll dem Betroffenen die weitere Verarbeitung seiner Daten ermöglichen. Werden die Daten eines Betroffenen auf der Grundlage eines Vertrages oder einer Einwilligung verarbeitet, dann soll dem Betroffenen das Recht zustehen, diese Daten elektronisch in ein anderes Verarbeitungssystem (etwa auf einen Mitbewerber) zu übermitteln.
- **Datenschutz durch Design und Voreinstellungen** (data protection by design and by default): Der Datenverarbeiter muss angemessene technische und organisatorische Maßnahmen und Prozesse vorsehen, um sicherzustellen, dass die DV datenschutzgerecht durchgeführt wird. Dazu gehört, dass er Standardeinstellungen einführt, die sicherstellen, dass er nur solche personenbezogenen Daten verarbeitet, die für den jeweils verfolgten Zweck erforderlich sind.
- **Auftragsdatenverarbeitung:** Der DS-GVO-E knüpft für die Auftragsdatenverarbeitung an Art. 17 Abs. 2 DSRL an, geht teils aber auch darüber hinaus. So soll etwa für die Datensicherheit künftig nicht mehr nur der Auftraggeber allein, sondern auch der Auftragnehmer verantwortlich sein, unabhängig von dem zwischen beiden bestehenden Vertragsverhältnis.
- **Datenverlust und Datendiebstahl** (personal data breach): Der Begriff des Datenverlustes bezieht sich auf versehentliche oder unrechtmäßige Löschung, Verlust, Veränderung oder unzulässige Offenlegung personenbezogener Daten sowie den Zugang zu diesen Daten durch Dritte. Die zuständige Datenschutzinstanz soll von jedem Datenverlust unverzüglich unterrichtet werden müssen (i. d. R. innerhalb von 24 Stunden). Falls die Wahrscheinlichkeit besteht, dass der Datenverlust den Datenschutz oder andere Persönlichkeitsrechte eines Betroffenen nachteilig berührt („adversely affect"), soll der verantwortliche Datenverarbeiter auch den Betroffenen unverzüglich unterrichten.
- **Folgenabschätzung/Vorabeinschätzung** (data impact assessment): Der DS-GVO-E sieht bei einer DV, die nach ihrer Art, ihrem Umfang oder Zweck besondere Gefahren („specific risk") für die Rechte und Freiheiten der Betroffenen, insbesondere auch für Kinder birgt, eine Vorabeinschätzung der Folgen der DV für den Datenschutz vor. Die Abschätzung soll mindestens eine allgemeine Beschreibung der vorgesehenen DV und eine Bewertung der Gefahren umfassen. Der Datenverarbeiter soll die Maßnahmen beschreiben, die er zur Abwehr der Gefahren getroffen hat.
- **Datenschutzbeauftragter und Meldeverfahren**: Der DS-GVO-E reduziert die strengen Bestimmungen, die etwa das deutsche Recht bislang für die Bestellung eines Daten-

schutzbeauftragten vorsieht.[74] Behörden müssen nach dem DS-GVO-E stets einen Datenschutzbeauftragten bestellen, Unternehmen dann, wenn sie 250 oder mehr Personen beschäftigen. Die Bestellpflicht soll außerdem auch dann bestehen, wenn die Kerntätigkeit eine DV umfasst, die nach ihrer Art und ihrem Umfang oder ihrem Zweck die regelmäßige und systematische Beobachtung („monitoring") von Betroffenen voraussetzt. Die verantwortliche Stelle soll den Datenschutzbeauftragten für einen Mindestzeitraum von zwei Jahren bestellen, in dem er nur unter besonderen Voraussetzungen gekündigt werden kann. Außerdem soll das umstrittene Meldeverfahren gegenüber der Aufsichtsbehörde abgeschafft werden.

- **Datenübermittlung in Drittländer**: Die Übermittlung von personenbezogenen Daten in Länder außerhalb der Union (Drittländer), die ein angemessenes Datenschutzniveau aufweisen, soll nach dem DS-GVO-E keinen zusätzlichen datenschutzrechtlichen Anforderungen unterliegen. Die **Angemessenheit des Niveaus** soll durch die **Kommission** beurteilt werden. Nach der bisherigen Einschätzung der Kommission haben eine Reihe von Drittländern kein entsprechendes Niveau (z. B. USA, Russland, China, Indien). In solche Staaten sollen Datenverarbeiter in der Union personenbezogene Daten nur unter der Voraussetzung besonderer Sicherheitsvorkehrungen übermitteln dürfen. Dazu zählen etwa die Verwendung verbindlicher Sicherheitsregelungen (binding corporate rules), von der Kommission oder einer nationalen Aufsichtbehörde vorgegebene Standardvertragsklauseln oder Vertragsklauseln, die diese Behörde genehmigt hat.
- **Beschwerde- und Klagerecht von Verbänden**: Nach dem DS-GVO-E sollen Interessenorganisationen das Recht haben, im Namen der betroffenen Person und im eigenen Namen Beschwerde bei einer Aufsichtsbehörde zu erheben. Im Namen der betroffenen Person sollen sie auch gerichtliche Verfahren anstrengen können.
- **Einsetzung eines unabhängigen Europäischen Datenschutzausschusses**: Nach dem DS-GVO-E sollen die Leiter der mitgliedstaatlichen Aufsichtsbehörden und der Europäische Datenschutzbeauftragte einen unabhängigen Datenschutzausschuss auf europäischer Ebene bilden. Er soll die **Artikel 29 Datenschutzgruppe** der Richtlinie 95/46/EG **ersetzen**. Die Kommission soll zwar nicht Mitglied des Europäischen Datenschutzausschusses werden, aber ein Recht auf Mitwirkung an seinen Arbeiten und auf Teilnahme an den Sitzungen haben.[75]
- **Verschärfte Sanktionen**: Falls ein Datenverarbeiter vorsätzlich oder fahrlässig personenbezogene Daten ohne oder ohne hinreichende Rechtsgrundlage verarbeitet, soll die Aufsichtsbehörde ein Bußgeld (fine) verhängen dürfen. Das Bußgeld ist im Hinblick auf weltweite Unternehmen gestaffelt: Es kann von einem halben Prozent über ein Prozent bis zu zwei Prozent der jährlichen weltweiten Einnahmen (worldwide revenues) eines Unternehmens reichen.

Beispiel: Die jährlichen Einnahmen von Google betrugen im Jahre 2010 weltweit ungefähr 29 Milliarden Dollar.[76] Zwei Prozent davon würden etwa 580 Millionen Dollar bzw. 439 Millionen Euro ausmachen.

---

74 Jaspers/Reif, RDV 2012, 78 ff.

75 Vgl. Teil I, Kap. 6.4.1.

76 Vgl. Google Investor Relations, 2011 Financial Tables, http://investor.google.com/finacial/tables.html.

Für eine Reihe von **besonderen Datenverarbeitungssituationen** sieht der DS-GVO-E die Möglichkeit von nationalen Sonderregelungen vor:

- Mitgliedstaaten sollen Ausnahmen und Einschränkungen von datenschutzrechtlichen Vorgaben zugunsten einer DV zu journalistischen sowie zu künstlerischen oder literarischen Zwecken normieren;
- Mitgliedstaaten sollen besondere Schutzmaßnahmen bei der Verarbeitung von Gesundheitsdaten normieren;
- Mitgliedstaaten haben die Möglichkeit, den Beschäftigtendatenschutz selbst zu regeln;[77]
- für die DV zu historischen und statistischen Zwecken sowie für die wissenschaftliche Forschung (etwa die Grundlagenforschung) gelten besondere Regelungen;
- Mitgliedstaaten haben die Möglichkeit, in Fällen der besonderen Geheimhaltung Kontrollen der Aufsichtsbehörden etwa in einer Arztpraxis eigens zu regeln;
- Kirchen und religiösen Vereinigungen oder Gemeinschaften mit umfassenden Datenschutzregelungen (etwa der katholischen und evangelischen Kirche), ist es erlaubt, diese weiter anzuwenden, *„sofern sie mit der Verordnung in Einklang gebracht werden"*.

Folgenreich ist, dass der DS-GVO-E überwiegend das mitgliedstaatliche Recht (z. B. im Bereich der Sozialversicherungen, der Krankenhäuser und Schulen und Universitäten) verdrängen soll. „Fortbestand, Fortentwicklung und Funktionieren der EU hängt vom Zusammenwirken der Mitgliedstaaten in dieser und mit dieser ab."[78] Die oben dargelegte mächtige Stellung der Kommission trägt indessen zu einem Übergewicht der Union im Verhältnis zu den Mitgliedstaaten bei. Die Union ist aber grundsätzlich auf den Vollzug des Unionsrechts durch die Mitgliedstaaten und deren Organe angewiesen.[79] Daher ist eine Reduzierung der zahlreichen neuen Zuständigkeiten bzw. Befugnisse der Kommission im Bereich des Datenschutzes zugunsten mitgliedstaatlicher Gestaltungsspielräume erforderlich. Schließlich ist sie auch unter dem Aspekt der jeweiligen nationalen Rechtskulturen geboten.

6.4.3 Regelungen in der DSRL-IJ

Der DSRL-IJ-E befasst sich mit der Informationsverarbeitung und -verwendung im Bereich des Sicherheitsrechts (frühere dritte Säule). Die Richtlinie soll allgemein und unabhängig von grenzüberschreitenden Bezügen gelten und jede Form der personenbezogenen DV umfassen, die von zuständigen Behörden zusammen ausgeführt wird. Die rein innerstaatliche DV der Polizei und Justiz (z. B. im Bereich der nationalen Sicherheit) fällt nicht in den Anwendungsbereich der DSRL-IJ. Entsprechendes gilt für die Organe, Einrichtungen, Ämter und Agenturen der Union.[80]

Beispiel: Zur inneren Sicherheit gehören neben dem Verteidigungsbereich die Tätigkeit der Inlands- und Auslandsgeheimdienste. Die sektorspezifischen nationalen Datenverarbeitungsregelungen im G 10, BNDG, MADG, BVerfSchG sowie die entsprechenden Gesetze der Bundesländer sind von dem DSRL-IJ-E nicht betroffen.

---

77 Ausführlich zum Problem Franzen, DuD 2012, 322–326.

78 Streinz, Europarecht (8. A. 2008), § 3 Rn. 141.

79 Streinz, Europarecht (8. A. 2008), § 3 Rn. 144.

80 Dazu Schild/Tinnefeld, DuD 5/2012, im Druck.

Beispiel: Zu den Ämtern der Union gehören Europol und Eurojust. Im DSRL-IJ-E fehlen erforderliche einheitliche Regelungen für sie und für die nationalen Kriminalbehörden.[81]

Der DSRL-IJ-E setzt überwiegend **gesetzliche Erlaubnisregeln** im Unionsrecht und im Recht der Mitgliedstaaten voraus. Für Letztere enthält der Entwurf materielle Mindestanforderungen. Eine **Einwilligung** der betroffenen Person **fehlt** im Katalog zulässiger Verarbeitungsgründe. Diese Regelung entspricht derjenigen im DS-GVO-E, wonach eine Einwilligung in einem Subordinationsverhältnis niemals autonom ist.

Beispiel: Ein Kriminalbeamter darf den Betroffenen nicht fragen, ob er bereit ist, eine Ermittlungsmaßnahme „freiwillig" zu dulden.

Der DSRL-IJ-E enthält detaillierte Bestimmungen über die **Aufsichtsbehörden**, die teilweise denen im DS-GVO-E entsprechen. Der Entwurf beinhaltet Regelungen der Zusammenarbeit der Aufsichtsbehörden und des Europäischen Datenausschusses. Er sieht kein Kohärenzverfahren vor. Damit bleibt die Aufsichtsstruktur in Deutschland im Sicherheitsbereich im Wesentlichen bestehen.

Der Entwurf gliedert sich in zehn Kapitel.[82] Im Folgenden werden einige Eckpunkte aufgezeigt:

- **Allgemeine Anforderungen an die Datenverarbeitung**: Grundsatz der Rechtmäßigkeit, Einschränkungen für besondere (sensible) Daten sowie für Daten, die durch automatisiertes Profiling gewonnen werden. Darauf basierende Maßnahmen sollen aufgrund nationaler Befugnistatbestände bei entsprechenden Garantien zulässig ein.
- **Datenkategorien:** Dazu gehören einerseits verschiedene Kategorien betroffener Personen – „Verdächtige, Straftäter, Opfer, Zeugen und Kontaktpersonen". Andererseits spricht der Entwurf von der „Richtigkeit und Zuverlässigkeit" der Daten und differenziert zwischen Daten, „die auf Fakten beruhen, und solchen, die auf persönlichen Einschätzungen beruhen". Die betroffene Person hat ein Berichtigungsrecht, wenn sie einer unzutreffenden Kategorie bzw. Einschätzung zugeordnet ist. Die Aufsichtsbehörden haben ein entsprechendes Überwachungsrecht.
- **Informationspflichten und Rechte:** Die Verantwortlichen für die DV müssen eine betroffene Person grundsätzlich bei der Datenerhebung informieren. Die betroffene Person erhält grundsätzlich ein Auskunftsrecht (Gegenstand der Tatsache der Verarbeitung, einzelne Daten und das Recht auf eine Kopie), das von den Mitgliedstaaten erheblich eingeschränkt werden kann. In einem solchen Fall hat die betroffene Person das Recht, die Aufsichtsbehörde um Hilfe zu ersuchen, die sie zumindest über das Ergebnis informieren muss. Sofern es sich um strafrechtliche Ermittlungen handelt, können die Rechte der betroffenen Person im nationalen Strafprozessrecht geregelt werden.
- **Pflichten des Verantwortlichen für die eigene Datenverarbeitung und die Datenverarbeitung im Auftrag:** Sie entsprechen im Wesentlichen den Regelungen im

[81] Vgl. Böhm, Information Sharing and Data Protection in the Arena of Freedom, Security and Justice (2011), 177 ff. (zu Europol), 214 ff. (zu Eurojust); s. a. Teil I, Kap. 4.3.3.

[82] Überblick und ausführlicher Wertung der geplanten Richtlinie für die Datenverarbeitung bei Polizei und Justiz vgl. Bäcker/Hornung, ZD 2012, 147–152.

DS-GVO-E. Der Entwurf enthält die Sonderregelung, die Erhebung, Veränderung und Abfrage, Weitergabe und Löschung von Daten aufzuzeichnen.

- **Regelungen zur Übermittlung in Drittländer und an internationale Organisationen:** Grundvoraussetzung für alle Übermittlungen ist, dass sie zur Verhütung, Aufdeckung, Untersuchung oder Verfolgung von Straftaten oder zur Strafvollstreckung erforderlich sind. Hinzutreten soll: ein Angemessenheitsbeschluss, geeignete Garantien oder weitere Ausnahmetatbestände.[83] Übermittlungen zwischen den Mitgliedstaaten sowie an oder von Stellen der Union sollen sich nach den allgemeinen Verarbeitungsgrundsätzen im DSRL-IJ-E sowie nach gesonderten Rechtsakten richten.

Es lässt sich feststellen, dass die grundlegenden materiell-rechtlichen Vorgaben des Entwurfs im Wesentlichen bereits im deutschen Recht enthalten sind, so dass sich zwar in Teilbereichen, aber nicht grundsätzlich ein Anpassungsbedarf für das nationale Recht ergeben würde.[84]

6.4.4 Europas Datenschutz unter Reformdruck

Die Entwicklung eines europäischen Datenschutzes ist dringend notwendig. Seit Inkrafttreten des Vertrags von Lissabon (2009) legt Art. 16 AEUV einen einheitlichen datenschutzrechtlichen Rahmen auf der Ebene des Sekundärrechts nahe. Dabei sind die Grundsätz der Subsidiarität und Verhälnismäßigkeit zu beachten.[85]

Im Verfahren der Subsidiaritätsprüfung hat jedes Parlament eines Mitgliedstaates das Recht der Subsidiaritätsrüge. In Zwei-Kammer-Systemen hat jede Kammer eine eigene Stimme und ein eigenes Recht zur Stellungnahme für eine Subsidiaritätsrüge. Wenn die abgegebenen Stellungnahmen nicht mindestens ein Drittel der Gesamtzahl der den nationalen Parlamenten zugeteilten Stimmen erreichen, sind sie nur durch das Europäische Parlament, den Rat und die Kommission „zu berücksichtigen“.[86]

Die Rüge der Subsidiarität ist wegen des nicht erreichten Quorums gescheitert. Es gibt allerdings Anhaltspunkte dafür, dass der Datenschutz der öffentlichen Verwaltung aus dem Anwendungsbereich der DS-GVO herausgenommen wird. Dies würde den Mitgliedstaaten die Möglichkeit eröffnen, durch einzelstaatliches Recht Regelungen zu treffen, die der jeweiligen Rechtstradition entsprechen.

Die unionsweite Diskussion über die zulässige und angemessene Regelung des europäischen Datenschutzes geht weiter:

Der Entwurf der DS-GVO enthält weniger inhaltliche Vorgaben als die bisherige RL 95/46/EG, dafür aber mehr verfahrensrechtliche Regelungen und Befugnisse zu Durchführungsrechtsakten und delegierten Rechtsakten der Kommission.

Aufgrund der unmittelbaren und allgemeinen Rechtswirkung der Verordnung kann dieser Umstand in den Mitgliedstaaten eine erhebliche Rechtsunsicherheit erzeugen. Es ist unklar, in welchem Umfang dieses Defizit im Rahmen des laufenden Gesetzgebungsverfahrens be-

---

83 Ausführlich und kritisch zu dieser Regelung Bäcker/Hornung, a.a.O., 151.

84 So auch im Ergebnis Bäcker/Hornung, a.a.O., 152, die sich insbesondere auch mit der Frage der Zukunft des Grundrechtsschutzes im Sicherheitsrechts befassen.

85 Teil I, Kap. 6.4.

86 Vgl. § 7 Abs. 1 UAbs. 1 des Subsidiaritätsprotokolls; s. a. Teil I, Kap. 6.4.

seitigt wird. Absehbar ist aber, dass der Umfang der Delegation reduziert wird, weil voraussichtlich weder Rat noch Parlament eine derartige Verlagerung der Rechtssetzungsbefugnisse auf die Kommission akzeptieren werden.

In der DS-GVO wird als eine zentrale neue Aufgabe den Datenschutzbehörden aufgetragen, auf eine EU-weit einheitliche Handhabung des Datenschutzes hinzuwirken. Sie soll im Rahmen eines bürokratischen Kohärenzverfahrens realisiert werden, auf das die Kommission wesentliche Einflussmöglichkeiten hat. Die Befugnisse, die sich die Kommission selbst in diesem Verfahren beimisst, gehen weit über das zulässige Maß hinaus.

Das Zusammenwirken von äußerst abstrakten inhaltlichen Vorgaben und detaillierten Verfahrensregeln in der DS-GVO birgt die Gefahr, dass das bisher erreichte Datenschutzniveau sogar unterschritten wird. Zentrale strittige Frage ist der Umfang der Regelungsbefugnisse der Mitgliedstaaten im öffentlichen Bereich.

Das „deutsche Erfolgsmodell" des betrieblichen Datenschutzes ist gefährdet, weil die Bundesrepublik Deutschland nicht mehr die Möglichkeit haben soll, eine weitergehende Verpflichtung zur Bestellung von betrieblichen Datenschutzbeauftragten vorzusehen. Denn die vorgesehene „Öffnungsklausel" gestattet es den Mitgliedstaaten nur, nicht bestellungspflichtigen Unternehmen die Bestellung des betrieblichen Datenschutzbeauftragten zu erlauben.

Der Entwurf der DSR-IJ gilt nur für den Bereich der Straftatenbekämpfung (inklusive Strafverfahren und Strafvollzug), nicht für den Bereich der Gefahrenabwehr. Unklar ist es, inwieweit dieser präventive Bereich von der DS-GVO erfasst wird. Er geht nicht ausdrücklich auf die Frage des absolut geschützten Kernbereichs privater Lebensgestaltung ein, mit dem sich insbesondere das BVerfG ausdrücklich befasst hat.[87]

Der Entwurf der DSR-IJ zielt der Sache nach auf eine Abschaffung des Instituts der Einwilligung im Bereich der Strafverfolgung, die sich zugunsten der Bürger auswirkt, die in einem Subordinationsverhältnis stehen. Der Entwurf enthält eine ganze Reihe von neuen Dokumentationspflichten, deren Auswirkungen näher zu prüfen wären (Bürokratisierung versus Datenschutzmehrwerte durch bessere Rechtmäßigkeitskontrolle). Er sieht einen Kohärenzmechanismus vor. Die Durchsetzungsmechanismen bedürfen zwar im Einzelnen noch der Klärung, Sie belassen aber den nationalen Aufsichtsbehörden ihre unabhängige Kontrollfunktion.

Die notwendige Harmonisierung und Modernisierung des europäischen Datenschutzes ist mit den Reformvorschlägen der Kommission in Gang gekommen. Es ist auch ein generell-abstrakter Rechtsrahmen für den Datenschutz in Europa notwendig. Er soll nach dem Willen der Kommission für dreißig Jahre Bestand haben. Dies ist ohne Befugnisse zum Erlass von konkretisierenden Rechtsakten angesichts des rasanten technologischen Wandels auch notwendig.[88] Die Frage ist, wer wie diese „Stellschrauben" angemessen bedienen darf.

87 Teil I, Kap. 1 und Kap. 5.

88 So Dix, DuD 2012, 321 ; s. a. Wagner, DuD 2012, 303 f.

7 Bereichsspezifische Regelungen in Auswahl

„Recht ist ein spezielles Netzwerk gesellschaftlicher Selbstverständigung“.[1] Es steuert Sektoren menschlichen Zusammenlebens wie sie sich rechtskulturell herausgebildet haben, etwa beim Datenschutz im kirchlichen Bereich, im Bereich der Erbinformationen, bei Planungen und Kalkulationen der Forschung, bei Medienfreiheit, Medienmacht und Persönlichkeitsschutz, im individuellen und kollektiven Arbeitsrecht oder im Kontext der Telekommunikation. Die Rechtsregelungen funktionieren erfahrungsgemäß zuverlässiger, solange die an der Kommunikation beteiligten Menschen auf den Datenschutz, in besonderen Fällen auch auf einen besonderen Geheimnisschutz (z. B. Beichtgeheimnis, Mandantengeheimnis, Patientengeheimnis oder auch als Kommunikationspartner auf das Telekommunikationsgeheimnis) vertrauen können. Das Telekommunikationsgeheimnis ist wie das Brief- und Postgeheimnis grundrechtlich (Art. 10 GG) verankert. Es schützt die Vertraulichkeit technisch fundierter laufender Kommunikation zwischen allen Bürgern, aber auch zwischen „Geheimnisträgern“ (z. B. Strafverteidiger, Arzt) und „Geheimnisherrn“ (z. B. Mandant, Patient). Ein Abhör- und Datensammelsystem, das Herstellen von Kommunikationsprofilen (vgl. etwa die Vorratsdatenspeicherung), ist jeweils darauf zu untersuchen, inwieweit es mit dem Postulat des allgemeinen Persönlichkeitsschutzes vereinbar ist.[2]

7.1 Sonderregungen zum Geheimnisschutz

Mit dem Informationsfreiheitsgesetz im Bund (2006) und den entsprechenden Gesetzen in zahlreichen Bundesländern ist im öffentlichen Bereich nicht mehr die **Geheimhaltung von Informationen** die Regel, sondern ihre allgemeine Zugänglichkeit. Jede Person hat einen Zugang zu amtlichen Informationen, es sei denn, es liegen in speziellen Fällen besondere Ausschluss- oder Beschränkungsrechte vor.[3] Der Staat muss daher begründen, warum Informationen unter ein **Staatsgeheimnis** (z. B. Geheimhaltungsbedürftigkeit einer militärischen Tatsache i.S.d. Staatschutzrechts) oder unter ein **Amtsgeheimnis** oder/und **Dienstgeheimnis** fallen. Gegen Geheimniskrämerei stehen nunmehr grundsätzlich öffentlicher Zugang und Veröffentlichungen.

Bei einer Systematisierung von geheimzuhaltenden Informationen ist zu berücksichtigen, dass es **Sonderregelungen für bestimmte Sachbereiche und für Angehörige privilegier-**

---

1 Stolleis in Der Präsident d. Akademie der Wissenschaften, Jahrb. d. Akademie der Wissenschaften zu Göttingen (2003), S. 45 ff.

2 Vgl. Studie des Max-Planck-Instituts (MPI) zur Vorratsdatenspeicherung (2011), S. 1 ff. unter: http://www.mpg.de/5000721/vorratsdatenspeicherung.pdf (letzter Abruf 28.03.2012).

3 Teil I, Kap. 2.3.2.

ter Berufe gibt. Zu den Regelungen für bestimmte (amtliche) Sachbereiche gehören vor allem das Sozialgeheimnis (§ 35 SGB I), das Statistikgeheimnis (§ 16 BStatG), das Steuergeheimnis (§ 30 AO) und das Meldegeheimnis (§ 5 Abs. 1 MRRG). Die Sonderregelungen werden in den einschlägigen Teilen und Kapiteln im Kontext des Datenschutzes näher behandelt.[4] Der Schutz von Geheimnissen ist in der Regel mit besonderen **Verschwiegenheitspflichten** verbunden.

Beispiel: Das Steuergeheimnis (§ 30 AO) verpflichtet die Amtsträger in der Finanzverwaltung und weitere genannte Personen, die „Verhältnisse eines anderen" sowie „fremde Betriebs- und Geschäftsgeheimnisse" zu schützen (Abs. 2). Die meisten dieser Daten sind personenbezogen: Angaben zum Einkommen und zur Art der Erwerbstätigkeit, zu Erbschaften, zu ehelichen und nicht-ehelichen Kindern, zu Aufwendungen wegen Krankheiten usw. Geschützt sind auch der Name und die Verhältnisse von Informanten des Finanzamtes.

Beispiel: Das Statistikgeheimnis (§ 16 Ab. 1 S. 1 BstatG) verpflichtet die mit der Durchführung von Bundesstatistiken betrauten Amtsträger und weitere für den öffentlichen Dienst verpflichtete Personen zur Geheimhaltung der Einzelangaben über persönliche und sachliche Verhältnisse (u. a. Betriebs- und Geschäftsdaten), soweit nicht durch besondere Rechtsvorschriften etwas anderes bestimmt ist. Statistiken erfassen praktisch alle Bereiche des staatlichen und öffentlichen Lebens.[5] Schon im Volkszählungsurteil betonte das BVerfG[6], dass amtlichen Statistiken ein hohes Gefährdungspotential für personenbezogene Daten innewohne. Das Wesen statistischer Datensammlungen und -verarbeitung liege in ihrer Multifunktionalität.

Die zu Zwecken der amtlichen Statistik freiwillig oder aufgrund spezieller gesetzlicher Grundlagen erhobenen Einzelangaben unterliegen dem Statistikgeheimnis nicht nur im Bund, sondern auch gemäß den entsprechenden Gesetzen der Länder. Vorrangiges Datenschutzziel ist es, die Anonymität der erhobenen Einzelangaben zu einer Person zu gewährleisten und zu erhalten. Insbesondere von Seiten der Forschung besteht allerdings ein großes Interesse an den aggregierten, aber nicht veröffentlichten Daten der amtlichen Statistik. Ihre Übermittlung bedarf einer besonderen gesetzlichen Grundlage in den Statistikgesetzen. Soweit „Forschungsklauseln" vorgesehen sind, stützen sie sich auf das Konzept der „faktischen Anonymisierung".[7]

Davon zu unterscheiden sind die **besonderen Berufsgeheimnisse**. Sie dienen dem Vertrauensschutz zwischen Geheimnisträger (z. B. Arzt oder Rechtsanwalt) und Geheimnisherrn (z. B. Patient oder Mandant). Der Geheimnisträger darf vertrauliche Informationen, die ihm im Rahmen seiner Aufgabenerfüllung anvertraut werden, nicht an unbefugte Dritte weitergeben (öffentlich machen/übermitteln). Dazu gehören z. B. auch erfasste Zufallsfunde über

4 Teil I, Kap. 3.3; Teil II, Kap. 1.2 und Teil III, Kap. 1.1.

5 Ausführlich zur Geschichte der Statistik Ziegler, Statistikgeheimnis und Datenschutz (1990), S. 2 ff.

6 BVerfG v. 15.12.1983, BVerfGE 65 1, 47 ff.

7 Teil I, Kap. 7.5.

Krankheiten oder andere Merkmale von Dritten, von denen der Arzt in Ausübung seines Berufes gleichsam nebenbei Kenntnis erhält.

Zu den besonderen Berufsgeheimnissen im Einzelnen:

- **Mandantengeheimnis**: Rechtsanwälte werden durch die Bundesrechtsanwaltordnung (§ 43a BRAO) zur Verschwiegenheit verpflichtet. Die Pflicht ist in der Berufsordnung (§ 2 BerufO) konkretisiert. Sie umfasst ebenso wie die ärztliche Schweigepflicht nicht nur „Geheimnisse", sondern alles, was den Verpflichteten in Ausübung ihres Berufes bekannt geworden ist. Bei den standesrechtlichen gewachsenen Verschwiegenheitspflichten spielt neben dem persönlichkeitsrechtlichen Aspekt das Allgemeininteresse an der Funktionsfähigkeit des Berufsstandes eine elementare Rolle.
- **Patientengeheimnis**: Die Schweigepflicht der Ärzte lässt sich bis auf den jahrtausendealten „Eid des Hippokrates"[8] zurückverfolgen. In Verbindung mit der Privatsphäre ist sie Zentrum des ärztlichen Berufsethos. Wer sich in ärztliche Behandlung begibt, muss und darf erwarten, dass alles, was der Arzt im Rahmen seiner Berufsausübung erfährt, geheim bleibt und nicht zur Kenntnis Unberufener gelangt.[9] Die Verschwiegenheitspflicht ist in der Musterberufsordnung für Ärzte (§ 9 MBO-Ä) definiert und von den Landesärztekammern in den jeweiligen Berufsordnungen der Länder entsprechend geregelt.[10] Sie gilt im Außenverhältnis gegenüber jedermann, der nicht an der Arzt-Patienten-Beziehung teilhat. Die Berufsordnungen der Länder können internationales Standesrecht gemäß der Deklaration von Helsinki („Ethical Principles for Medical Research Involving Human Subjects") in ihre Berufsordnungen einbeziehen.[11] Gesetzliche Offenbarungspflichten ergeben sich u. a. aus dem Strafgesetzbuch (§ 138 StGB – „Nichtanzeige geplanter Straftaten") oder etwa aus gesundheitlichen Meldevorschriften im Infektionsschutzgesetz (§§ 6 ff. IfSG).

Beispiele: Ein psychisch stark beeinträchtigter Patient berichtet seinem Arzt, dass er an der Chorea Huntington leidet, an einer Krankheit mit typischen Bewegungsstörungen und geistigem Abbau, die dominant vererbt wird, an der also auch seine Kinder mit einer beträchtlichen Wahrscheinlichkeit erkranken. Zugleich beschuldigt er seine geschiedene Ehefrau, ihn schlecht behandelt zu haben. Da es bei dem Sondergeheimnis nicht auf die Art des Inhalts, sondern auf dessen Nichtverbreitung ankommt, fallen alle anvertrauten Informationen unter das Patientengeheimnis. Auch die Kinder als potentielle Träger der Erbkrankheit und die beschuldigte Ehefrau werden vom Schutzbereich des Sondergeheimnisses erfasst.
Jedem Arzt obliegt eine **Dokumentationspflicht**. Sie ist in den ärztlichen Berufsordnungen der Länder geregelt und ist auch Bestandteil der ärztlichen Rechenschaftspflicht gegenüber dem Patienten. Die Dokumentationspflicht bezieht sich auf Anamnese, Diagnose und Therapie. In diese Bereiche fallen diagnostische Bemühungen, Fun-

---

8 Zum heute als gültig angesehenen Text der alten Eidesformel vgl. Heiberg (Hg.), Corpus medicorum Graecorum I, 1 (Lipsiae et Berolini MCMXXVII); dazu Teil I, Kap. 1.6.1.

9 BVerfG v. 08.03.1972, BVerfGE 32, 373, 380.

10 Selbstgesetztes Satzungsrecht der Landesärztekammern auf Grundlage der für das jeweilige Bundesland geltenden Kammer- und Heilberufsgesetze.

11 Deutsch/Taupitz in Winter/Fenger/Schreiber (Hg.), Genmedizin und Recht (2001), Rn. 530 f.

ktionsbefunde, Art und Dosierung einer Medikation, Abweichung von Standardbehandlungen, ärztliche Aufklärung, Operationsbericht, Narkoseprotokoll usw.
Die **elektronische Archivierung der Patientendaten** ist in Kliniken häufig Teil von Workflow-Systemen. Der sichere Zugang zur Akte soll in Deutschland über die elektronische Gesundheitskarte des Patienten zusammen mit dem elektronischen Heilberufsausweis (Health Professional Card HPC) erfolgen. Die neuen Lösungen müssen allerdings im Einklang mit dem besonderen Geheimnisschutz stehen und dürfen die Entscheidungsfreiheit des Patienten nicht verletzen, indem sie Dritten Zugang zu den Daten gewähren.

- **Sonstige Verschwiegenheitspflichten**: Sie finden sich in den jeweiligen Berufsgesetzen und -ordnungen und betreffen etwa Notare, vereidigte Buchprüfer, Steuerberater, Psychologen, Berater nach dem Schwangerenkonfliktgesetz, Jugend- und Sozialarbeiter, Ehe- und Jugendberater.

Eine **Verletzung** der genannten Verschwiegenheitspflichten ist **strafbar** (§ 203 StGB). **Geistliche** im Rahmen ihrer kirchlichen Beratung (die Beichte ist tabu)[12] fallen **nicht** unter die strafrechtliche Sanktion. Für sie besteht ebenso wie für Redakteure oder Abgeordnete des Bundestages oder Landtags keine gesetzliche Verschwiegenheitspflicht. Das schließt nicht aus, dass sich etwa Redakteure als Geheimnisträger vertraglich zur Verschwiegenheit verpflichten.

In eine andere Kategorie gehören Verschwiegenheitspflichten, die an einen **privilegierten Datenzugang** anknüpfen oder aus der Verantwortlichkeit für potenziell den Datenschutz gefährdende technische Einrichtungen resultieren. Hier ist etwa das Fernmeldegeheimnis (§ 88 TKG) zu nennen, welches **Personen** verpflichtet, die ganz oder teilweise **geschäftsmäßig Kommunikationsdienste** erbringen oder daran mitwirken. Sofern Inhaber oder Beschäftigte, also Dritte, Kenntnis von Inhalten der Umstände einer Telekommunikation haben und diese offenbaren, machen sie sich wegen Verletzung beruflicher Verschwiegenheitspflichten auch **strafbar** (§ 206 StGB).

Eine Sonderregelung gilt für das sog. **Bankgeheimnis**, das der BGH zu den Berufsgeheimnissen zählt.[13] Es hat im Kern gewohnheitsrechtlichen Charakter. **Rechtsgrundlage** des Bankgeheimnisses sind die vertraglichen oder vorvertraglichen Beziehungen zwischen der Bank und dem Kunden.[14] Der Geheimnisschutz ist Bestandteil des **Bankvertrages** (z. B. Giro-, Darlehens- oder Depotvertrag)[15] und besteht auch nach der Beendigung weiter. In der Abgabenordnung (§ 30a AO) wird das Bankgeheimnis gesetzlich anerkannt, indem es die Nachforschungsbefugnisse der Finanzämter bei Kreditinstituten in einem gewissen Umfang eingeschränkt.

Unter dem Bankgeheimnis wird allgemein die Verpflichtung eines Kreditinstituts verstanden, über die Konten eines Kunden oder über sonstige die Geschäftsverbindungen betreffende Tatsachen keine Informationen an Dritte zu geben. Nach den Allgemeinen Geschäftsbedingungen (AGB) der Banken besteht eine Pflicht, „über alle kundenbezogenen Tatsachen und

---

12 Zu den kirchenrechtlichen Grundlagen vgl. Teil I, Kap. 7.2.

13 BGH v. 27.02.2007, BGHZ 171, 180 ff.

14 Vgl. Fisahn, CR 1995, 634 f. m.w.N.; Junker, DStR 1996, 224 f.

15 BGH v. 27.02.2007, BGHZ 171, 180 ff.

Wertungen" zu schweigen, von denen die Bank kraft Gewerbes Kenntnis erlangt (§ 2 Abs. 1 AGB-Banken).[16]

Von diesem Bankgeheimnis auf vertraglicher Grundlage zu unterscheiden sind Teilregelungen in Form von gesetzlichen Amtsgeheimnissen, die sich auf öffentlich-rechtliche Kreditinstitute beziehen, normiert etwa in den Sparkassengesetzen der Länder. In die gleiche Kategorie gehören gesetzliche Bestimmungen, die sich u. a. an die Mitarbeiter des Bundesaufsichtsamtes über das Kreditwesen (§ 9 KWG) und an die Bedientesten der Deutschen Bundesbank (§ 32 BBankG) richten.

Bankauskünfte sind nur dann zulässig, wenn das Kreditinstitut dazu gesetzlich verpflichtet oder die Bekanntgabe durch den Vertragszweck oder vom Kundenwillen gedeckt ist. Bankauskünfte über Privatkunden sind nur mit deren ausdrücklicher Einwilligung im Einzelfall zu erteilen. Auskünfte über Geschäftskunden (juristische Personen sowie im Handelsregister eingetragene Kaufleute) dürfen nur gegeben werden, sofern keine anderslautende Weisung des betreffenden Kunden vorliegt.

Beispiel: Ein Medienunternehmer verlangt wegen einer Verletzung des Bankgeheimnisses Schadensersatz von einer Bank. Er wirft der Bank vor, mit dem durch den Vorstandssprecher im Fernsehen geäußerten Zweifel an seiner Kreditwürdigkeit mit dafür verantwortlich zu sein, dass sein Unternehmen zwei Monate später scheiterte. Aufgrund der Äußerungen sei der Finanzsektor nicht mehr bereit gewesen, noch weitere Fremd- oder Eigenmittel zur Verfügung zu stellen. Das OLG München bejahte in diesem Fall die Verletzung des Bankgeheimnisses und damit auch eine entsprechende Haftung der Bank.[17] Das Verfahren ist allerdings noch nicht abgeschlossen.

Eine gesetzliche Auskunftspflicht der Banken besteht bei Steuerstrafverfahren und im Kreditwesen bei Millionenkrediten, bei denen die Bundesbank eingeschaltet werden muss (§ 14 KWG) sowie auf der Grundlage des sog. Geldwäschegesetzes, wonach ab einer bestimmten Einzahlung in bar die Bank eine einzahlende Person identifizieren und bei Verdacht einer illegalen Herkunft des Geldes die Strafverfolgungsbehörden informieren muss.

Das Bankgeheimnis ist in den letzten Jahren im Kampf gegen Steuerhinterziehungen in Misskredit geraten. Banken haben ihre Sorgfaltspflichten verletzt und Kunden aktiv bei der Steuerhinterziehung geholfen. So haben etwa Berater der Großbank USB amerikanischen Offshore-Kunden geholfen, amerikanische Steuergesetze systematisch zu umgehen.[18] Mitarbeiter von Banken in sog. Steueroasen haben Schwarzgeldkonten auch von Deutschen kopiert und die Kopien in Deutschland angeboten. Das Bankgeheimnis wäre zu „retten", wenn es in Fällen von Steuerhinterziehung und Steuerbetrug keine Angriffsflächen mehr bieten, eine Weißgeld- anstelle einer Schwarzgeldstrategie greifen würde.

In allen Fällen, in denen der Geheimnisschutz personenbezogene Daten berührt, greifen in der Regel auch die einschlägigen Datenschutzgesetze. Insoweit kann von einer **Parallelgeltung** des **Geheimnisschutzes** und des **Datenschutzes** gesprochen werden. Die Leiter und

16 Zum Verbot pauschaler Einwilligungserklärungen etwa bei der Schufa: Klausel Kloepfer/Kutzschbach, MMR 1998, 650 ff.

17 Vgl. Bericht der FAZ v. 11.12.2003, S. 1.

18 Vgl.Gallarotti, Wie der Kern des Bankgeheimnisses zu retten wäre, NZZ International v. 21.01.2012, S. 15.

Mitarbeiter der Datenschutzinstanzen, etwa der Bundesbeauftragte für Datenschutz und Informationsfreiheit und seine Mitarbeiter, unterliegen einer speziellen Verschwiegenheitspflicht, die auch nach dem beruflichen Ausscheiden weitergilt.[19]

7.2 Berufs- und funktionsbezogene Zeugnisverweigerungsrechte und Beschlagnameverbote

Die Gefährlichkeit des Lauschangriffs auf Wohnungen, der Vorratsdatenspeicherung sowie der „Staatstrojaner" für die Grundfreiheiten des (einfachen) Bürgers hat auch den Blick für die **Geheimhaltungspflichten** von Personen, die einer bestimmten **Berufsgruppe** angehören, wieder geschärft. Die Vertraulichkeit des seelsorglichen Gesprächs[20] oder des Gesprächs zwischen Beschuldigten und Verteidiger wird seit Jahrhunderten rechtlich anerkannt.[21] Die Strafprozessordnung sieht schon seit ihrer ersten Fassung von 1877[22] ein **Zeugnisverweigerungsrecht** für Geistliche, ähnlich für Verteidiger und sonstige Rechtsanwälte sowie für Ärzte vor und zwar *„in Ansehung desjenigen, was ihnen bei Ausübung ihrer Berufes anvertraut ist"* (§ 52 und heute § 53 StPO). Sie sollen der besonderen Konfliktsituation bestimmter Geheimnisträger und ihrer Hilfspersonen (§ 53a StPO) Rechnung tragen.

Hervorzuheben sind die Berufsgruppen, denen auch ohne gesetzliche Verschwiegenheitspflichten ein Zeugnisverweigerungsrecht durch die Strafprozessordnung gewährt wird. [23] Mit dem Zeugnisverweigerungsrecht für **Abgeordnete** deutscher Parlamente (§ 53 Abs. 1 Nr. 4 StPO) wird das verfassungsrechtlich garantierte Zeugnisverweigerungsrecht des Abgeordneten (Art. 47 GG) konkretisiert. Um die Vertraulichkeit der Informationen zwischen den Abgeordneten und Bürgern zu gewährleisten, werden auch die engen Mitarbeiter und Gehilfen der Abgeordneten von der Vorschrift erfasst. Ein selbständiges Zeugnisverweigerungsrecht steht auch den **Redakteuren** von Presse und Rundfunk zu (§§ 383 Abs. 1 Nr. 5 ZPO; 53 Abs. 1 Nr. 5 StPO). Es bezieht sich u. a. *„auf die Identität von Verfassern und Informanten von Beiträgen und die ihnen gemachten Mitteilungen"*. [24] Dazu zählt auch die Vertraulichkeit der Redaktionsarbeit (Redaktionsgeheimnis). Maßgeblich für diesen Schutz ist die verfassungsrechtlich garantierte Pressefreiheit (Art. 5 Abs. 1 S. 2 Alt. 1 GG). Entsprechendes gilt für die Redakteure des (öffentlichen und privaten) Rundfunks und ihre Mitarbeiter, die unter dem Schutz der Rundfunkfreiheit stehen (Art. 5 Abs. 1 S. 2 Alt. 2 GG). Aus Sicht der Strafverfolgungs- und Gefahrenabwehrbehörden ist die Gewährleistung von berufs- und funktionsbezogenen Vertraulichkeitssphären ein „Ärgernis". Die effektive Ausgestaltung eines Zeugnisverweigerungsrechts bedeutet, dass die zeugnisverweigerungsberechtigte Person

---

19 Teil II, Kap 2.10.

20 Zum Seelsorg- bzw. Beichtgeheimnis vgl. Konkordat zwischen dem Heiligen Stuhl und dem Deutschen Reich vom 12. September 1933 (RGBl. II S. 679). Art. 9 dieses Konkordats bestimmt, dass „Geistliche [...] von Gerichtsbehörden und anderen Behörden nicht um Auskünfte über Tatsachen angehalten werden (können), die ihnen bei Ausübung der Seelsorge anvertraut worden sind und deshalb unter die Pflicht der seelsorgerlichen Verschwiegenheit fallen".

21 Vgl. Wichmann, Das Berufsgeheimnis als Grenze des Zeugenbeweises (2000), S. 61 m.w.N.

22 Vom 1. Februar 1877, RGBl., Nr. 8, S. 253.

23 Ausführlich zu den selbstständigen Zeugnisverweigerungsrechten Kloepfer, Informationsrecht (2002), S. 398 f.

24 Kloepfer/Kutzschbach, MMR 1998, 399 ff.; s. a. Teil I, Kap. 7.6.

über die ihr bekannten, strafrechtlich oder polizeirechtlich relevanten Sachverhalte schweigen darf. Zugleich werden dadurch „ermittlungsfreie Räume“ geschaffen, nämlich Verbote, bestimmte Ermittlungsmethoden anzuwenden, um den Inhalt des vertraulichen Gesprächs ohne direkte Befragung des Gesprächsteilnehmers zu erfahren.[25]

Berufliche Zeugnisverweigerungsrechte (§ 53 StPO) können dem Schutz der **Menschenwürde** dienen. Dazu hat das BVerfG in seiner ersten Entscheidung zur Wohnraumüberwachung festgestellt:

> *„§ 53 StPO schützt zwar seinem Grundgedanken nach das Vertrauensverhältnis zwischen dem Zeugen und dem Beschuldigten. Jedoch erfolgt auch dieser Schutz nicht in allen Fällen des § 53 StPO um der Menschenwürde des Beschuldigten oder der Gesprächspartner willen. Diese Annahme trifft allerdings auf das seelsorgerliche Gespräch mit einem Geistlichen zu.[…] Auch dem Gespräch mit dem Strafverteidiger kommt die zur Wahrung der Menschenwürde wichtige Funktion zu, darauf hinwirken zu können, dass der Beschuldigte nicht zum bloßen Objekt im Strafverfahren wird. Arztgespräche können im Einzelfall dem unantastbaren Kernbereich privater Lebensgestaltung zuzuordnen sein (BVerfGE 32, 373 [379]). Die Zeugnisverweigerungsrechte der Presseangehörigen und der Parlamentsabgeordneten weisen demgegenüber keinen unmittelbaren Bezug zum Kernbereich privater Lebensgestaltung auf. Sie werden um der Funktionsfähigkeit der Institutionen willen und nicht wegen des Persönlichkeitsschutzes des Beschuldigten gewährt.“*[26]

Schon aus dem Gegenstand der Entscheidung ergibt sich, dass der **grundrechtliche Schutz** nicht nur **gegen** den **Aussagezwang** (vgl. § 136a StPO),[27] sondern auch gegen die **Überwachung von schützenswerten vertraulichen Gesprächen** gerichtet ist. Das BVerfG hat in einer Reihe weiterer jüngerer Entscheidungen (z. B. zum IT-Grundrecht)[28] dargelegt, welche verfassungsrechtlichen Anforderungen vom Gesetzgeber und dem Rechtsanwender zu beachten sind, um den Kernbereichsschutz zu gewährleisten.

Das Zeugnisverweigerungsrecht des Seelsorgers wird seit dem Jahr 2002 durch die Befugnis flankiert, bestimmte schwere, an und für sich anzeigepflichtige Straftaten nicht anzuzeigen (§ 139 Abs. 2 StGB). Diese Befugnis geht weiter als diejenige für andere berufliche Zeugnisverweigerungsberechtigte (§ 139 Abs. 3 StGB).[29] Hier stellt sich die Frage, ob nicht Strafverteidiger, Rechtsanwälte, Ärzte sowie Psychotherapeuten, insbesondere Kinder- und Jugendpsychotherapeuten vergleichbaren Gewissenskonflikten wie Geistliche ausgesetzt sind, so dass eine Gleichbehandlung angemessen wäre. Diese Berufsgruppen genießen nur einen abgeschwächten Schutz: Sie sind in Bezug auf Mord, auf Totschlag sowie einige vergleichbare Verbrechen stets zur Anzeige verpflichtet.

Die **Ungleichgewichtung der Zeugnisverweigerungsrechte** beruht darauf, im Bereich der vorbeugenden Straftatenbekämpfung und der Gefahrenabwehr einen möglichst kleinen Per-

---

25 Dazu Petri, KuR 2/008, 217 ff.

26 BVerfG v. 11.05.2007, BVerfGE 109, 279, 322 f.

27 Zur Wahrung der Menschenwürde als Schutzgegenstand von § 136a StPO vgl. statt vieler: Diemer in Pfeiffer (Hg.), StPO (5. A. 2003), § 136a Rn. 1 und Meyer-Goßner, StPO § 136a Rn. 1.

28 Vgl. BVerfG v. 27.07.2005, BVerfGE 113, 348, 391 f.; zuvor bereits Bergemann in Roggan (Hg.), Lauschen im Rechtsstaat (2004), S. 7, 9 f.; vgl. auch Warntjen, Heimliche Zwangsmaßnahmen und der Kernbereich des täglichen Lebens (2006), S. 139 ff.

29 Zu Einzelheiten vgl. Cramer/Sternberg-Lieben in Schönke/Schröder (Hg.), StGB (27. A. 2006), § 139 Rn. 2.

sonenkreis von der Anzeigepflicht auszunehmen. Zu diesen Ausnahmen gehören nicht berufliche Geheimnisträger mit beratenden Hilfeleistungen, die etwa in Großstädten häufig an die Stelle von engen Familienangehörigen treten. Es besteht die Frage, ob bei einer gesamtgesellschaftlichen Betrachtungsweise der Respekt vor der Vertraulichkeit nicht einen erheblichen Beitrag dazu leistet, dass Menschen ein Gewissen und ein soziales Verantwortungsgefühl entwickeln können.[30] Daher ist die Unterscheidung der verschiedenen Berufsgruppen teilweise nicht nachvollziehbar.[31] Der Gesetzgeber hat zudem eine bedenkliche Regelvermutung aufgestellt, nach der bei erheblichen Straftaten das Strafverfolgungsinteresse regelmäßig höher als die Zeugnisverweigerungsrechte zu bewerten ist.

Mit dem Zeugnisverweigerungsrecht korrespondiert grundsätzlich ein **Beschlagnahmeverbot** (§ 97 StPO). Danach dürfen Gegenstände, schriftliche Mitteilungen oder Aufzeichnungen, die sich im Gewahrsam der berechtigten Person befinden, nicht beschlagnahmt werden. Hinsichtlich der unterschiedlichen Reichweite der Beschlagnahmeverbote gelten die Ausführungen zum Zeugnisverweigerungsrecht entsprechend.

Beispiele: Die Polizei durchsucht eine Arztpraxis und will Aufzeichnungen des Arztes beschlagnahmen, die diesen selbst nicht betreffen. Sie gehören zum Kerngehalt des verfassungsrechtlichen Persönlichkeitsschutzes der betroffenen Personen, ohne deren Einwilligung die Aufzeichnungen von den Behörden weder eingezogen noch genutzt werden dürfen.

Beispiel: Die Staatsanwaltschaft benötigt weitere Beweise gegen einen Angeschuldigten. Die Gespräche zwischen Anwalt und Mandant sollen daher abgehört werden. Der Kern der Verteidigungsrechte des Beschuldigten und die anwaltliche Verschwiegenheitspflicht werden dadurch verletzt.

Beispiel: Bei der Durchsuchung von Räumen einer Zeitungsredaktion wird gezielt auch nach den Namen von Informanten der Zeitung gesucht. Dadurch wird das Redaktionsgeheimnis verletzt. Die demokratische Funktion der Presse i.S.v. Art. 5 Abs. 1 S 2 GG erfordert, dass der Name von Informanten vertraulich bleibt, die dem Journalisten Hinweise auf sonst verborgene Vorkommnisse von öffentlichem Interesse vermitteln. Das BVerfG[32] hat immer wieder betont, dass die Funktionsfähigkeit einer freien Presse ohne Schutz des Vertrauensverhältnisses zwischen Presse und privaten Informanten in Frage gestellt ist.

Eine Beschlagnahme ist immer dann legitim, wenn ein Zeugnisverweigerungsberechtigter selbst beschuldigt ist und der Gegenstand der Beschlagnahme sich auf einen Tatbeitrag des Beschuldigten bezieht. Dementsprechend wendet die Rechtsprechung die Einschränkungen

---

30 Vgl. Denninger, Recht in globaler Unordnung (2005), S. 204 ff.

31 Statt vieler vgl. Gola/Klug/Reif, NJW 2007, 2599, 2602. In Bezug auf die Presse fehlen diese Einschränkungen: Puschke/Singelnstein, NJW 2008, 113, 117.

32 BVerfG v. 05.08.1966, BVerfGE 20, 162, 216 und BVerfG v. 25.01.1984, BVerfGE 66, 116 ff. Zur grundrechtlichen Notwendigkeit eines Schutzes auch für selbstrecherchiertes Material vgl. Müller/Zeller, medialex 1995, 19 ff. A.A. etwa BVerfG v. 01.10.1987, BVerfGE 77, 65, 72.

des Beschlagnahmerechts (§ 97 StPO) nicht auf beschuldigte Zeugnisverweigerungsberechtigte an.[33]

Die Entwicklung des Zeugnisverweigerungsrechts und der sie flankierenden Maßnahmen wurde vom Gesetzgeber in den letzten zwanzig Jahren ausgedehnt: So erhielten 1992 Berater für Fragen der Betäubungsmittelabhängigkeit in öffentlich-rechtlich anerkannten Beratungsstellen das Zeugnisverweigerungsrecht.[34] Im Jahr 2002 wurde der Kreis der zeugnisverweigerungsberechtigten Mitarbeiter von Medienunternehmen teilweise erweitert.[35] Im Rahmen des Gesetzes „zur Neuregelung der Telekommunikationsüberwachung und anderer verdeckter Ermittlungsmaßnahmen sowie zur Umsetzung der Richtlinie 2006/24/EG" regelte der Bundesgesetzgeber in § 160a StPO erstmals die Frage der Zulässigkeit aller Ermittlungsmaßnahmen, die sich gegen Berufsgeheimnisträger (§ 53 StPO) richten.[36]

Der Gesetzgeber differenziert in § 160a StPO bei den Geheimnisträgern nach Geistlichen, Rechtsanwälten, Verteidigern sowie Abgeordneten einerseits und Angehörigen von Beratungs- und Heilberufen sowie Medienvertretern andererseits. Während ersterer Gruppe nach Abs. 1 ein absolutes Beweiserhebungs- und -verwertungsverbot zugutekommt, ist letztere Gruppe lediglich durch ein relatives Beweiserhebungs- und -verwertungsverbot im Rahmen des Verhältnismäßigkeitsgrundsatzes geschützt – siehe § 160a Abs. 2 StPO:

> *„Soweit durch eine Ermittlungsmaßnahme eine in § 53 Abs. 1 Nr. 1 Nr. 3 bis 3b oder Nr. 5 genannte Person betroffen wäre und dadurch voraussichtlich Erkenntnisse erlangt würden, über die diese Person das Zeugnis verweigern dürfte, ist dies im Rahmen der Prüfung der Verhältnismäßigkeit besonders zu berücksichtigen; betrifft das Verfahren keine Straftat von erheblicher Bedeutung, ist in der Regel nicht von einem Überwiegen des Strafverfolgungsinteresses auszugehen. Soweit geboten, ist die Maßnahme zu unterlassen oder, soweit dies nach der Art der Maßnahme möglich ist, zu beschränken. Für die Verwertung von Erkenntnissen zu Beweiszwecken gilt Satz 1 entsprechend."*

In Bezug auf Maßnahmen der Telekommunikationsüberwachung bestimmt die Strafprozessordnung (§ 100a Abs. 4 S. 1, 2 StPO): „Liegen tatsächliche Anhaltspunkte für die Annahme vor, dass durch eine Maßnahme nach Absatz 1 allein Erkenntnisse aus dem Kernbereich privater Lebensgestaltung erlangt würden, ist die Maßnahme unzulässig. Erkenntnisse aus dem Kernbereich privater Lebensgestaltung, die durch eine Maßnahme nach Absatz 1 erlangt wurden, dürfen nicht verwertet werden." Zwar ist grundsätzlich auch die Kommunikation mit Geheimnisträgern diesem Kernbereich zuzuordnen, ein umfassender Schutz dieser Kommunikationsbeziehungen ist jedoch durch § 100a Abs. 4 StPO nicht gewährleistet.[37] Überzeugen kann dies nur eingeschränkt, insbesondere wenn man die Situation der privilegierten Berufe bedenkt.

---

33 Vgl. z. B. LG Berlin v. 14.07.1992, NStZ 1993, 146 ff; BerlVerfGH v.28.06.2001, JR 2002, 496 ff.

34 Vgl. Gesetz zur Einführung eines Zeugnisverweigerungsrechts für Beratung in Fragen der Betäubungsmittelabhängigkeit vom 23. Juli 1992, BGBl. I S. 1366.

35 Vgl. Gesetz zur Änderung der Strafprozessordnung vom 15.2.2002, BGBl. I S. 682.

36 Gesetz vom 21. Dezember 2007, BGBl. I S. 3198; zu Problemen beim Einsatz verdeckter Ermittlungsmaßnahmen s. Kinzing, Die rechtliche Bewältigung von Erscheinungsformen organisierter Kriminalität (2000), S. 92.

37 Für den Schutz der Geheimnisträger selbst gilt § 160a StPO.

Der Schutz der Zeugnisverweigerungsberechtigten ist primär nicht wohnungs- oder telekommunikationsbezogen, sondern berufs- und funktionsbezogen. Ein Arzt oder Strafverteidiger kann seine Aufgabe nicht erfüllen, wenn der Patient bzw. der Mandant nicht mehr auf die Vertraulichkeit des Gesprächs vertrauen kann. Entsprechendes gilt für den Journalisten und seinen Informanten. Die Bedrohung mit heimlicher Überwachung auch der digitalen Kommunikation würde die Informationsquellen zum Versiegen bringen. Zeugnisverweigerungsrechte und Beschlagnahmeverbote sind grundsätzlich Voraussetzung nicht nur für die angesprochenen schutzwürdigen Vertrauensverhältnisse. Bei der Bekämpfung von Kriminalität, insbesondere auch von Korruption, *„sollten Presse und Strafverfolgungsbehörden natürliche Verbündete sein“.*[38]

7.3 Charakter und Rechtfertigung kirchlicher Sonderregelungen

Kirchliche Sonderregelungen sind stets eng verknüpft mit der Frage nach dem Verhältnis des jeweiligen Staates zur Religion im Allgemeinen und der verfassungsrechtlichen Ausgestaltung im Besonderen. Vor der Erörterung des kirchlichen Datenschutzes ist deshalb das institutionelle Verhältnis von Staat und Religionsgemeinschaft zu betrachten, insbesondere das damit verbundene Verständnis von weltanschaulicher Neutralität.[39]

In der Europäischen Union lassen sich im Wesentlichen **drei Systemtypen** unterscheiden:

- das Trennungssystem (z. B. in Frankreich)
- das Kooperationssystem (z. B. in Deutschland) und
- das System der Staatskirche (z. B. in Griechenland und dem Vereinigten Königreich).[40]

Das Kooperationsmodell, das eine Mittelstellung zwischen strikter Trennung von Kirche und Staat und Staatskirchentum einnimmt, wurde in Deutschland in der Weimarer Verfassung (Art. 137 ff. WRV) niedergelegt. Die Artikel wurden in das Grundgesetz inkorporiert (Art. 140 GG) und gelten als vollgültiges Verfassungsrecht weiter.

Das Grundgesetz versteht den Staat als säkularen Staat, der keine religiösen oder weltanschaulichen Zwecke verfolgt (Art. 140 i.V.m. Art. 137 Abs. 1 WRV). Es garantiert den Religionsgemeinschaften, ihre Angelegenheiten selbständig innerhalb der Schranken des für alle geltenden Gesetzes zu ordnen und zu verwalten (Art. 140 GG i.V.m. Art. 137 Abs. 3 Satz 1 WRV). Das verfassungsrechtlich statuierte institutionelle **kirchliche Selbstbestimmungsrecht** beruht zum einen auf dem individuellen Grundrecht der Religionsfreiheit (Art. 4 Abs. 1 und 2 GG) und dem Gebot, wonach niemand wegen der Zugehörigkeit zu einem Bekenntnis benachteiligt werden darf (vgl. Art. 33 Abs. 3 GG zur Bevorzugung oder Benachteilung im öffentlichen Dienst, lex specialis zu Art. 3 Abs. 3 GG, s. a. vergleichbare Regelung in

[38] Denninger, Recht in globaler Unordnung (2005), S. 204 ff.

[39] Dazu Böckenförde, Der säkularisierte Staat (2007).

[40] Übersicht bei Robbers, Staat und Kirche in der Europäischen Union (2. A. 2005); zum deutschen Kirchenrecht Robbers, Staat und Kirche in der Europäischen Union (2. A. 2005), S. 83–101; s. a. Robbers in Robbers (Hg.), Europäischer Datenschutz und die Kirchen (1994), S. 185 ff.

Art. 14 EMRK, angelehnte Regelung in Art. 21 EGRC)[41] und zum anderen auf der historischen Entwicklung des deutschen Staatskirchenrechts.

Nach der Rechtsprechung des BVerfG schützen beide **Benachteiligungsverbote** sowohl vor der direkten als auch vor der indirekten Diskriminierung aufgrund der Religion.[42] Das religionsbezogene Gleichheitsgebot (Art. 33 Abs. 3 GG) tritt allerdings in demselben Maße zurück wie die Religionsfreiheit (Art. 4 Abs. 1 und 2 GG).[43]

Wie schon der EGMR für den Schutzbereich der Religions- und Weltanschauungsfreiheit (Art. 9 Abs. 1 EMRK; s. a. Art 10 EGRC) entschieden hat, sind auch nach dem Grundgesetz die Begriffe „religiös" und „weltanschaulich" (Art. 4 Abs. 1 GG) formal und frei von inhaltlichen Werten zu bestimmen.[44] So darf nach der Rechtsprechung des BVerfG das christliche Ziel einer christlichen Gemeinschaftsschule nicht christlich konfessionell fixiert sein. Einzelne genuin christliche Werte (Menschenwürde, Nächstenliebe, Toleranz für Andersdenkende, Solidarität usw.) seien jedoch Gemeingut des abendländischen Kulturkreises und als kulturelle Werte „säkularisiert".[45] Anders formuliert heißt dies auch, dass europäische Kulturen, die auf den Menschenrechten gründen, zivile Kulturen sind, die die Öffnung hin zu anderen Menschen und Kulturen bereits in sich tragen.[46]

Mit der Freiheit des Glaubens sind bestimmte Aspekte einer institutionellen Verfestigung verbunden, die zu einem kirchlichen Recht führen können. Die Begrenzung des kirchlichen Selbstbestimmungsrechts ist durch die für alle geltenden Gesetze gemäß dem Verhältnismäßigkeitsprinzip zu beantworten.[47] Dies bedeutet für Kollisionsfälle, dass im religiös geistigen Bereich das kirchliche Selbstbestimmungsrecht mit dem Recht auf Datenschutz der Mitglieder oder Dritter zu einem für beide schonenden Ausgleich gebracht werden muss.[48]

Die kollektive Glaubensfreiheit (Art. 140 GG, Art. 137 Abs. 3 WRV) wird durch die Glaubensfreiheit des konkret betroffenen **Seelsorgers** (Art. 4 Abs. 1 und 2 GG) flankiert. Damit dieser nicht in einen unlösbaren Gewissenskonflikt zwischen seiner **kirchenrechtlichen Schweigepflicht** und staatlichen Aussagepflichten gestellt wird, schützt ihn der Staat durch das Zeugnisverweigerungsrecht in der Strafprozessordnung.[49] Das **Prozessrecht** sieht für den Geistlichen ein **Zeugnisverweigerungsrecht**, aber keine Zeugnisverweigerungspflicht vor (§ 53 Abs. 1 Nr. 1 StPO).

Soweit allerdings seelsorgliche Gespräche erkennbar den **Kernbereich privater Lebensgestaltung** berühren, ist dieser Bereich auch gegenüber dem Richter tabu.[50] Ist im Einzelfall er-

---

41 Zum Problem Pottmeyer, Religiöse Kleidung in der öffentlichen Schule in Deutschland und England (2011), S. 264 ff. Zur übereinstimmenden Schutzdimension beider GG-Artikel vgl. Sachs, ZBR 1994, 135 ff.

42 Grundlegend BVerfG v. 28.01.1992, BVerfGE 85, 191, 206 ; weiterführend BVerfG v. 27.11.1997, BverfGE 97, 35, 43; BVerfG v. 30.01.2002, BVerfGE 104, 373, 396.

43 Vgl. etwa BVerfG v. 24.09.2003, BVerfGE 108, 282, 307; Begründung der abweichenden Mindermeinung vgl. BVerfGE 108, 282, 314 ff. S. a. Böckenförde, JZ 2004, 1183 ff.

44 Walter in Grote/Marauhn (Hg.), EMRK/GG (2006), S. 40.

45 BVerfG v. 17.12.1975, BVerfGE 41, 29, 51 f.

46 Teil I, Kap. 1.1.

47 BVerfG v. 25.03.1980, BVerfGE 53, 366, 401; BVerfG v. 14.05.1986, BVerfGE 72, 278,289.

48 Vgl. BVerfG v. 15.12.1983, BVerfGE 65, 1 ff. Zur Erstreckung auf den Drittbereich BVerfG v. 11.06.1991, BVerfGE 84, 192, 194 f.

49 Teil I, Kap. 7.2.

50 Zum Kernbereich privater Lebensführung, der der öffentlichen Gewalt schlechthin entzogen ist, vgl. ständige Rechtsprechung, etwa BVerfG v. 14.09.1989, BVerfGE 80, 367, 373 ff; s. a. Teil I, Kap 7.2.

kennbar, dass der Geistliche in einem Strafverfahren vom Beschuldigten von seiner (kirchenrechtlich begründeten)[51] Schweigepflicht entbunden worden ist und die Aussage gleichwohl kernbereichsrelevante Gesprächsinhalte berührt, dann ist insoweit ein (datenschutzrechtliches) Erhebungsverbot zu bejahen. Anders ist die Rechtslage, wenn der Kernbereich offenkundig nicht berührt ist. In solchen Fällen hat die durch Art. 4 GG geschützte individuelle Gewissensfreiheit des Geistlichen Vorrang (Art. 140 i.V.m. Art. 130 Abs. 3 WRV).[52]

Von datenschutzrechtlicher Relevanz ist auch die Unterscheidung zwischen Religionsgemeinschaften mit bürgerlich-rechtlichem und solchen mit öffentlich-rechtlichem Status. Die römisch-katholische und die evangelische Kirche sind kraft verfassungsrechtlicher Garantie Körperschaften des öffentlichen Rechts (Art. 140 GG i.V.m. Art. 137 Abs. 5 WRV) mit besonderen Privilegien, die auch datenschutzrechtlich einschlägig sind (z. B. bei Angaben über die persönlichen Verhältnisse bei der Kirchensteuererhebung). Zu den öffentlich-rechtlichen Körperschaften zählen u. a. auch die jüdischen Kultusgemeinden und seit einigen Jahren die Griechisch-Orthodoxe Metropolie, der auf Antrag die Eigenschaft einer Körperschaft des öffentlichen Rechts zuerkannt worden ist (Art. 140 GG i.V.m. Art. 137 Abs. 6 WRV), womit nicht alle eigens geregelten Privilegien der beiden christlichen (Groß)Kirchen verbunden sind.

Ausgangspunkt für die bereichsspezifische Bestimmung des Datenschutzes in Kirchen ist die Ausgestaltung ihrer jeweiligen Einrichtungen. Die Übermittlung von personenbezogenen Daten durch öffentliche Stellen an öffentlich-rechtliche Religionsgemeinschaften richtet sich nach den Regeln des zwischenbehördlichen Austausches im BDSG nur dann, wenn die für die Aufgabe zuständige kirchliche Stelle über keine geeigneten Datenschutzmaßnahmen verfügt.

In Deutschland existieren sowohl in der Evangelischen Kirche von Deutschland (EKD) ein Kirchengesetz über den Datenschutz aus dem Jahre 1993 (DSG-EKD)[53] als auch in der katholischen Kirche eine „Anordnung über den kirchlichen Datenschutz" (Datenschutz-KDO) aus dem Jahre 2003.[54] Ein Sonderproblem stellen Einrichtungen der öffentlich-rechtlichen Religionsgemeinschaften dar, die in privatrechtlichen Rechtsformen betrieben werden (z. B. die Caritas der katholischen Kirche und das Diakonische Werk der EKD als eingetragene Vereine). Ein Sonderstatus für diese Unternehmen lässt sich schwer rechtfertigen. Die Frage des Datenschutzes in den christlichen Großkirchen und ihren karitativen Einrichtungen spielt in der Praxis eine große Rolle, da sie zu den größten Verarbeitern personenbezogener Daten zählen.

Für die Tätigkeiten der Religionsgemeinschaften mit privatrechtlichem Status gelten die Vorschriften des BDSG. Unbestritten ist, dass die rein wirtschaftlichen Betriebe der Kirchen, etwa Brauereien, unter den Datenschutz für die Wirtschaft fallen, das BDSG also uneingeschränkt anwendbar ist.[55]

---

51 Can. 1550 § 2 CIC.

52 Dazu ausführlich Petri, KuR 2/2008, 217 ff.

53 Siehe unter: http://www.ekd.de/datenschutz/4650.html (letzter Abruf 28.03.2012).

54 Zur KDO gibt es zusätzlich eine Durchführungsverordnung zur Anordnung über den kirchlichen Datenschutz (KDO-DVO) v. 25./26.2.2003.

55 Hanau/Thüsing, Europarecht und kirchliches Arbeitsrecht (2001), S. 17 f. m.w.N.; s. a. Thüsing, Arbeitsrechtlicher Diskriminierungsschutz (2006).

Die Kirchen sind im Kernbereich ihrer Rechte und Handlungen verfassungsrechtlich geschützt, also dort, wo der besondere Status als Religionsgemeinschaft eine Rolle spielt. Nach der 11. Erklärung der Schlussakte des Amsterdamer Vertrages vom 2.10.1997 achtet die EU den Status, den Kirchen und religiöse Vereinigungen der Gemeinschaften in den Mitgliedstaaten nach deren Recht genießen, und beeinträchtigt ihn nicht.[56] Im Vertrag von Lissabon (Art. 17 AEUV) anerkennt die Union ausdrücklich den Status von Kirchen und religiösen Vereinigungen (Abs. 1) sowie von weltanschaulichen Gemeinschaften (Abs. 2) nach Maßgabe des Rechts in den jeweiligen Mitgliedstaaten und pflegt mit ihnen *„einen offenen, regelmäßigen und transparenten Dialog"* (Abs. 3).

Nach der Rechtsprechung des BVerfG ist die Trennung zwischen Kirche und Staat eher weit als eng zu ziehen ist. Dem „Eigenverständnis" der Kirchen kommt ein besonderes Gewicht zu.[57] Für die Kirchen ist damit die Möglichkeit gegeben, sich gemäß ihren eigenen Möglichkeiten unter dem Dach der nationalen und unionsrechtlichen Grund- und Menschenrechte datenschutzrechtlich weiterzuentwickeln.

7.4 Schalter des Erbgutes

Der Aufbau und die reproduktive Erhaltung des menschlichen Organismus sind wie alle wesentlichen Lebensvorgänge informationsgesteuert. Unter diesem Gesichtspunkt ist es naheliegend, dass **Erbinformationen** nach Prinzipien aufgebaut sind, die Auskunft über den einzelnen Menschen geben können. Sie beruhen auf dem genetischen Alphabet, das aus nur vier „Buchstaben" besteht, die aber eine enorme Zahl unterschiedlicher Sequenzen erzeugen. Die Sequentiermethoden haben sich geradezu explosionsartig fortentwickelt. Die Verfahren sind soweit ausgereift und digitalisiert, dass sich schon an einem einzigen Tag Hunderttausende von Genbausteinen analysieren lassen.

Alle Merkmale des lebenden Organismus sind in dessen Genen enthalten, die in ihrer Gesamtheit als Genom bezeichnet werden. Das **Genom enthält für jeden Menschen eine spezifische Kombination seiner Gene**. Damit ist die Vielfalt der Kombinationsmöglichkeiten der Gene auf die im Genom tatsächlich vorliegende Kombination eingeschränkt. Der Informationsgehalt des einzelnen Gens hängt von seinen physikalischen Milieubedingungen ebenso ab wie vom Informationsgehalt aller Gene. Die Gene selbst können daher nicht als selbständige Informationseinheiten angesehen werden. Sie gewinnen ihre merkmalsbestimmenden Eigenschaften erst in ihrem Verhältnis zu anderen Genen und deren Expression. Der Umstand, dass die genetische Information in einem hohen Grad kontextabhängig ist, beruht auf der Tatsache, dass alle im lebenden Organismus ablaufenden Prozesse miteinander verbunden sind. Mit der ausgeklügelten „Genregulationsmaschinerie" befasst sich ein neuer Zweig der Genetik, die Epigenetik.[58] Sie ist eine Art Zusatzgenetik, die sich mit allem befasst, was eine Zelle außer dem Basencode der DNA noch an bleibenden Informationen an ihre Tochterzellen vererbt.[59]

---

56 ABl. EG 1997, C 340, S. 133.

57 BVerfG v. 25.03.1980, BVerfGE 53, 366, 401 m.w.N.

58 Tinnefeld, RDV 2010, 209 f. m.w.N.

59 Spork, Der Zweite Code (4. A. 2009).

7.4.1 Grundlagen genetischer Untersuchungen und Analysen

Die **Grundlage genetischer Analysen** sind die chemischen Bausteine des genetischen Alphabets. Von ihnen gibt es zwei verwandte Grundformen, die Desoxyribonukleinsäuren (DNS, engl. DNA) und die Ribonukleinsäuren (RNA). In der DNA finden sich Sequenzanordnungen, die in verschlüsselter Form codierende genetische Informationen, und solche, die (jedenfalls bislang keine bekannten) nicht-codierenden Informationen enthalten. Für Letztere werden etwa vom Bundeskriminalamt Merkmalssysteme für die Identifizierung einer Person verwendet. Diese beziehen sich auf Abschnitte der DNA, die nicht für Gesundheit bzw. Krankheit oder andere charakterisierende persönliche Eigenschaften zuständig sind. Sie bezeichnen vielmehr Anordnungen von Basenpaaren, die zwar nicht codieren, aber in ihrer Abfolge für jede Person charakteristisch sind, also identifizierende Informationen tragen. Diese sind geeignet, über die biologische Identität einer Person Auskunft zu geben, etwa über die Frage, wer als Vater oder Mutter eines Kindes in Frage kommt. Die genetischen Informationen des Menschen können bereits aus kleinsten Mengen biologischen Materials (Hautpartikel, Blut, Speichel, Haarwurzeln) gewonnen werden.

Gezielte, punktuelle oder generelle genetische Untersuchungen und Analysen von Erbanlagen eines Menschen (Genomanalysen) werden durchgeführt im Zusammenhang mit:

- der genetischen Beratung und pränatalen Diagnostik,
- dem Neugeborenen-Screening zur Erkennung von Krankheiten,
- dem Abschluss und der Beendigung von Arbeitsverhältnissen,
- dem Abschluss von privaten Krankenversicherungen,
- dem Abschluss von Lebensversicherungen,
- genetischen Untersuchungen im Rahmen der medizinischen Behandlung und Forschung,
- der Täteridentifikation in strafrechtlichen Ermittlungsverfahren,
- der Vaterschaftsfeststellung in Kindschaftssachen.

Angesichts der Möglichkeiten der modernen Genanalyse stellt sich die Frage nach den Rechten der betroffenen Person(en).

7.4.2 Genetischer Fingerabdruck

Die **nicht-codierenden Sequenzen der DNA** sind in jeder Zelle eines bestimmten Menschen identisch aufgebaut. Jedes Individuum hat „seine“, von denen anderer Personen verschiedenen Sequenzen, die sich abgestuft nach dem Grad der Blutsverwandtschaft ähneln. Diese unverwechselbare Struktur der DNA-Sequenzen im Zellaufbau jedes Individuums wird auch als **„genetischer Fingerabdruck“** bezeichnet. Er bildet die Grundlage für das „DNA-Fingerprinting-Verfahren“, das in der kriminologischen Spurenanalyse für eine sichere Identifizierung des Täters von großer Bedeutung ist. Laut Bundesverfassungsgericht gehört es „zu den Methoden der Verbrechensaufklärung, am Tatort gefundene Spuren (z. B. Blutspritzer bei einer Verletzung, Spermien bei einer Vergewaltigung, Mundschleimhautzellen auf der Rückseite der Briefmarke eines Erpresserbriefes), die zur Feststellung des Täters führen können, zu untersuchen.“[60] Das **Erheben** von Vergleichsmaterial (Vergleichsblutprobe) bei einem Verdächtigen, das durch einen körperlichen Eingriff gegen dessen Willen durchgeführt wird,

60 BVerfG v. 18.09.1995, NJW 1996, 771 ff.

berührt neben dem Grundrecht auf Datenschutz auch das Grundrecht auf körperliche Unversehrtheit (Art. 2 Abs. 2 Satz 1 GG) und bedarf daher einer zusätzlichen rechtlichen Grundlage, die mit der Regelung des § 81a StPO geschaffen wurde.

Nach einer Häufung schlimmer Sexualverbrechen an Kindern ist eine **DNA-Analysedatei** als zentrale Verbunddatei des Bundes und der Länder beim Bundeskriminalamt (BKA) errichtet worden. Laut BKA wurden mit Hilfe der DNA-Analyse bislang vor allem Diebstahlsdelikte aufgeklärt: In 58.559 Fällen konnten DNA-Spuren einem Spurenverursacher (Spurenleger in geografischer Nähe zum Tatort) zugeordnet werden; zum Vergleich: Sexualdelikte: 1.603, Raub und Erpressung: immerhin 4.934.[61] Das gespeicherte personenbezogene DNA-Identifizierungsmuster wird nur für erkennungsdienstliche Zwecke eingesetzt und enthält keine codierenden Angaben. Die DNA-Analysedatei enthielt Ende 2009 über 835.000 Datensätze.[62]

Seit der Verabschiedung des DNA-Identitätsfeststellungsgesetzes[63] werden nicht nur Beschuldigte auf richterliche Anordnung[64] und Spurenleger erfasst, sondern auch rechtskräftig Verurteilte zum Zweck der Identitätsfeststellung bei zukünftigen Strafverfahren einbezogen.[65] Der Bundesgesetzgeber hat zudem eine Speicherung und Verwendung der DNA-Profile für Zwecke des Strafverfahrens und der Gefahrenabwehr im nationalen und internationalen Rahmen für zulässig erklärt.[66]

Im Rahmen der **Verbrechensbekämpfung** bietet das DNA-Fingerprinting eine effektive Chance, Personen ausfindig zu machen, die DNA-Spuren an einem Tatort, an einem Gegenstand oder an einer Person (z. B. bei Gewaltverbrechen) hinterlassen haben. In Verbindung mit der Anwendung der Polymerase-Ketten-Reaktion kann aus minimalen Ausgangsmengen biologischen Materials eine zuverlässige genetische Typisierung durchgeführt werden.[67] Das gewonnene genetische Profil kann elektronisch gespeichert und mit einer beliebig großen Zahl von Personen (Tatverdächtige, Verwandte, schwer zu identifizierende Tote) bis hin zur Gesamtbevölkerung etwa zu Forschungszwecken (bspw. in Island) in einer DNA-Datenbank abgespeichert und zum Abruf bereit gehalten werden.

Datenschutzrechtlich bedenklich ist ein solches Verfahren spätestens dann, wenn nicht sichergestellt ist, dass keine über die Identifizierung des Betroffenen hinausgehenden Informationen (Überschussinformationen) gewonnen werden können.[68] Ein weiteres Problem stellt sich im Zusammenhang mit einem Datenbankbetrieb. Eine Quelle möglicher Gefahren für Betroffene besteht, wenn die Datenbank-Recherche noch nicht „fehlertolerant" ist, z. B. mögliche Treffer bei Abweichung eines einzigen Merkmals angezeigt werden.

Hinsichtlich des Beweiswerts von DNA-Analysen hat der BGH darauf hingewiesen, dass bei der gerichtlichen Würdigung neben statistisch errechneten Häufigkeitswerten stets zu prüfen

---

61 Siehe unter: http://www.bka.de/profil/faq/dna02.html.

62 Angaben des BKA: http://www.bka.de/profil/faq/dna02.html.

63 DNA-IFG v. 07.09.1998, BGBl. I, 2646.

64 Vgl. § 81a StPO.

65 Vgl. § 2 DNA-IFG i.V.m. § 81 g StPO. Zur verfassungsrechtlichen Vereinbarkeit der Regelung vgl. BVerfG v. 14.12.2000, DuD 2001, 169 ff. Zum Problem des Einsatzes der DNA-Analyse zur künftigen Strafverfolgung auf Grundlage einer Einwilligung der Betroffenen BfD, 18. TB (1999–2000), 11.6 und Anlage 25.

66 Vgl. § 3 DNA-IFG.

67 Zu den Verfahrensmethoden vgl. Tinnefeld/Böhm, DuD 1992, 62 f.

68 Über Biobanken und die Rechte der Spender vgl. Rippe, digma 2005, 20–23.

sei, ob zwischen der DNA-Spur und der Tat ein Zusammenhang bestehe.[69] Die Notwendigkeit einer sorgfältigen Prüfung zeigt der Fall des „Phantoms von Heilbronn“: Über acht Jahre hatte die Polizei vergeblich nach dem Mörder einer Heilbronner Polizistin gefahndet und an dutzenden von Tatorten stets gleiche DNA-Spuren vorgefunden. Erst nach mehreren Jahren stellte sich heraus, dass die Spuren stets mit demselben Typ Wattestäbchen aufgenommen wurden. Die DNA stammte nicht vom Mörder, sondern von einer Arbeiterin, die am Herstellungsprozess der Wattestäbchen beteiligt war.[70]

7.4.3 Besonderheiten genetischer Informationen

Die **codierenden Sequenzen der DNA** sind die **„erblichen Informationsträger“.** Sie beziehen sich auf die biologische Existenz des einzelnen Menschen, über deren aktuelle und zukünftigen Bedingungen sie Auskunft geben können. Muss daher jede Person das Recht haben, grundsätzlich selbst über den Umgang mit und den Gehalt ihrer genetischen Informationen bestimmen zu können?[71] Angesichts der Komplexität persönlicher Lebensvorgänge ist eine Antwort auf diese Frage nicht einfach. Informationen über das eigene Erbgut erhalten primär im Hinblick auf den Empfänger ihren Sinn und ihre Bedeutung. Welche Konsequenzen hat das Wissen um eine erbliche Disposition für die eigene Lebensqualität? Muss dem **Recht auf Wissen** des Betroffenen **ein Recht auf Nichtwissen** (über „Risikogene“) zur Seite stehen?

Die Bandbreite von prognostischen bzw. **prädiktiven Befunden** ist groß: Sie können Krankheitsdispositionen aufdecken, für die es aktuell noch keine erkennbaren Symptome gibt, etwa bei der letal (tödlich) verlaufenden Erbkrankheit „Chorea Huntington“, welche erst zwischen dem 30. und 50. Altersjahr ausbricht. Sie können bestimmte Gene herausfinden, die ein erhöhtes Krebsrisiko bei Betroffenen signalisieren. Sie können aber auch Informationen über gefährliche Erbkrankheiten offenbaren, die zwar nicht geheilt, aber behandelt werden können, etwa bei der Erbkrankheit „Hämochromatose“.

Die Befunde wirken sich auf Psyche und Lebensführung des Betroffenen aus. Wenn der Einzelne sich innerlich frei und selbstbestimmt entwickeln soll, muss ihm ein **Recht auf Nichtwissen** (Schutz vor Information) bzw. ein Recht auf Unkenntnis der eigenen genetischen Konstitution zugestanden werden.[72] Nach Jochen Taupitz[73] besteht *„das Grundproblem des Rechts auf Nichtwissen […] darin, dass eine autonome Entscheidung, bestimmte Informationen nicht erhalten zu wollen, Kenntnis von der Möglichkeit der Kenntnis voraussetzt.“* Dieser Gedanke spricht aus ethischen Gründen dafür, zumindest prädiktive Gentests mit einer qualifizierenden Beratung zu begleiten.

Im Sinne der EU-Grundrechte-Charta ist das Recht jeder Person auf körperliche und geistige Unversehrtheit zu achten (Art. 3 Abs. 1 EGRC). In seiner Rechtsprechung zum Recht auf Privatheit (Art. 8 EMRK) betonte der EGMR bereits im Jahr 1994, dass einer Person das

69 Zur gerichtlichen Beweiswürdigung vgl. BGH v. 21.01.2009, NJW 2009, 1159 ff.

70 Dazu z. B. Rheinzeitung v. 27.03.2009.

71 Grundlegend Mundt, Grundrechtsschutz und genetische Information (2005).

72 Ablehnend Harris, Der Wert des Lebens (1995), S. 287 ff.

73 Taupitz in Wiese (Hg.), FS für Niederländer (1991), S. 583, S. 597 ff.; s. a. Duttge, DuD 2010, 34–38.

Recht zustehe, ihren Gesundheitszustand geheim zu halten.[74] In einer Entscheidung vom 4. Dezember 2008[75] hat der EGMR zudem festgestellt, dass *„die pauschale und unterschiedslose Befugnis zur Aufbewahrung von Fingerabdrücken, Zellproben und DNA-Profilen verdächtiger, aber keiner Straftat schuldig gesprochener Personen [...] keinen gerechten Ausgleich zwischen den widerstreitenden öffentlichen und privaten Belangen“* herstelle. Dementsprechend findet sich in dem Menschenrechtsübereinkommen zur Biomedizin (Art. 10 Abs. 1 und 2) folgende Formulierung: *„Jeder hat das Recht auf Wahrung der Privatsphäre in Bezug auf Erkenntnisse über seine Gesundheit“*.[76] Dieses Recht steht auch nichteinwilligungsfähigen Personen und Minderjährigen zu, die ein erhöhtes Schutzbedürfnis haben.

7.4.4 Das Gendiagnostikgesetz

Das in seinen wesentlichen Teilen am 1. Februar 2010 in Kraft getretene Gendiagnostikgesetz (GenDG)[77] stellt sicher, dass niemand gegen den eigenen Willen seine genetische Disposition zur Kenntnis nehmen muss, weil er andernfalls in seiner freien Persönlichkeitsentfaltung beeinträchtigt würde.[78] Das Gesetz soll *„der staatlichen Verpflichtung zur Achtung und zum Schutz der Würde des Menschen und des Rechts auf informationelle Selbstbestimmung“* Ausdruck und Geltung verleihen (§ 1) Dementsprechend stehen die **informierte Einwilligung** der betroffenen Person (§ 8) und die **ärztliche Aufklärungspflicht** (§ 9) im Vordergrund der Betrachtung. *„Wesen, Bedeutung und Tragweite“* einer bevorstehenden Untersuchung sind dem Betroffenen bzw. im Falle einer Einwilligungsunfähigkeit dem/den Vertreter/n (§ 14) unter Berücksichtigung der hiermit verbundenen Risiken zu vermitteln.

Die betroffene Person oder deren Vertreter kann jederzeit verlangen, dass ein Untersuchungsergebnis vernichtet wird (§ 9 Abs. 2 Nr. 5). Dieses Grundverständnis bildet neben der Forderung nach **Schutz vor einer genetischen Diskriminierung** die Basis für die Ermittlungs-, Kenntnisnahme- und Verwendungsverbote im arbeits- und versicherungsrechtlichen Bereich (§§ 18 Abs. 1, 19).

Für (nicht-codierende) Informationen zu Fragen der **Abstammung** stellt das Gesetz vor allem transparente Verfahren sicher (§ 17). In seiner Entscheidung zum **heimlichen Vaterschaftstest** hat das BVerfG bereits betont, dass den Staat von Verfassungs wegen die Verpflichtung trifft, *„dem Einzelnen Schutz davor zu bieten, dass private Dritte ohne sein Wissen und ohne seine Einwilligung Zugriff auf die seine Individualität kennzeichnenden Daten nehmen“* (so jetzt § 1598a BGB i.V.m. § 17 GenDG).[79]

Im Kontext einer humangenetischen Untersuchung zu medizinischen Zwecken werden zugleich **Informationen von genetischen Verwandten** miterfasst, die diese unter Umständen bislang nicht kannten. Ergibt die Analyse genetische Informationen für eine vermeidbare oder behandelbare Erkrankung, dann soll der beratende Arzt nach Befunderhebung die Emp-

74 EuGH v. 05.10.1994, NJW 1994, 305 ff.

75 EGMR v. 04.12.2008, EuGRZ 2009, 299 ff.

76 Europarat, Übereinkommen zum Schutz der Menschenrechte und der Menschenwürde im Hinblick auf die Anwendung von Biologie und Medizin (1997), BMJ 1998, Anhang 1.

77 Gesetz über genetische Untersuchungen bei Menschen v. 31.07.2009 (BGBl. I, 2529).

78 Vertiefend Koppernock, Das Grundrecht auf bioethische Selbstbestimmung (1997).

79 BVerfG v. 13.02.2007, NJW 2007, 753, 755 ff.

fehlung abgeben, *„diesen Verwandten eine genetische Behandlung zu empfehlen“* (§ 10 Abs. 3 S. 4).

Im GenDG fehlt eine explizite Regelung für die **Forschung**. Nach tradierter Rechtsauffassung ist dem Patienten bzw. Probanden (im Fall seiner Einwilligungsunfähigkeit dem Vertreter)[80] die bevorstehende Intervention zu erklären.[81] Dafür hat der aufklärungspflichtige Arzt im Zweifel den Nachweis zu führen. Im Folgenden werden einige reale Probleme im geregelten Umgang mit genetischen Informationen in wichtigen Lebensbereichen angesprochen.

Beispiel: vorgeburtliche Risikoabklärung (§ 15 GenDG)
Die weitgehenden medizinischen Diagnosemöglichkeiten bei einem **Ungeborenen** können Eltern die Angst vor einem kranken Kind nehmen. Sie können aber auch eine gezielte Abtreibungsstrategie zur Aussonderung von „defekten“ Embryonen zur Folge haben und so zum Einfallstor einer pränatalen Selektion werden. Das Gesetz regelt Beratungs- und Aufklärungsverfahren und hält fest, dass eine Krankheit, die erst nach Vollendung des 18. Lebensjahr auftritt, nicht berücksichtigt werden darf (§ 15 Abs. 2).
Die Schwangere hat einen ergänzenden Beratungsanspruch nach dem Schwangerschaftskonfliktgesetz (§ 2 i.V.m. § 15 Abs. 2).[82] Sie kann sich der pränatalen Diagnostik (PND) verweigern (Recht auf Nichtwissen).[83] Dieses Recht wird allerdings bei der eigenmächtigen Durchführung eines HIV-Tests und der Bekanntgabe des Untersuchungsergebnisses aus Gründen einer Fremdgefährdung häufig nicht beachtet.[84]

Beispiel: genetische Reihenuntersuchungen (§ 16 GenDG)
Das Neugeborenen-Screening ist eine wertvolle Erweiterung präventiver gesundheitlicher Maßnahmen, wenn es zur Erkennung von behandelbaren Erbkrankheiten eingesetzt wird. Das gilt allerdings nur dann, wenn eine Behandlung bereits vor dem Ausbruch der Krankheit in Betracht kommt, z. B. bei Enzymdefekten, die unbehandelt zum Schwachsinn führen, rechtzeitig behandelt aber eine annähernd normale geistige Entwicklung ermöglichen. Das Screening ist deshalb mit der elterlichen Zustimmung (§§ 1627, 1666 BGB) nur für behandelbare Krankheiten zulässig, weil „auch das Neugeborene ein Recht auf Selbstbestimmung und damit zugleich auf Nichtwissen“ habe.[85] § 16 GenDG erlaubt mit dieser Einschränkung die systematisch in der Gesamtbevölkerung oder einer bestimmten Personengruppe durchgeführte genetische Untersuchung zu medizinischen Zwecken (vgl. § 3 Nr. 9).

---

80 Dazu Deutsch/Spickhoff, Medizinrecht (6. A. 2008), Rn. 273.

81 Vgl. auch § 40 Abs. 1 S. 3 Nr. 3a, Abs. 2 AMG.

82 Das Schwangerschaftskonfliktgesetz garantiert einer Schwangeren wegen der psychologischen Ausnahmesituation nach auffälligem Befund infolge PND ein spezifisches Beratungsangebot; s. a. Bundesärztekammer (BÄK), PND-Richtlinien, Ziff. 2.2.

83 Vgl. Bundesärztekammer (BÄK), BÄK-Richtlinien, Ziff. 9, Deutsches Ärzteblatt 1998, A3236 ff.

84 Zur Missachtung einer ausdrücklichen Weigerung der Patientin EuGH v. 05.10.1994, NJW 1994, 3005 ff.

85 Schimmelpfeng-Schütte, MedR 2003, 214 ff.

Beispiel: genetische Informationen im Versicherungsbereich (§ 17 GenDG)
Genetische Tests können für **private Kranken- und Lebensversicherungen** zur Auffindung von „Risikopersonen" und ggf. Ablehnung eines Vertrages ein attraktives „Hilfsmittel" sein. Das Sortieren der Menschen nach Risiken widerspricht dem Prinzip einer Solidargemeinschaft, auf dem auch ein Versicherungssystem beruht. Andererseits ist jedoch die Risikoabschätzung seit jeher das zentrale Element jeder Privatversicherung. Eine Ungleichbehandlung von Versicherungsnehmern aufgrund unterschiedlicher Risikoprognosen ist dem System der Privatversicherung immanent und nicht zuletzt auch deshalb notwendig, weil der Versicherer – im eigenen Interesse und im Interesse der von ihm gebildeten Versicherungsgemeinschaft – Leistung und Gegenleistung in ein angemessenes Verhältnis setzen und das übernommene Risiko kalkulierbar machen muss.

> *„Risikodifferenzierung mittels genetischer Prognostik bedeutet, dass der Versicherungsnehmer erhebliche Abstriche von seinem Persönlichkeitsrecht hinnimmt. Er muss, will er nicht auf den Abschluss des Vertrages verzichten, die Zukunft seiner Gesundheit ausforschen lassen. Die Freiheit, genetische Informationen über seine Zukunft gar nicht erst erheben zu lassen, ist aber ein wesentliches Moment der Selbstbestimmung der Person."*[86]

Das GenDG statuiert für die gesamte **Versicherungswirtschaft** ein grundsätzliches **Verbot, genetische Untersuchungen und Analysen zu verlangen oder entgegenzunehmen** (§ 18 Abs. 1 S. 1). Eine Ausnahme gilt nur für Lebens-, Berufsunfähigkeits-, Erwerbsunfähigkeit- und Pflegeversicherungen mit einer Versicherungssumme von 300.000 Euro insgesamt oder 30.000 Euro Jahresrente, wenn solche Untersuchungen und Analysen bereits vorliegen (§ 18 Abs. 1 Satz 2). Voraussetzung ist jedoch, dass das Ergebnis der präsymptomatischen genetischen Untersuchung prämienrelevant und wissenschaftlich zuverlässig ist. Bereits ausgebrochene genetisch bedingte Vorerkrankungen und Erkrankungen sind allerdings anzuzeigen (§ 16 Abs. 2).

Beispiel: genetische Informationen im Beschäftigtenbereich (§ 19 ff. GenDG)
Die Verwendung genetischer Untersuchungen und Analysen im **Arbeits- und Dienstbereich** ist bei Einstellungsuntersuchungen und betriebsärztlichen Vorsorgeuntersuchungen mit erheblichen Risiken verbunden. Zwar ist es dem Arbeitgeber grundsätzlich erlaubt, die Beschäftigung von einer vorherigen Einstellungsuntersuchung abhängig zu machen, die dessen allgemeinen Gesundheitszustand und Eignung für den konkreten Arbeitsplatz offenlegt.[87] Der Arbeitgeber hat daran ein „berechtigtes, billigenswertes und schutzwürdiges Interesse im Hinblick auf das Beschäftigtenverhältnis".[88] Für den Arbeitgeber bzw. den Dienstherrn eröffnet sich dadurch die Möglichkeit, einen Stellenbewerber optimal einzugliedern und ihn vor unverträglichen Arbeitsstoffen zu schützen. Für den Beschäftigten ergibt sich allerdings eine abweichende Interessenlage, wenn vor und während des Beschäftigtenverhältnisses genetische Untersuchungen und Analysen zulässig wären und damit sein Recht auf Nichtwissen in Frage gestellt würde.

---

86 Bericht der Enquête-Kommission „Chancen und Risiken der Gentechnologie", BT-Drs. 10/6775.
87 Wiese, BB 2009, 2198, 2200 ff.
88 So schon BAG v. 30.07.1986, NZA 1986, 739 ff.

Ein wichtiges Tätigkeitsfeld der **Arbeitsmedizin** ist zwar die Aufklärung genetisch bedingter Reaktionen auf bestimmte Arbeitsstoffe. Dabei können aber auch Dispositionen offenbar werden, die sich erst viel später oder nie im Arbeits- bzw. Dienstverhältnis auswirken. Gleichzeitig besteht die Gefahr, dass „nicht-resistente" Arbeitnehmer durch ein **genetisches Ausleseverfahren** diskriminiert und aufgrund einer Erbkrankheit oder genetischen Disposition nachhaltig vom Erwerbsleben verdrängt werden.[89] Von Relevanz ist auch die Aussagekraft von Untersuchungsmethoden. Je präziser der Arbeitgeber die Anforderungen des einzelnen Arbeitsplatzes definiert, desto eher sind Rückschlüsse auf auf Krankheiten möglich. Es ist leichter und billiger, genetisch sensible Arbeitsplatzbewerber auszuschließen als die Arbeits- und Produktionsbedingungen gesundheitsverträglich zu gestalten.

Das GenDG statuiert für den Arbeitgeber bzw. den Dienstherrn das Verbot, genetische Untersuchungen und Analysen vor und nach Begründung des Beschäftigungsverhältnisses zu verlangen oder entgegenzunehmen (§ 19 für die Privatwirtschaft; § 22 für den öffentlichen Dienst). Der Arbeitgeber/Dienstherr darf sich also auch keine genetischen Informationen von einem „gesunden" Beschäftigten „aufdrängen" lassen.[90] Derjenige, der seine genetischen Daten nicht preisgeben will, soll auch nicht dadurch unter Druck geraten, dass andere – etwa Mitbewerber – solche Daten freiwillig preisgeben. Ein Schweigen darf dem Beschäftigten nicht zum Nachteil gereichen, nur weil andere von diesem Recht keinen Gebrauch machen.[91]

Nur in ganz spezifischen Fällen dürfen im Rahmen der arbeitsmedizinischen Vorsorge zur Verhinderung von schweren Berufskrankheiten Vorsorgeuntersuchungen durch eine Genproduktanalyse (Produkte der Nukleinsäuren nach § 3 Nr. 2c) durchgeführt werden (§ 20 Abs. 2). Sie unterliegt einer strengen Zweckbindung. Ein Beschäftigter soll im Eigeninteresse in solchen Fällen Einschränkungen seines Rechts auf informationelle Selbstbestimmung hinnehmen müssen.

7.5 Freiraum der Forschung

Die Wissenschaft ist darauf angelegt, eine immer genauere Lesart der Menschen und ihrer Welt zu gewinnen. Ihr Ziel ist es, neue Erkenntnisse im Bereich der historischen, medizinischen oder soziologischen Forschung unter Zuhilfenahme digitaler Arbeitstechniken nicht nur zu erlangen, sondern auch Irrtümer zu bewältigen und falsche Lesarten auszuschließen. Nach Karl Popper[92] besteht ein Erkenntnisgewinn nicht darin, dass die Forschung ihre Hypothesen bestätigt sieht, sondern, dass sie falsche Hypothesen als solche erkennen und eliminieren kann. In diesem Sinn ist Forschung grundsätzlich immer ein offener Prozess und kann nicht vorweg festgelegt werden. Wenn die Chance, Hypothesen zu überprüfen und Ergebnisse zu verifizieren, erhalten bleiben soll, muss ggf. der Rückgriff auf personenbezogene Ursprungsdaten möglich blieben. Denn vieles lässt sich theoretisch klären, aber nicht alles.

---

89 Tinnefeld, NJW 2001, 3082 ff.

90 Keine Gleichstellung von Einwilligung und Gesetz; dazu Schild/Tinnefeld, DuD 2009, 470 ff.; s. a. Buchner in Bauer et al. (Hg.), FS für Herbert Buchner (2009), S. 161 ff.

91 Buchner in Bauer et al. (Hg.), a.a.O., S. 161 ff.

92 Popper, Logik der Forschung (1935).

Beispiel: Im Rahmen eines Forschungsprojektes ergibt sich oft erst im Verlauf einer Untersuchung die Notwendigkeit, diese nach anderen Gesichtspunkten fortzuführen, etwa in der klinischen Forschung hinsichtlich der Nebenwirkung von Medikamenten (z. B. bei der Erforschung von Berufsrisiken in Zusammenhang mit der Schadstoffbelastung bei menschlicher Arbeit mit Chemikalien; bei der Untersuchung der Häufigkeit von Leukämieerkrankungen im Bereich der Sondermüllabfuhr). In solchen Fällen sind oft auch personenbezogene wissenschaftliche Nachuntersuchungen erforderlich, die wissenschaftliche Forschung kann hier nicht auf anonyme Daten beschränkt bleiben.

Beispiel: Wissenschaftliche Forschung funktioniert über Versuch und Irrtum. Dabei ist die Forschung häufig auf Probanden bzw. Versuchspersonen angewiesen, um festzustellen, welchen Einfluss etwa Gene bei der Erkrankung einer Person haben können. Tests haben inzwischen gezeigt, dass das Gen als Träger eines biologischen Merkmals keine isolierte und von ihrem Informationsgehalt selbstständige Einheit darstellt wie dies ursprünglich angenommen worden ist. Es hat sich herausgestellt, dass der Informationsgehalt eines Gens (z. B. eines Brustkrebsgens) häufig von den physikalischen Milieubedingungen des Gens ebenso abhängig ist wie vom Informationsgehalt aller anderen Gene des menschlichem Genoms.[93] Wenn die Forschung ihre Ergebnisse verifizieren will, muss sie die Kombinationsmöglichkeiten der Gene auf die im menschlichen Genom tatsächlich vorliegende Kombination einschränken.

Beispiel: Auf das Humangenomprojekt 2008 folgte das 1000 Genomeprojekt, dass sich die Entschlüsselung von 2500 Genomen zum Ziel gesetzt hat. In diesem Zusammenhang untersucht Margret Höhe vom Max-Planck-Institut (MPI) für molekulare Genetik (Berlin), wie das Erbgut jedes Einzelnen die Wirkung von Medikamenten beeinflusst (z. B. bei sog. schizophrenen oder gesunden Probanden). Sie steuert ein **personalisiertes Genomprojekt** an, um den Einfluss beider Haplotypen[94] eines Gens auf Krankheiten festzustellen. Dazu benötigt sie jeweils (personenbezogene) Proben des Erbguts eines Menschen. Diese werden ihr auf freiwilliger Basis für die Zwecke der wissenschaftlichen Untersuchung im MPI zur Verfügung gestellt. Fraglich ist, ob sie diese personenbezogenen Daten veröffentlichen oder auf andere Weise bekannt machen darf. Ist eine Veröffentlichung nur mit Einwilligung des Probanden zulässig? Müssen nicht auch Dritte (z. B. Eltern) einer Veröffentlichung vorher zustimmen, wenn aus den Ergebnissen der Forschung auch deren genetische Daten bestimmt oder bestimmbar sind?

Die Arbeit des Forschers ist auf weitreichende Transparenz, d. h. auf einen freien Informationszugang etwa in der empirischen Bildungs- oder Verhaltensforschung angewiesen. Je tiefer strukturiert die dazu erhobenen Einzelangaben sind, desto eher erlaubt die wissenschaftliche Auswertung differenzierte Angaben. Ein Zugangsanspruch des Forschers kann allerdings nicht schrankenlos sein. Er ist u. a. durch die Persönlichkeitsrechte Betroffener

---

93 Teil I, Kap. 7.4.1.

94 Bei Haplotypen handelt es sich um die beiden elterlichen Sequenzversionen eines jeden Chromosoms. Da der Einzelne jedes Chromosom in doppelter Ausführung hat, liegt jedes Chromosom in zwei Haplotypen vor.

grundsätzlich begrenzt. Für den Forscher können sich aber auch Erleichterungen ergeben. Das wäre etwa dann der Fall, wenn der Zugangsanspruch seine Rechtfertigungslasten etwa gegenüber einer datenhaltenden Behörde erleichtert würde, weil es sich bei den benötigten Datenmaterialien nur um zusammengefasste (aggregierte) und keine personenbezogenen Daten handelt.

Beispiel: Die Forderung eines Wissenschaftlers aus den Niederlanden auf Zugang zu (statistischen) Pisawerten von „Schülern ohne Migrationshintergrund" (geordnet nach den einzelnen Bundesländern) für Zwecke der Eigenforschung ist von der Kultusministerkonferenz (KMK) abgelehnt worden.[95] Berührt die Zugangsverweigerung zu staatlichen Datenbeständen die Gewährleistung freier unabhängiger Forschung? Welche Rolle spielt der Schutz personenbezogener Daten im Rahmen statistischer Auswertungen?

Bei statistischen Untersuchungen ist wie auch bei der wissenschaftlichen Forschung die Zweckbestimmung der Untersuchung oft im Voraus nicht möglich. Auf dieses Problem ist das BVerfG eingegangen und hat festgestellt, dass die Wissenschaft regelmäßig nicht an der einzelnen Person interessiert [ist], „sondern an dem Individuum als Träger bestimmter Merkmale".[96] Das BVerfG hat daher eine Vorratsdatenspeicherung bei der DV für statistische Zwecke akzeptiert, sie allerdings mit vielen Kautelen verbunden,[97] die auch bei der Frage der Eigenforschung anderer Personen oder Stellen eine Rolle spielen. Die bloße Forschungsintention reicht für eine Weitergabe der Daten nicht aus.[98]

7.5.1 Anbindung der Forschung an Würde und Autonomie – das Beispiel Hirnforschung

In der Allgemeinen Erklärung der Menschenrechte von 1948 werden in Art. 5 nicht nur ein Folterverbot, sondern auch alle anderen Formen von *„cruel inhuman, or degrading treatment or punishment"* ausgeschlossen. Damit sollten Verbrechen wie die medizinischen Experimente nationalsozialistischer Ärzte an Lagerinsassen und Behinderten ausgeschlossen werden. Die freie Forschung wird unverträglich, gefährlich und mörderisch, wenn sie sich aus der Verantwortung für den Beforschten, von der Verantwortung für die Gesellschaft befreit. Die Erweiterung der Forschungsperspektive, beispielsweise durch **neue Erkenntnisse in der Hirnforschung**, verlangt die Anbindung an die Achtung der Würde und Autonomie des Menschen. In diesem Zusammenhang spielen die Anforderungen des Grundrechts auf Privatheit und Datenschutz eine wichtige Rolle: Weder der grundrechtliche Rang der Forschungsfreiheit noch ein daraus abgeleitetes Informationszugangsrecht legitimieren datenschutzfreie Enklaven der wissenschaftlichen Forschung.[99]

---

95 Vgl. Forscher, Pisa-Daten werden zensiert, SZ v. 30.01.2012, S. 1; dazu Schulz, Zensur der Pisa-Daten, SZ v. 30.01.2012, S. 5.

96 BVerfG v 15.12.1983, BVerfGE 65, 1, 41 ff.; zum Spannungsverhältnis von Forschungsfreiheit und Datenzugangsanspruch der Forscher vgl. Bizer, Forschungsfreiheit und informationelle Selbstbestimmung (1992), S. 30 ff.

97 BVerfG v. 15.12.1983, BVerfGE 65, 1, 47.

98 Dazu Poppenschläger in Roßnagel (Hg.), Handbuch Datenschutzrecht (2003), Kap. 8.1 Rn. 28 f.

99 Simitis in Fürst/Herzog/Umbach (Hg.), FS für Wolfgang Zeidler (1987), Bd. 2, S. 1489 ff.

Die Forschung versucht mithilfe neurowissenschaftlicher Verfahren Erkenntnisse über die Gehirne der Menschen, über die Qualität ihrer Gedanken zu gewinnen. Sie untersucht Hirnaktivitäten per Lügendetektion, um herauszufinden, ob es Signale gibt, die bewusstes und unbewusstes Lügen einer Person aufdecken können. Im politischen Bereich werden Wechselwähler, die sich keiner Partei fest zuordnen lassen und deren Stimme für eine Wahl ausschlaggebend sein könnten, per Hirnscan erforscht.[100]

Beispiel: Amerikanische Wissenschaftler laden zwanzig Wechselwähler in das Hirnzentrum ihrer Universität ein und untersuchten deren Reaktion auf Fotos und Videos von Top-Politikern mit der statistischen und funktionellen Magnetresonanztomographie (fMRT, auch Kernspintomographie genannt).

Das menschliche Gehirn ist inzwischen Zielscheibe für zahlreiche Interventionen geworden. Die bereits vorhandenen Methoden, mit denen die Kontrolle unbewusster Hirnprozesse erlernt werden sollen, sind weit entwickelt. So werden etwa spezielle Gehirnregionen psychisch Kranker, Krimineller, von Terroristen erforscht und ggf. auch zerstört. Es ist allerdings zu fragen, ob nicht die psychische Erklärung struktureller und funktioneller Hirnzustände eines Menschen *„häufig im Auge des Betrachters liegt"* und sich die Erklärung in der Regel nur *„im Kontext von Verhalten und (vor allem sozialer Umwelt) erschließt"*.[101]

Im Zusammenhang mit der bildgebenden Hirnforschung sind manche Forscher überzeugt, dass sie den Charakter des Menschen, das Innerste seiner Psyche nicht nur aufdecken können. Sie gehen auch davon aus, dass der Wille weitgehend determiniert ist. In diesem Zusammenhang ist eine Debatte um die Willensfreiheit des Menschen entstanden, die sich u. a. bei der Frage um seine strafrechtliche Verantwortung abzeichnet.[102] Es geht hier nicht darum, dass der zweifellos vorhandene Fundus der neurowissenschaftlichen Forschung ungenutzt bleibt. Aber Formen etwa der „Neuro-Prophezeiung" sind (noch) nicht valide und verlässlich genug und stoßen auf menschenrechtliche Grenzen. Insbesondere unter dem Aspekt des Grundrechts auf Privatheit und Datenschutz ist aber auch zu betonen, dass der einzelnen Person das Recht zustehen muss, *„ungestraft die Tiefen und Untiefen ihrer Subjektivität erkunden"* zu können.[103]

7.5.2 Forschungsfreiheit und Datenschutz

Die Forschungsfreiheit wird in der EU-Grundrechte-Charta (Art. 13 EGRC), in der Europäischen Menschenrechtskonvention (Art. 10 EMRK) sowie in vielen Verfassungen der EU-Mitgliedstaaten garantiert. Das deutsche **Grundgesetz** gewährleistet die **Existenz freier wissenschaftlicher Forschung und Lehre** in Art. 5 Abs. 3 GG.

Die Grundrechtsnorm garantiert Wissenschaftlern (z. B. Sozialwissenschaftlern, Zeitgeschichtsforschern, Epidemiologen, Psychologen, Erziehungswissenschaftlern) einerseits ein

100 Schleim, Die Neurogesellschaft (2011), S. 1 ff. m.w.N.

101 Schleim, a.a.O., S. 10. Für die Betrachtung der Mechanismen, nach denen das menschliche Gehirn funktioniert vgl. Rizzolati/Sinigaglia, Empathie und Spiegelneuronen. Die biologische Basis des Mitgefühls (2008).

102 Markowitsch/Merkel in Bonhoeffer/Gruss (Hg.), Zukunft Gehirn (2011), S. 210–240.

103 Honneth, Das Recht auf Freiheit (2011), S. 133; s. a. Teil I, Kap. 2.3.

Abwehrrecht gegen staatliche Eingriffe. Andererseits verpflichtet sie als objektive Wertentscheidung den Staat, *„schützend und fördernd einer Aushöhlung der Forschungsfreiheit vorzubeugen“*.[104] Das BVerfG bezeichnet es als Pflicht eines Staates, *„der sich als Kulturstaat versteht“*, finanziell und organisatorisch die notwendigen Maßnahmen zur Sicherung und Förderung eines unabhängigen Wissenschaftsbetriebes zu treffen.[105] Die Verpflichtung beruht auf der Erkenntnis, dass die Forschung nicht nur zugunsten des einzelnen Wissenschaftlers, sondern auch im Interesse der Allgemeinheit (der Kenntnis der Gesellschaft über sich selbst) erforderlich ist.[106] Geschützt sind insbesondere die Wahl der Fragestellung und Methode, Planung und Durchführung der Ausarbeitung. Bei der Auftragsforschung ist naturgemäß keine Garantie für die Wahl des Forschungsproblems erforderlich. Schranken ergeben sich indessen aus dem Grundrecht auf informationelle Selbstbestimmung bzw. aus dem Recht auf Datenschutz.

Der Gesetzgeber ist verpflichtet, die tatsächlichen Voraussetzungen der Forschungsfreiheit herzustellen. Dazu gehören

- weitreichende Informationszugangsrechte[107] unter gleichzeitiger Respektierung
- des verfassungsrechtlich verbürgten Datenschutzes.

Im Einzelfall ist eine angemessene Güterabwägung zwischen dem Anliegen der Forschungsfreiheit und den Anforderungen des Datenschutzes zu treffen. Dazu gehört die Verpflichtung des Forschers, die sozialen Folgen seiner Tätigkeit zu berücksichtigen und auf gefährliche Forschungsergebnisse hinzuweisen,[108] etwa auf eine mögliche Kollision zwischen Datenschutzinteressen und dem Forschungsanliegen, das auf die Verfügbarkeit personenbezogener Daten im Rahmen eines Forschungsprojekts angewiesen ist. So zählen Interviews mit Drogenabhängigen im Rahmen kriminologischer Studien nicht nur zu einem Forschungsinstrument, sondern auch zu möglichen Informationsquellen für Polizei und Staatsanwaltschaft.

Forschung lässt sich häufig nicht mittels anonymisierter Daten betreiben. In vielen Bereichen, namentlich der historischen oder der kriminologischen, medizinischen und pharmakologischen Forschung werden personenbezogene Daten benötigt.[109] Das gilt ebenso für Bild- und Tonaufnahmen, die nach dem Stand der Technik noch nicht anonymisiert werden können. Viele Forschungsvorhaben sind auf Wiederholung bzw. langzeitliche Beobachtung einzelner Personen angelegt, etwa bei der Klärung kriminologischer Zusammenhänge oder bei der Beurteilung von bestimmten Schulabschlüssen für den weiteren persönlichen Werdegang. Die Verknüpfung verschiedener Datensätze bildet ein wesentliches Element jeder Langzeit- bzw. Kohortenstudie.[110] Bei sog. „Querschnittsstudien“ können dagegen personenbezogene Daten nach der Erhebung anonymisiert werden, wenn sie nicht mit Langzeitstudien verknüpft werden sollen.

---

104 BVerfG v. 29.05.1973, BVerfGE 35, 79, 112.

105 BVerfG v. 29.05.1973, BVerfGE 35, 79, 114.

106 BVerfG v. 01.03.1978, BVerfGE 47, 327, 368.

107 Zum hohen Stellenwert des „people's right to know“ in der nordamerikanischen Forschung vgl. Wollenteit, Informationsrechte des Forschers im Spannungsfeld von Transparenzforderungen und Datenschutz (1993), S. 89; DFG, Forschungsfreiheit (1996), S. 44 ff.

108 BVerfG v. 01.03.1973, BVerfGE 47, 327 ff.

109 Vgl. Fallbeispiele bei Bizer, Forschungsfreiheit und informationelle Selbstbestimmung (1992), S. 29 ff.

110 Dazu Gerling, DuD 1999, 385 ff.

Bei besonderen (sensiblen) Informationen (z. B. Gesundheitsdaten) wird der **Zielkonflikt** (der Zündstoff) zwischen dem Informationsinteresse der Forschung und dem Geheimhaltungsinteresse des Probanden besonders deutlich. Die Veröffentlichung solcher Daten (mittels Videos in der medizinischen Forschung, durch Hinweise auf das Sexualverhalten einer Person oder auf einen Täter in der kriminologischen Forschung) ist nicht nur datenschutzrechtlich problematisch, sondern kann auch dazu führen, dass Probanden ihre Mitwirkung an einem Forschungsprojekt verweigern. Für eine sichere, vertrauensvolle Arbeit wäre daher für den Forscher ein (Probanden-)Quellenschutz bzw. ein Forschungsgeheimnis[111] ebenso einzuräumen wie ein Zeugnisverweigerungsrecht.[112]

Die allgemeine Datenschutzrichtlinie aus dem Jahre 1995 nähert sich den typischen Verarbeitungsproblemen in einem Forschungsbereich punktuell an (Art. 6 Abs. 1 lit. b; 11 Abs. 2 DSRL).[113] Dazu gehören Regelungen über die Verwendung personenbezogener Daten für statistische Zwecke. Zudem soll das strikte datenschutzrechtliche **Zweckbindungsprinzip** zugunsten der wissenschaftlichen Forschung eingeschränkt werden dürfen (Art. 6 Abs. 1 lit. b DSRL). Die Verarbeitung für **Sekundärzwecke** soll zulässig sein, wenn sie mit dem **festgelegten rechtmäßigen Primärzweck vereinbar** ist. Die Richtlinie erlaubt vorbehaltlich der Forderung nach Geheimhaltung sensibler Daten (Art. 8 DSRL) die Überlassung von Daten an Forschungseinrichtungen für historische, statistische oder wissenschaftliche Zwecke, wenn spezielle Garantien (Art. 6 Abs. 1 lit. b Satz 2 DSRL) vorhanden sind. Sie tritt für einen effizienten Informationszugang der Forscher ein (Art. 6 Abs. 1 lit. c DSRL), aber enthält dazu keine detaillierten Vorgaben. Es soll den nationalen Gesetzgebern überlassen bleiben, notwendige **Garantien** zum Schutz des Betroffenen vorzusehen.

Der **Unionsgesetzgeber** sieht im DS-GVO-E eine Regelung der *„Datenverarbeitung zu historischen oder statistischen Zwecken sowie zum Zwecke der wissenschaftlichen Forschung durch die Mitgliedstaaten“* vor. In den Begriff *„wissenschaftliche Forschung“* wird die *„Grundlagenforschung, angewandte Forschung und privat finanzierte Forschung“* eingebunden (EG 126). Die Regelung soll einen europäischen Raum der Forschung schaffen (Art. 179 Abs. 1 AEUV). Nach der vorgesehenen Regelung sollen Daten möglichst ohne Personenbezug verwendet werden. Soweit eine personenbezogene Zuordnung etwa für Zwecke der medizinische Forschung erforderlich ist, sollen entsprechende Informationen von den übrigen Informationen getrennt werden, *„sofern diese Zwecke in dieser Weise erfüllt werden können“*.[114] Im Übrigen soll der Kommission dic Bcfugnis zukommen, delegierte Rechtsakte zu erlassen.[115]

7.5.3 Einfachgesetzliche Regelungen

Der Bundesgesetzgeber hat – wie auch die Landesgesetzgeber – im Hinblick auf die Informationsbedürfnisse der Forschung eigene Vorschriften für bestimmte Forschungssparten und für Forschungseinrichtungen geschaffen. Sie sind teilweise bereichsspezifisch in Fachge-

111 Vgl. Greiner, Das Forschungsgeheimnis (2001), S. 29–33, s. a. S. 255 ff.

112 Vgl. Teil I; Kap. 7.3.

113 Simitis in ders. (Hg.), BDSG (7. A. 2011), § 40 Rn. 5 m.w.N.

114 Art. 83 DS-GVO-E.

115 Dazu Teil I, Kap. 6.4.

setzen auf Bundes- und Landesebene, etwa in Archivgesetzen, Krankenhausgesetzen, im Stasi-Unterlagengesetz konkretisiert worden. Forschungsprojekte in Hochschulen der Länder unterstehen zwar der Kompetenz des Landesgesetzgebers. Häufig werden aber die datenschutzrechtlichen Rahmenbedingungen im Arbeitskreis Wissenschaft der Datenschutzbeauftragten des Bundes und der Länder gemeinsam erarbeitet.

Das **BDSG** enthält mehrere Sonderregelungen, welche Modalitäten des personenbezogenen Informationszugangs zu den im Rahmen der wissenschaftlichen Forschung benötigten Angaben präzisieren und Sanktionen bei einer Verletzung der gesetzlichen Verarbeitungsanforderungen vorsehen.[116] In einer Spezialvorschrift legt das BDSG die Bedingungen fest, unter denen (nur) Forscher in **Forschungseinrichtungen**, die unter Bundesrecht fallen, erhobene oder gespeicherte Daten verwenden dürfen (§ 40 BDSG). Zu den betroffenen Einrichtungen gehören:

- die öffentlich-rechtlich organisierte wissenschaftliche Forschung (Bundeswehrhochschule, Bundeskriminalamt, Sozialversicherungsträger, Statistisches Bundesamt usw.),
- die privatrechtlich organisierte wissenschaftliche Forschung (Max-Planck-Institute, Fraunhofer-Gesellschaft, Helmholtz-Institute usw.),
- nicht kundenspezifisch orientierte Markt- und Meinungsforschungsinstitute.

Das Unionsrecht unterscheidet nicht zwischen öffentlichen und nicht-öffentlichen Einrichtungen. Es ist deshalb sehr fraglich, ob unterschiedliche Datenerhebungsregeln in den einzelnen Sonderregelungen im BDSG noch zu rechtfertigen sind. Ähnliches gilt für etwaige erforderliche Beschränkungen von Informationsrechten (Unterrichtung und Auskunft) der betroffenen Personen, die der Unionsgesetzgeber von geeigneten Garantien für Betroffene abhängig macht.

Soweit keine spezielle Vorschrift die Datenerhebung zu Forschungszwecken erlaubt, kommt es auf die **Einwilligung** der **Versuchsperson** an. Das freiwillige Einverständnis des Probanden ist essenziell. Die Einwilligung ist nur wirksam, wenn sie auf einer freien Entscheidung beruht (§ 4a Abs. 1 BDSG). Der Wille der beforschten Person steht im Vordergrund. Soweit es sich um die Verwendung besonderer Daten handelt, muss sich die Einwilligung ausdrücklich auch auf diese Daten beziehen (§ 4a Abs. 3 BDSG). Die Versuchsperson hat das Recht, ihre Einwilligung etwa bei einer genetischen Analyse im Hinblick auf Gegenstand und Umfang der zu untersuchenden Frage zu begrenzen. Bei einer neuen Fragestellung hat der Forscher immer zu prüfen, ob die vorgesehene Untersuchung mit der Einwilligung des Betroffenen „verträglich" ist.

Grundsätzlich bedarf die **Einwilligungserklärung** nach dem BDSG der **Schriftform**. Im Bereich der wissenschaftlichen Forschung kann davon abgesehen werden, wenn das Formerfordernis den bestimmten Forschungszweck erheblich beeinträchtigen würde (§ 4a Abs. 2 BDSG). In diesem Fall sind die Gründe schriftlich festzuhalten.

Zum Umfang der Einwilligungserklärung (Einwilligungstiefe) bei der medizinischen Forschung kann auf die konkretisierende Selbstregelung des Weltärztebundes (WMA)[117] verwiesen werden. Das Gremium verabschiedete im Oktober 2000 eine neue Fassung der *„Declaration of Helsinki"* (DvH) unter dem Titel „Ethical Principles for Medical Research Invol-

[116] Dazu Teil II, Kap. 1.1.3, Teil IV, Kap. 3.2.2.

[117] Im WMA dominieren europäische und nordamerikanische Ärzteverbände.

ving Human Subjects“,[118] die für die biomedizinische Forschung und die Genmedizin bestimmende Grundsätze enthält. Dabei handelt es sich um internationales Standesrecht, das in nationales Standesrecht übernommen werden kann.[119] Der Unionsgesetzgeber spricht sich im DS-GVO-E ausdrücklich für Verhaltensregeln aus, die sich mit den Besonderheiten einzelner Datenverarbeitungsbereiche befassen und gleichzeitig zur ordnungsgemäßen Anwendung der unionsrechtlichen Regelungen beitragen. Die DvH behandelt ausführlich den **„informed consent“** (B.22 f.): Die Aufklärung der Versuchsperson muss umfassend sein. Sie soll über die Ziele und Methoden sowie mögliche Risiken und Belästigungen informiert werden. Finanzierung, mögliche Interessenkonflikte und die Verbindungen der Forscher zu einer Institution sollen offengelegt werden. Die Einwilligung soll nach Möglichkeit schriftlich abgegeben werden. Sie ist in mündlicher Form ausreichend, wenn sie genügend dokumentiert wird und vor Zeugen stattfindet. Die Versuchsperson muss darüber informiert werden, dass sie nicht gezwungen ist, an dem Forschungsprojekt teilzunehmen, und jederzeit ihre Teilnahme beenden kann. Sie soll nicht vom Forscher abhängig sein (B.23). In diesem Zusammenhang ist die Zustimmung unter Zwang geregelt, die niemals wirksam ist (vgl. auch § 2 lit. h DSRL).

Beispiel: Die Blutprobe eines Probanden wird zum Zwecke der Kontrolle einer Medikamentenentwicklung entnommen. Ohne eine erneute Einwilligung darf sie nicht einem Aids-Test unterzogen werden.

Beispiel: Die Kernspinaufnahme des Hirns zur Feststellung möglicher Durchblutungsstörungen ergibt bei nachträglicher Auswertung Hinweise auf einen Hirntumor (Zufallsfund). Der Arzt darf ohne Einwilligung des Patienten nicht (personenbezogen) weiterforschen.

Beispiel: Ein besonderes Problem stellt die Einwilligung Minderjähriger dar. Das geplante Unionsrecht geht von starren Einwilligungsgrenzen aus und befasst sich bislang nicht mit der Möglichkeit einer Einwilligung, die sich an der Einsichtsfähigkeit des Minderjährigen nach seinen Entwicklungsstufen orientiert.[120] Nach deutschem Recht kann die Einwilligung einsichtsfähiger Minderjähriger in die personenbezogene DV zu Forschungszwecken nur dann durch die Einwilligung der Eltern oder anderer Vertretungsberechtigten ersetzt werden, wenn eine gesetzliche Regelung dies eigens erlaubt. Grundsätzlich muss der einsichtsfähige Minderjährige selbst in die DV seiner Daten einwilligen können. Die personenbezogenen Daten von Nichteinsichtsfähigen dürfen dagegen ohne eine gesetzliche Grundlage nicht verarbeitet werden. In die DV von nichteinsichtsfähigen Minderjährigen können Sorgeberechtigte dann einwilligen, wenn sie dem Wohl des Kindes dient. Entsprechendes gilt für eine Einwilligung in die DV nicht einsichtsfähiger Volljähriger.[121]

---

[118] http://www.wma.net/e/policy/17-ce.html.

[119] Zur Bedeutung der DvH Deutsch/Taupitz in Winter/Fenger/Schreiber (Hg.), Genmedizin und Recht (2001), S. 213 ff.

[120] Teil I, Kap. 6.4.

[121] Dazu Bizer, Forschungsfreiheit und informationelle Selbstbestimmung (1992), S. 294 f.; zur Frage der Einsichtfähigkeit von Jugendlichen mit zunehmendem Alter s. a. Jandt/Roßnagel, MMR 2011, 637 ff. m.w.N.

7.5.4 Sonderregelung für Forschungseinrichtungen

Zu den **Kernaussagen** der Sondervorschrift (§ 40 Abs. 1 BDSG) gehört, dass die für einen bestimmten erkennbaren Zweck (in einem bestimmten Kontext) erhobenen und gespeicherten Daten im Rahmen der Forschungseinrichtung für andere als wissenschaftliche Zwecke weder verarbeitet noch genutzt werden dürfen.[122] Ein Problem besonderer Art ergibt sich, wenn erlangte Daten reaktiviert werden sollen, d. h. wenn Forschungseinrichtungen wieder auf Daten von ehemaligen Probanden zurückgreifen.

Beispiel: Ein Institut führt eine bestimmte Krebsforschung durch. Wegen des notwendigen Langzeitcharakters dieser Forschung fragt das Institut bei dem zuständigen Meldeamt nach der aktuellen Adresse eines Patienten in einer kleinen Gemeinde an, wodurch die Tatsache der Krebserkrankung bekannt wird. Die Anfrage ist eine unzulässige Übermittlung der Daten des Betroffenen an das Meldeamt.

Gesetzliche Regelungen, die zu einer Zweckentfremdung berechtigen, sind zwar eher selten. Sie können aber, wie die Beschlagnahmeanordnungen nach der Strafprozessordnung zeigen (§§ 94 ff.), die vertrauliche Verarbeitung von personenbezogenen Daten gefährden. An dieser Stelle wird die Notwendigkeit eines Forschungsgeheimnisses besonders deutlich.

Eine personenbezogene Übermittlung von einer Forschungseinrichtung zu einer anderen ist nur zu wissenschaftlichen Zwecken zulässig. Die Einrichtung muss den spezifischen rechtlichen und organisatorischen Anforderungen einer wissenschaftlichen Einrichtung genügen.

Für die Forschungseinrichtungen besteht die Verpflichtung, personenbezogene Daten im Ergebnis vollständig zu **anonymisieren** (§ 40 Abs. 2 Satz 1 BDSG), unter Umständen auch über mehrere Zwischenstufen. Für die wissenschaftliche Forschung mit **aktuellen Daten** bedeutet dies, dass die Verwendung von personenbezogenen Daten die Ausnahme bleiben muss, also i. d. R. nur mit anonymisierten Daten gearbeitet werden darf. Wenn sich aber das konkrete Forschungsziel nicht anders als über die Verarbeitung von personenbezogenen Daten erreichen lässt, dann gilt das Gebot der sog. File-Trennung (§ 40 Abs. 2 Satz 2 und 3 BDSG), das der Gesetzgeber auch für Markt- und Meinungsforschungsinstitute, die Daten zum Zweck der Übermittlung in anonymisierter Form verarbeiten (§ 30 Abs. 1 BDSG), festgelegt hat.

Beispiel: Sicherung der „Anonymität" von Forschungsdaten[123]
Der Aufbau eines Link-File-Systems kann mit drei Dateien erfolgen:
1. Datei mit personenbezogenen Forschungsdaten,
2. Datei mit Identifikatoren und
3. Datei mit Schlüssel, mit dessen Hilfe erst die Zusammenführung der ersten beiden Dateien möglich wird. Die Schlüsseldatei könnte bei einem Treuhänder deponiert werden, bei dem eine Beschlagnahme rechtlich nicht möglich wäre.

---

122 BVerfG v 15.12.1983, BVerfGE 65, 1, 46, 48 und 54.

123 Wollenteit, Informationsrechte des Forschers im Spannungsfeld von Transparenzforderungen und Datenschutz (1993), S. 224.

Die Mittel zu einer Anonymisierung sind unterschiedlich. Es geht immer darum, genügend Hindernisse aufzubauen, um den Aufwand für eine **Reidentifizierung** unverhältnismäßig groß zu gestalten (faktische Anonymisierung). Wenn aber die Chance erhalten bleiben soll, Ergebnisse zu überprüfen, dann muss der Rückgriff offen bleiben.

Die personenbezogene Veröffentlichung von Forschungsergebnissen berührt in der digitalisierten Welt nachhaltig das Recht auf Privatheit. Stellen, die wissenschaftliche Forschung betreiben, dürfen daher personenbezogene Daten nur dann **veröffentlichen** (§ 40 Abs. 3 BDSG), wenn

- der Betroffene eingewilligt hat (Nr. 1) oder
- dies für die Darstellung von Forschungsergebnissen über Ereignisse der Zeitgeschichte unerlässlich ist (Nr. 2), sog. Historikerklausel.

Die Erfahrungen in der **zeitgeschichtlichen Forschung** haben einerseits gezeigt, dass eine korrekte Darstellung möglicherweise davon abhängt, *„dass gerade das Verhalten und die Funktion bestimmter Personen aufgegriffen und geschildert werden“.*[124] Andererseits ist eine Veröffentlichung i. d. R. die folgenreichste Form der Verbreitung von personenbezogenen Daten. Unter dem Aspekt des Datenschutzes ist deshalb immer auch die Situation anderer betroffener Personen einzubeziehen. Beispielsweise beziehen sich Daten eines politischen Funktionsträgers häufig nicht nur auf ihn, sondern auf seine Familienmitglieder. Für sie alle steht viel auf dem Spiel.[125] Der Forscher hat zwar nach dieser Regelung vor einer Veröffentlichung beides, die Interessen der jeweils Betroffenen wie auch die Aufgaben der historischen Forschung, zu bedenken. Die Abwägungskriterien sind jedoch relativ vage. Unter welchen Bedingungen ist eine Veröffentlichung „unerlässlich“? Im Sinne des Persönlichkeitsschutzes kommen im Zweifel nur solche Informationen in Betracht, die sich auf die konkrete Tätigkeit der zeitgeschichtlich interessanten Person beziehen.[126] Die Frage bleibt, ob nicht auch eine verfassungskonforme Veröffentlichung von personenbezogenen Daten in anderen wissenschaftlichen Disziplinen (z. B. psychologischer Forschung) zulässig sein müsste. Hier weist der DS-GVO-E einen Weg, wonach die Veröffentlichung personenbezogener Daten grundsätzlich nur nach der Einwilligung der betroffenen Person möglich ist, es sei denn, diese hat die Daten bereits selbst veröffentlicht. Liegen diese Voraussetzungen nicht vor, dann soll eine personenbezogene Veröffentlichung zulässig sein, soweit die Interessen oder Grundrechte und Grundfreiheiten der betroffenen Person nicht überwiegen. Im Fall von besonderen (sensiblen) Daten dürfte dies zumindest bei Probanden häufig der Fall sein. Entsprechendes gilt auch für Daten, die den Kern privater Lebensgestaltung berühren.[127]

Viele Forschungsprojekte, etwa die Erforschung der Dunkelfeldkriminalität, Viktimologie oder Drogentherapie, können ohne eine vertrauensvolle Zusammenarbeit der Forscher mit den Betroffenen nicht durchgeführt werden. Zu Recht halten Forscher daher die **vertrauliche Behandlung** der ihnen überlassenen Daten für eine **unverzichtbare Bedingung** der eigenen Arbeit. Sie haben ein existentielles Interesse an der **informationellen Abschottung** der Daten.

---

[124] Simitis in Fürst/Herzog/Umbach (Hg.), FS für Wolfgang Zeidler (1987), Bd. 2, S. 1504.

[125] Vgl. Gespräch mit dem ungarischen Schriftsteller György Konrad, SZ v. 28.11.1991, S. 14.

[126] Zu den Schwierigkeiten einer Aufteilung der Daten in veröffentlichungsfähige und andere vgl. Simitis in Fürst/Herzog/Umbach (Hg.), FS für Wolfgang Zeidler (1987), Bd. 2, S. 1505.

[127] Teil I, Kap. 7.4.1.

Personenbezogenes Datenmaterial ist bei der forschenden Einrichtung erst dann sicher, wenn auch dem Staat die Zugriffsmöglichkeit verwehrt ist. Im Gegensatz zur gesetzlich normierten Geheimhaltungspflicht für die Angehörigen bestimmter Berufsgruppen (z. B. für Journalisten) existiert für den wissenschaftlichen Bereich **kein Forschungsgeheimnis**. Demzufolge steht dem wissenschaftlichen Forscher weder ein Zeugnisverweigerungsrecht zur Verfügung noch ist sein Datenmaterial vor einer Beschlagnahme geschützt, wie dies in anderen Ländern der Fall ist.[128] Staatliche Stellen haben damit die Möglichkeit, auf wissenschaftliches Material zurückzugreifen.

Beispiel: Ein Staatsanwalt droht wegen eines Diebstahls einem Forschungsinstitut mit der Beschlagnahme einer Probandendatei über genetische und Sexualdaten, da vermutet wird, dass der Täter zu diesem Personenkreis gehört. Da derartige Untersuchungsergebnisse den absolut geschützten privaten Bereich berühren, ist deren Verwendung nach dem vom Bundesverfassungsgericht postulierten Grundsatz der Verhältnismäßigkeit nicht zulässig. Bei einem Zeugnisverweigerungsrecht wäre ein Zugriff auf die Daten durch den Staatsanwalt erst gar nicht versucht worden.[129]

Ausschlaggebend für einen hinreichenden Datenzugang ist das Vertrauen in die Integrität der Wissenschaft. Die informationelle Abschottung wissenschaftlicher Daten gegenüber staatlichen Behörden ist daher eine unabdingbare Voraussetzung für die Forschung mit personenbezogenen Daten. Denkbar ist die Einführung eines Forschungsgeheimnisses als „testimonial privilege“, das dem wissenschaftlichen Forscher ein Zeugnisverweigerungsrecht einräumt und Daten wissenschaftlicher Forschung vor einer Beschlagnahme schützt.[130]

7.6 Freiraum der Medien

Die Aufklärung im 18. Jahrhundert hat zu einer Medienrevolution geführt. In Folge dieser Geistesbewegung entstand eine freie öffentliche Sphäre, in der sich Meinungs- und Pressefreiheit entfalteten. Die **„Freiheit der Feder“** ist nach Immanuel Kant eine wesentliche Bedingung für die Freiheit, „von der Vernunft in allen Stücken öffentlichen Gebrauch zu machen“.[131]

In der Neuzeit wurde die Presse- bzw. Medienfreiheit in der EGRC (Art. 11 Abs. 2 – „Die Freiheit der Medien und ihre Pluralität werden geachtet“), in der EMRK (Art. 10 Abs. 1 – Recht auf „unbehinderte Medienfreiheit“) und im GG (Art. 5 Abs. 1 Satz 2) verankert. Wie kein Denker zuvor hat Kant allerdings auch Freiheit mit dem Gedanken der **Verantwortung**

---

[128] Zur Verbesserung des gesetzlichen Schutzes Vetter, DuD 1999, 390 ff.; für ein medizinisches Forschungsgeheimnis Kilian, NJW 1998, 787 ff. Das Strafverfahrensänderungsgesetz von 1999 enthält den Ansatz zu einem Forschungsgeheimnis (§ 203 Abs. 2 Nr. 6 StGB), der allerdings nur Forscher betrifft, die nicht Personen des öffentlichen Dienstes sind und nach § 476 StPO oder § 186 StVollzG förmlich zur Geheimhaltung verpflichtet sind.

[129] Vgl. Teil I, Kap. 7.2.

[130] Zur Zeugnispflicht als Eingriff in das Grundrecht der Forschungsfreiheit Greitemann, Das Forschungsgeheimnis (2001), S. 266 ff.

[131] Kant in Zehbe (Hg.), Was ist Aufklärung? (4. A. 1994), S. 55 ff.; s. a. Teil I, Kap. 2.2.

verbunden. In der EMRK (Art. 10 Abs. 2) findet dieser Gedanke seinen Niederschlag, indem die Ausübung des Rechts der Meinungsfreiheit ausdrücklich in den Kontext von Pflichten und Verantwortung gestellt wird.[132]

Das BVerfG verbindet seit jeher die demokratische Funktion der Medien in Form von Presse, Rundfunk, Film und Fernsehen (Art. 5 Abs. 1 S. 2 GG) mit dem Recht der Meinungsfreiheit (Art. 5 Abs. 1 S. 1 GG).[133] **Meinungs- und Pressefreiheit** sind ein **Wesenselement freiheitlicher Staaten**[134] und ein Kennzeichen offener (demokratischer) Gesellschaften.[135] Jede Art von Macht lässt sich nur stabilisieren, wenn sie nicht im Geheimen agiert. Anders formuliert: Geheimgehaltene Macht ist instabiler und gefährdeter als jene, die dem **Publizitätsgebot** folgt. Wenn Kant fordert, *„dass Macht sich öffentlich zu zeigen habe und kontrollierbar sein müsse“,* dann tritt er zugleich für durchschaubare und stabile Machtverhältnisse ein.[136] Medien, die Öffentlichkeit herstellen und Bürger über staatliche oder andere Macht aufklären, schleifen häufig Bastionen verborgener politischer und wirtschaftlicher Macht im Interesse von zivilen, demokratischen Gesellschaften.

In seinem berühmten Spiegel-Urteil aus dem Jahre 1966 betont das BVerfG: *„Soll der Bürger politische Entscheidungen treffen, muss er umfassend informiert sein, aber auch die Meinungen kennen und gegeneinander abwägen können, die andere sich gebildet haben.“*[137] Die Presse, die diesen Austausch in Gang hält, darf daher von keiner staatlichen **Zensur** gelenkt werden. Vor diesem Hintergrund hat das BVerfG im Spiegel-Fall einen Staatsanwalt und einen Politiker in die Schranken gewiesen, die eine verfassungswidrige Durchsuchung von Redaktionsräumen des Spiegels veranlasst hatten. Dazu kam es, weil sich ein Redakteur unter Berufung auf das Redaktionsgeheimnis geweigert hatte, zu sagen, woher er eine brisante Information erhalten hatte.[138]

Mit der wichtigen Rolle der Presse, Informationen und Ideen über politische und andere Themen von allgemeinen Interesse weiterzugeben, ist eine **Gefährdung der Quellen** durch Beschlagnahme des recherchierten Materials grundsätzlich nicht vereinbar. Eine Pflicht des Journalisten zur Preisgabe anvertrauter Informationen ist geeignet, Informanten abzuschrecken.[139] Der Geheimbereich der Redaktion ist grundsätzlich auch gegen private Ausforschung geschützt.[140] Die **Veröffentlichung rechtswidrig erlangter Informationen** ist zulässig, sofern es sich um Fragen handelt, die für die Öffentlichkeit von so wesentlicher Bedeu-

[132] Vgl. OSCE (Hg.), Representative on Freedom of the Media: Freedom and Responsibility, Yearbook 2002/2003.

[133] BVerfG v. 15.01.1958, BVerfGE 7, 198, 208; Streinz in Lamnek/Tinnefeld (Hg.), Zeit und kommunikative Rechtskultur in Europa (2000), S. 144–163.

[134] BVerfG v. 25.01.1984, BVerfGE 66, 116, 133 ff.

[135] Teil I, Kap. 2.1.

[136] Brieskorn in Schünemann/Tinnefeld/Wittmann (Hg.), Gerechtigkeitswissenschaft – Kolloquium aus Anlass des 70. Geburtstages von Lothar Philipps (2004), S. 47–75 m.w.N.

[137] BVerfG v. 05.08.1966, BVerfGE 20, 162, 174 f.

[138] BVerfG v. 05.08.1966, BVerfGE 20, 162, 174 f. Das Zeugnisverweigerungsrecht des Redakteurs bezieht sich seit Juli 2001 auch auf das Material, das Journalisten selbst recherchiert haben und gilt auch für Werke in Buch- und Filmform, vgl. auch Teil I, Kap. 7.2.

[139] EGMR v. 27.03.1996, Medien und Recht 1996, 123 ff.

[140] BGH v. 20.01.1981, BGHZ 80, 25 ff.; BVerfG v. 25.01.1984, BVerfGE 66, 116 ff.; s. a. Ladeur in Paschke/Berlit/Meyer (Hg.), Gesamtes Medienrecht (2. A. 2012), 4. Abschnitt, Rn. 53.

tung sind, dass der Rechtsbruch dazu in keinem Verhältnis steht.[141] Sofern es sich allerdings um rechtswidrig erlangte Informationen handelt, die die Privatsphäre beeinträchtigen, dürfen sie nicht veröffentlicht werden.[142]

Der EGMR hat im Jahre 1996 den **Schutz journalistischer Quellen als eine der Grundbedingungen der Pressefreiheit** anerkannt.[143] Das Zeugnisverweigerungsrecht deutet darauf hin, dass sich Journalisten nicht nur „aus allgemein zugänglichen Quellen" (vgl. Art. 5 Abs. 1 S. 2 GG), sondern auch aus anderen verfügbaren Quellen informieren dürfen, solange nicht das Allgemeinwohl und die Persönlichkeitsrechte in verfassungsrelevanter Weise beeinträchtigt werden. Der EuGH hat etwa den Anspruch eines englischen Journalisten auf Zugang zu geheimen Ratsdokumenten unterstützt.[144]

Dem Journalisten muss auch in Erfüllung seiner beruflichen Pflichten ein gewisses Recht auf Übertreibung und Provokation zugestanden werden.[145] Es ist eine „Binsenwahrheit", dass in der Politik, in der Justiz und anderswo auch *„die falsche und dumme Kritik in Kauf genommen werden muss, damit die gute und triftige Kritik möglich bleibt und sich ans Licht wagt"*.[146]

Die funktionale Bedeutung der **Presse- und Medienfreiheit** in einer **Demokratie** kann nicht hoch genug angesetzt werden. Dies zeigt sich auch immer wieder an politischen Konfliktfeldern moderner Demokratien, bei Wahlmanipulationen, Protesten gegen Arbeitslosigkeit, Rettungsaktionen für Finanzmärkte, Leerverkäufen als Finanzprinzip, bei der Bekämpfung von Korruptionsfällen in Staat und Wirtschaft oder bei Auseinandersetzungen in Umweltfragen. Dazu gehören auch die brennenden Flüchtlings- und Asylprobleme: Nimmt Europa etwa den Tod der Flüchtlinge im Mittelmeer hin, weil die Union und ihre Mitgliedstaaten fürchten, dass durch ihre Hilfe noch mehr Menschen aus Drittstaaten (Staaten außerhalb der Union) zu einer Flucht motiviert werden? Die Fragestellung weist auf die faktische politische Funktion der Presse hin, die neue Impulse und Kontrollen in Staat und Gesellschaft setzen kann.[147]

Das BVerfG weist der Presse die Funktion des Motors und Sprachrohrs der öffentlichen Meinung zu.[148] Der **Begriff** „Presse" ist dabei **weit und formal** auszulegen.[149] Die Formulierung ist weit genug, um die technische Weiterentwicklung abzudecken und redaktionell bearbeitete Informationen bzw. Texte in Form von CD-ROMs, DVDs oder sonstigen audio-visuellen Datenträgern einzubeziehen. Der Pressebegriff kann nicht vom Inhalt und der Qualität des einzelnen Druckerzeugnisses abhängig gemacht werden. Würde er nur auf die seriöse Presse,

---

141 BVerfG v. 25.01.1984, BVerfGE 66, 116, 139.

142 Vgl. auch Schulz in Paschke/Berlit/Meyer (Hg.), Gesamtes Medienrecht (2. A 2012), 5. Abschnitt, Rn. 74 m.w.N.

143 EGMR v. 27.03.1996, Medien und Recht 1996, 123 ff.; zum Bildmaterial als Gegenstand journalistischer Zeugnisverweigerung Müller/Zeller, medialex 1995, 20 m.w.N.

144 EuG v. 19.10.1995, T-194/94, EuGRZ 1996, 96 ff.

145 EGMR v. 8.7.1986, EGMR-E 3, 221.

146 Zum problematischen Verhältnis der Justiz zur öffentlichen Kritik vgl. Schmid, Einwände (1969), S. 7 ff., 9 und 109.

147 Zur faktischen politischen Funktion der Presse vgl. Streinz, AfP 1997, 869.

148 BVerfG v. 28.02.1961, BVerfGE 12, 205 ff.

149 BVerfG v. 14.02.1973, BVerfGE 34, 269, 283.

auf politisch-kulturell-weltanschauliche Nachrichten oder sonstige sachliche Berichterstattung eingegrenzt, dann wäre das ein abschüssiger Weg in Richtung Zensur.[150]

Grundsätzlich erfüllt die Presse ihre Aufgabe immer dann, wenn sie die **Allgemeinzugänglichkeit** von möglichst umfassenden Informationen aus den Bereichen der Politik, der Wirtschaft oder der Unterhaltung und der Skandale herstellt, wobei die Aktualvermittlung im Vordergrund steht.[151] Der prinzipielle Schutz schließt im Fall einer Kollision mit dem verfassungsrechtlich geschützten Persönlichkeitsrecht aber nicht aus, dass bei einer Abwägung berücksichtigt werden darf, ob das konkrete Presseerzeugnis ein öffentliches Informationsinteresse oder nur ein oberflächliches Unterhaltungsinteresse bedient.[152]

Mit der Entwicklung des Internets als technisches Medium der Kommunikation sind neue Formen der Berichterstattung entstanden. Da der Begriff der Presse- und Medienfreiheit weitgefasst ist, können auch neue **Online-Formen der Berichterstattung** darunter eingeordnet werden, etwa Nachrichten professionell journalistisch arbeitender Blogger. Es gibt allerdings auch Grenzfälle, in denen es fraglich ist, ob die Veröffentlichung von Informationen noch unter den Pressebegriff fällt. Diese Frage stellt sich etwa bei Plattformen, die wie WikiLeaks Informationen über staatliche und wirtschaftliche Missstände verbreiten. Die Veröffentlichungen wären dem Whistleblowing zuzurechnen, wenn das primäre Anliegen der Plattform-Betreiber die Offenbarung eines skandalösen, gemeinwohlschädlichen Verhaltens ist und sie sich dabei gegen jene richten wollen, die eigenes schweres Unrecht vertuschen.[153] Unter welche Kategorie fallen Veröffentlichungen von WikiLeaks oder vergleichbaren Plattformen, die Dokumente unverändert veröffentlichen? Wenn jegliche Elemente einer redaktionellen Verarbeitung fehlen, handelt es sich rechtlich um keine Pressearbeit, sondern um eine Tätigkeit im Sinne der Doktrin des „free flow of information".[154] Mit dem Web 2.0 hat die Berichterstattung eine neue Qualität erhalten.

Es besteht kein Zweifel, dass eine Demokratie auch unter dem Agieren der Medien leiden kann.[155] Wo Kritik sich frei äußern kann, wird zwar zunächst einmal ein Ventil geboten. Wenn sich jedoch die Gefahr ausbreitet, dass **Menschen** eingeschüchtert werden, weil ihnen aus ihrer **Meinungsäußerung Nachteile** erwachsen, dann werden sie kritische Äußerungen oft unterlassen,[156] was zur **Selbstzensur** führen kann.[157]

Die Gefahr einer gravierenden Beeinträchtigung Betroffener besteht auch dann, wenn sich Pressemitarbeiter Nachrichten auf kriminelle Art und unter Verletzung von Grundrechten beschaffen, etwa durch Bestechung der Polizei oder durch Abhören und Manipulationen von Informationen auf fremden Handys.[158] Ereignisse werden auf diese Weise – nicht nur von der

---

150 Zum Zensurverbot als Schutz der Informationsbeschaffung vgl. Löffler/Ricker, Handbuch des Presserechts (5. A. 2005), 7. Kap., Rn. 1 ff.; s. a. Teil I, Kap. 2.2.

151 Löffler/Ricker, Handbuch des Presserechts (5. A. 2005), 3. Kap., Rn. 20 f. m.w.N.

152 Zum Schadenersatzanspruch wegen einer Persönlichkeitsverletzung durch den Abdruck eines frei erfundenen Interviews vgl. BVerfG v. 14.02.1973, BVerfGE 34, 269, 283.

153 Vgl. dazu Teil I, Kap. 2.2 und Kap. 2.3.1.

154 Teil I, Kap. 2.2.

155 Frowein in Karl/Berka (Hg.), Medienfreiheit, Medienmacht und Persönlichkeitsschutz (2008), S. 25 f.., 30.

156 So schon BVerfG v. 15.01.1958, BVerfGE 7, 198 ff.

157 Dazu Böll, Die verlorene Ehre der Katherina Blum (1970).

158 Zeschke, Bestochen scharf, SZ v. 13.2.2012, S. 3; s. a. Rásonyi, Die britische Presse am Pranger, NZZ v. 26.11.2011, S. 3.; zum grundlegendem Problem vgl. Gusy/Worms, ZD 2012, 94 f.

Boulevard-Presse – geschaffen und inszeniert. Daran wird deutlich, dass die Pressefreiheit an **Grundpflichten** gebunden sein muss. Insbesondere darf nicht die zweite Quelle – ein selbstverständlicher Standard und Teil der journalistische Recherche – zugunsten von „Quickies" vernachlässigt werden, weil sonst die notwendige Distanz als Voraussetzung einer unabhängigen Berichterstattung gefährdet ist.[159] Defizite bei der Berichterstattung beziehen sich auch auf Persönlichkeitsrechte, auf Rechte der Privatheit und Intimität.

Jede Person hat ein Recht auf Schutz ihrer **Privatheit**. Das gilt auch für Politiker und andere Personen, die im öffentlichen Rampenlicht stehen. Es bedarf auch bei diesem Personenkreis einer besonderen Rechtfertigung, wenn Nachrichten oder Fotos aus der „reinen" Privatsphäre veröffentlicht werden. Die **Grenzziehung** ist allerdings häufig nicht ganz einfach. Es ist nicht zuletzt Aufgabe der Rechtsprechung,[160] potenziell kollidierende Grundrechte angemessen zu konkretisieren[161] bzw. zu einem möglichst schonenden Ausgleich zu bringen.[162] Mit der Frage haben sich daher sowohl das BVerfG als auch der EGMR im Zusammenhang mit der Berichterstattung über das Privat- und Alltagsleben prominenter Personen befasst.[163] Der EGMR betont, dass bei Bildern, die keinen Beitrag zu irgendeiner öffentlichen Diskussion leisten können, die lediglich für das reine Kuriositätsinteresse der Leserschaft einer Illustrierten bestimmt sind, die Pressefreiheit immer hinter dem Schutz von Privatheit und Familie zurückstehen muss. Anders stellt sich das Problem im Rahmen eines Gerichtsverfahrens und der Gerichtsberichtserstattung dar. Muss das Berichterstattungsinteresse hinter dem Recht auf die Intimsphäre von Angeklagten und Zeugen zurückstehen?[164]

„Der Kampf um die Gerichtsöffentlichkeit" ist nicht neu.[165] Die Geister scheiden sich bei folgender Fragestellung: Soll die Gerichtsöffentlichkeit nur den Missbrauch von Staatsgewalt verhindern? Oder muss das Gerichtsverfahren nicht auch der allgemeinen demokratischen Öffentlichkeit zugänglich sein? Es steht außer Zweifel, dass die Erörterung strittiger Sachverhalte durch die Presse grundsätzlich zulässig ist. Nach ständiger Rechtsprechung des BVerfG gehören aber Informationen, die den **Kern der Privatheit** (Intimität) tangieren, nicht in die Medienöffentlichkeit. Eine Ausnahme gilt nur dann, wenn die jeweils Betroffenen darin eingewilligt haben. Für einen Reporter kann allerdings im konkreten Fall eine Grenzziehung dann schwierig sein, wenn es sich etwa um einen Vergewaltigungsprozess handelt.[166] Aus diesem Grund wäre die Notwendigkeit einer **Datenschutzkompetenz** für **Gerichtsreporter** nicht von der Hand zu weisen.

Die angesprochenen Probleme zeigen, dass mit dem Verständnis von Privatheit auch immer eine Definition von Öffentlichkeit verbunden ist. Die Kombination beider Begriffe weist den

---

159 Teil I, Kap. 2.2.

160 Zur Entwicklung des deutschen Medienrechts unter Einfluss der Judikatur des BVerfG Dörr, VerwArch 2001, 149.

161 Klöpfer, AfP 2000, 51 ff.

162 Lerche, AfP 1976, 55.

163 BVerfG v. 26.2.2008, EuGRZ 2008 202 ff. mit deutlicher Berücksichtigung der Rechtsprechung des EGMR; s. a BVerfG, v. 25.1.2012, 1BvR 2499/09, worin das Gericht das „Öffentlichkeitsimage" Jugendlicher berücksichtigt. Deren Persönlichkeitsschutz wiege weniger schwer, wenn sie „ein Image als junge Wilde ausgenutzt haben und so ihre Person selbst in die Öffentlichkeit gestellt haben".

164 Leyendecker, Die andere Öffentlichkeit, SZ v. 15.02.2012.

165 Dazu Fögen, Der Kampf um die Gerichtsöffentlichkeit (1974), S. 22 ff. und 30 ff.

166 Teil I, Kap. 5.1.3 m.w.N.

Weg zu Regeln, nach denen der Einzelne über den Zugang zu Kommunikationsvorgängen befinden bzw. nicht befinden kann.

Beispiel: Im Rahmen der Münchener Sicherheitskonferenz hält ein Zuschauer Eindrücke von einer Demonstration und den sicherheitstechnischen Vorkehrungen fotografisch fest. Er ging davon aus, dass im öffentlichen Raum keine Einzelpersonen, wohl aber Gruppen mit mehr als zwei Personen fotografiert werden dürfen und machte in einem S-Bahn-Untergeschoss eine Aufnahme von einer Gruppe mehrerer Sicherheitspersonen. Ein Mitglied dieser Gruppe forderte ihn auf, das gemachte Foto sofort zu löschen, da mit der Aufnahme sein Recht am eigenen Bild/Foto verletzt werde. Der Zuschauer widersprach, da es sich um ein Gruppenfoto handeln würde. Nach heftigem Hin und Her wies der Sicherheitsbeamte daraufhin, dass er ihn bei einer Zurschaustellung des Fotos auf YouTube „durch seinen Rechtsanwalt fertigmachen lassen würde". Kann ein Polizist oder Sicherheitsbeamter im öffentlichen Einsatz ein Recht am eigenen Bild auf einem Gruppenfoto geltend machen? Ändert sich die Rechtslage, wenn ein Pressefotograf die Aufnahme macht?

Das Recht am eigenen Bild beinhaltet das ausschließliche Recht des Einzelnen, über die Verbreitung und öffentliche Zurschaustellung seines Bildnisses etwa auf YouTube zu entscheiden (§ 22 Abs. 1 KUG).[167] Zur Herstellung von Personenaufnahmen äußert sich zwar das KUG nicht, diese können aber auch im Einzelfall rechtswidrig sein (§ 201a StGB – Verletzung des höchstpersönlichen Lebensbereichs durch Bildaufnahmen). Nach den Regeln des Datenschutzes ist eine Veröffentlichung ohne Einwilligung des Betroffenen auf YouTube jedenfalls ausgeschlossen. Eine Person kann unter datenschutzrechtlichen Aspekten eine Aufnahme machen und diese ggf. ausschließlich zu rein privaten Zwecken verwenden.

Anders ist die Verbreitung von Bildnissen im Rahmen der redaktionellen Berichterstattung zu beurteilen. Hier ist im Regelfall vom Vorliegen eines Informationszwecks auszugehen, der etwa die konkreten Sicherheitsvorkehrungen einer Konferenz sowie die daran beteiligten Sicherheitsdienste betreffen kann. Die öffentliche Berichterstattung ist insoweit auch eine Bedingung für die Freiheit der Bürger.

Die **präventive Zensur** der Berichterstattung durch Presse, Rundfunk und Fernsehen ist nach dem deutschen Grundgesetz **tabu** (Art. 5 Abs. 1 S. GG). Dieser Grundsatz greift nicht nur im Verhältnis zum Staat, sondern gilt entsprechend auch für Private, die einen einseitig dominierenden Einfluss auf die Presse oder das Programmangebot im Bereich von Rundfunk und Fernsehen ausüben.[168] Der **Leser oder Bezieher von Pressewerken** wird dagegen durch eine Zensurmaßnahme **nur** in seiner **Informationsfreiheit** berührt.[169]

Ein besonderes Problem stellt sich im Internet, wenn eine Veröffentlichung mit einer Netzsperre zusammenfällt und dadurch gleichzeitig der Zugang zu Informationen und den kreativen Leistungen Dritter unterbunden wird. Dieses Problem wird durch **ACTA** (Anti-Counterfeiting Trade Agreement), das Handelsabkommen zur Bekämpfung von Produkt- und Markenpiraterie, berührt, das zwischen der Europäischen Kommission mit ihren Mitgliedstaaten und zahlreichen Drittstaaten (Australien, Kanada, Japan, Republik Korea, Mexiko,

167 Teil I, Kap. 5.1.4.

168 So schon BVerfG v. 26.02.1969, BVerfGE 25, 256, 681.

169 Löffler/Ricker Handbuch des Presserechts (5. A. 2005), 7. Kap., Rn. 20.

Marokko, Neuseeland, Singapur, Schweiz, Vereinigte Staaten) ausgehandelt worden ist.[170] Es soll die Staaten verpflichten, vertraglich Regelungen zur Umsetzung der Vertragsziele zu erlassen, darunter auch Auskunftsansprüche der Betroffenen (Art. 11) und Durchsetzung der Rechte im digitalen Umfeld (Art. 27), wozu auch das Recht auf Privatheit gehört.[171]

7.6.1 Medienfreiheit und Datenschutz im Spiegel deutscher Regelungen

Auch im Verhältnis gegenüber den Medien besteht die Ausgangsvermutung, dass der Einzelne ein (Mit-)Bestimmungsrecht über Informationen hat, die ihn betreffen (Art. 2 Abs. 1 i.V.m. Art. 1 Abs. 1 GG). Gleichviel aber, ob eine personenbezogene Information zugänglich oder unzugänglich ist,[172] liegt immer eine grundrechtliche Spannung zwischen dem Recht des Einzelnen und der Presse vor, der es im Einzelfall nachzugehen gilt.

In einer frühen Entscheidung des BVerfG[173] heißt es mit Blick auf Personen der Zeitgeschichte:

> *„Wenn der einzelne als ein in der Gemeinschaft lebender Bürger in Kommunikation mit anderen tritt, […] und dadurch die persönliche Sphäre von Mitmenschen berührt, können sich Einschränkungen seines ausschließlichen Bestimmungsrechts über seinen Privatbereich ergeben, soweit dieser nicht zum unantastbaren innersten Lebensbereich gehört."*

Da die Freiheit des einen stets ihre Schranke in der Freiheit und dem Recht des anderen hat, enthält das Grundgesetz auch Schranken für die Medienfreiheit (Art. 5 Abs. 2 GG). Sie finden sich in den Vorschriften der allgemeinen Gesetze, den gesetzlichen Bestimmungen zum Schutz der Jugend[174] und in dem Recht der persönlichen Ehre (sog. Schrankentrias).[175] Schrankenbestimmungen finden sich auch in völkerrechtlichen Verträgen.[176]

Der deutsche Gesetzgeber hat der Presse im Interesse der **Freiheit journalistischer Recherche** (Datenerhebung durch Aufspüren von Tatsachenmaterial, Personalbefragungen, Zusammentragen von Bildmaterial[177]) und zur Sicherung des Redaktionsgeheimnisses einen **Sonderstatus im Verhältnis zum Datenschutz** eingeräumt. Allerdings besteht diese Sonderstellung nur bei ausschließlich journalistisch-redaktioneller oder literarischer Verarbeitungsab-

170 Vgl. European Commission, WP 27 April 2011. Zur Kritik vgl. Prantl, Acta ist die Lok, SZ v. 23.2.2012, S. 4.

171 S. a. Rechtsgutachten zu ACTA, das für den Handelsauschuss des EU-Parlaments im Juli 2011 erstellt und nicht publiziert, aber im Februar 2012 im Web geleakt. wurde, unter: http://quintessenz.org/doqs/000100012329/2011_06_EP_INTA_ACTA_assessment.pdf (letzter Abruf 28.03.2012); dazu Lipowicz, DuD 5/2012, im Druck.

172 Zum Recht auf Schutz vor Indiskretion vgl. BVerfG v. 15.12.1999, ZUM 2000, 149.

173 BVerfG v. 05.06.1973, BVerfGE 35, 202 ff.

174 Zum besonderen Schutz der Jugend vgl. Löffler/Ricker, Handbuch des Presserechts (5. A. 2005), 11. Kap., Rn. 10.

175 Zu den Schranken der Pressefreiheit und den Ausgestaltungsgesetzen vgl. Ladeur in Paschke/Berlit/Meyer (Hg.), Gesamtes Medienrecht (2. A. 2012), 4. Abschnitt, Rn. 65–67 m.w.N.

176 Z. B. Art. 19 Abs. 3 des Internationalen Pakts über bürgerliche und politische Rechte (IPbürgR) vom 19.12.1966 (UNO-Pakt II).

177 Bruns, Pressedatenbanken und datenschutzrechtliches Medienarchiv (1992), S. 67 ff.

sicht (z. B. in der Belletristik, Textbiographie mit künstlerischen Fotos oder der Fachliteratur). Die datenschutzrechtliche „Privilegierung“ der Printmedien ist in § 41 Abs. 1 BDSG geregelt. Zu den Sonderregelungen gehört die Einschränkung der datenschutzrechtlichen Individualrechte, etwa das fehlende Auskunftsrecht einer betroffenen Person gegenüber einem Redakteur oder Schriftsteller vor einer Veröffentlichung der personenbezogenen Daten/Informationen (Redaktionsdatenschutz).[178] Würde man ein solches Auskunftsrecht bejahen, dann könnte der Persönlichkeitsschutz zu einem Instrument werden, mit dem der Einzelne bei einigem Geschick jegliche unbequeme Berichterstattung zu blockieren vermag.[179]

Die Regelung im BDSG ist nicht abschließend. Als weitgehende Rahmenvorschrift[180] gibt sie den Bundesländern einen Mindeststandard an Regelungen vor. Soweit allerdings Verlage ihre gedruckten Erzeugnisse zum Abruf über das Internet bereithalten, sind sie Anbieter eines Telemediendienstes. Jedoch gilt die presserechtliche Privilegierung auch für die Redaktionstätigkeit zu Inhaltsangeboten, die über die Telemedien verbreitet werden (§ 57 RStV). Für die Anwendbarkeit der Datenschutzvorschriften des Telemediengesetzes (TMG) spielt die Abgrenzung zwischen Telemedien und Rundfunk keine Rolle. Im Rundfunkstaatsvertrag findet sich eine Rückverweisung auf die Vorschriften des TMG. Dementsprechend müssen die Anbieter bei ihrer redaktionellen Datenverarbeitung das für die betroffene Person günstigere Recht des Telemediengesetzes sowie des Rundfunkstaatsvertrages beachten.[181]

Die DSRL von 1995 hat die bundesrechtliche Regelung maßgeblich beeinflusst. Art. 9 DSRL schreibt vor, dass die Mitgliedstaaten für die Verarbeitung personenbezogener Daten, „die allein zu journalistischen, künstlerischen oder literarischen Zwecken erfolgt“, von den Vorschriften über die materielle Zulässigkeit der Verarbeitung sowie über die Datenschutzkontrolle Abweichungen zur Sicherung der Medienfreiheit vorsehen können. [182] Dies gilt allerdings nur, soweit sich dies als notwendig erweist, um das Recht auf Privatsphäre mit der Medienfreiheit in Einklang zu bringen.[183]

Der DS-GVO-E vom Januar 2012 strebt ebenso wenig wie die DSRL von 1995 eine Vollharmonisierung der Presseregelungen an: Für die Verarbeitung personenbezogener Daten, die allein zu journalistischen, künstlerischen und literarischen Zwecken erfolgt sind, sollen die Mitgliedstaaten Abweichungen oder Ausnahmen wie in der DSRL vorsehen, um *das Recht auf Schutz der Privatsphäre mit den für die Freiheit der Meinungsäußerung geltenden Vorschriften in Einklang zu bringen.*[184] Die Mitgliedstaaten sollen zudem verpflichtet werden, die Kommission von den erlassenen Gesetzen sowie unverzüglich von allen weiteren Änderungen (durch Änderungsgesetze bzw. diese Rechtsvorschriften betreffenden Änderungen) in Kenntnis zu setzen.[185]

Sowohl die DSRL wie auch die geplante DS-GVO wollen den Medien nur eine deutlich **begrenzte datenschutzrechtliche Sonderstellung** einräumen. Es bestehen erhebliche Zweifel,

---

178 BVerfG v. 04.11.1992, BVerfGE 87, 290, 230.

179 BVerfG v. 05.01.1958, BVerfGE 7, 198, 208.

180 Vgl. Art. 125a GG; s. a. Teil I, Kap 6.1.

181 Vgl. etwa die Pflicht zur unverzüglichen Aufnahme von Gegendarstellungen in das journalistisch-redaktionelle Angebot (§ 56 RStV).

182 Vgl. dazu EuGH v. 16.12. 2008, C-73/07, Slg. 2008, I 9831.

183 EuGH v. 6.11.2003, C-101/01, Slg. 2003, I-12971; EuGH v. 16.12.2008, C-210/09, NJW 2009, 569 ff.

184 Vgl. Art. 80 Abs. 1 DS-GVO-E.

185 Vgl. Art. 80 Abs. 2 DS-GVO-E.

ob die Presseklausel im BDSG, die schon die materiellen Verarbeitungsanforderungen der DSRL nicht hinreichend berücksichtigt hat, die unionsrechtlichen Vorgaben erfüllt.[186]

In Deutschland kommt dem Deutschen Presserat die Aufgabe zu, die Lücken durch einen **„Verhaltenskodex"** aufzufüllen.[187] Diese Möglichkeit sieht auch Art. 9 DSRL vor.[188] Der **Deutsche Presserat** (Einrichtung der freiwilligen Selbstkontrolle) hat in dem inzwischen erstellten Pressekodex publizistische Grundsätze erarbeitet sowie eine Beschwerdeordnung geschaffen,[189] die seit dem 1. Januar 2009 auch für journalistisch-redaktionelle Online-Angebote von Presseunternehmen oder einzelnen Journalisten gelten, die sich dem Presseratsverfahren unterwerfen.[190] Bei dem Pressekodex handelt es sich (noch) nicht um ein branchenspezifisches Regelwerk. Nach dem DS-GVO-E wird der Kodex zukünftig unter eine Implementationskontrolle der Kommission fallen.

Die Sonderstellung der Medien wird auch schon bisher durch gegenläufige Bindungen insbesondere auf der Ebene des Zivilrechts, aber auch des Strafrechts kompensiert. Die Massenmedien sind bereits aufgrund dieser Regelungen nicht nur zur Veröffentlichung von Gegendarstellungen,[191] sondern auch zu besonderer Sorgfalt im Umgang mit belastendem Material verpflichtet.[192] Zu den einzelnen zivilrechtlichen Ansprüchen des Betroffenen gehören außer dem Gegendarstellungsanspruch Widerrufs-, Unterlassungs- und Schadensersatzansprüche.[193]

7.6.2 Presseklausel im BDSG

Die Klausel in § 41 BDSG gilt für **Unternehmen und Hilfsunternehmen der Presse** (Abs. 1) sowie für die einzig verbliebene **Rundfunkanstalt des Bundes**, die „Deutsche Welle" (Abs. 4 Satz 1). Die datenschutzrechtlichen Ausnahmeregelungen der öffentlich-rechtlichen Landesrundfunkanstalten beruhen auf den jeweiligen Staatsverträgen bzw. den Landesdatenschutz- oder Landesrundfunkgesetzen. Die Sonderbehandlung für die redaktionelle Datenverarbeitung der privaten Rundfunkanbieter ergibt sich aus den jeweiligen Landesmedien- oder Landesrundfunkgesetzen.[194]

Unter die Sonderregel des BDSG fallen vor allem **Zeitungs-, Zeitschriften- und Buchverlage**, aber auch **professionell tätige selbständige Journalisten**. Foren oder Bewertungspor-

---

186 Vgl. auch Dix in Simitis (Hg.), BDSG (6. A. 2006), § 41 Rn. 6; Buchner in BeckOK BDSG, § 41 Rn. 2.

187 Dazu Begründung zum Regierungsentwurf, BT-Drs.14/4329, Nr. 45, 46 f.

188 Vgl. ABl. EG 1992, C 311, S. 19 ff.

189 Vgl. Publizistische Grundsätze i.d.F. v. 03.12.2008 sowie die Beschwerdeordnung i.d.F .v. 19.11.2008, abgdr. in: Deutscher Presserat (Hg.), Jahrbuch 2009 (2009), S. 132 ff., 157 ff. Darin wird u. a. vorgesehen: eine Zuspeicherung von Gegendarstellungen, ein Auskunftsanspruch nach Berichterstattung, eine Sperrung und Löschung von Daten, die entgegen den Anforderungen des Kodex gespeichert wurden, ein Redaktionsgeheimnis und ein Beschwerderecht bei angenommenen Verstößen gegen das Recht auf Datenschutz. Vgl. dazu Tillmann in Götting/Schertz/Seitz (Hg.) Handbuch des Persönlichkeitsrechts (2008), § 5 Rn. 29 ff.

190 Vgl. Tillmann in Deutscher Presserat (Hg.), Jahrbuch 2009 (2009), S. 21 ff.

191 Kübler, NJW 1999, 1281 ff.

192 BGH v. 16.06.1998, NJW 1998, 3047, 3049; BGH v. 30.01.1996, BGHZ 132, 13, 32 ff.

193 Damm/Rehbock, Widerruf, Unterlassung und Schadensersatz in Presse und Rundfunk (2. A. 2001); Bruns, Informationsansprüche gegen Medien (1997), S. 12–19; Prinz, NJW 1995, 817 ff.; Meyer in Paschke/Berlit/Meyer (Hg.), Gesamtes Medienrecht (2. A 2012), 41. bis einschließlich 45. Abschnitt.

194 Zur Rechtsstellung des Rundfunks in Bayern vgl. Art 111 Abs. 2 Satz 2 Bayerische Verfassung.

tale im Internet gehören im Zweifel nicht dazu. Entsprechendes gilt für die Betreiber von Bilddatenbanken, die Häuser- und Straßenansichten ohne journalistisch-redaktionell aufbereitete Zusatzinformationen veröffentlichen. Für sie alle gelten die allgemeinen Datenschutzvorschriften.[195] Im Falle von Bewertungsportalen sind die Anforderungen an eine journalistische-redaktionelle Bearbeitung nicht schon dann erfüllt, wenn sich das Angebot auf die bloße Erfassung von Bewertungen und deren Zusammenfassung in Form einer arithmetischen Berechnung des Mittelwerts beschränkt. Nach dem BGH weist eine Publikation erst dann ein hinreichend journalistisch-redaktionelles Niveau auf, „wenn die meinungsbildende Wirkung für die Allgemeinheit prägender Bestandteil des Angebots und nicht nur schmückendes Beiwerk ist".[196]

Presseabteilungen der Wirtschaftsunternehmen, Verbände oder Parteien, die Werks-, Kunden- oder Mitgliederzeitungen herausgeben, werden nur dann von der Sonderregelung erfasst, wenn sie eine von der übrigen Unternehmensverwaltung abgetrennte Organisationseinheit bilden.[197]

Zu den Hilfsunternehmen der Presse zählen Betriebe, deren Geschäftszweck auf die ständige Unterstützung von Verlagen und Redaktionen der Printmedien ausgerichtet ist, z. B. Nachrichtenagenturen, Materndienste oder Pressekorrespondentendienste.[198]

7.6.3 Struktur und Funktion von Medienarchiven

Die Geschichte der Pressearchive begann mit den „manuellen Presseausschnittsarchiven" in der Mitte des vorigen Jahrhunderts, als Zeitungen wie die Frankfurter Zeitung und die Neue Zürcher Zeitung anfingen, zuerst nur eigene, später auch fremde Zeitungsartikel systematisch auszuwerten.[199] Mit der Einführung von Computern entstanden sog. Pressedatenbanken. Heute sind über das Internet zahlreiche Pressearchive deutscher Tageszeitungen erreichbar. Die Diskussion um den Datenschutz gegenüber den Medien hat sich ursprünglich an den Pressearchiven entzündet. Sie wurden plakativ sogar als „weißer Fleck auf der Landkarte des Datenschutzes"[200] bezeichnet. Heute stehen zusätzlich Fragen der „elektronischen Pressefreiheit" im Raum. Rein tatsächlich stellen sich Struktur und Funktion von Medienarchiven wie folgt dar:

- Manuelle Ausschnittsarchive:
  Sie verkörpern die einfachste Form: Ausschnitte aus Zeitungen und Zeitschriften sowie andere Textdokumente werden in Mappen aufgenommen, die nach Namen, Begriffen, Ereignissen und ähnlichen Kriterien geordnet sind.[201] Die Recherche ist relativ schwierig. Dieser Archivtypus ist weit verbreitet. Dazu gehört das fast legendäre „SPIEGEL-Archiv"[202].

---

195 Buchner in BeckOK BDSG, § 41 Rn. 27.

196 BGH v. 23.06.2009, NJW 2009, 2888, 2890 f.

197 So auch Dix in Simitis (Hg.), BDSG (6. A. 2006), § 41 Rn. 11.

198 Dix in Smith (Hg.), BDSG (6. A. 2006) mw.N.

199 Klee, Pressedatenbanken und datenschutzrechtliches Medienprivileg (1992), S. 31.

200 Bayerischer LfD, 9. Tätigkeitsbericht (1986/1987), LT-Drs. 11/4766, Nr. 1.6, 5.

201 Damm, AfP 1990, 7, 11 f.

202 Wie Wegel, Presse und Rundfunk im Datenschutzrecht (1994), S. 36 ff. darlegt, wäre die Bezeichnung „Spiegel-Dokumentation" treffender.

- Ausschnittsarchive mit Deskriptoren:
  Sie sind wie manuelle Ausschnittsarchive aufgebaut, doch ist jedes archivierte Dokument mit „Deskriptoren“ (Stichworte mit Hinweisen auf seinen Inhalt) versehen. Es handelt sich um eine nicht-automatisierte Datei. Die Deskriptoren sind elektronisch gespeichert, was die Recherche erleichtert.
- Vollelektronisches Archiv:
  Hier werden die archivierten Dokumente auf einem optischen Medium (Mikrofilm; Mikrofiche, Bildplatte) gespeichert und zusätzlich mit Deskriptoren versehen. Die Deskriptoren sind in einer eigenen Datenbank gespeichert. Ein bekanntes Beispiel für ein solches Archiv ist das des Verlages Gruner & Jahr.[203]
- Volltextdatenbank:
  Hier werden die archivierten Originaldokumente mit ihrem vollständigen Wortlaut in einer Datenbank gespeichert und automatisch indiziert. Recherche und Zugriff sind dadurch stark erleichtert. Wichtiges Beispiel für diesen Archivtyp sind die Datenbanken von dpa.

In den genannten Archiven werden auch personenbezogene Daten in nicht-automatisierten Dateien oder unter Einsatz von Datenverarbeitungsanlagen verarbeitet (§ 1 Abs. 2 Nr. 3). Bei der Eigennutzung durch den Verlag bzw. seine Mitarbeiter greift die Presseklausel des BDSG sowohl bei der Online- wie der Offline-Nutzung (materielle Datenträger wie CD-ROM, Disketten usw.). Entsprechendes gilt für verlagsexterne Personen, die Informationen aus den Archiven für eine publizistische Recherche nutzen.

Die **Sonderstellung entfällt**, wenn Presseunternehmen ihre personenbezogenen Informationsbestände (medienfremden) Dritten zu nicht-journalistischen, in der Regel zu **kommerziellen Zwecken**, öffnen. Dann gelten die allgemeinen Datenschutzbestimmungen (hier § 29 BDSG).[204]

Online-Pressedatenbanken werden zunehmend in Form einer Direktverbindung zwischen dem Nutzer und dem anbietenden Verlag sowie als Service im Internet angeboten. Über das Internet sind Archive deutscher Tageszeitungen, (Frankfurter Allgemeine Zeitung, Süddeutsche Zeitung usw.), aber auch Wochenzeitungen und Zeitschriften (Spiegel, Die Zeit, Focus usw.) auf dem digitalen Markt vertreten.

Beauftragt das Medienunternehmen einen Host-Provider mit der elektronischen Verbreitung seiner Erzeugnisse, dann trifft die medienrechtliche Sorgfaltspflicht das Unternehmen. Bei einer Funktionsübertragung liegt dagegen eine Datenübermittlung vor, die, wenn mit der Funktionsübertragung nicht ausschließlich journalistisch-redaktionelle Zwecke verfolgt werden, eines entsprechenden Erlaubnistatbestands bedarf. Für die Verbreitung von Dokumenten in Pressedatenbanken bildet nicht nur der Datenschutz, sondern auch das Urheberrecht eine Schranke.[205]

---

203 Damm, AfP 1990, 7, 12.

204 Ebenso Buchner in BeckOK BDSG, § 41 Rn. 36.

205 Dazu Kleinke, Pressedatenbanken und Urheberrecht (1999), S. 17 ff., 73.

7.6.4 Deutsche Welle

Für die Deutsche Welle als einzige Anstalt des Bundes (Sitz in Köln) enthält das BDSG in § 41 folgende Regelungen:

- Pflicht zur Speicherung von Gegendarstellungen zu den über den Betroffenen gespeicherten Daten (Abs. 2), etwa durch die unverzügliche Zuspeicherung im aufgezeichneten Sendetext. Die Gegendarstellung muss für dieselbe Zeit aufbewahrt werden wie der Originaldatensatz. Eine Zuspeicherung ist auch erforderlich, wenn ein Widerruf erfolgt ist oder eine Unterlassungsverfügung bzw. ein Unterlassungsurteil gegen den Sender ergangen ist. Der materielle Gegendarstellungsanspruch ergibt sich aus § 18 Deutsche-Welle-Gesetz (DWG). Parallele Regelungen finden sich für Landes- und Privatsender in den Rundfunkstaatsverträgen sowie in den Datenschutz-, Rundfunk- bzw. Mediengesetzen der Länder.
- Pflicht zur Auskunft an den Betroffenen nach erfolgter Ausstrahlung (§ 41 Abs. 3 Satz 1 und 2). Die Auskunft kann in bestimmten Fällen verweigert werden (Abs. 3 Satz 2 Nr. 1–3), damit z. B. der Informantenschutz gewährleistet bleibt.
- Pflicht zur Berichtigung (Abs. 3 S. 3). Der Anspruch wird in der Regel erst nach erfolgter Ausstrahlung gestellt werden können, es sei denn der Betroffene hat vorher von der Unrichtigkeit der Daten erfahren. Die Korrektur muss in geeigneter Form im Originaldokument festgehalten werden. Die Beweislast für die Richtigkeit der einer Berichterstattung zugrundeliegenden Informationen liegt beim Sender.
- Für die journalistisch-redaktionelle Tätigkeit sind §§ 5, 7 und 9 sowie ggf. sendereigene Verhaltensregeln nach § 38a (vgl. § 41 Abs. 4 S. 1) anzuwenden.
- Die anstaltsautonome Kontrolle muss durch einen unabhängigen, zuverlässigen und fachkundigen Datenschutzbeauftragten wahrgenommen werden (§ 42).[206]

Der Beauftragte hat eine funktionsbezogene Sonderstellung. Nach dem DS-GVO-E wird es entscheidend darauf ankommen, ob die eigenständige Kontrolle ohne Anbindung an staatliche Kontrollinstanzen (noch) zulässig ist.

7.7 Aspekte des „neuen" Beschäftigtendatenschutzes

Zu den wesentlichen **Reformvorhaben** im Datenschutzrecht gehört in Deutschland die geplante Neuregelung des Beschäftigtendatenschutzes.[207] Die Reform ist durch zahlreiche **„Datenskandale"** vorangetrieben worden, die seit Ende März 2008 Aufsehen erregten.[208] Viele der Skandale wurden erst durch sog. Whistleblower aufgedeckt.[209] In der Regel handelte es sich dabei um Beschäftigte, deren Verhalten vom Arbeitgeber/Dienstherr als illoyal eingestuft wurde, denen teilweise auch wegen „Verletzung von Verschwiegenheitspflichten" ge-

---

206 Dazu Herb, DuD 1993, 380ff.; zur Kritik an der ausschließlich anstaltsautonomen Datenschutzkontrolle im Fall der Deutschen Welle s. Buchner in BeckOK BDSG, § 41 Rn. 52 ff.

207 Zu den aktuellen Fragen und Reformvorschlägen vgl. Tinnefeld/Petri/Brink, MMR 2011, 427–432; dies., MMR 2010, 727-735.

208 Zu den Skandalen bei Lidl, Telekom, Deutsche Bahn u. a. vgl. Däubler, Gläserne Gewerkschaften? Das Handbuch zum Arbeitnehmerdatenschutz (5. A. 2010), Rn. 2a–2g.

209 Dazu Tinnefeld/Petri/Brink, MMR 2010, 728 m.w.N.

kündigt wurde.[210] Die Whistleblower-Problematik ist zwar als Regelungsproblem erkannt, aber bisher gesetzlich noch nicht gelöst worden.

In kaum einem anderen Bereich ist der Einzelne so vielen Informationsansprüchen ausgesetzt wie im Beschäftigtenverhältnis. Dies ist teilweise das Ergebnis zahlreicher gesetzlicher Verpflichtungen des Arbeitgebers gegenüber der öffentlichen Verwaltung auf Speicherung oder Übermittlung von Beschäftigtendaten.[211] Dazu kommen zunehmend technikspezifische Risiken, die von der Rechtsprechung unterschiedlich eingeschätzt und gewertet werden. Vor diesem Hintergrund sind klare gesetzliche Regelungen erforderlich, um **Rechtssicherheit** für Beschäftigte, aber auch für Arbeitgeber und Dienstherren herzustellen.[212]

Gegenwärtig wird der Persönlichkeitsschutz des Beschäftigten (zum Begriff § 3 Abs. 11 BDSG) in Deutschland unter Berücksichtigung von unionsrechtlichen Vorgaben[213] vor allem auf zwei Wegen abgesichert:

- durch Regelungen in zahlreichen nationalen Gesetzen (vgl. etwa § 32 BDSG) zum Umgang mit personenbezogenen Daten, die der Arbeitgeber/Dienstherr im **individualrechtlichen** Verhältnis zum Beschäftigten zu beachten hat,
- durch **kollektivrechtliche** Zulässigkeitsregeln zum Beschäftigtendatenschutz in Tarifverträgen oder Betriebs- bzw. Dienstvereinbarungen (vgl. etwa § 4 Abs. 1 BDSG). Die Vereinbarungen entstehen im Rahmen von **Beteiligungsrechten** der Betriebsräte bzw. der Personalräte.

7.7.1 Gesetzlicher Schutz

Die Vorschrift zum Beschäftigtendatenschutz im BDSG (§ 32) aus dem Jahre 2009 (BDSG-09) wird überwiegend als eine erste Reaktion des Gesetzgebers auf die erwähnten Datenschutzskandale gesehen. Sie trägt den Charakter eines Zwischenstadiums auf dem Weg zu einer Vollregelung des Beschäftigtendatenschutzes, der durch eine Reihe von bereichsspezifischen Regelungen (vgl. §§ 32 ff. BDSG-E) ergänzt bzw. erweitert werden sollte:

> *„§ 32 enthält eine allgemeine Regelung zum Schutz von Beschäftigten, die die von der Rechtsprechung erarbeiteten Grundsätze im Beschäftigungsverhältnis nicht ändern, sondern lediglich zusammenfassen und ein Arbeitnehmerdatenschutzgesetz weder entbehrlich machen noch präjudizieren soll.“*[214]

Der Regierungsentwurf zielte auf die Herstellung von Rechtssicherheit für Arbeitgeber/ Dienstherr und Beschäftigte ab. Die Beschäftigten sollen wirksam vor Bespitzelung an ihrem

[210] Zum Problem vgl. Teil I, Kap. 1.6.2.

[211] Vgl. § 38 Abs. 3 S. 1 EStG – Pflicht des Arbeitgebers, die Lohnsteuer des Arbeitnehmers einzubehalten; § 28a SGB IV – Meldepflicht des Arbeitgebers gegenüber den Trägern der gesetzlichen Sozialversicherungen usw.; Zu den Anforderungen an die Kooperation bei der Übermittlung von personenbezogenen Daten von Unternehmen an die Polizei-, Ermittlungs- und Finanzbehörden vgl. Schmidt, ZD 2012, 63–72.

[212] Wybitul, ZD 2012, 1 f.

[213] Teil I, Kap. 6.4.2.

[214] BT-Innenausschuss, Beschlussempfehlung und Bericht vom 01.07.2009. BT-Drs. 16/13657, S. 20.

Arbeitsplatz geschützt werden. Überdies sollen die Arbeitgeber durch die Neuregelung verlässliche Grundlagen für Compliance und Korruptionsbekämpfung erhalten.[215]

Zu den Zielen einer gesetzlichen Regelung gehört es grundsätzlich:

- die **strukturelle Unterlegenheit des Beschäftigten** gegenüber seinem Vertragspartner nach dem Prinzip der Erforderlichkeit im konkreten Fall **auszubalancieren**. Ein besonderes Problem stellt sich hier hinsichtlich der Frage, ob und ggf. unter welchen Voraussetzungen von einer freiwilligen **Einwilligung** im Beschäftigtenverhältnis die Rede sein kann. So soll insbesondere die Einwilligung als Rechtsgrundlage ausscheiden, wenn „zwischen der Position der betroffenen Person und des für die Verarbeitung Verantwortlichen ein erhebliches Ungleichgewicht besteht" (Art. 7 Abs. 4 DS-GVO-E), insbesondere im Beschäftigtenverhältnis.[216] Je abhängiger eine beschäftigte Person ist, desto geringer ist die Wahrscheinlichkeit, dass sie ihre Rechte selbst gestalten kann. Die Einschränkung der Einwilligung auf gesetzlich vorgesehene Fälle ist bereits nach der DSRL (1995) zulässig.[217] Der deutsche Gesetzgeber plant, die Möglichkkeit der Einwilligung in vorgesehenen Fällen für alle Beschäftigten im privaten Arbeitsverhältnis oder im öffentlichen Dienst maßvoll einzuschränken.[218] Dabei sind auch Fälle zu berücksichtigen, bei denen *„die Einwilligung eine Datenverwendung rechtfertigt, die zwar rechtlich nicht einseitig begünstigend wirke, bei realitätsnaher Betrachtung aber vor allem dem Beschäftigten nutze".*[219]
- die **hohen Informationserwartungen von Arbeitgebern und Dienstherrn** gegenüber den Beschäftigten, die sich durch den Einsatz von neuen Technologien multiplizieren (etwa in Bewerbungsverfahren oder bei der Personalplanung), auf ein **angemessenes Maß zu reduzieren.**
- die **Überwachungsmaßnahmen im Beschäftigtenverhältnis** (z. B. Videoüberwachung, Einsatz von Ortungssystemen, Überwachung des E-Mail-Verkehrs, der Internet-Nutzung und des Telefons) in **verhältnismäßige Bahnen zu lenken.**

Im BDSG sind die **Besonderheiten des Beschäftigtendatenschutzes** in § 32 BDSG-09 bereichsspezifisch geregelt. Nach § 32 Abs. 1 S. 1 BDSG-09 kommt es für die Zulässigkeit der Erhebung, Verarbeitung oder Nutzung von Beschäftigtendaten nur darauf an, ob sie für **Zwecke** der Begründung. Durchführung oder Beendigung des Beschäftigungsverhältnisses **erforderlich** sind.

Der Maßstab der Erforderlichkeit erstreckt sich auch auf solche Angaben, die dateimäßig nicht erfasst werden (§ 32 Abs. 2 BDSG-09). Wenn im Streitfall nach einem Vier-Augen-Gespräch Beweisschwierigkeiten entstehen, darf der Beschäftigte in einem solchen Fall wie ein

---

215 Vgl. BT-Drs. 17/4230, S. 1 (ganz ähnlich S. 12).

216 Vgl. Teil I, Kap. 6.4.2.; zur Reform des Beschäftigtendatenschutz vgl. Franzen, DuD Heft 5 2012, im Erscheinen.

217 Vgl. Düwell in Tinnefeld/Petri/Brink, MMR 2011, 427, 428 m.w.N.

218 Vgl. Seifert in Tinnefeld/Petri/Brink, ebd., betont, dass der Gesetzgeber in Fällen von Praxisproblemen nach dem Prinzip „trial and error" nachjustieren könne.

219 Vgl. bereits Düwell in Tinnefeld/Petri/Brink, MMR 2011, 427, 429. Ähnlich jetzt auch DS-GVO-E, Erwägung 34.

Zeuge vernommen werden.[220] Im Fall, dass eine Diskriminierung in Frage steht, kommt die Beweiserleichterung des Allgemeinen Gleichbehandlungsgesetzes (§ 22 AGG) zum Zuge.[221]

Diskriminierungsverdächtige Daten (Rasse, ethnische Herkunft, Behinderung, sexuelle Identität, Gesundheit oder Vorstrafen) dürfen nach dem Reformplan für den Beschäftigtendatenschutz nur unter den Voraussetzungen des § 8 Abs. 1 AGG vom Arbeitgeber/Dienstherrn im Beschäftigtenverhältnis angesprochen werden. Entsprechendes gilt für Fragen nach den Vermögensverhältnissen und laufenden Ermittlungsverfahren, die vom AGG nicht erfasst sind. Die Zulässigkeit von Fragen nach den Ergebnissen aus gentechnischen Untersuchungen richtet sich nach den Vorgaben des Gendiagnostikgesetzes.[222] Insbesondere darf der Beschäftigte nicht wegen (bekannter) genetischer Eigenschaften benachteiligt werden. Dabei genügt es, wenn die genetische Disposition als ein Grund von mehreren eine Rolle spielt. Dies ist von der Rechtsprechung für die vergleichbare geschlechtsspezifische Untersuchung bejaht und in der Literatur auf andere Diskriminierungsgründe übertragen worden.[223]

Zu den datenschutzrechtlich erfassten Phasen gehören die Begründung (einschließlich der Bewerbung) und die Durchführung (einschließlich der Beendigung) des Beschäftigtenverhältnisses. Das verfassungsrechtliche **Verhältnismäßigkeitsprinzip** gibt den Regelungen des Beschäftigtendatenschutzes Maß und Richtung.[224]

1. Begründung eines Beschäftigungsverhältnisses

Zum Kreis der Beschäftigten gehören neben den Arbeitnehmern, Beamten und Auszubildenden auch die jeweiligen Bewerber (vgl. § 32 Abs. 1 S. 1 BDSG; vgl. auch die geplanten Bestimmungen in den §§ 32 ff. BDSG-E).[225] Im Rahmen der Bewerbung ist die Gefahr der Ausforschung hoch. Sie kann durch Direkterhebung (Wahrnehmung des Fragerechts und Vorlage von Dokumenten des Bewerbers), durch die Erhebung von Daten bei Dritten oder in öffentlichen Quellen wie dem Internet, z. B. durch sog. Background Checks erfolgen.

- Fragerecht des Arbeitgebers bzw. Dienstherrn und wechselseitige Informationspflichten
  Bereits nach der Regelung in § 32 BDSG-09 sind nur Fragen zulässig, die für die Begründung des Beschäftigungsverhältnisses **erforderlich** sind. Sie müssen angemessen sein und dürfen nicht in unverhältnismäßiger Weise in das Recht auf informationelle Selbstbestimmung des Bewerbers eingreifen. Daran sind u. a. auch Fragen nach der Qualifikation und den bisherigen Tätigkeiten des Bewerbers auszurichten. Die Frage nach der bisherigen Vergütung ist nur dann angemessen, wenn der Bewerber selbst diese Vergütung als Minimum fordert.
  Die Frage nach der Schwangerschaft ist bei der Begründung eines befristeten und unbefristeten Beschäftigungsverhältnisses unzulässig (vgl. auch § 3 Abs. 1 S. 2 AGG).[226] Die

---

220 BAG v. 22.05.2007, NZA 2007, 885.

221 Vgl. zu den diskriminierungsverdächtigen Tatsachen Däubler, a.a.O., Rn. 212 f.

222 Vgl. §§ 19, 20 Abs. 1, 21 Abs. 1 S. 1 GenDG; dazu Teil I, Kap. 7.4.4.

223 Nachweise bei Bertzbach in Däubler/Bertzbach (Hg.), Allgemeines Gleichbehandlungsgesetz (2. A. 2008) § 1 Rn. 19.

224 Zum Charakter des Verhältnismäßigkeitsprinzips vgl. Teil I, Kap. 1.

225 Übersicht und Kommentierung der Regelungen zum Beschäftigtendatenschutzgesetz nach dem Stand des BDSG-E v. 3. 09.2010 bei Wybitul, Handbuch Datenschutz im Unternehmen (2011), 411–524.

226 Vgl. dazu EuGH v. 3.2.2000, Slg. 2000, I-549 – Mahlburg. Übersicht der Rechtsprechung des EuGH und des BAG bei Thüsing, Arbeitnehmerdatenschutz und Compliance (2010), Rn. 389.

Frage nach einer anerkannten Schwerbehinderung des Bewerbers bzw. diesem Gleichgestellten (§ 68 SGB IX) kann diskriminierend und daher unzulässig sein (vgl. § 7 Abs. 1 i.V.m. § 1 AGG) und soll zukünftig auch gesetzlich verboten werden, wenn die zugrundeliegende Behinderung der Eignung nicht entgegensteht.[227]
Auch Konfessions- und Weltanschauungsfragen sind potentiell diskriminierend und damit regelmäßig verboten (§§ 1, 7 Abs. 1 AGG). Sie dürfen nur dann angesprochen werden, wenn der besondere „Unternehmenszweck“ dies notwendig macht. Die Frage muss nach der Art der Tätigkeit erforderlich sein. Sie ist etwa bei einer Kindergärtnerin in einem katholischen Kindergarten zulässig, bei einem Hausmeister jedoch nicht.[228] Ebenso darf ein Pressebetrieb etwa nur nach der Religion eines Beschäftigten fragen, soweit diese eine wesentliche und entscheidende Anforderung darstellt. Die Frage nach der politischen Meinung (Art. 5 Abs. 1 GG) oder der Gewerkschaftszugehörigkeit eines Bewerbers ist ebenfalls grundsätzlich unzulässig. Letzteres ergibt sich wegen der unmittelbaren Drittwirkung aus dem Grundrecht der Koalitionsfreiheit (Art. 9 Abs. 3 S. 2 GG).[229]
Verletzt der Arbeitgeber/Dienstherr die Grenzen des Fragerechts, so hat der Bewerber das „Recht zur Lüge“. In solchen Fällen kann der Vertrag mit dem Beschäftigten auch nicht wegen arglistiger Täuschung (§ 123 BGB) oder wegen Irrtums (§ 119 BGB) angefochten werden.[230]
Für beide Vertragspartner bestehen wechselseitige Informationspflichten hinsichtlich solcher Umstände, die die Durchführung des Beschäftigtenverhältnisses von Anfang an unmöglich machen oder erschweren. So muss etwa der Arbeitgeber auf seine eigene schlechte wirtschaftliche Lage hinweisen, die ihm möglicherweise eine Auszahlung von Löhnen und Gehältern unmöglich macht. Andererseits muss der Bewerber von sich aus mitteilen, dass er aus gesundheitlichen Gründen die in Aussicht genommene Tätigkeit nicht wahrnehmen kann.[231]

- Ärztliche Untersuchungen und Eignungstests
  Die Durchführung einer arbeitsplatzbezogenen ärztlichen Untersuchung vor der Einstellung muss für bestimmte in Aussicht genommene Tätigkeiten von wesentlicher und entscheidender Bedeutung sein.[232] Maßgeblich nach den Reformplänen ist der Zeitpunkt der Arbeitsaufnahme (vgl. auch die Grundsätze in § 8 Abs. 1 AGG). Der untersuchende Arzt ist an seine Schweigepflicht gebunden[233] und darf weder die Diagnose noch die Krankengeschichte des Bewerbers dem Arbeitgeber offenbaren. Er ist nur berechtigt, ein allgemeines Urteil für die in Aussicht genommene Tätigkeit abzugeben, z. B. ob der Bewerber geeignet oder nicht geeignet ist. In einzelnen Fällen besteht auch eine gesetzliche Pflicht zur Durchführung einer ärztlichen Arbeitsuntersuchung.[234] Für den öffentlichen

227 Tinnefeld/Petri/Brink, MMR 2010, 750.
228 Vgl. dazu EGMR v. 23.09.2010 (Az. 425/03) mit Hinweis auf das Erfordernis der Funktionsbezogenheit ungeachtet des Charakters einer kirchlichen Einrichtung.
229 Seifert in Simitis, BDSG, § 32 Rn. 31 m.w.N.
230 BAG AP Nr. 2 zu § 123 BGB, stdg. Rechtsprechung. Dazu Erlinger, Nachdenken über Moral (2012), 40 ff.
231 Dazu Däubler a.a.O. Rn. 218 mit Nachweisen aus der Rechtsprechung.
232 Vgl. etwa zur Blutuntersuchung Forst, RDV 2010, 8 ff.
233 Teil I, Kap. 7.1.
234 Vgl. § 32 Abs. 2 JArbSchG für die Beschäftigung Jugendlicher; § 43 Abs. 1 IfSG für Tätigkeiten im Lebensmittelbereich; § 15 Abs. 1 Nr. 3 SGB VII – Unfallverhütungsvorschriften der Unfallversicherungsträger, die

Dienst gelten besondere Regelungen, die im Lichte der Regelungen zum Beschäftigtendatenschutz einschränkend auszulegen sind.[235] Besonders hervorzuheben ist, dass Eignungstests im Rahmen eines beabsichtigen Wechsels der Tätigkeit oder des Arbeitsplatzes nur dann erforderlich sind, wenn Zweifel an der fortdauernden Eignung des Beschäftigten für seine derzeitige Tätigkeit begründet sind.[236]

Für die Durchführung psychologischer Tests oder anderer Eignungstests gelten ähnliche Grundsätze wie für die ärztliche Untersuchung. Sie müssen sich auf solche Eigenschaften beschränken, die für die in Aussicht genommene konkrete Tätigkeit von wesentlicher Bedeutung sind. Schon bisher sind Intelligenztests und die Erstellung allgemeiner Persönlichkeitsprofile ein unverhältnismäßiger Eingriff in das informationelle Selbstbestimmungsrecht des Bewerbers.[237]

- Datenerhebung bei Dritten

  Für die Erhebung von Beschäftigtendaten gilt auch nach der geplanten Neuregelung grundsätzlich die Regel der Direkterhebung. Die Einschaltung Dritter ist nur in eng begrenzten Ausnahmefällen zulässig, etwa wenn deutliche Anhaltspunkte für unrichtige Aussagen bestehen. Das Verlangen eines polizeilichen Führungszeugnisses (§§ 4 bis 6 BZRG) darf sich nur in verhältnismäßigen Grenzen bewegen; es darf nur Angaben über Vorstrafen enthalten, die tätigkeitsbezogen sind und erfragt werden dürfen. Eine ausdrückliche Erlaubnisnorm für eine Datenerhebung durch Dritte enthält das Sicherheitsüberprüfungsgesetz (§ 2 SÜG), wonach Personen, die mit einer sicherheitsempfindlichen Tätigkeit betraut werden sollen, einer behördlichen Prüfung zu unterziehen sind. Ausgenommen vom Anwendungsbereich des SÜG sind Mitglieder der Verfassungsorgane des Bundes sowie Richter.[238]

  Die Erhebung von Beschäftigtendaten aus allgemein zugänglichen Quellen wie dem Internet durch eine Google-Recherche[239] oder in Facebook und anderen Sozialen Netzwerken ist weitverbreitet und schwierig zu regeln.[240] Häufig stellen „Community"-Mitglieder personenbezogene Daten Dritter ohne deren Wissen ein. Das gilt auch bei Personenbewertungsplattformen, die grundsätzlich jedem beliebigen sozialen Kontext zugeordnet werden können. Die deutsche Neuregelung soll u. a. die Datenerhebung in sozialen Netzwerken, die zur Darstellung der beruflichen Qualifikation ihrer Mitglieder bestimmt sind, zulassen.[241] Da der Datenerhebungsprozess im Internet zumeist unbemerkt vollzogen werden kann, wäre es sinnvoll, dem Arbeitgeber Informations- und Offenlegungspflichten hinsichtlich solcher Beschäftigungsdaten aufzuerlegen, die er im Internet recherchiert hat.[242] Dies müsste nach dem Prinzip der Direkterhebung immer vor der Ablehnung einer Bewerbung erfolgen.

---

die Pflicht zur Durchführung von arbeitsmedizinischen Untersuchungen für Arbeiten vorsehen, die mit arbeitsbedingten Gefahren für Leib und Leben verbunden sind.

235 Vgl. Seifert in Simitis (Hg.), BDSG (7. A. 2011), § 32 Rn. 35.

236 S. a. Wybitul, a.a.O., 463 f.

237 Däubler, a.a.O., Rn. 231 m.w.N.

238 Zu den Kriterien der Sicherheitsüberprüfung vgl. Däubler, a.a.O., Rn. 907 ff.

239 Vgl. Oberwetter, BB 2008, 1526 ff.

240 Zum Datenschutz in Sozialen Netzwerken vgl. Jandt/Rossnagel, ZD 2011, 160–166.

241 Dazu Oberwetter, NJW 2011, 417 ff.

242 Düwell in Tinnefeld/Petri/Brink, MMR 2011, 432.

- Datenverarbeitung und Datennutzung
  Arbeitgeber bzw. Dienstherr dürfen nur die Angaben verwenden, die für die Anbahnung des Beschäftigtenverhältnisses objektiv erforderlich sind. Die Daten des Bewerbers dürfen nur bis zum Zeitpunkt der Entscheidung verwandt werden, danach sind sie solange zu sperren, wie noch Rechtstreitigkeiten zu erwarten sind (vgl. § 61b Abs. 1 ArbGG, wonach eine Klagefrist von drei Monaten für Entschädigungsforderungen von abgelehnten Bewerbern besteht). Nach einer abgelehnten Bewerbung muss es zulässig sein, dass der Bewerber in die weitere Speicherung seiner Daten durch den Arbeitgeber/Dienstherrn einwilligt, etwa um sich weitere Chancen auf einen (anderen) Arbeitsplatz bei diesem zu erhalten.

2. Durchführung eines Beschäftigtenverhältnisse

Geht es um die Verwendung personenbezogener Daten im laufenden Beschäftigtenverhältnis, steht regelmäßig die Frage der Datenerhebung im Zentrum. Sie betrifft insbesondere auch das Maß für erforderliche Kontrollen der Beschäftigten. Die oben bereits angesprochenen Überwachungsskandale betrafen zumeist eine verdeckte Datenerhebung durch Beobachtung der Beschäftigten mit Videokameras. Es ging aber auch um die Auswertung von Beschäftigtendaten, etwa von E-Mail-Verbindungsdaten, mit denen Arbeitgeber z. B. in Erfahrung bringen wollten, wer die Presse über bestimmte innerbetriebliche Vorgänge informiert haben könnte.[243] Auch bei der Durchführung des Beschäftigtenverhältnisses gilt, dass jede Erhebung, Verarbeitung und Nutzung der Beschäftigtendaten verhältnismäßig sein muss.

- **Screening oder Rasterfahndungen im Beschäftigtenverhältnis**
  Im Rahmen der Neuregelung werden verdachtsfreie automatisierte Abgleiche diskutiert, um hinreichend gewichtige Rechts- und Pflichtverletzungen der Beschäftigten verfolgen zu können. Auch wenn diese zunächst in anonymisierter oder pseudonymisierter Form erfolgen sollen, steht ein solcher Ansatz in einem deutlichen Spannungsverhältnis zu der Empörung, die Massenabgleichsverfahren im Zusammenhang mit den Datenschutzskandalen ausgelöst haben. Eine Rasterfahndung kann dann als datenschutzgemäß angesehen werden, wenn sie nur mit anonymisierten Daten durchgeführt wird. In einem solchen Fall könnte die Innenrevision eines Unternehmens Hinweisen auf Betrug und Korruption im Wege von Stichproben nachgehen.[244]
  Neu verhandelt wird auch die Frage, ob eine heimliche Datenerhebung für Zwecke der Compliance bzw. der Korruptionsbekämpfung erlaubt ist.[245] Sie soll zur Aufdeckung einer von einem Beschäftigten begangenen Straftat oder schwerer Pflichtverletzungen zulässig sein. Voraussetzung ist, dass Tatsachen den Verdacht einer schweren Verfehlung begründen. Eine entsprechende Maßnahme soll durchgeführt werden können, wenn sie erforderlich ist und dem Verhältnismäßigkeitsprinzip genügt.
  In der Diskussion steht auch eine Regelung der Videoüberwachung nicht öffentlich zugänglicher Betriebsstätten.[246] Eine verdeckte Videoüberwachung, bei der die beschäftigte Person erkennbar ist, darf als besonders schwerwiegender Grundrechtseingriff nicht

243 S. a. Mittleilungen bei DANA, 2008,122.
244 Brink/Schmidt, MMR 2010, 592 ff.
245 Dazu Wybitul, a.a.O, 471 f.
246 Siehe dazu auch unten Teil II, Kap. 2.3.

erlaubt sein.[247] Eine offene Videoüberwachung, die ohne konkreten Anlass rund um die Uhr möglich sein soll, erzielt nicht nur einen ständigen Überwachungsdruck bei den Beschäftigten. Es werden auch die Folgen ausgeblendet, die etwa durch die dreidimensionale Videoüberwachung und die Videoüberwachung mithilfe von Wärmekameras entstehen. Die Überwachung kann z. B. geeignet sein, Krankheiten überwachter Personen aufzudecken.[248] Aus Gründen des Privatheitsschutzes dürfen Räume der privaten Lebensgestaltung wie Sanitär-, Umkleide- und Schlafräume nicht überwacht werden.

- **Ortung Beschäftigter durch Mobilfunkdaten**
  In der Neuregelung soll auch der Einsatz von Ortungssystemen geregelt werden, der etwa mit Hilfe von GPS oder Handy-Ortung erfolgt.[249] Solche Daten dürfen nur zu bestimmten konkreten Zwecken erhoben und verwendet werden (zur Sicherheit des Beschäftigten oder zur Koordinierung seines Einsatzes) und sind durch geeignete Maßnahmen gegenüber dem betroffenen Beschäftigten erkennbar zu machen (Transparenzgebot); eine Leistungs- und Verhaltungskontrolle darf nicht erfolgen, auch nicht über den digitalen Fahrtenschreiber.[250] Zu berücksichtigen ist, dass standortbezogene Daten nicht nur aufgrund einer unmittelbaren und ausdrücklichen Anordnung übertragen werden, sondern i. d. R. auch als Verkehrdatenaufzeichnung beim TK-Provider anfallen.[251]
- **Biometrische Verfahren**
  In der Praxis werden Beschäftigte häufig mit Hilfe bestimmter körperlicher Merkmale identifiziert (z. B. Fingerabdrücke, Handgeometrie, Iris oder Netzhaut des menschlichen Auges, Gesichtsgeometrie oder Stimmmerkmale).[252] In vielen Fällen fallen dabei überschießende, höchst sensible Informationen an (etwa Gesundheitsdaten). Aus diesem Grund soll in einer gesetzlichen Regelung nur die Verwendung solcher Merkmale eines Beschäftigten erlaubt werden, die aus betrieblichen/dienstlichen Gründen zu Authentisierungs- und Authentifikationszwecken erforderlich sind. Für den Umgang mit Lichtbildern des Beschäftigten sollen erleichterte Zulässigkeitsvoraussetzungen in Frage kommen. Der Arbeitgeber/Dienstherr soll sie auch für andere Zwecke verwenden dürfen, soweit der Beschäftigte eingewilligt hat. Im Lichte der Bedeutung des Grundrechts am eigenen Bild[253] ist zumindest eine sachliche Notwendigkeit für die Verwendung der Bilddaten notwendig, auch ungeachtet einer wirksam erteilten Einwilligung.

Beispiel: Eine Steuerberaterin wird während ihres Arbeitsverhältnisse in einer Steuersozietät mit einem entsprechenden Profil der Sozietät auf der Homepage angezeigt. Außerdem wird in dem News Blog der Homepage eine Webseite geführt, in der ebenfalls ihr Profil und Foto dargestellt werden. Beide Veröffentlichungen erfolgten mit ihrer Einwilligung. Nach ihrem Ausscheiden verlangt sie von ihren ehemaligen Arbeitgebern die Löschung ihrer persönlichen Daten auf beiden Webseiten mit der Begründung, das Profil habe werbenden Charakter. Bewusst würden durch Foto und Text ihre

---

247 Vgl. Tinnefeld/Petri/Brink, MMR 2011, 427, 429 m.w.N.
248 Knieper, in Tinnefeld/Petri/Brink, ebd., 429.
249 Zur Verarbeitung von Standortdaten und Ortung nach TKG siehe auch unten Teil IV, Kap. 7.2.4.
250 Seifert in Simitis (Hg.), BDSG (7. A. 2011), § 32 Rn. 84.
251 Dazu Brunst in Tinnefeld/Petri/Brink, MMR 2011, 430.
252 Dazu Wybitul a.a.O, 500 f.
253 Teil I, Kap. 7,8.

Persönlichkeit und berufliche Qualifikation herausgestellt. Ebenso wie die betroffene Beschäftigte nach bisheriger Rechtslage in die Veröffentlichung ihres Profils und Fotos (biometrisches Datum) einwilligen kann, so kann sie auch wieder deren Löschung verlangen.[254]

- **Telekommunikation, Internet und Telefonüberwachung**
  Telekommunikation und Internetnutzung bieten einerseits ein besonderes Potenzial zur Überwachung von Beschäftigten.[255] Andererseits kann der Beschäftigte das Ansehen des Arbeitgebers/Dienstherrn durch eine missbräuchliche Nutzung erheblich schädigen.[256] Ein besonderes Problemfeld stellt die Überwachung des E-Mail-Verkehrs und der Internetnutzung der Beschäftigten dar. Grundsätzlich kann der Arbeitgeber/Dienstherr darüber bestimmen, ob der Beschäftigte einen E-Mail-Anschluss auch privat nutzen kann. Im Einzelfall ist es allerdings oft schwierig, private und betriebliche/dienstliche E-Mail zu unterscheiden.[257] Die Zulässigkeit der Überwachung bestimmt sich nach dem Beschäftigtendatenschutz und nach den bereichsspezifischen Regeln des TKG und TMG.[258] Für E-Mails, die auf dem PC des Beschäftigten angekommen sind, greifen allein Regelungen zum Beschäftigtendatenschutz, die überwiegend (noch?) fehlen. In der Diskussion um die Neuregulierung wird überwiegend die Nutzung von TK-Diensten des Beschäftigten ausschließlich zu beruflichen und dienstlichen Zwecken angesprochen. Der Arbeitgeber/Dienstherr soll danach anfallende Verkehrsdaten nur zu bestimmten konkreten Zwecken nutzen dürfen (zu Abrechnungszwecken oder zu einer stichprobenartigen oder anlassbezogenen Leistungs- und Verhaltenskontrolle).[259] Da die Erfassung des Inhalts einer zu beruflichen oder dienstlichen Zwecken erlaubten Kommunikation einen besonders schwerer Eingriff in das Persönlichkeitsrecht des Beschäftigten darstellt, müssen dieser und sein Kommunikationspartner im Einzelfall vor der Erhebung und Verwendung darüber informiert werden und darin eingewilligt haben, z. B. bei Schulungen von neuen Beschäftigten. Fraglich ist allerdings, ob eine solche Einwilligungserklärung i.S.d. DS-GVO-E zulässig ist.[260]
  Im Zusammenhang mit der Bereitstellung von TK-Diensten wie E-Mail und Internet sollen Inhaltsdaten erhoben und verwendet werden dürfen, soweit dies für den ordnungsgemäßen Dienst- bzw. Geschäftsbetrieb erforderlich ist. Heimliche Maßnahmen etwa der Verhaltens- und Leistungskontrolle sind nur unter strengen Voraussetzungen zulässig und sollten dokumentiert werden. Die Inhalte und Verbindungsdaten einer abgeschlossenen Kommunikation, die z. B. auf dem PC des Beschäftigten abgespeichert sind, unterfallen nicht mehr dem Fernmeldegeheimnis.[261] Sie können daher nach den allgemeinen Regeln des Beschäftigtendatenschutzes erhoben und verwendet werden. Hinsichtlich der

254 Vgl. etwa LAG Köln v. 10.07.2009, DuD 2009, 765; LAG Schleswig-Holstein v. 23.06.2010, MMR 2011, 482.

255 Dazu BVerfG v. 9.10.2002, DuD 2003, 170; BAG v. 30.08.1995, NZA 1996, 218.

256 Zu den Fällen des Downloads pornografischen Bildmaterials vgl. etwa BAG v. 27.04.2006, NJW 2006, 2939 ff., Rn. 32; BVerwG v. 18.05.2005, BVerwGE 111, 218 ff.

257 Dazu Gola-Wronka, Handbuch Arbeitnehmerdatenschutz (5. A. 2010), Rn. 737.

258 Teil I, Kap. 7.8.

259 Dazu Tinnefeld/Petri/Brink, MMR 2010, 727, 733 f.

260 Vgl. Teil I, Kap. 6.4.2.

261 BVerfG v. 02.03.2006, MMR 2006, 217; VGH Kassel v. 19.05.2009, MMR 2009, 714.

erlaubten Nutzung von TK-Diensten zu privaten Zwecken sollte sich der Beschäftigte allerdings darauf verlassen können, dass ein solcher E-Mail-Account vor einer Datenerfassung durch den Arbeitgeber/Dienstherrn grundsätzlich durch das IT-Grundrecht geschützt ist.[262]

7.7.2 Kollektivrechtlicher Datenschutz

Der kollektive Beschäftigtendatenschutz hat in Deutschland schon immer eine zentrale Stelle eingenommen. Danach wird der Persönlichkeitsschutz des Beschäftigten vor allem auf zwei Wegen abgesichert:

- durch Regelungen zum Umgang mit personenbezogenen Daten im BDSG (§ 32), die der Arbeitgeber/Dienstherr im individualrechtlichen Verhältnis zu beachten hat. Ausnahmen:
  - Leitende Angestellte werden nicht vom Betriebsrat repräsentiert (§ 5 Abs. 3 BetrVG). An die Stelle des Betriebsrats tritt ein Sprecherausschuss der leitenden Angestellten (§ 1 Abs. 1 SprAuG). Spezifische datenschutzrelevante Beteiligungstatbestände bestehen beim Sprecherausschuss nicht.
  - In kirchlichen Einrichtungen gilt ein autonomes Mitarbeitervertretungsrecht.[263]
- durch kollektivrechtliche Zulässigkeitsregeln in Tarifverträgen, Betriebs- und Dienstvereinbarungen.

Die Beteiligungsrechte des Betriebsrats nach dem Betriebsverfassungsgesetz (BetrVG) und des Personalrats nach dem Personalvertretungsrecht des Bundes bzw. der Länder decken sich prinzipiell in datenschutzrechtlich relevanten Bereichen. Ihre Anwendbarkeit ist abhängig von:

- dem **Zeitpunkt** der Beteiligung bei personellen Maßnahmen (z. B. bei Einstellung, Versetzung, Kündigung) und sachlichen Maßnahmen (z. B. bei der Planung, Einführung oder dem Ausbau von Computersystemen),
- dem **Gegenstand** der Beteiligung, d. h. es ist jeweils zu untersuchen, an welcher Maßnahme der Betriebsrat bzw. Personalrat konkret zu beteiligen ist (z. B. bei der Erstellung von Personalfragebögen oder Beurteilungsgrundsätzen),
- der **Form** der Beteiligung (Mitwirkungsrechte oder Mitbestimmungsrechte).

Beteiligung des Betriebsrats

Der Schutz der freien Entfaltung der Persönlichkeit ist eine Zielvorgabe des Betriebsverfassungsgesetzes (§ 75 Abs. 2 S. 1 BetrVG). Sie ist mit den verfassungsrechtlichen Aspekten des unionsrechtlichen und nationalen Datenschutzes zu verbinden. Die kollektiven Regelungen dienen einem präventiven Persönlichkeitsschutz.

---

262 Teil I, Kap. 5.1.2

263 Vgl. Rahmenordnung für eine Mitarbeitervertretungsordnung der katholischen Kirche (MAVO), die von den einzelnen Diözesen in Diözesanrecht überführt worden ist. Die Evangelische Kirche Deutschlands (EKD) hat ein Mustergesetz für ein Mitarbeitervertretungsgesetz (MVG-EKD) geschaffen, das von den einzelnen Landeskirchen in Landeskirchenrecht übernommen worden ist (ABl. EKD 2004, 414). S. a. Bietmann, Betriebliche Mitbestimmung im kirchlichen Dienst (1982), S. 48 ff.; zum Selbstbestimmungsrecht der Religionsgemeinschaften vgl. Teil I, Kap. 7.3.

- Sie werden durch Einzelvorschriften präzisiert, insbesondere in der datenschutzrechtlichen Kernbestimmung (§ 87 Abs. 1 Nr. 6 BetrVG), wonach die „Einführung und Anwendung von technischen Einrichtungen, die dazu bestimmt sind, das Verhalten oder die Leistung des Arbeitnehmers zu überwachen“ mitbestimmungspflichtig sind. Die Norm erfasst ausschließlich die **Überwachung durch technische Einrichtungen.**
- Sie unterliegen abgestuften Beteiligungsrechten (§§ 92, 94 und 95 BetrVG) des Betriebsrats.

Das BetrVG knüpft teilweise die Beteiligung des Betriebsrats an unterschiedliche Zeitpunkte. Sie verlaufen von der „Rechtzeitigkeit“ über die „Planung“ bis zur „Einführung“ einer Maßnahme.

Von **Rechtzeitigkeit** kann nur dann gesprochen werden, wenn der Betriebsrat durch eine Information in die Lage versetzt wird, auf den Prozess der Entscheidungsfindung des Arbeitgebers Einfluss zu nehmen, d. h. er ist bereits im **Stadium der Planung** einer Maßnahme zu beteiligen.

Beispiel: Unterrichtungs- und Beratungsrecht bei der Personalplanung (§ 92 BetrVG)
Der Arbeitgeber ist verpflichtet, den Betriebsrat rechtzeitig und umfassend über seine Personalplanung zu informieren (§ 92 Abs. 1 Satz 1) und von sich aus die Meinung des Betriebsrats einzuholen und die Sache mit ihm zu beraten (§ 92 Abs. 1 Satz 2). Solange er nur die Möglichkeiten einer Personalreduzierung erkundet, ist er noch nicht in das Stadium einer Planung eingetreten. Die Überprüfung eines Revisionsberichts, der den Arbeitgeber zu einer Änderung der Personalplanung anregt,[264] ist daher noch keine Planung. Sobald jedoch der Arbeitgeber in das Stadium der konkreten Planung eintritt und verlässliche Unterlagen (z. B. Ist-Analysen, Wirtschaftlichkeitsberechnungen) erstellt, ist der Betriebsrat einzuschalten.

Bei der **Einführung** einer Maßnahme geht es dagegen um die Umsetzung des Planungsergebnisses. Dazu gehören z. B. personelle Maßnahmen oder technische Veränderungen wie etwa die Vernetzung von Computerarbeitsplätzen mit Internet- und Intranetanschluss oder die Installierung von Videokameras.

Die **Beteiligungsrechte** des Betriebsrats an der Entscheidungsfindung lassen sich zwei Hauptgruppen zuordnen: den Mitbestimmungs- und Mitwirkungsrechten.

- **Mitwirkungsrechte** sind jene Beteiligungsrechte, welche die Entscheidungsbefugnis des Arbeitgebers letztlich unberührt lassen. Sie lassen sich kategorisieren in Informations-, Anhörungs-, Vorschlags- und Beratungsrechte.
- **Mitbestimmungsrechte** liegen dagegen vor, wenn eine Angelegenheit ohne Beteiligung des Betriebsrats nicht durchgeführt werden kann. Dabei muss wieder unterschieden werden zwischen einem bloßen Vetorecht (Zustimmungsverweigerungsrecht) und der gleichberechtigten, erzwingbaren Mitbestimmung (Einigungszwang). Die Mitbestimmung gilt vor allem für soziale Angelegenheiten (§ 87 Abs. 1 Nr. 1 bis 13 BetrVG) und hier insbesondere in Bezug auf die zentrale Mitbestimmungsregel bei der Überwachung der Mitarbeiter durch technische Einrichtungen (§ 87 Abs. 1 Nr. 6 BetrVG). Für

264 BAG v. 27.6.1989, AP Nr. 37 zu § 80 BetrVG 1972.

Streitfälle sieht das Gesetz als Schlichtungs- und Entscheidungsorgan eine Einigungsstelle vor (§ 76 BetrVG).

Beispiel: Personalfragebogen (§ 94 BetrVG)
Der Arbeitgeber darf einen Personalfragebogen (schematisierte Zusammenstellung über die persönlichen Verhältnisse, Kenntnisse, Fähigkeiten eines Mitarbeiters in schriftlicher Form oder auf dem Bildschirm) nur verwenden, wenn er inhaltlich mit dem Betriebsrat abgestimmt ist (§ 94 Abs. 1 Satz 1BetrVG). Dies gilt auch hinsichtlich des späteren Umgangs mit den aufgrund des Bogens erhobenen Daten.[265] Das Recht des Betriebsrats ist als Zustimmungserfordernis ausgestaltet, er hat also kein Initiativrecht. Im Streitfall entscheidet die Einigungsstelle über den Inhalt des Personalfragebogens (§ 94 Abs. 1 Satz 2 und 3 BetrVG). Ohne Einschaltung des Betriebsrats besteht für den Arbeitgeber eine Zugangssperre. Die Mitbestimmung erstreckt sich auf die weitere Verwendung der erhobenen bzw. am Bildschirm erfassten Daten.[266]

Beispiel: Betriebliche Ordnung und Verhalten der Arbeitnehmer im Betrieb (§ 87 Abs. 1 Nr. 1 BetrVG)
Der Betriebsrat hat nicht nur ein Mitbestimmungsrecht etwa bei Regeln zur Kantinenbenutzung, für Krankheitsrückgespräche usw., sondern auch dann, wenn es sich um psychosoziale Belastungen des Arbeitnehmers durch Mobbing und neuerdings auch durch persönliche Nachstellungen mittels Stalking handelt.[267] Ebenfalls darunter fallen auch Diskriminierungen oder die sexuelle Belästigung einer anderen Person. Dabei ist gleichzeitig das Mitbestimmungsrecht des Betriebsrats beim Arbeits- und Gesundheitsschutz (§ 87 Abs. 1 Nr. 7 BetrVG) betroffen. Schließlich handelt es sich auch bei der Arbeitsplatzgestaltung und Arbeitsorganisation um mitbestimmungspflichtige Maßnahmen des Arbeitsschutzes (§ 2 Abs. 1 ArbSchG).

Die Beachtung der Mitbestimmungsrechte ist eine **unabdingbare Wirksamkeitsvoraussetzung** für eine vom Arbeitgeber zu treffende Regelung oder Maßnahme. Werden Arbeitnehmerdaten ohne eine erforderliche Einbeziehung des Betriebsrats etwa im Wege eines Fragebogens erhoben, so dürfen sie nicht verwendet werden. Die Verfassungsschutzbehörden (§ 3 BVerfSchG) dürfen allerdings von sich aus Sicherheitsüberprüfungen von Personen durchführen, die an sicherheitsempfindlichen Stellen tätig sind oder sein wollen (§ 2 Abs. 2 SÜG). Außerhalb der sicherheitsempfindlichen und entsprechend gleichgestellten Bereiche dürfen Sicherheitsbedenken keine Rolle spielen.

265 Gola/Wronka, Handbuch (5. A. 2010), Rn. 1014.

266 Vgl. Däubler, Gläserne Belegschaften (5. A. 2009), Rn. 676 f.

267 Esser/Wolmerath, Mobbing, Der Ratgeber für Betroffene und ihre Interessenvertretung, (4. A. 2001), 22 f.; zum Problem des Stalking bei Daten im Netz vgl. Däubler, a.a.O., Rn. 507l.

Mitbestimmungsrechte des Betriebsrats

§ 94 Abs. 1 S. 1 und Abs. 2, 1. HS	**Mitbestimmungsrecht** bei der Erstellung von Personalfragebogen und persönlichen Angaben in Formulararbeitsverträgen für Arbeitnehmer und Bewerber insbesondere bei: standardisierten Erhebungsformen ohne Rücksicht auf die konkrete Gestaltung (z. B. Dateneingabe am Computer), allen standardisierten vergleichbaren Erhebungen (psychologische Tests u. a.), weitere Verwendung erhobener Daten, Abverlangen einer schriftlichen Einwilligung in eine erweiterte Datenverwendung (§ 4 a Abs. 1 BDSG).
§ 94 Abs. 2, 2. HS	**Mitbestimmungsrecht** bei der Aufstellung allgemeiner Beurteilungsgrundsätze für Arbeitnehmer und Bewerber wie: Festlegung katalogmäßiger Klassifikationsmerkmale für eine automatisierte Erstellung von Fähigkeits- und Eignungsprofilen u.a., Festlegung von Verfahren (Abgleichverfahren) zur Beurteilung von Verhalten und Leistung mit Personalinformationssystemen, weiteren Verwendung erhobener Daten.
§ 95 Abs. 1	**Mitbestimmungsrecht** bei Auswahlrichtlinien über personelle Maßnahmen wie: Kriterien für die Auswahl (u. a. soziale Lage, Betriebszugehörigkeit), Verfahren für die Festsetzung der Auswahlkriterien.
§ 95 Abs. 2	**Anspruch auf die Aufstellung von Auswahlrichtlinien** über personelle Maßnahmen bei mehr als 500 Mitarbeitern im Betrieb.
§ 87 Abs. 1 Nr. 6 (Bezug zum technischen Charakter des Vorgangs)	**Mitbestimmungsrecht** bei der Einführung und Anwendung von EDV-Systemen, die geeignet sind, Verhalten oder Leistung von Arbeitnehmern zu kontrollieren wie: Arbeitssysteme (Datenkasse, Bildschirmarbeitsplatz), Abrechnungssysteme, Personalinformationssysteme und andere Kontrollsysteme (z. B. Telefondatenerfassungsanlagen, Audio- und Videoüberwachungsanlagen, nicht kodierte Zugangskontrollsysteme), Festlegung von weiteren Verwendungszwecken erhobener und ausgewerteter Daten.

Abb. 12: Mitbestimmungsrechte des Betriebsrats

Mitwirkungsrechte des Betriebsrats

§ 80 Abs. 1 Nr. 1 (Rechtmäßig-keitskontrolle)	**Überwachungsrecht** des Betriebsrats bei der Einhaltung von Vorschriften zum Arbeitnehmerdatenschutz: • Überwachung durch den Arbeitgeber • Überwachung bei der Datenverarbeitung im Auftrag
§ 80 Abs. 2	Anspruch auf **rechtzeitige Unterrichtung und Beratung** über die Einführung und Änderung von EDV-Systemen im Betrieb und Unternehmen wie: • Einführung von E-Mail inclusive Viren- und SPAM-Filterung • Einführung und Aufrüstung von Firewallsystemen • Einführung und Aufrüstung von Arbeitsplatzrechnern • Einführung und Aufrüstung von Buchhaltungs- und Personalverwaltungssystemen • Einführung und Aufrüstung von elektronischen Vorgangsverarbeitungssystemen • Einführung und Ausführung von Telekommunikationssystemen (einschließlich E-Mail) • Einführung und Änderung von Produktionssteuerungssystemen (CAD und CAM) • Einführung und Änderung von Kundenbetreuungssystemen (CRM)
§ 92 Abs. 1	Anspruch auf rechtzeitige, umfassende **Unterrichtung und Beratung** anhand entsprechender Unterlagen wie: • Personalstand, Fluktuation, Altersverteilung der Belegschaft, Krankenstand, Qualifikation der Mitarbeiter • Stellenbeschreibungen, Beschäftigungspläne • automatisierte Personalinformationssysteme.
§ 92 Abs. 2	eigenes **Vorschlagsrecht** im Planungsstadium für die Einführung und Durchführung einer Personalplanung.
§ 111	Anspruch auf **Unterrichtung und Beratung** in einem Unternehmen mit mehr als 20 wahlberechtigten Arbeitnehmern über geplante arbeitnehmer(daten)bezogene Maßnahmen wie: • *Betriebseinschränkung durch reinen Personalabbau (§ 111 Satz 3 Nr. 1)* • *Änderung der Betriebsorganisation (durch Umstellung auf ein Inhouse-Netz, auf Telearbeit usw.), des Betriebszwecks (anderes Produkt u.a.) oder Betriebsanlagen (Datensichtgeräte u.a.), (§ 111 S. 3 Nr. 4)* • Einführung grundlegend neuer Arbeitsmethoden und Fertigungsverfahren (betriebsübergreifende Vernetzung, CAM u.a.), (§ 111 S. 3 Nr. 5)

Abb. 13: Mitwirkungsrechte des Betriebsrats

Zu den Mitwirkungsrechten des Betriebsrats gehört die Pflicht, über die **Einhaltung des Arbeitnehmerdatenschutzes** zu wachen (§ 80 Abs. 1 Nr. 1 BetrVG – Rechtmäßigkeitskontrolle). Die Kontrolle greift immer dann, wenn es sich um Normen mit arbeitnehmerschützendem Charakter handelt (insb. § 32 BDSG). Im Rahmen des Überwachungsauftrages kann der Betriebsrat eine Rechtsverletzung beanstanden und auf Abhilfe drängen. Es steht ihm ein **allgemeiner Unterrichtungsanspruch** gegenüber dem Arbeitgeber zu (§ 80 Abs. 2 S. 1 BetrVG), wonach dieser ihn zur Durchführung seiner Aufgaben rechtzeitig und umfassend zu unterrichten hat.

Beispiel: Personalakte (§ 83 BetrVG)
Nach dem Grundsatz der „Vertraulichkeit der Personalakte" darf kein Unbefugter Einsicht in eine Personalakte nehmen. Gutachten, Vermerke über den Gesundheitszustand und die Persönlichkeitsstruktur des Arbeitnehmers müssen so aufbewahrt werden, dass nur befugte Sachbearbeiter darauf Zugriff nehmen können.[1] Es dürfen nur erforderliche Vermerke in der Personalakte aufbewahrt/gespeichert werden. Andernfalls müssen sie entfernt bzw. gelöscht werden. Das gilt insbesondere für besondere Daten wie Gesundheitsdaten. Zwar hat der Arbeitgeber ein legitimes Interesse an einer vollständigen Personalakte. Nach dem Grundsatz der Verhältnismäßigkeit sind jedoch nicht alle Daten in gleicher Weise geheim zu halten. Der Betriebsrat hat über die Einhaltung des Grundsatzes der Vertraulichkeit zu wachen und darf allenfalls dann selbst Einsicht nehmen, wenn der Arbeitnehmer damit einverstanden ist (§ 83 Abs. 1 Satz 2 BetrVG).

Beispiel: Informationsrecht des Betriebsrats (§ 80 Abs. 2 und 3 i.V.m. § 87 Abs. 1 Nr. 6 BetrVG)
Der Betriebsrat kann Auskunft darüber verlangen, welche Aussagen sich aus personenbezogenen Daten der Arbeitnehmer durch die Programme allein oder in Verknüpfung mit anderen Systemen gewinnen lassen (z. B. durch den Einsatz von Videokameras; bei Zugangskontrollsystemen; bei CAD, CAM, CRM[2] usw.).[3] Auf diese Weise kann er feststellen, in welchem Umfang die Technologie zur Überwachung von Verhalten und Leistung des Arbeitnehmers geeignet ist (§ 87 Abs. 1 Nr. 6 BetrVG).[4] Zur Beurteilung der Observationstechnik kann er einen betriebsfremden Sachverständigen auf Kosten des Arbeitgebers dann heranziehen, wenn die betriebsinternen Informationsquellen ausgeschöpft sind (§ 80 Abs. 3 BetrVG).[5] Das gilt insbesondere auch für den Einsatz von Videokameras, die sich in Betrieben immer mehr ausbreiten.[6] Nach § 111 Abs. 1 S. 3 BetrVG kann der Betriebsrat zudem auch bei einer Betriebsänderung in einem Unternehmen von mehr als 300 Mitarbeitern zu seiner Unterstützung einen Berater heranziehen.

---

1 BAG v. 12.09.2006, NZA 2007, 269, 270.

2 CAD=Computer aided design; CAM=Computer aided manufacturing; CRM=Customer relationship management.

3 BAG v. 28.01.1992, RDV 1992, 176; Fitting/Kaiser/Heither/Engels, BetrVG (20. A. 2000), § 80 Rn. 53 und 67.

4 BAG v. 17.03.1987, BB 1987, 1806, 1807.

5 BAG v. 17.03.1987, RDV 1987, 189.

6 Schierbaum, CF 5/2002, 24.

In einer „informationellen Rosette" zeigt Karl Linnenkohl die Vernetzung der betrieblichen Beteiligungsrechte im Kontext des Mitbestimmungsrechts in § 87 Abs. 1 Nr. 6 BetrVG.

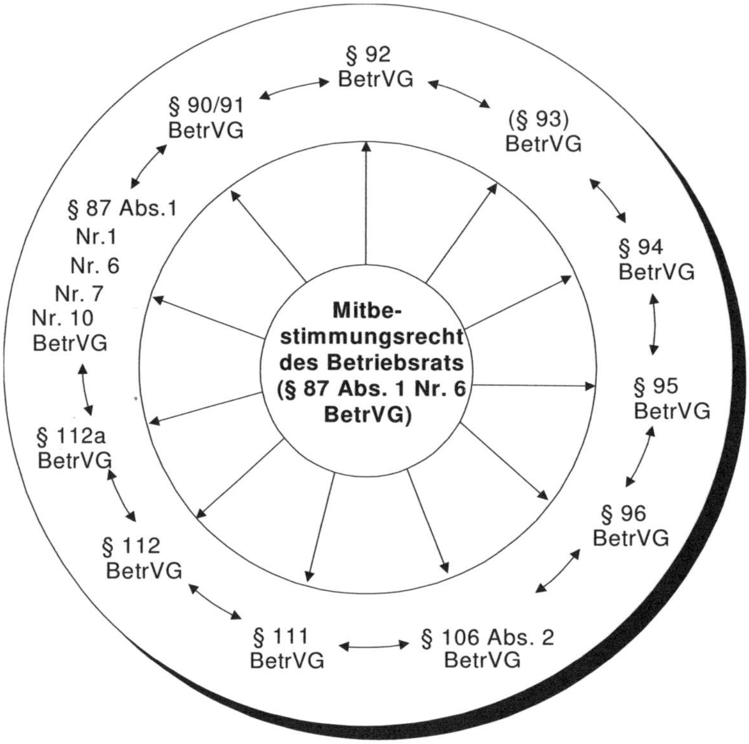

Abb. 14: Informationelle Rosette (nach Linnenkohl 1996)

Beteiligungsrechte des Personalrats

Die Beteiligungsrechte der Personalvertretung sind je nach Gesetzgebungszuständigkeit im Bundespersonalvertretungsgesetz (BPersVG) bzw. in den Landespersonalvertretungsgesetzen geregelt. Im personalvertretungsrechtlichen Beschäftigtendatenschutz fehlt eine dem § 75 Abs. 2 S. 1 BetrVG entsprechende Vorschrift, die es dem Dienstherrn und Personalrat ausdrücklich zur Pflicht macht, die freie Entfaltung der Persönlichkeit der Beschäftigten zu fördern.[7]

Auch die Personalräte verfügen über verschiedene Beteiligungsrechte im Beschäftigtendatenschutz, die nach § 32 Abs. 3 BDSG hinsichtlich öffentlicher Stellen des Bundes unberührt bleiben (Entsprechendes gilt für Personalvertretungen der Länder, Kommunen etc.). Im Folgenden werden die datenschutzrelevanten Bestimmungen im **Bundespersonalvertretungsgesetz** knapp skizziert.

Der Personalrat hat ebenso wie der Betriebsrat darüber zu wachen, dass die den Beschäftigten betreffenden datenschutzrechtlichen Bestimmungen (Gesetze, Verordnungen, Tarifver-

7 Vgl. Graefl in Richardi/Dörner/Weber, BPersVG (3. A. 2008), § 67 Rn. 4.

träge oder Dienstvereinbarungen) bei der Verarbeitung personenbezogener Daten eingehalten werden (§ 68 Abs. 1 Nr. 2 BPersVG).[8] Er ist zur Durchführung seiner Aufgaben rechtzeitig und umfassend zu informieren (§ 68 Abs. 2 Satz 1 BPersVG) und kann zu diesem Zweck die Hard- und Softwarebeschreibungen der jeweils geplanten Technik verlangen.

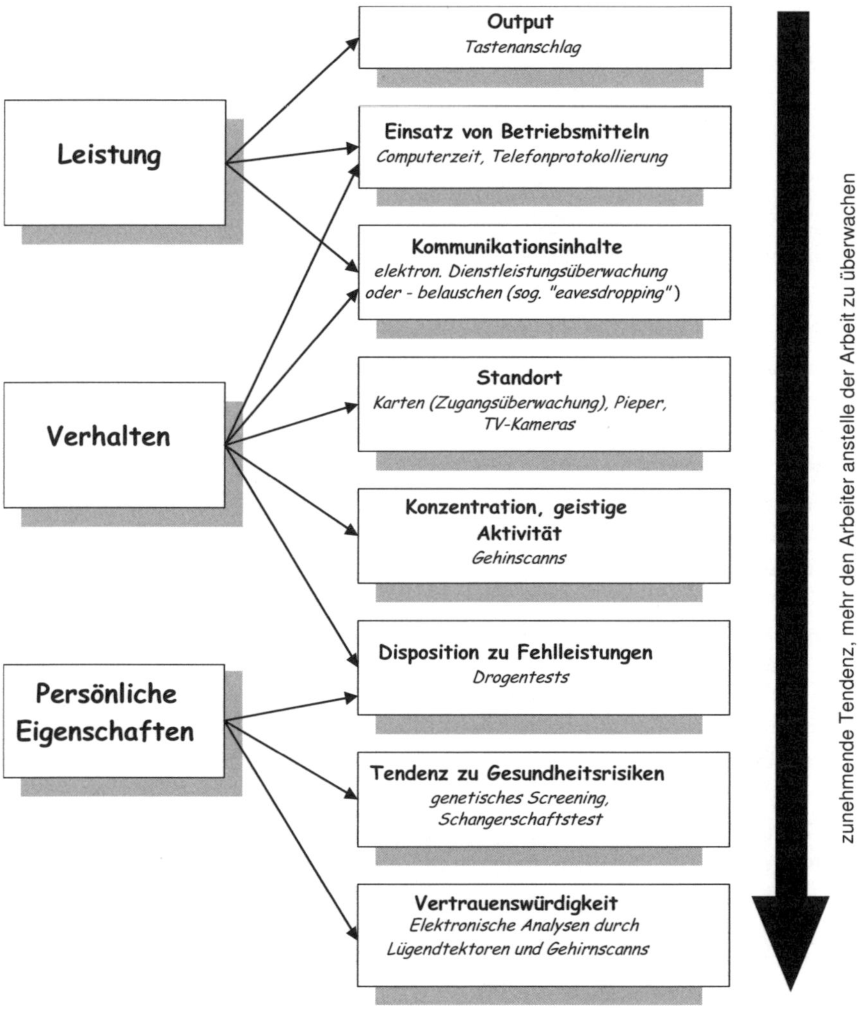

Abb. 15: Kategorien der Verhaltenskontrolle in den USA

Der Personalrat hat ebenso wie der Betriebsrat Mitbestimmungsrechte im Interesse des Beschäftigtendatenschutzes. So unterliegt z. B. der Inhalt von **Personalfragebögen** der Arbeitnehmer und Beamten der Mitbestimmung (§§ 75 Abs. 3 Nr. 8, 76 Abs. 2 Nr. 2 BPersVG), allerdings mit der Einschränkung, dass im Bereich von § 75 Abs. 3 Nr. 8 BPersVG dem Personalrat nach § 70 Abs. 1 BPersVG nur ein eingeschränktes Initiativrecht zusteht. Immer dann, wenn der Leiter einer Dienstelle einem schriftlichen Vorschlag des Personalrats, der

8 Vgl. BVerwG v. 16.12.1987, NZA 1988, 513.

sich auf die Mitbestimmung über den Inhalt von Personalfragebögen bezieht, nicht folgt, kann er das Problem auf dem Dienstweg der übergeordneten Behörde vorlegen. In den Fällen, in denen eine Einigung nicht zustande kommt, kann anders als im BetrVG kein Einigungsstellenverfahren eingeleitet werden.

Auch bei der **Einführung und Anwendung technischer Einrichtungen**, die dazu bestimmt sind, Verhalten oder Leistung der Beschäftigten im öffentlichen Dienst zu überwachen, verfügt der Personalrat ebenso wie der Betriebsrat über ein umfassendes Mitbestimmungsrecht (§ 75 Abs. 3 Nr. 17 BPersVG; vgl. die übereinstimmende Bestimmung in § 87 Abs. 1 Nr. 6 BetrVG).[9] Insoweit steht ihm auch ein Initiativrecht zu (§ 70 Abs. 1 BPersVG). Er kann dem Leiter der Dienststelle Maßnahmen im Bereich des Mitbestimmungsrechts schriftlich vorschlagen. In Fällen einer Ablehnung des Vorschlags entscheidet die Einigungsstelle verbindlich (§ 70 Abs. 1 i.V.m. § 69 Abs. 4 S. 1 BPersVG). Der Mitbestimmungstatbestand greift tief in die Organisationsbefugnisse der Dienststelle ein.

Mitbestimmung bei technischen Überwachungseinrichtungen

Im rechtskulturellen Vergleich zu Europa wird im angelsächsischen Raum eine weitreichende heimliche Arbeitsplatzüberwachung als „normal" angesehen.[10] In Abbildung 15 werden die Ebenen der Überwachung in einem Diagramm des „Office of Technology Assessment" (USA) aus dem Jahre 1987 gezeigt.

In der betrieblichen sowie behördlichen Praxis spielt die technische Überwachung der Mitarbeiter eine große Rolle. Daher werden in Deutschland kollektive Instanzen an der Regelung des Beschäftigtendatenschutzes intensiv beteiligt und von der Rechtsprechung der Arbeitsgerichte begleitet. Wie oben ausgeführt, hat der Betriebsrat ein Mitbestimmungsrecht in Bezug auf *„die Einführung und Anwendung von technischen Einrichtungen, die dazu bestimmt sind, das Verhalten oder die Leistung von Arbeitnehmern zu überwachen"* (§ 87 Abs. 1 Nr. 6 BetrVG; vgl. entsprechende Regelung in § 75 Abs. 3 Nr. 17 BPersVG). Dabei stehen regelmäßig folgende Fragestellungen im Zentrum: Was ist der eigentliche Zweck der Vorschrift? Was ist unter einer Überwachung zu verstehen? Wird auch die Überwachung einer Gruppe erfasst?

Nach der Rechtsprechung des BAG geht es um jene Gefahren, die gerade bei der technischen Überwachung entstehen.[11] Die Mitbestimmung greift nicht erst, wenn eine „gefährliche" Überwachungsmaßnahme begonnen hat, sondern bereits im Vorfeld, wenn die technische Einrichtung objektiv in der Lage ist, Verhalten und Leistung der Beschäftigten zu kontrollieren, also **zur Überwachung geeignet** ist.[12] Entsprechendes gilt für den Personalrat. Im Ganzen sind beide Gesetze **technikoffen** verfasst.

Das Mitbestimmungsrecht konkretisiert den Persönlichkeitsschutz des Beschäftigten (§ 75 Abs. 2 BetrVG) in mehrfacher Hinsicht. Der Betriebsrat hat das Recht,

---

9 Zu § 75 Abs. 3 Nr. 17 BPersVG s. etwa BVerwG v. 16.12.1987, NZA 1988, 513; BVerwG v. 23.9.1992, BVerwGE 91, 45; zur übereinstimmenden Auslegung von § 75 Abs. 3 Nr. 17 BPersVG und § 87 Abs. 1 Nr. 6 BetrVG s. a. Kaiser in Richardi/Dörner/Weber, BPersVG a.a.O, § 75 Rn. 536.

10 Tinnefeld, RDV 1992, 216, 220.

11 BAG v. 14.09.1984, EzA § 87 BetrVG 1972 Kontrolleinrichtung Nr. 11.

12 BAG v. 09.09.1975 und v. 10.07.1975, EzA § 87 BetrVG 1972 Kontrolleinrichtung Nr. 2, 8 und Nr. 6, 30; dazu auch Däubler, a.a.O, Rn. 692 ff.

- technische Einrichtungen abzuwehren, die das Persönlichkeitsrecht gefährden;
- von sich aus Regelungen zur Einführung einer datenschutzfreundlichen Einrichtung vorzuschlagen (das Initiativrecht schließt kein Recht ein, eine bisher nicht vorhandene Einrichtung zu fordern[13]);
- Betriebsvereinbarungen bei technisierten Überwachungsmöglichkeiten zu erzwingen.[14]

Das Mitbestimmungsrecht kommt dann nicht in Betracht, wenn ein Sachverhalt bereits durch Gesetz oder Tarifvertrag geregelt ist (§ 87 Abs. 1 BetrVG). Das ist z. B. dann der Fall, wenn ein zum Betrieb gehörender LKW aufgrund einer gesetzlichen Spezialvorschrift mit einem Fahrtenschreiber zu versehen ist (§ 57a StVZO).[15]

In der Praxis hat die Klärung der Tatbestandsmerkmale „technische Einrichtung", (Arbeits-)„Leistung", (arbeitsbezogenes) „Verhalten" und „Überwachung" zunächst Schwierigkeiten bereitet. Die Rechtsprechung des BAG und des BVerwG gingen in der Folge davon aus, dass vornehmlich programmgesteuerte Computersysteme in allen wesentlichen Eigenschaften eine **technische Einrichtung** darstellen und zur Überwachung geeignet sind.[16] Da beim Einsatz von neuer Hardware praktisch häufig Software beteiligt ist (etwa bei der Kamera, die beim Einsatz einer bestimmten Software zur Bilderkennung zur Überwachungskamera wird), bezieht sich das Mitbestimmungsrecht auch auf die Software. Schon der Begriff „Einrichtung" weist auf die Notwendigkeit einer ganzheitlichen Betrachtung hin.[17] Unklar war zunächst auch, ob die Mitbestimmung nur bei der Einführung eines Gesamtsystems oder auch auf der Ebene konkreter Softwareanwendungen in Frage kommen sollte. Da fast alle Computersysteme ergänzungsfähig sind und auch nicht alle Möglichkeiten zum Zeitpunkt der Einführung feststehen, muss das Mitbestimmungsrecht auf beiden Ebenen greifen. Dies gilt erst recht, wenn einzelne Programmteile durch neue ersetzt werden, die eine speziellere Auswertung und Kontrolle ermöglichen.[18] Dem Betriebsrat steht auch dann ein Mitbestimmungsrecht zu, wenn er die Qualität eines Programmes (z. B. ein PC-Programm „Qualitätssicherung") unter Verwendung von Echtdaten prüfen lässt und dabei Leistungsdaten sichtbar werden bzw. werden können.[19]

Datenbanksysteme mit flexiblen, frei formulierbaren Abfragemöglichkeiten (z. B. SAP R/3 oder SQL-Datenbanken) sind Einrichtungen, die zur Überwachung geeignet sind. Während die Verwendungsmöglichkeiten bei Berichten in Form von fest vordefinierten, nicht veränderbaren Abfragen zum Zeitpunkt der Einführung erkennbar sind, entfällt diese Möglichkeit bei den flexibel einsetzbaren frei formulierten Abfragen. Hier kann der Nutzer die Sicht (view) auf die Daten in dem Umfang und der Aggregationsstufe vornehmen, die er gerade für nützlich hält. Die Art und Weise des Dialogs lässt sich nur anhand der Protokollierung von

---

13 BAG v. 28.11.1989, DB 1990, 743 f.

14 Zur grundlegenden Frage der Erzwingbarkeit und zum Initiativrecht vgl. Fastricht, RdA 1994, 11.

15 BAG v. 10.07.1979, DB 1979, 2428.

16 Vgl. zur BAG-Rechtsprechung BAG v. 14.09.1984, NJW 1985, 450 (Intex D 03-Entscheidung); BAG v. 06.12.1983, NJW 1984, 1476 (Bildschirmarbeitsplatzentscheidung); BAG v. 23.04.1985, CR 1986, 97 (TÜV-Entscheidung); BAG v. 23.04.1985, DB 1985, 1897, 1898 (rechnergesteuerte Textsysteme unter Verwendung von Namenskürzeln); zur Rechtsprechung des BVerwG rechnergesteuerte Textsysteme unter Verwendung von Namenskürzeln BVerwG v. 16.12.1987, CR 1988, 498 (Mitarbeiterberichtssystementscheid); BVerwG v. 30.08.1985, NJW 1986, 1360 (Bildschirmgeräteentscheidung).

17 Zutreffend Däubler, a.a.O., Rn. 764 f.

18 BAG v. 14.09.1984, EzA § 87 BetrVG 1972, Kontrolleinrichtung Nr. 11, 80 (Techniker –Berichtssystem).

19 Vgl. LAG Berlin v. 12.08.1986, CR 1987, 26 f.

Datenverarbeitungsabläufen nachträglich kontrollieren. Das Mitbestimmungsrecht (§ 87 Abs. 1 Nr. 6 BetrVG) knüpft jedoch an den Zeitpunkt der Einführung und Anwendung eines Systems an. Der Rahmen für den Einsatz von Abfragesprache könnte aber in Betriebsvereinbarungen vorab präzise festgelegt werden, in denen u. a. geklärt wird,

- für welche Fachaufgabe die Verwendung einer Abfragesprache erforderlich ist;
- welche Benutzer auf welche Daten zugreifen dürfen. Denkbar ist auch eine Regelung, wonach Zugriffsberechtigungen im Einzelfall nur an zwei Berechtigte gemeinsam vergeben werden dürfen, z. B. an einen Mitarbeiter in Kombination mit dem Datenschutzbeauftragten.

Unter **Verhaltens- und Leistungsdaten** fallen alle Informationen, die auf Aktivitäten des Arbeitnehmers bezogen werden können. Unter Verhalten fällt jedes Tun oder Unterlassen, das im betrieblichen und außerbetrieblichen Bereich arbeitsvertraglich relevant ist. So hat das BAG[20] Aussagen über unentschuldigte Fehlzeiten als Aussagen über das Verhalten des Arbeitnehmers gewertet. Mit Leistungsdaten sind alle personenbezogenen Informationen gemeint, die sich auf die Erfüllung der vertraglichen Arbeitspflichten beziehen (z. B. die Zuordnung von Seitenzahlen oder Buchungssätzen je Zeiteinheit und die Auswertung von Arbeitszeitbelegen, die Anzahl der Tastenanschläge – „key-strokes" – in einem bestimmten Zeitraum).

Beispiele:

Steuerung der Personalplanung
Der Arbeitgeber will Fehler in der Personalplanung reduzieren. Er erfasst mittels des Personalinformationssystems „Paisy" Arbeitnehmerdaten nach Kriterien wie „hohe Fehlzeiten" oder „nicht für Überstunden einsetzbar" usw. Damit gewinnt er Informationen, die bei Entlassungen, Versetzungen oder Beförderungen von Bedeutung sind. Die Interessenvertretung hat ein Mitbestimmungsrecht, auch wenn die Mitarbeiterdaten nur erfasst und nicht auch automatisiert ausgewertet werden (z. B. im Hinblick auf Entlassungen).

Skilldatenbanken
Skilldatenbanken (Wissensdatenbanken) dienen der Übersicht über Mitarbeiterqualifikationen. Mit ihrer Hilfe können Planungen für den Personaleinsatz der Mitarbeiter für Projekte erleichtert werden. Einsatz und Anwendung der Systeme sind mitbestimmungspflichtig und allenfalls durch den Abschluss einer Betriebsvereinbarung zu rechtfertigen.[21]

Zugangskontrollsysteme
Zugangskontrollsysteme, die mit biometrischen Verfahren unverwechselbare Eigenschaften des Arbeitnehmers (z. B. Fingerabdruck, Augenhintergrund, Spracherkennung) erfassen, sind mitbestimmungspflichtig. Nichts anderes gilt bei „Badge"-Systemen mit elektronischen Erkennungsmarken, die die Zugangskontrolle, die Zeiterfassung oder die automatische Telefonrufumleitung kontaktlos tätigen, also ohne dass der Arbeitnehmer

---

20 BAG v. 11.03.1986, EzA § 87 BetrVG 1972 Kontrolleinrichtung Nr. 15, 130.
21 Dazu Petri/Kieper, DuD 2003, 611.

Eingaben an einem Rechner oder Telefon vornimmt. Die Systeme sind zur Verhaltens- und Leistungskontrolle geeignet, da sie Bewegungs- und Aufenthaltsprofile des Arbeitnehmers möglich machen („Wer hält sich wie lange und wie oft in der Kantine oder auf der Toilette auf?“).[22]

Mithören von Telefongesprächen
Der Arbeitgeber will eine Mithöranlage installieren, um die Kundengespräche seiner Mitarbeiter zu überprüfen. Hierbei handelt es sich um eine überwachungsgeeignete Einrichtung, die ohne Mitbestimmung des Betriebsrats nicht eingesetzt werden kann. Im Rahmen des Persönlichkeitsschutzes kann in einer Betriebsvereinbarung allenfalls ein Mithören zugelassen werden, wenn der betroffene Arbeitnehmer **und** der Kunde Kenntnis durch einen Aufschaltton (z. B. Pfeifton) davon erlangen und das Gespräch ggf. abbrechen können.[23] In eng begrenzten Fällen (z. B. zu Zwecken der Ausbildung) soll dagegen das Mithören von Telefongesprächen zulässig sein.[24]

Einführung und Anwendung eines Arbeitsplatzrechners
Einführung und Inbetriebnahme eines Arbeitsplatzrechners sind mitbestimmungspflichtig, da alle Betriebssysteme heute umfangreiche personenbezogene Kontrollmöglichkeiten bieten. Sie protokollieren nicht nur das Hoch- oder Herunterfahren des Computers, sondern auch die Zugriffe auf Dateien, den E-Mail-Verkehr und die besuchten Web-Seiten. Im Rahmen der Mitbestimmung muss die Einführung, das „Ob“, und die Anwendung, das „Wie“, geregelt werden (z. B. wie umfangreich protokolliert wird, wie lange die Protokolle aufbewahrt werden müssen, wer auf sie zugreifen darf usw.).

Einführung und Einsatz einer Firewall
Einführung und Einsatz einer Firewall unterliegen der Mitbestimmung, da auf ihr die gesamte Internet-Nutzung personenbezogen kontrolliert werden kann und in der Regel auch protokolliert werden soll. Die Nutzung unternehmenseigener Proxyserver zur Kontrolle des Arbeitnehmerverhaltens ermöglicht ihrer Konzeption nach sogar eine rasterfahndungsähnliche Ermittlung von vertragswidrigem Arbeitnehmerverhalten.[25] Leistungsfähige Router (Verbindung unterschiedlicher Netzwerke) oder Netzwerk-Switches (elektronisches Gerät zur Verbindung von Computern oder Netzwerksegmenten im lokalen Netz), die Protokollmöglichkeiten aufweisen, sind ebenfalls zur Überwachung geeignet.

Einführung von Fotokopierern/Faxgeräten
Auf einem Fotokopierer, der nicht mit der EDV vernetzt ist und der keine Speichermöglichkeit hat, können keine Aktivitäten der Nutzer protokolliert werden. Die Einführung und

---

22 OLG Hamburg v. 04.07.1988, CR 1989, 838.

23 Ähnlich ArbG Berlin v. 23.11.1988, CR 1990, 132 (Leitsätze).

24 Vgl. BAG v. 30.08.1995, CR 1996, 155 zur Zulässigkeit der Betriebsvereinbarung über ein ACD-System (II).

25 Im Einzelnen dazu Bijok/Class, RDV 2001, 52 ff.

der Einsatz eines Fax-Geräts, das ein Sende- und/oder Empfangsprotokoll erstellt, ist dagegen zur Überwachung der Beschäftigten geeignet und unterliegt der Mitbestimmung.

Einführung und Inbetriebnahme eines Workflowsystems
Workflowsysteme sind Softwaresysteme (z. B. zur Antragsbearbeitung oder für Bestellvorgänge), die der Durchführung und Kontrolle betrieblicher Abläufe dienen. Sie können zur Protokollierung der Aktivitäten von Mitarbeitern eingesetzt werden und sind daher mitbestimmungspflichtig.

EDV-System in einer wissenschaftlichen Einrichtung (Tendenzbetrieb)
Wissenschaftliche Einrichtungen zählen zu den Tendenzbetrieben (§ 118 Abs. 1 BetrVG). Wenn ein EDV-System (z. B. ein interaktives Datenerfassungssystem oder ein Simulationsrechner) „unmittelbar in die wissenschaftliche Forschung integriert" ist, steht die Einrichtung selbst und ihre konkrete Ausgestaltung nicht zur Disposition des Betriebsrats. Er kann jedoch den Einsatz zu Überwachungszwecken verhindern.[26]

Videoüberwachung
Ein Kontrollsystem, das geeignet ist, Leistung und Verhalten der Mitarbeiter während der Arbeitszeit zu überwachen, kann auch die Videoüberwachung sein, selbst wenn die erfassten Informationen nicht übertragen werden.[27] Sie ist daher mitbestimmungspflichtig. Dabei ist zu beachten, dass Betriebsstätten, die überwiegend der privaten Lebensgestaltung des Beschäftigten dienen (Sanitär-, Umkleide- und Schlafräume), den Kerngehalt der Persönlichkeit berühren und daher niemals per Video überwachte werden dürfen.

Die Verhaltens- und Leistungsdaten müssen dem einzelnen Arbeitnehmer grundsätzlich **identifizierbar** zugeordnet werden können. Eine wichtige Ausnahme wird hier für die Überwachung einer Gruppe gemacht. In der Rechtsprechung des BAG[28] war zunächst eine kleine, **überschaubare Gruppe** (z. B. im Gruppenakkord) benannt worden, bei der der durch die technische Einrichtung geschaffene Überwachungsdruck auf den Einzelnen durchschlägt. In einer zweiten Entscheidung hat das BAG ausschließlich auf das Arbeitsergebnis und Verhalten des Einzelnen abgestellt. Die Furcht vor einer Überwachung spielt keine Rolle, wenn diese objektiv und erkennbar unbegründet ist.[29]

---

26 LAG München v. 17.09.1987, CR 1988, 562.

27 Tinnefeld/Viethen, NZA 2003, 472 m.w.N.

28 BAG v. 18.02.1986, EzA § 87 BetrVG 1972 Kontrolleinrichtung Nr. 14, 117; BAG v. 26.07.1994, NZA 1995, 185, 187.

29 Vgl. BVerwG v. 23.09.1992, CR 1993, 440.

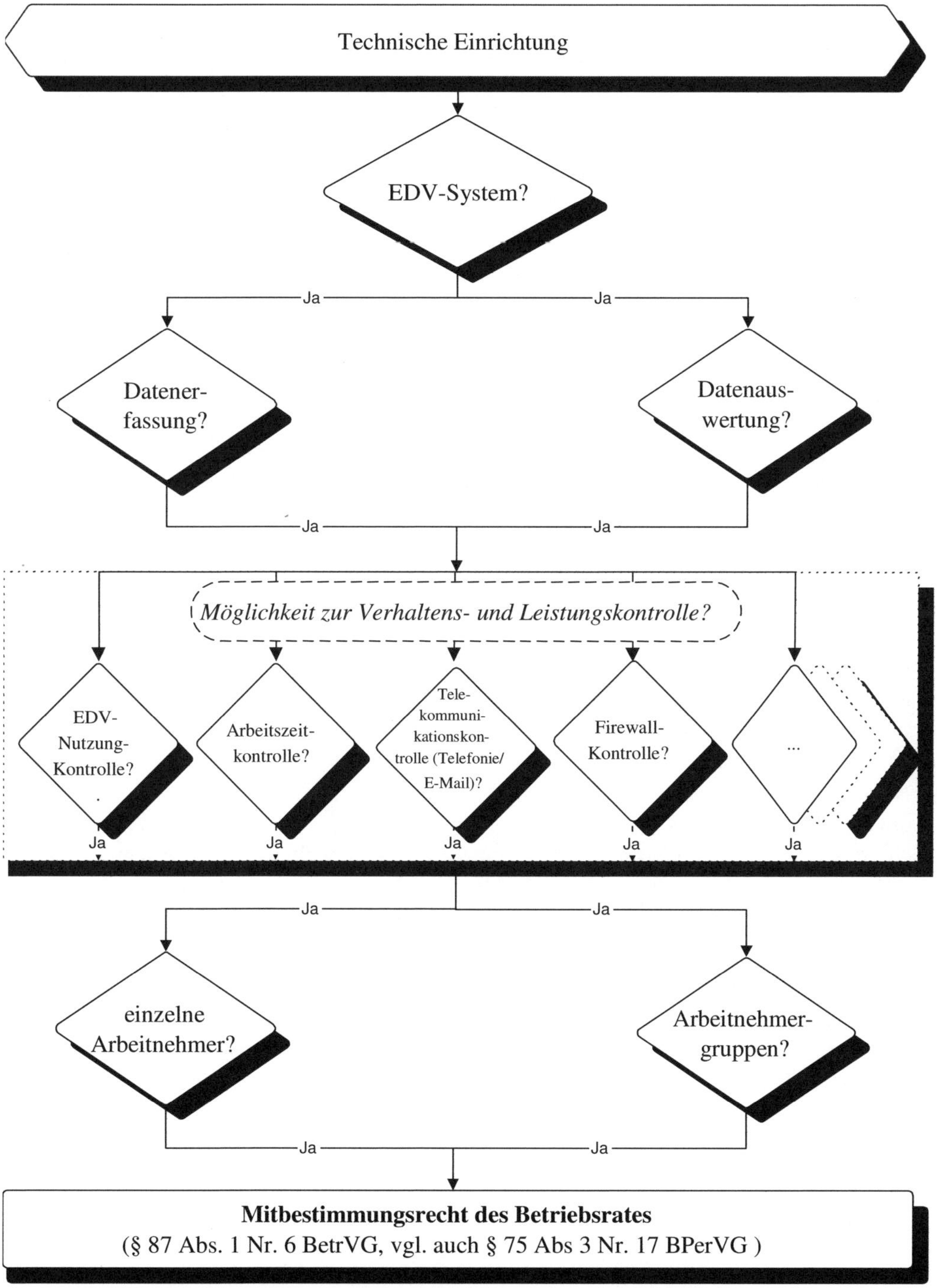

Abb. 16: Anwendungsbereich des § 87 Abs. 1 Nr. 6 BetrVG

Beispiel: Überwachung einer Arbeitsgruppe
Das Arbeitswirtschafts-Informationssystems (Arwis) soll die Produktivität erhöhen und Leistungsdaten von jeweils fünf bis sechs Arbeitnehmern mit Hilfe von gestempelten Anwesenheitszeiten und manuell ausgefüllten Stückzahllisten für jeden Arbeitstag errechnen. Dadurch soll die Differenz zwischen der tatsächlich aufgewandten Zeit und der erwirtschafteten Zeit (Produkt aus Vorgabezeit und tatsächlich erreichter Stückzahl) festgestellt werden. Auf dieser Basis kann der Produktivitätsgrad und Trend der Arbeitsgruppe festgestellt werden. Mit Hilfe der technischen Verarbeitung der manuell erhobenen Daten kann also sozialer Druck ausgeübt werden, wenn sich eine Leistungsschwäche bei einem Gruppenmitglied anbahnt. Wenn die Gruppe nach Größe, Organisation und Tätigkeitsart Druck auf einen Schwächeren ausüben kann, greift das Mitbestimmungsrecht des Betriebsrats.

Im Ergebnis ist festzuhalten, dass es nach Auffassung des BAG und des BVerwG für das Eingreifen des Mitbestimmungsrechts ausreicht, dass die technische Einrichtung **überwachungsgeeignet** ist, d. h. nach der konkreten Konstellation Verhalten bzw. Leistung der Arbeitnehmer kontrolliert werden kann. Eine Stoppuhr ist in diesem Sinne kein technisches Überwachungsgerät, da sie nur Handlungen registriert (z. B. eines REFA-Fachmanns).[30] Darauf, ob der Arbeitgeber eine Überwachung tatsächlich beabsichtigt, kommt es nicht an.[31] Die potentielle Gefahr einer Überwachung reicht aus. Es kann sowohl das bloße Erfassen (Sammeln) als auch die weitere Auswertung von Informationen zu einer Überwachung führen. Beide Phasen können zeitlich auseinanderfallen. Es genügt, wenn eine der Phasen automatisch durchgeführt wird.

Das Mitbestimmungsrecht des Betriebsrates im Rahmen überwachungsgeeigneter Informations- und Kommunikationstechnik lässt sich unter Berücksichtigung der Besonderheiten im öffentlichen Dienst auf die entsprechenden Dienstvereinbarungen zwischen Personalrat und Dienstherrn übertragen (siehe § 75 Abs. 3 Nr. 17 BPersVG).

Betriebsrat (ggf. Gesamtbetriebsrat[32]) und Arbeitgeber müssen sich im Rahmen einer Betriebsvereinbarung an die Normen des zwingenden Rechts halten. Nur innerhalb des zwingenden Rechts können kollektivrechtliche Vereinbarungen geschaffen werden, die als Erlaubnisnormen in Frage kommen.

Betriebsvereinbarung

Bei einer Betriebsvereinbarung (§ 77 BetrVG) handelt es sich um eine *„andere Rechtsvorschrift“* i.S.d. § 4 Abs. 1 BDSG. Im Mittelpunkt stehen Vereinbarungen, die § 87 Abs. 1 Nr. 6 BetrVG betreffen.

---

30 Vgl. BAG v. 08.11.1994, CR 1995, 283.

31 Vgl. z. B. Rank-Xerox- Entscheidung des BAG v. 14.09.1984, NJW 1985, 450; s. a. BVerwG v. 16.12.1987, CR 1988, 498.

32 Auf Seiten der Arbeitnehmer kann auch der Gesamtbetriebsrat zuständig sein, aber nur, wenn ihm die Ausübung des Mitbestimmungsrechts obliegt (§ 50 Abs. 1 BetrVG) oder übertragen werden soll (§ 50 Abs. 2 BetrVG).

Beispiel: Telefondaten
Eine Entscheidung des BAG[33] betraf die Betriebsvereinbarung über eine computergesteuerte Telefonanlage, mittels derer Telefondaten wie Beginn und Ende des Gesprächs, Nebenstellenapparat, Zahl der vertelefonierten Einheiten und Zielnummern erfasst werden konnten, also alles Daten, die für eine Verhaltens- oder Leistungskontrolle des Arbeitnehmers geeignet sind. Zwar hat das Gericht zutreffend festgestellt, dass nicht nur der Inhalt, sondern auch die näheren Umstände der Kommunikation in den Schutzbereich des Fernmeldegeheimnisses fallen (Art. 10 GG). Dennoch hielt es die Erfassung der vollen Zielnummer bei Dienstgesprächen oder bei dienstlich veranlassten Privatgesprächen unter Kontrollgesichtspunkten grundsätzlich für rechtmäßig.

Inzwischen hat das BVerfG[34] im Zusammenhang mit einem Kündigungsschutzverfahren festgestellt, dass das heimliche Mithören von Telefongesprächen des Beschäftigten unzulässig ist und Kenntnisse des Arbeitgebers daraus nicht gerichtsverwertbar sind. Das Gericht leitet zutreffend aus dem verfassungsrechtlichen allgemeinen Persönlichkeitsrecht einen umfassenden Schutz für das **nicht-öffentlich gesprochene Wort** ab.

Diesen Schutz hat das BVerfG[35] anlässlich der Erfassung von Fernsprechdaten mittels Fangschaltung präzisiert und festgestellt, dass in erster Linie der (vertrauliche) **Kommunikationsinhalt** grundrechtlichen Schutz genießt. Der dienstliche oder rein geschäftliche Charakter des Telefongesprächs beseitige das Recht am eigenen Wort nicht ohne Weiteres. Aus diesem Grund dürfe auch ein Gesprächsteilnehmer einem Dritten keine Mithörgelegenheit ohne Einwilligung des Kommunikationspartners einräumen.[36]

Betriebsräte und Arbeitgeber können auch über mitbestimmungspflichtige Angelegenheiten, die über § 87 Abs. 1 Nr. 6 BetrVG hinausreichen, freiwillige Betriebsvereinbarungen mit Blick auf den Beschäftigtendatenschutz abschließen (§ 88 BetrVG).[37] So kann das für den Mitarbeiter wichtige Recht auf Personalakteneinsicht (§ 83 BetrVG) durch eine freiwillige Betriebsvereinbarung näher ausgestaltet werden. Gleiches gilt für den Einsatz „privater IT" im Unternehmen (Bring your own device – BYOD), die ein Mitbestimmungsrecht im Rahmen der Ordnung des Betriebs (§ 87 Abs. 1 Nr. 1 BetrVG) auslösen kann.

Private Nutzung von Internet und E-Mail

Ein besonders kritischer Bereich in der Praxis ist die private Nutzung von Internet und E-Mail. Grundsätzlich bestimmt der Arbeitgeber darüber, ob der Beschäftigte einen dienstlichen Telefonanschluss oder eine dienstliche Mail oder einen Internetanschluss auch zu privaten Zwecken nutzen kann. Es gibt inzwischen zahlreiche Checklisten sowie Musterbetriebsvereinbarungen, die entsprechend der Situation und den Bedürfnissen im Unternehmen

---

33 BAG v. 27.05.1986, EzA § 87 BetrVG 1972 Kontrolleinrichtung Nr. 16; zur Mitbestimmungspflicht von Telefonanlagen vgl. Kort, RdA 1992, 385.

34 BVerfG v. 19.12.1991, NJW 1992, 815.

35 BVerfG v. 25.03.1992, DuD 1993, 47.

36 BVerfG v. 09.10.2002, BVerfGE 106, 28, 44 ff.

37 St. Rspr., vgl. u. a. BAG v. 12.12.2006, AP Nr. 94 zu § 77 BetrVG; BAG (GS) v. 07.11.1989, AP Nr. 46 zu § 77 BetrVG 1972 Betriebsvereinbarung; s. a. Festl, BetrVG (25. A. 2010) § 77 Rn. 45 und § 88 Rn. 2.

angepasst werden können.[38] Dazu gehören praxisrelevante Einzelfragen wie Vertretungsregelungen im Fall von Urlaub oder Krankheit des Beschäftigten, an den eine E-Mail gerichtet ist.

Damit ist aber das grundsätzliche Problem nicht gelöst. Die Nutzung von TK-Diensten durch Beschäftigte zu privaten Zwecken ist auch in den bisherigen Entwürfen zum Beschäftigtendatenschutz ausgespart worden.[39] Die Rechtslage stellt sich im Ergebnis (noch) so dar: Hat der Arbeitgeber eine private Nutzung des E-Mailsystems erlaubt, dann soll er als Anbieter von TK-Dienstleistungen i.S.v. § 3 Nr. 6 TKG gelten. In einem solchen Fall wäre er an das Fernmeldegeheimnis nach § 88 TKG gebunden.[40] Arbeitgeber dürften sich von den Inhalten und Umständen der Telekommunikation nur in dem Umfang Kenntnis beschaffen, wie es für die Erbringung der „TK-Dienste einschließlich des Schutzes ihrer technischen Systeme“ erforderlich ist (§ 88 Abs. 2 S. 1 TKG).

Beispiel: Eine E-Mail des Beschäftigten, die zu privaten Zwecken ausgetauscht wird, fällt unter das TK-Fernmeldegeheimnis (§ 88 TKG), zu dessen Einhaltung jeder Diensteanbieter verpflichtet ist (vgl. zur unbefugten Weitergabe § 206 StGB). Zu den bei der Erbringung des Dienstes anfallenden Verkehrsdaten gehören die E-Mail-Adresse (kann zugleich Bestandsdatum sein), der Zeitpunkt der Sendung bzw. Zustellung und Routing-Informationen, also Angaben über die Rechner, die eine Mail durchgeleitet haben. Der Arbeitgeber, der geschäftsmäßig am Transport der Mail beteiligt ist, unterfällt den Regelungen zum TK-Datenschutz. Im konkreten Fall darf er bei einer als virenverseucht erkannten E-Mail die E-Mail-Adresse und die Verkehrsdaten erfassen, verarbeiten und nutzen, um Störungen und Fehler an seinem System zu verhindern.

Beispiel: In einer Betriebsvereinbarung wird die private Nutzung der dienstlichen Internet- und E-Mailsysteme geregelt. Dabei geht es um “die private Nutzung der IT-TK-Infrastruktur des Unternehmens mit dienstlichen Geräten“. Eine Regelung für Beschäftigte, die private Geräte einbringen und sie zu dienstlichen und privaten Zwecken einsetzen, fehlt häufig.[41] Die Filter- und Kontrollmaßnahmen würden nicht umfassen, dass der Arbeitgeber auch auf die privaten Devices (BYOD) zugreift, etwa bei längerer Abwesenheit des Mitarbeiters.[42] Ebenso wird häufig eine Regelung für den Fall ausgespart, dass Beschäftigten dienstliche Geräte wie Smart-Phones oder Laptops[43] zur Verfügung gestellt werden, die sie regelmäßig auch zu privaten Zwecken nutzen.

---

38 Vgl. Thüsing, Arbeitnehmerdatenschutz und Compliance (2010), Rn. 583.

39 Vgl. Tinnefeld/Petri/Brink, MMR 2010, 727, 733 ff.; s. a. Körner, AuR 2010, 416.

40 Zu den Folgen vgl. Wolff/Mullert, BB 2008, 442, 445.

41 Conrad/Schneider, ZD 2011, 153, 157.

42 Conrad/Schneider, ZD 2011, 153, 155.

43 Zur Kündigung eines Beschäftigten wegen Speicherung privater Dateien auf einem Firmen-Laptop und unternehmensbezogenen Dateien auf privater Festplatte vgl. BAG v. 24.03.2011, ZD 2011, 128 mit Anm. Tiedemann.

Die Ansicht, dass ein Arbeitgeber zum Anbieter von TK-Dienstleistungen (§ 3 Nr. 6 TKG) wird, wenn er die private Nutzung von E-Mail und Telefon gestattet, wird in zwei neueren Entscheidung in Frage gestellt:

- Urteil des LAG Niedersachsen v. 31.05.2010[44] sowie
- Urteil des LAG Berlin-Brandenburg v. 16.02.2011[45].

Nach den Entscheidungen wird ein Arbeitgeber, der einem Mitarbeiter auch die private Nutzung der betrieblichen Kommunikationsmittel gestattet, nicht zum Diensteanbieter. Die Gerichte gehen davon aus, dass der Beschäftigte nicht „Dritter" i.S.d. § 3 Nr. 10 TKG ist, da er auch bei der privaten Nutzung der betrieblichen Kommunikationsmittel in die Unternehmensorganisation eingebunden bleibe und daher nicht außerhalb des Unternehmens stehe. Insbesondere erbringe der Arbeitgeber aber keine TK-Dienste. Er sei selbst Bezieher der Dienste und erlaube dem Beschäftigten lediglich, die zu Unternehmenszwecken bezogenen Dienste zu nutzen.[46]

Betriebsvereinbarungen sind das Instrument, in denen über die Nutzung der Kommunikationssysteme unter Einbeziehung möglichst aller Formen der zur Verfügung stehenden Kommunikationsmittel betriebsnahe Regelungen getroffen werden können. Dazu gehören die etablierten TK-Mittel (Festnetztelefon, Telefax, E-Mail und Internet) ebenso wie neue Kommunikationsmittel (VoIP-Dienste, elektronische Kalender mit Gruppenfunktionen, SmartPhones, Black-Berry, Desktop-PCs, Laptops mit und ohne Internetstick usw.).[47]

Schließlich stellt sich auch die Frage, ob in einem Unternehmen mit mehreren Betrieben der einzelne Betriebsrat oder der Gesamtbetriebsrat für Regelungen zur Nutzung von E-Mail und Internet-Diensten zuständig ist (§ 50 Abs. 1 BetrVG – originäre Zuständigkeit des Gesamtbetriebsrats; § 50 Abs. 2 BetrVG – Zuständigkeit kraft Beauftragung durch einen oder mehrere Betriebsräte des Unternehmens). Nach der Rechtsprechung liegt eine originäre Zuständigkeit dann vor, wenn andernfalls eine sinnvolle Regelung nicht möglich wäre.[48] Dies dürfte der Fall sein, wenn ein unternehmenseinheitliches System für die elektronische Kommunikation in Frage steht. Im Folgenden soll der Entwurf einer entsprechenden Gesamtbetriebsvereinbarung vorgestellt werden, deren Vorschriften aus Platzgründen nur in einigen Fällen mit Anmerkungen versehen worden sind.

7.7.3 Nutzung von E-Mail und Internet-Diensten – Muster einer Betriebsvereinbarung (technische Aspekte)

Die X GmbH, vertreten durch den Geschäftsführer … und der Betriebsrat der X GmbH, vertreten durch den Vorsitzenden … schließen folgende Betriebsvereinbarung (im Folgenden BV):[49]

---

44 MMR 2010, 639 m. Anm. Tiedemann.

45 ZD 2011, 43 m. Anm. Tiedemann.

46 Dazu ausführlich Deiters, ZD 2012, 109; Wybitul, ZD 2011, 69 ff.

47 Conrad/Schneider, ZD 2011, 153.

48 Übersicht bei Fitting/Kaiser/Heither/Engels/Schmidt, BetrVG, Handkommentar (21. A. 2002), § 50 Rn. 20 ff.

49 Überarbeitete Version der Ausführungen von Gerling in DuD 1997, 703–708.

§ 1 Gegenstand

(1) Gegenstand dieser BV ist die Einsatz von E-Mail inkl. der darauf basierenden Mehrwertdienste und die Nutzung von Internet-Diensten durch die Beschäftigten der X GmbH.

(2) Die Anlagen zu dieser BV sind Bestandteil dieser BV. Zur Änderung der Anlagen ist eine Kündigung dieser BV nicht erforderlich.

§ 2 Geltungsbereich

(1) Diese BV gilt für alle Beschäftigten der X GmbH.

(2) Die X GmbH vereinbart bei Verträgen mit Dritten (z. B. Dienstleistern), dass diese Betriebsvereinbarung auch im Rahmen von deren Leistungserbringung für die X GmbH eingehalten wird.

§ 3 Zweckbestimmung

E-Mail dient der Kommunikation der Beschäftigten innerhalb der X GmbH sowie mit externen Stellen, ferner als Transportmedium für E-Mail-basierte Mehrwertdienste; die Nutzung der Internet-Dienste dient dem Zugriff auf weltweit verfügbare Informationen und Daten und der Bereitstellung (Zurverfügungstellung) von Informationen. Bei der Nutzung der E-Mail und der Internet-Dienste anfallende personenbezogene Protokoll- und Verbindungsdaten dürfen nicht zu einer Leistungs- und Verhaltenskontrolle verwendet werden (es sei denn, diese BV gestattet dies). Personenbezogene Daten, die zur Sicherstellung eines ordnungsgemäßen Betriebs der E-Mail und Internet-Dienste erhoben und gespeichert werden, unterliegen der besonderen Zweckbindung gemäß § 31 BDSG.

§ 4 Begriffe

(1) Personenbezogene Daten (Personaldaten) sind Einzelangaben über persönliche und sachliche Verhältnisse bestimmter oder bestimmbarer natürlicher Personen (Beschäftigte der X GmbH).

(2) Im Übrigen gelten die Begriffsbestimmungen des BDSG.

§ 5 Netze

(1) Als Netz werden alle technischen Einrichtungen bezeichnet, die es ermöglichen, Daten zwischen zwei oder mehr Computern in Form von elektromagnetischen oder optischen Signalen zu senden, zu übertragen, zu vermitteln, zu empfangen, zu steuern oder zu kontrollieren.

(2) Die Einrichtungen des Netzes sind angemessen zu sichern, insbesondere Server, Router und ähnliche Netzeinrichtungen sind dergestalt zu sichern, dass nur besonders Berechtigte Zugang haben. Die Verkabelung ist vor unberechtigten Zugriffen angemessen zu schützen.

§ 6 Technische Spezifikation der E-Mail

(1) E-Mail-Server sind zentral aufgestellte Computer, die der Verteilung, Zwischenspeicherung und gegebenenfalls auch der Speicherung von E-Mail dienen. Klienten sind die Arbeitsplatzrechner der Beschäftigten, auf denen E-Mail erstellt, empfangen, gelesen und verarbeitet wird.

(2) E-Mail-Server sind so aufzustellen, dass Unberechtigte keinen Zugang haben. Auf den Servern sind E-Mails gegen unberechtigte Zugriffe besonders zu sichern.

(3) E-Mail darf nur auf den dafür vorgesehenen E-Mail-Servern zwischengespeichert und an die Empfänger verteilt und zugestellt werden.

(4) Eingehende E-Mail kann auf dem Arbeitsplatzcomputer des Empfängers, ausgehende auf dem des Absenders gespeichert werden.

(5) Die E-Mail-Server sind in Anlage 1 aufgeführt. Anlage 2 enthält die in der X GmbH eingesetzte E-Mail-Software für E-Mail-Server und Klienten.

(6) Zur Verschlüsselung der E-Mail werden Public-Key-Verschlüsselungsverfahren (OpenPGP oder S/Mime) eingesetzt. Dazu erhält jeder Beschäftigte (gegebenenfalls pro E-Mail-Kennung) je einen öffentlichen und einen privaten Schlüssel. Öffentliche Schlüssel werden allgemein zugänglich gemacht und in geeigneter Weise vor Manipulationen gesichert (zertifiziert). Die privaten Schlüssel werden auf sicheren Verschlüsselungsgeräten unzugänglich gespeichert, so dass sie nur durch den Inhaber benutzt werden können. Die Schlüsselpaare werden nach allgemein anerkannten Regeln generiert. Die zur Generierung erforderlichen Daten werden nach der Generierung unverzüglich gelöscht.

(7) Wird die E-Mail verschlüsselt gespeichert, kann auf sie bei Verlust des Schlüssels nicht mehr zugegriffen werden, da private Schlüssel nicht rekonstruiert werden können. Wird eine E-Mail zu Dokumentationszwecken benötigt, muss sie archiviert werden. Unverschlüsselt gespeicherte E-Mail wird durch die Zugriffschutzmechanismen des Arbeitsplatzcomputers vor unberechtigten Zugriffen geschützt.

(8) E-Mail mit personenbezogenen Daten darf innerhalb der X GmbH und an externe Stellen nur verschlüsselt versendet werden. Das E-Mail-System muss ausgehende E-Mail, die personenbezogene Daten enthält, mit dem öffentlichen Schlüssel des Empfängers verschlüsseln. Das Format der ausgehenden verschlüsselten E-Mail soll einem offenen Standard für verschlüsselte E-Mail (z. B. OpenPGP oder S/Mime) genügen.

(9) Die Behandlung von unerwünschter E-Mail (SPAM) geschieht nach den vom Arbeitgeber zur Verfügung gestellten Mechanismen. Die Nutzer werden hierüber informiert. SPAM-Mails werden nur mit Einverständnis des Empfängers gelöscht.

(Anmerkung: Die BV unterscheidet im Hinblick auf die unterschiedlichen Schutzbedürfnisse zwischen E-Mail-Servern (Abs. 1 Satz 1) und Klienten (Abs. 1 Satz 2). Soweit möglich soll auch der Zugriff der System- und Netzadministratoren auf die Inhalte der E-Mails technisch unterbunden werden. Hierfür eignet sich vor allem die End-zu-End-Verschlüsselung der E-Mail mit Verfahren wie OpenPGP oder S/MIME. Die Klienten übermitteln die abgesandten Nachrichten an den E-Mail Server und rufen eingehende E-Mails dort ab. E-Mail, die auf die Zustellung wartet, befindet sich nur auf den E-Mail-Servern. Mit einem solchen Verfahren wird sichergestellt, dass sich die gesamte Menge der E-Mails auf wenigen und damit überschaubaren Speichern befindet und entsprechend gut geschützt werden kann. Dieses Verfahren entspricht der Praxis aktueller Mail-Systeme. Um eine Speicherung auf den Klient-Systemen zu ermöglichen (z. B. bei Offline-Nutzung), regelt Abs. 4 eine Ausnahme von Abs. 3.

Die Konfiguration der Hardware und die eingesetzte Software werden in Anlagen aufgezählt, die Bestandteil der BV sind und nicht einseitig geändert werden können. Bei ständig umfangreicher werdender Software ist es im Hinblick auf die Kontrollmöglichkeiten wichtig, dass über Versionsnummern und ihre Funktionalitäten Einigkeit besteht. Bei einer Änderung der eingesetzten Hard- oder Software ist keine Änderung der BV, sondern nur der jeweiligen Anlage erforderlich.

Zur Wahrung des Fernmeldegeheimnisses und zum Schutz von Betriebs- und Geschäftsgeheimnissen (z. B. Konstruktionszeichnungen, Angeboten über Leistungen, Bilanzangaben etc.) muss die Verschlüsselung von E-Mail ermöglicht werden. Mit der Verpflichtung, personenbezogene Daten zu verschlüsseln, erfüllt die BV die Anforderung der Anlage nach § 9 BDSG (vgl. Teil IV). Als Verschlüsselungsverfahren kommen nach dem derzeitigen Stand der Technik nur sogenannte Publik-Key-Verfahren in Frage. Die öffentlichen Schlüssel werden geeignet zertifiziert und verteilt. Bewusst verzichtet die BV auf detaillierte Aussagen, um einer Anpassung an weitere technische Entwicklungen nicht entgegenzustehen. Die Vorgabe des Abs. 1 soll durch die Verfahren OpenPGP[50] und S/MIME[51] erfüllt werden. Die Schlüsselpaare können nach beliebigen technischen Verfahren generiert werden, solange sichergestellt ist, dass die privaten Schlüssel der Beschäftigten nicht rekonstruiert werden können. Um jedwedem Verdacht auf Hintertüren in einer zentralen Schlüsselerzeugung zu begegnen, sollen die Schüssel vorzugsweise dezentral auf den Arbeitsplatzrechnern der Beschäftigten erzeugt werden. Damit verlässt der private Schlüssel nie die Einflusssphäre des Beschäftigten:

Der Arbeitgeber installiert eine zentrale SPAM- und Virenerkennung und informiert die Nutzer über die Bedienung. Der Beschäftigte schaltet diese „scharf“. So wird der Straftatbestand der Nachrichtenunterdrückung (§ 206 Abs. 2 Nr. 2 StGB) vermieden.)

§ 7 Organisatorische Regelungen

(1) Alle Beschäftigten, die über einen Arbeitsplatzrechner verfügen, erhalten eine E-Mail-Kennung und müssen die eingehenden E-Mail-Nachrichten unter entsprechender Anwendung der bestehenden Vorschriften zum Arbeitsablauf und konventionellen Posteingang bearbeiten. Darüber hinaus können auch Beschäftigte, die über keinen Arbeitsplatzrechner verfügen, eine E-Mail-Kennung erhalten, sofern die Vorgaben gemäß Satz 1 eingehalten werden.

(2) Beschäftigte, die eine E-Mail-Kennung erhalten, müssen sicherstellen, dass dienstliche E-Mails auch bei Abwesenheit bearbeitet werden können. Hierzu können sie im Falle einer Abwesenheit (z. B. Urlaub, Dienstreise) ihre E-Mail entsprechend den technischen Gegebenheiten so umkonfigurieren, dass die dienstliche E-Mail automatisch an ihre Stellvertreter, deren Einverständnis einzuholen ist, weitergeleitet wird (Auto-Forward), oder der Absender automatisch über die Abwesenheit informiert wird (Auto-Reply, Vacation-Nachricht).

(3) Um sicherzustellen, dass nur die dienstliche und nicht auch die persönliche E-Mail weitergeleitet wird, sind geeignete Maßnahmen zu treffen. Beispiele für geeignete Maßnahmen sind:

- die Kennzeichnung der persönlichen E-Mail im Betreff
- die Nutzung unterschiedlicher E-Mail Adressen für dienstliche (z. B. eine funktionsbezogene Adresse) und persönliche E-Mail (z. B. eine namensbezogene Adresse)

(4) Eine geringfügige private Nutzung von E-Mail und Internetdiensten ist erlaubt, wenn dadurch die dienstlichen Interessen der X GmbH nicht beeinträchtigt werden. Soweit Beschäftigte von der privaten Nutzungsmöglichkeit Gebrauch machen, erfolgt dies auf eigene

---

50 RFC 4880

51 RFC 5751 (S/Mime 3.2)

Gefahr. Die X GmbH haftet nicht für Schäden – weder unmittelbare noch mittelbare –, die Beschäftigten im Zusammenhang mit der Privatnutzung entstehen, es sei denn der X GmbH fällt Vorsatz zur Last. Entstehen der X GmbH durch die private Nutzung zusätzliche Kosten, werden diese dem Beschäftigten in Rechnung gestellt. Die Erlaubnis zur privaten Nutzung kann bei Missbrauch oder Vernachlässigung der Dienstpflichten für bestimmte Beschäftigte widerrufen werden. Die Gestattung der privaten Nutzung kann darüber hinaus von der X GmbH generell widerrufen werden, ohne dass es dafür einer Kündigung dieser BV bedarf.

(5) E-Mail kann zur Weitergabe von Dateien und Vorgängen benutzt werden. Eine automatisierte Vorgangssteuerung mittels E-Mail wird hiermit nicht eingeführt. Eine derartige Vorgangsteuerung bedarf zur Einführung zusätzlicher Regelungen.

(6) E-Mail wird als Transportmedium für die in Anlage 4 näher spezifizierten Mehrwertdienste genutzt. Mehrwertdienste können als integrale Bestandteile von E-Mail-Software auch unternehmensübergreifend technisch verfügbar gemacht werden. Die uneingeschränkte Nutzung der in Anlage 4 näher spezifizierten Mehrwertdienste erfolgt bis auf die elektronische Kalenderfunktion auf freiwilliger Basis. Die elektronische Kalenderfunktion ist verpflichtend.

(7) Die X GmbH kann zur Information ihrer Beschäftigten oder von Teilen der Beschäftigten Mailing-Listen oder Verteiler einrichten oder E-Mails an alle ihre Beschäftigten versenden. E-Mail mit identischem Inhalt an alle Beschäftigten muss nicht verschlüsselt werden. Die X GmbH stellt sicher, dass Beschäftigte, die keinen Arbeitsplatzrechner haben, auf geeignete Art über Informationen, die an Mailing-Listen oder Verteiler im E Mail-System verschickt werden, unterrichtet werden.

(8) Der Betriebsrat X GmbH erhält auf Wunsch die gleichen E-Mail-Möglichkeiten zur Information der Beschäftigten wie die Geschäftsführung.

(9) Die X GmbH kann zur Information von Beschäftigtengruppen (z. B. Einkauf, Personal) sowie der Kommunikation der Gruppenmitglieder untereinander E-Mail-Listen zentral einrichten. E-Mails mit personenbezogenem Inhalt sollen über zentrale E-Mail-Listen nicht verschickt werden.

§ 8 Administratoren

(1) Für die Verwaltung des E-Mail-Systems sind Administratoren zuständig. Sie müssen mit den Bestimmungen des BDSG vertraut sein und sind auf das Datengeheimnis gemäß § 5 BDSG zu verpflichten. Über alle Informationen, die sie durch ihre Tätigkeit erhalten, haben sie Stillschweigen zu bewahren. Dies gilt insbesondere auch für die unbeabsichtigte Kenntnisnahme von E-Mails dienstlichen oder privaten Inhalts.

(2) Statistische Auswertungen über die Nutzung von Diensten aus dem Regelungsbereich dieser BV dürfen nur anonym erstellt werden.

§ 9 Zugriffsberechtigungen und Passwort-Vergabe

(1) Jeder Benutzer des E-Mail-Systems erhält eine Zugriffsberechtigung (Passwort) und einen eigenen Datenbereich (Mailbox).

(2) Passwörter müssen den Passwort-Regeln der X GmbH in der jeweils gültigen Fassung genügen.

(3) Ohne Kenntnis und Zustimmung der Beschäftigten darf deren E-Mail nur im Rahmen gesetzlicher Erlaubnisvorschriften bei begründetem Verdacht auf Missbrauch des Mail-Systems eingesehen werden. Kenntnis und Zustimmung werden unterstellt, wenn E-Mail in Bereiche weitergeleitet wird, die für Dritte zugänglich sind.

§ 10 Internet-Dienste

(1) Alle Arbeitsplatzcomputer, die Zugang zum Internet haben, können die in der X GmbH zugelassenen Internet-Dienste nutzen. Bei deren Nutzung sind die entsprechenden dienstlichen, gesetzlichen und ethischen Grundsätze (Anlage 3) zu beachten.

(2) Soweit zum effektiven Zugriff auf das Internet Proxy- oder Cache-Server installiert werden, werden die Log-Dateien nur anonymisiert geschrieben.

(Anmerkung: Ein Proxy- oder Cache-Server eignet sich insoweit „hervorragend" zur Kontrolle einer detaillierten Internetnutzung durch Beschäftigte, als diese Kontrolle nur anonym erlaubt wird. Es kann also festgestellt werden, ob und welche unerlaubten Inhalte die Beschäftigten nutzen, nicht aber wer diese nutzt. Außerdem ist es möglich eine Protokollierung so zu gestalten, dass nur im Missbrauchsfall eine Aufdeckung der Person möglich ist.[52] *Es liegt in der Art der anfallenden Protokolldaten, dass diese das Nutzungsverhalten der kompletten Belegschaft offenlegen. Die Auswertung muss eventuell durch eine neutrale Instanz (z. B. den Datenschutzbeauftragten) durchgeführt werden).*

§ 11 Information und Schulung der Beschäftigten

(1) Die Beschäftigten sind über die besonderen Probleme der E-Mail und der Internet-Dienste zu unterrichten. Insbesondere sind folgende Punkte zu brachten:

- Anwendung der Datenschutzvorschriften (BDSG)
- Zugänglichkeit unverschlüsselter E-Mail bei Transport im Netz
- rechtliche Vorschriften zur Archivierung
- dienstliche, gesetzliche und ethische Grundsätze bei der Nutzung von Internet-Diensten.

(2) Die X GmbH wird für Beschäftigte, an deren Arbeitsplatz ein E-Mail- oder Internetzugang eingerichtet ist, Schulungsmaßnahmen anbieten. Die Schulungsmaßnahmen haben das Ziel, die erforderlichen Kenntnisse für eine effektive und sicherheitsbewusste Nutzung von E-Mail- und Internetdiensten zu vermitteln.

§ 12 Kontrolle der BV

(1) Der Betriebsrat hat das Recht, die Einhaltung dieser BV – unter Hinzuziehung des Datenschutzbeauftragten jederzeit auch personenbezogen – zu überprüfen.

(2) Der BR kann zur Durchführung seiner aus dieser BV resultierenden Aufgaben nach Abstimmung mit der X GmbH Sachverständige seiner Wahl hinzuziehen; die notwendigen Kosten trägt die X GmbH.

---

[52] Gerling/Blaß, Diskrete Logs: Datenschutzfreundliche Protokollierung, ADMIN-Magazin, 04/2011, 54–55.

§ 13 Auswirkungen von Verstößen

(1) Alle Beschäftigten haben das Recht, vermutete oder tatsächliche Verstöße dem Betriebsrat oder dem Datenschutzbeauftragten vorzutragen. Das Beschwerderecht der Beschäftigten gem. der §§ 84 und 85 BetrVG bleibt hiervon unberührt.

(2) Personenbezogene Daten, die entgegen dieser BV erfasst oder gespeichert werden, dürfen nicht verwendet werden. Personelle Maßnahmen, die auf Informationen beruhen, die unter Verstoß gegen die Zweckbestimmung gem. § 3 gewonnen wurden, sind unwirksam. Der unberechtigte Zugriff auf personenbezogene Daten hat arbeitsrechtliche Konsequenzen.

§ 14 Einigungsstelle

Bei Streitigkeiten und im Falle der Nichteinigung über Regelungsfragen bezüglich dieser BV entscheidet eine Einigungsstelle im Rahmen ihrer gesetzlichen Zuständigkeit.

§ 15 Inkrafttreten und Kündigung

Diese BV tritt mit ihrer Unterzeichnung in Kraft. Sie kann mit einer Frist von drei Monaten zum Ende eines Kalenderjahres gekündigt werden. Bis zum Abschluss einer neuen BV wirkt die vorliegende Vereinbarung nach.

Anlagen 1–2

Auf den Abdruck der Anlagen 1 bis 2 wurde verzichtet, da diese individuell erstellt werden müssen. Sie enthalten technische Informationen über die eingesetzte Hard- und Software sowie die genutzten Internet-Dienste.

Anlage 3: Code of Conduct

Unzulässig ist jede Internetnutzung, die geeignet ist, den Interessen der X GmbH oder deren Ansehen in der Öffentlichkeit zu schaden oder die gegen geltende Gesetze oder Verordnungen verstößt, z. B.

- das Abrufen oder Anbieten von Texten die gegen datenschutzrechtliche, persönlichkeitsrechtliche, urheberrechtliche oder strafrechtliche Bestimmungen verstoßen,
- das Abrufen von weltanschaulicher oder politischer Werbung, das Anbieten von weltanschaulicher, politischer oder kommerzieller Werbung,
- das Abrufen oder Anbieten von beleidigenden, verleumderischen, verfassungsfeindlichen, rassistischen, sexistischen oder pornographischen Äußerungen oder Abbildungen.

Als Anbieten gilt das Verbreiten über das WWW oder das Einstellen in Newsgruppen oder Diskussionsforen in einer Art, dass die Unternehmenszugehörigkeit erkennbar ist (z. B. durch die E-Mail-Adresse des Absenders) oder unter Verwendung der IT-Infrastruktur der X GmbH. Als Abrufen gilt das Zugreifen auf im Netz vorhandene Informationen mittels der IT-Infrastruktur der X GmbH.

Anlage 4: Mehrwertdienste

Unter E-Mail-Mehrwertdiensten im Sinne dieser BV versteht man Funktionen bzw. Applikationen, die sich der E-Mail als Transportmedium bedienen. Bei der geplanten Nutzung des gemeinsamen Exchange Servers gehören in der aktuellen Version von Microsoft Outlook folgende integrierte Funktionen zu den Outlook-Mehrwertdiensten:

- elektronischer Kalender
- Aufgaben

Weitere Funktionalitäten werden von Outlook angeboten, nutzen allerdings die E-Mail-Funktionalität nicht. Diese Dienste schließen u. a. Kontakte, Notizen und das Journal ein.

(Anmerkung: Als Beispiel wird Exchange/Outlook verwendet. Im Weiteren sind die zu nutzenden Dienste und die Art der Nutzung näher zu spezifizieren.)

7.8 Datenschutz im Telemedien- und Telekommunikationsbereich

Nach dem Subsidiaritätsgrundsatz des Bundesdatenschutzesgesetzes (§ 1 Abs. 3 BDSG) kommen die allgemeinen Vorschriften des Bundesdatenschutzgesetzes nur insoweit zur Anwendung, als keine bereichsspezifischen Sondervorschriften gelten.[53] Solche vorrangigen Vorschriften finden sich im:

- Telemediengesetz (§§ 11 ff. TMG) und
- Telekommunikationsgesetz (§§ 91 ff. TKG).

7.8.1 Überblick TMG und TKG

Für die sog. Telemedien gilt das **Telemediengesetz (TMG)**. § 1 Abs. 1 TMG definiert Telemedien als elektronische Informations- und Kommunikationsdienste mit Ausnahme von Telekommunikation und Rundfunk. Typische Beispiele für Telemediendienste sind etwa Suchmaschinen, Börsen-, Wetter-, sonstige Infodienste oder Internetauktionen. Das Telemediengesetz ist ein noch relativ „junges" Gesetz, es ist am 1.3.2007 in Kraft getreten und fasst die wirtschaftsbezogenen Regelungen für Tele- und Mediendienste zusammen, wie sie zuvor im Teledienstegesetz (TDG), im Teledienstedatenschutzgesetz (TDDSG) und im Mediendienste-Staatsvertrag (MDStV) normiert waren.

Mit der Ablösung von TDG, TDDSG und MDStV durch das TMG hat sich die bis dato nötige, oftmals aber kaum eindeutig zu treffende Differenzierung zwischen Telediensten einerseits (TDG und TDDSG) und Mediendiensten andererseits (MDStV) erübrigt. Zusammengefasst sind diese Dienste nunmehr in dem Begriff der Telemedien. Gleichwohl haben sich damit aber nicht sämtliche Abgrenzungsschwierigkeiten erledigt, insbesondere ist es auch unter dem Telemediengesetz weiterhin erforderlich, die dort geregelten Telemedien vom Bereich der Telekommunikation abzugrenzen (dazu sogleich).

Für den Bereich der Telekommunikation gelten die Vorschriften des **Telekommunikationsgesetzes (TKG)**. Gemäß § 91 TKG (Anwendungsbereich) gelten die §§ 91 ff. TKG für „den Schutz personenbezogener Daten der Teilnehmer und Nutzer von Telekommunikation". Dabei zählen zur Telekommunikation in erster Linie die klassischen Telekommunikationsdienste im Sinne des § 3 Nr. 24 TKG (Sprachtelefonie, Datenübertragungsdienste, Internetprovi-

---

[53] Ausführlich dazu Teil II, Kap. 1.2.1

der) als auch sog. telekommunikationsgestützte Dienste i.S.d. § 3 Nr. 25 TKG (definiert als Dienste, die keinen räumlich und zeitlich trennbaren Leistungsfluss auslösen, sondern bei denen die Inhaltsleistung noch während der Telekommunikationsverbindung erfüllt wird; Beispiel 0900er-Sonderrufnummern).

7.8.2 Problem der Abgrenzung

Zu einer Zusammenführung der Datenschutzbestimmungen für Telekommunikations- und Telemediendienste ist es – trotz immer wieder erhobener Forderungen – bis heute nicht gekommen. Immer wieder stellen sich daher schwierige Fragen der Abgrenzung, gerade mit Blick auf die viel zitierte Medienkonvergenz: Spätestens mit dem Einzug von Smartphones ist die Trennung zwischen Telemedien- und Telekommunikationsbereich nur noch eine künstliche juristische Trennung. Tatsächlich kommt es mehr und mehr zu einer Verschmelzung unterschiedlicher Infrastrukturen (Mobilfunk, klassisches Internet und auch Offline-Welt), was dazu führt, dass Daten aus ganz unterschiedlichen Verwendungszusammenhängen erhoben und miteinander kombiniert werden. Gleichwohl müssen diese einheitlichen Dienste nach der derzeitigen rechtlichen Konzeption wieder künstlich aufgesplittet werden, um bestimmen zu können, welche Regelungen (TKG, TMG, BDSG) auf welche Art von Datenverarbeitungsvorgang anwendbar sind.

Dem Grunde nach kommen zwei Ansätze in Betracht, wie man der Komplexität solcher Dienste bei der Frage der Anwendbarkeit von TKG, TMG und BDSG Rechnung tragen kann. Ein möglicher Lösungsansatz besteht darin, im Wege einer wertenden Gesamtbetrachtung den maßgeblichen **Schwerpunkt** eines bestimmten Dienstes zu bestimmen (Telekommunikations-, Telemedien- oder sonstiger Dienst?) und dann den gesamten Dienst einheitlich dem entsprechenden Regelungsregime zu unterstellen. Ein anderer Lösungsansatz besteht darin, im Rahmen des konkreten Dienstes zwischen verschiedenen, abgrenzbaren **Teilangeboten** zu unterscheiden (soweit dies möglich ist) und dann jedes Teilangebot nach funktionalen Kriterien den jeweils einschlägigen gesetzlichen Regelungen der verschiedenen Gesetze zu unterstellen.

Letztlich dürfte ein Mittelweg vorzuziehen sein: Im Ausgangspunkt ist bei komplexen elektronischen Informations- und Kommunikationsdiensten zunächst einmal im Wege einer Schwerpunktbetrachtung zu klären, um welchen Dienst es sich dem Grunde nach handelt; entsprechend sind dann Ausgangspunkt entweder die Regelungen des TMG oder die des TKG anwendbar. Diese Einordnung schließt jedoch nicht aus, dass einzelne Datenverarbeitungsvorgänge unabhängig von der grundsätzlichen Einordnung des Dienstes aufgrund ihrer spezifischen Besonderheiten einem anderen Regelungsregime unterzuordnen sind.

Beispiel Location Based Services:
Sog. Location Based Services stehen beispielhaft für Dienste, die sich nicht eindeutig einem bestimmten Regelungsregime zuordnen lassen. Location Based Services zielen darauf ab, die Position des Nutzers eines mobilen Endgeräts beispielsweise mittels Ortung der Mobilfunkzelle zu ermitteln, um dem Nutzer dann Dienste anzubieten, die auf den aktuellen Aufenthaltsort zugeschnitten sind. Nochmals „passgenauer“ werden diese Dienste, wenn sie zusätzlich auch noch die individuellen Präferenzen des Nutzers kennen und bei ihren Angeboten berücksichtigen.

Fallbeispiel:
Ein Diensteanbieter gibt Restaurantempfehlungen auf Grundlage des aktuellen Standorts des Nutzers unter Berücksichtigung der individuellen Präferenzen des Nutzers (preisbewusst, vegetarisch, Vorliebe für mediterrane Küche etc.). Für die Frage der datenschutzrechtlichen Zulässigkeit eines solchen Dienstes muss zunächst im Wege einer Schwerpunktbetrachtung geklärt werden, um welche Art von Dienst es sich hier dem Grunde nach handelt. Auszugehen ist insoweit von einem Dienst i.S.d. TMG, da es sich um einen klassischen elektronischen Informationsdienst handelt. Ausgangspunkt für die datenschutzrechtliche Beurteilung der Datenverarbeitung ist daher das TMG.[54] Soweit allerdings bei Inanspruchnahme des Dienstes auch Standortdaten verarbeitet werden, ist zusätzlich die Sondervorschrift des § 98 TKG zu beachten, die wegen der besonderen Sensibilität von Standortdaten ein besonders hohes Schutzniveau bei der Verarbeitung von Standortdaten normiert. Diese Vorschrift des TKG ist unabhängig davon zu berücksichtigen, dass es sich im Schwerpunkt bei dem Dienst um einen Telemediendienst handelt.

7.8.3 Fernmeldegeheimnis

Grundlagen

Datenverarbeitung im Telemedien- und Telekommunikationsbereich muss sich nicht nur am Recht auf informationelle Selbstbestimmung, sondern auch am Fernmeldegeheimnis messen lassen. Verfassungsrechtlich garantiert ist das Fernmeldegeheimnis in Art. 10 GG. Staatliche Stellen werden durch dieses Grundrecht unmittelbar verpflichtet.[55] Eine einfachgesetzliche Regelung zum Schutze des Fernmeldegeheimnisses findet sich in § 88 TKG; die Vorschrift gewährleistet Schutz gegenüber den nicht-staatlichen Dienstanbietern, die im Zuge der Liberalisierung des Telekommunikationsmarkts die Deutsche Bundespost als (alleinigen staatlichen) TK-Anbieter abgelöst haben.

Geschützt werden soll durch das Fernmeldegeheimnis (ebenso wie durch das Brief- und Postgeheimnis) „die freie Entfaltung der Persönlichkeit durch einen privaten, vor der Öffentlichkeit verborgenen Austausch von Informationen".[56] Die Vertraulichkeit individueller Kommunikation soll gerade auch dann erhalten bleiben, wenn diese wegen der räumlichen Distanz zwischen den Kommunikationsteilnehmern und den damit einhergehenden Zugriffsmöglichkeiten Dritter auf den Kommunikationsvorgang besonders „verletzlich" ist. Das Fernmeldegeheimnis gewährleistet hier – als ein wesentlicher Bestandteil des Schutzes der Privatsphäre – eine **„Privatheit auf Distanz"**.[57] Wie diese Distanz überbrückt wird, (Kabel, Funk, analog, digital) ist für den Privatheitsschutz ebenso unerheblich wie die Form der

---

54 Im Rahmen der Anwendung des TMG stellt sich dann möglicherweise noch die Frage, ob ergänzend die Regeln des BDSG heranzuziehen sind, soweit sog. Inhaltsdaten verarbeitet werden (ausführlich dazu unten Teil IV, Kap. 6.4.5).

55 I. Teil, Kap. 5.1.2.

56 BVerfG v. 02.03.2006, NJW 2006, 976, 977.

57 BVerfG v. 02.03.2006, NJW 2006, 976, 978 ff.

Kommunikation (Worte, Bilder, Töne, Zeichen etc.); auch die Kommunikationsdienste des Internet (etwa E-Mail) sind erfasst.[58]

Das Fernmeldegeheimnis schützt nicht nur den eigentlichen Inhalt des Telekommunikationsvorgangs, sondern auch dessen nähere Umstände, also insbesondere wer mit wem wann und wie oft kommuniziert hat. Dahinter steckt die Erwägung, dass auch Informationen wie Häufigkeit, Dauer und Zeitpunkt von Kommunikationsverbindungen eine erhebliche Aussagekraft entfalten können, weil sie Rückschlüsse auf die Art und Intensität von Beziehungen zulassen und damit auch auf den Inhalt bezogene Schlussfolgerungen ermöglichen.[59]

Abgrenzung zum Recht auf informationelle Selbstbestimmung

Die besondere Schutzbedürftigkeit des Fernmeldegeheimnisses sieht das Bundesverfassungsgericht in dem Umstand begründet, dass die Kommunikationsteilnehmer den Übertragungsvorgang selbst nicht kontrollieren können und dieser den erleichterten Zugriffsmöglichkeiten Dritter ausgesetzt ist. Konsequenterweise lehnt daher das Gericht einen Grundrechtsschutz aus Art. 10 Abs. 1 GG ab, wenn Kommunikationsdaten nach Abschluss des Kommunikationsvorgangs im Herrschaftsbereich eines Telekommunikationsteilnehmers gespeichert sind. Die Teilnehmer können in solchen Konstellationen eigene Schutzvorkehrungen gegen einen ungewollten Datenzugriff durch Dritte treffen, so dass es gerade an den „spezifischen Gefahren der räumlich distanzierten Kommunikation" fehlt.[60] Statt des Fernmeldegeheimnisses gilt für solche beim Teilnehmer gespeicherten Kommunikationsdaten der Schutz der informationellen Selbstbestimmung (Art. 2 Abs. 1 i.V.m. Art. 1 Abs. 1 GG) und ggf. das Recht auf Unverletzlichkeit der Wohnung (Art. 13 GG).[61]

Beispiel E-Mail:
Entsprechend den dargelegten Grundsätzen hat das Bundesverfassungsgericht einen Schutz durch das Fernmeldegeheimnis abgelehnt, wenn eine E-Mail beim Empfänger angekommen und der Übertragungsvorgang beendet ist. Soweit E-Mails hingegen auf dem Mailserver eines Providers gespeichert sind, bleibt es beim Schutz durch das Fernmeldegeheimnis, weil diese Nachrichten gerade nicht im Herrschaftsbereich des Kommunikationsteilnehmers gespeichert sind. Die allgemeine Gewährleistung des Rechts auf informationelle Selbstbestimmung tritt in diesem Fall hinter das Fernmeldegeheimnis zurück.[62]

---

58 BVerfG v. 27.02.2008, NJW 2008, 822, 825 ff.
59 BVerfG v. 02.03.2006, NJW 2006, 976, 978 ff.
60 BVerfG v. 02.03.2006, NJW 2006, 976, 978 ff.
61 BVerfG v. 02.03.2006, NJW 2006, 976 ff.
62 BVerfG v. 16.06.2009, NJW 2009, 2431, 2432 f.

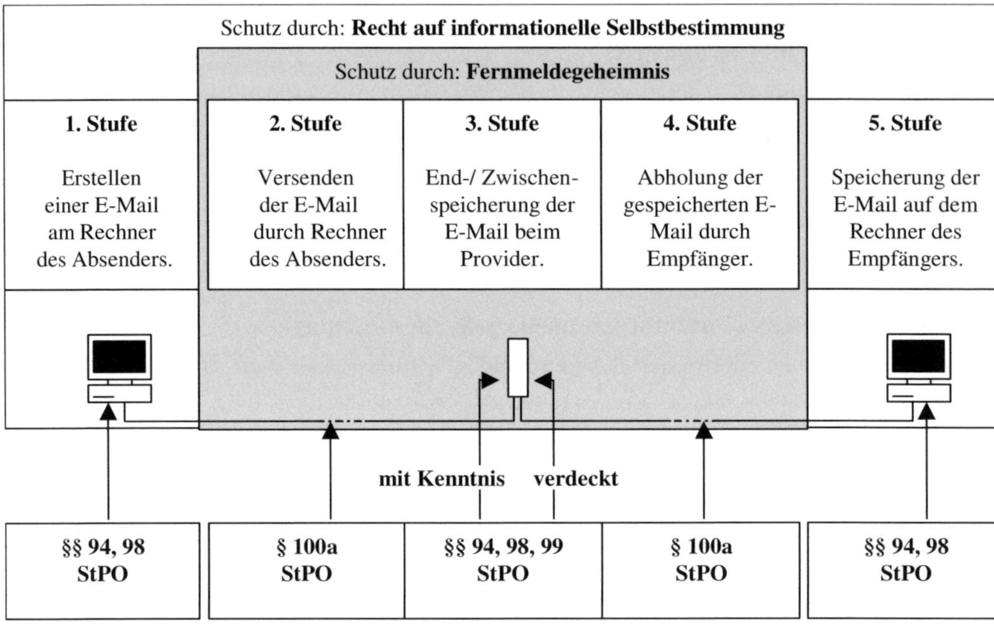

Keine Differenzierung zwischen abgerufenen und nicht abgerufenen E-Mails

Die §§ 94 StPO ff. werden vom Bundesverfassungsgericht unabhängig davon, ob eine E-Mail beim Provider bis zur Weiterleitung/bis zum Abruf zwischengespeichert wird oder der Empfänger die E-Mail auch nach dem Abruf auf dem Server seines E-Maildienstes belässt, als ausreichende Ermächtigungsgrundlage für eine Beschlagnahme bzw. Sicherstellung angesehen. Es muss daher nicht zwi-schen vom Empfänger bereits abgerufenen und nicht abgerufenen Nachrichten unterschieden wer-den.

Abb. 17: Beschlagnahme bzw. Sicherstellung von E-Mails

Teil II:
Grundsätze des Datenschutzrechts

1 Das datenschutzrechtliche Regelungsgefüge

1.1 Datenverarbeitung im öffentlichen und nicht-öffentlichen Bereich

Eine der Grundfragen jedes datenschutzrechtlichen Regelungsmodells geht dahin, ob für die Datenverarbeitung im öffentlichen und im nicht-öffentlichen Bereich einheitliche Datenschutzregelungen oder ob jeweils andere datenschutzrechtliche Regelungen für staatliche und nicht-staatliche Datenverarbeiter gelten sollen. Wer für ein zweigeteiltes Datenschutzrecht plädiert, ist der Überzeugung, dass zwischen staatlicher und nicht-staatlicher Datenverarbeitung grundsätzliche Unterschiede bestehen, die sich auch in unterschiedlichen rechtlichen Rahmenbedingungen niederschlagen müssen. Die Befürworter eines einheitlichen Regelungsansatzes sind demgegenüber der Überzeugung, dass unter den Bedingungen moderner Datenverarbeitung eine Differenzierung nach den Gefahren staatlicher und nicht-staatlicher Datenverarbeitung nicht mehr sachgerecht ist, weil die informationelle Selbstbestimmung des Einzelnen weniger durch den „Großen Bruder" Staat, sondern vor allem durch private Unternehmen wie Google, Facebook und Co. gefährdet wird. Ein einheitliches Datenschutzrecht soll entsprechend gewährleisten, dass den Gefährdungen auch in beiden Bereichen gleich wirksam begegnet wird.

1.1.1 Traditionelle Zweiteilung im deutschen Datenschutzrecht

Traditionell sieht das deutsche Datenschutzrecht einen zweigeteilten Regelungsansatz mit **unterschiedlichen Datenschutzvorschriften für öffentliche und nicht-öffentliche Stellen** vor. Dieser Differenzierung liegt die Erwägung zugrunde, dass nur die öffentlichen Stellen unmittelbare Adressaten von informationellen Grundrechten sind, vgl. Art. 1 Abs. 3 GG. Die im Grundgesetz verbrieften Grundrechte sind im Ausgangspunkt Abwehrrechte allein gegenüber dem Staat. Für Private sind die Grundrechte demgegenüber regelmäßig nicht unmittelbar verpflichtendes Recht, sie kommen im Verhältnis Bürger – private verantwortliche Stelle lediglich mittelbar zur Geltung, indem der einfache Gesetzgeber Regelungen schafft, die für Private verbindlich sind. Durch diese Vorschriften und ihre Auslegung wirken sich Grundrechte mittelbar auch im Verhältnis der Privaten untereinander aus (sog. mittelbare Drittwirkung der Grundrechte im Privatrechtsverhältnis).[1]

---

1 Vgl. Teil I, Kap. 5.1.3.

Nach herkömmlicher Auffassung wäre hieraus zu folgern, dass es grundlegende Unterschiede zwischen dem Datenschutz für öffentliche und für nicht-öffentliche Stellen geben muss, insbesondere weil der Gesetzgeber bei der Normierung datenschutzrechtlicher Regelungen nicht nur seine grundrechtliche Schutzpflicht gegenüber dem datenschutzrechtlich Betroffenen wahrnehmen muss, sondern zugleich auch verpflichtet ist, die Grundrechte der datenverarbeitenden Stellen zu beachten. Die Folge wären dann regelmäßig liberalere Regelungen des Datenschutzes im privatwirtschaftlichen Bereich.[2]

Vor dem Hintergrund der neueren Entwicklungen im Datenschutzrecht ist es allerdings fraglich, ob eine solche strikte Unterscheidung noch aufrechterhalten werden kann. Jedoch unterscheiden die deutschen allgemeinen Datenschutzgesetze in Bezug auf den Umgang mit personenbezogenen Daten im Grundsatz nach wie vor zwischen öffentlichen und nicht-öffentlichen Stellen (des Bundes).

Beispiel: Während der zweite Abschnitt des BDSG (§§ 12–26) die Verarbeitung von Daten durch öffentliche Stellen betrifft, regelt der dritte Abschnitt ganz überwiegend (§§ 27–31, 33–38a) den so genannten nicht-öffentlichen Bereich.

Aber auch im BDSG wächst der Umfang der Regelungen, die sowohl an öffentliche als auch an nicht-öffentliche Stellen adressiert sind (vgl. §§ 1–11, 32, 43–46). Insbesondere gelten zentrale datenschutzrechtliche Prinzipien wie der Grundsatz der Datenvermeidung und Datensparsamkeit, das Verbotsprinzip mit Erlaubnisvorbehalt sowie die Grundsätze der Zweckbindung und der Direkterhebung gleichermaßen für öffentliche wie für nicht-öffentliche Stellen. In Bezug auf das Internetdatenschutzrecht verzichtet der Bundesgesetzgeber im Telemediengesetz bereits weitgehend auf diese Unterscheidung. Es wäre für den Nutzer schwer nachvollziehbar, wenn beispielsweise die Webseite einer Kommune anderen Regeln folgen würde als das Webangebot eines Unternehmens.

1.1.2 Einheitlicher Regelungsansatz auf europäischer Ebene

Der **Trend zur Vereinheitlichung des Datenschutzrechts** wird vor allem durch den Europäischen Integrationsprozess befördert. Die beiden EU-Datenschutz-Richtlinien („allgemeine“ Datenschutz-Richtlinie 95/46/EG und E-Privacy-Richtlinie 2002/58/EG) behandeln öffentliche und nicht-öffentliche Stellen grundsätzlich gleich. Auch die Europäischen Datenschutzgremien (z. B. die sogenannte AG 29[3]) nehmen keine Differenzierung zwischen öffentlichen und nicht-öffentlichen Stellen[4] vor.

Beispiel: Während das BDSG in § 2 BDSG und die meisten Landesdatenschutzgesetze ausführlich definieren, was unter öffentlichen und nicht-öffentlichen Stellen zu verstehen ist, fehlt in den Europäischen Datenschutzrichtlinien eine entsprechende Legaldefinition.

---

2 Vgl. z. B. Zilkens, Datenschutz in der Kommunalverwaltung (3. A. 2011), Rn. 751.

3 Die AG 29 wird aus Vertretern der mitgliedstaatlichen Kontrollstellen gebildet und berät die Kommission in Datenschutzbelangen. Ihr Name nimmt Bezug auf Art. 29 der EG-Datenschutzrichtlinie 95/46/EG.

4 Zur Unterscheidung siehe z. B. § 2 DSG BW, Art. 4 Abs. 2, Art. 2 Abs. 1, 2 BayDSG.

Die Datenschutzrichtlinie 95/46/EG unterscheidet also nicht ausdrücklich zwischen öffentlicher oder nicht-öffentlicher Datenverarbeitung, sondern klammert gemäß Art. 3 Abs. 2 bestimmte sicherheitsrelevante Handlungsfelder des Staates (öffentliche Sicherheit, Landesverteidigung) aus dem Anwendungsbereich aus. Die gegenwärtigen Reformbemühungen der Europäischen Kommission zielen zwar auf grundlegende Änderungen des Regelwerks ab, sie werden diese Entwicklung aber eher verstärken als abschwächen, da die Kommission auch in beiden Entwürfen einer Datenschutzverordnung und einer Datenschutzrichtlinie für den Bereich der Inneren Sicherheit nicht zwischen dem öffentlichen und nicht-öffentlichen Bereich unterscheidet. Diese Verfahrensweise der Kommission wird vor dem Hintergrund verständlich, dass in den Mitgliedstaaten der EU höchst unterschiedliche Vorstellungen darüber bestehen, was als öffentliche Aufgabe anzusehen ist.

1.2 Allgemeine und bereichsspezifische Datenschutzgesetzgebung

1.2.1 BDSG und bereichsspezifische Datenschutzgesetze

Das Datenschutzrecht ist gekennzeichnet durch ein Nebeneinander allgemeiner und bereichsspezifischer Datenschutzregelungen. Datenschutzrechtliches „Grundgesetz“ ist das BDSG. Gemäß § 1 Abs. 2 BDSG findet dieses immer dann Anwendung, wenn öffentliche Stellen des Bundes, unter bestimmten Umständen auch öffentliche Stellen der Länder sowie nicht-öffentliche Stellen personenbezogene Daten erheben, verarbeiten und nutzen. Daneben wird in § 1 Abs. 3 BDSG eine Regelung zur nachrangigen Anwendbarkeit des BDSG und dessen Subsidiarität getroffen, falls einschlägige bereichsspezifische Datenschutzregelungen existieren sollten. Ausgehend von seinem allgemeinen Charakter trifft das BDSG wichtige Grundaussagen zu datenschutzrechtlichen Kernbereichen, so beispielsweise für den behördlichen und betrieblichen Datenschutzbeauftragten oder auch für die sog. Betroffenenrechte (Auskunfts-, Berichtigungs-, Löschungsrechte etc.).

Neben dem BDSG existieren zahllose bereichsspezifische Datenschutznormen und –gesetze in den verschiedensten Formen. Teils haben diese einen umfassenden Regelungscharakter und führen einen bestimmten Bereich einer mehr oder weniger abschließenden Regelung zu – etwa das Telemediengesetz (TMG) für den Bereich der Telemedien oder die §§ 91 ff. des Telekommunikationsgesetzes (TKG) für den Bereich der Telekommunikation. Oftmals handelt es sich bei bereichsspezifischen Datenschutzregelungen aber auch nur um punktuelle Regelungen, die für eine ganz bestimmte Konstellation eine begrenzte Datenverarbeitungsbefugnis für eine bestimmte Stelle normieren. Die Zahl dieser datenschutzrechtlichen Normen ist unüberschaubar – und mit einer der Hauptgründe dafür, dass das Datenschutzrecht den Ruf einer undurchsichtigen Spezialmaterie hat, die selbst für ausgewiesene Datenschützer mitunter nicht mehr praktikabel ist.

Beispiele für bereichsspezifische Datenschutzvorschriften:
- §§ 11 ff. TMG (Datenverarbeitung im Telemedienbereich)
- §§ 91 ff. TKG (Datenverarbeitung im Telekommunikationsbereich)

- §§ 100a ff. StPO (Telekommunikationsüberwachung und „Lauschangriff")
- §§ 8 ff. BVerfSchG (Befugnisse des Bundesamtes für Verfassungsschutz zur Erhebung, Verarbeitung und Nutzung personenbezogener Daten)
- §§ 67 ff. SGB X (Sozialdatenschutz)
- §§ 284 ff. SGB V (Datenverarbeitung in der Gesetzlichen Krankenversicherung)

1.2.2 Subsidiarität des BDSG

Gemäß § 1 Abs. 3 BDSG kommt das BDSG als Auffanggesetz immer dann zur Anwendung, wenn keine spezielleren Rechtsvorschriften einschlägig sind. Vorrang haben dabei nicht nur Bundesgesetze, sondern auch Rechtsverordnungen und Satzungen des Bundes. Stets tritt das BDSG jedoch nur insoweit zurück, als derselbe Regelungsgegenstand betroffen ist. Die Spezialregelung und das BDSG müssen mithin zueinander in Tatbestandskongruenz stehen, so dass die bereichsspezifische Norm inhaltlich einen Regelungsgegenstand des BDSG bereits umfasst. Falls hingegen die Spezialregelung lückenhaft sein sollte, ist sie insoweit auch nicht abschließend. In diesem Falle finden auf die nicht geregelten Sachverhalte die Bestimmungen des BDSG Anwendung. Zu beachten ist jedoch, dass die Subsidiarität des BDSG unabhängig davon gilt, ob das spezielle Gesetz ein höheres oder niedrigeres Schutzniveau als das BDSG vermittelt.[5]

1.3 Anwendungsbereich des Datenschutzrechts

1.3.1 Internationale Anwendbarkeit

Die Frage der internationalen Anwendbarkeit stellt sich im Datenschutzrecht immer dann, wenn es um einen grenzüberschreitenden Datenverarbeitungsvorgang geht. Stets ist bei grenzüberschreitenden Sachverhalten als Vorfrage zu klären, welches nationale Recht auf den Sachverhalt überhaupt anwendbar ist. Hierfür gilt als Grundregel des internationalen Datenschutzrechts zunächst das sog. **Territorialitätsprinzip**, wonach der Ort der Datenverarbeitung maßgeblich dafür ist, welches nationale Datenschutzrecht zur Anwendung kommt.

Abweichend hiervon gilt jedoch für den EU-grenzüberschreitenden Datenverkehr das sog. **Sitzlandprinzip** (§ 1 Abs. 5 BDSG in Umsetzung des Art. 4 EU-DSRL). Maßgeblich ist danach für die Anwendbarkeit des nationalen Datenschutzrechts, in welchem Staat die datenverarbeitende Stelle ihren Sitz hat. Datenverarbeitende Unternehmen, die grenzüberschreitend tätig sind und in verschiedenen Mitgliedstaaten personenbezogene Daten verarbeiten, müssen also bei ihrer Datenverarbeitung nicht auf die verschiedenen nationalen Datenschutzrechte der jeweiligen Mitgliedstaaten Rücksicht nehmen, sondern können sich allein am Recht desjenigen Staates orientieren, in dem sie ihren Sitz haben.

---

5 Siehe ausführlicher unten Teil IV, Kap. 1.2 (für den nicht-öffentlichen Bereich).

Beispiel Facebook: deutsches Recht für amerikanische Unternehmen?
Im Beispiel Facebook kommen für die Frage der internationalen Anwendbarkeit nationaler Datenschutzvorschriften – aus deutscher Perspektive – drei Rechtsordnungen in Betracht: US–amerikanisches Recht, da Facebook ein amerikanisches Unternehmen ist; irisches Recht, da mit Facebook Ireland Limited die für Europa verantwortliche Stelle in Irland belegen ist; und schließlich deutsches Recht, da das Angebot von Facebook auch auf den deutschen Markt ausgerichtet ist.

Bei Facebook handelt es sich um einen Telemediendienst, so dass zunächst einmal die Vorschriften des TMG berücksichtigt werden müssen. Jedoch sieht das TMG keine Sonderregelung für die Frage des anwendbaren Rechts vor (s. § 1 Abs. 5, § 3 Abs. 3 Nr. 4 TMG). Daher gelten zunächst einmal die allgemeinen Grundsätze und damit im Ausgangspunkt das Territorialitätsprinzip mit seiner Anknüpfung an den Ort der Datenverarbeitung. Danach wäre deutsches Recht – zumindest auch – anwendbar, weil Facebook auch in Deutschland Daten verarbeitet: Facebooks Angebot ist gezielt auf den deutschen Markt ausgerichtet und es findet, z. B. durch das Setzen von Cookies, auch gezielt eine Datenverarbeitung auf den Rechnern von Nutzern in Deutschland statt.[6]

Innerhalb der EU gilt jedoch abweichend vom Territorialitätsprinzip für die Frage des anwendbaren Rechts das Sitzlandprinzip (§ 1 Abs. 5 BDSG). Auch ein amerikanisches Unternehmen kann sich auf dieses Sitzlandprinzip berufen, wenn die verantwortliche Stelle in einem EU-Mitgliedstaat belegen ist. Konkret bei Facebook ist dies Irland (Facebook Ireland Limited), so dass gemäß dem Sitzlandprinzip irisches Recht anwendbar ist.

Streitig ist jedoch, inwieweit das Sitzlandprinzip auch dann gilt, wenn es sich wie im Fall von Facebook bei der europäischen Stelle tatsächlich nur um eine Anlauf- und Beschwerdestelle handelt, die für die eigentliche Datenverarbeitung verantwortliche Stelle sich dagegen in den USA befindet. Stellt man hier entscheidend auf die US–amerikanische Stelle ab, ist für eine Anwendung des (innereuropäischen) Sitzlandprinzips kein Raum, es bleibt vielmehr beim Territorialitätsprinzip und damit bei der Anknüpfung an den Ort der Datenverarbeitung (unstreitig auch Deutschland).[7]

Datenverarbeitenden Unternehmen ist es unter dem Sitzprinzip möglich, durch Wahl ihres Niederlassungsorts gleichzeitig auch die nationale Rechtsordnung zu bestimmen, die für ihre Datenverarbeitung gelten soll. Problematisch ist dies aus Datenschutzperspektive dann, wenn Unternehmen diese Möglichkeit dazu nutzen, sich in einem Staat mit möglichst niedrigem Datenschutzniveau niederzulassen. Eben diese Gefahr soll aber an sich im innereuropäischen Datenverkehr nicht bestehen, weil hier die EU-Datenschutzrichtlinie auf die Gewährleistung eines einheitlichen Datenschutzniveaus abzielt.[8] Aus Sicht der EU-Kommission ist jedoch eine solche Einheitlichkeit trotz Richtlinie nicht gewährleistet, sie spricht vielmehr von einer Zersplitterung („fragmentation“) des datenschutzrechtlichen Regelungsrahmens in der EU

---

6 ULD, Facebook (2011), S. 19.

7 ULD, Facebook (2011), S. 19 f.

8 Erwägungsgrund 8 der Richtlinie.

und hat deshalb zum Zweck der Vereinheitlichung im Januar 2012 einen Vorschlag für eine EU-Datenschutzverordnung vorgelegt, die dann unmittelbar in den Mitgliedstaaten gilt.[9]

1.3.2 Personenbezogene Daten

Von zentraler Bedeutung für den Anwendungsbereich des Datenschutzrechts ist der Begriff der „personenbezogenen Daten“. Nur wenn personenbezogene Daten verarbeitet werden, ist der Anwendungsbereich datenschutzrechtlicher Vorschriften wie des BDSG, der §§ 11 ff. TMG oder der §§ 91 ff. TKG überhaupt eröffnet.

Einzelangaben über persönliche oder sachliche Verhältnisse einer natürlichen Person

Personenbezogene Daten sind nach der Begriffsbestimmung des § 3 Abs. 1 BDSG sämtliche „Einzelangaben über persönliche oder sachliche Verhältnisse einer bestimmten oder bestimmbaren natürlichen Person“.

Beispiele für personenbezogene Daten sind insbesondere:

- körperliche und geistige Eigenschaften wie Aussehen, Gesundheit, Einstellungen und Vorlieben
- wirtschaftliche und berufliche Verhältnisse sowie gesellschaftliche und private Beziehungen
- identifizierende Angaben wie Name, Personenkennzeichen oder biometrische Daten.

IP-Adressen als personenbezogene Daten?

Eine – in Rechtsprechung und Literatur seit Jahren umstrittene – Frage ist, inwieweit IP-Adressen ein personenbezogenes Datum darstellen. IP-Adressen sind die technische Grundlage der Internet-Kommunikation; als Absender- und Zieladressen identifizieren sie die an das Internet angeschlossenen Rechner und ermöglichen so den Austausch von Datenpaketen zwischen diesen.[10] Unterschieden wird zwischen statischen und dynamischen IP-Adressen. **Statische IP-Adressen** sind einem bestimmten Nutzer fest zugeordnet, der Access-Provider teilt hier bei jedem Einwählvorgang ins Netz die gleiche IP-Adresse zu. Ist der Nutzer eine natürliche Person, ist ein Personenbezug im Sinne des Abs. 1 regelmäßig zu bejahen.[11] **Dynamischen IP-Adressen** fehlt diese feste Zuordnung, sie werden Internet-Nutzern von ihren Access-Providern vielmehr bei jedem Einwählvorgang neu zugeordnet.

Gleichwohl wird auch bei dynamischen Adressen ein Personenbezug angenommen, da Access-Provider regelmäßig Datum, Zeitpunkt und Dauer der Internetverbindung und die dem Internet-Nutzer zugeteilte dynamische IP-Adresse festhalten.[12] Streitig ist allerdings, ob eine solche dynamische IP-Adresse nicht nur gegenüber dem Accessprovider selbst einen Personenbezug aufweist, sondern darüber hinaus auch gegenüber allen anderen Kommuni-

---

9 Vorschlag für eine DS-GVO vom 25.1.2012 – KOM 2012/0011 (endg.); ausführlicher zu diesem Entwurf oben Teil I, Kap 6.4.

10 Bäumler/Breinlinger/Schrader, Datenschutz von A–Z (1999), I 670, 1.

11 Dammann, in Simitis (Hg.), BDSG (7. A. 2011), § 3 Rn. 63.

12 Art. 29-Datenschutzgruppe, Privatsphäre im Internet, WP 37 (2000), S. 17; vgl. auch dies., Stellungnahme zum Begriff „personenbezogene Daten“, WP 136 (2007), S. 19 f. – Beispiel 15.

kationspartnern. Nach der sog. **absoluten Theorie** ist auch Letzteres zu bejahen, da allein entscheidend sei, ob ein Personenbezug überhaupt – egal von wem – hergestellt werden kann.[13] Nach der sog. **relativen Theorie** soll es für die Frage einer Personenbezogenheit hingegen darauf ankommen, ob konkret die datenverarbeitende Stelle selbst die nötigen Informationen hat oder sich zumindest ohne unverhältnismäßigen Aufwand beschaffen kann, um eine dynamische Adresse einer bestimmten Person zuordnen zu können. Dies ist zwar für die Access-Provider selbst ohne weiteres zu bejahen, nicht aber generell für Telemedienanbieter.[14]

Abzuwarten bleibt, ob sich mit Einführung der **IPv6-Adressen** der bisherige Streit erledigen wird, weil es dann nicht mehr zu einer dynamischen Zuordnung von IP-Adressen kommen wird.[15] Anders als unter dem aktuellen IPv4-Standard wird unter IPv6 nicht mehr die Adressknappheit herrschen, die den Einsatz dynamischer IP-Adressen nötig gemacht hatte. Zur Verfügung stehen künftig 340 Sextillionen IPv6-Adressen, die es ermöglichen, nicht nur allen Rechnern, sondern auch allen sonstigen Endgeräten wie Smartphones, Tablet-Computern oder Fernsehern eine statische IP-Adresse zuzuordnen. Gegen eine Personenbezogenheit dieser IP-Adressen könnte allerdings sprechen, dass es mithilfe sog. Privacy Extensions dem Nutzer ermöglicht werden soll, die Identifizierbarkeit von IPv6-Adressen auch wieder aufzuheben.[16]

Nach dem Kommissionsentwurf für eine **Datenschutz-Grundverordnung** sind IP-Adressen und sonstige Online-Kennungen „als solche nicht zwangsläufig und unter allen Umständen als personenbezogene Daten zu betrachten“ (EG 24). Den oben angesprochenen Streit zwischen der absoluten und der relativen Theorie hat die Kommission allerdings in Art. 4 Ziff. 1 DS-GVO-E im Sinne der absoluten Theorie entschieden: Ein Personenbezug von Daten ist danach immer dann anzunehmen, wenn die betroffene Person „direkt oder indirekt mit Mitteln bestimmt werden kann, die der für die Verarbeitung Verantwortliche **oder jede sonstige natürliche oder juristische Person** nach allgemeinem Ermessen aller Voraussicht nach einsetzen würde“. Regelmäßig wird daher im Falle von IP-Adressen nach dem DS-GVO-E von einem Personenbezug auszugehen sein.

Nicht nur objektive Informationen, sondern auch Werturteile über eine Person wie die Einordnung als zuverlässig, kreditwürdig oder ehrlich zählen zum Kreis der personenbezogenen Daten. Unerheblich für die Einordnung einer Information als personenbezogenes Datum ist es, ob diese Information zutreffend oder bewiesen ist. Das BDSG stuft auch unrichtige Informationen als personenbezogene Daten ein; dies ergibt sich bereits aus der Normierung der Betroffenenrechte auf Berichtigung, Löschung und Sperrung (§§ 20, 35 BDSG), die gerade voraussetzen, dass personenbezogene Daten unrichtig sind oder zumindest ihre Richtigkeit sich nicht feststellen lässt.

---

13 Arbeitskreis Medien, Orientierungshilfe zum Umgang mit personenbezogenen Daten bei Internetdiensten, 3.1 Zugangs-Anbieter; AG Berlin-Mitte v. 27.03.2007, DuD 2007, 856, 857.

14 So etwa Schmitz in Hoeren/Sieber (Hg), Handbuch Multimedia-Recht (3. A. 2010), Teil 16.2 Rn. 80. Ende 2011 hielt zwar auch der EuGH in einer Entscheidung fest, dass IP-Adressen personenbezogene Daten seien (EuGH v. 24.11.2011, MMG 2012, 174). Allerdings lässt sich auch aus dieser Entscheidung nicht herauslesen, ob dies lediglich im Sinne der relativen oder auch im Sinne der absoluten Theorie gelten soll.

15 Siehe dazu Freund/Schnabel, MMR 2011, 495, 497.

16 Siehe etwa Kaps, c't 03/2012, 160.

Geschützt sind nur die personenbezogenen Daten **natürlicher Personen**. Von einer Einbeziehung juristischer Personen und anderer Personenmehrheiten (Personengesellschaften, Vereine, Gruppen) hat der Gesetzgeber bewusst abgesehen. Im Sinne einer Vorwirkung wird auch die Einbeziehung des ungeborenen Lebens in den Schutzbereich des BDSG bejaht.[17] Daher sind etwa die vor Geburt mittels Genomanalyse gewonnen Daten über die Erbanlagen eines Nasciturus ebenfalls als personenbezogene Daten einzuordnen.[18] Personenbezogene Daten Verstorbener sollen dagegen nach ganz überwiegender Meinung nicht in den Schutzbereich des BDSG fallen.[19] Verstorbenendaten können allerdings auch personenbezogene Aussagen über lebende Personen enthalten.

Beispiel: Angaben über das Vermögen eines Verstorbenen geben Aufschluss auch über die wirtschaftliche Situation der Erben.[20]

Personenbezogenheit

Eine Personenbezogenheit von Daten ist unproblematisch immer dann anzunehmen, wenn sich ihr Informationsgehalt unmittelbar auf die persönlichen oder sachlichen Verhältnisse einer Person bezieht.

Beispiele: Eine Krankenakte enthält unstreitig personenbezogene Daten über den Patienten, eine Beschäftigtenakte unstreitig personenbezogene Daten über den Arbeitnehmer und eine Kundendatei unstreitig personenbezogene Daten über den Kunden.

Personenbezogene Daten können aber auch dann vorliegen, wenn sich Daten primär etwa auf die Eigenschaften eines bestimmten Gegenstands oder Ereignisses beziehen, die Daten zugleich aber auch mit einer Person in Verbindung gebracht werden können.

Beispiele: Auch der Wert einer Immobilie kann ein personenbezogenes Datum sein, wenn diese Information gegenüber dem Eigentümer zur Steuerfestsetzung herangezogen wird. Gleiches gilt für das Kundendienst-Scheckheft für ein Fahrzeug, wenn auf dessen Grundlage die Produktivität des für die Kundendienstmaßnahme zuständigen Mechanikers beurteilt wird.[21]

Bestimmte oder bestimmbare Person

Gemäß § 3 Abs. 1 BDSG liegen personenbezogene Daten dann vor, wenn sie sich auf die Verhältnisse einer „bestimmten oder bestimmbaren" natürlichen Person beziehen. „Bestimmt" ist eine Person immer dann, wenn sie sich in einer Personengruppe von allen ande-

---

17 Weichert in Däubler/Klebe/Wedde/Weichert, BDSG (3. A. 2010), § 3 Rn. 10.

18 Weichert, DuD 2002, 133, 137.

19 Dammann in Simitis (Hg.), BDSG (7. A. 2011), § 3 Rn. 17; Weichert in Däubler/Klebe/Wedde/Weichert, BDSG (3. A. 2010), § 3 Rn. 11. Anders die Rechtslage für die öffentliche Verwaltung Berlins, vgl. § 4 Abs. 1 BlnDSG.

20 Vgl. dazu ULD, TB 2002 (2002), S. 82 f.

21 Beispiele bei Art. 29-Datenschutzgruppe, Personenbezogene Daten, WP 136 (2007), S. 10 ff.

ren Mitgliedern dieser Gruppe unterscheiden lässt; in erster Linie geschieht dies anhand ihres Namens.

Schwieriger zu beurteilen ist die Frage, ob sich bestimmte Informationen auf eine „bestimmbare" Person beziehen. „Bestimmbar" ist eine Person dann, wenn grundsätzlich die Möglichkeit besteht, ihre Identität festzustellen. Mögliche Identifizierungsmerkmale können wiederum der Name sein, ebenso aber auch alle anderen Arten von Daten wie etwa Telefon- oder Reisepassnummer. Auch eine Kombination verschiedener Kriterien wie Alter, Beruf und Wohnort können zur Bestimmbarkeit einer Person führen, wenn sie im konkreten Einzelfall die Wiedererkennung einer Person ermöglichen. Welche Informationen eine Person bestimmbar machen, lässt sich nicht abstrakt-generell beurteilen, sondern ist stets im Hinblick auf die konkreten Umstände des Einzelfalls zu beurteilen. Mitunter kann ein einzelnes Merkmal ausreichend sein, um Daten einer bestimmten Person zuordnen zu können, mitunter kann es hierfür einer ganzen Reihe von Einzelbeschreibungen bedürfen.

Die Bestimmbarkeit einer Person hängt auch davon ab, wie einfach oder schwierig es ist, die für eine Identifizierbarkeit notwendigen Kenntnisse zu erlangen. Gemäß Erwägungsgrund 26 der EG-DSRl sollen bei der Entscheidung, ob eine Person bestimmbar ist, alle Mittel berücksichtigt werden, die „vernünftigerweise" von dem verantwortlichen Datenverarbeiter oder von einem Dritten eingesetzt werden könnten, um die betreffende Person zu bestimmen. Die rein hypothetische Möglichkeit, eine Person zu bestimmen, soll daher nicht ausreichen, um diese Person als „bestimmbar" anzusehen.[22] Entscheidend ist vielmehr, ob es im Rahmen eines realistischen Aufwands an Zeit, Kosten und Arbeitskraft möglich ist, Informationen einer bestimmten Person zuzuordnen.

Beispiel Google Street View

Die Frage, ob *personenbezogene* Daten verarbeitet werden und damit überhaupt das Datenschutzrecht einschlägig ist, stellt sich auch bei Geodatendiensten wie Google Street View, die Straßen-, Gebäude- und Grundstückansichten fotografieren und dann im Internet veröffentlichen.

Unstreitig ist ein Personenbezug der online veröffentlichten Ansichten zu bejahen, soweit auf diesen Ansichten die Gesichter von Personen oder auch die Kennzeichen von Fahrzeugen erkennbar sind. Eine andere Frage ist jedoch, ob die abgebildeten Gebäudeansichten selbst personenbezogene Daten darstellen. Entscheidend ist auch hier wiederum, ob es im Rahmen eines realistischen Aufwands an Zeit, Kosten und Arbeitskraft möglich ist, die Gebäudeansichten einer bestimmten Person zuzuordnen. Dies wiederum ist jedenfalls all denjenigen möglich, die die Adresse einer bestimmten Person kennen und diese Adresse dann in Street View „googeln", um auf diese Weise gerade gezielt mehr Informationen über das Wohnumfeld der betroffenen Person zu verschaffen. Eine Personenbezogenheit der Street-View-Daten ist daher grundsätzlich zu bejahen.[23]

---

22 Art. 29-Datenschutzgruppe, Personenbezogene Daten, WP 136 (2007), S. 17.

23 Einen Personenbezug von Gebäudeansichten bejaht auch LG Köln v. 13.01.2010, DuD 2010, 258; aus Sicht des Gerichts fiel jedoch im konkreten Fall das Internetangebot unter das Medienprivileg des § 41 BDSG. Zur Problematik siehe auch Caspar, DÖV 2009, 965 ff.

1.3.3 Abgrenzung: anonymisierte und pseudonymisierte Daten

Fraglich ist, inwieweit im Falle anonymisierter oder pseudonymisierter Daten der Anwendungsbereich des Datenschutzrechts eröffnet ist. § 3 Abs. 6 BDSG unterscheidet zwei Arten des **Anonymisierens**. Zum einen handelt es sich dann um ein Anonymisieren, wenn personenbezogene Daten dergestalt verändert werden, dass Einzelangaben über persönliche oder sachliche Verhältnisse „nicht mehr" einer bestimmten oder bestimmbaren natürlichen Person zugeordnet werden können (erste Alternative des Abs. 6). Unstreitig ist, dass es sich bei dergestalt anonymisierten Daten nicht mehr um „personenbezogene" Daten handelt und daher der Umgang mit solchen Daten auch datenschutzrechtlich nicht mehr relevant ist.

Zum anderen handelt es sich auch dann noch um ein Anonymisieren, wenn die Daten so verändert werden, dass sie nur noch „mit einem unverhältnismäßig großen Aufwand an Zeit, Kosten und Arbeitskraft" einer Person zugeordnet werden können (zweite Alternative des Abs. 6). Auch in dieser Alternative führt die Anonymisierung zugleich zu einer Aufhebung des Personenbezugs, da die bloß hypothetische Möglichkeit, eine Person zu bestimmen, gerade nicht ausreichend ist, um diese Person noch als „bestimmbar" anzusehen und damit ein personenbezogenes Datum anzunehmen.[24]

Der Begriff des **Pseudonymisierens** ist mit dem BDSG 2001 neu in den Definitionskatalog des § 3 aufgenommen worden. Pseudonymisieren wird gemäß Abs. 6a definiert als das „Ersetzen des Namens und anderer Identifikationsmerkmale durch ein Kennzeichen zu dem Zweck, die Bestimmung des Betroffenen auszuschließen oder wesentlich zu erschweren." Die Grenze zwischen Anonymisieren und Pseudonymisieren ist fließend. Hier wie dort geht es darum, die Personenbezogenheit von Daten auszuschließen oder zumindest zu erschweren. Während jedoch das Anonymisieren von Daten darauf abzielt, deren Zuordnung zu einer Person möglichst dauerhaft gegenüber jedem auszuschließen, existiert beim Pseudonymisieren eine Zuordnungsregel, die es zumindest dem Kenner dieser Regel ermöglicht, die Pseudonymisierung wieder rückgängig zu machen und den Personenbezug der pseudonymisierten Daten wieder herzustellen.[25] Allerdings kann auch ein Pseudonymisierungsverfahren so ausgestaltet werden, dass von einem Kennzeichen überhaupt nicht mehr auf eine konkrete Person rückgeschlossen werden kann und daher eine Reidentifizierung für niemand mehr möglich ist (irreversibles Pseudonymisierungsverfahren). Die dergestalt pseudonymisierten Daten unterfallen dann ebenso wie anonymisierte Daten nicht mehr dem datenschutzrechtlichen Schutz.[26]

Ist ein Pseudonymisierungsverfahren reversibel ausgestaltet, ist also ein Rückschluss von einem Kennzeichen auf eine konkrete Person möglich, ist je nach der Art des Pseudonyms zu differenzieren, ob die pseudonymisierten Daten als personenbezogene Daten einzuordnen sind oder nicht:[27]

- Handelt es sich um ein sog. „selbstgeneriertes Pseudonym", hat also der Betroffene selbst sein Pseudonym ausgewählt und verfügt dieser allein über die Zuordnungsregel, fallen die pseudonymisierten Daten nicht unter den Schutz des BDSG – vorausgesetzt, dass Außenstehende die Zuordnungsregel nicht entschlüsseln und auch sonst den Perso-

[24] Siehe soeben Kap. 1.3.2.

[25] Roßnagel/Scholz, MMR 2000, 721, 724.

[26] Art. 29-Datenschutzgruppe, Personenbezogene Daten,WP 136 (2007), S. 21.

[27] Vgl. hierzu und zum Folgenden Roßnagel/Scholz, MMR 2000, 721,725 ff.

nenbezug der pseudonymisierten Daten nicht oder nur mit einem unverhältnismäßig großen Aufwand an Zeit, Kosten und Arbeitskraft wieder herstellen können.

- Ist umgekehrt die Zuordnungsregel von einer datenverarbeitenden Stelle vergeben und verwaltet diese das Pseudonym, sind die pseudonymisierten Daten jedenfalls gegenüber dieser Stelle als personenbezogene Daten einzuordnen. Viel spricht darüber hinaus dafür, die Daten auch im Verhältnis zu Dritten als personenbezogene Daten einzustufen – zumindest dann, wenn es sich bei der datenverarbeitenden Stelle nicht um eine Stelle handelt, die mit besonderen Vertraulichkeitspflichten und -rechten ausgestattet ist und daher nicht mit hinreichender Wahrscheinlichkeit für die Zukunft ausgeschlossen werden kann, dass die datenverarbeitende Stelle den Personenbezug der pseudonymisierten Daten gegenüber Dritten wieder herstellt.

1.3.4 Phasen der Datenverwendung

Handelt es sich bei Daten um personenbezogene Daten, so regelt das Datenschutzrecht deren Verwendung grundsätzlich umfassend für alle Phasen, beginnend bei der erstmaligen Erhebung dieser Daten über deren Speicherung wie auch Veränderung bis hin zur Übermittlung oder sonstigen Nutzung. Teils gelten die datenschutzrechtlichen Vorgaben einheitlich, teils differenzieren sie aber auch nach unterschiedlichen Phasen der Datenverwendung. Nicht zuletzt dadurch ist das Datenschutzrecht in seinen Einzelregelungen teils sehr unübersichtlich und schwer nachvollziehbar. Hinzu kommt, dass europäisches Datenschutzrecht, Bundes- und Landesrecht die Begrifflichkeiten mitunter unterschiedlich verwenden.

Datenverarbeitung

Der Begriff der Datenverarbeitung ist in § 3 Abs. 1 S. 1 BDSG definiert. Unter einem Verarbeiten von personenbezogenen Daten ist danach „das Speichern, Verändern, Übermitteln, Sperren und Löschen personenbezogener Daten“ zu verstehen. Bei der Datenverarbeitung handelt es sich somit also um einen **Oberbegriff**, der verschiedene Formen des Umgangs mit personenbezogenen Daten umfasst. Nicht erfasst vom Verarbeitungsbegriff des BDSG sind allerdings die Phasen des Erhebens und Nutzens personenbezogener Daten. Das BDSG definiert diese beiden Phasen eigenständig und versieht sie teils auch mit eigenen Zulässigkeitsvoraussetzungen. Entsprechend ist auch die Rede von einem **engen Verarbeitungssbegriff**, den das BDSG verwendet.

Im Gegensatz dazu enthalten die meisten Landesdatenschutzgesetze sowie die EU-Datenschutzrichtlinie einen **weiten Verarbeitungsbegriff**, der neben dem Speichern, Verändern, Übermitteln, Sperren und Löschen auch noch die Phasen des Erhebens und Nutzens mit erfasst.

> **Beachte:** Soweit hier in diesem Buch von einer „Verarbeitung“ oder „Datenverarbeitung“ die Rede ist, so ist dieser Begriff grundsätzlich auch in einem weiten Sinne zu verstehen, soll also alle Phasen und Formen der Datenverwendung einschließlich Erhebung und Nutzung umfassen.

Datenerhebung

Die Datenerhebung ist in § 3 Abs. 3 BDSG definiert als das Beschaffen von Daten über den Betroffenen. Ein Erheben von Daten setzt nicht zwingend voraus, dass die Daten nach dem Beschaffen auch gespeichert werden. Durch die Datenerhebung erlangt die betreffende Stelle Kenntnis von den Daten und begründet ihre Verfügungsmacht über diese.[28] Auf welchem Wege die Erhebung erfolgt – ob durch mündliche Befragung, heimliche Beobachtung, Untersuchungen, schriftliche Anforderung von Informationen, automatischen Abruf von Daten – ist unerheblich.

Das Erheben von Daten setzt ein aktives Handeln der verantwortlichen Stelle voraus. Eine Datenerhebung liegt daher nicht schon dann vor, wenn der verantwortlichen Stelle infolge einer unaufgefordert eingereichten Antragstellung, Bewerbung oder Nachricht personenbezogene Daten zugehen. Auch die Datenübermittlung aufgrund einer gesetzlichen Mitteilungspflicht begründet auf Seiten der Empfangsstelle noch keine Datenerhebung. Voraussetzung ist vielmehr stets, dass die betreffende Stelle die zugegangenen Daten gezielt für einen Zweck entgegennimmt.[29]

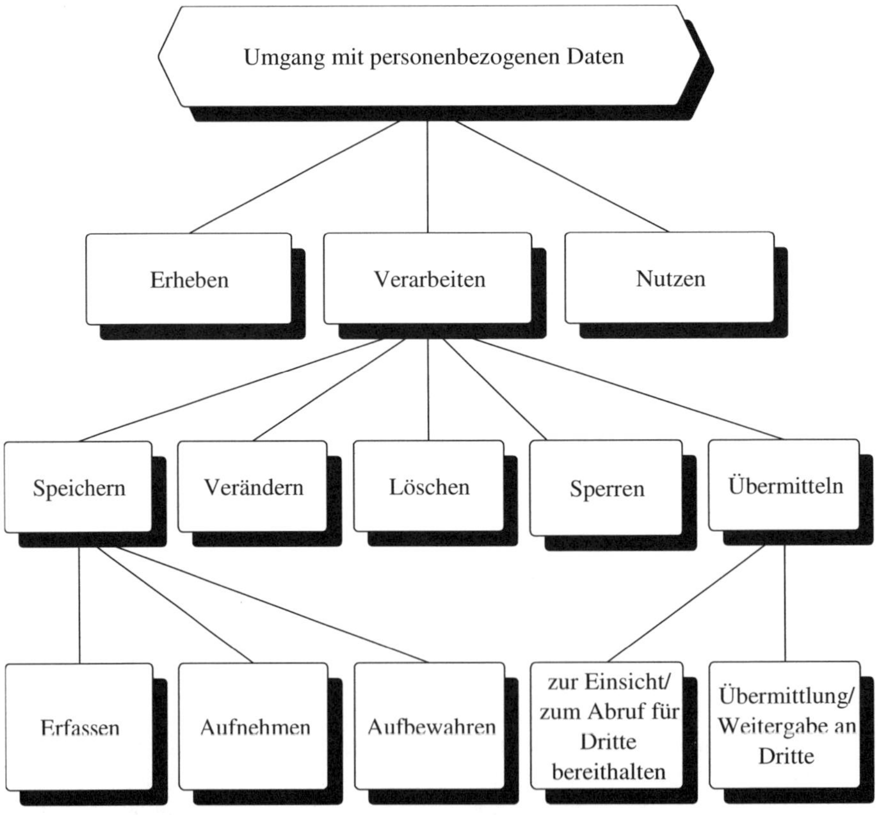

Abb. 18: Phasen im Umgang mit personenbezogenen Daten

28 Dammann in Simitis (Hg.), BDSG (7. A. 2011), § 3 Rn. 102.

29 Buchner in Taeger/Gabel (Hg.), BDSG (2010), § 3 Rn. 26.

Datenspeicherung

Die Datenspeicherung ist in § 3 Abs. 4 S. 2 Nr. 1 BDSG definiert als das „Erfassen, Aufnehmen oder Aufbewahren personenbezogener Daten auf einem Datenträger zum Zwecke ihrer weiteren Verarbeitung oder Nutzung". Erfassen und Aufnehmen sind dabei sehr weit auszulegen; erfasst ist jegliche Art der Verkörperung von Daten. Als Datenträger kommen alle denkbaren Speichermedien in Betracht (Karteikarte, mobile Speicherchips etc.), nicht aber das menschliche Gedächtnis. Auch Daten, die lediglich zwischengespeichert und nicht sofort gelöscht werden, sowie Daten in Sicherungskopien oder Archivbeständen zählen zu den gespeicherten Daten.[30]

Datenveränderung

Die Datenveränderung ist in § 3 Abs. 4 S. 2 Nr. 2 BDSG definiert als das „inhaltliche Umgestalten gespeicherter personenbezogener Daten". Eine Veränderung liegt dann vor, wenn bereits gespeicherte Daten durch eine Aufbereitung oder Verknüpfung mit anderen Daten einen neuen Informationsgehalt bekommen. Eine bloße äußerliche Umgestaltung personenbezogener Daten, die aber deren Informationsgehalt nicht verändert, fällt demgegenüber nicht unter den Veränderungsbegriff.[31]

Datenübermittlung

Die Datenübermittlung ist in § 3 Abs. 4 Nr. 3 BDSG definiert als das „Bekanntgeben gespeicherter oder durch Datenverarbeitung gewonnener personenbezogener Daten an einen Dritten". Dritter ist gemäß § 3 Abs. 8 S. 2 „jede Person oder Stelle außerhalb der verantwortlichen Stelle", nicht aber der Betroffene selbst sowie diejenigen, die Daten im Auftrag erheben, verarbeiten oder nutzen. Keine Übermittlung liegt daher vor, wenn Daten an den Betroffenen oder an einen Auftragnehmer weitergegeben werden oder wenn Daten innerhalb einer datenverarbeitenden Stelle ausgetauscht werden. Im letzteren Fall kann es sich allerdings um eine Nutzung personenbezogener Daten im Sinne des § 3 Abs. 5 BDSG handeln.[32]

Ein Übermitteln von Daten kann dadurch erfolgen, dass die Daten an den Dritten weitergegeben werden, oder dadurch, dass der Dritte Daten, die zur Einsicht oder zum Abruf bereitgehalten werden, einsieht oder abruft. Ob die Übermittlung mündlich, fernmündlich, schriftlich, auf elektronischem oder anderem Wege erfolgt, ist unerheblich. Auch die öffentliche Bekanntmachung personenbezogener Daten stellt eine Übermittlung im Sinne des BDSG dar.[33]

Datennutzung

Nach der Terminologie des BDSG ist die Datennutzung kein Unterfall der Datenverarbeitung, sondern steht als eigenständiger Begriff neben der Datenverarbeitung. Gemäß § 3 Abs. 5 BDSG stellt jede Verwendung personenbezogener Daten ein „Nutzen" dar, soweit es sich nicht um eine Verarbeitung handelt. Bei dem Begriff handelt es sich damit einen klassi-

---

30 Dammann in Simitis (Hg.), BDSG (7. A. 2011), § 3 Rn. 122 ff.

31 Buchner in Taeger/Gabel (Hg.), BDSG (2010), § 3 Rn. 30.

32 Buchner in Taeger/Gabel (Hg.), BDSG (2010), § 3 Rn. 34.

33 Siehe BVerfG v. 24.07.1990, NVwZ 1990, 1162: öffentliche Bekanntmachung als die „intensivste Form einer Übermittlung personenbezogener Daten".

schen **Auffangtatbestand**, der immer dann einschlägig ist, wenn eine bestimmte Art der Datenverwendung keiner Phase der Datenverarbeitung im Sinne des § 3 Abs. 4 BDSG zugeordnet werden kann.

1.3.5 Verantwortlichkeit

Im Zusammenhang mit der Verwendung personenbezogener Daten ist auch zu klären, wer Adressat der datenschutzrechtlichen Vorgaben ist. Das BDSG definiert die **verantwortliche Stelle** in § 3 Abs. 7 als „Person oder Stelle, die personenbezogene Daten für sich selbst erhebt, verarbeitet oder nutzt oder dies durch andere im Auftrag vornehmen lässt." Die DSRL definiert in Art. 2 Buchst. d Satz 1 die für die Verarbeitung Verantwortlichen als „die natürliche oder juristische Person, Behörde, Einrichtung oder jede andere Stelle, die allein oder gemeinsam mit anderen über die Zwecke und Mittel der Verarbeitung von personenbezogenen Daten entscheidet." Maßgeblich für die Verantwortlichkeit ist danach die rechtliche und tatsächliche Entscheidungsbefugnis über die Datenverwendung.

Beispiel: Mitarbeitervertretungen nach dem Betriebsverfassungsgesetz oder Personalvertretungsgesetz werden nach ganz überwiegender Meinung nicht als verantwortliche Stelle angesehen. Dies schließt freilich nicht aus, dass der Datenfluss zur Mitarbeitervertretung als einem eigenständigen Betriebsteil datenschutzrechtlich besonderen Rahmenbedingungen unterliegt.[34]

Eine Sonderregelung enthält § 67 Abs. 9 SGB X für den Bereich des Sozialdatenschutzrechts. Werden danach Sozialdaten von einem Leistungsträger erhoben und verwendet, ist die verantwortliche Stelle der Leistungsträger. Bei Gebietskörperschaften sind als verantwortliche Stellen die Organisationseinheiten anzusehen, die eine sozialrechtliche Aufgabe funktional durchführen.

Beispiel: Das Wohngeldamt und das Sozialamt einer Stadtverwaltung sind nach der Spezialregelung im SGB X jeweils als verantwortliche Stellen anzusehen.[35] Eine Datenweitergabe vom Wohngeldamt an das Sozialamt ist damit eine Datenübermittlung.

Personen oder Stellen, die gemäß § 11 BDSG personenbezogene Daten im Auftrag verarbeiten, gelten nicht als verantwortliche Stellen (vgl. dazu Kap. 2.7 sowie Teil III, Kap. 2.3.1).

---

[34] Gola/Schomerus, BDSG (10. A. 2010), § 3 Rn. 49; Weichert in Däubler/Klebe/Wedde/Weichert, BDSG (3. A. 2010), § 3 Rn. 56.

[35] Seidel in Diering/Timme/Waschull, SGB X (3. A.2011) § 67 Rn. 20.

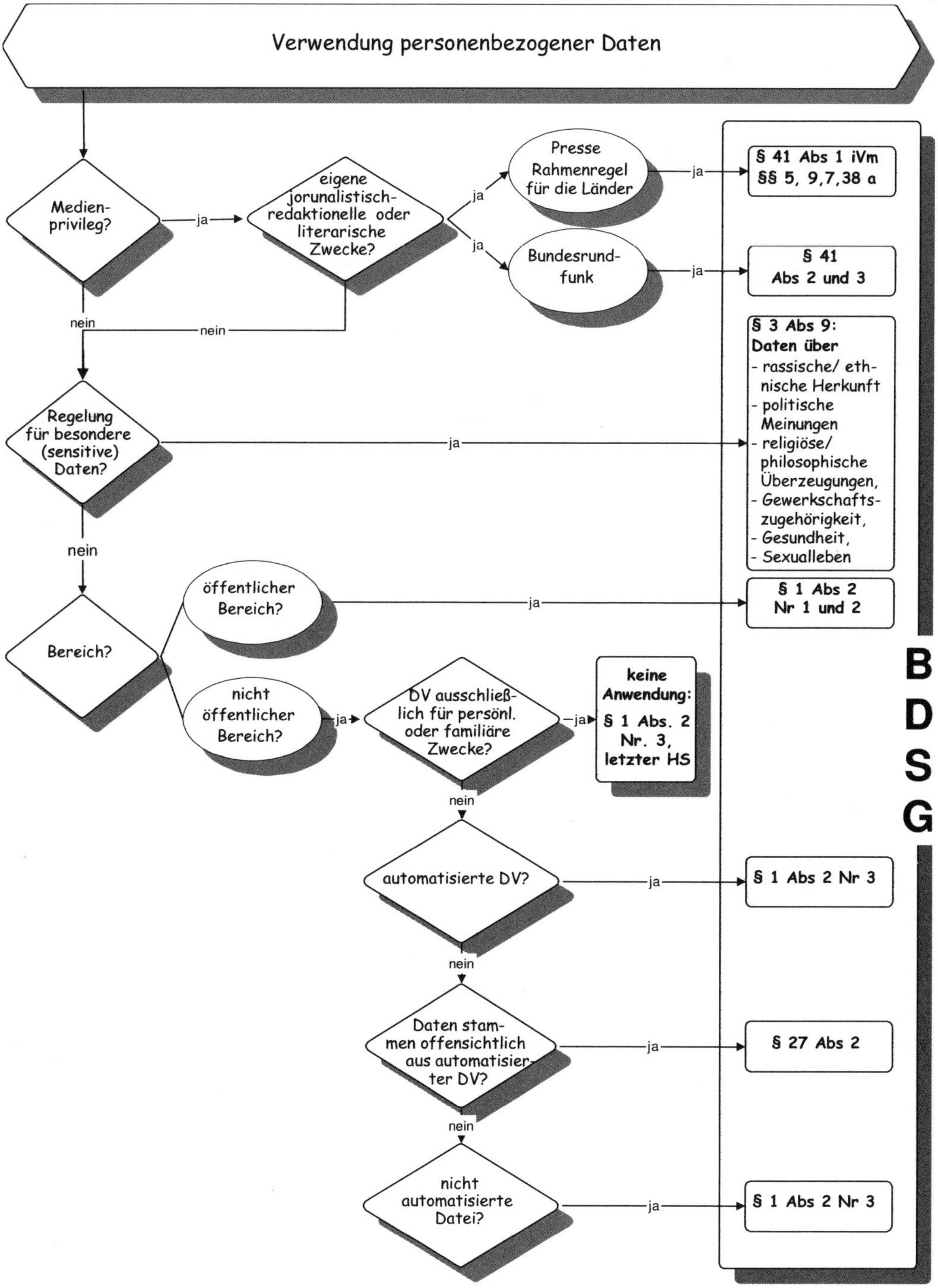

Abb. 19: Anwendungsbereich des BDSG

1.4 Umfassender versus punktueller Regelungsansatz

Eine weitere Grundfrage jedes datenschutzrechtlichen Regelungsmodells geht dahin, ob der Gesetzgeber einen umfassenden oder einen punktuellen Regelungsansatz wählen soll.

1.4.1 USA: Beispiel für punktuellen Regelungsansatz

Das Datenschutzrecht in den USA ist, jedenfalls im Bereich nicht-staatlicher Datenverarbeitung, ein typisches Beispiel für ein punktuelles Regelungsmodell. Es gibt dort kein allgemeines und umfassend gültiges Datenschutzrecht für nicht-staatliche Datenverarbeiter. Stattdessen ist das Datenschutzrecht durch eine sektorspezifische Datenschutzgesetzgebung charakterisiert, die sich darauf beschränkt, mehr oder weniger spezielle datenschutzrechtliche Vorschriften als Reaktion auf konkrete Datenschutzprobleme in einem bestimmten Bereich zu normieren. Manche dieser sektorspezifischen Gesetze regeln einen Bereich relativ umfangreich, z. B. der Fair Credit Reporting Act, der umfassend die Datenverarbeitung durch Auskunfteien regelt. Andere Gesetze wiederum beschränken sich auf ganz spezielle Aspekte, etwa der Video Privacy Protection Act, der allein die Preisgabe von Informationen über ausgeliehene Videokassetten oder vergleichbares Videomaterial (rental records of „prerecorded video cassette tapes or similar audio visual material“). Findet sich demgegenüber für eine bestimmte Art und Weise der Datenverarbeitung kein einschlägiges bereichsspezifisches Gesetz, ist die verantwortliche Stelle grundsätzlich frei in ihrer Datenverarbeitung.

Abzuwarten bleibt, inwieweit sich zukünftig etwa im Bereich des Konsumentendatenschutzes ein umfassenderer Regelungsansatz durchsetzen wird. Im Februar 2012 hat die US-Regierung ein Rahmenpapier zum Datenschutz in der digitalen Welt vorgestellt („Consumer Data Privacy in a Networked World: A Framework for Protecting Privacy and Promoting Innovation in the Global Digital Economy“).[36] Im Zentrum des Rahmenpapiers steht eine **„Consumer Privacy Bill of Rights“**, die eine Reihe von datenschutzrechtlichen Grundprinzipien aufstellt, an erster Stelle die **Selbstbestimmung der Konsumenten** über ihre personenbezogenen Daten:

> *„Individual Control: Consumers have the right to exercise control over what personal data companies collect from them and how they use it.“*

Allerdings setzt auch dieses Rahmenpapier primär wieder auf unternehmerische Selbstregulierung, indem es an die Unternehmen appelliert, die Datenschutzrechte der Konsumenten in Form von Verhaltensregeln (Codes of Conduct) zu implementieren.

[36] Papier abrufbar unter www.whitehouse.gov.

1.4.2 Datenschutzrichtlinie und BDSG: Verbotsprinzip mit Erlaubnisvorbehalt

In Deutschland wie in Europa ist demgegenüber seit jeher ein umfassender Regelungsansatz gewählt worden, indem im Ausgangspunkt zunächst einmal jede Art der Verarbeitung von personenbezogenen Daten verboten wird. Datenverarbeitende Stellen bedürfen somit für eine Verarbeitung personenbezogener Daten stets einer Legitimation, entweder in Form eines gesetzlichen Erlaubnistatbestands für die Datenverarbeitung oder in Form einer Einwilligung des Betroffenen selbst. Die datenschutzrechtliche Grundregel ist also ein **Verbotsprinzip mit Erlaubnisvorbehalt**. Personenbezogene Daten dürfen grundsätzlich zunächst einmal nicht verarbeitet werden, es sei denn, dies ist ausnahmsweise gesetzlich erlaubt oder durch den Betroffenen selbst legitimiert. So lautet auch die datenschutzrechtliche Grundregel des § 4 Abs. 1 BDSG:

> *„Die Erhebung, Verarbeitung und Nutzung personenbezogener Daten sind nur zulässig, soweit dieses Gesetz oder eine andere Rechtsvorschrift dies erlaubt oder anordnet oder der Betroffene eingewilligt hat."*

Ausnahmen von diesem umfassenden Regelungsansatz für jede Art der Verarbeitung von personenbezogenen Daten sieht das Gesetz lediglich für zwei Arten von Datenverarbeitungsvorgängen durch nicht-öffentliche Stellen vor:

- die Datenverarbeitung erfolgt „ausschließlich für persönliche oder familiäre Tätigkeiten" (§ 1 Abs. 2 Nr. 3 BDSG a.E.);
- die Datenverarbeitung erfolgt weder automatisiert noch dateibasiert[37], d. h. es werden keine Datenverarbeitungsanlagen eingesetzt und die Datenverarbeitung im Ganzen erfolgt mehr oder weniger unstrukturiert[38].

Auch nach dem Kommissionsvorschlag für eine künftige **Datenschutz-Grundverordnung** soll es bei einem umfassenden Regelungsansatz in Form eines Verbotsprinzips mit Erlaubnisvorbehalt bleiben. Art. 6 DS-GVO-E fußt weitgehend auf der bisherigen Vorschrift des Art. 7 DSRL und normiert einen abschließenden Katalog der Fälle, in denen eine Verarbeitung personenbezogener Daten zulässig ist. Hierfür bedarf es entweder der Einwilligung des Betroffenen (Art. 6 Abs. 1 lit. a DS-GVO-E) oder aber die Datenverarbeitung muss für einen der folgenden Zwecke erforderlich sein (Art. 6 Abs. 1 lit. b–f DS-GVO-E):

- für die Erfüllung eines Vertrages oder die Durchführung vorvertraglicher Maßnahmen;
- für die Erfüllung einer rechtlichen Verpflichtung;
- für die Wahrung lebenswichtiger Interessen des Betroffenen;
- für die Wahrnehmung einer Aufgabe im öffentlichen Interesse oder in Ausübung öffentlicher Gewalt;

---

37 Genau: „in oder aus nicht automatisierten Dateien" (§ 1 Abs. 2 Nr. 3 BDSG).

38 Das Gesetz definiert in § 3 Abs. 2 S. 2 BDSG „nicht automatisierte Dateien" durch vier Kriterien: Es muss sich um eine nicht automatisierte Sammlung personenbezogener Daten handeln, dies muss gleichartig aufgebaut sein, nach bestimmten Merkmalen zugänglich sein und schließlich die Möglichkeit einer Auswertung eröffnen.

- für die Verwirklichung berechtigter Interessen der datenverarbeitenden Stelle, sofern nicht die Interessen oder Rechte des von der Datenverarbeitung Betroffenen überwiegen.[39]

[39] Neu im DS-GVO-E ist der Zusatz, dass letztere Interessenabwägungsklausel kein Erlaubnistatbestand für Datenverarbeitung öffentlicher Stellen bei Erfüllung ihrer Aufgaben ist; extra hingewiesen wird im Entwurf der DS-GVO zudem auf das Erfordernis, die Interessen von Kindern im besonderen Maße zu berücksichtigen.

2 Datenschutzrechtliche Regelungsprinzipien

2.1 Allgemeine Grundsätze

2.1.1 Zweckbindungsgrundsatz

Nach dem Grundsatz der Zweckbindung dürfen Daten von der verantwortlichen Stelle grundsätzlich nur zu dem Zweck verarbeitet und genutzt werden, zu dem sie erfasst worden sind. Es handelt sich spätestens seit dem Volkszählungsurteil des Bundesverfassungsgerichts um einen der zentralen datenschutzrechtlichen Grundsätze. Der Zweckbindungsgrundsatz gilt für alle Phasen des Umganges mit personenbezogenen Daten. Insbesondere eine Datenverarbeitung „auf Vorrat" ist mit dem Zweckbindungsgrundsatz nicht vereinbar.

Zulässigkeit einer Vorratsdatenspeicherung? (BVerfG v. 2.3.2010)

Mit Urteil v. 2.3.2010 hat das Bundesverfassungsgericht über die Verfassungsmäßigkeit der §§ 113a, 113b TKG sowie des § 100g StPO entschieden.[1] Die Vorschriften waren in Umsetzung der EU-Richtlinie 2006/24/EG ergangen; Regelungsgegenstand war eine **sechsmonatige anlasslose Speicherung von Telekommunikationsverkehrsdaten** für qualifizierte Verwendungen im Rahmen der Strafverfolgung, der Gefahrenabwehr und der Aufgaben der Nachrichtendienste.

Das Bundesverfassungsgericht hat entschieden, dass die betreffenden Normen mit Art. 10 Abs. 1 GG (Telekommunikationsgeheimnis) nicht vereinbar sind – allerdings nicht deshalb, weil eine Vorratsdatenspeicherung schon per se verfassungswidrig wäre. Entscheidend war für das BVerfG vielmehr, dass die konkrete Ausgestaltung der Normen nicht dem Gebot der Verhältnismäßigkeit entsprach. Ausdrücklich hält das BVerfG darüber hinaus aber fest, dass eine anlasslose Speicherung von Telekommunikationsverkehrsdaten nicht schlechthin dem strikten Verbot einer Speicherung von Daten auf Vorrat unterfällt.

2.1.2 Grundsatz der Direkterhebung

Nach dem Grundsatz der Direkterhebung sind personenbezogene Daten grundsätzlich beim Betroffenen selbst zu erheben (§ 4 Abs. 2 S. 1 BDSG). Auf diese Weise lässt sich sicherstellen, dass eine Datenerhebung nur mit Kenntnis und unter Mitwirkung des Betroffenen erfolgt – gleichzeitig eine entscheidende Voraussetzung für die effektive Ausübung informatio-

[1] BVerfG v. 02.03.2010, BVerfGE 125, 260 ff.; ausführlich dazu oben Teil I, Kap. 5.1.2.

neller Selbstbestimmung. Darüber hinaus bietet die Erhebung an der Datenquelle die beste Gewähr für die Authentizität und Richtigkeit der personenbezogenen Informationen.[2]

Die verantwortliche Stelle hat bei der Direkterhebung diverse Unterrichtungs-, Hinweis- und Aufklärungspflichten zu beachten (vgl. § 4 Abs. 3 BDSG); insbesondere ist der Betroffene über die Identität der verantwortlichen Stelle, den Zweck der Datenverarbeitung sowie über die voraussichtlichen Datenempfänger zu unterrichten. Auf welche Art und Weise die datenverarbeitende Stelle erhebt, liegt grundsätzlich in ihrem Ermessen; die relevanten Daten können mündlich, schriftlich oder auch durch Untersuchungen, Beobachtungen sowie Aufnahmen beim Betroffenen erhoben werden.[3] Stets setzt die Direkterhebung beim Betroffenen jedoch dessen Mitwirkung voraus.

Beispiel: Die heimliche Datenbeschaffung etwa in Form einer versteckten Videoüberwachung oder mittels eines Funkchip (RFID) ist mangels Mitwirkung des Betroffenen keine Direkterhebung i.S.d. § 4 Abs. 2 S. 1 BDSG.[4]

Unter bestimmten Voraussetzungen dürfen Daten jedoch auch ohne Mitwirkung des Betroffenen erhoben werden, etwa wenn dies gesetzlich vorgesehen ist, wenn die zu erfüllende Verwaltungsaufgabe oder der Geschäftszweck eine Erhebung bei anderen Personen oder Stellen erforderlich macht oder wenn die Erhebung beim Betroffenen einen unverhältnismäßigen Aufwand erfordern würde und keine Anhaltspunkte dafür bestehen, dass überwiegende schutzwürdige Interessen des Betroffenen beeinträchtigt werden (vgl. § 4 Abs. 2 S. 2 BDSG).

Beispiel: Von Bedeutung ist die Ausnahme vom Direkterhebungsgrundsatz vor allem im Bereich der staatlichen Ermittlungsmethoden wie zum Beispiel der Telefonüberwachung; hier ist eine sinnvolle Ermittlung nur möglich, wenn der Betroffene gerade keine Kenntnis von der Datenerhebung erlangt.[5]

2.1.3 Datenvermeidung und Datensparsamkeit

Nach § 3a S. 1 BDSG hat die verantwortliche Stelle die Zielvorgabe zu beachten, keine (Datenvermeidung) oder so wenig personenbezogene Daten wie möglich (Datensparsamkeit) zu erheben, zu verarbeiten oder zu nutzen, was bereits durch die Gestaltung der technischen Systeme erfolgen soll. Im Vordergrund steht also eine datensparende Organisation, welche dafür sorgt, dass ausschließlich die für die Verarbeitung essentiellen Daten gesammelt werden. Die Vorgabe gilt jedoch nicht absolut, sondern nur so weit, als der betriebene Aufwand zur Datenvermeidung und der damit bezweckte Datenschutzerfolg in einem angemessenen Verhältnis zum angestrebten Schutzzweck stehen. § 3a S. 2 BDSG konkretisiert das allge-

---

2 Weichert in Däubler/Klebe/Wedde/Weichert, BDSG (3. A. 2010), § 4 Rn. 5.

3 Sokol in Simitis (Hg.), BDSG (7. A. 2011), § 4 Rn. 22.

4 Sokol in Simitis (Hg.), BDSG (7. A. 2011), § 4 Rn. 23.

5 Weichert in Däubler/Klebe/Wedde/Weichert, BDSG (3. A. 2010), § 4 Rn. 7; siehe für eine Vielzahl weiterer Beispiele Gola/Schomerus, BDSG (10. A. 2010), § 4 Rn. 23.

meine Datenvermeidungsgebot durch die Zielvorgabe der Anonymisierung und Pseudonymisierung.

2.1.4 Datensicherheit

Während „Datenschutz" das Ziel verfolgt, den Einzelnen vor einer Verletzung seines Persönlichkeitsrechts beim Umgang mit seinen personenbezogenen Daten zu schützen (vgl. § 1 Abs. 1 BDSG), geht es bei „Datensicherheit" um die Integrität, sichere Lagerung und Übertragung sowie Verfügbarkeit von Daten. Zentrale Vorschrift ist **§ 9 BDSG**; die Vorschrift gilt für öffentliche wie nicht-öffentliche Stellen gleichermaßen und verpflichtet diese dazu, die zur Sicherstellung des Datenschutzes erforderlichen **technischen und organisatorischen Maßnahmen** zu treffen. Bei der automatisierten Datenverarbeitung werden die Anforderungen durch die Anlage zu § 9 S. 1 BDSG präzisiert. Bei allen Maßnahmen gilt jedoch die Einschränkung des § 9 S. 2 BDSG: Erforderlich im Sinne der Vorschrift sind stets nur solche Maßnahmen, deren Aufwand in einem angemessenen Verhältnis zu dem angestrebten Schutzzweck steht.

2.2 Verarbeitung (besonderer) sensibler Daten

2.2.1 Definition

Das BDSG differenziert – dem Vorbild der DSRL folgend – innerhalb der personenbezogenen Daten nochmals nach personenbezogenen Daten im Allgemeinen und einer speziellen Kategorie der „besonderen Arten" personenbezogener Daten. Handelt es sich im konkreten Fall um derlei „besondere" Daten, ist der Umgang mit diesen Daten besonderen Restriktionen unterworfen, insbesondere gelten teils strengere Anforderungen an die Zulässigkeit einer Verarbeitung.[6] Eine Definition der besonderen Arten von personenbezogenen Daten findet sich in § 3 Abs. 9 BDSG. Zu den besonderen Arten von personenbezogenen Daten gehören danach Angaben über die rassische und ethnische Herkunft, politische Meinungen, religiöse oder philosophische Überzeugungen, Gewerkschaftszugehörigkeiten, Gesundheit oder Sexualleben. Die Auflistung der in Abs. 9 erfassten besonderen Gruppen von personenbezogenen Daten ist **abschließend**.

Beispiele:
- Zu den Angaben über **rassische und ethnische Herkunft** gehören alle Angaben, die den Betroffenen einer bestimmten Rasse, Hautfarbe, Volksgruppe oder Minderheit zuordnen, nicht jedoch dessen Staatsangehörigkeit oder geographische Herkunft.[7]

---

6 Siehe etwa §§ 13 Abs. 2, 14 Abs. 5 und 6, 28 Abs. 6 bis 9, 29 Abs. 5 BDSG.

7 Bergmann/Möhrle/Herb, BDSG (43. Ergänzungslieferung, Stand: 2011), § 3 Rn. 168.

- Angaben über **politische Meinungen, religiöse oder philosophische Überzeugungen** erfassen nicht nur die Zugehörigkeit (oder Nicht-Zugehörigkeit) zu einer bestimmten Partei, Religions- oder sonstigen Glaubensgemeinschaft, sondern – vorgelagert – auch sämtliche Verhaltensweisen, die auf eine bestimmte politische, religiöse oder philosophische Einstellung schließen lassen.
- Angaben über die **Gesundheit** sind alle Angaben, die den körperlichen und geistigen Zustand **eines** Menschen betreffen (Zustandsbeschreibungen, Befundmitteilungen, Krankheitsgeschichten etc.). Auch genetische Daten und die Schwerbehinderteneigenschaft zählen hierzu.[8]

2.2.2 Sinnhaftigkeit einer Differenzierung?

Die Definition des § 3 Abs. 9 BDSG wurde in Umsetzung des Art. 8 EG-DSRI neu in das BDSG 2001 aufgenommen. Vor Umsetzung des Art. 8 EG-DSRI hatte das BDSG nicht ausdrücklich nach mehr oder weniger sensitiven Daten differenziert; eine Berücksichtigung der Sensitivität von Daten fand lediglich im Einzelfall im Rahmen der allgemeinen Interessenabwägungsklauseln statt.[9]

Ohnehin wird der Sinn einer Differenzierung nach mehr oder weniger sensitiven Daten von vielen zu Recht angezweifelt. Gegen eine solche Differenzierung spricht vor allem, dass sich die Schutzwürdigkeit personenbezogener Daten niemals abstrakt, sondern stets nur in Bezug auf den jeweiligen Verwendungszweck beurteilen lässt. Auch vermeintlich harmlose Daten können im entsprechenden Zusammenhang einen äußerst sensitiven Charakter annehmen. So mag etwa ein Name zunächst einmal kein besonders schutzwürdiges Datum sein, diese Einschätzung ändert sich allerdings spätestens dann, wenn sich dieser Name in der Kartei einer Heilanstalt oder Drogenberatungsstelle findet.[10] Folgerichtig hat bereits das BVerfG im Volkszählungsurteil betont, dass je nach Datenverarbeitungszweck und Datenverarbeitungsmöglichkeiten auch ein für sich gesehen belangloses Datum einen neuen Stellenwert bekommen kann und es daher unter den Bedingungen der automatischen Datenverarbeitung kein „belangloses“ Datum mehr gibt.[11]

Ungeachtet der genannten Vorbehalte soll es auch nach dem Kommissionsentwurf für eine **DS-GVO** bei der gesonderten Erwähnung besonders schutzwürdiger Daten bleiben. Art. 9 DS-GVO-E baut auf Art. 8 DSRL auf und regelt ebenfalls die „Verarbeitung besonderer Kategorien personenbezogener Daten“. Über Art. 8 DSRL hinaus sind in Art. 9 DS-GVO-E auch genetische Daten sowie Daten über Strafurteile oder ähnliche Sicherungsmaßregeln ausdrücklich als besonders schutzwürdige Daten erwähnt.

2.2.3 Besondere Anforderungen

Das BDSG normiert an den verschiedensten Stellen nochmals strengere Anforderungen an den Umgang mit besonderen Arten personenbezogener Daten:

---

8 Bergmann/Möhrle/Herb, BDSG (43. Ergänzungslieferung, Stand: 2011), § 3 Rn. 171 f.

9 Bergmann/Möhrle/Herb, BDSG (43. Ergänzungslieferung, Stand: 2011), § 3 Rn. 166.

10 Vgl. Dammann in Simitis (Hg.), BDSG (7. A. 2011), § 3 Rn. 251.

11 BVerfG v. 15.12.1983, BVerfGE 65, 1, 45.

- Gemäß § 4a Abs. 3 BDSG muss sich eine Einwilligung des Betroffenen in die Verarbeitung besonderer Arten personenbezogener Daten ausdrücklich auch auf diese Daten beziehen. Eine konkludente Einwilligung, wegen des Schriftformerfordernisses nach § 4a Abs. 1 S. 3 BDSG ohnehin die Ausnahme, soll daher im Fall der „besonderen Arten personenbezogener Daten" regelmäßig nicht möglich sein.[12]
- Die §§ 13 Abs. 2, 14 Abs. 5 und 6, 16 Abs. 1 BDSG stellen besondere Anforderungen an die Zulässigkeit der Datenverarbeitung durch öffentliche Stellen auf.
- Entsprechend normieren die §§ 28 Abs. 6 bis 9, 29 Abs. 5 BDSG detailliert besondere Anforderungen an die Zulässigkeit der Datenverarbeitung durch nicht-öffentliche Stellen.
- Gemäß § 30a Abs. 1 S. 2 BDSG dürfen besondere Arten personenbezogener Daten im Falle der Datenverarbeitung für Zwecke der Markt- oder Meinungsforschung jeweils nur für ein bestimmtes Forschungsvorhaben erhoben, verarbeitet oder genutzt werden; die Speicherung solcher Daten „auf Vorrat" für irgendwelche zukünftigen Forschungsvorhaben ist nicht zulässig.

2.2.4 Exkurs: Informationspflicht bei unrechtmäßiger Kenntniserlangung von Daten

Die „Besonderheit" bestimmter Daten ist auch für die Frage einer Informationspflicht bei unrechtmäßiger Kenntniserlangung von Daten wesentlich. Eine solche Informationspflicht ist in dem neuen § 42a BDSG normiert, der seit April 2010 in Kraft ist. § 42a BDSG sieht eine Benachrichtigungspflicht gegenüber Aufsichtsbehörde und Betroffenen vor, wenn nicht-öffentliche Stellen oder öffentlich-rechtliche Wettbewerbsunternehmen[13] feststellen, dass bei ihnen gespeicherte personenbezogene Daten unrechtmäßig übermittelt worden oder auf sonstige Weise Dritten unrechtmäßig zur Kenntnis gelangt sind, und deshalb schwerwiegende Beeinträchtigungen für die Rechte oder schutzwürdigen Interessen der Betroffenen zu befürchten sind.

Die Informationspflicht gilt allerdings nur dann, wenn es sich bei den betroffenen Daten um besonders schutzwürdige Daten handelt. § 42a BDSG zählt hierzu zunächst die besonderen Arten personenbezogener Daten i.S.d. § 3 Abs. 9 BDSG auf, erweitert den Kreis der nach § 42a BDSG besonders schutzwürdigen Daten dann jedoch noch um weitere Kategorien:

- personenbezogene Daten, die einem Berufsgeheimnis unterliegen,
- personenbezogene Daten, die sich auf strafbare Handlungen oder Ordnungswidrigkeiten oder den Verdacht strafbarer Handlungen oder Ordnungswidrigkeiten beziehen und
- personenbezogene Daten zu Bank- oder Kreditkartenkonten.

2.3 Videoüberwachung

Videoüberwachung, in § 6b Abs. 1 BDSG definiert als Beobachtung mittels optisch-elektronischer Systeme, ist schon aufgrund ihres erheblichen Kontroll- und Einschüchterungspoten-

---

12 Gola/Schomerus, BDSG (10. A. 2010), § 4a Rn. 16a.

13 Zur Benachrichtigungspflicht nach § 42a BDSG siehe auch noch unten Kap. 2.11.4.

tials eines der zentralen datenschutzrechtlichen Themen. Welche Dimensionen die Videoüberwachung einnehmen kann, macht ein Blick nach Großbritannien deutlich, wo seit 1999 massiv in sog. CCTV (Closed Circuit Television – Videoüberwachungsanlagen) investiert worden ist. Mittlerweile existieren in Großbritannien mehr als 4 Millionen solcher CCTV Kameras (eine Kamera für je 14 Bürger), die den öffentlichen Raum in erster Linie zum Zweck der Verbrechensprävention überwachen sollen.[14] Besonders bedenklich ist dies auch deshalb, weil sich das weit verbreitete Vertrauen in die Videoüberwachung bis zum heutigen Tag nicht auf belastbare Belege für eine tatsächliche Effizienz dieser Überwachungsmethode zur Verbrechensprävention stützen kann.[15]

2.3.1 Verschiedene Regulierungsansätze

Konfliktstoff bietet die Videoüberwachung in vielen Bereichen, egal ob es etwa um die Videoüberwachung am Arbeitsplatz geht, um die Videoüberwachung eines gemeinsamen Zugangswegs zu mehreren Nachbargrundstücken oder um die Anfertigung von Videoaufnahmen zum Beweis von Verkehrsverstößen. Der Gesetzgeber hat der zunehmenden Bedeutung und besonderen Eingriffsqualität der Videoüberwachung durch die Aufnahme einer eigenen Sondervorschrift in das BDSG Rechnung getragen. Seit 2001 existiert mit § 6b BDSG eine Vorschrift, die die Zulässigkeit einer Videoüberwachung von öffentlich zugänglichen Räumen regelt. Mit § 32 f BDSG-E gibt es darüber hinaus mittlerweile auch einen Vorschlag für eine Regulierung der Videoüberwachung an nicht öffentlich zugänglichen Betriebsstätten.[16] Daneben existieren zahlreiche öffentlich-rechtliche Normen, die auf die Erhebung personenbezogener Daten mittels Videoüberwachung anzuwenden sind, insbesondere soweit es um eine Videoüberwachung durch Strafverfolgungsbehörden, Nachrichtendienste, Verfassungsschutz etc. geht.[17] Was die Anfertigung von Videoaufnahmen zum Beweis von Verkehrsverstößen angeht, zieht die Rechtsprechung § 100h Abs. 1 Satz 1 Nr. 1 StPO in Verbindung mit § 46 Abs. 1 OWiG heran.

Anfertigung von Videoaufnahmen zum Beweis von Verkehrsverstößen[18]
Nach einer Entscheidung des BVerfG vom 12.8.2010 begegnet eine verdachtsabhängige Videoaufzeichnung auf Grundlage von § 100h Abs. 1 Satz 1 Nr. 1 StPO i.V.m. § 46 Abs. 1 OWiG keinen verfassungsrechtlichen Bedenken. Zwar bedeutet die Anfertigung von Bildaufnahmen mittels einer Identifizierungskamera einen Eingriff in das Recht auf informationelle Selbstbestimmung. Jedoch ist dieses Recht einer Einschränkung im überwiegenden Allgemeininteresse zugänglich, vorausgesetzt diese Einschränkung beruht auf einer gesetzlichen Grundlage, die dem rechtsstaatlichen Gebot der Normenbestimmtheit genügt und verhältnismäßig ist.

---

[14] Ausführlich Schafer, DuD 2009, 483, 484.

[15] Schafer, a.a.O., 487.

[16] Siehe den – allerdings heftig umstrittenen – Entwurf der Regierung für ein Gesetz zur Regelung des Beschäftigtendatenschutzes (BT-Drs. 17/4230).

[17] Überblick bei Zscherpe in Taeger/Gabel (Hg.), BDSG (2010), § 6b Rn. 9.

[18] BVerfG v. 12.8.2010, DuD 2010, 788 ff.

§ 100h Abs. 1 Satz 1 Nr. 1 StPO i.V.m. § 46 Abs. 1 OWiG ist eine solche Rechtsgrundlage, die eine Anfertigung von Video- und Filmaufnahmen zur Erforschung des Sachverhalts sowie zu Ermittlungszwecken erlaubt. Eine unverhältnismäßige Beschränkung des Rechts auf informationelle Selbstbestimmung geht damit aus Sicht des BVerfG nicht einher. Bei dem verfolgten Zweck, der Aufrechterhaltung der Sicherheit des Straßenverkehrs, handelt es sich vielmehr nach Überzeugung des BVerfG um ein Rechtsgut mit ausreichendem Gewicht. Zudem sei das Gewicht des Eingriffs für den Einzelnen verringert, da lediglich Vorgänge auf öffentlichen Straßen aufgezeichnet würden, die grundsätzlich ohnehin für jedermann wahrnehmbar seien.[19] Für die Beurteilung des Gewichts der Grundrechtsbeeinträchtigung sei es überdies maßgeblich, dass grundrechtssichernde Verfahrensvorschriften über die Benachrichtigung, Kennzeichnung und Löschung von Daten vorhanden seien.

2.3.2 Videoüberwachung öffentlich zugänglicher Räume (§ 6b BDSG)

§ 6b BDSG regelt die Videoüberwachung öffentlich zugänglicher Räume, also solcher Räume, die ihrem Zweck nach dazu bestimmt sind, von einem unbestimmten oder nach nur allgemeinen Merkmalen bestimmten Personenkreis betreten und genutzt zu werden.[20]

Beispiele: Zu öffentlich zugänglichen Räumen zählen etwa Bahnsteige, Schalterhallen, Ladenpassagen, Kaufhäuser, Tankstellen, Banken, Museen oder Biergärten.

Unerheblich für die Einordnung als öffentlich zugänglich ist, ob der Zugang von der Zahlung eines Eintrittsgeldes abhängt; auch auf die Eigentumsverhältnisse kommt es nicht an.[21] Sofern Behörden öffentliche Plätze mithilfe von Videoüberwachung kontrollieren, ist darin nach Feststellung des BVerfG ein nicht unerheblicher Eingriff in das Persönlichkeitsrecht zu sehen, der eine hinreichend bestimmte Befugnisnorm erfordert.[22]

Beobachtung mit optisch-elektronischen Einrichtungen

In § 6b Abs. 1 BDSG findet sich zunächst eine Legaldefinition der Videoüberwachung: Videoüberwachung ist danach die „Beobachtung öffentlich zugänglicher Räume mit optisch-elektronischen Einrichtungen". Unter den Begriff der Beobachtung fällt dabei jede Tätigkeit, die darauf abzielt, Geschehnisse und Personen mittels geeigneter Geräte und Einrichtungen zu betrachten; unerheblich ist, ob eine anschließende Speicherung der Bilder erfolgt oder beabsichtigt ist.[23]

---

19 Siehe demgegenüber allerdings die Entscheidung des BVerfG zum Fall der Regensburger Videoüberwachung (sogleich unten Fn. 22). Dort hatte eine Kammer des Ersten Senats festgestellt, dass die Videoüberwachung öffentlicher Plätze einen nicht unerheblichen Eingriff in das Persönlichkeitsrecht bedeutet.

20 Scholz in Simitis (Hg.), BDSG (7. A. 2011), § 6b Rn. 42.

21 Vorauflage, S. 359.

22 Siehe BVerfG v. 23.02.2007, NVwZ 2007, 688, 690.

23 BT-Drs. 14/4329, S. 38.

Beispiele: Zu den optisch-elektronischen Einrichtungen zählen Kameras jeglicher Art und Größe, Videokameras und Webcams ebenso wie auch Handy-Kameras; einzige Voraussetzung ist, dass sie dazu geeignet sind, für Beobachtungen genutzt zu werden.[24]

Zulässigkeit der Beobachtung

Zulässig ist eine Videoüberwachung nach § 6b Abs. 1 und 2 BDSG,

- wenn sie zu einem der drei in § 6b Abs. 1 Nr. 1–3 BDSG genannten Zwecke erforderlich ist (Aufgabenerfüllung öffentlicher Stellen; Wahrnehmung des Hausrechts; Wahrnehmung berechtigter Interessen für konkret festgelegte Zwecke),
- wenn keine Anhaltspunkte dafür bestehen, dass schutzwürdige Interessen des Betroffenen überwiegen (Abs. 1 letzter Halbs. – Interessenabwägung)
- und wenn schließlich sowohl der Umstand der Beobachtung als auch die verantwortliche Stelle durch geeignete Maßnahmen erkennbar gemacht werden (Abs. 2 – Transparenzgebot).

Im Einzelnen gilt für die zulässigen Zwecke einer Videoüberwachung:

- **Videoüberwachung zur Aufgabenerfüllung öffentlicher Stellen:** Maßstab für die Zulässigkeit einer Videoüberwachung ist die Aufgabe, die die öffentliche Stelle aufgrund Gesetz oder anderer Rechtsvorschrift zu erfüllen hat. Oftmals sind jedoch in dieser Konstellation ohnehin speziellere bereichsspezifische Vorschriften einschlägig, nach denen sich die Zulässigkeit einer Beobachtung richtet.[25]
- **Videoüberwachung zur Wahrnehmung des Hausrechts:** Die Videoüberwachung kann sowohl präventiven Zwecken (Vermeidung von Diebstählen, Sachbeschädigungen oder Störungen) als auch repressiven Zwecken (Beweissicherung bei bereits erfolgten Verstößen) dienen.[26]
- **Videoüberwachung zur Wahrnehmung berechtigter Interessen für konkret festgelegte Zwecke:** Ausgeschlossen ist ein berechtigtes Interesse, wenn die Beobachtung selbst der Hauptzweck oder ein Nebenzweck der Geschäftstätigkeit ist. Eine Videoüberwachung zum Zweck der Vermarktung hierdurch gewonnener Bilder wäre daher nicht zulässig.[27] Falls ein berechtigtes Interesse vorhanden ist, muss dieses bereits vor der Videoüberwachung für konkret festgelegte Zwecke bestimmt und dokumentiert worden sein. Allgemeine Umschreibungen sind hierfür nicht ausreichend.

Beispiel: Videoüberwachung im Kaffeehaus[28]

B ist Betreiber einer Kaffeehauskette. Weil es immer wieder zu Ladendiebstählen durch Kunden und Unterschlagungen durch Mitarbeiter kommt, installiert er zur Beweissicherung und Prävention in den Kaffeehausfilialen an verschiedenen Stellen Überwachungskameras: im Bereich des Kassentresens, wo die Kunden ihren Kaffee bestellen und bezahlen, im Bereich der Warenregale, wo Produkte des B angeboten werden, die der Kunde

---

24 Wedde in Däubler/Klebe/Wedde/Weichert (Hg), BDSG (3. A. 2010), § 6b Rn. 16.

25 Scholz in Simitis (Hg.), BDSG (7. A. 2011), § 6b Rn. 72.

26 Bergmann/Möhrle/Herb, Datenschutzrecht (43. Ergänzungslieferung, Stand: 2011), § 6b Rn. 34.

27 BT-Drs. 14/5793, S. 61.

28 AG Hamburg v. 22.04.2008, CR 2009, 129 f.

ebenfalls an dem Kassentresen bezahlt, und im Kundenbereich mit Tischen und Sitzgelegenheiten, wo die Kunden die verkauften Waren verzehren können. B möchte wissen, ob die Videoüberwachung dieser Bereiche nach § 6b BDSG zulässig ist.

Rechtliche Einordnung: B kann sich für den Einsatz der Videoüberwachung auf die Zwecke des § 6b Abs. 1 Nr. 2 und Nr. 3 BDSG stützen. Zum einen verfügt er als Betreiber der Kaffeehauskette über das Hausrecht und kann zu dessen Wahrnehmung sowohl für präventive als auch für repressive Zwecke eine Videoüberwachung einsetzen. Zum anderen nimmt er mit der Videoüberwachung berechtigte Interessen für konkret festgelegte Zwecke, nämlich Beweissicherung und Prävention, wahr.

Jede Videoüberwachung muss darüber hinaus zur Erreichung des verfolgten Zwecks **erforderlich** sein, es darf also kein Mittel geben, welches das informationelle Selbstbestimmungsrecht weniger beeinträchtigt, zur Erreichung der verfolgten Zwecke jedoch gleichermaßen geeignet ist. Schließlich bedarf es für die Frage der Zulässigkeit einer Videoüberwachung stets einer **Interessenabwägung** zwischen dem Interesse an der Durchführung einer Videoüberwachung einerseits und den schutzwürdigen Interessen der von der Videoüberwachung betroffenen Personen andererseits. Auf Seiten des Betroffenen ist hierbei vor allem dessen Interesse zu berücksichtigen, sich in der Öffentlichkeit frei und ungezwungen bewegen zu können; er soll nicht befürchten müssen, ungewollt zum Gegenstand einer Videoüberwachung gemacht zu werden. Je tiefer durch eine Videoüberwachung in die Privat- und Intimsphäre des Betroffenen eingegriffen wird, umso mehr Gewicht ist dem Persönlichkeitsrecht des Betroffenen einzuräumen. Eine Videoüberwachung von Toiletten oder Umkleidekabinen zum Zweck der Diebstahlsprävention ist dementsprechend in keinem Fall zulässig.[29]

Im **Beispiel des Kaffeehauses** ist die **Erforderlichkeit** der Videoüberwachung zu bejahen. Ein zumutbares milderes Mittel, mit dem B die Zwecke der Prävention und Beweissicherung ebenso wirksam erreichen könnte, ist nicht ersichtlich. Zwar könnte man auch an den Einsatz von Wachpersonal denken. Jedoch ist B diese Alternative schon aus Kostengründen nicht zumutbar. Zudem dürfte der Einsatz von Wachpersonal zumindest mit Blick auf den Zweck der Beweissicherung auch nicht gleichermaßen geeignet sein, da ein Irrtum bei der Identifizierung eines Täters nur im Fall der Videoaufzeichnung regelmäßig ausgeschlossen werden kann, nicht aber im Fall der Aussage eines Wachmannes als Augenzeuge.

Unzulässig ist die Videoüberwachung jedoch mit Blick auf die nach § 6b Abs. 1 BDSG gebotene **Interessenabwägung**. Dies gilt jedenfalls für die Videoüberwachung des Kundenbereichs mit seinen Tischen und Sitzgelegenheiten, wo die Kunden die verkauften Waren verzehren können. Die Schutzbedürftigkeit der Kunden ist in diesem Bereich, in dem sie sich regelmäßig länger aufhalten und miteinander kommunizieren, als besonders hoch einzustufen. Entsprechend überwiegt daher hier das Persönlichkeitsrecht der Gäste das Interesse des Betreibers an Beweissicherung und Prävention.

Anders fällt die Interessenabwägung im Regalbereich aus – hier ist eine Videoüberwachung gerechtfertigt. Zum einen halten sich die Kunden in diesen Bereichen regelmäßig ohnehin nur kurzfristig zur Besorgung der gewünschten Produkte auf und sind daher in ihrem Persönlichkeitsrecht nur geringfügig beeinträchtigt; zum anderen ist die Gefahr von Diebstählen

[29] Siehe BT-Drs. 14/5793, S. 62.

gerade in diesen Bereichen besonders hoch, so dass hier der Betreiber ein entsprechend großes Interesse an einer effektiven Prävention und Strafverfolgung hat.[30]

Was schließlich die Zulässigkeit der Überwachung im Bereich des Kassentresens angeht, sind hier zusätzlich auch die Interessen der Beschäftigten in die Interessenabwägung mit einzustellen (dazu sogleich Kap. 2.3.3).

Weitere Verarbeitung und Nutzung der Daten (§ 6b Abs. 3 BDSG)

Während § 6b Abs. 1 BDSG die Zulässigkeit einer Beobachtung als solche betrifft, regelt § 6 Abs. 3 BDSG die Voraussetzungen für die weitere Verarbeitung der gemäß Absatz 1 erhobenen Daten. Soll die weitere Verarbeitung zur Erreichung des mit der Beobachtung originär verfolgten Zwecks erfolgen, ist dies gemäß § 6b Abs. 3 S. 1 BDSG zulässig, wenn dies zum Erreichen des verfolgten Zwecks erforderlich ist und keine Anhaltspunkte bestehen, dass schutzwürdige Interessen der Betroffenen überwiegen.

Soll hingegen eine Verarbeitung für neue Zwecke stattfinden, ist dies nur unter den engen Voraussetzungen des § 6b Abs. 3 S. 2 BDSG zulässig und zwar, wenn dies zur Abwehr von Gefahren für die staatliche und öffentliche Sicherheit oder zur Verfolgung von Straftaten erforderlich ist.

Beispiele: Zulässig wäre es daher zum Beispiel, wenn Videoaufzeichnungen aus Kaufhäusern, die ursprünglich der Diebstahlsprävention und der Verfolgung von Straftätern dienten, nun dafür herangezogen werden, bestimmte Käufer zu identifizieren, für die aufgrund von ihnen gekaufter verunreinigter Lebensmittel eine Vergiftungsgefahr besteht (Abwehr von Gefahren für die öffentliche Sicherheit).[31] Ein anderes Beispiel ist die zufällige Aufnahme einer Videoüberwachungskamera, die eigentlich zu einem anderen Zweck bestimmt war, nun jedoch einen Banküberfall aufgezeichnet hat (Verfolgung von Straftaten).[32]

Benachrichtigungs- und Löschungspflichten

Werden durch Videoüberwachung erhobene Daten einer bestimmten Person zugeordnet, so ist diese gemäß § 6 Abs. 4 BDSG über die Verarbeitung oder Nutzung entsprechend den §§ 19a und 33 BDSG zu **benachrichtigen**. Dem Betroffenen soll es auf diese Weise ermöglicht werden, seine Rechte effektiv zu verfolgen.[33]

Gemäß § 6b Abs. 5 BDSG ist die verantwortliche Stelle verpflichtet, die Daten aus der Videoüberwachung unverzüglich zu **löschen**, wenn sie zur Erreichung des Zwecks nicht mehr erforderlich sind oder schutzwürdige Interessen des Betroffenen einer weiteren Speicherung entgegenstehen.

---

30 Ausführlich AG Hamburg v. 22.04.2008, CR 2009, 129, 130.

31 Bergmann/Möhrle/Herb, Datenschutzrecht (43. Ergänzungslieferung, Stand: 2011), § 6b Rn. 46.

32 Vorauflage, S. 366.

33 Scholz in Simitis (Hg.), BDSG (7. A. 2011), § 6b Rn. 102.

2.3.3 Videoüberwachung am Arbeitsplatz

Die Videoüberwachung am Arbeitsplatz ist seit jeher von besonderer Brisanz. Das gesteigerte Informationsinteresse des Arbeitgebers kollidiert hier mit der besonderen Schutzbedürftigkeit des Arbeitnehmers, der sich in einem sozialen Abhängigkeitsverhältnis befindet und sich einer Überwachung am Arbeitsplatz nicht einfach durch Fernbleiben entziehen kann. Das Bundesarbeitsgericht hat in einer Entscheidung aus dem Jahr 2004 eine Videoüberwachung von Arbeitnehmern als einen schwerwiegenden Eingriff in das allgemeine Persönlichkeitsrecht eingeordnet, wenn diese während ihrer gesamten Arbeitszeit davon ausgehen müssen, dass ihre Verhaltensweisen möglicherweise gerade aufgezeichnet und später anhand der Aufzeichnungen rekonstruiert und kontrolliert werden. Arbeitnehmer würden damit dem Druck ausgesetzt, sich möglichst unauffällig zu benehmen, um sich nicht der Gefahr auszusetzen, später wegen abweichender Verhaltensweisen Gegenstand von Kritik, Spott oder gar Sanktionen zu werden. Dieser Anpassungsdruck wird aus Sicht des BAG auch nicht dadurch entscheidend gemildert, dass der Arbeitgeber die Videoüberwachung ausschließlich zur Vorbeugung und Aufklärung von Straftaten betreibt.[34]

In dem – allerdings heftig umstrittenen – Gesetzentwurf der Bundesregierung zur Regelung des Beschäftigtendatenschutzes[35] regelt § 32f BDSG-E die Zulässigkeit einer Videoüberwachung nicht öffentlich zugänglicher Betriebsstätten. Soweit es um die Überwachung öffentlich zugänglicher Betriebsstätten geht, bleibt es bei der Anwendbarkeit des § 6b BDSG. Stets unzulässig soll gemäß § 32e Abs. 4 BDSG-E künftig die **heimliche Videoüberwachung** von Beschäftigten sein.[36] Bislang hat die Rechtsprechung eine solche demgegenüber zumindest dann für zulässig erachtet, wenn der konkrete Verdacht einer strafbaren Handlung oder einer anderen schweren Verfehlung zu Lasten des Arbeitgebers besteht, weniger einschneidende Mittel zur Aufklärung des Verdachts ausgeschöpft sind, die heimliche Videoüberwachung praktisch das einzig verbleibende Mittel darstellt und diese insgesamt nicht unverhältnismäßig ist.[37]

Videoüberwachung öffentlich zugänglicher Betriebsstätten

Viele Arbeitnehmer (Verkäufer, Bankangestellte etc.) haben ihren Arbeitsplatz in öffentlich zugänglichen Räumen. Die Zulässigkeit einer Videoüberwachung richtet sich hier nach § 6b BDSG. Bei der hiernach durchzuführenden Interessenabwägung soll dann regelmäßig das Persönlichkeitsrecht der Beschäftigten die Interessen des Arbeitgebers überwiegen.[38] Dies muss jedenfalls dann gelten, wenn die Beschäftigten für die gesamte Dauer ihrer Arbeitszeit mit einer Videoaufzeichnung zu rechnen haben und sie damit einem ganz erheblichen Überwachungs- und Anpassungsdruck ausgesetzt werden.

Das AG Hamburg ist im obigen **Beispiel der Videoüberwachung im Kaffeehaus** für den Bereich des Kassentresens von einer Zulässigkeit der Videoüberwachung ausgegangen. Die Gefahr von Diebstählen oder Unterschlagungen durch Kunden oder Mitarbeiter sei dort be-

---

[34] BAG v. 29.06.2004, NZA 2004, 1278, 1281.

[35] BT-Drs. 17/4230.

[36] BR-Drs. 535/10, S. 37.

[37] BAG v. 27.03.2003, DuD 2004, 747 ff.; zuletzt LAG Niedersachsen v. 09.04.2010, AE 2010, 168 f.

[38] Zscherpe in Taeger/Gabel (Hg.), BDSG (2010), § 6b Rn. 44.

sonders hoch, weshalb das Interesse des Betreibers an einer effektiven Strafverfolgung entsprechend schwer wiege.

Jedoch muss auch in einer solchen Konstellation gelten, dass die Beschäftigten keinem ständigen Überwachungsdruck ausgesetzt sein dürfen. Das Persönlichkeitsrecht der Beschäftigten muss daher zumindest dann im Rahmen einer Interessenabwägung überwiegen, wenn sich diese dauerhaft beobachtet fühlen und ihnen keine kontrollfreien Arbeitsbereiche verbleiben, in denen sie einer Beobachtung nicht ausgesetzt sind.

Videoüberwachung nicht öffentlich zugänglicher Betriebsstätten (§ 32f BDSG-E)

Regelungsgegenstand des § 32f BDSG-E ist die Überwachung nicht öffentlich zugänglicher Betriebsstätten, also solcher Betriebsstätten, die nach dem erkennbaren Willen des Berechtigten nicht von jedermann betreten oder genutzt werden können. Die Videoüberwachung solcher nicht öffentlich zugänglichen Betriebsstätten ist nur aus den in § 32f BDSG-E genannten Gründen zulässig:

- Zutrittskontrolle
- Wahrnehmung des Hausrechts
- Schutz des Eigentums (des Arbeitgebers, der Beschäftigten oder auch Dritter)
- Sicherheit des Beschäftigten
- Sicherung von Anlagen
- Abwehr von Gefahren für die Sicherheit des Betriebs
- Qualitätskontrolle.

Voraussetzung für die Zulässigkeit einer Videoüberwachung ist zudem stets, dass diese zur Wahrung wichtiger betrieblicher Interessen **erforderlich** ist. Schließlich dürfen nach Art und Ausmaß der Videoüberwachung keine Anhaltspunkte dafür bestehen, dass **schutzwürdige Interessen der Betroffenen** am Ausschluss der Datenerhebung überwiegen.

Gemäß Abs. 1 S. 2 hat der Arbeitgeber die Beobachtung durch geeignete Maßnahmen wie etwa deutlich sichtbare Hinweisschilder erkennbar zu machen. Auch wenn von einer Einrichtung lediglich der Anschein einer Videoüberwachung ausgeht, weil die Kamera tatsächlich etwa ausgeschaltet oder nicht funktionsfähig ist, müssen die genannten Voraussetzungen für eine Videoüberwachung gegeben sein, da nach Überzeugung des Gesetzgebers auch solcherlei Einrichtungen bereits zu einer Verhaltensänderung des Beschäftigten führen können.

Für die Verarbeitung und Nutzung der durch die Videoüberwachung erhobenen Daten gilt die Regelung des § 6b Abs. 3 BDSG entsprechend; es ist also wiederum zunächst einmal danach zu differenzieren, ob die weitere Verarbeitung zur Erreichung des mit der Beobachtung originär verfolgten Zwecks erfolgt oder ob eine Verarbeitung für neue Zwecke stattfinden soll. Auch für die Benachrichtigung des Betroffenen verweist § 32f BDSG-E auf die entsprechende Vorschrift des § 6b Abs. 2 BDSG.

Die Videoüberwachung von Betriebsräumen, die überwiegend zur privaten Lebensgestaltung des Beschäftigten dienen, ist gemäß § 32f Abs. 2 BDSG-E stets unzulässig. Dies gilt insbesondere für Sanitär-, Umkleide- und Schlafräume; auch das Bereitschaftszimmer eines Arztes im Krankenhaus zählt hierzu, da es überwiegend der privaten Lebensgestaltung (Ausruhen,

Schlafen) dient.[39] Der Bundesrat hat sich in seiner Stellungnahme vom 5.11.2010 zum BDSG-E zudem dafür ausgesprochen, explizit auch für Ruhe- und Pausenräume die Unzulässigkeit einer Videoüberwachung zu normieren.[40]

Gemäß § 32f Abs. 3 BDSG-E sind die durch die Videoüberwachung erhobenen Daten unverzüglich zu löschen, wenn die Speicherung zur Erreichung des Speicherungszwecks nicht mehr erforderlich ist oder schutzwürdige Interessen des Beschäftigten einer weiteren Speicherung entgegenstehen. Zum Zweck der Speicherung kann im Einzelfall auch eine spätere arbeitsgerichtliche Auseinandersetzung zählen.[41]

2.4 Mobile personenbezogene Speicher- und Verarbeitungsmedien

2.4.1 Allgemeines

Mit § 6c BDSG wurde durch das BDSG 2001 eine besondere Regelung für mobile personenbezogene Speicher- und Verarbeitungsmedien (sog. Chipkarten oder „Smart Cards") in das BDSG aufgenommen. Der Gesetzgeber trägt damit dem Umstand Rechnung, dass sich auf mobilen Datenträgern immer leistungsfähigere Rechnereinheiten unterbringen lassen, die auch zur Verarbeitung von personenbezogenen Daten genutzt werden. Die Verarbeitung personenbezogener Daten auf solchen mobilen Medien birgt für den einzelnen Betroffenen im besonderen Maße die Gefahr der Intransparenz. Viele dieser mobilen Medien werden gerade auch bei alltäglichen Aktivitäten genutzt und hinterlassen hierbei eine Vielzahl elektronischer Spuren, die wiederum zu unerwünschten Profilbildungen führen können.

Typisches Beispiel für den alltäglichen Einsatz eines mobilen personenbezogenen Speicher- und Verarbeitungsmediums ist die Ausgabe einer Chipkarte an Beschäftigte, die diese dann zu den verschiedensten Zwecken nutzen können: zur Erfassung der Arbeitszeit, zur Authentifizierung für den Zugang zu bestimmten Gebäudeteilen oder die Benutzung des Arbeitsplatzrechners, zur Bezahlung in der Kantine etc.[42]

So praktisch die Zusammenführung all dieser Nutzungsmöglichkeiten in einem einzigen Medium ist, so problematisch ist sie zugleich aus datenschutzrechtlicher Perspektive, sowohl mit Blick auf die Gefahr einer Profilerstellung des jeweiligen Nutzers als auch mit Blick auf die fehlende Transparenz der Datenverarbeitungsvorgänge im Einzelnen. § 6c BDSG zielt darauf ab, durch verfahrensmäßige Schutzvorkehrungen wie die Einräumung von Auskunftsrechten und die Verpflichtung zur Erkennbarkeit von Kommunikationsvorgängen für den Betroffenen ein Mindestmaß an Transparenz zu schaffen. Was die Zulässigkeit der Datenverarbeitung als solche angeht, gelten die allgemeinen einschlägigen Datenschutzvorschriften.

---

39 Hintergrundpapier zum Entwurf eines Gesetzes zur Regelung des Beschäftigtendatenschutzes vom 25.8.2010, S. 5.

40 BR-Drs. 535/10, S. 24.

41 Ebenda.

42 Vorauflage, S. 379.

2.4.2 Definition

Eine Definition der mobilen personenbezogenen Speicher- und Verarbeitungsmedien findet sich in § 3 Abs. 10 BDSG. Durch dreierlei Eigenschaften zeichnen sich danach mobile personenbezogene Speicher- oder Verarbeitungsmedien aus:

a) Es handelt sich um Datenträger, die an den Betroffenen ausgegeben werden (Nr. 1). Keine Voraussetzung ist, dass bereits bei Ausgabe der Medien irgendwelche Daten auf diesen abgespeichert sind; vielmehr können auch „blanko“ ausgegebene Medien unter Abs. 10 fallen.[43]

b) Des Weiteren muss es sich um Speicher- oder Verarbeitungsmedien handeln, auf denen personenbezogene Daten über die Speicherung hinaus durch die ausgebende oder eine andere Stelle automatisiert verarbeitet werden können (Nr. 2).

Beispiele: Da es auf die Beschaffenheit und Gestaltung nicht ankommt, muss es sich bei diesen Medien nicht um unbedingt um eine Karte o.Ä. handeln, möglich ist etwa auch ein Armband, eine Kette oder ein anderer Gegenstand.[44] Bloße Speichermedien (CDs, Magnetkarten) werden hingegen nicht erfasst.

c) Dritte Voraussetzung ist schließlich, dass der Betroffene die Datenverarbeitung auf diesen Medien nur durch den „Gebrauch“ des Mediums beeinflussen kann (Nr. 3).

Beispiele: Ein solcher Gebrauch kann etwa das Einführen einer Chipkarte in ein Lesegerät sein oder die Auswahl zwischen einigen wenigen vom Verfahren vorgegebenen Alternativen, etwa das Drücken einer Taste an einem Lesegerät. Kann hingegen der Benutzer die Verarbeitungsvorgänge auf vielfältige Weise steuern, wie etwa bei Mobiltelefonen oder Notebooks, handelt es sich nicht mehr um mobile personenbezogene Speicher- und Verarbeitungsmedien im Sinne des Abs. 10.[45]

2.4.3 Transparenzvorgaben des § 6c BDSG

§ 6c BDSG sieht eine Reihe von Regelungen vor, welche die Transparenz des Datenverarbeitungsprozesses sicherstellen sollen:

- Nach Abs. 1 Nr. 1 ist der Betroffene über die Identität und Anschrift der Stelle zu unterrichten, die ein mobiles personenbezogenes Speicher- und Verarbeitungsmedium ausgibt oder ein Verfahren zur automatisierten Verarbeitung personenbezogener Daten auf ein solches Medium aufbringt. Zweck dieser Unterrichtungsverpflichtung ist, dass der Betroffene seine Rechte gegenüber der verpflichteten Stelle wahrnehmen und gegebenenfalls auch gerichtlich durchsetzen kann.[46]

---

[43] BT-Drs. 14/5793, S. 60.

[44] BT-Drs. 14/5793, S. 60.

[45] BT-Drs. 14/5793, S. 60

[46] Vgl. BT-Drs. 14/5793, S. 63.

- Nach Abs. 1 Nr. 2 ist der Betroffene darüber hinaus „in allgemein verständlicher Form" auch über die Funktionsweise des Mediums einschließlich der Art der zu verarbeitenden personenbezogenen Daten zu unterrichten, um so den Datenverarbeitungsvorgang nachvollziehen zu können Der Betroffene muss der Unterrichtung entnehmen können, welche seiner personenbezogenen Daten mit welchen Programmfunktionen verarbeitet werden.[47]
- Des Weiteren ist der Betroffene nach Abs. 1 Nr. 3 auch darüber zu unterrichten, wie er seine Rechte auf Auskunft nach den §§ 19, 34 BDSG sowie auf Berichtigung, Löschung und Sperrung nach den §§ 20, 35 BDSG ausüben kann.
- Und schließlich ist der Betroffene nach Abs. 1 Nr. 4 auch über die Maßnahmen zu informieren, welche er bei Verlust oder Zerstörung des Mediums ergreifen sollte. Einer solchen Unterrichtungspflicht kann beispielsweise durch die Mitteilung von geeigneten Telefonnummern für Kartensperrungen nachgekommen werden.[48]

Die Unterrichtungspflicht entfällt gem. § 6c Abs. 1 BDSG a.E. dann, wenn der Betroffene bereits Kenntnis erlangt hat. Grundsätzlich hat eine Unterrichtung so früh wie nur möglich zu erfolgen, damit der Betroffene bereits vor dem ersten Speichern von personenbezogenen Daten die Bedeutung und Tragweite des Verfahrens erkennen kann.[49] Der Inhalt der Unterrichtung sollte dem Betroffenen in der Form eines dauerhaft verfügbaren Mediums ausgehändigt werden, z. B. in schriftlicher Form. Nur so kann dem dauerhaft bestehenden Informationsbedarf seitens des Betroffenen in angemessener Form Rechnung getragen werden.[50]

Eine wesentliche Voraussetzung zur effektiven Ausübung des Auskunftsrechts ist, dass hierfür die nötige Infrastruktur gegeben ist. Daher sieht § 6c Abs. 2 BDSG vor, dass die nach § 6c Abs. 1 BDSG verpflichtete Stelle für die zur Wahrnehmung des Auskunftsrechts erforderlichen Geräte oder Einrichtungen in angemessenem Umfang zum unentgeltlichen Gebrauch sorgen muss. Solche Geräte oder Einrichtungen können mobil oder fest installiert sein (Terminals).

Beispiel: In einer Apotheke werden Lesegeräte für die elektronische Gesundheitskarte aufgestellt.[51]

Als weitere Transparenzvorgabe normiert § 6c Abs. 3 BDSG, dass Kommunikationsvorgänge, die auf dem Medium eine Datenverarbeitung auslösen, für den Betroffenen eindeutig erkennbar sein müssen. § 6c Abs. 3 BDSG ergänzt die allgemeine Unterrichtungspflicht aus § 6c Abs. 1 BDSG um eine anlassbezogene Signalisierung einzelner Datenverarbeitungsvorgänge.[52] Dadurch soll sichergestellt werden, dass Datenverarbeitungsvorgänge etwa durch kontaktlose Transpondereinrichtungen nicht unbemerkt ausgelöst werden können. Eine Signalisierung nach § 6c Abs. 3 BDSG kann dabei auf vielfältige Art und Weise erfolgen,

---

47 Scholz in Simitis (Hg.), BDSG (7. A. 2011), § 6c Rn. 33.
48 Vorauflage, S. 383.
49 BT-Drs. 14/5793, S. 63.
50 Scholz in Simitis (Hg.), BDSG (7. A. 2011), § 6c Rn. 44.
51 Weichert in Däubler/Klebe/Wedde/Weichert, BDSG (3. A. 2010), § 6c Rn. 7.
52 BT-Drs. 14/5793, S. 64.

beispielsweise durch akustische Zeichen oder durch optische Kenntlichmachung auf den zur Verarbeitung genutzten technischen Einrichtungen.[53]

2.5 Automatisierte Abrufverfahren (§ 10 BDSG)

Automatisierte Abrufverfahren sind dadurch gekennzeichnet, dass sie eine Übermittlung personenbezogener Daten durch Abruf ermöglichen und zwar ohne dass dem jeweiligen Abruf eine Prüfung der Zulässigkeit der Datenübermittlung vorgeschaltet ist. Mit diesem erleichterten Zugriff auf Datenbestände geht eine besondere Gefährdung des Rechts auf informationelle Selbstbestimmung einher. Indem Dritte personenbezogene Daten selbständig abrufen können, erhalten sie de facto eine unkontrollierte Verfügungsgewalt über solche Daten. § 10 BDSG zielt darauf ab, den Schutz der Betroffenen bei solchen automatisierten Abrufverfahren dadurch zu gewährleisten, dass gewisse materielle und prozedurale Anforderungen an solche automatisierten Abrufsysteme gestellt werden.

Typisches **Beispiel** für ein automatisiertes Abrufverfahren sind etwa konzernweite Personalinformationssysteme (sog. Human Resource Systems), mittels derer Mitarbeiterdaten von Datenbanken abgerufen werden können.

2.5.1 Anwendungsbereich des § 10 BDSG

§ 10 BDSG regelt die Einrichtung von automatisierten Verfahren, die eine Übermittlung personenbezogener Daten durch Abruf ermöglichen. Keine Anwendung findet die Vorschrift jedoch, wenn es um einen Abruf „allgemein zugänglicher Daten“ geht, also solcher Daten, die jedermann nutzen kann, sei es auch erst nach vorheriger Anmeldung, Zulassung oder der Entrichtung eines Entgelts (§ 10 Abs. 5 BDSG).

Nicht von § 10 BDSG erfasst sind daher etwa Adress- und Telefondatenbanken, die über das Internet zugänglich sind, Literatur- und Branchendatenbanken oder auch öffentliche Register. Dies gilt auch dann, wenn für diese Datenbanken bestimmte Zugangsregeln gelten oder etwa aus Abrechnungsgründen eine Benutzeridentifizierung vorgesehen ist.[54]

Weitere Voraussetzung für eine Anwendbarkeit des § 10 BDSG ist, dass es zu einer „Übermittlung“ personenbezogener Daten kommt. § 3 Abs. 4 Nr. 3 BDSG definiert die Übermittlung als das Bekanntgeben personenbezogener Daten an einen Dritten. Dritter ist gemäß § 3 Abs. 8 S. 2 BDSG jede Person oder Stelle außerhalb der verantwortlichen Stelle, nicht aber der Betroffene selbst sowie diejenigen, die Daten im Auftrag verarbeiten. Keine Übermittlung i.S.d. § 10 BDSG liegt also insbesondere vor, wenn Daten nur innerhalb einer datenverarbeitenden Stelle ausgetauscht werden.

---

53 Scholz in Simitis (Hg.), BDSG (7. A. 2011), § 6c Rn. 65.

54 Klebe in Däubler/Klebe/Wedde/Weichert, BDSG (3. A. 2010), § 10 Rn. 19.

2.5.2 Die Zulässigkeitsvoraussetzungen eines automatisierten Abrufverfahrens

Die Zulässigkeitsprüfung im Rahmen eines automatisierten Abrufverfahrens erfolgt zweistufig: Gemäß § 10 Abs. 1 S. 1 BDSG ist zunächst in einem Abwägungsprozess zu ermitteln, ob die Einrichtung eines automatisierten Abrufverfahrens als solche zulässig ist. § 10 Abs. 1 S. 2 BDSG bestimmt darüber hinaus, dass die Zulässigkeit des einzelnen, konkreten Datenabrufes gesondert zu prüfen ist.[55]

Einrichtung des automatisierten Abrufverfahrens

Gemäß § 10 Abs. 1 S. 1 BDSG ist die Einrichtung eines automatisierten Verfahrens nur zulässig, soweit dieses Verfahren unter Berücksichtigung der schutzwürdigen Interessen der Betroffenen und der Aufgaben oder Geschäftszwecke der beteiligten Stellen angemessen ist. Im Rahmen der Angemessenheitsüberprüfung sind die Interessen der beteiligten Stellen, die ein solches Verfahren einrichten wollen, gegen die Belange der durch ein solches Verfahren Betroffenen abzuwägen.[56]

Für eine Angemessenheit spricht etwa, dass ein Bedürfnis nach besonders schneller Auskunft oder das Erfordernis von Datenübermittlungen in sehr großem Umfang bestehen (sog. Massenübermittlungen).[57]

Stets muss jedoch eine Abwägung im konkreten Einzelfall stattfinden. Stets kann aber ein angemessenes Schutzniveau und die Angemessenheit eines automatisierten Abrufverfahrens von vornherein nur dann bejaht werden, wenn der Kernbereich der Privatsphäre der Betroffenen durch die Möglichkeit des automatisierten Datenabrufs im Wesentlichen nicht eingeschränkt wird.[58]

Für den jeweils durchzuführenden Abwägungsvorgang haben die beteiligten öffentlichen sowie nicht-öffentlichen Stellen die Entscheidung über die Zulässigkeit eines automatisierten Datenabrufs in eigener Verantwortung zu treffen.[59] Eine Ausnahme davon bildet jedoch die Regelung des § 10 Abs. 3 BDSG, bei der für den öffentlichen Bereich besondere Beteiligungs- und Unterrichtungsregelungen vorgesehen sind.

Einzelner Datenabruf

Unabhängig von der Zulässigkeit der Einrichtung eines automatisierten Verfahrens als solcher muss gemäß § 10 Abs. 1 S. 2 BDSG auch der einzelne Datenabruf nach den allgemeinen datenschutzrechtlichen Regeln zulässig sein. Für die Zulässigkeitsüberprüfung des jeweiligen konkreten Datenabrufes ist gemäß § 10 Abs. 4 S. 1 BDSG der Dritte, der die Daten abruft, verantwortlich, da die die Daten zur Verfügung stellende Stelle keinen Einfluss auf den einzelnen Abruf hat.[60]

---

55 Ehmann in Simitis (Hg.), BDSG (7. A. 2011), § 10 Rn. 39.

56 Vorauflage, S. 393.

57 BT-Drs. 11/4306, S. 43 (noch zu § 9 RegE BDSG).

58 Vgl. Ehmann/Helfrich, EG-Datenschutzrichtlinie (1999), Art. 25 Rn. 4.

59 Ehmann in Simitis (Hg.), BDSG (7. A. 2011), § 10 Rn. 79.

60 Vgl. Gola/Schomerus, BDSG (10. A. 2010), § 10 Rn. 10.

Dennoch verbleibt auch bei der übermittelnden Stelle, welche die abgerufenen Daten dem Dritten zukommen lässt, noch eine Restverantwortung, die in § 10 Abs. 4 S. 2–4 BDSG näher konkretisiert wird.[61] So hat gemäß § 10 Abs. 4 S. 2 BDSG bei entsprechendem Anlass ausnahmsweise auch die übermittelnde bzw. speichernde Stelle die Zulässigkeit des Datenabrufes zu überprüfen, insbesondere wenn es im konkreten Fall Indizien für eine Rechtsverletzung gibt. § 10 Abs. 4 S. 3 BDSG legt ferner fest, dass die übermittelnde Stelle zu gewährleisten hat, dass die Übermittlung personenbezogener Daten zumindest durch geeignete Stichprobenverfahren festgestellt und überprüft werden kann. § 10 Abs. 4 S. 4 BDSG modifiziert für die sog. Stapelverarbeitung (Abruf bzw. Übermittlung eines Gesamtbestands von Datenbeständen) nochmals das Überprüfungsverfahren: Die Zulässigkeitsüberprüfung bezieht sich hier nur auf die Rechtmäßigkeit der Übermittlung des Gesamtbestands und nicht auf die einzelnen Daten, es findet insoweit also eine Erleichterung der Nachweispflicht der verantwortlichen Stelle statt.[62]

2.5.3 Kontrollmöglichkeiten zur Überprüfung der Zulässigkeit, § 10 Abs. 2 BDSG

Auch nachdem ein automatisiertes Abrufverfahren zunächst einmal zulässigerweise eingerichtet worden ist, soll die Zulässigkeit des einmal eingerichteten Verfahrens jederzeit kontrolliert werden können. Zur Umsetzung einer solchen fortwährenden Zulässigkeitsüberprüfung normiert Abs. 2 umfassende Dokumentationspflichten. Im Einzelnen sind gemäß Abs. 2 S. 2 folgende Punkte schriftlich und allgemeinverständlich niederzulegen:

- Nr. 1 – Anlass und Zweck des Abrufverfahrens: Hierzu gehört eine nachvollziehbare Darstellung der Interessenabwägung des § 10 Abs. 1 S. 1 BDSG und somit eine Begründung für die Annahme, dass die Einrichtung des automatisierten Abrufverfahrens angemessen ist.[63] Es muss ferner erläutert werden, für welche Aufgaben welche Daten benötigt werden und warum dieses gerade im Rahmen eines automatisierten Abrufverfahrens zu erfolgen hat.[64]
- Nr. 2 – Dritte, an die übermittelt wird: Generelle Angaben, welche die abrufendende Stelle nur nach ihrer Funktion beschreiben, sind nicht ausreichend.[65] Vielmehr muss die einzelne Stelle konkret und individuell benannt werden.

Beispiele: Nicht ausreichend ist die Angabe „Kreditinstitute“ oder „Finanzämter“; angegeben werden müssen vielmehr etwa die Firma, der Name oder die sonstige Geschäftsbezeichnung, so dass eine Nachverfolgung möglich ist, also „X–Bank AG“ oder „Finanzamt der Stadt A.“[66]

61 Vgl. Ehmann in Simitis (Hg.), BDSG (7. A. 2011), § 10 Rn. 100.
62 Gola/Schomerus, BDSG (10. A. 2010), § 10 Rn. 16.
63 Vgl. Gola/Schomerus, BDSG (10. A. 2010), § 10 Rn. 14.
64 Klebe in Däubler/Klebe/Wedde/Weichert, BDSG (3. A. 2010), § 10 Rn. 12.
65 Gola/Schomerus, BDSG (10. A. 2010), § 10 Rn. 14.
66 Vgl. Klebe in Däubler/Klebe/Wedde/Weichert, BDSG (3. A. 2010), § 10 Rn. 13.

- Nr. 3 – Art der zu übermittelnden Daten: Hier sind eine Beschreibung der Datenart sowie genaue Angaben darüber erforderlich, welche Informationen konkret weitergegeben werden.

Beispiele: Die Bezeichnung „Kundendaten" reicht für sich genommen nicht aus, vielmehr muss auf die Einzeldaten wie Name, Geburtsdatum, Adresse, Telefonnummern, etc. Bezug genommen werden. Ferner ist anzugeben, welche Empfänger im Hinblick auf welche Daten abrufberechtigt sind.[67]

- Nr. 4 – nach § 9 BDSG erforderliche technische und organisatorische Maßnahmen.

2.5.4 Besondere Beteiligungs- und Unterrichtungsverfahren im öffentlichen Bereich, § 10 Abs. 3 BDSG

§ 10 Abs. 3 BDSG sieht für den öffentlichen Bereich in S. 1 ein besonderes Unterrichtungsverfahren und in S. 2 ein besonderes Beteiligungsverfahren vor. Das Verfahren nach S. 2, welches über die Anforderungen des § 10 Abs. 1 S. 1 BDSG hinausgeht, ist zudem für die Beurteilung der Zulässigkeit der Einrichtung eines Abrufverfahrens relevant.

2.6 Automatisierte Einzelentscheidungen (§ 6a BDSG)

§ 6a BDSG wurde 2001 neu in das BDSG aufgenommen. Die Vorschrift soll den einzelnen Betroffenen davor bewahren, zum bloßen Objekt einer automatisierten Datenverarbeitung zu werden. § 6a BDSG stellt klar, dass die verantwortliche Stelle Entscheidungen, die für den Betroffenen eine rechtliche Folge nach sich ziehen oder ihn erheblich beeinträchtigen, nicht ausschließlich auf eine automatisierte Verarbeitung personenbezogener Daten stützen darf, die der Bewertung einzelner Persönlichkeitsmerkmale dient. Die Vorschrift ist Ausdruck der Erkenntnis, dass das Problem moderner Datenverarbeitung oftmals nicht so sehr in der Offenlegung privater Daten liegt als vielmehr in dem Automatismus und der Undurchschaubarkeit eines anonymen Datenverarbeitungssystems, das den Einzelnen mittels mehr oder weniger fragwürdiger Kriterien auf bestimmte Persönlichkeitsmerkmale reduziert und ihn allein auf dieser Grundlage als „gut" oder „schlecht" kategorisiert.

§ 6a BDSG setzt die in Art. 15 DSRL normierten Vorgaben für die Zulässigkeit automatisierter Einzelentscheidungen um. Art. 15 DSRL zählt beispielhaft bestimmte Persönlichkeitsmerkmale auf, auf deren Bewertung eine automatisierte Datenverarbeitung i.S.d. Art. 15 DSRL ausgerichtet sein kann: berufliche Leistungsfähigkeit, Kreditwürdigkeit, Zuverlässigkeit oder Verhalten einer bestimmten Person. Art. 20 des Kommissionsentwurfs für eine DS-GVO erweitert diesen Beispielskatalog nochmals und erwähnt als weitere Persönlichkeitsmerkmale auch wirtschaftliche Situation, Aufenthaltsort, Gesundheitszustand und persönliche Vorlieben.

67 Vgl. ebenda.

2.6.1 Beispiel Credit Scoring

Ein Hauptanwendungsfall für die Vorschrift des § 6a BDSG sind die Risiken des Credit-Reporting und hier insbesondere der Einsatz des **Credit Scoring**.

Mit dem Begriff Scoring werden all diejenigen Datenverarbeitungsvorgänge erfasst, bei denen es darum geht, die Zuverlässigkeit, Kreditwürdigkeit etc. einer Einzelperson anhand eines bestimmten Punktewertes zu beurteilen. Dieser Punktewert wird regelmäßig durch ein komplexes mathematisch-statistisches Berechnungsverfahren gewonnen.[68]

§ 6a BDSG soll beim Credit Scoring vor der Situation schützen, dass der von einer Auskunftei an das Kreditinstitut übermittelte Scorewert direkt automatisiert in andere Parameter des Kreditinstituts eingearbeitet wird und sich der Kreditsachbearbeiter nur noch darauf beschränkt, dem Kreditsuchenden das Ergebnis der Computeranalyse „Kreditgewährung ja/-nein" zu übermitteln, ohne dass die einzelnen, zu dem Ergebnis führenden Berechnungen noch nachvollzogen, geschweige denn hinterfragt würden. § 6a BDSG soll davor schützen, dass auf diese Weise dem einzelnen Betroffenen jegliche Möglichkeit abgeschnitten wird, die Berechtigung und Richtigkeit eines Scorewertes zu überprüfen oder gar in Frage zu stellen. Immer wieder kommt es bei den Datenschutzbehörden zu Beschwerden von Verbrauchern, deren Kreditanträge allein mit der pauschalen Berufung auf eine „schlechte SCHUFA" oder einen „schlechten Score" abgelehnt wurden.[69]

2.6.2 Ausgangspunkt: Verbot automatisierter Einzelentscheidungen

Gemäß § 6a Abs. 1 S. 1 BDSG dürfen Entscheidungen, die für den Betroffenen eine **rechtliche Folge** nach sich ziehen oder ihn **erheblich beeinträchtigen**, nicht ausschließlich auf eine automatisierte Verarbeitung personenbezogener Daten gestützt werden, die der Bewertung einzelner Persönlichkeitsmerkmale dienen.

Beispiele für rechtliche Folgen sind z. B. im öffentlichen Recht die Entscheidung über den Erlass von leistungsgewährenden Verwaltungsakten oder polizei- und ordnungsrechtlichen Verfügungen. Im Privatrecht fallen unter diesen Begriff sowohl die Entscheidung über einen Vertragsabschluss überhaupt als auch die konkrete Ausgestaltung von Verträgen.[70]

Von einer erheblichen Beeinträchtigung ist immer dann auszugehen, wenn der Betroffene durch die Entscheidung in seiner wirtschaftlichen oder persönlichen Entfaltung nachhaltig gestört wird.[71]

Beispiele für erhebliche Beeinträchtigungen sind die Kündigung eines Kredites, ein erhöhter Zinssatz oder die Versagung einer behördlichen Genehmigung. Umstritten ist, ob

[68] Ausführlich unten Teil IV, Kap 4.3.

[69] FINANZtest 4/2003, 29, 31 f.

[70] Weichert in Däubler/Klebe/Wedde/Weichert, BDSG (3. A. 2010), § 6a Rn. 8.

[71] Kühling/Seidel/Sivridis, Datenschutzrecht (2. A. 2011), S. 159.

auch in einer Belästigung eine erhebliche Beeinträchtigung liegen kann, etwa in einer Nutzung von Kommunikationsdaten für unerwünschte Telefon-, Fax- oder E-Mail-Werbung.[72]

Nach § 6a Abs. 1 S. 2 BDSG liegt eine automatisierte Einzelentscheidung insbesondere dann vor, wenn keine inhaltliche Bewertung und darauf gestützte Entscheidung durch eine natürliche Person stattgefunden hat. Davon ist nicht nur dann auszugehen, wenn eine Überprüfung der Entscheidung durch eine Person überhaupt nicht stattfindet, sondern auch dann, wenn eine automatisiert getroffene Entscheidung durch eine Person ohne weiteres übernommen wird. Indiz für eine automatisierte Einzelentscheidung ist, dass die Grundlagen und Bedingungen, unter denen die Entscheidung letztlich getroffen wird, einseitig von der verantwortlichen Stelle festgelegt werden und der Betroffene der Entscheidung damit gewissermaßen unterworfen wird.[73]

Einschlägig ist das Verbot automatisierter Einzelentscheidungen nach § 6a Abs. 1 BDSG allerdings nur dann, wenn sich diese Entscheidungen auf Verfahren stützen, die der „Bewertung" einzelner Persönlichkeitsmerkmale dienen. Nicht erfasst sind also automatisiert voreingestellte einfache „Wenn-Dann-Entscheidungen", etwa die biometrische oder chipkartenbasierte Zutrittskontrolle oder auch die Geldausgabe am Automaten je nach Verfügungsrahmen.[74]

2.6.3 Zulässige automatisierte Einzelentscheidungen

Von dem Verbot automatisierter Einzelentscheidungen sieht § 6a Abs. 2 BDSG zwei Ausnahmen vor. Gemäß Abs. 2 Nr. 1 ist eine automatisierte Einzelentscheidung dann zulässig, wenn die Entscheidung im Rahmen des Abschlusses oder der Erfüllung eines Vertragsverhältnisses oder eines sonstigen Rechtsverhältnisses ergeht **und** dem Begehren des Betroffenen stattgegeben wurde.

Beispiel: Ein Vertrag (etwa Arbeitsvertrag, öffentlich-rechtlicher Vertrag) wird abgeschlossen und zwar nicht zu schlechteren als den beantragten Vertragsbedingungen/Konditionen.[75]

Daraus, dass für den Betroffenen positive Entscheidungen nicht unter das Verbot der automatisierten Einzelentscheidung gemäß § 6a Abs. 1 BDSG fallen, folgt, dass beispielsweise die in einem Bewerbungsverfahren für einen Arbeits- oder Darlehensvertrag automatisch abgelehnten Bewerber im Anschluss an die automatisierte Entscheidung durch einen Sachbearbeiter individuell zu überprüfen sind, während dies für einen angenommenen Bewerber nicht nötig ist.[76]

---

72 Bejahend Weichert in Däubler/Klebe/Wedde/Weichert, BDSG (3. A. 2010), § 6a Rn. 9; a.A. Gola/Schomerus, BDSG (10. A. 2010), § 6a Rn. 10.

73 Gola/Schomerus, BDSG (10. A. 2010), § 6a Rn. 3.

74 Weichert in Däubler/Klebe/Wedde/Weichert, BDSG (3. A. 2010), § 6a Rn. 3.

75 Vgl. Weichert in Däubler/Klebe/Wedde/Weichert, BDSG (3. A. 2010), § 6a Rn. 10.

76 BT-Drs. 16/10529, S. 13.

Gemäß Abs. 2 Nr. 2 gilt das Verbot automatisierter Einzelentscheidungen auch dann nicht, wenn die Wahrung der berechtigten Interessen des Betroffenen durch geeignete Maßnahmen gewährleistet ist **und** die verantwortliche Stelle dem Betroffenen die Tatsache des Vorliegens einer Entscheidung im Sinne des § 6a Abs. 1 BDSG mitteilt **sowie** auf Verlangen die wesentlichen Gründe dieser Entscheidung mitteilt und erläutert. Eine automatisierte Einzelentscheidung ist also auch zulasten des Betroffenen möglich, wenn die verantwortliche Stelle den Betroffenen über das Vorliegen einer automatisierten Entscheidung informiert und ihm auf sein Verlangen hin verständlich und transparent die wesentlichen Entscheidungsgründe mitteilt. Erforderlich ist es nicht, das gesamte Entscheidungsverfahren offenzulegen, ausreichend ist vielmehr die Mitteilung der für das Endergebnis letztlich ausschlaggebenden Gründe.[77] Auf diese Weise ist es dem Betroffenen möglich, seine Interessen sachgerecht wahrzunehmen (indem er z. B. mit einem zuständigen Sachbearbeiter in Verbindung tritt) und die Entscheidung des Gegenübers nachzuvollziehen.[78] Auch kann auf diese Weise festgestellt werden, ob falsche Daten Eingang in das Verfahren gefunden haben oder ob wesentliche Aspekte nicht berücksichtigt wurden. Auf der Grundlage dieser Erkenntnisse kann der Betroffene die getroffene Entscheidung reklamieren und unter Umständen eine neue, von einer Person geprüfte Entscheidung erhalten.[79]

2.6.4 Erweiterter Auskunftsanspruch, § 6a Abs. 3 BDSG

§ 6a Abs. 3 BDSG spricht dem durch die automatisierte Datenverarbeitung Betroffenen ein im Vergleich zu den §§ 19 und 34 BDSG nochmals erweitertes Auskunftsrecht gegenüber der für die Entscheidung verantwortlichen Stelle zu. Der Betroffene soll nachvollziehen können, nach welcher Logik er einer Bewertung und Entscheidung unterworfen wird, damit er überhaupt Aspekte vorbringen kann, welche die inhaltliche Überprüfung der getroffenen Entscheidung ermöglichen.[80] Der Auskunftsanspruch des Betroffenen kann nicht generell mit dem Argument des Schutzes der Geschäftsgeheimnisse abgelehnt werden. Nicht vom Auskunftsanspruch umfasst sind jedoch Auskünfte über die verwendete Software, insoweit gehen die Betriebs- und Geschäftsgeheimnisse der entscheidenden Stelle vor.[81]

2.7 Auftragsdatenverarbeitung (§ 11 BDSG)

Kostendruck und Effizienzstreben in Verwaltung und Wirtschaft führen dazu, dass sich Behörden und Unternehmen mehr und mehr des Instruments der Arbeitsteilung bedienen und auch Datenverarbeitungsprozesse an andere Unternehmen „outsourcen“. Die Beispiele hierfür sind vielfältiger Art, etwa die Bearbeitung der Gehaltsabrechnung durch ein externes Rechenzentrum, die Übernahme der Administration eines E-Mail-Servers durch ein externes

---

77 Vgl. Weichert in Däubler/Klebe/Wedde/Weichert, BDSG (3. A. 2010), § 6a Rn. 11 f.

78 BT-Drs. 16/10529, S. 13.

79 Weichert in Däubler/Klebe/Wedde/Weichert, BDSG (3. A. 2010), § 6a Rn. 12.

80 Weichert in Däubler/Klebe/Wedde/Weichert, BDSG (3. A. 2010), § 6a, Rn. 14; Gola/Schomerus, BDSG (10. A. 2010), § 6a Rn. 18.

81 BT-Drs. 14/4329, S. 38.

Unternehmen, die Einschaltung eines externen Call-Centers zur Kundengewinnung oder auch die Vernichtung von Datenträgern durch ein externes Unternehmen.

„Datenverarbeitung in der Wolke" (Cloud Computing)
Eine Form des Outsourcings, die aktuell ganz besonders im Fokus der datenschutzrechtlichen Diskussion steht, ist das sog. Cloud Computing – die „Datenverarbeitung in der Wolke". Cloud Computing steht für die mehr oder weniger umfangreiche Auslagerung der eigenen Datenverarbeitung in besagte „Wolken" (= Rechnerlandschaften, die von externen Anbietern über Netze, v.a. über das Internet, bereitgehalten werden). Cloud Computing kann sich auf die Nutzung extern zur Verfügung gestellter Software oder Speicherkapazitäten beschränken,[82] kann aber auch bis hin zur Nutzung der gesamten IT-Infrastruktur gehen.[83]

Einschlägige gesetzliche Regelung für das Outsourcing von Datenverarbeitungsprozessen ist § 11 BDSG, der die sog. Auftragsdatenverarbeitung regelt. Dem § 11 BDSG liegt die Idee einer **Einheit von Auftraggeber und Auftragnehmer** zugrunde. Soweit eine andere Stelle als Auftragnehmer weisungsgebunden (s. dazu sogleich unten) personenbezogene Daten verarbeitet, ist diese kein „Dritter" im datenschutzrechtlichen Sinne.[84] Auftragnehmer und Auftraggeber werden vielmehr vom Gesetz als rechtliche Einheit behandelt. Folglich wird die wechselseitige Weitergabe personenbezogener Daten zwischen Auftragnehmer und Auftraggeber datenschutzrechtlich zunächst einmal als irrelevant eingestuft und es bedarf daher auch keines datenschutzrechtlichen Erlaubnistatbestands für die Datenweitergabe („Privilegierung" der Auftragsdatenverarbeitung[85]). Verantwortlich für die Einhaltung der datenschutzrechtlichen Vorschriften bleibt grundsätzlich allein der Auftraggeber; dieser ist weiterhin „Herr der Daten" und bestimmt als solcher über die Art und Weise der Datenverarbeitung. Der Auftragnehmer hingegen fungiert lediglich als eine Art „verlängerter Arm" des weiterhin allein verantwortlichen Auftraggebers.[86]

Zu beachten ist jedoch, dass die datenschutzrechtliche Fiktion einer Einheit von Auftraggeber und Auftragnehmer **andere Geheimhaltungspflichten unberührt** lässt.[87]

Beispiel: Auch im Falle der Auftragsdatenverarbeitung nach § 11 BDSG ist etwa die ärztliche Schweigepflicht zu wahren. Eine Preisgabe von Patientendaten gegenüber einem externen Dienstleister würde daher ungeachtet der Regelung des § 11 BDSG die ärztliche Schweigepflicht verletzen, wenn diese Preisgabe nicht durch eine gesetzliche Erlaubnisnorm oder durch die Einwilligung des Betroffenen selbst gedeckt ist.

---

[82] Sog. Software-as-a-Service (SaaS) oder Storage-as-a-Service.

[83] Sog. Infrastructure-as-a-Service (IaaS); ausführlich zum Ganzen Weichert, DuD 2010, 679.

[84] Siehe § 3 Abs. 8 S. 3 BDSG: „Dritte sind nicht der Betroffene sowie Personen und Stellen, die … personenbezogene Daten im Auftrag erheben, verarbeiten oder nutzen."

[85] Petri in Simitis (Hg.), BDSG (7. A. 2011), § 11 Rn. 43.

[86] Gola/Schomerus, BDSG (10. A. 2010), § 11 Rn. 3.

[87] Petri in Simitis (Hg.), BDSG (7. A. 2011), § 11 Rn. 44.

2.7.1 Anwendungsbereich

Eine Auftragsdatenverarbeitung i.S.d. § 11 BDSG liegt nur dann vor, wenn die beauftragte Stelle **weisungsgebunden** für den Auftraggeber handelt, sie also keinen eigenen Wertungs- und Entscheidungsspielraum hat. Führt die beauftragte Stelle den Auftrag hingegen eigenverantwortlich durch oder sind ihr personenbezogene Daten für eigene Geschäftszwecke überlassen worden, so handelt es sich bei dieser Stelle nicht mehr um eine beauftragte Stelle i.S.d. § 11 BDSG, sondern um einen Dritten i.S.v. § 3 Abs. 8 S. 2 BDSG.[88] Dementsprechend sind in einem solchen Fall die allgemeinen datenschutzrechtlichen Vorgaben zu beachten, insbesondere unterliegt eine Übermittlung personenbezogener Daten an solch eine eigenverantwortlich handelnde Stelle dem Verbotsgrundsatz des § 4 Abs. 1 BDSG.

Streitig ist, ob von einer Auftragsdatenverarbeitung i.S.d. § 11 BDSG auch dann noch ausgegangen werden kann, wenn es sich um eine sog. **Funktionsübertragung** handelt. Im Falle der Funktionsübertragung geht die Tätigkeit der beauftragten Stelle über eine bloße Hilfs- und Unterstützungstätigkeit beim Prozess der Datenverarbeitung hinaus. Der beauftragten Stelle werden hier bestimmte Aufgaben oder Funktionen vollständig überlassen, sie erbringt also beispielsweise nicht mehr allein bloße Rechenzentrumsleistungen, sondern erledigt einen bestimmten Aufgabenbereich (Einkauf, Vertrieb, Schadensregulierung etc.) vollumfänglich.[89]

- Nach bislang h. M. handelt es sich in einem solchen Fall nicht mehr um eine Auftragsdatenverarbeitung i.S.d. § 11 BDSG.[90]
- Nach anderer Ansicht soll es hingegen für die Frage der Anwendbarkeit des § 11 BDSG nicht darauf ankommen, **was** an Aufgaben und Funktionen übertragen wird, sondern allein darauf, **wie** diese Aufgaben und Funktionen übertragen werden, konkret ob sich die beauftragte Stelle bei ihrer Funktions- und Aufgabenwahrnehmung den Weisungen des Auftraggebers unterordnet (dann Auftragsdatenverarbeitung i.S.d. § 11 BDSG) oder ob sie eigenverantwortlich und weisungsunabhängig tätig wird (dann keine Auftragsdatenverarbeitung i.S.d. § 11 BDSG).[91]

So unterschiedlich sich die beiden Ansätze auf den ersten Blick präsentieren, so unwahrscheinlich ist es doch, dass sie im konkreten Fall auch zu unterschiedlichen Ergebnissen kommen. Regelmäßig wird eine Funktionsübertragung gerade auch dadurch gekennzeichnet sein, dass derjenige Datenverarbeiter, auf den nicht nur einzelne Hilfstätigkeiten, sondern ein umfassender Aufgabenbereich übertragen worden ist, diesen Aufgabenbereich auch mit der entsprechenden Eigenverantwortlichkeit übernimmt.

Die typischen Fallgestaltungen einer Funktionsübertragung[92] – eigenverantwortliche Gewährleistung von Zulässigkeit und Richtigkeit des Datenumgangs durch „Auftragnehmer“, inhaltliche Organisation auch des Geschäftsablaufs durch diesen, keine Möglichkeit des „Auftraggebers“ zur Beeinflussung einzelner Phasen der Datenverarbeitung – sind ebenso auch typische Eigenheiten einer *eigenverantwortlichen* Durchführung der Datenverarbeitung. In Zweifelsfällen sollte jedenfalls, solange sich im konkreten Fall die auftraggebende Stelle

[88] Gabel in Taeger/Gabel (Hg.), BDSG (2010), § 11 Rn. 12.
[89] Gabel in Taeger/Gabel (Hg.), BDSG (2010), § 11 Rn. 14.
[90] Siehe etwa Wedde in Däubler/Klebe/Wedde/Weichert, BDSG (3. A. 2010), § 11 Rn. 14.
[91] Gabel in Taeger/Gabel (Hg.) BDSG (2010), § 11 Rn. 15.
[92] Siehe dazu Petri in Simitis (Hg.), BDSG (7. A. 2011), § 11 Rn. 23.

die Entscheidungs- und Weisungshoheit vorbehält, von einer Auftragsdatenverarbeitung im Sinne des § 11 BDSG ausgegangen werden, um im Interesse eines effektiven Datenschutzes an der klaren Verantwortungszuweisung des § 11 BDSG festhalten zu können.

Auftragsdatenverarbeitung oder Funktionsübertragung – Beispiele:[93]
- Outsourcing der Buchhaltung: Funktionsübertragung
- Entsorgung von Datenträgern: Auftragsdatenverarbeitung
- Entgeltabrechnung: Auftragsdatenverarbeitung
- Inkasso- und Forderungsmanagement: i. d. R. Funktionsübertragung
- Callcenter: Auftragsdatenverarbeitung, soweit lediglich Kommunikationsvermittlung / lediglich vorgegebene Serviceleistungen ohne eigenen Entscheidungsspielraum

2.7.2 Allgemeine Verantwortlichkeit des Auftraggebers (Abs. 1)

Im Fall der Auftragsdatenverarbeitung i.S.d. § 11 BDSG liegt die alleinige Verantwortlichkeit für die Einhaltung der jeweils einschlägigen datenschutzrechtlichen Vorschriften beim Auftraggeber. Dieser soll sich seiner datenschutzrechtlichen Verantwortlichkeit nicht einfach dadurch entziehen können, dass er die Verarbeitung personenbezogener Daten einer externen Stelle überlässt. Auch im Fall der Auftragsdatenverarbeitung ist es daher am Auftraggeber, die datenschutzrechtlichen Vorgaben für eine Verarbeitung personenbezogener Daten zu wahren. Insbesondere muss er

- die allgemeinen und bereichsspezifischen Zulässigkeitsvorschriften für eine Datenverarbeitung beachten,
- die Betroffenenrechte wahren und
- für eventuelle Schäden durch eine unzulässige oder unrichtige Datenverarbeitung einstehen.

2.7.3 Besondere Pflichten des Auftraggebers (Abs. 2)

Auswahl und Überprüfung des Auftragnehmers

Nach § 11 Abs. 2 S. 1 BDSG ist der Auftraggeber zunächst einmal verpflichtet, den Auftragnehmer sorgfältig auszuwählen; ebenso trifft ihn während der Ausführung des Auftrags die Pflicht einer fortlaufenden Überprüfung (Abs. 2 S. 4). Für die Auswahl gilt, dass der vom Auftragnehmer zu gewährleistende Schutzstandard umso höher sein muss, je sensibler die betroffenen personenbezogenen Daten sind.[94] Ebenso hat sich auch die Art und Intensität der fortlaufenden Überprüfung des Auftragnehmers nach der Schutzwürdigkeit der im konkreten Fall betroffenen Daten zu richten. Die Kontrollintensität kann bei den laufenden Kontrollen geringer sein als bei der erstmaligen Kontrolle vor Beginn der Datenverarbeitung.[95] Das Ergebnis dieser Kontrollen ist nach § 11 Abs. 2 S. 5 BDSG zu dokumentieren.

---

93 Diese und andere Beispiele bei Petri in Simitis (Hg.), BDSG (7. A. 2011), § 11 Rn. 25 ff.

94 Vgl. Wedde in Däubler/Klebe/Wedde/Weichert, BDSG (3. A. 2010), § 11 Rn. 27.

95 Gabel in Taeger/Gabel (Hg.), BDSG (2010), § 11 Rn. 37.

Inhalt und Form der Auftragserteilung

Der Auftrag selbst ist gemäß § 11 Abs. 2 S. 2 BDSG schriftlich zu erteilen. Darüber hinaus muss der Auftrag eine ganze Reihe von Mindestbestandteilen enthalten, wie sie in den Ziff. 1 bis 10 des Abs. 2 im Einzelnen aufgeführt sind. Festzulegen sind danach bei der Auftragserteilung „insbesondere" die folgenden zehn Punkte:

- der Gegenstand und die Dauer des Auftrags,
- der Umfang, die Art und der Zweck der vorgesehenen Erhebung, Verarbeitung oder Nutzung von Daten, die Art der Daten und der Kreis der Betroffenen,
- die nach § 9 zu treffenden technischen und organisatorischen Maßnahmen,
- die Berichtigung, Löschung und Sperrung von Daten,
- die nach Absatz 4 bestehenden Pflichten des Auftragnehmers, insbesondere die von ihm vorzunehmenden Kontrollen,
- die etwaige Berechtigung zur Begründung von Unterauftragsverhältnissen,
- die Kontrollrechte des Auftraggebers und die entsprechenden Duldungs- und Mitwirkungspflichten des Auftragnehmers,
- mitzuteilende Verstöße des Auftragnehmers oder der bei ihm beschäftigten Personen gegen Vorschriften zum Schutz personenbezogener Daten oder gegen die im Auftrag getroffenen Festlegungen,
- der Umfang der Weisungsbefugnisse, die sich der Auftraggeber gegenüber dem Auftragnehmer vorbehält,
- die Rückgabe überlassener Datenträger und die Löschung beim Auftragnehmer gespeicherter Daten nach Beendigung des Auftrags.

2.7.4 Pflichten des Auftragnehmers (Abs. 3)

Die Pflichten des Auftragnehmers regelt § 11 Abs. 3 BDSG. Grundsätzlich darf der Auftragnehmer gemäß § 11 Abs. 3 S. 1 BDSG personenbezogene Daten nur im Rahmen der Weisungen des Auftraggebers verarbeiten. Falls er der Ansicht sein sollte, dass eine Weisung des Auftraggebers gegen das BDSG oder andere datenschutzrechtliche Vorschriften verstößt, hat er den Auftraggeber unverzüglich darauf aufmerksam zu machen, § 11 Abs. 3 S. 2 BDSG. Allerdings trifft den Auftragnehmer keine spezifische Verpflichtung, jeden Auftrag vollständig auf die Einhaltung der datenschutzrechtlichen Vorgaben zu überprüfen. Es bleibt vielmehr dabei, dass die grundsätzliche Verantwortung einer rechtmäßigen Auftragsdatenverarbeitung beim Auftraggeber liegt.

2.7.5 Sonstige Regelungen (Abs. 4 und 5)

§ 11 Abs. 4 BDSG bestimmt, welche gesetzlichen Vorschriften vom Auftragnehmer zusätzlich zu den Weisungen des Auftraggebers gemäß § 11 Abs. 2 S. 2 BDSG zu beachten sind. Des Weiteren wird die Datenschutzkontrolle und -aufsicht für den Bereich der Auftragsdatenverarbeitung geregelt.

Gemäß § 11 Abs. 5 BDSG gilt § 11 Abs. 1 bis 4 BDSG entsprechend, wenn eine Prüfung oder Wartung von automatisierten Verfahren oder Datenverarbeitungsanlagen durch eine andere als die verantwortliche Stelle im Auftrag vorgenommen wird und dabei ein Zugriff auf personenbezogene Daten nicht ausgeschlossen werden kann. Zwar übernimmt in solchen

Fällen die beauftragte Stelle nicht unmittelbar die eigentliche Datenverarbeitung, jedoch besteht aber zumindest die Möglichkeit, dass diese bei der Prüfung oder Wartung beiläufig Kenntnis über die dort verarbeiteten Daten erlangt.[96] Die Gefährdungslage für das Persönlichkeitsrecht der von der Datenverarbeitung betroffenen Personen ist in dieser Konstellation mit derjenigen einer Auftragsdatenverarbeitung vergleichbar.[97]

2.7.6 Auftragsdatenverarbeitung durch ausländische Stellen

Soweit eine beauftragte Stelle innerhalb der EU oder des EWR und damit im Geltungsbereich der EU-Datenschutzrichtlinie tätig wird, ist die Regelung des § 11 BDSG uneingeschränkt anwendbar. Hingegen kommt eine Auftragsdatenverarbeitung i.S.d. § 11 BDSG in einem sog. Drittstaat, also einem Staat außerhalb der EU oder des EWR, nach der Konzeption des BDSG von vornherein nicht in Betracht. Werden personenbezogene Daten einem „Auftragnehmer" zur Datenverarbeitung in einem Drittstaat überlassen, so gilt in einem solchen Fall nicht die datenschutzrechtliche Fiktion einer Einheit von Auftraggeber und Auftragnehmer, wie sie § 11 BDSG vorsieht. Vielmehr handelt es sich in diesem Fall um eine *Übermittlung* personenbezogener Daten an einen Dritten und entsprechend müssen auch die datenschutzrechtlichen Zulässigkeitsvoraussetzungen für eine Datenübermittlung erfüllt sein.

Zulässig ist eine Übermittlung personenbezogener Daten an Datenverarbeiter in Drittstaaten zudem nur dann, wenn in dem jeweiligen Drittstaat entweder ein angemessenes Datenschutzniveau gewährleistet ist oder aber der für die Datenverarbeitung Verantwortliche ausreichende Datenschutzgarantien bietet.[98] Letztere Garantien können sich insbesondere aus der Verwendung sog. Standardvertragsklauseln ergeben, wie sie die EU-Kommission auch für die Datenübermittlung an Auftragsverarbeiter in Drittstaaten vorgelegt hat.[99] Möchte eine für die Datenverarbeitung verantwortliche Stelle personenbezogene Daten an einen Auftragsdatenverarbeiter in einem Drittstaat übermitteln, kann sie diese Standardvertragsklauseln verwenden, um auf diese Weise die von der Datenschutz-Richtlinie geforderten „angemessenen Garantien" zu gewährleisten.[100]

2.8 Datenschutzrechtlicher Binnen- und Drittländerraum

Der Begriff des datenschutzrechtlichen Binnen- und Drittländer-Raumes bezieht sich auf den grenzüberschreitenden Datenverkehr. Geregelt ist dieser in den §§ 4b und 4c BDSG, die wiederum die Art. 25 ff. DSRL umsetzen. Grundsätzlich sind zwei Konstellationen im Rahmen des grenzüberschreitenden Datenverkehrs zu unterschieden:

---

96 Vgl. Wedde in Däubler/Klebe/Wedde/Weichert, BDSG (3. A. 2010), § 11 Rn. 74.

97 Vgl. Gola/Schomerus, BDSG (10. A. 2010), § 11 Rn. 14.

98 Siehe dazu im Einzelnen sogleich unten Kap. 2.8.

99 Beschluss der Kommission vom 5. Februar 2010 über Standardvertragsklauseln für die Übermittlung personenbezogener Daten an Auftragsverarbeiter in Drittländern nach der Richtlinie 95/46/EG des Europäischen Parlaments und des Rates; ABl. EU Nr. L 39/5 v. 12.02.2010.

100 Siehe Art. 1 des Beschlusses der Kommission vom 5. Februar 2010: „Die Standardvertragsklauseln im Anhang gelten als angemessene Garantien hinsichtlich des Schutzes der Privatsphäre, der Grundrechte und der Grundfreiheiten von Personen sowie hinsichtlich der Ausübung der damit verbundenen Rechte nach Artikel 26 Absatz 2 der Richtlinie 95/46/EG."

- Datenübermittlungen innerhalb des datenschutzrechtlichen **Binnenraums**, innerhalb dessen aufgrund der EU-Datenschutzrichtlinie ein einheitliches Datenschutzniveau gewährleistet ist
- Datenübermittlungen an Stellen in **Drittstaaten**, die diesem Binnenraum nicht angehören.

Beide Arten der Übermittlung sind an jeweils unterschiedliche Voraussetzungen geknüpft.

2.8.1 Datenübermittlung innerhalb des datenschutzrechtlichen Binnenraums

§ 4b Abs. 1 BDSG betrifft die Datenübermittlung innerhalb des datenschutzrechtlichen Binnenraums. Hierzu zählen im Einzelnen:

- § 4b Abs. 1 Nr. 1 BDSG: die Mitgliedstaaten der Europäischen Union[101]
- § 4b Abs. 1 Nr. 2 BDSG: die zum Europäischen Wirtschaftsraum (EWR) gehörenden Länder Island, Norwegen und Liechtenstein; dort wurde ebenfalls die EG–DSRl umgesetzt, so dass diese Länder über das gleiche Schutzniveau verfügen.[102]
- § 4b Abs. 1 Nr. 3 BDSG: die Organe und Einrichtungen der Europäischen Gemeinschaft (insbesondere Europäisches Parlament, Rat der Europäischen Union, Europäische Kommission, Gerichtshof der Europäischen Union sowie Europäische Zentralbank).

Gemäß § 4b Abs. 1 2. Hs. 2 BDSG muss die Übermittlung des Weiteren im Rahmen von Tätigkeiten erfolgen, „die ganz oder teilweise in den Anwendungsbereich des Rechts der Europäischen Gemeinschaften fallen." Das heißt: Handelt es sich um einen Datenverarbeitungsvorgang, der zwar an sich „EU-intern" ist, für den aber das Gemeinschaftsrecht nicht maßgeblich ist, so wird ein solcher Datenverarbeitungsvorgang gemäß § 4b Abs. 2 wie eine Datenübermittlung in ein nicht der EU bzw. dem EWR angehöriges Land behandelt. Herkömmlicherweise wurde hierzu vor allem die Datenverarbeitung durch Sicherheits- und Strafverfolgungsbehörden gezählt.[103] Zu berücksichtigen ist allerdings, dass sich mit Inkrafttreten des Vertrags von Lissabon und der weitgehenden Auflösung der Drei-Säulen-Struktur der Geltungsanspruch des Gemeinschaftsrechts kontinuierlich ausweitet, gerade auch im Justiz- und Sicherheitsbereich.[104] Mit Art. 16 Abs. 2 AEUV verfügt die Union mittlerweile über eine besondere Rechtsgrundlage für den Erlass von Datenschutzvorschriften, die auch für die polizeiliche und justizielle Zusammenarbeit in Strafsachen gilt. Auf diese Grundlage stützt sich der aktuelle Kommissionsvorschlag für eine „Richtlinie zum Schutze natürlicher Personen bei der Verarbeitung personenbezogener Daten durch die zuständigen Behörden zum

---

101 Zu den Mitgliedstaaten sind ebenfalls die französischen Übersee-Departements, die Azoren, Madeira und die Kanarischen Insel zu zählen. Räumlich nicht erfasst sind hingegen die Faröer-Inseln, die Kanalinseln Guernsey und Jersey sowie die Isle of Man; Vorauflage, S. 343 f.

102 Däubler in Däubler/Klebe/Wedde/Weichert, BDSG (3. A. 2010), § 4b Rn. 5.

103 Vgl. Gola/Schomerus, BDSG (10. A. 2010), § 4b Rn. 1.

104 Gola/Schomerus, BDSG (10. A. 2010), § 4b Rn 1; Simitis in ders. (Hg.), BDSG (7. A. 2011), § 4b Rn. 33; s. aber Ronellenfitsch, DuD 2009, 451, 460: trotz Verschmelzung der Ersten und Dritten Säule keine „automatische Unterwerfung" der Dritten Säule unter den Normenbestand der Ersten Säule.

Zwecke der Verhütung, Aufdeckung, Untersuchung oder Verfolgung von Straftaten oder der Strafvollstreckung sowie zum freien Datenverkehr".[105]

Sind die Voraussetzungen des § 4b Abs. 1 BDSG erfüllt, findet also eine Datenübermittlung innerhalb des datenschutzrechtlichen Binnenraums statt, so gelten für diese Datenübermittlung die gleichen rechtlichen Grenzen (aber auch nur diese), wie sie auch für eine rein innerstaatliche Übermittlung gelten, konkret die §§ 15 Abs. 1, 16 Abs. 1 (für den öffentlichen Bereich) sowie die §§ 28 bis 30a BDSG (für den nicht-öffentlichen Sektor).

2.8.2 Datenübermittlung in Drittstaaten

Findet eine Datenübermittlung in einen Drittstaat statt oder handelt es sich um eine Übermittlung, die nicht im Rahmen von Tätigkeiten erfolgt, die dem Anwendungsbereich des Rechts der Europäischen Union unterfallen, so gilt für diese Datenübermittlung die zusätzliche Schranke des § 4b Abs. 2 S. 2 BDSG. Eine Datenübermittlung hat danach zu unterbleiben, „soweit der Betroffene ein schutzwürdiges Interesse an dem Ausschluss der Übermittlung hat", was insbesondere dann der Fall ist, wenn beim Datenempfänger kein angemessenes Schutzniveau gewährleistet ist. Ein schutzwürdiges Interesse kann sich aber auch daraus ergeben, dass es sich um besonders gefahrenträchtige Datenübermittlungen handelt oder sensible Daten gem. § 3 Abs. 9 BDSG betroffen sind.[106]

Zur Beurteilung der Angemessenheit des Schutzniveaus kann zum einen eine verbindliche Feststellung der Europäischen Kommission gem. Art. 25 Abs. 6 EG-DSRl erfolgen.[107] Zum anderen kann zur Beurteilung des Schutzniveaus § 4b Abs. 3 BDSG herangezogen werden, welcher die in Art. 25 DSRL normierten Beurteilungskriterien festschreibt. Danach ist die Angemessenheit des Schutzniveaus unter Berücksichtigung aller Umstände zu beurteilen, die bei einer Datenübermittlung oder einer Kategorie von gleichartigen, wiederkehrenden Datenübermittlungen von Bedeutung sind. Hierzu zählen insbesondere:

- die Art der Daten,
- die Zweckbestimmung,
- die Dauer der geplanten Verarbeitung,
- das Herkunfts- und das Endbestimmungsland,
- die für den betreffenden Empfänger geltenden Rechtsnormen und Standesregeln sowie
- die für ihn geltenden Maßnahmen der Datensicherheit.

Maßstab für die konkrete Einzelfallbetrachtung ist stets der Grad der Persönlichkeitsgefährdung des von der Datenverarbeitung Betroffenen. Diese Persönlichkeitsgefährdung ist umso größer, je sensibler die betroffenen Daten sind, je länger der Verarbeitungszeitraum ist, je mehr Zwischenstationen zwischen dem Herkunfts- und dem Endbestimmungsland vorgesehen sind, je weniger ausgeprägt die Schutzgarantien der Datenschutzgesetze des Empfängerlandes sind und je weniger Maßnahmen der Datensicherheit vom Datenimporteur getrof-

---

105 KOM(2012) 10 endg.; ausführlicher dazu oben Teil I, Kap. 6.4.3; siehe auch Priebe EuZW 2012, 163; Härting BB 2012, 459; Schaar, DuD 2012, 154.

106 Mit Beispielen Gola/Schomerus, BDSG (10. A. 2010), § 4b Rn 8.

107 Dies hat im BDSG keine ausdrückliche Erwähnung gefunden (siehe Vorauflage, S. 347).

fen werden.[108] Regelmäßig kann ein Schutzniveau nur dann als angemessen eingeordnet werden, wenn es im Wesentlichen den Grundsätzen der Datenschutzrichtlinie entspricht.[109]

Datentransfer in die USA – „sicherer Hafen“ für personenbezogene Daten?
Gerade in den USA besteht aus europäischer Sicht kein angemessenes Schutzniveau; Datenschutz ist dort nur punktuell durch eine Reihe von sektorspezifischen Datenschutzgesetzen gewährleistet. An sich müsste deshalb eine Datenübermittlung in die USA gem. § 4b Abs. 2 S. 2 BDSG unterbleiben. Jedoch hat die Europäische Kommission mit der US-Regierung das sog. „Safe Harbor“-Paket ausgehandelt. Zum Inhalt des Safe Harbor-Pakets zählen u. a.:

- Informationspflichten der verantwortlichen Stelle gegenüber dem Betroffenen,
- ein Einwilligungserfordernis bei der Weitergabe sensitiver Daten,
- Auskunfts- und Berichtigungsrechte des Betroffenen,
- Datensicherheitsmaßnahmen sowie
- Beschwerde- und Kontrollinstanzen.[110]

Verpflichtet sich eine datenverarbeitende Stelle in den USA zur Einhaltung dieser „Safe Harbor“-Grundsätze, so soll dies im Ergebnis mit der Einhaltung eines angemessenen Datenschutzniveaus gleichzusetzen sein und damit eine Datenübermittlung an diese Stelle erlauben. Ob sich die personenbezogenen Daten damit allerdings bei den amerikanischen Safe-Harbor-Teilnehmern tatsächlich in einem „sicheren Hafen“ befinden, wird mehr und mehr bezweifelt. Untersuchungen belegen, dass bei der praktischen Umsetzung der Safe-Harbor-Prinzipien erhebliche Defizite bestehen. Tatsächlich erfüllt ein Großteil der an Safe Harbor teilnehmenden Datenverarbeiter nicht einmal die grundlegenden Anforderungen dieses Pakets.[111] Viel spricht daher dafür, dass das Safe-Harbor-Paket nichts anderes ist als ein weiteres Beispiel für das viel beklagte Vollzugsdefizit im Datenschutzrecht.

Keine Anwendung findet die Schranke des § 4b Abs. 2 S. 2 BDSG, wenn die Datenübermittlung „zur Erfüllung eigener Aufgaben einer öffentlichen Stelle des Bundes aus zwingenden Gründen der Verteidigung oder der Erfüllung über- oder zwischenstaatlicher Verpflichtungen auf dem Gebiet der Krisenbewältigung oder Konfliktverhinderung oder für humanitäre Maßnahmen erforderlich ist“ (§ 4b Abs. 2 S. 3 BDSG). In diesen – eng umgrenzten – Fällen wird dem öffentlichen Interesse an einer Datenübermittlung der Vorrang gegenüber dem individuellen Datenschutzinteresse des Betroffenen eingeräumt.[112]

---

[108] Gola/Schomerus, BDSG (10. A. 2010), § 4b Rn. 11.

[109] Gabel in Taeger/Gabel (Hg.), BDSG (2010), § 4b Rn. 21.

[110] Detailliert Simitis in ders. (Hg.), BDSG (7. A. 2011), § 4b Rn. 72.

[111] Ausführlich Connolly (Galexia), The US Safe Harbor – Fact or Fiction? (2008); Studie abrufbar unter http://www.galexia.com/public/research/assets/safe_harbor_fact_or_fiction_2008/safe_harbor_fact_or_fiction.html.

[112] Gabel in Taeger/Gabel (Hg.), BDSG (2010), § 4b Rn. 20.

2.8.3 Ausnahmefälle des § 4c BDSG

§ 4c BDSG regelt in seinen Abs. 1 und 2, in welchen Fällen eine Datenübermittlung in einen Drittstaat ausnahmsweise auch dann zulässig ist, wenn ein angemessenes Datenschutzniveau beim Datenempfänger nicht gewährleistet ist. Was § 4c BDSG allerdings nicht entbehrlich macht, ist die vorgelagerte Prüfung der Zulässigkeit einer Datenübermittlung nach den allgemeinen Zulässigkeitsvorschriften des BDSG (§§ 15 Abs. 1, 16 Abs. 1 BDSG für den öffentlichen Bereich, §§ 28 bis 30a BDSG für den nicht-öffentlichen Bereich).[113] Weitere Voraussetzung für einen Ausnahmetatbestand nach § 4c Abs. 1 oder Abs. 2 BDSG ist schließlich, dass die Datenübermittlung im Rahmen von Tätigkeiten erfolgt, die in den Anwendungsbereich der EU-DSRl fallen.

§ 4c Abs. 1 BDSG

§ 4c Abs. 1 BDSG normiert insgesamt sechs Ausnahmetatbestände, bei deren Vorliegen eine Datenübermittlung an Drittländer ausnahmsweise zulässig sein kann:

- § 4c Abs. 1 S. 1 Nr. 1 BDSG: Der Betroffene hat eine Einwilligung erteilt, die sämtlichen Voraussetzungen des § 4a BDSG genügt und insbesondere auch informiert erfolgt sein muss. In diesem Falle ist eine Datenübermittlung gerade deshalb zulässig, weil der Betroffene zu erkennen gegeben hat, dass er des Schutzes nicht bedarf.[114]
- § 4c Abs. 1 S. 1 Nr. 2 BDSG: Die Übermittlung ist erforderlich für die Erfüllung eines Vertrags zwischen dem Betroffenen und der verantwortlichen Stelle oder zur Durchführung von vorvertraglichen Maßnahmen, die auf Veranlassung des Betroffenen getroffen worden sind. Hier (wie auch im Fall der Nr. 3) ist die Datenübermittlung schon deshalb legitimiert, weil das Schutzbedürfnis des Betroffenen vergleichsweise gering ist.
- § 4c Abs. 1 S. 1 Nr. 3 BDSG: Die Übermittlung ist zum Abschluss oder zur Erfüllung eines Vertrags erforderlich, der im Interesse des Betroffenen von der verantwortlichen Stelle mit einem Dritten geschlossen wurde oder geschlossen werden soll.
- § 4c Abs. 1 S. 1 Nr. 4 BDSG: Die Übermittlung ist für die Wahrung eines wichtigen öffentlichen Interesses oder zur Geltendmachung, Ausübung oder Verteidigung von Rechtsansprüchen vor Gericht erforderlich. In diesem Falle wird die Übermittlung insbesondere mit einem übergeordneten öffentlichen Interesse gerechtfertigt.[115] Ein solches übergeordnetes Interesse kann ausgehend von Erwägungsgrund 58 der EU-DSRl der internationale Datenaustausch zwischen Steuer- oder Zollverwaltungen oder zwischen Diensten, die für Angelegenheiten der sozialen Sicherheit zuständig sind, sein. Ein wichtiges öffentliches Interesse dürfte hingegen im privatwirtschaftlichen Bereich nur ausnahmsweise gegeben sein.[116]
- § 4c Abs. 1 S. 1 Nr. 5 BDSG: Die Übermittlung ist für die Wahrung lebenswichtiger Interessen des Betroffenen erforderlich. Diese Ausnahmevorschrift umfasst vor allem die Weitergabe medizinischer Daten in Fällen, in denen sich der Betroffene in einer lebensgefährlichen Situation befindet und selbst nicht einwilligen kann.[117]

---

113 Gola/Schomerus, BDSG (10. A. 2010), § 4c Rn.3.

114 Vorauflage, S. 349.

115 Simitis in ders. (Hg.), BDSG (7. A. 2011), § 4c Rn. 18.

116 Gola/Schomerus, BDSG (10. A. 2010), § 4c Rn. 7.

117 Däubler in Däubler/Klebe/Wedde/Weichert, BDSG (3. A. 2010), § 4c Rn. 9.

- § 4c Abs. 1 S. 1 Nr. 6 BDSG: Die Übermittlung erfolgt aus einem Register, das zur Information der Öffentlichkeit bestimmt ist. Erfasst werden sowohl Register, die der gesamten Öffentlichkeit zur Einsichtnahme offen stehen (z. B. Handels- oder Vereinsregister) als auch Register, die Personen, die ein berechtigtes Interesse nachweisen können, zur Einsichtnahme offen stehen, soweit die gesetzlichen Voraussetzungen im Einzelfall gegeben sind (z. B. Grundbuch, Bundeszentralregister oder Schuldnerverzeichnis).[118]

§ 4c Abs. 2 BDSG

§ 4c Abs. 2 S. 1 BDSG dient als Auffangklausel für den Fall, dass eine Übermittlung in Drittländer nicht bereits aufgrund anderer gesetzlicher Regelungen zulässig ist.[119] Danach kann die zuständige Aufsichtsbehörde einzelne Übermittlungen oder bestimmte Arten von Übermittlungen personenbezogener Daten in Drittländer genehmigen, wenn die verantwortliche Stelle ausreichende Garantien hinsichtlich des Schutzes des Persönlichkeitsrechts und der Ausübung der damit verbundenen Rechte vorweist. Unabhängig davon hat jedoch die verantwortliche Stelle eigenverantwortlich und gesondert die allgemeinen Zulässigkeitsvoraussetzungen einer Übermittlung nach dem BDSG zu prüfen.[120] Die Zuständigkeit der genehmigenden Behörde richtet sich für den nichtöffentlichen Bereich nach § 38 Abs. 6 BDSG.[121] Bei den Post- und Telekommunikationsunternehmen ist gem. § 4c Abs. 2 S. 2 BDSG der Bundesbeauftragte für den Datenschutz und die Informationsfreiheit zuständig. Öffentliche Stellen nehmen die Prüfung, ob ausreichende Garantien i.S.d. § 4c Abs. 2 S. 1 BDSG bestehen, selbst vor, § 4c Abs. 2 S. 3 BDSG.

Ausreichende Garantien im Sinne des Abs. 2 S. 1 können sich insbesondere aus Vertragsklauseln oder verbindlichen Unternehmensregelungen ergeben. In der ersten Alternative ist es der verantwortlichen Stelle also möglich, mit dem ausländischen Übermittlungsempfänger einen Vertrag mit entsprechenden Datenschutzregelungen abzuschließen, die einen angemessenen Schutz der personenbezogenen Daten des Betroffenen gewährleisten.[122] Der Datenempfänger in einem nicht EU-datenschutzkonformen Ausland soll sich individuell dazu verpflichten, die Grundregeln des EU-Datenschutzrechts einzuhalten.[123] Bei der inhaltlichen Ausgestaltung solcher Verträge sind insbesondere die Punkte Zweckbindung, Sicherung der Betroffenenrechte sowie Kontrolle der Vertragseinhaltung durch eine unabhängige Stelle von Bedeutung.[124]

Die zweite Alternative des § 4c Abs. 2 S. 1 BDSG verweist zur Einhaltung des Schutzniveaus im Drittländerraum auf „verbindliche Unternehmensregelungen" („Binding Corporate Rules",„Global Privacy Policies" etc.). Hierzu zählen Regelungen, die den Datenaustausch in multinationalen Unternehmen betreffen, aber auch Vereinbarungen zur Verwendung personenbezogener Daten im Rahmen einer Unternehmenskooperation.[125] „Garantiert" im Sinne des § 4c Abs. 2 S. 1 BDSG ist das erforderliche angemessene Datenschutzniveau nur dann,

---

118 Vgl. Gola/Schomerus, BDSG (10. A. 2010), § 4c Rn. 8.

119 Vorauflage, S. 350.

120 Vorauflage, S. 352.

121 Vgl. Gola/Schomerus, BDSG (10. A. 2010), § 4c Rn. 10.

122 Vgl. Däubler in Däubler/Klebe/Wedde/Weichert, BDSG (3. A. 2010), § 4c Rn. 17.

123 Gola/Schomerus, BDSG (10. A. 2010), § 4c Rn. 11.

124 Vgl. Däubler in Däubler/Klebe/Wedde/Weichert, BDSG (3. A. 2010), § 4c Rn. 17b.

125 Simitis in ders. (Hg.), BDSG (7. A. 2011), § 4c Rn. 59.

wenn die Unternehmensregelungen entsprechend verbindlich sind; diese müssen sowohl nach innen als auch nach außen zwingend umzusetzen sein. Bloße „Wohlverhaltenserklärungen" reichen demgegenüber nicht aus. Unternehmensintern kann die Verbindlichkeit vor allem durch Weisungen, die Unternehmensrichtlinie korrekt zu befolgen, hergestellt werden. Nach außen hin kann die konkrete Umsetzung der datenschutzrechtlichen Anforderungen dadurch gewährleistet werden, dass dem durch die Datenverarbeitung Betroffenen entsprechende Kontrollrechte eingeräumt werden.[126]

2.8.4 Standardvertragsklauseln

Zulässig ist die Datenübermittlung in Drittländer schließlich auch im Fall der Verwendung sog. Standardvertragsklauseln. Im Unterschied zu Vertragsklauseln im Sinne des § 4c Abs. 2 S. 1 BDSG, die individuell vereinbart werden, handelt es sich bei diesen Standardvertragsklauseln um Regelwerke, die von der EU-Kommission auf der Grundlage des Art. 26 Abs. 4 EU-DSRl entwickelt werden und aufgrund dieser besonderen Legitimation durch die EU-Kommission keiner gesonderten behördlichen Genehmigung mehr durch die deutsche Aufsichtsbehörde benötigen.[127] Die Kommissionsentscheidungen zu den Standardvertragsklauseln sind bindend und verpflichten die Mitgliedstaaten anzuerkennen, dass Unternehmen, die diese verwenden, ein angemessenes Datenschutzniveau bieten.[128] Damit jedoch diese Rechtsfolgen auch eintreten können, ist stets Voraussetzung, dass die betroffenen Stellen die Klauseln auch unverändert übernehmen.[129]

Folgende Standardvertragsklauseln hat die EU-Kommission bislang verabschiedet:

- Standardvertragsklauseln für die Übermittlung personenbezogener Daten in Drittländer vom 15.6.2001 (Standardvertrag I),[130]
- Alternative Standardvertragsklauseln für die Übermittlung personenbezogener Daten in Drittländer vom 27.12.2004 (Standardvertrag II)[131] und
- Standardvertragsklauseln für die Übermittlung personenbezogener Daten an Auftragsverarbeiter in Drittländer vom 5.2.2010[132].

Die Standardvertragsklauseln formulieren jeweils die von der übermittelnden Stelle und dem Datenempfänger zu unterzeichnenden Vertragstexte. Festgelegt werden durch diese Vertragstexte insbesondere die wechselseitigen Rechte und Pflichten einschließlich der Haftung der Parteien, die Zusammenarbeit mit Kontrollstellen, die Rechte der Betroffenen, Beendigungs-

[126] Däubler in Däubler/Klebe/Wedde/Weichert, BDSG (3. A. 2010), § 4c Rn. 21 f.

[127] Vgl. Gabel in Taeger/Gabel (Hg.), BDSG (2010), § 4c Rn. 22.

[128] Gola/Schomerus, BDSG (10. A. 2010), § 4c Rn. 12.

[129] Vgl. Vorauflage, S. 347.

[130] Entscheidung der Kommission vom 15.06.2001 hinsichtlich Standardvertragsklauseln für die Übermittlung personenbezogener Daten in Drittländer nach der Richtlinie 95/46/EG; ABl. EG Nr. L 181/19 v. 04.07.2001.

[131] Entscheidung der Kommission vom 27.12.2004 zur Änderung der Entscheidung 2001/497/EG bezüglich der Einführung alternativer Standardvertragsklauseln für die Übermittlung personenbezogener Daten in Drittländer; ABl. EG Nr. L 385/74 v. 29.12.2004.

[132] Beschluss der Kommission vom 05.02.2010 über Standardvertragsklauseln für die Übermittlung personenbezogener Daten an Auftragsverarbeiter in Drittländern nach der Richtlinie 95/46/EG des Europäischen Parlaments und des Rates; ABl. EU Nr. L 39/5 v. 12.02.2010.

und Änderungsmöglichkeiten, das anwendbare Recht und Streitbeilegungsmechanismen.[133] Die Standardverträge I und II betreffen die Übermittlung personenbezogener Daten in Drittländer und sind alternativ anwendbar. Die Standardvertragsklauseln vom 5.2.2010 betreffen die Auftragsdatenverarbeitung durch einen im Drittland ansässigen Auftragnehmer.[134]

2.8.5 Die Pflichten der übermittelnden Stelle gem. § 4b Abs. 4, 5 und 6 BDSG

Die Absätze 4, 5 und 6 des § 4b BDSG regeln abschließend die Pflichten, welche der übermittelnden Stelle bei einer Datenübermittlung ins Ausland zukommen:

- § 4b Abs. 4 S. 1 BDSG normiert für den Fall der Datenübermittlung durch eine öffentliche Stelle an eine nicht-öffentliche Stelle eine Pflicht zur Unterrichtung des Betroffenen.[135]
- § 4b Abs. 5 BDSG regelt, dass es die übermittelnde Stelle ist, die die Verantwortung für die Zulässigkeit einer Übermittlung von personenbezogenen Daten trägt (sowohl hinsichtlich der §§ 4b, 4c BDSG als auch hinsichtlich der allgemeinen Zulässigkeitsvoraussetzungen des BDSG).
- § 4b Abs. 6 BDSG schreibt den sog. Zweckbindungsgrundsatz fest. Die generelle Bindung an den Übermittlungszweck, wie sie § 28 Abs. 5 BDSG für innerstaatliche Übermittlungen vorsieht, gilt ebenso auch für die Datenübermittlung in Drittstaaten.[136]

2.9 Betroffenenrechte

Das Datenschutzrecht räumt dem von der Datenverarbeitung Betroffenen eine ganze Reihe von sog. Betroffenenrechten ein, etwa Auskunfts-, Berichtigungs-, Sperrungs-, oder Löschungsansprüche. Diese sollen gewährleisten, dass der Einzelne nicht zum bloßen „Objekt" der Datenverarbeitung herabsinkt. Der Betroffene soll Datenverarbeitern auf gleicher Augenhöhe begegnen, er soll die Verarbeitung der ihn betreffenden Daten nachvollziehen und kontrollieren können.

2.9.1 Benachrichtigung

Sinn und Zweck; Anspruchsinhalt

Damit der Einzelne überhaupt von seinen datenschutzrechtlichen Betroffenenrechten Gebrauch machen kann, muss er zunächst einmal wissen, ob und wo Daten zu seiner Person gespeichert sind. Soweit er davon nicht schon deshalb Kenntnis hat, weil die Daten unmittelbar mit seiner Mitwirkung erhoben worden sind, muss der für die Datenverarbeitung Verantwort-

---

133 Gabel in Taeger/Gabel (Hg.), BDSG (2010), § 4c Rn. 23; detailliert zu den Inhalten Simitis in ders. (Hg.), BDSG (7. A. 2011), § 4c Rn. 52 ff.

134 Siehe zu Letzteren schon oben Kap. 2.7.6.

135 Zu den Ausnahmen siehe § 4b Abs. 4 S. 2 BDSG.

136 Vgl. Simitis in ders. (Hg.), BDSG (7. A. 2011), § 4b Rn. 94.

liche den Betroffenen über die erstmalige Datenerhebung informieren (vgl. §§ 19a Abs. 1 S. 1, 33 Abs. 1 S. 1 BDSG). Informiert werden muss im Grundsatz über den Umstand der Datenspeicherung, über die Identität der verantwortlichen Stelle, über die Zweckbestimmung des Datenumgangs und gegebenenfalls über Empfänger bzw. Kategorien von Empfängern.

Ausnahmen

Allerdings gibt es eine ganze Reihe von Ausnahmen von der Benachrichtigungspflicht; so entfällt diese etwa, wenn der Betroffene auf andere Weise von der Speicherung Kenntnis erlangt hat oder wenn die Daten nach einer Rechtsvorschrift oder ihrem Wesen nach geheimgehalten werden müssen (s. § 33 Abs. 2 BDSG). Eine Ausnahme von der Benachrichtigungspflicht sieht das Datenschutzrecht auch für den Fall vor, dass die Datenspeicherung oder – übermittlung durch Gesetz ausdrücklich vorgesehen ist oder wenn Daten nur deshalb gespeichert werden, weil sie aufgrund gesetzlicher, satzungsmäßiger oder vertraglicher Aufbewahrungsvorschriften nicht gelöscht werden dürfen und eine Benachrichtigung einen unverhältnismäßigen Aufwand erfordern würde.

Sonderfall Sicherheitsbehörden

Besonderheiten für die Benachrichtigungspflicht gelten aus Gründen einer effektiven Strafverfolgung und Gefahrenabwehr vor allem für den Bereich der Sicherheitsbehörden. **Heimliche Überwachungsmaßnahmen durch Sicherheitsbehörden** erhöhen die Schwere des Eingriffs zumeist erheblich,[137] weil die Möglichkeit der betroffenen Person unterlaufen wird, Rechtsschutz zur Abwehr eines staatlichen Eingriffs in Anspruch zu nehmen. Der Heimlichkeit der Überwachungsmaßnahme entspricht deshalb regelmäßig ein Benachrichtigungsanspruch des Betroffenen, sobald die Voraussetzungen für den heimlich erfolgten Grundrechtseingriff entfallen sind. Dieser Benachrichtigungsanspruch folgt aus der Rechtsschutzgarantie nach Art. 19 Abs. 4 GG, wenn die Unterrichtung Voraussetzung für die Möglichkeit der Inanspruchnahme gerichtlichen Rechtsschutzes ist.[138] Sie soll den Betroffenen in die Lage versetzen, wenigstens nachträglich die Rechtmäßigkeit der Informationsgewinnung gerichtlich überprüfen zu lassen und gegebenenfalls etwaige Rechte auf Löschung von Aufzeichnungen durchzusetzen.[139]

Beispiel: Für die Strafverfolgung sieht § 101 StPO in Absatz 4 eine Pflicht der Strafverfolgungsbehörden vor, die Personen zu benachrichtigen, die Ziel von näher bestimmten verdeckten Maßnahmen waren (etwa Rasterfahndung, Telekommunikationsüberwachung usw.). Die Benachrichtigung hat zu erfolgen, sobald sie ohne Gefährdung des Untersuchungszwecks, des Lebens, der körperlichen Unversehrtheit und der persönlichen Freiheit einer Person und von bedeutenden Vermögenswerten möglich ist.

Stellt die Sicherheitsbehörde eine Benachrichtigung aufgrund Sicherheitsbedenken zurück, hat sie die Gründe hierfür aktenkundig zu machen. Soll eine Benachrichtigung über einen be-

---

137 Vgl. BVerfG v. 02.03.2006, BVerfGE 115, 166, 194; BayVerfGH v. 07.02.2006, Abschnitt III 3 der Gründe.

138 Vgl. dazu BVerfG v. 14.07.1999, BVerfGE 100, 313, 364; BVerfG v. 18.02.2004, BVerfGE 109, 270, 364 f.; BVerfG v. 02.03.2010, BVerfGE 125, 260,336 f.

139 Vgl. BVerfG v. 14.07.1999, BVerfGE 100, 313, 361; BVerfG v. 18.02.2004, BVerfGE 109, 270, 363.

stimmten Zeitraum hinaus aufgeschoben werden, ist zumeist eine richterliche Entscheidung herbeizuführen, ob und inwieweit noch unter rechtsstaatlichen Gesichtspunkten auf eine Benachrichtigung verzichtet werden kann.

2.9.2 Auskunftsrecht

Sinn und Zweck; Anspruchsinhalt

Das Auskunftsrecht ist das Recht eines jeden von der Datenverarbeitung Betroffenen auf Auskunft über die zu seiner Person gespeicherten Daten (§§ 19, 34 BDSG). Das Auskunftsrecht gilt als das „fundamentale Datenschutzrecht" für den Betroffenen.[140] Der Einzelne hat grundsätzlich ein Recht darauf zu erfahren, „wer was wann und bei welcher Gelegenheit über (ihn) weiß".[141] Das Auskunftsrecht versetzt den Betroffenen überhaupt erst in die Lage, sein informationelles Selbstbestimmungsrecht auch im Sinne eines Kontrollrechts einzusetzen und ggf. auf eine Löschung, Berichtigung oder Sperrung seiner Daten als Sekundärrechte hinzuwirken. Gemäß § 6 Abs. 1 BDSG ist das Auskunftsrecht unabdingbar und kann nicht durch Rechtsgeschäft ausgeschlossen oder beschränkt werden.

Eine nochmalige **Stärkung** hat das Auskunftsrecht des Betroffenen auch durch die Neuregelungen des § 34 Abs. 2 und 4 BDSG erfahren, die sich auf das sog. Scoring beziehen.[142]

Grundsätzlich gilt, dass der Betroffene seinen Auskunftsanspruch **unentgeltlich** ausüben kann (s. § 34 Abs. 8 S. 1 BDSG); die Durchsetzung des Rechts auf informationelle Selbstbestimmung soll nicht von finanziellen Gegenleistungen abhängig gemacht werden. Gleichwohl mussten Betroffene früher insbesondere an Auskunfteien regelmäßig ein Entgelt entrichten, die sich für die Entgeltpflicht auf die Ausnahmeregelung nach § 34 Abs. 5 S. 2 BDSG a. F. beriefen. Ein Entgelt für die Auskunft konnte danach verlangt werden, wenn personenbezogene Daten geschäftsmäßig zum Zweck der Übermittlung gespeichert werden und der Betroffene die Auskunft gegenüber Dritten zu wirtschaftlichen Zwecken nutzen kann.[143] Seit 1.4.2010 gilt jedoch gemäß § 34 Abs. 8 S. 2 BDSG, dass jeder Betroffene auch dann eine unentgeltliche Auskunft über die zu seiner Person gespeicherten Daten verlangen kann, wenn die datenverarbeitende Stelle die Angaben geschäftsmäßig zum Zwecke der Übermittlung gespeichert hat. Erst wenn mehr als eine Anfrage pro Kalenderjahr gestellt wird, sind diese weiteren Anfragen gemäß § 34 Abs. 8 S. 3 BDSG kostenpflichtig, wenn der Betroffene die Auskunft auch gegenüber Dritten zu wirtschaftlichen Zwecken nutzen kann.

Ausnahmen

Teils unterliegt das Einsichtsrecht des Betroffenen ungeschriebenen Einschränkungen, etwa im **Arzt-Patienten-Verhältnis**: Ausnahmsweise darf hier der Arzt einem Patienten die Einsichtnahme in dessen Behandlungsunterlagen verweigern, wenn sich bei Herausgabe und Kenntnis des Patienten von diesen Aufzeichnungen in therapeutischer Hinsicht negative gesundheitliche Konsequenzen für den Patienten ergeben können (sog. therapeutischer Vorbe-

---

140 Dix in Simitis (Hg.), BDSG (7. A. 2011), § 34 Rn. 1.

141 BVerfG v. 15.12.1983, BVerfGE 65, 1 ff.

142 Ausführlich dazu unten Teil IV, Kap 4.3.2.

143 Ausführlich unten Teil IV, Kap. 4.4.

halt). Auch im Falle subjektiver Beurteilungen des Krankheitsbilds durch den Behandelnden soll das Einsichtsrecht ausgeschlossen sein, soweit die Patientenakten auch Einblick in die Persönlichkeit des Behandelnden gewähren und die Offenlegung daher dessen Persönlichkeit berühren könnte.[144]

Besonderheiten gelten auch für **öffentliche Stellen** mit Blick auf deren weitreichende **Aufbewahrungspflichten**. Werden personenbezogene Daten nur zu Archivierungszwecken oder ausschließlich zu Zwecken der Datensicherung oder der Datenschutzkontrolle gespeichert, unterliegen sie einer strikten Zweckbindung. Für solche Fälle unterstellen einige Gesetzgeber von allgemeinen Datenschutzgesetzen offenbar, dass von den gespeicherten Daten generell eine nur geringfügige Gefährdung für die betroffenen Personen ausgeht. Auch deshalb werden die öffentlichen Stellen insoweit von einer Auskunftserteilung befreit, soweit sie einen „unverhältnismäßigen Aufwand" bedeuten würde, vgl. z. B. § 19 Abs. 2 BDSG. Bei der Entscheidung, ob der Aufwand unverhältnismäßig ist, ist allerdings ein etwaiges Informationsinteresse des Betroffenen angemessen zu berücksichtigen.[145] In einigen anderen Datenschutzgesetzen werden personenbezogene Daten generell von dem datenschutzrechtlichen Auskunftsanspruch ausgeklammert, die ausschließlich zu Zwecken der Datensicherheit oder der Datenschutzkontrolle gespeichert sind, vgl. z. B. Art. 10 Abs. 1 Satz 2 BayDSG, § 16 Abs. 3 BlnDSG, § 18 Abs. 1 Satz 2 DSG NRW. Die praktische Bedeutung der Vorschriften dürfte freilich begrenzt sein; es gibt auch Landesdatenschutzgesetze, die eine derartige Einschränkung des Auskunftsrechts nicht vorsehen, vgl. z. B. § 18 SächsDSG.

Sonderfall Sicherheitsbehörden

Im Bereich der sicherheitsbehördlichen Datenverarbeitung ist eine weitere Besonderheit zu beachten. Würden die Sicherheitsbehörden pauschal Anträge auf Auskunftserteilung vollumfänglich beantworten, könnte dies die Erfüllung ihrer Aufgabe gefährden, die **öffentliche Sicherheit** zu schützen. Vor allem Sicherheitsgesetze sehen deshalb Einschränkungen des Auskunftsanspruchs vor.

Beispiel: Das Mitglied einer extremistischen Partei stellt einen Auskunftsantrag bei einer Verfassungsschutzbehörde. Mit einem Bescheid erteilt diese Behörde dem Antragsteller nur teilweise Auskunft über die bei der Verfassungsschutzbehörde gespeicherten Daten. Es handelt sich hierbei neben persönlichen Daten (Vor- und Zuname, Beruf und Berufsbezeichnung, Lichtbild und Anschriften seit einigen Jahren) um Einzelinformationen insbesondere zu politischen Aktivitäten des Antragstellers als Mitglied der Partei. Eine weitergehende Auskunft lehnte die Verfassungsschutzbehörde ohne nähere Begründung ab und verweist auf die Möglichkeit, die Rechtmäßigkeit der Auskunftsverweigerung durch die zuständige Landesdatenschutzbeauftragte überprüfen zu lassen.

Die meisten Verfassungsschutzgesetze sehen zunächst vor, dass das jeweilige Verfassungsschutzamt einer betroffenen Person Auskunft über ihre Daten nur erteilen muss, soweit sie hierzu auf einen konkreten Sachverhalt hinweist und ein **besonderes Interesse an einer Auskunft darlegt**.

---

144 BVerfG v. 09.01.2006, NJW 2006, 1116.

145 Vgl. Mallmann in Simitis (Hg.), BDSG (7. A. 2011), § 19 Rn. 69.

Diese Begründungspflicht in § 15 BVerfSchG und vergleichbaren Vorschriften wird in der Fachliteratur zu Recht als rechtsstaatlich bedenklich kritisiert.[146] Denn ihrem Wortlaut nach verlangen sie von betroffenen Personen, ihren Auskunftsanspruch zu begründen und hierzu einen konkreten Sachverhalt anzugeben. Das kann dazu führen, dass ein Betroffener seinen Auskunftsanspruch nur deshalb nicht geltend machen kann, weil er keine Ahnung hat, in welchem Zusammenhang er Gegenstand einer nachrichtendienstlichen Erfassung sein könnte. Zugleich wird dem Betroffenen damit mittelbar die Chance genommen, fehlerhafte Speicherungen mithilfe von Berichtigungsansprüchen zu unterbinden, was nach Art. 19 Abs. 4 GG ein nicht unwesentlicher Zweck der Auskunft ist. Zumindest sind derartige Vorschriften in der Weise auszulegen, dass der Antrag nicht von vornherein abgelehnt werden darf, nur weil der Betroffene keine Angaben machen kann.[147] Dasselbe gilt, soweit der Betroffene ein Interesse an der Auskunftserteilung darzulegen hat. Im Ergebnis ist stets eine Ermessensentscheidung zu treffen, die die grundrechtlichen Belange des Betroffenen im Rahmen einer Abwägung mit einer entgegenstehenden Ausforschungsgefahr angemessen berücksichtigt.[148]

Das Verfassungsschutzamt erteilt keine Auskunft, soweit dadurch seine Aufgabenerfüllung gefährdet sein könnte, Risiken für Quellen begründet werden oder andere Geheimhaltungspflichten zu beachten sind. Generell ist eine Auskunft über die Herkunft von Daten ausgeschlossen, vgl. z. B. § 15 BVerfSchG. Diese Beschränkungen des Auskunftsrechts haben zur Folge, dass die Verfassungsschutzämter häufig nur gespeicherte Daten mitteilen, die aus allgemein zugänglichen Quellen (Zeitungsartikel, öffentliche Veranstaltungen mit großem Publikum usw.) stammen. Soweit eine weitergehende Auskunft unterbleibt, muss die jeweilige Behörde von sich aus die betroffene Person darauf aufmerksam machen, dass der zuständige Datenschutzbeauftragte die Rechtmäßigkeit der Auskunftsbeschränkung überprüfen kann.

Lehnt eine Behörde die Auskunftserteilung ganz oder teilweise ab, ist hierin ein Verwaltungsakt zu sehen, der regelmäßig zu begründen ist, vgl. z. B. § 39 VwVfG. Allerdings muss die Ablehnung nicht begründet werden, soweit die Mitteilung der Gründe, auf die die ablehnende Entscheidung gestützt wird, den „mit der Auskunftsverweigerung verfolgten Zweck" gefährden würde, vgl. z. B. § 19 Abs. 5 BDSG. Diese Formulierung wird in den Verfassungsschutzgesetzen, aber auch in den Polizeigesetzen sinngemäß übernommen.

Verfassungsschutzbehörden verteidigen ihre Auskunftsablehnung regelmäßig mit dem Hinweis, schon aus Gründen des Quellenschutzes könne eine Mitteilung über die Informationen nicht erfolgen. Darüber hinaus enthielten die Erkenntnisse personenbezogene Daten Dritter, die aus Datenschutzgründen nicht vorgelegt oder bekannt gegeben werden dürften. Schließlich bestehe auch ein öffentliches Interesse an der Geheimhaltung der nachrichtendienstlichen Arbeitsmethoden und Mittel der Gewinnung von Erkenntnissen über die rechtsextremistischen Bestrebungen der Partei.[149] Tatsächlich soll es in der Vergangenheit immer wieder vorgekommen sein, dass durch gezielte Auskunftsersuchen durch mehrere Personen Quellen

146 Hierzu und zum Folgenden Bergemann in Denninger/Lisken (Hg.), Handbuch Polizeirecht (5. A. 2012, i. Ersch), Kapitel H, Rn. 82.

147 BVerfG v. 10.10.2000, NVwZ 2001, 185, 186.

148 Ebenda.

149 Siehe z. B. OVG Berlin-Brandenburg v. 17.01.2011 – OVG 12 B 12.08 und VG Potsdam v. 24.03.2011, DVBl, 2011, 1116.

von Verfassungsschutzämtern enttarnt worden seien.[150] Freilich ändert dieser Umstand nichts daran, dass formelhafte Standarderwägungen eine Auskunftsverweigerung nicht rechtfertigen.[151]

Eine **Auskunftsverweigerung durch die Polizei** kommt vor, ist aber deutlich seltener als die teilweise oder völlige Auskunftsverweigerung durch Verfassungsschutzbehörden.

Beispiel: Die Kriminalpolizei ermittelt in einem Fall der organisierten Autoschieberei, ohne dass der Sachverhalt abschließend aufgeklärt ist. Ein mutmaßlicher Mittäter beantragt Auskunft über die über ihn gespeicherten Daten. Soweit die Polizei befürchten muss, dass der mutmaßliche Täter durch eine Auskunft gewarnt wird und durch geeignete Gegenmaßnahmen die Ermittlungen behindern kann, wird sie die Auskunft verweigern.

2.9.3 Berichtigung, Sperrung, Löschung

Berichtigung, Sperrung und Löschung sind weitere zentrale Rechte des von der Datenverarbeitung Betroffenen. Sie eröffnen dem Betroffenen die Möglichkeit, steuernd in den Prozess der Datenverarbeitung einzugreifen, und sind als solche notwendige Voraussetzung für eine effektive Ausübung des Rechts auf informationelle Selbstbestimmung.[152] Gemäß § 6 Abs. 1 BDSG sind die Rechte auf Berichtigung, Sperrung und Löschung unabdingbar und können nicht durch Rechtsgeschäft ausgeschlossen oder beschränkt werden. Soweit für eine Datenberichtigung, -sperrung oder -löschung Kosten anfallen, kann vom Betroffenen selbst kein Kostenersatz verlangt werden.

Berichtigung

Unternehmen und Behörden sind verpflichtet, personenbezogene Informationen wahrheitsgemäß zu speichern. Wenn Daten unrichtig werden oder sich als unrichtig erweisen, sind sie zu berichtigen (§§ 20 Abs. 1 S. 1, 35 Abs. 1 S. 1 BDSG). Von einer solchen Unrichtigkeit ist stets auszugehen, wenn personenbezogene Daten Informationen enthalten, die nicht mit der Realität übereinstimmen, sei es weil sie schlicht falsch sind, sei es weil sie unvollständig sind oder im falschen Kontext präsentiert werden. Unrichtig können stets nur Tatsachenangaben sein, nicht aber Werturteile.

Auch wenn sich die tatsächlichen Gegebenheiten ändern, können Daten dementsprechend unrichtig werden.

Beispiel: Eine Behörde speichert die Wohnanschrift eines Antragstellers. Diese ursprünglich erfasste Adresse wird nach einem Umzug des Verantwortlichen „unrichtig“ und ist zu berichtigen.

---

150 Vgl. z. B. Berliner Zeitung vom 28.06.2006: „Grottian lässt Verfassungsschutz-Spitzel auffliegen“.

151 Hiervon zu unterscheiden ist die Frage, ob die Auskunftsablehnung nur eingeschränkt begründet werden muss, weil dies durch übergeordnete Geheimhaltungsgründen gerechtfertigt ist, siehe dazu z. B. BVerwG v. 01.08.2007 – 20 F 10/06.

152 Vgl. Dix in Simitis (Hg.), BDSG (7. A. 2011), § 35 Rn. 2.

Anderes gilt aber, wenn die Informationen einen Umstand gerade zu einem bestimmten Zeitpunkt dokumentieren sollen.

Beispiel: Die Meldebehörden haben neben der aktuellen Wohnanschrift einer meldepflichtigen Person[153] auch die früheren Wohnanschriften zu speichern, § 2 Abs. 1 Nr. 12 MRRG.

Die Bestimmung der jeweiligen Wohnsitze kann zu verschiedenen Zeitpunkten erforderlich und daher auch dann „richtig" bleiben, wenn die betroffene Person erneut ihren Wohnsitz ändert. Deshalb halten die Meldebehörden auch frühere Wohnsitze fest. Insoweit kommt eine Ergänzung der Informationen dahingehend in Betracht, dass der Betroffene ab dem Zeitpunkt seines Wohnsitzwechsels einen anderen Wohnsitz innehat.

Ist eine datenverarbeitende Stelle verpflichtet, unrichtig gespeicherte Daten zu berichtigen, steht dem Betroffenen ein entsprechender Berichtigungsanspruch zu. Schon aus Eigeninteresse sollte die verantwortliche Stelle bei der Berichtigung den Zeitpunkt und den jeweiligen Grund der Unrichtigkeit der Daten dokumentieren.

Hat die datenverarbeitende Stelle unrichtige Daten an Dritte übermittelt, muss sie im Fall einer später eintretenden Berichtigungspflicht grundsätzlich auch die Datenempfänger über die Unrichtigkeit der Daten benachrichtigen (**Nachberichtspflicht**), vgl. § 20 Abs. 8 BDSG für den öffentlichen sowie § 35 Abs. 7 BDSG für den nicht-öffentlichen Bereich. Mit dieser nachträglichen Benachrichtigung sollen die Datenempfänger in die Lage versetzt werden zu überprüfen, ob sie ihrerseits die empfangenen Daten ebenfalls zu berichtigen, zu löschen oder zu sperren haben. Diese Nachberichtspflicht besteht regelmäßig, wenn sie zur Wahrung schutzwürdiger Interessen des Betroffenen dient. Sie entfällt regelmäßig, wenn sie einen unverhältnismäßigen Aufwand bedeutet oder schutzwürdige Belange des Betroffenen entgegenstehen.

Beispiel: Ein unverhältnismäßiger Aufwand ist ausnahmsweise anzunehmen, wenn die Berichtigung nur marginale Fehler betrifft.

Beispiel: Einer Nachberichtspflicht entgegenstehende schutzwürdige Interessen können gegeben sein, wenn die neuen Daten für den Betroffenen unangemessene, ungünstige Folgen nach sich ziehen können.[154]

Sind personenbezogene Daten in einer **Akte** unrichtig, kommt eine Berichtigung im Sinne einer Änderung der unrichtigen Daten nicht oder nur eingeschränkt in Betracht. Die Unrichtigkeit ist deshalb in der Akte zu vermerken oder auf sonstige Weise festzuhalten.

---

[153] Meldepflichtig sind alle Einwohner, also die Personen, die im Zuständigkeitsbereich einer Meldebehörde wohnhaft sind.

[154] Zu den Beispielen vgl. Gola/Schomerus, BDSG (10. A. 2010), § 20 Rn. 38.

Löschung

Nach allgemeinen Datenschutzgrundsätzen sind personenbezogene Daten zu löschen, wenn ihre weitere Speicherung unzulässig ist oder nicht mehr zur Erreichung des Verarbeitungszwecks erforderlich ist, sei es, dass der Zweck erreicht ist, sei es, dass er nicht mehr erreicht werden kann, vgl. z. B. §§ 20 Abs. 2, 35 Abs. 2 BDSG. Eine solche Regelung verlangt den verantwortlichen Stellen allerdings regelmäßig eine laufende Kontrolle der Erforderlichkeit einer weiteren Speicherung ab. In manchen Verwaltungszweigen entlasten bereichsspezifische Gesetze von einer solchen laufenden Erforderlichkeitskontrolle.

Beispiel: Die meisten Polizeigesetze sehen für die polizeiliche Datenspeicherung in Dateien so genannte **Löschprüffristen bzw. Prüfungstermine** vor. Die Termine zur Prüfung werden dabei regelmäßig nach Abschluss der polizeilichen Ermittlungen festgelegt, vgl. z. B. Art. 45 Abs. 2 BayPAG; §§ 43 Abs. 1, 48 Abs. 4 ASOG Bln; § 32 Abs. 2 PolG NRW; § 45 Abs. 2 ThürPAG.

Soweit eine solche Prüffrist nicht gesetzlich konkret vorgesehen ist, hat die Polizei die vorgesehene Prüffrist zur Speicherung im Rahmen der **Errichtungsanordnung** bei der Erfassung der Daten festzulegen. Die Daten sind nach Ablauf der Prüffrist zu löschen, es sei denn, die durchzuführende Überprüfung ergibt, dass die weitere Speicherung der erfassten Daten erforderlich ist. Dann erfolgt erneut die Festlegung einer Prüffrist. Da mit zunehmender Speicherdauer die Eingriffsintensität der Erfassung steigt, werden die Anforderungen an eine weitere Erfassung der betroffenen Person immer strenger. Unabhängig von festgelegten Prüffristen hat die Polizei personenbezogene Daten zu löschen, wenn sie erkennt, dass die Speicherung unzulässig ist.

Löschen ist das „Unkenntlichmachen gespeicherter personenbezogener Daten" (§ 3 Abs. 4 S. 2 Nr. 5 BDSG). Ein solches Unkenntlichmachen setzt voraus, dass ein Rückgriff auf die gespeicherten Daten nicht mehr möglich ist. Es kann durch Unleserlichmachen, Überschreiben oder sonstige Formen der Datenbeseitigung erfolgen; auch die Vernichtung des Datenträgers selbst ist eine Datenlöschung. Eine bloße Auslagerung von Datenbeständen reicht hingegen nicht.

Die Konsequenz einer solchen „spurenlosen" Löschung ist allerdings auch, dass die gerichtliche Überprüfung der Rechtmäßigkeit von Datenerhebungen und -speicherungen unmöglich gemacht wird. Um gleichwohl den Anspruch des Betroffenen auf **Rechtsschutz** zu wahren, sehen die allgemeinen Datenschutzgesetze daher vor, dass Daten nicht gelöscht, sondern gesperrt werden müssen, wenn „Grund zu der Annahme besteht, dass durch die Löschung schutzwürdige Interessen des Betroffenen beeinträchtigt würden", vgl. z. B. § 20 Abs. 3 Nr. 2, § 35 Abs. 3 Nr. 2 BDSG.

Bei der rechtswidrigen Erfassung besonders sensibler Daten kann jedoch auch die Sperrung das Persönlichkeitsrecht unverhältnismäßig beeinträchtigen. Bereichsspezifische Regelungen vor allem im Bereich der Eingriffsverwaltung sehen dazu vor, dass dann die Daten zu löschen sind.

Beispiel: Sofern Strafverfolgungsbehörden eine akustische Wohnraumüberwachung durchführen, müssen die Aufzeichnungen unverzüglich gelöscht werden, wenn die Daten zur

Abwehr der Gefahr oder für eine vorgerichtliche oder gerichtliche Überprüfung der zur Gefahrenabwehr getroffenen Maßnahmen nicht mehr erforderlich sind, vgl. § 100d Abs. 5 Nr. 2 StPO).

Um den Anspruch des Betroffenen auf effektiven Rechtsschutz nicht leer laufen zu lassen, ist in diesen Fällen geboten, die Datenvernichtung aktenkundig zu machen.

Recht auf „Vergessenwerden"

Art. 17 des Kommissionsvorschlags für eine Datenschutz-Grundverordnung ergänzt das Löschungsrecht des Betroffenen um ein Recht auf „Vergessenwerden". Letzteres Recht begründet für datenverarbeitende Stellen, die personenbezogene Daten öffentlich gemacht haben, zusätzliche Pflichten; diese müssen *„alle vertretbaren Schritte, auch technischer Art, [unternehmen,] um Dritte, die die Daten verarbeiten, darüber zu informieren, dass eine betroffene Person von ihnen die Löschung aller Querverweise auf diese personenbezogenen Daten oder von Kopien oder Replikationen dieser Daten verlangt."*

Sperrung

In bestimmten Fällen tritt an die Stelle der Löschung von Daten deren Sperrung, insbesondere dann, wenn einer Löschung Aufbewahrungspflichten entgegenstehen, wenn eine Löschung schutzwürdige Interessen des Betroffenen beeinträchtigen könnte oder eine Löschung nicht bzw. nur mit unverhältnismäßig hohem Aufwand möglich ist (§ 20 Abs. 3, 35 Abs. 3 BDSG).

Zu sperren sind personenbezogene Daten auch dann, wenn ihre Richtigkeit vom Betroffenen bestritten wird und sich weder die Richtigkeit noch die Unrichtigkeit feststellen lässt (§§ 20 Abs. 4, 35 Abs. 4 BDSG). Eine Ausnahme gilt jedoch insoweit für besonders sensitive Daten; lässt sich deren Richtigkeit von der verantwortlichen Stelle nicht beweisen, so sind die Daten nicht nur zu sperren, sondern gemäß § 35 Abs. 2 S. 2 Nr. 2 BDSG zu löschen.

Sperren ist das „Kennzeichnen gespeicherter personenbezogener Daten, um ihre weitere Verarbeitung oder Nutzung einzuschränken" (§ 3 Abs. 4 S. 2 Nr. 4 BDSG). Grundsätzlich steht es der verantwortlichen Stelle frei, auf welche Weise sie die Datensperrung kenntlich machen will. Je nachdem, ob es sich um eine automatisierte oder nicht automatisierte Datenverarbeitung handelt und ob es um die Sperrung einzelner Daten oder von ganzen Dateien geht, kann die Sperrung technisch oder textlich erfolgen, sie kann in den Datenbeständen selbst, auf den Datenträgern oder auch auf deren „Verpackung" vorgenommen werden.[155] Gemäß § 35 Abs. 4a BDSG darf die Tatsache einer Sperrung, die auf ein strittiges Datum hinweist, nicht an Dritte übermittelt werden.

2.9.4 Widerspruch

Die §§ 20 Abs. 5, 35 Abs. 5 BDSG räumen dem Betroffenen ausnahmsweise auch im Fall einer an sich rechtmäßigen Datenverarbeitung ein Widerspruchsrecht ein, wenn eine Prüfung ergibt, dass das schutzwürdige Interesse des Betroffenen wegen seiner besonderen persön-

155 Schaffland/Wiltfang, BDSG (Lieferung 2/11, Stand: 2011), § 3 Rn. 73a.

lichen Situation das Interesse der verantwortlichen Stelle an einer Datenverarbeitung überwiegt; etwas anderes gilt, wenn eine Rechtsvorschrift zur Datenverarbeitung verpflichtet.

2.9.5 Recht auf Datenübertragbarkeit (Art. 18 DS-GVO-E)

Ein ganz neues Betroffenenrecht hat die Kommission in ihren Vorschlag für eine Datenschutz-Grundverordnung aufgenommen: das sog. Recht auf Datenübertragbarkeit. Nach Art. 18 DS-GVO-E soll der Betroffene von datenverarbeitenden Stellen verlangen können, dass diese seine Daten aus einem automatisierten Datenverarbeitungssystem auf ein anderes System übertragen. Das Recht bedeutet eine erhebliche Stärkung der Selbstbestimmung des einzelnen Betroffenen über „seine" Daten und zielt überdies auch darauf ab, der marktbeherrschenden Stellung einiger weniger Datenverarbeiter vorzubeugen, indem der Wettbewerb zwischen Unternehmen um personenbezogene Daten erleichtert wird. Um den Zugang von Betroffenen zu ihren eigenen Daten zu verbessern, sieht Art. 18 DS-GVOI-E vor, dass datenverarbeitende Stellen diese Daten in einem strukturierten, gängigen elektronischen Format zur Verfügung stellen müssen.

2.10 Datenschutzkontrolle

Die Kontrolle des rechtmäßigen Umgangs mit personenbezogenen Daten kann sowohl in Form einer externen als auch in Form einer internen Kontrolle stattfinden. Im ersteren Fall sind selbständige und unabhängige Datenschutzbehörden für die Datenschutzkontrolle zuständig, im letzteren Fall ist es der behördliche bzw. betriebliche Datenschutzbeauftragte. Nach dem Konzept der Datenschutzrichtlinie ist die Datenschutzkontrolle primär durch externe Kontrollstellen zu verwirklichen, der Selbstkontrolle durch behördliche und betriebliche Datenschutzbeauftrage soll demgegenüber lediglich eine ergänzende Funktion zukommen.[156] Das BDSG hat demgegenüber jedenfalls im Bereich der nicht-staatlichen Datenverarbeitung lange Zeit der Selbstkontrolle den Vorrang eingeräumt, eine externe Kontrolle durch unabhängige Kontrollinstanzen sollte (und soll) demgegenüber nur „begleitend" stattfinden.[157]

2.10.1 Interne Datenschutzkontrolle

Bestellpflicht

Nach der Datenschutzrichtlinie ist die Bestellung eines behördlichen bzw. betrieblichen Datenschutzbeauftragten nicht verpflichtend, sondern lediglich eine Option, um von der allgemeinen Meldepflicht nach Art. 18 Abs. 1 DSRL befreit werden zu können (Art. 18 Abs. 2 zweiter Spiegelstrich). Gemäß § 4f Abs. 1 S. 1 BDSG sind demgegenüber öffentliche und

---

156 Simitis in ders. (Hg.), BDSG (7. A. 2011), § 4f Rn. 5.

157 Gola/Schomerus, BDSG (10. A. 2010), § 1 Rn. 1; Simitis a.a.O. Rn. 1 f.

nicht-öffentliche Stellen, die automatisiert Daten verarbeiten, grundsätzlich verpflichtet, einen Datenschutzbeauftragten zu bestellen.[158]

Für nicht-öffentliche Stellen stellt § 4f Abs. 1 S. 3 BDSG diese Bestellpflicht allerdings unter die einschränkende Voraussetzung, dass mehr als neun Personen ständig mit der automatisierten Verarbeitung personenbezogener Daten beschäftigt sein müssen. Andererseits soll jedoch diese Einschränkung wiederum nicht gelten, soweit diese Stellen automatisierte Verarbeitungen vornehmen, die einer Vorabkontrolle unterliegen, oder sie personenbezogene Daten geschäftsmäßig zum Zweck der Übermittlung, der anonymisierten Übermittlung oder für Zwecke der Markt- oder Meinungsforschung automatisiert verarbeiten (§ 4f Abs. 1 S. 6 BDSG). Im Einzelfall kann dieses Regelungskonstrukt des § 4f Abs. 1 BDSG zu einem nur noch schwer nachvollziehbaren Hin und Her führen – siehe das Beispiel Arztpraxis:[159]

Pflicht zur Bestellung eines Datenschutzbeauftragten in der Arztpraxis
Ausgangspunkt ist die Pflicht zur Bestellung eines Datenschutzbeauftragten, wenn in der Arztpraxis mindestens 10 Personen mit der automatisierten Verarbeitung von Patientendaten beschäftigt sind. Keine Rolle spielt die Beschäftigtenzahl nach § 4f Abs. 1 S. 6 BDSG jedoch dann, wenn die Datenverarbeitung einer Vorabkontrolle unterliegt. Eben dies ist bei Patientendaten an sich der Fall, da diese zu den besonderen Arten von personenbezogenen Daten i.S.v. § 3 Abs. 9 BDSG zählen, bei deren Verarbeitung stets eine Vorabkontrolle durchzuführen ist (s. § 4d Abs. 5 Nr. 1 BDSG).

Allerdings greift hier nunmehr die „Ausnahme von der Ausnahme“[160], da ausnahmsweise auch bei der Verarbeitung von besonderen Arten personenbezogener Daten dann keine Vorabkontrolle durchzuführen ist, wenn die Datenverarbeitung zur Durchführung eines Schuldverhältnisses mit dem Betroffenen erforderlich ist (§ 4d Abs. 5 BDSG). Ein solches Schuldverhältnis ist im Fall der Arztpraxis der Behandlungsvertrag, zu dessen Durchführung es der Verarbeitung von Patientendaten bedarf. Im Ergebnis hängt damit die Bestellpflicht im Beispiel Arztpraxis davon ab, ob mindestens 10 Personen mit der automatisierten Verarbeitung von Patientendaten befasst sind.

Nach **Art. 35** des Kommissionsvorschlags für eine **Datenschutz-Grundverordnung** soll die Einsetzung eines Datenschutzbeauftragten für den öffentlichen Sektor verpflichtend sein; gleiches gilt für den privaten Sektor, soweit es sich um Großunternehmen handelt oder sich die Kerntätigkeit des Unternehmens durch Verarbeitungsvorgänge auszeichnet, „welche aufgrund ihres Wesens, ihres Umfangs und/oder ihrer Zwecke eine regelmäßige und systematische Beobachtung von betroffenen Personen erforderlich machen.“

Ein Großunternehmen ist nach **Art. 35 Abs. 1 lit. b DS-GVO-E** jedes Unternehmen, das 250 oder mehr Mitarbeiter beschäftigt. Damit wird im Vergleich zum BDSG die Schwelle für eine Bestellpflicht erheblich höher angesetzt. Kritisiert wird dies – zu Recht – vor allem auch mit Blick auf EU-Niederlassungen von US-Unternehmen wie Google und Facebook.[161] Wird

---

[158] Werden Daten nicht automatisiert verarbeitet, gilt nach § 4f Abs. 1 S. 2 BDSG eine Bestellpflicht, wenn mindestens 20 Personen mit der Datenverarbeitung beschäftigt sind.

[159] Beispiel nach Biewald in Buchner (Hg.), Datenschutz im Gesundheitswesen (2012), B/1.2.2.

[160] Biewald a.a.O.

[161] BvD, Stellungnahme DS-GVO-E v. 13.12.2011, S. 1 f.; abrufbar unter www.bvdnet.de.

der Kommissionsvorschlag in dieser Form umgesetzt, werden solcherlei Unternehmen zukünftig nicht mehr verpflichtet sein, einen Datenschutzbeauftragten für ihre Niederlassungen in der EU zu bestellen, da diese regelmäßig weniger als 250 Mitarbeiter haben.[162]

Bestellung des Datenschutzbeauftragten

Ist eine verantwortliche Stelle zur Bestellung eines Datenschutzbeauftragten verpflichtet, steht es ihr grundsätzlich frei, ob sie eine im Betrieb bzw. in der Behörde beschäftigte Person zum Datenschutzbeauftragten bestellen möchte oder auf eine externe Person zurückgreifen möchte. Externe Datenschutzbeauftragte bieten vor allem den Vorteil der Fachkunde und Erfahrung, zudem ist ihr Einsatz leichter und flexibler planbar. Ein Beschäftigter aus dem eigenen Betrieb / der eigenen Behörde als Datenschutzbeauftragter hat demgegenüber jedoch die Vorzüge, dass er in der Einrichtung gut vernetzt ist und die internen Besonderheiten der Einrichtung besser kennt.

Die Bestellung des Datenschutzbeauftragten muss schriftlich erfolgen (§ 4f Abs. 1 S. 1 BDSG), in der Bestellurkunde sind insbesondere auch Aufgabe und organisatorische Stellung des Datenschutzbeauftragten zu konkretisieren.[163] Wird ein Beschäftigter zum Datenschutzbeauftragten bestellt, ändert sich das bisherige Arbeitsverhältnis: Die Aufgabe des Datenschutzbeauftragten wird zur zusätzlichen Arbeitsaufgabe. Der Vertrag muss geändert werden, die Aufgaben können nicht per Direktionsrecht des Arbeitgebers angewiesen werden.[164] Wird ein externer Datenschutzbeauftragter bestellt, ist ein entsprechender Dienstleistungsvertrag (regelmäßig Geschäftsbesorgungsvertrag i.S.d. § 675 BGB) zu schließen.

Zur Dauer der Bestellung trifft das BDSG keine Aussagen, der Datenschutzbeauftragte kann unbefristet auf unbestimmte Zeit, aber auch befristet bestellt werden. Jedoch darf eine Befristung nicht dazu instrumentalisiert werden, die Unabhängigkeit des Datenschutzbeauftragten zu schwächen. Zu Recht wird kritisch darauf verwiesen, dass je kürzer die Bestelldauer ist, desto leichter es der verantwortlichen Stelle fällt, sich von einem unbequemen Datenschutzbeauftragten wieder zu trennen.[165] Vor diesem Hintergrund spricht viel für die Normierung einer Mindestdauer, wie sie der Kommissionsvorschlag für eine Datenschutz-Grundverordnung vorsieht; danach soll der Datenschutzbeauftragte „für einen Zeitraum von mindestens zwei Jahren" benannt werden (**Art. 35 Abs. 7 DS-GVO-E**).[166]

Persönliche Voraussetzungen

Zum Datenschutzbeauftragten darf gemäß § 4f Abs. 2 S. 1 BDSG bestellt werden, „wer die zur Erfüllung seiner Aufgaben erforderliche Fachkunde und Zuverlässigkeit besitzt." Der Datenschutzbeauftragte muss zwar keine bestimmte Ausbildung haben, er muss jedoch, um die erforderliche **Fachkunde** aufzuweisen, neben Grundkompetenzen im Datenschutzrecht insbesondere auch Grundlagenkenntnisse der Informations- und Telekommunikationstechnologie haben. Als wichtig angesehen werden daneben auch Fertigkeiten wie Management-, Ko-

---

162 BvD a.a.O. S. 2.

163 Gola/Schomerus, BDSG (10. A. 2010), § 4f Rn. 30.

164 BAG v 13.3.2007, DuD 2007, 853 ff.

165 Simitis in ders., BDSG (7. A. 2011), § 4f Rn. 61.

166 Darüber hinaus kann der Datenschutzbeauftragte nach Art. 35 Abs. 7 DS-GVO-E auch für weitere Amtszeiten wiederernannt werden.

ordinierungs- oder Kommunikationsfähigkeiten.[167] Andererseits können letztere Fähigkeiten kaum genau festgestellt und daher auch nicht zwingend verlangt werden.[168]

Zum Datenschutzbeauftragten darf darüber hinaus nur bestellt werden, wer hinreichend **zuverlässig** ist. Auch insoweit gilt wieder, dass viele (subjektive) Eigenschaften, die eine solche Zuverlässigkeit belegen sollen, nur schwer feststellbar sind – insbesondere Charaktereigenschaften wie Durchsetzungsfähigkeit, Loyalität oder persönliche Integrität.[169] In objektiver Hinsicht setzt das Kriterium der Zuverlässigkeit insbesondere voraus, dass die Tätigkeit des Datenschutzbeauftragten nicht zu Interessenkonflikten mit anderen Tätigkeiten führt.[170] Ein solcher Interessenkonflikt ist vor allem in Situationen gegeben, in denen ein und dieselbe Person als Datenschutzbeauftragter einen bestimmten Datenverarbeitungsprozess kontrollieren soll, für den sie zugleich auch als ausführende Person verantwortlich ist.

Beispiele:[171] Ein Administrator, der Benutzerkonten einrichtet und Einstellungen konfiguriert, kann diese nicht gleichzeitig als Datenschutzbeauftragter unter Datenschutzgesichtspunkten kontrollieren. Auch ein Personalchef, der die Erhebung von Personaldaten anordnet, kann diese Erhebung nicht gleichzeitig als Datenschutzbeauftragter kontrollieren.

Rechtsstellung des Datenschutzbeauftragten

Gemäß § 4f Abs. 3 S. 1 BDSG ist der Datenschutzbeauftragte dem Leiter der öffentlichen oder nicht-öffentlichen Einrichtung unmittelbar zu unterstellen. Nach Abs. 3 S. 2 ist er „in Ausübung seiner Fachkunde auf dem Gebiet des Datenschutzrechts weisungsfrei." Jede inhaltliche Beeinflussung seiner Tätigkeit ist also von vornherein ausgeschlossen, es bleibt dem Datenschutzbeauftragten allein überlassen, wann und wie er seinen Beratungs- und Kontrollaufgaben nachkommt.[172] Auch das in Abs. 3 S. 3 normierte Benachteiligungsverbot soll diese Unabhängigkeit des Datenschutzbeauftragten nochmals untermauern.

Ein Widerruf der Bestellung ist nach § 4f Abs. 3 S. 4 BDSG nur in zwei Fällen möglich:

- Die Aufsichtsbehörde verlangt die Abberufung des Datenschutzbeauftragten; im nicht-öffentlichen Bereich steht ihr diese Befugnis nach § 38 Abs. 5 S. 3 BDSG zu, wenn der Datenschutzbeauftragte die zur Erfüllung seiner Aufgaben erforderliche Fachkunde und Zuverlässigkeit nicht besitzt.
- Die Voraussetzungen des § 626 BGB liegen vor, eine weitere Tätigkeit des Datenschutzes muss also unter Berücksichtigung der Umstände des Einzelfalls sowie unter Abwägung der Interessen beider Seiten unzumutbar sein.

Nach § 4f Abs. 3 S. 5 BDSG kann darüber hinaus im Falle des internen Datenschutzbeauftragten auch dessen Arbeitsverhältnis nur noch aus wichtigem Grund nach § 626 BGB ge-

---

167 Siehe BvD, Leitbild Datenschutzbeauftragter (2. A. 2011), S. 13 f.; abrufbar unter www.bvdnet.de.

168 Däubler in Däubler/Klebe/Wedde/Weichert, BDSG (3. A. 2010), § 4f Rn. 28.

169 Letztere mag aber unter Umständen offensichtlich nicht gegeben sein, etwa wenn es zu einer rechtskräftigen Verurteilung wegen Verletzung des strafrechtlich bewehrten Geheimnisschutzes gekommen ist; vgl. BvD, Leitbild Datenschutzbeauftragter (2. A. 2011), S. 15; abrufbar unter www.bvdnet.de.

170 Däubler a.a.O., Rn. 30.

171 Vgl. Biewald in Buchner (Hg.), Datenschutz im Gesundheitswesen (2012), Kap. B/1.1.3.

172 Däubler in Däubler/Klebe/Wedde/Weichert, BDSG (3. A. 2010), § 4f Rn. 44.

kündigt werden. Auch insoweit ist also eine ordentliche Kündigung ausgeschlossen, gekündigt werden kann dieses Arbeitsverhältnis ebenfalls nur, wenn es in unzumutbarer Weise gestört ist.

Beispiele: Der Datenschutzbeauftragte hat eine gegen den Arbeitgeber gerichtete Straftat verübt; er hat Betriebs- oder Geschäftsgeheimnissen verraten.[173]

Schließlich ist nach § 4f Abs. 3 S. 6 BDSG die ordentliche Kündigung auch noch innerhalb eines Jahres „nach der Beendigung der Bestellung“ unzulässig.

Aufgaben des Datenschutzbeauftragten

Nach § 4g Abs. 1 S. 1 BDSG ist es allererste Aufgabe des Datenschutzbeauftragten, auf die Einhaltung der Datenschutzvorschriften hinzuwirken. Der Datenschutzbeauftragte hat daher insbesondere[174]

- den datenschutzrechtlichen Status quo zu untersuchen und zu bewerten;
- etwaige Schutzdefizite und datenschutzrechtliche Verstöße festzustellen und der Leitung zu melden;
- Vorschläge und Konzepte für eine Verbesserung des Datenschutzes zu entwickeln.

Beispielhaft aufgezählt sind daneben in § 4g Abs. 1 S. 4 BDSG zwei weitere Aufgaben des Datenschutzbeauftragten:

- die ordnungsgemäße Anwendung der Datenverarbeitungsprogramme zu überwachen (Nr. 1);
- die Beschäftigten mit Datenschutzvorschriften und den jeweiligen besonderen Erfordernissen des Datenschutzes vertraut zu machen (Nr. 2).

Mit der ausdrücklichen Erwähnung ersterer Aufgabe, der Kontrolle der Datenverarbeitungsprogramme, trägt das BDSG der besonderen Verantwortung Rechnung, die der Datenschutzbeauftragte für die technischen Aspekte der Datenverarbeitung hat.[175] Die verantwortliche Stelle muss hierfür den Beauftragten rechtzeitig über geplante Vorhaben zur automatisierten Datenverarbeitung unterrichten (§ 4g Abs. 1 S. 4 Nr. 1 BDSG).

„Verantwortung“ und „Verantwortlichkeit“

Die „Verantwortung“ des Datenschutzbeauftragten für bestimmte Aufgaben darf nicht ohne weiteres auch im Sinne einer „Verantwortlichkeit“ missverstanden werden. Stets kann der Datenschutzbeauftragte auf eine datenschutzkonforme Verarbeitungspraxis nur „hinwirken“, wie es § 4g Abs. 1 S. 1 BDSG formuliert. Für eine Verantwortlichkeit im Sinne einer tatsächlichen *Sicherstellung* datenschutzkonformer Verfahren fehlen dem Datenschutzbeauftragten hingegen die entsprechenden Entscheidungskompetenzen; diese hat nur das Leitungspersonal der verantwortlichen Stelle.[176]

---

173 Däubler in Däubler/Klebe/Wedde/Weichert, BDSG (3. A. 2010), § 4f Rn. 73.

174 Beispiele im Folgenden bei Scheja in Taeger/Gabel (Hg.), BDSG (2010), § 4g Rn. 5.

175 Simitis in ders., BDSG (7. A. 2011), § 4g Rn. 43.

176 Simitis a.a.O. § 4g Rn. 29.

Ob gleichwohl eine Haftung des DSB für schwerwiegende Rechtsverstöße in Betracht kommt, ist seit einiger Zeit umstritten. Anknüpfungspunkt für diesen Streit ist eine Entscheidung des BGH v. 17.07.2009,[177] der die strafrechtliche Garantenpflicht eines Leiters der Innenrevision einer Anstalt des öffentlichen Rechts betraf, betrügerische Abrechnungen zu unterbinden. Seither ist unklar, ob der Datenschutzbeauftragte eine vergleichbare Garantenpflicht hat.

Vorabkontrolle

§ 4d Abs. 6 BDSG weist dem Datenschutzbeauftragten darüber hinaus auch die Aufgabe der sog. Vorabkontrolle zu. In Umsetzung von Art. 20 Abs. 1 DSRL bestimmt § 4d Abs. 5 BDSG, dass automatisierte Verarbeitungen, die besondere Risiken für die Rechte und Freiheiten der Betroffenen aufweisen, der Prüfung **vor** Beginn der Verarbeitung unterliegen (Vorabkontrolle). Als Beispiele für besonders risikoreiche Datenverarbeitungsvorgänge führt das Gesetz die Verarbeitung besonderer Arten personenbezogener Daten i.S.d. § 3 Abs. 9 BDSG an sowie die Verarbeitung personenbezogener Daten zu dem Zweck, die Persönlichkeit des Betroffenen zu bewerten.

2.10.2 Externe Datenschutzkontrolle

Neben der stelleninternen Datenschutzkontrolle durch behördliche bzw. betriebliche Datenschutzbeauftragte wird der rechtmäßige Umgang mit personenbezogenen Daten auch extern durch unabhängige Datenschutzbehörden kontrolliert.[178] In den meisten Bundesländern wird dabei die Kontrolle der öffentlichen Verwaltung und der nicht-öffentlichen Stellen jeweils durch dieselbe Datenschutzbehörde ausgeübt. Nur im Freistaat Bayern kontrolliert der Bayerische Landesbeauftragte für den Datenschutz lediglich die öffentlichen Stellen, der Umgang mit personenbezogenen Daten durch Stellen der Privatwirtschaft wird hingegen durch das Landesamt für Datenschutzaufsicht überwacht.

Die Kontrolle von öffentlichen Stellen des Bundes wird durch den **Bundesbeauftragten für den Datenschutz und die Informationsfreiheit** wahrgenommen, vgl. § 24 BDSG. Aus historischen Gründen ist er auch berufen, bestimmte Unternehmen zu kontrollieren, die dem Post- und Fernmeldegeheimnis unterliegen. § 2 Abs. 1 Satz 2 BDSG legt dazu fest, dass Unternehmen als öffentliche Stellen des Bundes anzusehen sind, soweit sie aus dem Sondervermögen Deutsche Bundespost durch Gesetz hervorgegangen sind, solange ihnen ein ausschließliches Recht nach dem Postgesetz zusteht. Nach § 115 Abs. 4 TKG ist der Bundesbeauftragte für den Datenschutz und die Informationsfreiheit auch für die Kontrolle von Telekommunikationsdiensten zuständig.

Die Kontrolle der öffentlichen Stellen der Länder durch die **Landesbeauftragten für Datenschutz** wird gesetzlich in den jeweiligen Landesdatenschutzgesetzen festgelegt, vgl. z. B. Art. 29 ff. BayDSG, §§ 21 ff. DSG NRW. Demgegenüber werden die Befugnisse der Datenschutzaufsicht über „nicht-öffentliche Stellen" bundeseinheitlich in § 38 BDSG beschrieben. Diese Vorschrift ermächtigt die Aufsichtsbehörden, die Einhaltung des BDSG und anderer datenschutzrechtlicher Vorschriften durch nicht-öffentliche Stellen zu kontrollieren.

---

177 NJW 2009, 3173.

178 Dazu und zum Nachfolgenden vgl. Petri in Simitis, BDSG (7. A. 2011), zu § 38.

Mit der Einrichtung einer externen Datenschutzkontrolle versuchen die Gesetzgeber des Bundes und der Länder unter anderem die Anforderungen zu erfüllen, die das allgemeine Persönlichkeitsrecht aus Art. 1 Abs. 1, Art. 2 Abs. 1 GG in Bezug auf den Umgang mit personenbezogenen Daten an verfahrens- und organisationsrechtlichen Schutzvorkehrungen verlangt. Hierfür hat das Bundesverfassungsgericht bereits im Jahr 1983 Kriterien entwickelt, die seither einen Minimalschutzstandard der datenschutzbehördlichen Kontrolle definieren:

> *„Wegen der für den Bürger bestehenden Undurchsichtigkeit ... der Verwendung von Daten unter den Bedingungen der automatischen Datenverarbeitung und auch im Interesse eines vorgezogenen Rechtsschutzes durch rechtzeitige Vorkehrungen ist die Beteiligung unabhängiger Datenschutzbeauftragter von erheblicher Bedeutung für einen effektiven Schutz des Rechts auf informationelle Selbstbestimmung.“*[179]

Mit der externen behördlichen Datenschutzkontrolle reagiert der Staat also institutionell auf eine fehlende Informationstransparenz der automatisierten Datenverarbeitung für die betroffenen Personen. Solange nicht zuverlässig sichergestellt ist, dass die Betroffenen wissen können, wer was wann wo und bei welcher Gelegenheit über sie weiß, sind sie auf einen aktiven Beistand einer unabhängigen Kontrollinstanz gegenüber verantwortlichen Stellen angewiesen. Die Datenschutzkontrolle dient damit einem vorgezogenen Rechtsschutz der Betroffenen, der aus dem Gebot des effektiven Grundrechtsschutzes folgt. Grundsätzlich hat dabei jedermann in eigenen Datenschutzbelangen das Recht zur Anrufung der Datenschutzbehörden.

Im Hinblick auf die gebotene Effektivität des Grundrechtsschutzes ist die Kontrolle **durch eine unabhängige Instanz** zu verlangen. Unstreitig setzt eine solche „Unabhängigkeit“ neben der Freiheit von sachfremden Einflüssen mindestens eine funktional zu verstehende, personell-institutionelle Unabhängigkeit des Kontrollierenden vom Kontrollierten voraus. Dementsprechend haben die Datenschutzkontrollstellen gemäß Art. 28 Abs. 1 EG-Datenschutzrichtlinie die ihnen zugewiesenen Aufgaben in „völliger Unabhängigkeit“ wahrzunehmen. Der Europäische Gerichtshof hat hierzu klargestellt, dass die Kontrollstellen keinerlei äußerer Einflussnahme, sei sie unmittelbar oder mittelbar, unterworfen sein dürfen.[180] Auf Bedenken stoßen deshalb neuere Pläne der Europäischen Kommission, im Rahmen einer Datenschutz-Grundverordnung ein bürokratisch aufwändiges Kohärenzverfahren einzuführen, in denen die Datenschutzbehörden der EU-Mitgliedstaaten ihr datenschutzbehördliches Vorgehen unter Mitwirkung der Europäischen Kommission koordinieren sollen.[181]

Nach Art. 28 EG-Datenschutzrichtlinie haben die Datenschutzbehörden insbesondere über näher bestimmte **Untersuchungsbefugnisse** zu verfügen; sie müssen **wirksame Eingriffsbefugnisse** und die Gelegenheit haben, Verstöße gegen Datenschutzrechtsvorschriften zu ahnden, soweit diese zur Umsetzung der Richtlinie dienen. Kontrolle setzt dabei begrifflich keine Beschränkung auf einen Einzelfall oder einen konkreten Anlass voraus. Überprüfungen nach dem Zufallsprinzip sind also denkbar, wenngleich sie aufgrund der begrenzten Ressourcen der Datenschutzbehörden eher selten vorkommen.

---

179 Vgl. dazu BVerfG v. 15.12.1983, BVerfGE 65, S. 1, 44, 46.

180 EuGH vom 9.3.2010 – Rs. C-518/07, MMR 2011, S. 350 ff., insbesondere Rn. 30.

181 Vgl. Kapitel VII DS-GVO-E (Art. 55 ff.).

Im öffentlichen Bereich sind die kontrollierten Stellen verpflichtet, die Datenschutzbehörden bei der Erfüllung ihrer Kontrollaufgaben aktiv zu unterstützen. Insbesondere haben sie Auskunft zu den gestellten Fragen zu erteilen und Einsicht in alle angeforderten Unterlagen bzw. Datenverarbeitungsprogramme zu gewähren. Zu dieser **Unterstützungspflicht** gehört auch der Zutritt in alle Diensträume, vgl. z. B. § 24 Abs. 4 BDSG, Art. 32 BayDSG, § 22 Abs. 2 DSG NRW. Stellt die Datenschutzbehörde erhebliche datenschutzrechtliche Mängel fest, beanstandet sie diese.[182] Typischerweise verbindet sie die Feststellung eines Datenschutzverstoßes mit Empfehlungen, wie der Verstoß behoben werden kann. Eine Beanstandung hat regelmäßig zur Folge, dass auch die oberste fachlich zuständige Behörde über den festgestellten Datenschutzverstoß informiert wird.

Beispiel: Bei dem Datenschutzverstoß durch eine Landesbehörde wird das zuständige Fachministerium ebenfalls von der Beanstandung informiert.

In einigen Bundesländern wird auch das Parlament über ausgesprochene Beanstandungen einzelfallbezogen unterrichtet, vgl. z. B. Art. 33 Abs. 5 BayDSG. Darüber hinaus berichten die Datenschutzbehörden regelmäßig in Tätigkeitsberichten über die wesentlichen Ergebnisse ihrer Kontrolltätigkeit.

Nicht-öffentliche Stellen müssen demgegenüber eine aktive Unterstützungspflicht nicht beachten. Stattdessen sieht § 38 Abs. 3, 4 BDSG eine ganze Reihe von **Untersuchungsbefugnissen der Datenschutzaufsicht** vor. Überdies kann sie bei schwerwiegenden Datenschutzverstößen im Rahmen eines Verwaltungsaktes die Beseitigung von Datenschutzverstößen anordnen, § 38 Abs. 5 BDSG. Üblicherweise können die Datenschutzaufsichtsbehörden auch Bußgelder nach § 43 BDSG verhängen. Sie haben weiterhin die Befugnis, bei strafbaren Verstößen gegen das BDSG Strafantrag zu stellen, vgl. § 44 Abs. 2 BDSG. Bei der Handhabung ihres Kontrollinstrumentariums handelt die Aufsichtsbehörde weitgehend autonom, bei der Ausübung ihrer Tätigkeit hat sie allerdings das für alles staatliche Handeln gegenüber Privaten geltende Verhältnismäßigkeitsprinzip zu beachten.

Die Aktionsformen der Datenschutzbehörden werden in den einschlägigen Landesdatenschutzgesetzen und in § 38 BDSG überdies nicht erschöpfend beschrieben. So weist § 38a Abs. 2 den Aufsichtsbehörden die Prüfung der von Berufs- und Branchenverbänden eingereichten Entwürfe für Verhaltensregeln zu. § 4c Abs. 1 schließlich gibt den Aufsichtsbehörden die Befugnis, Übermittlungen an Drittstaaten ohne angemessenes Datenschutzniveau bei Vorliegen ausreichender Garantien zu genehmigen. Weitere im BDSG nicht vorgesehene aufsichtsbehördliche Tätigkeiten kommen vor allem in Betracht, wenn sie eingriffsfrei oder im Einverständnis mit den betroffenen verantwortlichen Stellen erfolgen. Neben Audits kommen nach Landesrecht auch Beratungsprüfungen zur Verbesserung des betrieblichen bzw. behördlichen Datenschutzniveaus in Betracht.

Gemäß den Plänen der Europäischen Kommission zur Novellierung des Europäischen Datenschutzrechtsrahmens sollen die Aufgaben[183] und Befugnisse[184] der Datenschutzbehörden

---

182 Bei nicht erheblichen Mängeln kann der Datenschutzbeauftragte auf eine Beanstandung verzichten und lediglich eine Mängelrüge aussprechen.

183 Lies: Art. 52 DS-GVO-E, Art. 45 DSJ-RL-E.

184 Lies insbesondere: Art. 53 DS-GVO-E, Art. 46 DSJ-RL-E.

umgestaltet und erheblich erweitert werden. Das gilt unterschiedslos für die Datenschutzaufsicht über Unternehmen wie auch für die Datenschutzkontrolle der öffentlichen Verwaltung. Ungeachtet der Frage, inwieweit der Umgang mit personenbezogenen Daten klar einem öffentlichen oder nicht-öffentlichen Charakter zugeordnet werden kann, würde die Umsetzung dieser Pläne erhebliche verfassungsrechtliche Fragen aufwerfen.

Beispiel: Eine Datenschutzbehörde weist eine Behörde an, einem bestimmten Datenverstoß abzuhelfen.[185]

Die europarechtlich (und verfassungsrechtlich!) gebotene Unabhängigkeit der Datenschutzbehörde wirft die Frage auf, inwieweit eine Untersagungs- oder Anordnungsbefugnis mit dem Gewaltenteilungsprinzip aus Art. 20 Abs. 3 GG zu vereinbaren ist. Denn die Datenschutzbehörde würde mit dieser Untersagung bzw. Anordnung wie eine übergeordnete Behörde, nicht aber wie eine unabhängige Kontrollinstanz handeln. Sie wäre insoweit auch nicht mit einem unabhängigen Gericht zu vergleichen, weil ihre Entscheidung nicht von einer Klageerhebung abhängig ist.

Aufgrund ihrer besonderen verfassungsrechtlich begründeten Stellung unterliegen Kirchen und Medienanstalten nicht dem Kontrollauftrag der Datenschutzbeauftragten des Bundes und der Länder.

Die Datenverarbeitung im **kirchlichen Bereich** soll die Tätigkeit der Kirche zu fördern. Auch hierbei muss aufgrund der Vorgaben der DSRL gewährleistet sein, dass der Einzelne durch den Umgang mit seinen personenbezogenen Daten in seinem Persönlichkeitsrecht geschützt wird. Die als öffentlich-rechtliche Körperschaft anerkannten Kirchen haben hierzu im Rahmen ihres Selbstverwaltungsrechts Datenschutzanordnungen erlassen. Die Einhaltung dieser Datenschutzregeln erfolgt durch kirchliche Datenschutzbeauftragte.[186]

Aus Art. 5 GG folgt das Verfassungsgebot der „Staatsferne des Rundfunks“. Deshalb werden **Medienanstalten** nicht von den Datenschutzbeauftragten des Bundes und der Länder mitkontrolliert, sondern haben jeweils eigene Datenschutzbeauftragte, vgl. § 41 Abs. 2 S. 2, § 42 BDSG.[187]

2.11 Sanktionen

2.11.1 Schadensersatzanspruch

Eine nach dem BDSG oder anderen Vorschriften unzulässige oder unrichtige Verarbeitung personenbezogener Daten kann Schadensersatzansprüche des Betroffenen gegen die für den Verstoß verantwortliche Stelle oder ihren jeweiligen Träger auslösen. Unzulässig ist jede

185 Art. 53 Abs. 1 Buchstabe a) DS-GVO-E.

186 Zu Einzelheiten siehe Gola/Schomerus, BDSG (10. A. 2010), § 4f Rn. 6 m.w.N.

187 Vgl. dazu auch Gola/Schomerus, BDSG (10. A. 2010), § 41 Rn. 17; kritisch zur vollständigen Freistellung der Deutschen Welle von einer externen Datenschutzkontrolle auch über den journalistisch-redaktionellen Bereich hinaus Buchner in BeckOK BDSG, § 41 Rn. 52 ff.

nach dem BDSG oder anderen Datenschutzbestimmungen nicht erlaubte Datenverarbeitung. Haftungsauslösend ist darüber hinaus auch der Umgang mit unrichtigen Daten, sei es dass diese falsch sind, sei es dass diese im jeweiligen Kontext unvollständig sind. Neben den allgemeinen zivilrechtlichen Vorschriften des Vertragsrechts (§§ 280 I, 311 II BGB) sowie des Deliktsrechts (§§ 823 ff. BGB) enthält auch das BDSG spezielle Haftungstatbestände, welche bei einem Verstoß zu entsprechenden Ansprüchen führen können. Ein eventuelles Mitverschulden an der Schadensentstehung muss sich der Betroffene gemäß § 254 BGB anspruchsmindernd zurechnen lassen.

Problem der sog. „Streuschäden“

An sich kommt dem Haftungsrecht nicht nur eine Ausgleichs-, sondern auch eine **Präventivfunktion** zu. Indem das Haftungsrecht eine Schadensersatzpflicht für Rechtsverstöße normiert, setzt es für alle Beteiligten den Anreiz, sich rechtskonform zu verhalten, um so eine mögliche Schadensersatzpflicht von vornherein zu vermeiden. Gerade im Datenschutzrecht hat allerdings bislang das Haftungsrecht kaum eine Präventivkraft entfalten und Datenverarbeiter zu einem rechtmäßigen Umgang mit personenbezogenen Daten anhalten können. Dies liegt vor allem daran, dass es sich bei Schäden infolge einer unzulässigen oder unrichtigen Datenverarbeitung oftmals um sog. **Streuschäden** handelt: Durch einen Datenschutzverstoß wird zwar eine Vielzahl von Personen geschädigt, der individuelle Schaden fällt bei jeder einzelnen Person aber typischerweise nur gering aus.

Typisches **Beispiel** ist etwa die unzulässige Weitergabe von personenbezogenen Daten im Wege des Adresshandels. „Adressen“ (= nach bestimmten Merkmalen sortierte personenbezogene Informationen) werden hier hunderttausendfach an interessierte Werbetreibende weitergegeben. Ist diese Weitergabe unzulässig, sind zwar zahllose Betroffene in ihrem informationellen Selbstbestimmungsrecht verletzt, der individuelle Schaden des einzelnen Betroffenen ist jedoch regelmäßig marginal. Die Betroffenen sehen dann von einer Rechtsdurchsetzung schon deshalb ab, weil sie die Kosten und Mühen einer Rechtsverfolgung in Anbetracht des geringen Schadensbetrages scheuen. Die Präventivfunktion des Haftungsrechts fällt damit aus.

§§ 7, 8 BDSG

Für einen Schadensersatzanspruch nach § 7 BDSG muss der Betroffene darlegen und im Zweifel nachweisen können, dass seine Daten rechtswidrig verarbeitet wurden. Die Ersatzpflicht entfällt, wenn die verantwortliche Stelle zwar durch ihr rechtswidriges Handeln einen Schaden verursacht, dies aber nicht zu verschulden hat, weil sie die nach den Umständen des jeweiligen Einzelfalles gebotene Sorgfalt beachtet hat. Gemäß § 7 S. 2 BDSG trägt die verantwortliche Stelle die Beweislast für ihr fehlendes Verschulden. Auch ein Verschulden ihrer Beschäftigten fällt der verantwortlichen Stelle zur Last.

Speziell für den Fall einer rechtswidrigen automatisierten Datenverarbeitung durch öffentliche Stellen besteht eine verschuldensunabhängige Haftung nach § 8 BDSG. Erfasst wird auch hier die nach dem BDSG oder anderen Vorschriften unzulässige oder unrichtige Datenverarbeitung. Bei schweren Verstößen sind gemäß § 8 Abs. 2 BDSG auch immaterielle Schäden des Betroffenen zu ersetzen.

Vertragliche Ansprüche

Soweit zwischen Datenverarbeiter und Betroffenem eine vertragliche Beziehung besteht, kann ein Anspruch auf Schadensersatz infolge einer unzulässigen oder unrichtigen Datenverarbeitung auf die §§ 280 Abs. 1, 249 ff. BGB gestützt werden. Der rechtmäßige Umgang mit personenbezogenen Daten ist regelmäßig eine vertragliche Nebenpflicht, deren Verletzung einen Schadensersatzanspruch nach § 280 BGB begründet. Gemäß § 278 BGB haftet die datenverarbeitende Stelle auch für sog. Erfüllungsgehilfen; hierzu zählen alle Personen, derer sich die datenverarbeitende Stelle bei der Vertragserfüllung bedient, auch selbständige Unternehmer, die unabhängig und nicht weisungsgebunden arbeiten.

Deliktsrechtliche Ansprüche

Das informationelle Selbstbestimmungsrecht des Einzelnen ist auch deliktsrechtlich geschützt. Ein unzulässiger Umgang mit personenbezogenen Daten kann einen Anspruch nach § 823 BGB begründen. Im Rahmen ihrer Organisationspflicht hat die datenverarbeitende Stelle für ein Fehlverhalten ihrer Beschäftigten ebenso einzustehen wie für Fehlfunktionen der von ihr eingesetzten Technik.[188] Ist der Schaden durch einen weisungsgebundenen Gehilfen verursacht worden, so haftet die verantwortliche Stelle daneben auch nach § 831 BGB, sofern sie nicht belegen kann, dass sie ihre Mitarbeiter sorgfältig ausgewählt und angeleitet hat (so genannte „Exkulpation“). Mehrere verantwortliche Stellen haften als Gesamtschuldner gemäß den §§ 840 Abs. 1, 421 ff. BGB.

Soweit der Betroffene einen **materiellen Schadensersatzanspruch** geltend macht, steht ihm für die Berechnung der konkreten Schadenshöhe die sog. **dreifache Schadensberechnung** offen, wie sie seit jeher aus dem Immaterialgüterrecht bekannt ist.[189] Der Betroffene kann also auch dann, wenn ihm durch eine unzulässige Datenverarbeitung kein tatsächlicher Schaden entstanden ist, zumindest einen abstrakten Wertausgleich nach der Lizenzanalogie verlangen oder wahlweise den vom Datenverarbeiter durch die unzulässige Datenverarbeitung erzielten Gewinn herausverlangen.

Beispiele: Der Betroffene kann gegenüber einem Adresshändler, der seine Daten unzulässigerweise verkauft oder vermietet hat, wahlweise den auf diese Weise erzielten Gewinn beanspruchen oder nach den Grundsätzen der Lizenzanalogie den Betrag geltend machen, bei dessen Zahlung er sich gegenüber dem Adresshändler mit einer kommerziellen Nutzung seiner Daten einverstanden erklärt hätte.
Ebenso kann er etwa gegenüber einer Auskunftei einen Anspruch auf Herausgabe des Gewinns geltend machen, den jene durch die entgeltliche Übermittlung von Kreditauskünften und Credit Scores zu seiner Person erzielt hat.

Unabhängig davon, ob der Betroffene einen materiellen Schaden erlitten hat, liegt der Schwerpunkt der Rechtsverletzung im Falle einer unrechtmäßigen Datenverarbeitung oftmals im ideellen Bereich und kann daher nur durch einen Anspruch auf **immateriellen Schadensersatz** angemessen ausgeglichen werden.

---

188 Simitis in ders. (Hg.), BDSG (7. A. 2011), § 7 Rn. 61.

189 So die Marlene Dietrich-Entscheidung des BGH v. 01.12.1999; BGHZ 143, 214, 231 f.

Beispiele: Der Betroffene wird sozial diskriminiert, er fühlt sich als bloßes Objekt der Datenverarbeitung, ist in seiner freien Persönlichkeitsentfaltung gehemmt oder auf andere Weise psychisch belastet.

Voraussetzung für einen Anspruch auf immateriellen Schadensersatz ist nach ständiger Rechtsprechung eine schwerwiegende Verletzung des Persönlichkeitsrechts, die anders als durch eine Geldentschädigung nicht befriedigend ausgeglichen werden kann.[190] Wann ein datenschutzrechtlicher Verstoß als solch eine schwerwiegende Persönlichkeitsverletzung einzuordnen ist, lässt sich nur nach den Umständen des Einzelfalls beurteilen. Maßgebliche Faktoren sind insbesondere die Art und Schwere der Beeinträchtigung, Anlass und Beweggrund des Handelns und der Grad des Verschuldens.[191] Von Bedeutung ist darüber hinaus auch, in welche geschützte Sphäre eingedrungen worden ist.[192]

Beispiel: Die ungefragte Veröffentlichung eines Persönlichkeitsprofils mit sensitiven Informationen wird eine schwerwiegende Persönlichkeitsverletzung eher begründen als die unzulässige Übermittlung einer SCHUFA-Meldung.

Generell ist für den wirtschaftlichen Bereich davon auszugehen, dass eine Persönlichkeitsverletzung kaum jemals als so schwerwiegend einzuordnen ist, dass sie einen Schmerzensgeldanspruch begründen könnte. Die Rechtsprechung steht einem Schmerzensgeldanspruch selbst dann skeptisch gegenüber, wenn durch eine fehlerhafte Datenverarbeitung der Eindruck eines wiederholten Bankrotts und einer schlechten Zahlungsmoral geweckt wird und der Betroffene dadurch nicht nur in seiner Kreditwürdigkeit, sondern auch in seiner Ehre und seinem Ansehen gegenüber Dritten beeinträchtigt wird.[193]

2.11.2 Ordnungswidrigkeiten- und Strafrecht

Verstöße gegen datenschutzrechtliche Bestimmungen können neben Schadensersatzansprüchen auch bußgeld- oder strafbewehrte Folgen nach sich ziehen. Die entsprechenden Vorschriften sind über verschiedenste Gesetze verstreut. Größtenteils werden Verstöße gegen datenschutzrechtliche Bestimmungen als Ordnungswidrigkeiten qualifiziert und mit teilweise erheblichen Geldbußen belegt.

Als Grundnorm sieht § 43 BDSG für vornehmlich formale Verstöße wie etwa die Nichtbestellung eines Datenschutzbeauftragten, Verstöße gegen Benachrichtigungs- und Unterrichtungspflichten oder gegen Übermittlungs- und Nutzungsverbote einen Höchstbetrag von

[190] Die Rechtsprechung hat diesen Anspruch anfänglich in Analogie zu § 847 BGB a.F. entwickelt, leitet ihn jetzt aber unmittelbar aus § 823 BGB i.V.m. Art. 1 Abs. 1 und Art. 2 Abs. 1 GG her; siehe zunächst BGH v. 14.02.1958, BGHZ 26, 349 (Analogie zu § 847 BGB); BGH v. 19.09.1961, BGHZ 35, 363. (§ 823 BGB i.V.m. Art. 1 Abs. 1, 2 Abs. 1 GG); bestätigt durch BVerfG v. 19.02.1973, BVerfGE 34, 269, 287 ff.

[191] St. Rspr. – siehe aus der jüngeren Zeit BGH v. 15.11.1994, BGHZ 128, 1, 12; BGH v. 30.01.1996, BGHZ 132, 13, 27.

[192] BGH v. 22.01.1985; NJW 1985, 1617, 1619.

[193] Siehe OLG Frankfurt v. 06.01.1988; ZIP 1989, 89, 92; anders Simitis in ders. (Hg.), BDSG (7. A. 2011), § 7 Rn. 64.

50.000 Euro vor. Für Verstöße gegen Pflichten, die sich unmittelbar auf den Umgang mit personenbezogenen Daten beziehen, wie etwa die unbefugte Verarbeitung von nicht allgemein zugänglichen Daten, ist mit bis zu 300.000 Euro ein deutlich höheres Bußgeld vorgesehen. Hinzu kommt, dass diese Beträge keine absoluten Obergrenzen darstellen. Die Geldbußen sollen gemäß § 43 Abs. 3 S. 2 BDSG den wirtschaftlichen Vorteil, der dem Täter durch den Verstoß entstanden ist, übersteigen, so dass die Geldbußen im Einzelfall auch höher ausfallen können. Werden die in § 43 Abs. 2 BDSG geahndeten materiellen Verstöße vorsätzlich gegen Entgelt oder in Bereicherungs- bzw. Schädigungsabsicht begangen, qualifiziert § 44 BDSG diese als Straftat und sieht eine Geldstrafe oder Freiheitsstrafe von bis zu zwei Jahren vor.

Verwaltungsrechtliche Sanktionen nach dem Kommissionsentwurf für eine DS-GVO

Nach Art. 78 Abs. 1 DS-GVO-E sollen die Mitgliedstaaten festlegen, welche Sanktionen bei einem Verstoß gegen die DS-GVO zu verhängen sind; die Sanktionen müssen „wirksam, verhältnismäßig und abschreckend sein." Was letztere Vorgabe der Abschreckung angeht, hat allerdings die Kommission in ihrem Verordnungsvorschlag bereits einen ersten Rückzieher gemacht: War im ursprünglichen Vorschlag noch vorgesehen, dass die Aufsichtsbehörden bei besonders schwerwiegenden Verstößen Geldbußen in Höhe bis zu fünf Prozent des weltweiten Jahresumsatzes verhängen können, ist die Maximalhöhe von Bußgeldern nun in Art. 79 Abs. 6 DS-GVO-E auf zwei Prozent des weltweiten Jahresumsatzes begrenzt. Zudem fehlt eine Öffnungsklausel nach oben, wie sie bislang in § 43 Abs. 3 S. 2 BDSG normiert ist.

2.11.3 Informationspflicht bei unrechtmäßiger Kenntniserlangung von Daten

Keine Sanktion im eigentlichen Sinne, sondern zuallererst ein Instrument der Gefahrenabwehr ist die in § 42a BDSG normierte Informationspflicht bei unrechtmäßiger Kenntniserlangung von Daten. Im Falle bestimmter besonders schwerwiegender Datenschutzverstöße sieht § 42a BDSG eine Verpflichtung der verantwortlichen Stelle zur Benachrichtigung der Betroffenen und der Aufsichtsbehörden vor. Betroffenen und Aufsichtsbehörden soll es auf diese Weise ermöglicht werden, bei Datenverlusten die Folgeschäden so weit wie möglich in Grenzen zu halten.[194] Unabhängig von dieser primären Zielsetzung einer Gefahrenabwehr kann man der Informationspflicht nach § 42a BDSG auch einen gewissen Sanktions- bzw. Präventionscharakter zusprechen: Die durch § 42a BDSG begründete „Drohkulisse" einer negativen Publicity soll die verantwortlichen Stellen gerade zu einem besonders sorgsamen Umgang mit sensiblen personenbezogenen Daten anhalten.

Im Einzelnen normiert § 42a BDSG eine Benachrichtigungspflicht für nicht-öffentliche Stellen sowie für öffentlich-rechtliche Wettbewerbsunternehmen, wenn diese feststellen, dass bei ihnen gespeicherte personenbezogene Daten unrechtmäßig übermittelt oder auf sonstige Weise Dritten unrechtmäßig zur Kenntnis gelangt sind, und deshalb schwerwiegende Beeinträchtigungen für die Rechte oder schutzwürdigen Interessen der Betroffenen zu befürchten sind. Weshalb öffentliche Stellen von der Informationspflicht nach § 42a BDSG nicht erfasst sind, ist unter dem Aspekt eines effektiven Persönlichkeitsschutzes nicht nachvollziehbar. **Art. 31 und Art. 32 DS-GVO-E**, die ebenfalls eine Meldepflicht im Falle von Datenschutz-

194 Gola/Schomerus, BDSG (10. A. 2010), § 42a Rn. 1.

verstößen vorsehen, erfassen demgegenüber unterschiedslos alle öffentlichen und nicht-öffentlichen Stellen.

Voraussetzung für eine Informationspflicht des § 42a BDSG ist, dass es sich bei den betroffenen Daten um besonders schutzwürdige Daten handelt. § 42a BDSG zählt hierzu neben den besonderen Arten personenbezogener Daten i.S.d. § 3 Abs. 9 BDSG auch personenbezogene Daten, die einem Berufsgeheimnis unterliegen, personenbezogene Daten, die sich auf strafbare Handlungen oder Ordnungswidrigkeiten oder den Verdacht strafbarer Handlungen oder Ordnungswidrigkeiten beziehen, und schließlich personenbezogene Daten zu Bank- oder Kreditkartenkonten.

Teil III:
Datenschutz im öffentlichen Bereich

1 Einleitung

Die im deutschen Recht traditionell vorgenommene Unterscheidung zwischen dem Datenumgang im öffentlichen und nicht-öffentlichen Bereich wird mittlerweile zunehmend in Frage gestellt (vgl. dazu bereits Teil II, Kap. 1.1). So wird eine Zuordnung in öffentliche oder nicht-öffentliche regulatorische Bereiche durch die praktische Erfüllung öffentlicher Aufgaben erschwert. Die Öffentliche Hand erfüllt ihre Aufgaben zunehmend in privatrechtlicher Rechtsform und kooperiert dabei auch mit Privaten. Teilweise tritt sie auch in direkte Konkurrenz zur privaten Hand, wie dies beispielsweise bei Infrastrukturmaßnahmen der Fall ist. Gemeinwohlbezug und Gesetzesvollzug durch Private bzw. privatrechtliche Organisationsformen schließen einander nicht zwingend aus, werfen aber bei einer strikten Unterscheidung zwischen öffentlicher und nicht-öffentlicher Datenverarbeitung schwierige Abgrenzungsfragen auf.

Beispiel: Die Verarbeitung personenbezogener Daten im Rahmen des öffentlichen Personennahverkehrs ist nach den Datenschutzgesetzen der Länder zu beurteilen. Der Schienenfernverkehr und auch regelmäßig die S-Bahn unterliegt demgegenüber den Regeln des BDSG für den nicht-öffentlichen Bereich.[1]

Delegiert die öffentliche Hand originär öffentliche Aufgaben an Private, ist auch die Frage zu stellen, warum nur dieser Umstand zu einer Absenkung des Datenschutzniveaus führen soll. Besonders anschaulich wird die Problemstellung bei der Übertragung von Aufgaben der Kinder- und Jugendhilfe an private Träger.[2]

Auch wenn die öffentliche Hand als solche tätig wird, ist es nicht auszuschließen, dass die Datenverarbeitung in tatsächlicher Hinsicht ähnlichen Prinzipien folgt wie der Datenumgang durch Private.

Beispiel: Eine gesetzliche Krankenkasse fordert von Arbeitgebern personenbezogene Daten ihrer Beschäftigten an, um neue Mitglieder werben zu können.

In dem – im Jahr 2002 gerichtlich entschiedenen – Beispielsfall handelt die Krankenkasse als Körperschaft des öffentlichen Rechts, um (unzulässig) Mitglieder zu gewinnen, denen durch Gesetz ein Wahlrecht zu den unterschiedlichen Kassenarten eingeräumt wird. Sie ist – zumindest im Rahmen der Anforderung von Daten – nicht als „öffentlich-rechtliches Wettbewerbsunternehmen“ anzusehen, das nach §§ 27 ff. BDSG zu beurteilen wäre. Anzuwenden

---

1 Siehe dazu bereits Petri/Tinnefeld, RDV 2008, 59 ff.

2 Anschaulich Beisenherz/Tinnefeld, DuD 2010, 221 ff. mit Beispielsfällen.

sind vielmehr die Vorschriften der Sozialgesetzbücher.[3] Mittlerweile stellt § 284 Abs. 4 SGB V klar, dass Krankenkassen zur Gewinnung von Mitgliedern nur allgemein zugängliche Daten erheben und verwenden dürfen. Gesetzliche Krankenkassen sind also im Verhältnis zu privaten Krankenversicherungen in ihren Werbemöglichkeiten eingeschränkt. Dieser Umstand ändert freilich nichts daran, dass die Art und Weise der Mitgliedergewinnung aus allgemein zugänglichen Quellen heute denen der Werbung durch private Anbieter stark ähnelt.

Alles in allem wird deutlich, dass die herkömmliche Unterscheidung zwischen der Datenverarbeitung durch die öffentliche und durch die nicht-öffentliche Hand ihre Daseinsberechtigung zwar noch nicht völlig verloren hat, aber in vielen Lebensbereichen zumindest nicht mehr uneingeschränkt aufrecht erhalten werden kann. Unter diesem Vorbehalt steht auch der nachfolgende Überblick über den Umgang der öffentlichen Verwaltung mit personenbezogenen Daten.

1.1 Überblick zu bereichsspezifischem Recht

Wie bereits ausgeführt, regeln die allgemeinen Datenschutzgesetze den Umgang mit personenbezogenen Daten, soweit nicht bereichsspezifische Rechtsvorschriften Anwendung finden (zu den Erfordernissen bereichsspezifischer Regelungen vgl. Teil II, Kap. 1.2). Im Zusammenhang mit der Tätigkeit der öffentlichen Verwaltung gibt es eine Vielzahl von solchen bereichsspezifischen Gesetzen, die den Umgang mit personenbezogenen Daten betreffen. Ohne Anspruch auf Vollständigkeit werden nachfolgend einige Gebiete des **bereichsspezifischen Datenschutzrechts** vorgestellt, die herkömmlich dem öffentlichen Bereich zuzuordnen sind. Die gängige Verwaltungsrechtsliteratur unterscheidet unter anderem zwischen der Eingriffsverwaltung, der Leistungsverwaltung, der Bildungsverwaltung und der planenden Verwaltung. Allerdings sind diese Verwaltungstypen nicht trennscharf voneinander zu unterscheiden. So kann eine Eingriffsverwaltung ebenso auch Leistungselemente enthalten wie umgekehrt Träger der Leistungsverwaltung auch zu Eingriffsmaßnahmen berechtigt sein können (vgl. dazu Beispiel unter Kap. 1.1.2).

1.1.1 Eingriffsverwaltung

Einige Bereiche der öffentlichen Verwaltung sind überwiegend dadurch gekennzeichnet, dass die Behörden durch Ge- und Verbote, notfalls auch mit Zwang in die Freiheit und das Eigentum des Bürgers eingreifen („**Eingriffsverwaltung**").[4] Für sie gilt im besonderen Maße der Grundsatz des grundrechtlichen Gesetzesvorbehalts (vgl. Teil I, Kap. 5.1.5). Zu diesen Verwaltungen zählen beispielsweise die Ordnungsverwaltung, die zur Wahrung der Inneren Sicherheit berufenen Behörden sowie die Finanz- und Steuerverwaltung.

---

3 Vgl. BSG v. 28.11.2002, NJW 2003, 2932.

4 Vgl. dazu beispielsweise Wolff/Bachof/Stober/Kluth, Verwaltungsrecht I (12. A. 2007), § 4 Rn. 11, die insoweit auch von ordnender Verwaltung sprechen.

Ordnungsverwaltung

Die öffentliche Sicherheit wird üblicherweise als „Unverletzlichkeit der Rechtsordnung, der subjektiven Rechte und Rechtsgüter des Einzelnen sowie der Einrichtungen und Veranstaltungen des Staates oder sonstiger Träger der Hoheitsgewalt" definiert.[5] Nach der Rechtsprechung berührt grundsätzlich jede drohende oder bereits begangene Verletzung einer Rechtsnorm die Rechtsordnung. Bei Vorschriften des öffentlichen Rechts soll mit einem Rechtsverstoß stets auch eine Gefahr für die öffentliche Sicherheit verbunden sein. Dabei kommt es nicht darauf an, ob der Rechtsverstoß schuldhaft erfolgt oder gar mit Strafe geahndet werden kann.[6]

Die Gewährleistung der öffentlichen Sicherheit ist Aufgabe der Ordnungsverwaltung und der Behörden, die für die Innere Sicherheit und das Justizwesen zuständig sind.

Die Ordnungsverwaltung umfasst einen vielfältigen Aufgabenbereich. Zu den gesetzlich beschriebenen Aufgaben der Ordnungsverwaltung, die besondere Regelungen zum Datenumgang enthalten, zählen beispielsweise das Asyl- und Aufenthaltsrecht (früher: Ausländerrecht), das Bauordnungsrecht, das Gesundheitsrecht (u. a. mit Lebensmittel-, Seuchenbekämpfungs-, Arzneimittel- und Betäubungsmittelrecht), Gewerberecht (hierzu zählen u. a. Gewerbeordnung, Handwerksordnung, Gaststättenrecht und besonderes Wirtschaftsverwaltungsrecht), das Hilfeleistungsrecht (betreffend Feuerwehr, Rettungsdienste, Katastrophen- und Zivilschutz usw.), das Straßenverkehrsrecht, das Umweltrecht, das öffentliche Vereinsrecht, das Waffenrecht sowie das Melde-, Pass- und Ausweisrecht.

Teilweise werden diese ordnungsrechtlichen Aufgaben durch Spezialbehörden („Sonderordnungsbehörden") wahrgenommen.

Beispiele: Für aufenthalts- und passrechtliche Maßnahmen und Entscheidungen nach dem Aufenthaltsgesetz sind in erster Linie die Ausländerbehörden zuständig.

Im Übrigen nehmen insbesondere die allgemeinen Kommunal- und Landesverwaltungen zahlreiche ordnungsrechtliche Aufgaben wahr. Fehlen spezielle Regelungen, dürfen sie nach den meisten[7] allgemeinen Datenschutzgesetzen Daten erheben und verwenden, soweit dies zur Abwehr einer erheblichen Gefahr für die öffentlichen Sicherheit erforderlich (vgl. z. B. § 13 Abs. 2 Nr. 5 BDSG) oder zur Abwehr erheblicher Nachteile für das Gemeinwohl oder zur Wahrung erheblicher Belange des Gemeinwohls zwingend erforderlich ist (vgl. z. B. § 13 Abs. 2 Nr. 6 BDSG). Zu berücksichtigen ist allerdings, dass die allgemeinen Datenerhebungs- und -verwendungsregeln regelmäßig nur Maßnahmen rechtfertigen können, die nicht erheblich in die Grundrechte der Bürgerinnen und Bürger eingreifen.[8]

---

5 Siehe dazu und zu den folgenden Ausführungen: Denninger in Lisken/Denninger (Hg.), Handbuch Polizeirecht (5. A. 2012, i. Ersch.), Kap. E Rn. 16 ff. m.w.N.

6 Vgl. z. B. BVerwG v. 08.09.1981, BVerwGE 64, 55, 61.

7 Das Berliner Datenschutzgesetz sieht keine entsprechenden Befugnisse vor, sondern setzt grundsätzlich bereichsspezifische Befugnisnormen voraus.

8 So zu Recht Gola/Schomerus, BDSG (10. A. 2010), § 13 Rn. 2.

Nachrichtendienste, Polizei, Justizbehörden („Sicherheitsbehörden")

Üblicherweise nehmen Ordnungsbehörden die Aufgaben der Gefahrenabwehr fachspezifisch und zumeist auch nicht in eilbedürftigen Fällen wahr. Gemeinhin wird allerdings der Schutz der öffentlichen Sicherheit den Nachrichtendiensten, der Polizei und einem Teil der Justizbehörden (Staatsanwaltschaften, Strafgerichte, Strafvollzug) zugeschrieben. Abweichend von einem teilweise üblichen Sprachgebrauch werden nur diese Behörden nachfolgend auch als „Sicherheitsbehörden" bezeichnet.

Nachrichtendienste (hierzu zählen der Militärische Abschirmdienst MAD, der Bundesnachrichtendienst BND und die Verfassungsschutzämter des Bundes und der Länder) nehmen dabei traditionell die Funktion einer „strategischen Aufklärung" von Vorgängen wahr, die den Bestand des Staates gefährden könnten. Nachrichtendienste haben keine polizeilichen Befugnisse. Dementsprechend können sie personenbezogene Daten nicht mithilfe von Zwangsmaßnahmen erheben. Zugleich gehen Nachrichtendienste typischerweise heimlich vor.

Beispiele: Die Observation[9] von verdächtigen Personen, verdeckte technische Überwachungsmittel[10] und der Einsatz von sogenannten „V-Leuten"[11] werden heute noch gelegentlich als **nachrichtendienstliche Ermittlungsmethoden** bezeichnet, obwohl sie schon seit geraumer Zeit auch von der Polizei angewandt werden.

Insbesondere der Einsatz von V-Leuten hat für die Geheimdienste eine erhebliche Bedeutung, weil diese Personen der zu überwachenden „Szene" angehören. Sie werden durch die Nachrichtendienste mittels konkreter Vorgaben „geführt". Zugleich sind V-Leute nicht nur ethisch, sondern auch verfassungsrechtlich problematisch. Denn der Rechtsstaat nutzt dabei den Vertrauensbruch einzelner Bürger (eben der „V-Leute"), um sich Informationen über potentiell gefährliche Personen zu beschaffen. Der V-Mann-Einsatz ist zwar nicht generell menschenrechtswidrig; er muss aber im Rahmen klarer gesetzlicher Grenzen stattfinden. Der Europäische Gerichtshof für Menschenrechte (EGMR) hat darauf hingewiesen, dass die Menschenrechte insbesondere ein eindeutiges und vorhersehbares Verfahren gebieten, um die fraglichen Ermittlungen zu genehmigen, durchzuführen und zu überwachen.[12]

Beispiel: Die Bundesregierung strengte in den Jahren 2002 und 2003 ein Parteiverbotsverfahren gegen die NPD an, weil sie diese Partei als verfassungswidrig ansah. Das Bundesverfassungsgericht stellte dieses Verbotsverfahren ein, weil die NPD seinerzeit in extensiver Weise von V-Leuten unterschiedlicher Nachrichtendienste durchsetzt war.

---

9 Unter Observation wird die regelmäßig heimliche, auf gewisse Dauer angelegte Beobachtung einzelner Personen bzw. Personengruppen verstanden, vgl. u. a. Lensch in Möllers, Wörterbuch Polizei, Stichwort Observation.

10 Hierzu zählen insbesondere das heimliche Abhören von Telefongesprächen, das Abhören von Gesprächen in oder aus Wohnungen, verdeckte Videoüberwachung usw.

11 V-Leute sind Privatpersonen, die bereit sind, mit staatlichen Behörden über einen längeren Zeitraum zu kooperieren. „V" ist damit ein Kürzel, das für „vertrauensvolle Zusammenarbeit" steht.

12 EGMR v. 05.02.2008, NJW 2009, 3565 ff.

Das Gericht sah darin unter anderem die Gefahr, dass geheime Mitarbeiter der Nachrichtendienste die Zielsetzungen und die Tätigkeit der Partei maßgeblich mitbestimmt hätten.[13] Anlässlich der Aufklärung einer Mordserie durch eine Gruppe von Neonazis (sog. „Zwickauer Terrorzelle") ist die Diskussion um ein Verbot der NPD wiederbelebt worden.[14]

Die Abwehr von Gefahren und die Beseitigung von Störungen der Öffentlichen Sicherheit ist eine Hauptaufgabe der **Polizei.** Zugleich hat sie die Staatsanwaltschaft bei der Strafverfolgung zu unterstützen. Für den Bereich der Gefahrenabwehr geben die Polizeigesetze eine Vielzahl von unterschiedlichen Befugnissen, in die informationellen Grundrechte einzugreifen. Im Grundsatz fallen die Regelung und die Ausführung des Polizeirechts in die Kompetenz der Bundesländer, Art. 70, 83 GG. Dementsprechend unterhalten alle Länder eigene Polizeibehörden, die zu Zwecken der Gefahrenabwehr überwiegend nach den Polizeigesetzen der Länder handeln (**Polizei als Angelegenheit der Länder**).

Demgegenüber stellen Polizeibehörden des Bundes eine Ausnahme dar. Das **Bundeskriminalamt** (BKA) nimmt vor allem die Aufgabe einer Zentralstelle für das polizeiliche Auskunfts- und Nachrichtenwesen und für die Kriminalpolizei wahr, vgl. Art. 87 Abs. 1 GG. Das BKA koordiniert den Informationsaustausch zwischen den Polizeibehörden der Länder.

Beispiel: Das BKA führt die meisten länderübergreifenden polizeilichen Verbunddateien.[15] **Verbunddateien** sind von einer Zentralstelle geführte Dateien, in die die Teilnehmer selbst auf elektronischem Weg unmittelbar einspeichern und aus denen sie Daten unmittelbar abrufen können.

Eine weitere, aus Art. 73 Abs. 1 Nr. 10 GG abgeleitete Aufgabe des BKA besteht darin, den Generalbundesanwalt bei der Verfolgung bestimmter schwerwiegender Straftaten zu unterstützen. Eine neuere, verfassungsrechtlich im Einzelnen umstrittene Rechtsvorschrift (§ 4a BKAG) gibt dem BKA die Befugnis, die eigentlich den Länderpolizeien zugewiesene Aufgabe der Abwehr von Gefahren des internationalen Terrorismus in bestimmten Fällen an sich zu ziehen.[16]

Die Aufgaben des früheren Bundesgrenzschutzes werden heute von der **Bundespolizei** wahrgenommen, vgl. insbesondere §§ 2–6 BPolG. Dementsprechend stellt der polizeiliche Grenzschutz eine wesentliche Aufgabe der Bundespolizei dar. Sie hat auch die Aufgaben, Bahnanlagen und Einrichtungen des Luftverkehrs sowie von Bundesorganen zu schützen. Dazu gibt ihr das Bundespolizeigesetz die Befugnisse, die auch den Landespolizeibehörden üblicherweise zustehen.

Beispiel: Die **Bundespolizei** darf Bild- und Tonmaterial in Bezug auf Veranstaltungen und Ansammlungen erheben und verwenden, die an der Grenze oder in den in § 23 Abs. 1 Nr. 2

13 BVerfG v. 18.03.2003, BVerfGE 107, 339 ff.

14 Überblick zum Diskussionsstand bei http://www.politische-bildung.de/rechtsextremismus.html (Abrufdatum: 5.1.2012).

15 Vgl. Verordnung über die Art der Daten, die nach den §§ 8 und 9 des Bundeskriminalamtsgesetzes gespeichert werden dürfen, BGBl. 2010 I S. 716.

16 Unter anderem gegen diese Vorschrift sind Verfassungsbeschwerden beim BVerfG anhängig (Aktenzeichen: 1 BvR 966/09 u. a.).

BPolG genannten Objekten stattfinden, vgl. § 26 Abs. 1 BPolG. Dementsprechend erstreckt sich die Datenerhebungsbefugnis der Bundespolizei auf das Gelände von Bahnhöfen. Die Überwachung der angrenzenden Vorplätze fällt in die Zuständigkeit der jeweiligen Länderpolizei.

Vor der Gründung der Bundesrepublik Deutschland wurde hinsichtlich der Aufgaben der Abwehr von Gefahren für die öffentliche Sicherheit nicht strikt zwischen Polizei und Nachrichtendiensten getrennt. Dies änderte sich aufgrund der Erfahrungen der nationalsozialistischen Herrschaft. Nach dem zweiten Weltkrieg gestatteten die alliierten Militärgouverneure der drei westlichen Siegermächte USA, Großbritannien und Frankreich im Jahr 1949 der deutschen Bundesregierung die Einrichtung eines Nachrichtendienstes nur unter der Voraussetzung, dass diese Stelle keine polizeilichen Befugnisse erhalten dürfe. Diese im so genannten Polizeibrief gemachte Auflage verfestigte sich zum so genannten **Trennungsprinzip**, das auch nach der Wiedervereinigung der beiden deutschen Teilstaaten verfassungsrechtlich begründet ist.[17] Unklar ist gegenwärtig die Reichweite dieses Trennungsgebots.

Beispiele: Kriminalpolizeien und Nachrichtendienste führen zur Terrorismusabwehr gemeinsame Dateien. Am bekanntesten ist die sog. Antiterrordatei, die im „Gesetz zur Errichtung gemeinsamer Dateien von Polizeibehörden und Nachrichtendiensten des Bundes und der Länder (**Gemeinsame-Dateien-Gesetz**)“[18] vorgesehen ist. Aus Anlass der im Jahr 2011 bekannt gewordenen Neonazi-Morde durch die „Zwickauer Terrorzelle“ soll auch eine Verbunddatei Rechtsextremismus errichtet werden, die ebenfalls das Trennungsgebot berühren würde.[19]

Kernproblem im Zusammenhang mit gemeinsamen Dateien der Nachrichtendienste und Polizeien ist die Frage, ob und inwieweit neben der unstreitig gebotenen organisatorischen Trennung von Polizei und Geheimdiensten auch eine informationelle Trennung verfassungsrechtlich geboten ist.[20]

Während die Polizei die Aufgabe der Gefahrenabwehr wahrnimmt, arbeitet sie im Zusammenhang mit der Strafverfolgung der **Staatsanwaltschaft** zu. Sie soll als „Herrin des strafverfahrensrechtlichen Ermittlungsverfahrens“ die Rechtmäßigkeit des Ermittlungsverfahrens gewährleisten. Die Verfahrensherrschaft den Staatsanwaltschaften zuzuweisen ist insoweit sinnvoll, als strafverfahrensrechtliche Ermittlungsverfahren insbesondere den Sinn haben, Straftaten aufzuklären und Straftäter einer gerichtlichen Verurteilung zuzuführen. Eine Justizförmigkeit der Ermittlungen dient also nicht nur rechtstaatlichen Erfordernissen, sondern ist auch verfahrensökonomisch bedeutsam.

---

17 Streitig, wie hier z. B. Stubenrauch, Gemeinsame Verbunddateien (2008), S. 37; a.A. Klee, Neue Instrumente der Zusammenarbeit (2009), S. 64. Das BVerfG hat diese Frage bisher offen gelassen, deutet aber in einigen Entscheidungen durchaus den Verfassungsrang des Trennungsgebots an, vgl. BVerfG v. 28.01.1998, BVerfGE 97, 198, 217.

18 Gesetz vom 22.12.2006, BGBl. I S. 3409.

19 Vgl. Entwurf eines Gesetzes zur Verbesserung der Bekämpfung des Rechtsextremismus, BT-Drs. 17/ 8672.

20 Thematisiert, aber letztlich offen gelassen in BVerfG v. 28.01.1998, BVerfGE 97, 198, 217.

Ob allerdings der Grundansatz einer Staatsanwaltschaft als Herrin des strafverfahrensrechtlichen Ermittlungsverfahrens in Bezug auf die Verarbeitung personenbezogener Daten heute noch der Realität entspricht, wird selbst von Vertretern der Sicherheitsbehörden bisweilen bezweifelt.

Beispiel: Insbesondere zur Bekämpfung der organisierten Kriminalität werden von der Polizei heute so genannte Struktur- und Fallanalysedateien eingesetzt. Diese Systeme sind teilweise „lernfähig" und können bislang nicht erkannte Querverbindungen zwischen verschiedenen Ermittlungsverfahren herstellen. Allerdings begründen sie auch das Risiko, dass aufgrund von Zufälligkeiten unbescholtene Bürger in das Visier von Fahndungen geraten. Die Staatsanwaltschaft hat in der Regel keine Kenntnisse von den konkreten Inhalten derartiger Datenbestände.

Verdeckte strafverfahrensrechtliche Ermittlungsmaßnahmen wie der Einsatz von V-Leuten und verdeckten Ermittlern, die Durchführung einer Telefonüberwachung, die Erhebung von Telekommunikationsverkehrsdaten bei Telekommunikationsdiensten, akustische Wohnraumüberwachungen, Online-Durchsuchungen oder Quellen-Telekommunikationsüberwachungen usw. dürfen allerdings von der Polizei nur in Abstimmung mit der zuständigen Staatsanwaltschaft durchgeführt werden. Unterliegen solche verdeckten Maßnahmen aufgrund ihrer Eingriffsintensität einem Richtervorbehalt, ist es die Staatsanwaltschaft, die bei Gericht einen Antrag auf Anordnung dieser Maßnahme stellt.

Beispiel: Die Überwachung und Aufzeichnung der Telekommunikation nach § 100a StPO darf im Grundsatz nur durch den Richter angeordnet werden, vgl. § 100b Abs. 1 StPO. Die Antragstellung obliegt der Staatsanwaltschaft,[21] die eine Telekommunikationsüberwachung in Ausnahmefällen auch anordnen kann.[22]

In den letzten Jahren haben sich die beschriebenen Aufgabenverteilungen und Strukturen verändert. Festzustellen ist eine Entwicklung hin zur Zentralisierung von Sicherheitsaufgaben, zu einer Intensivierung des Informationsaustauschs, zu (gewollten) Aufgabenüberschneidungen und insbesondere zu einer Vorverlagerung von polizeilichen Datenerhebungsbefugnissen in das Vorfeld der klassischen Gefahrenabwehr. Auf europäischer Ebene wird die Zusammenarbeit durch die „Counter Terrorist Group" (CTG) und die übergreifende Auswertung des Internet durch „Check the web" im Rahmen von Europol verstärkt. Weitere sicherheitsbehördliche Informationssysteme, die zur Zeit in Betrieb sind, sind unter anderem das Schengener Informationssystem (SIS), die Fingerabdruckdatenbank Eurodac, das Visa-Informationssystem (VIS), die Übermittlung von Advance Passenger Information (Informationen aus dem maschinenlesbaren Bereich von Pässen) bei Flügen in die EU und die der Neapel-II-Konvention zur Kooperation der Zollbehörden zuzuordnenden Datenbanken Customs Information System (CIS) und Customs file identification database (FIDE). Weitere Datenaustauschsysteme mit europäischen bzw. internationalen Bezügen sind im Vertrag von

---

21 Im Fall des § 100a StPO ist die Antragstellung durch die Staatsanwaltschaft durch § 36 Abs. 2 Satz 1 StPO gesetzlich verbindlich vorgeschrieben.

22 Diese Anordnung tritt jedoch außer Kraft, sofern sie nicht innerhalb von drei Tagen richterlich bestätigt wird.

Prüm, in Flugpassagierabkommen mit den USA, Australien und Kanada und in Bezug auf die europäische Polizeibehörde Europol geregelt. In der rechtswissenschaftlichen Literatur wird insoweit überwiegend und teilweise zu Recht kritisch von einem **Umbau der Sicherheitsarchitektur** gesprochen.[23]

Beispiel: Die Verfassungsschutzbehörden einiger Länder[24] haben in den vergangenen Jahren die Aufgabe zur Beobachtung der Organisierten Kriminalität erhalten – ein klassisches Aufgabengebiet der Polizei.

Das Bundesverfassungsschutzgesetz hingegen sieht in § 3 BVerfSchG keine Aufgabe des Bundesamts für Verfassungsschutz zur Beobachtung der Organisierten Kriminalität vor. Ungeachtet einiger Schnittstellen zwischen der Organisierten Kriminalität und der Tätigkeit von verfassungsfeindlichen Organisationen ist eine Beobachtung der Organisierten Kriminalität als solche durch das Bundesamt für Verfassungsschutz deshalb unzulässig.[25]

Dass der Staat möglichst frühzeitig einschreiten können soll, um befürchtete Gefahren von unserem Gemeinwesen abzuwenden, ist ein verständliches und grundsätzlich legitimes Anliegen. Allerdings ist aus datenschutzrechtlicher Sicht als Kehrseite dieses Anliegens zu beachten, dass eine solche Entwicklung zu mehr Beobachtung, Kontrolle und Überwachung von Personen führt, die zwar noch nichts Gesetzeswidriges getan haben, denen die Sicherheitsbehörden aber teils wegen bestimmter Persönlichkeitsmerkmale, teils auch wegen legaler Wahrnehmung von Grundrechten (etwa der Demonstrationsfreiheit) einen künftigen Rechtsverstoß zutrauen. Das Bundesverfassungsgericht hat diese Problemstellung im Jahr 2006 mit folgenden Worten treffend beschrieben:

„Bei der Vorverlagerung des Eingriffs in eine Phase, in der sich die Konturen eines Straftatbestandes noch nicht abzeichnen, besteht das Risiko, dass der Eingriff an ein nur durch relativ diffuse Anhaltspunkte für mögliche Straftaten gekennzeichnetes, in der Bedeutung der beobachteten Einzelheiten noch schwer fassbares und unterschiedlich deutbares Geschehen anknüpft. […] Da der Eingriff sich auf mögliche zukünftige Aktivitäten bezieht, kann er sich häufig nur auf Tatsachen stützen, bei denen noch offen ist, ob sie sich zu einer Rechtsgutverletzung weiterentwickeln. Die Situation der Vorfeldermittlung ist insofern durch eine hohe Ambivalenz der potenziellen Bedeutung einzelner Verhaltensumstände geprägt. Die Indizien oder einzelne beobachtete Tätigkeiten können in harmlosen, strafrechtlich unerheblichen Zusammenhängen bleiben; sie können aber auch der Beginn eines Vorgangs sein, der zur Straftat führt.“[26]

---

23 Vgl. z. B. Zabel, JR 2009, 453 ff.; Roggan, NJW 2009, 257 ff.; Remberg, Kriminalistik 2008, 82 ff.; Möllers/van Ooyen, Das Parlament (Beilage) 2008, Nr. 48, S. 26 ff.

24 Seit längerer Zeit: Bayern (seit 1994), Hessen (2003), Saarland (2001), Thüringen (2002). In Sachsen wurde die Beobachtungskompetenz mit dem Zweiten Gesetz vom 28. April 2006 (SächsGVBl. 2006 S. 129) abgeschafft.

25 A.A. offenbar Droste, Handbuch Verfassungsschutzrecht (2007), 54 ff.

26 BVerfG v. 27.07.2005, BVerfGE 113, 348, 377; vgl. auch BVerfG v. 03.03.2004, BVerfGE 110, 33, 59.

Aus verfassungsrechtlicher Sicht haben die Gesetzgeber des Bundes und der Länder danach die schwierige Pflicht, auch im Zusammenhang mit Ermittlungen im Vorfeld konkreter Gefahrenlagen einen Mindeststandard an Vorhersehbarkeit und Kontrollierbarkeit der sicherheitsbehördlichen Maßnahmen zu gewährleisten.

Finanz- und Steuerverwaltung

Die Finanz- und Steuerverwaltung erhebt und verwendet im Rahmen der Abgabenerhebung eine Vielzahl von Informationen über die Einkommens- und Vermögensverhältnisse der Bevölkerung. Anders als beispielsweise in den skandinavischen Staaten werden diese Daten in der deutschen Gesellschaft als schutzwürdig angesehen. Da die Finanzverwaltung im besonderen Maß auf die Mitwirkung der Steuerpflichtigen angewiesen ist, wird sie ausdrücklich auf das **Steuergeheimnis** nach § 30 AO verpflichtet. Das Bundesverfassungsgericht beschreibt die verfassungsrechtliche Funktion des Steuergeheimnisses wie folgt: *„Angesichts der Gefahren der automatisierten Datenverarbeitung ist ein – amtshilfefester – Schutz gegen Zweckentfremdung durch Weitergabe und Verwertungsverbot erforderlich … Diesen Anforderungen genügt § 30 AO, der das Steuergeheimnis als Gegenstück zu den weitgehenden Offenbarungspflichten schützt. Diese Vorschrift dient den privaten Geheimhaltungsinteressen des Steuerpflichtigen und anderer zur Auskunftserteilung verpflichteten Personen. Zugleich wird mit ihr der Zweck verfolgt, durch besonderen Schutz des Vertrauens in die Amtsverschwiegenheit die Bereitschaft zur Offenlegung steuerlicher Sachverhalte zu fördern, um so das Steuerverfahren zu erleichtern […]“*[27]

Dieser Schutz ist allerdings durch zahlreiche Ausnahmen stark relativiert worden und gilt keineswegs uneingeschränkt.

Den Finanzbehörden stehen im Rahmen der Besteuerungsverfahren überdies **umfangreiche Datenerhebungsbefugnisse** zu, wie folgende beiden Beispiele veranschaulichen:

Beispiel: Jeder Bürger erhält von der Finanzverwaltung eine sogenannte Steuer-Identifikationsnummer. Die Steuer-ID setzt sich aus elf „nichtsprechenden“[28] Ziffern zusammen, sie wird bereits mit der Geburt vergeben und bleibt – jedenfalls grundsätzlich – ein Leben lang gültig. Sie dient der zuverlässigen Identifizierung in Besteuerungsverfahren.

Gestützt wird die Vergabe und Verwendung der Steuer-ID auf die §§ 139 a bis d AO. Ihre Verwendung soll zwar auf den Steuerbereich beschränkt bleiben (§ 139 b Abs. 2 AO). Die Datenschutzbeauftragten des Bundes und der Länder haben jedoch auf das Risiko hingewiesen, dass ein derart zentraler und umfassender Datenbestand über kurz oder lang die Begehrlichkeiten anderer Verwaltungszweige wecken werde.[29] Bei der Verwendung der Steuer-ID über reine Besteuerungsverfahren hinaus würde sich die ID zu einem einheitlichen Personenkennzeichen entwickeln. Ein solches Personenkennzeichen wäre der Anknüpfungs-

---

[27] BVerfG v. 27.06.1991, BVerfGE 84, 239 II (280 f.). Das Gericht weist a.a.O. unter anderem auch darauf hin, dass das Steuergeheimnis durch § 355 StGB strafrechtlich bewehrt ist.

[28] Gemeint ist damit, dass die Ziffernabfolge nicht auf einer Zusammensetzung von personenbezogenen Kennziffern wie etwa dem Geburtsdatum beruht, sondern nach Zufallsprinzip gebildet wird.

[29] Vgl. 74. Konferenz der Datenschutzbeauftragten des Bundes und der Länder: Zentrale Steuerdatei droht zum Datenmoloch zu werden, vom 25./26. Oktober 2007.

punkt für umfassende Profilbildungen und würde eine schwerwiegende Beeinträchtigung des Rechts auf informationelle Selbstbestimmung darstellen.[30] Gleichwohl hat der BFH in einer Grundsatzentscheidung festgestellt, dass die obligatorische Zuordnung der Steuer-ID im Grundsatz verfassungskonform sei. Das Ziel, auf effektive Weise sowohl hinsichtlich der Festsetzung als auch der Erhebung von Steuern für Belastungsgleichheit zu sorgen, sei ein Allgemeingut von herausgehobener Bedeutung. Die Steuer-ID unterstütze diese Zielsetzung in vielfältiger Weise. Angesichts einer relativ strikten Zweckbindung sei sie deshalb nicht als unverhältnismäßiger Eingriff in das Persönlichkeitsrecht der Steuerpflichtigen anzusehen.[31]

Beispiel: Finanzbehörden können durch einen automatisierten Abruf von Kontoinformationen auch Kontobewegungen und Kontostände von Abgabenpflichtigen erfragen.

Der automatisierte Abruf von Kontoinformationen findet seine verfassungskonforme[32] Rechtsgrundlage in § 93 Abs. 7 bis 10, § 93b AO. Danach darf das Bundeszentralamt für Steuern auf Ersuchen der für die Besteuerung zuständigen Finanzbehörden bei den Kreditin stituten einzelne Stammdatensätze im automatisierten Verfahren abrufen und an die ersuchenden Finanzbehörden weiterleiten. Abgefragt werden können „Kontostammdaten", vor allem also Kontonummer, Name und Geburtstag des Kontoinhabers und der Verfügungsberechtigten. Ein Abruf ist nur zulässig, wenn er zur Festsetzung oder Erhebung von Steuern erforderlich ist und ein Auskunftsersuchen an den Steuerpflichtigen entweder erfolglos geblieben ist oder keinen Erfolg verspricht.[33] Auskunftsverlangen im Zuge von Ermittlungen „ins Blaue hinein" wären unzulässig.[34]

1.1.2 Leistungsverwaltung

Während die Gewährleistung der öffentlichen Sicherheit und das Ordnungsrecht typischerweise dadurch geprägt sind, dass Hoheitsträger zur Verfolgung von Allgemeininteressen in die Grundrechte der Bürgerinnen eingreifen, sind die Sozial- und die Gesundheitsverwaltung dadurch gekennzeichnet, dass sie gegenüber den Bürgerinnen und Bürgern Leistungen erbringen. Man nennt solche Verwaltungsbereiche deshalb auch **„Leistungsverwaltung"**. Allerdings sind auch im Bereich der Leistungsverwaltung Grundrechtseingriffe nicht ausgeschlossen.

Beispiel: Das Kinder- und Jugendhilferecht im Sozialgesetzbuch VIII ist geprägt durch vielfältige personenbezogene Dienstleistungen (Beratung, Unterstützung, Erziehung), welche die Jugendhilfe gegenüber Minderjährigen und ihren Erziehungsberechtigten erbringt. Zugleich hat die Jugendhilfe aber auch nach § 1 Abs. 3 Nr. 3 SGB VIII die Aufgabe, Kinder und Jugendliche vor Gefahren für ihr Wohl zu schützen.

---

30 Ähnlich BfDI, Datenschutz in der Finanzverwaltung – Chancen und Risiken der Steuer-ID, Stand April 2010.

31 Vgl. BFH v. 18.01.2012, DuD 2012, Heft 4 (i. Ersch.).

32 Vgl. BVerfG v. 13.06.2007, BVerfGE 118, 168 (2. Leitsatz).

33 Vgl. dazu BayLfD, 23. TB 2008, Kap. 11.2., 24. TB 2010, Kap. 9.5.

34 Vgl. BVerfG v. 13.06.2007, BVerfGE 118, 168 (192 f.).

Aus diesem Schutzauftrag folgt beispielsweise die Eingriffsbefugnis der Jugendhilfe, Kinder und Jugendliche nach Maßgabe des § 42 SGB VIII in Obhut zu nehmen. Die Inobhutnahme ist mit schwerwiegenden Eingriffen vor allem in das grundrechtlich geschützte Elternrecht verbunden, vgl. Art. 6 Abs. 2 GG.

Es gibt zahlreiche Erscheinungsformen der öffentlichen Leistungsverwaltung. Aus datenschutzrechtlicher Sicht besonders bedeutsam sind Verwaltungszweige, die typischerweise mit risikoträchtigen personenbezogen Daten umzugehen haben. Angesprochen sind damit beispielsweise der Sozialdatenschutz und datenschutzrechtliche Bestimmungen des Gesundheitswesens.

Sozialdatenschutz

Im Allgemeinen soll das **Sozialrecht** „zur Verwirklichung sozialer Gerechtigkeit und sozialer Sicherheit Sozialleistungen einschließlich sozialer und erzieherischer Hilfen gestalten", § 1 Abs. 1 SGB I. Typisch für das Sozialrecht und damit auch für den Sozialdatenschutz ist der Umstand, dass Sozialbehörden **hilfebedürftigen Menschen** beistehen. Sozialdaten[35] sind deshalb besonders risikoträchtig für die betroffenen Personen.

Beispiele: Sozialdaten betreffen Arbeitslosigkeit (SGB II, III), krankheitsbedingte Hilfsbedürftigkeit (SGB IV–VI), Gefährdungen einer gesunden Entwicklung bei Kindern und Jugendlichen (SGB VIII), Behinderungen (SGB IX) usw.

Deshalb sieht das Sozialgesetzbuch in § 35 Abs. 1 SGB I ein besonderes **Sozialgeheimnis** vor. Danach hat jeder einen Anspruch darauf, dass die ihn betreffenden Sozialdaten von den Sozialleistungsträgern nicht unbefugt erhoben, verarbeitet und genutzt werden. Der Umgang der Sozialverwaltung mit Sozialdaten ist abschließend in den Sozialgesetzbüchern geregelt. Sie enthalten regelmäßig ein gesteigertes Datenschutzniveau. Das Sozialgesetzbuch X enthält allgemeine Regeln zum Sozialverwaltungsverfahren und insbesondere zum Sozialdatenschutz (§§ 67 ff. SGB X). Für einzelne Bereiche des Sozialdatenschutzes sind zusätzliche Schutzvorschriften zu beachten.

Beispiel: Sozialdaten, die Jugendamtsmitarbeitern anvertraut werden, unterliegen dem besonderen Schutz des § 65 SGB VIII.

Leistungsverwaltung ist unter anderem dadurch gekennzeichnet, dass staatliche Hilfen nur auf **Antrag** des Hilfebedürftigen gewährt werden. Der Umgang der Sozialbehörden mit Sozialdaten betrifft in erster Linie die Frage, ob die den Antrag stellende Person die Voraussetzungen für die beantragte Leistung erfüllt.

Beispiel: Erwerbsfähige Arbeitslose haben nach Maßgabe des SGB II einen Anspruch auf Arbeitslosengeld II zur Sicherung ihres Lebensunterhalts. Die für die Leistungserbringung zuständigen Träger der Grundsicherung[36] haben unter anderem zu prüfen, ob der jeweilige

35 Zum Begriff lies § 67 Abs. 1 SGB X.

36 Nach § 6 SGB II sind dies die Bundesagentur für Arbeit und die kreisfreien Städte und die Kreise.

Antragsteller im Sinne des SGB II hilfebedürftig ist. Insbesondere muss geprüft werden, ob der Antragsteller über Einkommen und Vermögen verfügt, das einen etwaigen Geldanspruch mindert oder ganz ausschließt.

Die Grundsicherung für Arbeitssuchende nach dem SGB II wird dabei vor Ort durch so genannte **Jobcenter** gewährleistet. Dies sind lokale Behörden im Gebiet eines Kreises oder einer kreisfreien Stadt in Deutschland. Jobcenter können sich in alleiniger kommunaler Trägerschaft befinden („Optionskommunen", vgl. § 6d SGB II), aber auch gemeinsame Einrichtungen sein, die von der Bundesagentur für Arbeit und dem kommunalen Träger gebildet werden (vgl. § 44b SGB II). Jobcenter sollen Leistungen nach dem SGB II gewähren und durch das Prinzip des Förderns und Forderns den betroffenen Personen die Möglichkeit eröffnen, ihren Lebensunterhalt künftig aus eigenen Mitteln und Kräften bestreiten zu können.

Die Datenerhebung und -verwendung in den Bereichen der Leistungsverwaltung ist dabei geprägt von zahlreichen **Mitwirkungspflichten** des Antragstellers bzw. der Antragstellerin. Im Sozialwesen ergibt sich der Umfang der Mitwirkungspflichten aus den §§ 60 ff. SGB I.

Beispiel: Ein Jobcenter verlangt von einem Arbeitsuchenden, dass er Kontoauszüge der letzten drei Monate und seine Lohnsteuerkarte vorlegt, um seine Einkommenssituation zu belegen.

Wer Sozialleistungen beantragt oder erhält, ist nach § 60 Abs. 1 S. 1 Nr. 3 SGB I grundsätzlich verpflichtet, die maßgeblichen Beweismittel zu bezeichnen und auf Verlangen des zuständigen Leistungsträgers auch Beweisurkunden vorzulegen. Diese allgemeinen Mitwirkungspflichten gelten regelmäßig auch im Bereich der Grundsicherung für Arbeitsuchende. Eine solche Mitwirkungspflicht verstößt auch nicht gegen das Datenschutzrecht. Jobcenter müssen prüfen können, ob die Voraussetzungen für einen Anspruch auf Grundsicherungsleistungen gegeben sind. Für eine solche Prüfung sind Kontoauszüge und eine Kontenübersicht erforderlich. Das Bundessozialgericht hat es im Jahr 2008 als nicht unverhältnismäßig angesehen, dass ein Jobcenter die Vorlage von Kontoauszügen der letzten drei Monate verlangt, selbst wenn kein konkreter Verdacht auf Missbrauch besteht.[37] Allerdings hat es dem Grundsicherungsempfänger in engen Grenzen die Möglichkeit zugebilligt, Kontoauszüge auf der Ausgabenseite zu schwärzen. Das Jobcenter ist grundsätzlich gehalten, in seinen Mitwirkungsaufforderungen auf die aufgezeigten Möglichkeiten der Schwärzung von Angaben zu Zahlungsempfängern hinzuweisen.

Kommt derjenige, der eine Sozialleistung beantragt oder erhält, seinen Mitwirkungspflichten nicht nach und wird hierdurch die Aufklärung des Sachverhalts erheblich erschwert, kann das Jobcenter wie grundsätzlich jeder Sozialleistungsträger gemäß § 66 SGB I ohne weitere Ermittlungen die Leistung bis zur Nachholung der Mitwirkung ganz oder teilweise versagen oder entziehen, soweit die Voraussetzungen der Leistung nicht nachgewiesen sind. Allerdings müssen die Leistungsberechtigten zuvor auf die Möglichkeit der Leistungsversagung bzw.

[37] Vgl. BSG v. 19.09.2008, NVwZ-RR 2009, 1005 ff., auch zum Folgenden.

-entziehung schriftlich hingewiesen werden und der Mitwirkungspflicht innerhalb einer gesetzten angemessenen Frist nicht nachgekommen sein.

Sozialleistungsträger neigen allerdings erfahrungsgemäß dazu, solche Mitwirkungspflichten der Antragstellenden sehr weit zu verstehen.

Beispiel: Außendienstmitarbeiter von Sozialbehörden führen – überwiegend unangekündigt – **Hausbesuche** bei Antragstellern von Sozialleistungen durch.

Zur Rechtfertigung solcher Maßnahmen berufen sich die Sozialbehörden zumeist auf §§ 20, 21 SGB X. Diese Vorschriften sehen den **Grundsatz der Amtsermittlung** vor, wonach Sozialbehörden einen leistungsrelevanten Sachverhalt von Amts wegen zu ermitteln haben. Nach § 21 Abs. 1 Nr. 4 SGB X kann eine Behörde insbesondere auch „den Augenschein einnehmen." Dies ändert allerdings nichts an dem Umstand, dass Hausbesuche ohne eine (freiwillige) Einwilligung der betroffenen Personen einen rechtfertigungsbedürftigen Eingriff in das Grundrecht auf Unverletzlichkeit der Wohnung aus Art. 13 GG darstellen.[38] Weder die Mitwirkungspflichten des Antragstellers nach § 21 Abs. 2 SGB X noch diejenigen nach §§ 60 ff. SGB I umfassen die Duldung eines Hausbesuchs.[39] Ein Sozialleistungsträger kann deshalb die Angaben eines Leistungsempfängers zu seinen Wohnverhältnissen durch Inaugenscheinnahme der Wohnung allenfalls auf Grundlage einer wirksamen Einwilligung überprüfen, wenn berechtigte Zweifel an der Richtigkeit der gemachten Angeben bestehen und dem Leistungsempfänger diese Zweifel auch kundgetan wurden.[40] Falls der Antragsteller den Hausbesuch verweigert, darf der Sozialleistungsträger dies bei seiner Entscheidung über den Antrag nicht im Rahmen seiner Beweiswürdigung berücksichtigen.[41] Dieses Berücksichtigungsverbot ändert nichts an dem Umstand, dass der Antragsteller je nach Maßgabe der gesetzlichen Beweislastregeln die den Anspruch begründenden Tatsachen beweisen muss.

Beispiel: Ein Anspruch auf Leistungen zur Sicherung des Lebensunterhalts besteht für Arbeitslose nicht, wenn die mit ihnen in einer „Bedarfsgemeinschaft" lebenden Personen in der Lage sind, den gemeinsamen Lebensunterhalt aus eigenen Mitteln zu bestreiten. Eine solche Bedarfsgemeinschaft setzt voraus, dass ein wechselseitiger Wille besteht, Verantwortung füreinander zu tragen und füreinander einzustehen. Nach § 7a Abs. 3a Nr. 1 SGB II wird vermutet, dass ein solcher Einstandswille bei Partnern besteht, die länger als ein Jahr zusammenleben.

§ 7a Abs. 3a SGB II stellt eine sozial- und rechtsstaatlich nicht unproblematische gesetzliche Tatsachenvermutung dar, die eine für Antragsteller nachteilige Beweislastverteilung zur Fol-

---

38 Zu dieser Grundrechtsgewährleistung siehe Teil I, Kap. 5.1.1.

39 Streitig, in Bezug auf § 21 SGB X a.A. Luthe, jurisPR-SozR 14/2007 Anm. 3 in Verkennung der grundrechtlichen Voraussetzungen, die in Bezug auf eine Duldungspflicht erfüllt sein müssen.

40 So SG Koblenz v 30.05.2007 – S 2 AS 595/06. Ebenso von Wulffen, SGB X (7. A. 2010), § 21 Rn. 10 unter Hinweis auf LSG Darmstadt v. 29.06.2005 – L 7 AS 1/05 ER.

41 LSG Sachsen-Anhalt v. 22.04.2005, NZS 2006, 262, 265.

ge hat. Sie bewirkt, dass die betroffenen Antragsteller abweichend von den allgemeinen Beweislastregeln das Fehlen einer Bedarfsgemeinschaft nachweisen müssen.[42]

Auch im Sozialdatenschutz gilt der Grundsatz der **Direkterhebung beim Betroffenen** (vgl. dazu Teil II, Kap 2.1.2). Bei **Dritten** darf eine Sozialbehörde Daten deshalb nur ausnahmsweise unter den Voraussetzungen des § 67a Abs. 2 Satz 2 SGB X erheben. Zudem hat der Sozialleistungsträger die betroffene Person nach Maßgabe des § 67a Abs. 5 SGB X zu unterrichten. Werden einer Sozialbehörde leistungsrelevante Informationen unaufgefordert zugetragen, können diese Daten allerdings prinzipiell nach Maßgabe der sozialgesetzlichen Bestimmungen verwendet werden.

Datenschutz in der Gesundheitsverwaltung[43]

Der Umgang mit medizinischen Daten verdeutlicht die bereits erwähnten Schwierigkeiten bei der Abgrenzung zwischen öffentlichem und nicht-öffentlichem Bereich (vgl. Teil II, Kap. 1.1, Teil IV, Kap. 1.1).

Beispiel: Ob eine Klinik in öffentlicher oder nicht-öffentlicher Trägerschaft steht, müsste hinsichtlich der Daten, die im Behandlungsverhältnis zu erheben sind, völlig belanglos sein. Gleichwohl sind teilweise unterschiedliche Regelungen anwendbar.

Für den medizinischen Datenschutz prägend ist das **Patientengeheimnis.**[44] Gesundheitsdaten gehören zu besonderen Arten personenbezogener Daten, die per se eine herausgehobene Schutzwürdigkeit besitzen, vgl. Art. 8 Richtlinie 95/46/EG. Die Vertraulichkeit nach außen ist für Ärzte deshalb ein strenges Gebot, das überdies strafrechtlich bewehrt ist, § 203 Abs. 1 Nr. 1 StGB. Vor diesem Hintergrund stellt jede Weitergabe von personenbezogenen Patientendaten eine Durchbrechung der ärztlichen Schweigepflicht dar, die einer Rechtfertigung bedarf.

Für den Datenschutz im **öffentlich-rechtlichen Krankenhaus** gelten häufig besondere Datenverarbeitungsregeln, z. B. in Bayern Art. 27 des Bayerischen Krankenhausgesetzes (BayKrG). Nach Art. 27 Abs. 2 BayKrG dürfen Patientendaten erhoben und aufbewahrt werden, soweit dies zur Erfüllung der Aufgaben des Krankenhauses oder im Rahmen des krankenhausärztlichen Behandlungsverhältnisses erforderlich ist oder die betroffenen Personen eingewilligt haben. Ist die Einwilligung des Patienten aufgrund seines Gesundheitszustandes oder anderer Umstände bei der Aufnahme nicht möglich, bietet Art. 27 Abs. 2 BayKrG eine Rechtsgrundlage für eine etwaig erforderliche Erhebung der Patientendaten.

Die Übermittlung von Patientendaten durch ein Krankenhaus an Dritte kann insbesondere im Rahmen des Behandlungsverhältnisses oder dessen verwaltungsmäßiger Abwicklung zulässig sein. Gleiches gilt, wenn eine Rechtsvorschrift die Übermittlung erlaubt. Weitergehende Übermittlungen können wiederum nur im Fall der Einwilligung erfolgen. Eine Offenbarung

---

42 Im Einzelnen dazu Spellbrink, NZS 2007, 121, 126 unter Berufung auf BT-Drs. 16/1410, S. 19.

43 Die nachfolgenden Ausführungen lehnen sich großenteils an Informationen des Bayerischen Landesbeauftragten für den Datenschutz an, die unter www.datenschutz-bayern.de unter „Häufige Fragen" und „Themen" bzw. unter Veröffentlichungen abrufbar sind. Auf Zitate wurde insoweit weitgehend verzichtet.

44 Zur verfassungsrechtlichen Dimension des Patientengeheimnisses vgl. Teil I, Kap. 5.1.3 (DOK 20101035, Abschnitt 6.1.3).

von Patientendaten an Vor-, Mit- bzw. Nachbehandelnde (z. B. Hausarzt) ist zulässig, soweit das Einverständnis der Patienten anzunehmen ist, vgl. z. B. Art. 27 Abs. 5 BayKrG. Dies dürfte regelmäßig der Fall sein, wobei sich im Einzelfall aus besonderen Umständen auch anderes ergeben kann.

Das auch insoweit zu wahrende Patientengeheimnis umfasst alle Informationen, die mit der ärztlichen Behandlung in Zusammenhang stehen.

Beispiel: Die Pforte eines Krankenhauses darf etwaigen Besuchern ohne eine wirksame Einwilligung keine Auskünfte über Patienten erteilen.

Die ärztliche Schweigepflicht gilt selbstverständlich auch im Verhältnis zu den **Angehörigen** eines Patienten. Ist ein Patient ohne Bewusstsein in das Krankenhaus eingeliefert worden, kann der Arzt (oder sonst Verpflichtete wie z. B. Pfleger) allerdings auf Grund von Indizien davon ausgehen, dass der Patient dieses Einverständnis, wenn er es erteilten könnte, abgeben würde (Fall der **mutmaßlichen Einwilligung**). In diesem Sinne ist eine Information enger Angehöriger häufig zulässig.

Ist allerdings der Patient bei der Aufnahme bei Bewusstsein, ist eine möglichst frühzeitige Klärung datenschutzrechtlich zu empfehlen. Manche Kliniken klären bereits im Rahmen des Aufnahmebogens formularmäßig die Frage, ob und in welchem Umfang von einer Entbindung von der Schweigepflicht ausgegangen werden kann.

Im Rahmen des Datenschutzes ist auch zu berücksichtigen, dass Ärzte und Pflegepersonal nicht generell auf die Daten aller Patienten im gesamten Krankenhaus zugreifen dürfen.

Beispiel: Ärzte und Pflegekräfte dürfen nur auf die Daten der von ihnen behandelten Patienten zugreifen, d. h. beispielsweise nur auf die Daten von Patienten in der eigenen Fachabteilung.

Ein Zugriff ist nur im Rahmen des konkreten Behandlungsverhältnisses im **erforderlichen Umfang** rechtlich gestattet.

Ein eigenes, hochkomplexes Regelungsgebiet betrifft den Umgang der **gesetzlichen Krankenkassen** mit den Versichertendaten und die gebotenen Datenübermittlungen durch die behandelnden Ärzte bzw. Krankenhäuser (vgl. dazu insbesondere die Regelungen im SGB V).

1.1.3 Bildungsverwaltung

Die öffentliche Bildungsverwaltung hat verschiedene grundrechtliche Wurzeln. Gemäß Art. 7 Abs. 1 GG steht das gesamte Schulwesen unter staatlicher Aufsicht, selbst wenn Privatschulen zuzulassen sind. Nach gängiger Auffassung wird Art. 7 Abs. 1 GG als ein staatlicher Bildungs- und Erziehungsauftrag im Rahmen des Schulwesens angesehen.[45] Art. 5 Abs. 3 GG gewährleistet demgegenüber insbesondere die Freiheit von Wissenschaft, Forschung und Lehre. Auch dieses Grundrecht beinhaltet „eine objektive, das Verhältnis von Wissenschaft,

45 Vgl. z. B. Pieroth in Jarass/Pieroth, GG (11. A. 2011), Art. 7 Rn. 1.

Forschung und Lehre zum Staat regelnde wertentscheidende Grundsatznorm,“[46] die – gemeinsam mit dem Grundrecht auf freie Berufsausbildungswahl aus Art. 12 Abs. 1 GG – eine Grundlage für weitreichende Leistungs- und Teilhaberechte ist.[47] Aus datenschutzrechtlicher Sicht sind im Rahmen der **Inanspruchnahme staatlicher Bildungseinrichtungen** mindestens zwei Personengruppen betroffen: die im weitesten Sinne Auszubildenden und die Lehrkräfte.

Schulen

Charakteristisch für Schulen ist ihr gesetzlicher **Bildungs- und Erziehungsauftrag**. Hierzu erheben und verwenden sie nicht nur personenbezogene Grunddaten (wie Name, Adresse usw.), sondern auch eine Vielzahl sensibler Daten.

Beispiele: Erfasst werden Noten, soziales Verhalten, besondere Förderbedarfe, Gesundheitsdaten usw.

Ein besonderer Schutzbedarf von Schülerdaten erwächst bereits aus dem Umstand, dass sie typischerweise **Kinder und Jugendliche** betreffen.[48] Schulen verwenden allerdings auch Daten von Lehrkräften und Erziehungsberechtigten. Die schulrechtlichen Vorschriften einiger Bundesländer zählen die personenbezogenen Daten, die von Schulen erhoben und verwendet werden, abschließend auf (vgl. z. B. § 30 Abs. 1 SchulG, § 3 DSVO Schule nebst Anlage).[49] Ansonsten gilt der Grundsatz, dass Schulen nur die personenbezogenen Daten verarbeiten dürfen, die zur Erfüllung ihres gesetzlichen Auftrags erforderlich sind.

Im Grundsatz gilt der Datenschutz auch im Verhältnis des Lehrers zu seinen Schülern.

Beispiel: Ein Lehrer macht Noten eines Schülers vor der gesamten Klasse bekannt.

Prinzipiell ist eine solche Bekanntgabe, wie sie früher gang und gäbe war, nicht mehr ohne Weiteres zulässig: Denn die Bekanntgabe der Noten kann ebenso unter vier Augen stattfinden. Um den Schülern eine Orientierung ihrer eigenen Leistung zu geben, genügt ein Notenspiegel. Pädagogisch begründete Ausnahmen in Einzelfällen sind allerdings denkbar.

Beispiel: Ein Lehrer hebt die besondere Verbesserung eines ehemals schwachen Schülers im Sinne einer Vorbildwirkung hervor.

Ein weitergehender Umgang mit personenbezogenen Daten ist nur auf Grundlage einer wirksamen **Einwilligung** zulässig.

---

46 Vgl. ständige Rspr., z. B. BVerfG v. 26.10.2004, BVerfGE 111, 333, 353 m.w.N.

47 Grundlegend BVerfG v. 29.05.1973, BVerfGE 35, 79 ff.; vgl. weiterhin Jarass in Jarass/Pieroth, GG (11. A. 2011), Art. 5 Rn. 128 m.w.N.

48 Der EU-Entwurf einer Datenschutz-Grundverordnung betont in Erwägung 29 die besondere Schutzbedürftigkeit von Minderjährigen und sieht für sie eine ganze Reihe von Schutzvorschriften vor, z. B. Art. 8 DS-GVO-E.

49 Vgl. dazu ULD SH, Praxishandbuch Schuldatenschutz, 2007, S. 30 ff.

Beispiel: Fotos mit oder ohne Namensangabe auf der Homepage einer Schule sind regelmäßig nicht zur Erfüllung des gesetzlichen Bildungs- und Erziehungsauftrags erforderlich. Sie dürfen nur auf der Grundlage einer datenschutzkonformen Einwilligung der Betroffenen veröffentlicht werden.

Bei Minderjährigen bis zur Vollendung des 14. Lebensjahres muss die Einwilligung regelmäßig durch die Erziehungsberechtigten erteilt werden.[50] In Bezug auf Lehrkräfte ist eine Einwilligung ausnahmsweise nicht geboten, wenn auf der Webseite dienstliche Kommunikationsdaten der Schulleitung und von solchen Lehrkräften veröffentlicht werden, die an der Schule eine Funktion mit Außenwirkung wahrnehmen.[51]

Auch im Rahmen von Kooperationsverhältnissen mit externen Stellen dürfen Schülerdaten nicht herausgegeben werden.

Beispiel: Die marode Sporthalle einer Schule wird mit finanzieller Unterstützung eines privaten Sponsors instand gesetzt. Im Gegenzug gibt die Schulleitung die Schülerdaten an den Sponsor weiter, der sie zu Werbezwecken nutzt.

Einer solchen Datenübermittlung steht bereits die Fürsorgepflicht der Schule gegenüber ihren Schülern entgegen. Darüber hinaus ist sie nicht für die Erfüllung der gesetzlich vorgesehenen Aufgaben erforderlich.

Hochschulen

Hochschulen dienen – je nach ihrer institutionellen Ausrichtung – der Forschung, der Lehre, dem Studium und der Weiterbildung in einem freiheitlichen, demokratischen und sozialen Rechtsstaat. Sie verfolgen damit insgesamt einen umfassenden Bildungs- und Forschungsauftrag.

Was die **Lehre** anbelangt, ist der Umgang mit personenbezogenen Daten von einem intensiven **Nutzungsverhältnis** geprägt, wenngleich die Fürsorgepflicht der Hochschulen für die meist volljährigen Studierenden im Vergleich zu Schulen abgeschwächt sein mag. Im Hochschulbereich gibt es keine abschließende Datenschutzvollregelung wie beispielsweise im Sozialdatenschutz. Der Umgang mit personenbezogenen Daten wird also teils bereichsspezifisch, teils durch die allgemeinen Datenschutzgesetze geregelt.

Zahlreiche Grunddaten[52] der Studierenden werden im Rahmen der Immatrikulation direkt bei den Betroffenen erhoben. Dabei wird an jeden Studenten eine **Matrikelnummer** vergeben, die ihn das gesamte Studium an der Hochschule über begleitet. Sie dient der Verwaltung und Lehre als Identifikations- und Steuerungselement.[53] Sie wird von der Verwaltung häufig bei

---

50 Vgl. BayLfD 24. TB 2010, Abschnitt 10.2.

51 Vgl. BVerwG v. 12.03.2008, DuD 2008, 696, bezogen auf einen Mitarbeiter einer Landesbibliothek.

52 Sie betreffen in erster Linie die Identität der Studierenden und ihre Vorqualifikation, insbesondere den Nachweis der Hochschulreife. Vgl. z. B. Art. 42 Abs. 4 S. 2 BayHSchG.

53 Vgl. dazu und zum Folgenden: ULD SH/Ministerium für Wissenschaft, Wirtschaft und Verkehr Schleswig-Holstein, Gemeinsame Handreichung zum Datenschutz in den Hochschulen, abrufbar unter www.datenschutzzentrum.de.

der Mitteilung von Leistungsergebnissen als Pseudonym verwendet. Falls dies geschieht, hat die Hochschule nach Möglichkeit sicherzustellen, dass eine Zusammenführung der Matrikelnummer mit personenbezogenen Daten der betroffenen Studierenden unbefugten Dritten nicht ermöglicht wird.

Beispiel: Sollen Leistungsergebnisse über den Internetauftritt der Hochschule veröffentlicht werden, hat diese sicherzustellen, dass die Ergebnisse nur den Betroffenen zugänglich sind. Das setzt zumindest sichere Zugangsberechtigungssysteme inklusive passwortgeschützter, individueller Benutzeranmeldung voraus.[54]

Datenschutzrechtliche Besonderheiten bergen auch die Datenerhebungen der staatlichen Prüfungsämter im Zusammenhang mit **Prüfungssituationen**.

Beispiel: Ein Student erkrankt vor seiner Abschlussprüfung. Welche Anforderungen stellen sich an den Inhalt eines ärztlichen Attests zum Nachweis krankheitsbedingter Prüfungsunfähigkeit?

Die staatlichen Prüfungsämter neigen häufig dazu, generell die Vorlage eines Attests mit medizinischer Diagnose zu verlangen. Aus datenschutzrechtlicher Sicht ist die Angabe einer solchen Diagnose regelmäßig nicht erforderlich.[55] Nach der Rechtsprechung ist es allerdings auch nicht ausreichend, wenn dem Prüfling in dem Zeugnis lediglich die Prüfungsunfähigkeit attestiert wird. Vielmehr muss das Attest die aktuellen krankheitsbedingten und zugleich prüfungsrelevanten körperlichen, geistigen und/oder seelischen Funktionsstörungen aus ärztlicher Sicht so konkret und nachvollziehbar beschreiben, dass der Prüfungsausschuss auf dieser Grundlage beurteilen kann, ob am Prüfungstag tatsächlich eine Prüfungsunfähigkeit bestanden hat.[56]

In Bezug auf das Lehrpersonal kommt in jüngerer Zeit der **Evaluation von Lehrveranstaltungen** und ihrer Veröffentlichung gesteigerte Bedeutung zu. Datenschutzrechtlich relevant ist zunächst der Umstand einer Bewertung der Dozenten als solche, weil bei der Evaluation in den Hochschulen Amtsfunktionen auf grundrechtliche Gewährleistungen des eingesetzten Lehrpersonals treffen.[57] Eine hochschulinterne Evaluation der Hochschullehre muss anhand von wissenschaftsadäquaten Kriterien erfolgen. Dabei ist der Gesetzgeber im gegenwärtigen Stadium der Erprobung und erst allmählichen Herausbildung bewährter Praktiken der Wissenschaftsevaluation grundsätzlich noch nicht gehalten, Evaluationskriterien festzuschreiben. Er kann also ein Modell etablieren, in dem die Herausarbeitung von Kriterien dem inneruniversitären Prozess überlassen bleibt. Allerdings hat er insoweit die Evaluationsprozesse zu beobachten und gegebenenfalls die rechtlichen Vorgaben nachzubessern, sobald Gefahren für die Wissenschaftsfreiheit auftreten.[58]

---

54 Vgl. Gemeinsame Handreichung a.a.O. (3. Fall).

55 Vgl. BayLfD 20. TB 2002, Abschnitt 16.2.2.; BlnBDI, Jahresbericht 2006, Abschnitt 4.3.5.

56 Grundlegend BVerwG v. 10.04.1990, NVwZ-RR 1990, 481.

57 HessDSB, Grundsätzliche Fragen zur Evaluation der Lehre und Datenschutz (http://www.datenschutz.hessen.de/ar004.htm).

58 Vgl. BVerfG v. 26.10.2004, BVerfGE 111, 333 ff. m.w.N.

Die Rechtmäßigkeit einer Evaluation besagt noch nichts über die Zulässigkeit, die Einzelergebnisse einer hochschulinternen Evaluierung zu veröffentlichen. Aus datenschutzrechtlicher Sicht ist insoweit eine zurückhaltende Veröffentlichungspraxis geboten.

Beispiel: Die Hochschulgesetze einiger Länder erlauben es den Hochschulen, die konkreten personenbezogenen Ergebnisse der studentischen Einzelevaluationen der Lehrveranstaltungen nicht nur dem Fakultätsrat und der Hochschulleitung, sondern auch allen Studierenden der Fakultät bekannt zu geben.[59] Diese weite Bestimmung des Empfängerkreises soll zur Verbesserung des Instruments der studentischen Evaluation der Lehre und damit zur Verbesserung der Qualität der Lehre insgesamt führen.

Der Verbesserung der Qualität der Lehre an den Hochschulen kommt ein hohes Gewicht zu, erst recht, soweit sich die Studierenden mit Studiengebühren auch unmittelbar an den Kosten der Hochschulausbildung zu beteiligen haben. Insofern ist eine auch personenbeziehbare Bekanntgabe der wesentlichen Ergebnisse nachvollziehbar.

Allerdings ist es durchaus fraglich, ob eine vollständige Weitergabe der Evaluierungsergebnisse an alle Studierenden der Fakultät sich nicht eher kontraproduktiv auf die Qualität der Lehre auswirkt. Eine Evaluation soll in erster Linie der betroffenen Lehrperson eine eigene Einschätzung der Qualität der von ihr angebotenen Lehrveranstaltung ermöglichen. Müssen die Lehrkräfte aber befürchten, dass ihre bei der studentischen Evaluation von den Hochschulen erhobenen personenbezogenen Daten detailliert weltweit verbreitet werden, hat dies auch Auswirkungen auf ihre Bereitschaft, die Evaluation als Instrument zur Verbesserung von Lehre und Studium zu akzeptieren.[60] Zu berücksichtigen ist auch, dass Bewertungen der Lehre einen Eingriff in das Persönlichkeitsrecht der Lehrperson darstellen, die je nach Art und Umfang der Evaluierungskriterien erheblich sein können.[61] Von einer solchen hochschulinternen Evaluierung zu unterscheiden ist die Frage, inwieweit die Erhebung, Speicherung und Übermittlung von personengebundenen Daten im Rahmen eines von Schülern bzw. Studenten betriebenen Bewertungsforums im Internet zulässig sind. Nach den klarstellenden Hinweisen des BGH muss die maßgebliche Vorschrift des § 29 Abs. 1 BDSG unter Betrachtung des Einzelfalls so ausgelegt werden, dass dem allgemeinen Persönlichkeitsrecht und den Kommunikationsgrundrechten gleichermaßen Rechnung getragen wird.[62]

Auch in Bezug auf die **Forschung** an Hochschulen gilt, dass ihre Forschungseinrichtungen häufig personenbezogene Daten erheben und auswerten, die für die betroffenen Personen äußerst risikoträchtig sind.

Beispiele: Hochschulen forschen mit Gesundheitsdaten, führen kriminologische Untersuchungen zu rückfallgefährdeten Straftätern durch usw.

---

59 Vgl. z. B. Art. 10 Abs. 3 Satz 2 Halbsatz 1 BayHSchG.

60 Zu Bewertungen durch Hörer bzw. Schüler auf Internetplattformen vgl. Kap. IV, Kap. 6.2.4 sowie BayVGH v. 10.03.2010, K&R 2010, 610 ff.

61 Vgl. BayLfD, 24. TB 2010, Kap. 10.7.; HessDSB, Grundsätzliche Fragen zur Evaluation der Lehre und Datenschutz (http://www.datenschutz.hessen.de/ar004.htm).

62 Vgl. BGH v. 23.06.2009, DuD 2009, 565 ff.

Die grundgesetzlich aus Art. 5 Abs. 3 GG gewährleistete Forschungsfreiheit steht insoweit in einem Spannungsverhältnis zum allgemeinen Persönlichkeitsrecht der betroffenen „beforschten" Personen. Die allgemeinen Datenschutzgesetze und Hochschulgesetze der Länder lösen dieses Spannungsverhältnis dahingehend auf, dass personenbezogene Daten zumeist auf Grundlage von Einwilligungen der betroffenen Personen erhoben und verwendet werden können. Die so gewonnenen personenbezogenen Daten unterliegen dann einer relativ strengen Zweckbindung, lies z. B. § 40 Abs. 1 BDSG, Art. 23 Abs. 2 BayDSG, § 28 Abs. 3 Satz 3 DSG NRW. Das bedeutet, dass für Zwecke der wissenschaftlichen Forschung gewonnene Daten nicht oder nur unter sehr engen Voraussetzungen für andere Zwecke verwendet werden dürfen.

In **Forschungsberichten** dürfen personenbezogene Daten nur veröffentlicht werden, wenn die betroffene Person hierin eingewilligt hat oder das öffentliche Interesse an der Darstellung des Forschungsergebnisses die schutzwürdigen Belange der betroffenen Person erheblich überwiegt.

Beispiel: Ein Forschungsbericht bereitet begangenes Staatsunrecht aus der Zeit der „DDR" in Bezug auf eine bestimmte Großstadt auf. Er weist darauf hin, dass konkret bezeichnete, frühere Funktionäre der DDR für begangene Menschenrechtsverletzungen verantwortlich gewesen seien.

Eine solche Aufbereitung greift intensiv in die Grundrechte der betroffenen Personen ein, unter anderem weil sie erhebliche negative Auswirkungen im beruflichen und gesellschaftlichen Umfeld der betroffenen Personen haben können. Gleichwohl kann eine solche Aufbereitung datenschutzkonform sein. Der Zugang der Forschung über die Staatssicherheit der ehemaligen Deutschen Demokratischen Republik („Stasi") wird dabei weitgehend durch das so genannte Stasi-Unterlagengesetz geregelt, das für bestimmte Fälle die Veröffentlichung auch von personenbezogenen Daten gestattet, vgl. § 32 Abs. 3 Stasi-Unterlagengesetz. Daten über betroffene Opfer hingegen müssen im Regelfall anonymisiert werden.[63]

Im Allgemeinen gilt allerdings der Grundsatz, dass personenbezogene Daten bereits im Rahmen der Forschung zu anonymisieren sind, sobald dies nach dem Forschungszweck möglich ist, lies z. B. § 40 Abs. 2 BDSG, Art. 23 Abs. 3 BayDSG, § 28 Abs. 1, Abs. 3 DSG NRW. Falls dies nicht möglich ist, ist zumindest eine wirksame Pseudonymisierung durchzuführen.

In einigen Bundesländern können Hochschulen den hochschulinternen Datenschutz in **Satzungen** regeln. Solche Regelungen haben allerdings den datenschutzgesetzlich vorgegebenen Rahmen zu beachten.[64]

---

63 Anschaulich zum Beispiel Forschungsbericht der LStU Sachsen-Anhalt über die „Torgau-Urnen" (http://www.zeit-geschichten.de/th_03d_c18.htm).

64 Zur Vertiefung: BlnBDI, JB 2010, S. 131 („Datenschutzrichtlinie der Freien Universität Berlin"). In Berlin kann eine hochschulinterne Datenschutzsatzung unter den Voraussetzungen des § 61 Abs. 1 Nr. 4 BerlHG beschlossen werden.

1.1.4 Planende Verwaltung, staatliche Register

Die Öffentliche Verwaltung ist auch darauf ausgerichtet, zukünftige Veränderungen des Gemeinwesens zu berücksichtigen und in geordnete Bahnen zu lenken. Diese Aufgabe setzt insbesondere im Bauwesen **Planungen** voraus.

Beispiel: Zur Planungsverwaltung gehören beispielsweise die Planfeststellungsverfahren. Diese Verfahren werden in den §§ 72 ff. VwVfG geregelt, wobei das jeweilige Fachrecht (Baurecht, Wasserrecht, Immissionsschutzrecht, Naturschutzrecht usw.) im Rahmen der Planungsfeststellung zu beachten ist.

Besonderes Charakteristikum der Planungsverwaltung ist das regelmäßig zu beachtende Gebot einer **umfassenden Abwägung** der widerstreitenden Interessen.[65] Das setzt die Beteiligung Dritter im Verfahren voraus. Zugleich ist damit die Frage aufgeworfen, inwieweit die Offenbarung auch personenbezogener Daten im Planungsverfahren erforderlich ist.

Beispiel: Im Rahmen eines Planfeststellungsverfahrens wenden sich einige Landwirte gegen den geplanten Ausbau des nahegelegenen Flughafens. Der Planfeststellungsbeschluss führt konkrete Angaben unter anderem zu den bewirtschafteten Flächen, den Einkünften sowie zu den Flächen- und Einkommensverlusten der namentlich bezeichneten Einwender auf, die durch den geplanten Flughafenausbau voraussichtlich entstehen.

Die Veröffentlichung dieser Daten im Rahmen des Planfeststellungsverfahrens ist nicht notwendig, um etwa eine gerichtliche Anfechtung des Planfeststellungsbeschlusses zu ermöglichen. Hierzu würden auch nicht namentliche Angaben zu den betroffenen Betrieben ausreichen. Zugleich führt die Veröffentlichung der personenbezogenen Daten dazu, dass diese Daten einem breiten Personenkreis zur nicht kontrollierbaren Verwendung überlassen werden.[66]

Ausgangspunkt von planerischeren, aber auch sonstigen Entscheidungen sowohl der öffentlichen Verwaltung als auch von Privaten sind häufig Daten aus **staatlichen Registern**. Angesichts der Vielfalt von Registern würde es den Rahmen sprengen, hier einen abschließenden Überblick zu geben.

Beispiele: Bundeszentralregister, Grundbuch (Liegenschaftskataster), Handelsregister, Krebsregister, Melderegister, Personenstandsregister, Schuldnerverzeichnisse der Amtsgerichte, Urkundenregister, Verkehrszentralregister.

---

65 St. Rspr., vgl. dazu bereits BVerwG v. 12.12.1969, BVerwGE 34, 301, 309, siehe weiterhin Kopp/Ramsauer, VwVfG (12. A. 2011), 40 Rn. 104 m.w.N.

66 Zu diesem Fall vgl. BVerfG v. 14.10.1987, BVerfGE 77, 121 ff.

In den vergangenen Jahren sind eine Vielzahl von Registern „internetfähig" gemacht worden, um ihre Nutzung effektiv und kostengünstig zu gestalten. Das betrifft insbesondere die Errichtung von zentralen **Justizportalen**[67] und die Veröffentlichung von **Geodaten**.[68]

1.2 Anwendungsbereiche der allgemeinen Datenschutzgesetze

Nach Art. 70 Abs. 1 GG haben die Länder das Recht der Gesetzgebung, soweit das Grundgesetz nicht dem Bund Gesetzgebungsbefugnisse zuweist. Diese Kompetenzregel gilt auch für die allgemeinen Datenschutzgesetze. Abgesehen von den bereits erörterten bereichsspezifischen Regelungen gilt das BDSG im Bereich der staatlichen Datenverarbeitung folglich nur für öffentliche Stellen des Bundes, § 12 Abs. 1 BDSG. Soweit diese Stellen des Bundes als **öffentlich-rechtliche Unternehmen am Wettbewerb** teilnehmen, gelten sie als nicht-öffentliche Stellen; für sie gelten dann insbesondere[69] die Regeln des BDSG für den nicht-öffentlichen Bereich (§§ 1 ff., 27 ff. BDSG). Für solche Stellen der Länder gelten im Kern vergleichbare Regelungen mit durchaus erheblichen Unterschieden im Detail, vgl. z. B. Art. 3 BayDSG, § 2 Abs. 3 BlnDSG, § 2 Abs. 3 DSG NRW, § 2 Abs. 3 SächsDSG.

Soweit bereichsspezifische Regelungen fehlen, werden **Beschäftigungsverhältnisse** einheitlich nach § 28 Abs. 2 Nr. 2 und §§ 32 bis 35 BDSG geregelt, gleich ob das Beschäftigungsverhältnis auf der Arbeitgeberseite einer öffentlichen Stelle (des Bundes) oder einer nicht-öffentlichen Stelle zuzuordnen ist. Dies stellt § 12 Abs. 4 BDSG für die öffentlichen Stellen (des Bundes) ausdrücklich klar (zu Einzelheiten im Beschäftigtendatenschutz vgl. Teil I, Kap. 7.7). Im Bereich der Landesverwaltung sind die Landesgesetzgeber diesem Vorbild allerdings nicht durchgehend gefolgt.

Allgemeine datenschutzrechtliche Regelungen für den Umgang mit personenbezogenen Daten durch die **öffentliche Verwaltung der Länder** regelt das BDSG grundsätzlich nicht. Einige wenige Ausnahmen sieht § 12 Abs. 2 bis Abs. 4 BDSG vor:

Die erste Ausnahme gilt für den Fall, dass ein Bundesland den (allgemeinen) Datenschutz nicht (erschöpfend) geregelt hat. Dann gelten die Regelungen der §§ 12–20 BDSG auch für öffentliche Stellen der Länder, soweit sie Bundesrecht ausführen und nicht als öffentlich-rechtliche Unternehmen am Wettbewerb teilnehmen oder soweit sie als Organe der Rechtspflege tätig werden und es sich nicht um Verwaltungsangelegenheiten handelt.

---

67 Dazu vgl. Petri/Dorfner, ZD 2011, 122 ff. sowie speziell zur Schuldnerverzeichnisführungsverordnung Petri, ZD 2012, 145 f.

68 Grundlegend dazu die Studien des ULD Schleswig-Holstein „Geodaten und Datenschutz", „Datenschutzrechtliche Rahmenbedingungen für die Bereitstellung von Geodaten für die Wirtschaft" und „Bereitstellung von Geodaten unter Berücksichtigung datenschutzrechtlicher Aspekte anhand des Datenclusters ‚Denkmalschutz' der öffentlichen Verwaltung für die Wirtschaft"; alle abrufbar unter www.datenschutzzentrum.de/geodaten/.

69 Soweit eine Stelle des Bundes am Wettbewerb mit nicht-öffentlichen Stellen teilnimmt, unterliegt sie gleichwohl der Aufsicht durch den Bundesbeauftragten für den Datenschutz und die Informationsfreiheit, vgl. Dammann, in Simitis (Hg.), BDSG (7. A. 2011), § 12 Rn. 2, 9; ebenso Gola/Schomerus, BDSG (10. A. 2010), § 12 Rn. 2.

Beispiel: Alle Entscheidungen, die gesetzlich einem gerichtlichen Spruchkörper vorbehalten sind, gelten als Akt der Rechtsprechung und sind damit keine Verwaltungsangelegenheiten.

Beispiel: Die Videoüberwachung eines Gerichtsgebäudes zum Schutz vor Sachbeschädigungen ist eine allgemeine Verwaltungsangelegenheit. Soweit eine landesgesetzliche Regelung des Datenschutzes fehlt, könnte deshalb auf § 6b BDSG zurückgegriffen werden.

Die zweite Ausnahmeregelung ist in § 12 Abs. 3 BDSG vorgesehen und betrifft das **Zeugnisverweigerungsrecht** der **Landesbeauftragten für den Datenschutz**. Sie verweist inhaltlich auf das Zeugnisverweigerungsrecht des Bundesbeauftragten für den Datenschutz und die Informationsfreiheit nach § 23 Abs. 4 BDSG. Das Zeugnisverweigerungsrecht der Landesdatenschutzbeauftragten ist im BDSG geregelt, weil der Bundesgesetzgeber gemäß Art. 74 Abs. 1 Nr. 1 GG das Recht zur Regelung des Prozessrechts hat. Das Zeugnisverweigerungsrecht von Landesdatenschutzbeauftragten erstreckt sich auf deren gesamte Tätigkeit.[70] Es gilt auch für Mitarbeiterinnen und Mitarbeiter mit der Maßgabe, dass der oder die Landesdatenschutzbeauftragte über die Ausübung des Rechts entscheidet. Dieses Zeugnisverweigerungsrecht soll bundeseinheitlich gewährleisten, dass Betroffene sich an ihre Datenschutzbeauftragten wenden können, ohne eine Weitergabe der anvertrauten Daten an andere Personen oder Stellen befürchten zu müssen.[71]

70 Vgl. z. B. Wedde, in: Däubler/Klebe/Wedde/Weichert, BDSG (3. A. 2010), § 13 Rn. 11.

71 Bergmann/Möhrle/Herb, BDSG, § 12 Rn. 16.

2 Voraussetzungen für den Umgang mit personenbezogenen Daten

2.1 Erhebung personenbezogener Daten (z. B. § 13 BDSG, § 67a SGB X)

Auch für öffentliche Stellen gilt der Grundsatz, dass der Umgang mit personenbezogenen Daten nur zulässig ist, soweit er durch eine Rechtsvorschrift oder durch die Einwilligung der betroffenen Person gestattet wird (vgl. § 4 Abs. 1 BDSG). Das Europäische Datenschutzrecht ordnet die einzelnen Phasen des Umgangs mit personenbezogenen Daten einheitlich dem Begriff der „Verarbeitung personenbezogener Daten" zu (vgl. z.B. Art. 2 Buchstabe b) DSRL). Einige Landesdatenschutzgesetze folgen dieser Begriffsbestimmung, während andere ähnlich wie das BDSG zwischen der Datenerhebung, Datenverarbeitung und Datennutzung unterscheiden (vgl. § Abs. 3 bis Abs. 5 BDSG). Als **Erhebung** personenbezogener Daten wird dabei das (zielgerichtete) Beschaffen von Daten über Betroffene bezeichnet (vgl. § 3 Abs. 3 BDSG, § 67 Abs. 5 SGB X).[1] Verantwortlich für die Rechtmäßigkeit des Umgangs mit personenbezogenen Daten sind die Personen oder Stellen, die solche Daten für sich selbst erheben, verarbeiten oder nutzen oder dies durch andere im Auftrag vornehmen lassen (vgl. § 3 Abs. 7 BDSG), § 67 Abs. 9 SGB X).

2.1.1 Datenerhebung auf Grundlage einer Rechtsvorschrift

Eine Behörde kann zunächst personenbezogene Daten erheben, soweit sie sich auf eine Rechtsvorschrift stützen kann, die eine solche Datenbeschaffung erlaubt. Generell ist dabei eine Erhebung personenbezogener Daten durch öffentliche Stellen zumindest an zwei Voraussetzungen geknüpft (lies z. B. § 13 Abs. 1 BDSG).

Erstens muss die öffentliche Stelle **für die Erfüllung der Aufgabe zuständig** sein, für die sie die Daten erheben will. Eine Behörde muss örtlich, sachlich, funktionell, instanziell und verbandsmäßig zuständig sein.[2] Sie ist insbesondere örtlich zuständig, wenn die Aufgabe in ihren räumlichen Wirkungskreis fällt, vgl. § 3 Abs. 1 VwVfG.

---

[1] Zur begrifflichen Klärung der Datenerhebung im Einzelnen vgl. Gola/Schomerus, BDSG (10. A. 2010), § 3 Rn. 23–24.

[2] Zu Fragen der Zuständigkeit im Allgemeinen siehe z. B. die Kommentierung bei Kopp/Ramsauer, VwVfG (12. A. 2011), zu § 3.

Beispiel: Das Kind einer Familie B besucht eine Schule in München. Die Familie zieht im Jahr 2009 nach Nordrhein-Westfalen um. Das Kind geht jetzt in Düsseldorf zur Schule.

Im Grundsatz darf die Schule in München mangels örtlicher Zuständigkeit keine neuen Daten des Kindes erheben. Auch eine behördliche Datenerhebung für „fachfremde" Zwecke ist unzulässig. Das gilt im Grundsatz auch für Fälle, in denen die Daten auf Grundlage von Einwilligungen beschafft werden sollen.

Zweitens gilt der Grundsatz, dass eine Datenerhebung für die Aufgabenerfüllung **erforderlich** sein muss. Das Erforderlichkeitsprinzip besagt sinngemäß, dass in den Persönlichkeitsbereich einer betroffenen Person nur insoweit eingegriffen werden darf, als es für die rechtmäßige Zweckerreichung unerlässlich ist.[3]

Beispiel: Die Handwerkskammer bittet die Gewerbeämter ihres Bezirks, ihr generell die Gewerbeanmeldungen aller Personen mitzuteilen, denen eine Reisegewerbekarte nach § 55 Abs. 2 GewO ausgestellt wird. Die Gewerbeordnung sieht keine Aufgabe der Handwerkskammer vor, die eine solche pauschale Datenerhebung unter dem Gesichtspunkt der Erforderlichkeit rechtfertigt.[4]

Über die beiden vorgenannten allgemeinen Voraussetzungen (zutreffender Aufgabenbereich, Erforderlichkeit) hinaus sind die jeweils **in der Erlaubnisvorschrift gesetzlich vorgesehenen Voraussetzungen** für eine Datenerhebung zu erfüllen.

Auch ohne gesetzliche Vorschrift sollen Behörden im Internet verfügbare Kommunikationsinhalte erheben können, die sich an jedermann oder zumindest an einen nicht weiter abgegrenzten Personenkreis richten.[5] Denn nach – kritikwürdiger – Rechtsprechung liegt ein Eingriff in das allgemeine Persönlichkeitsrecht dann nicht vor, wenn eine Sicherheitsbehörde **allgemein zugängliche personenbezogene Daten** erhebt. Nur wenn insoweit öffentlich zugängliche Daten zusammengetragen und systematisch erfasst werden, sei ein Eingriff gegeben.[6]

Beispiel: Verfassungsschutzämter sammeln systematisch Daten aus „allgemein zugänglichen Quellen". Dabei werten sie relevante Zeitschriften- und Zeitungsartikel sowie Verlautbarungen von Organisationen aus, die sie als verfassungsfeindlich einstufen. Wer die Berichte der Verfassungsschutzämter des Bundes und der Länder aufmerksam liest, wird feststellen, dass die dort zusammengestellten Informationen zumeist aus solchen allgemein zugänglichen Quellen stammen dürften.

---

3 Vgl. Kühling/Seidel/Sivridis, Datenschutzrecht (2. A. 2011), 110 f.

4 Vgl. dazu ULD SH, TB 2010, S. 30 f.

5 Vgl. BVerfG v. 27.02.2008, BVerfGE 120, 274, 344 f.

6 Vgl. BVerfG v. 27.02.2008, BVerfGE 120, 274, 345; BVerfG v. 10.03.2008, BVerfGE 120, 351, 361. Kritik bei Schulz/Hoffmann, CR 2010, 131 ff., sowie Petri in Lisken/Denninger (Hg.), Handbuch Polizeirecht (5. A. 2012, i. Ersch.), Kap. G Rn. 22.

Sieht eine Rechtsvorschrift vor, dass eine öffentliche Stelle Daten erheben „kann", wird ihr ein Ermessen eingeräumt, das sie pflichtgemäß ausüben muss. Insbesondere hat sie dann den **Grundsatz der Verhältnismäßigkeit** zu beachten. Der Grundsatz der Verhältnismäßigkeit besagt in Bezug auf die Beschaffung von personenbezogenen Daten, dass die Datenerhebung zur Erfüllung des gesetzlich vorgesehenen Zwecks geeignet, erforderlich und angemessen sein muss.

Geeignet ist eine Maßnahme nur, wenn die Behörde mit ihr den gesetzlich vorgesehenen Zweck fördert.

Beispiel: Früher sahen die Polizeigesetze einiger Bundesländer vor, dass die Polizei eine Rasterfahndung nur zur Abwehr einer gegenwärtigen Gefahr durchführen darf.

Eine gegenwärtige Gefahr[7] kann nur abgewehrt werden, wenn die Polizei mit kurzfristigen Maßnahmen den Schaden bekämpft. Hierfür ist die **Rasterfahndung** typischerweise nicht geeignet, weil sie aufgrund der vorzunehmenden Datenabgleiche zu zeitaufwändig ist: Bei einer Rasterfahndung verlangt die Polizei zunächst von anderen Stellen (Behörden, Unternehmen) die Übermittlung von personenbezogenen Daten bestimmter Personengruppen. Diese Daten werden anschließend noch mit anderen Datenbeständen abgeglichen. Die Rasterfahndungen nach den Terroranschlägen vom 11. September 2001 beispielsweise nahmen mehrere Wochen in Anspruch. Mittlerweile sehen die Polizeigesetze ganz überwiegend nur noch vor, dass eine Rasterfahndung zur Abwendung einer *konkreten* Gefahr[8] erforderlich sein muss.

Eine Maßnahme ist im Sinne des Verhältnismäßigkeitsgrundsatzes **erforderlich**, wenn zur Zweckerfüllung keine andere mildere Maßnahme in Betracht kommt.

Beispiel: In einer Gemeinde behandelt der Gemeinderat die Bauanträge des Bürgers B in öffentlicher Sitzung. Dabei hängen während der gesamten Sitzung detaillierte Baupläne aus seinem Antrag für jeden Besucher einsehbar an der Wand.[9]

Hinsichtlich der Erforderlichkeit ist im Beispielsfall zu beachten, dass der Gemeinderat nur die Frage zu beurteilen hat, ob Interessen der Allgemeinheit einem Bauvorhaben entgegenstehen. Dazu genügen regelmäßig der Name des Bauherren, der Bauort sowie die Art des Bauvorhabens. Ob die Veröffentlichung weiterer Daten geboten ist, ist Frage der Einzelfallabwägung; jedenfalls ist die detaillierte Raumaufteilung bei Bauvorhaben von Privatpersonen nicht erforderlich.

---

7 Eine gegenwärtige Gefahr im Sinne des Polizeirechts liegt nur vor, wenn die Einwirkung eines schädigenden Ereignisses bereits begonnen hat oder unmittelbar oder in allernächster Zeit mit an Sicherheit grenzender Wahrscheinlichkeit bevorsteht, vgl. Denninger in Lisken/Denninger (Hg.), Handbuch Polizeirecht (5. A. 2012, i. Ersch.), Kap. E Rn. 53.

8 Eine Gefahr ist polizeirechtlich „konkret", wenn eine „im einzelnen Fall" bestehende hinreichende Wahrscheinlichkeit eines Schadenseintritts besteht. Vgl. dazu Denninger in Lisken/Denninger (Hg.), Handbuch Polizeirecht (5. A. 2012, i. Ersch.), Kap. E Rn. 42.

9 Beispiel aus: Der Bayerische Landesbeauftragter für den Datenschutz, Datenschutz im Rathaus, 2011, S. 8 f. Die Broschüre ist im Internet abrufbar unter www.datenschutz-bayern.de unter Veröffentlichungen.

Angemessen ist eine Datenerhebung nur, wenn die im gesetzlichen Rahmen erfolgende Datenerhebung in ihrer Eingriffsintensität nicht außer Verhältnis zu dem angestrebten Nutzen steht.

Beispiel: Die hamburgische Ausländerbehörde beauftragt zur Aufklärung des Verdachts einer Scheinehe eine private Detektei, eine achttägige verdeckte Videoüberwachung des Eingangsbereichs der angegebenen ehelichen Wohnung durchzuführen, die Handynummer des Ehegatten verdeckt bei einem Familienangehörigen zu erfragen, mit dem Ehegatten durch telefonische Kontaktaufnahme unter einer Legende in Verbindung zu treten, an dessen PKW einen GPS-Peilsender anzubringen und eine neuntätige Bewegungsüberwachung vorzunehmen, schließlich mehrtägig den Eingangsbereich der von dem Ehegatten bewohnten (anderen) Wohnung zu beobachten.

In dem konkreten Fall begründete die Ausländerbehörde ihre Maßnahme mit § 86 Satz 1 Aufenthaltsgesetz (AufenthG). Nach dieser Vorschrift können die Ausländerbehörden personenbezogene Daten erheben, soweit dies zur Erfüllung ihrer Aufgaben nach dem Aufenthaltsgesetz erforderlich ist. Sofern Ausländer Ehen mit deutschen Staatsbürger(inne)n nur schließen, um einen gesicherten Aufenthaltsstatus zu erlangen, ist die Eheschließung missbräuchlich. Derartige Scheinehen können durchaus aufenthaltsrechtliche und strafrechtliche Folgen haben. Selbst wenn man aber die Erforderlichkeit der Datenerhebung unterstellt, griff die Maßnahme der Ausländerbehörde unverhältnismäßig in das Persönlichkeitsrecht des betroffenen Ausländers ein. Die allgemein gehaltene Befugnisnorm des § 86 Satz 1 AufenthG rechtfertigt nicht ansatzweise die umfassende und überdies verdeckt durchgeführte Überwachung des Betroffenen.[10]

Bevor eine Behörde personenbezogene Daten erhebt, muss sie prüfen, ob bei der angefragten Stelle gesetzliche Übermittlungshindernisse bestehen. Typischerweise hat sie vor allem **besondere Amts- und Berufsgeheimnisse** zu beachten.

Beispiel: Ein Kongolese reist im Jahr 1996 in die Bundesrepublik Deutschland ein und stellt Asylantrag. Während des laufenden Verfahrens wird er Vater zweier Kinder, die 1998 und 2002 geboren werden. Der Antragsteller lebt bis kurz nach der Geburt des zweiten Kindes mit der Kindesmutter und den Kindern zusammen. Er ist nicht sorgeberechtigt. Nachdem sein Asylantrag abgelehnt wird, stellt er einen Antrag auf Aufenthaltserlaubnis, den er mit dem Recht seiner Kinder auf Umgang mit ihm begründet (lies dazu § 1684 Abs. 1 BGB). Nach den spärlichen Angaben des Antragstellers pflegt er Umgang, der von einem Mitarbeiter des zuständigen Jugendamts begleitet wird. Die Ausländerbehörde will den Antragsteller ausweisen, weil sie vermutet, dass er das Umgangsrecht nur vorschiebt, um ein Bleiberecht zu erwirken. Sie holt deshalb beim Jugendamt Informationen ein, ob und inwieweit der Antragsteller Umgang mit seinen Kindern ausübt.

Eine solche Datenerhebung durch die Ausländerbehörde ist rechtswidrig. Als Ausgangspunkt für die rechtliche Beurteilung sind die Voraussetzungen des § 86 Satz 1 AufenthG zu prüfen.

10 Vgl. OVG Hamburg v. 21.03.2007, NJW 2008, 96 ff.

Dabei mag die Einholung von Auskünften über die konkrete Ausgestaltung der Vater-Kind-Kontakte zur Erfüllung der Aufgaben der Ausländerbehörde erforderlich gewesen sein. Das gilt zumindest dann, wenn der Antragsteller selbst keine schlüssigen Angaben dazu macht, wie sich der Umgang mit seinen beiden Kindern tatsächlich gestaltet. § 86 AufenthG ermöglicht jedoch keine Datenerhebungen, bei denen **besondere gesetzliche Verwendungsregeln** einer Übermittlung entgegenstehen. Unter besonderen gesetzlichen Verwendungsregeln versteht man Vorschriften, die eine Verwendung von personenbezogenen Daten im besonderen Maß einschränken (z. B. ärztliche Schweigepflicht oder sonstige besondere berufliche oder amtliche Schweigepflichten). Die Ausländerbehörde hätte bereits deshalb bei der Datenerhebung beachten müssen, dass § 88 Satz 1 AufenthG eine Übermittlung personenbezogener Daten untersagt, soweit ihr solche besonderen Verwendungsregelungen entgegenstehen. Einzelheiten der Anbahnung des Umgangs des Antragstellers mit seinen Kindern sind nämlich Informationen, die unter das Sozialgeheimnis fallen. Sie werden durch § 65 Abs. 1 Satz 1 SGB VIII besonders geschützt. Eine Datenweitergabe durch das Jugendamt ist danach nur unter den engen Voraussetzungen des § 65 Abs. 2 SGB VIII erlaubt, die vorliegend nicht erfüllt waren.[11] Dies wäre bereits von der Ausländerbehörde zu berücksichtigen gewesen.

2.1.2 Datenerhebung auf Grundlage der Einwilligung

Im Grundsatz liegt bei jeder hoheitlichen Erhebung und Verwendung personenbezogener Daten ein rechtfertigungsbedürftiger Eingriff in das Persönlichkeitsrecht der betroffenen Person vor.

Seinem Wortlaut nach sieht § 13 Abs. 2 Nr. 2 BDSG vor, dass eine öffentliche Stelle – ähnlich wie nicht-öffentliche Stellen – personenbezogene Daten erheben kann, soweit die betroffene Person „nach Maßgabe des § 4a“ BDSG hierin eingewilligt hat. Auch die Datenschutzrichtlinie 95/46/EG unterscheidet hinsichtlich der Wirksamkeit von Einwilligungen im Grundsatz nicht zwischen öffentlichen und nicht-öffentlichen Stellen. Allerdings darf die öffentliche Verwaltung nicht durch einen systematischen Einsatz der Einwilligung den Grundsatz des grundrechtlichen Gesetzesvorbehalts umgehen. Mit anderen Worten dürfen Behörden die Einwilligung nicht dafür nutzen, ihre hoheitlichen Befugnisse zu erweitern.[12] Das gilt insbesondere, aber nicht nur für den Bereich der öffentlichen Eingriffsverwaltung.[13] Im Rahmen der Pläne einer Novellierung des Europäischen Datenschutzrechts scheint die Kommission ebenfalls in diesem Sinne die Voraussetzungen für eine wirksame Einwilligung klarstellen zu wollen. Jedenfalls sieht Art. 7 Abs. 4 DS-GVO-E vor, dass die Einwilligung dann keine Rechtsgrundlage für die Verarbeitung bietet, „wenn zwischen der Position der betroffenen Person und des für die Verarbeitung Verantwortlichen ein erhebliches Ungleichgewicht besteht.“[14] Erwägung 34 der DS-GVO sieht ein solches Ungleichgewicht in Bezug auf verantwortliche Behörden bei Verarbeitungsvorgängen, „bei denen die Behörde aufgrund

---

11 Vgl. VG Bremen v. 15.09.2011 – 4 V 732/11.

12 Statt vieler vgl. Buchner, Informationelle Selbstbestimmung (2006), S. 6 f.; Sokol in Simitis (Hg.), BDSG (7. A. 2011) § 13 Rn. 36; ebenso in Bezug auf den Umgang mit Sozialdaten Seidel in Diering u. a., SGB X, 3. Aufl. 2011, § 67b Rn. 3, alle drei m.w.N. Unklarer Zilkens, Datenschutz in der Kommunalverwaltung (3. A. 2011), Rn. 142, der in praktischer Hinsicht von einem Vorrang der Erlaubnis aufgrund einer Rechtsvorschrift vor der Einwilligung ausgeht.

13 Vgl. nochmals Buchner a.a.O.

14 Zur Auslegung dieser Voraussetzungen siehe Erwägung 34 des DS-GVO-E.

ihrer jeweiligen obrigkeitlichen Befugnisse eine Verpflichtung auferlegen kann und deshalb die Einwilligung nicht als ohne Zwang abgegeben gelten kann, wobei die Interessen der betroffenen Person zu berücksichtigen sind.“

Ist eine Erhebung von personenbezogenen Daten von Gesetzes wegen unzulässig, kann sie erst recht nicht durch eine Einwilligung legitimiert werden.

Beispiel: Im Rahmen strafrechtlicher Ermittlungen erfährt die Staatsanwaltschaft, dass der mutmaßliche Täter einen LKW der Spedition S gefahren hat, um vom Tatort zu fliehen. Mit Einwilligung des Spediteurs bittet sie den Betreiber der deutschen Autobahnmautstellen TollCollect[15], Aufzeichnungen von Mautdaten einer nahegelegenen Autobahn herauszugeben.

Das Bundesfernstraßenmautgesetz (BFStrMG[16]) sieht in § 4 Abs. 3 sinngemäß vor, dass der Betreiber der Mautstellen die dort erhobenen Daten ausschließlich für Mautzwecke verwenden darf. Eine Übermittlung, Nutzung oder Beschlagnahme nach anderen Rechtsvorschriften wird in Absatz 3 Satz 5 ausdrücklich als unzulässig bezeichnet. Die Datenerhebung durch eine Strafverfolgungsbehörde stellt eine rechtswidrige Erweiterung der gesetzlich vorgesehenen Ermittlungsbefugnisse dar. Das gilt auch für den Beispielsfall, in dem die Staatsanwaltschaft die Einwilligung des Spediteurs in die Beschaffung der Mautdaten eingeholt hat. Denn die Einwilligung wird hier missbraucht, um ein gesetzlich ausdrücklich statuiertes Datenerhebungsverbot zu umgehen.

2.2 Speicherung, Veränderung und Nutzung personenbezogener Daten

2.2.1 Datenspeicherung

Die Speicherung personenbezogener Daten durch eine öffentliche Stelle hat insoweit eine besondere Bedeutung, als erst sie regelmäßig den Zugriff verschiedener Stellen auf die Daten ermöglicht. Als Speichern ist dabei das Erfassen, Aufnehmen oder Aufbewahren personenbezogener Daten auf einem Datenträger zum Zweck ihrer weiteren Verarbeitung oder Nutzung definiert (vgl. § 3 Abs. 4 S. 2 Nr. 1 BDSG, § 67 Abs. 6 S. 2 Nr. 1 SGB X). Insbesondere die langfristige automatisierte Speicherung der Daten gestattet es der speichernden Stelle, immer wieder erneut auf die Daten zuzugreifen. Die so einmal erfassten Daten über den Betroffenen können dann in verschiedenen Zusammenhängen erneut verwendet werden. Vor allem längerfristige Speicherungen können deshalb für die betroffenen Personen häufig unabsehbare Folgen haben. Die Datenspeicherung ermöglicht Datenübermittlungen, die den Kreis der

---

[15] Das Lkw-Mautsystem wird als hoheitliche Aufgabe durch die Bundesrepublik Deutschland, vertreten durch das Bundesamt für Güterverkehr, verantwortet. Die Toll Collect ist als Betreiber des Mautsystems Auftragnehmer des Bundesamts.

[16] Gesetz vom 12.7.2011, BGBl. I S. 1378. Vor dem Inkrafttreten sah das Autobahnmautgesetz (ABMG) vergleichbare Regelungen vor.

Stellen erweitert, die Kenntnis von den weitergegebenen Informationen über den Betroffenen erhalten. Eine solche Weitergabe von Informationen an Dritte hat in der Regel zur Folge, dass Daten ihren ursprünglichen Sinnzusammenhang verlieren und damit auch entsprechende Risiken für den Betroffenen einhergehen. Nicht nur die Datenübermittlung, sondern auch die Datenspeicherung stellt jeweils einen eigenständigen und häufig erheblichen Eingriff in das Persönlichkeitsrecht der Betroffenen dar.[17] Deshalb ist bei jeder Speicherung von Daten erneut zu prüfen, ob dieser Eingriff **für die Erfüllung einer konkreten behördlichen Aufgabe erforderlich** ist.

Einen Grundsatz, dass alles gespeichert werden darf, was einmal rechtmäßig erhoben worden ist, gibt es nicht.

Beispiel: Die Polizei erhebt im Rahmen eines Strafverfahrens personenbezogene Daten über eine bestimmte Person. Diese Daten dürfen nach Abschluss des strafverfahrensrechtlichen Ermittlungsverfahrens nicht ohne weiteres für Zwecke der vorbeugenden Bekämpfung von Straftaten verwendet werden.

Für eine weitere Speicherung von strafverfahrensrechtlichen Daten zu Gefahrenabwehrzwecken (dazu zählt auch die vorbeugende Bekämpfung von Straftaten) müssen vielmehr mindestens zwei Voraussetzungen erfüllt sein. Erstens muss trotz der Verfahrensbeendigung ein Verdacht fortbestehen, dass die betroffene Person tatsächlich eine strafrechtlich relevante Tat begangen hat. Des Weiteren muss die Speicherung zur Gefahrenabwehr erforderlich sein. Erforderlich ist eine solche Erfassung nur, wenn ein Anlass zur Vermutung besteht, dass die betroffene Person in der Zukunft erneut Straftaten begehen wird.[18]

Im Prinzip können personenbezogene Daten nur für die Zwecke geändert oder genutzt werden, für die sie ursprünglich gespeichert worden sind (lies z. B. § 14 Abs. 1 BDSG). Dieser **Grundsatz der Zweckbindung** gilt allerdings nicht uneingeschränkt. Im Gegenteil sehen die meisten Datenschutzgesetze im weiten Umfang Ausnahmen vor, die eine zweckändernde Verwendung ermöglichen (vgl. beispielsweise den Ausnahmekatalog in § 14 Abs. 2 BDSG). Zwei typische Erlaubnistatbestände zur zweckändernden Verarbeitung sind die Erlaubnis durch Rechtsvorschrift und durch die Einwilligung der betroffenen Person: Eine Speicherung, Änderung oder Nutzung von Daten zu anderen als den ursprünglichen Zwecken kommt zunächst in Betracht, wenn eine Rechtsvorschrift dies erlaubt oder zumindest zwingend voraussetzt. Die im Beispiel erwähnte polizeiliche Erfassung von Daten, die aus einem Strafverfahren gewonnen wurden und künftig für Zwecke der Gefahrenabwehr gespeichert werden sollen, wird auf entsprechende Vorschriften in den Polizeigesetzen gestützt (vgl. z. B. § 29 Abs. 2 BPolG; Art. 38 II BayPAG; § 42 Abs. 3 ASOG Bln; § 24 Abs. 2 PolG NW oder § 43 Abs. 2 SächsPolG).

Auch die Einwilligung der betroffenen Person kann eine Zweckänderung rechtfertigen. Sie muss allerdings die (unter 2.1.2) bereits beschriebenen Wirksamkeitsvoraussetzungen erfüllen und sich gerade auf die Änderung der Zweckbestimmung beziehen.

---

17 Vgl. BVerfG v. 14.07.1999, BVerfGE 100, 313, 366 f.; Das NdsOVG scheint in Bezug auf eine ED-Behandlung vor allem in der Datenspeicherung einen erheblichen Eingriff zu sehen, vgl. NdsVBl. 2004, 158 (159). Vgl. VG Lüneburg v. 31.08.2010 – 3 A 115/08, wonach die Speicherung in polizeilichen Staatsschutzdateien als schwerwiegender Eingriff angesehen wird.

18 Siehe z. B: BVerfG v. 16.05.2002, NJW 2002, S. 3231.

Eine Reihe von Datenverwendungen wird nicht als Zweckänderung angesehen. Das gilt zunächst für Verarbeitung oder Nutzung von Daten, wenn sie der **Wahrnehmung von Aufsichts- und Kontrollbefugnissen, der Rechnungsprüfung oder der Durchführung von Organisationsuntersuchungen** der verantwortlichen Stelle dient (lies z. B. § 14 Abs. 3, 4 BDSG).

Beispiel: Soweit personenbezogene Daten gespeichert werden, um Datenschutzprüfungen zu ermöglichen, liegt hierin keine zweckändernde Verwendung.

Auch wenn die Einsichtnahme zu Kontrollzwecken grundsätzlich keine Zweckänderung und damit zulässig ist, stehen einer solchen Einsichtnahme aber möglicherweise Berufs- und Amtsgeheimnisse entgegen.

Beispiel: Ein Landesrechnungshof soll Einsicht auch in Patientenakten nehmen können, die der ärztlichen Schweigepflicht unterliegen.[19]

Auch die **Vorgangsverwaltung** und die **befristete Dokumentation** gelten bisweilen als Nebenzwecke der eigentlichen behördlichen Aufgabe, die keiner besonderen gesetzlichen Befugnisse bedürfe. Dies ist allerdings nicht unumstritten.[20]

Soweit bestimmte Daten ausschließlich aufzubewahren sind, weil sie für bestimmte Kontrollen unabdingbar benötigt werden, unterliegen sie in aller Regel[21] einer **strikten Zweckbindung**.

Beispiel: Personenbezogene Daten, die ausschließlich zu Zwecken der Datenschutzkontrolle, der Datensicherung oder zur Sicherstellung eines ordnungsgemäßen Betriebes einer Datenverarbeitungsanlage gespeichert werden, dürfen in aller Regel nur für diese Zwecke verwendet werden, lies z. B. § 14 Abs. 4 BDSG.

Auch besonders schutzwürdige Daten unterliegen häufig zumindest einer verstärkten Zweckbindung, lies z. B. § 14 Abs. 5 und 6 BDSG.

Die öffentliche Verwaltung hat bei der ersten Erfassung personenbezogener Daten mit Hilfe von **verfahrensrechtlichen und organisationsrechtlichen Maßnahmen** dafür Sorge zu tragen, dass das Prinzip der Zweckbindung beachtet wird. Dies geschieht beispielsweise durch die Festlegung zulässiger Verarbeitungszwecke in Rahmen von Verfahrensverzeichnissen, Errichtungsanordnungen oder im Rahmen von Vorabkontrollen bzw. Freigabeverfahren (vgl. dazu Teil II, Kap. 2.10.1).

---

19 Vgl. Gola/Schomerus, BDSG (10. A. 2010), § 14 Rn. 24 mit Hinweisen auf Rechtsprechung.

20 Das Erfordernis einer ausdrücklichen Befugnisnorm für die Speicherung zu Vorgangsverwaltungszwecken wird beispielsweise von VG Lüneburg v. 31.08.2010 – 3 A 115/08 hervorgehoben.

21 Ein seltener Ausnahmefall ist in Art. 46 Abs. 2 Bayerisches Polizeiaufgabengesetz vorgesehen.

2.2.2 Datenveränderung, Datennutzung

Ebenso wie andere Formen der Datenverwendung erfordert das **Verändern**, hierunter versteht man das inhaltliche Umgestalten gespeicherter personenbezogener Daten, eine Erlaubnis durch eine Rechtsvorschrift (so z. B. §§ 4 I, 14 BDSG), die auch die Bedingungen der Veränderung festlegt.[22] Im Übrigen gelten die zur Datenspeicherung gemachten Ausführungen weitgehend entsprechend. Was die Nutzung anbelangt, stellt jede Form der Verwendung von personenbezogenen Daten eine Nutzung dar, sofern sie nicht begrifflich einer Datenerhebung oder Datenverarbeitung zuzuordnen ist, vgl. § 3 Abs. 5 BDSG.[23]

Beispiel: Teilt der Mitarbeiter eines Jugendamts einem Kollegen innerhalb derselben Dienststelle personenbezogene Daten mit, so liegt darin zumeist keine Datenübermittlung, sondern eine sonstige Weitergabe, die als Nutzung zu qualifizieren ist.

Auch in Bezug auf die gesetzlichen Voraussetzungen der Datennutzung gelten die zur Datenspeicherung gemachten Ausführungen weitgehend entsprechend. In dem Beispielsfall gilt allerdings ausnahmsweise etwas anderes: Mitarbeiter von Trägern der öffentlichen Jugendhilfe dürfen ihnen zum Zweck persönlicher und erzieherischer Hilfe anvertraute Daten nur in den engen Grenzen des § 65 SGB VIII weitergeben. Damit erkennt der Gesetzgeber den besonderen Bedarf an Vertrauensschutz in der persönlichen und erzieherischen Hilfe an.[24]

2.3 Übermittlung

Mit der Datenübermittlung wird der Kreis der Stellen erweitert, welche die Daten des Betroffenen verwenden. Die Erweiterung des Kreises von Datenverarbeitern kann durchaus im Interesse der betroffenen Person sein.

Beispiel: Kommunen richten häufig „Bürgerbüros" ein, in denen die betroffenen Personen alle wichtigen Anliegen der Kommunalverwaltung zur Bearbeitung bringen können. In den Bürgerbüros werden z. B. melderechtliche An- und Abmeldungen, Anträge auf Zulassung von Kraftfahrzeugen, Bauanträge usw. bearbeitet.

Die Weitergabe von Daten ist allerdings nicht nur nutzbringend. Sie kann auch neue Risiken für die betroffene Person begründen. Dabei ist die Art und Weise der Weitergabe für die rechtliche Einordnung als Übermittlung belanglos. Die mündliche Bekanntgabe steht der schriftlichen oder elektronischen Weitergabe von Informationen bzw. einem elektronischen Datenabruf gleich. Wesensmerkmal der Übermittlung ist es, dass Informationen **an einen Dritten** bekannt gegeben werden (vgl. § 3 Abs. 4 Nr. 3BDSG, § 67 Abs. 6 S. 2 Nr. 3 SGB X).

---

22 Zum Begriff der Veränderung vgl. z. B. § 3 Abs. 4 Nr. 2 BDSG sowie Gola/Schomerus, BDSG (10. A. 2010), § 3 Rn. 30.

23 Zu Einzelheiten vgl. Gola/Schomerus, BDSG (10. A. 2010), § 3 Rn. 41 f.

24 Vgl. im Einzelnen dazu Proksch in Münder/Meysen/Trenczek (Hg.), Frankfurter Kommentar SGB VIII (6. A. 2009), Kommentierung zu § 65.

Dritter ist jede Person oder Stelle außerhalb der verantwortlichen Stelle (nach althergebrachtem datenschutzrechtlichen Sprachgebrauch: speichernde oder verarbeitende Stelle). Der Begriff der verantwortlichen Stelle begrenzt die Weitergabe sowohl in organisatorischer als auch funktionaler Hinsicht. Eine Datenübermittlung liegt daher zunächst vor, wenn ein Datenfluss zwischen zwei Behörden stattfindet, selbst wenn beide Behörden identische Aufgabenstellungen haben (organisatorische Begrenzung). Eine Datenübermittlung kann jedoch auch vorliegen, wenn innerhalb eines Behördenträgers Stellen mit unterschiedlichen Aufgaben personenbezogene Informationen austauschen. Diese Qualifizierung des innerbehördlichen Datenflusses als Übermittlung mag zunächst befremdlich erscheinen, ist jedoch Ausfluss des Prinzips der **informationellen Gewaltenteilung**:[25] Zum einen hängt die Gefährlichkeit personenbezogener Informationen für den Betroffenen von ihrem jeweiligen Verwendungszusammenhang ab.[26] Zum anderen soll der Staat durch die organisatorische Zusammenfassung verschiedener Aufgaben in einer Behörde das Recht auf informationelle Selbstbestimmung nicht unbegrenzt beeinträchtigen können.

Die Datenübermittlung ist von der **Amtshilfe** zu unterscheiden. Nach § 4 VwVfG und den entsprechenden landesrechtlichen Bestimmungen hat jede Behörde unter bestimmten Voraussetzungen einer anderen Behörde auf Ersuchen Amtshilfe zu leisten. In Bezug auf den Umgang mit personenbezogenen Daten schränkt jedoch das Datenschutzrecht die Grundsätze der Amtshilfe ein.[27] Eine Übermittlung personenbezogener Informationen zum Zwecke der Amtshilfe ist nur zulässig, wenn sie gesetzlich besonders gestattet ist.

2.3.1 Auftragsdatenverarbeitung als Sonderfall der Datenweitergabe

Keine Datenübermittlung, sondern lediglich eine Weitergabe von Daten erfolgt im Rahmen der so genannten **Auftragsdatenverarbeitung** (vgl. z. B. § 11 BDSG).[28] Bei der Auftragsdatenverarbeitung delegiert der Auftraggeber Datenverarbeitungsaufgaben an den Auftragnehmer, der die übertragenen Daten ausschließlich im Rahmen der Weisungen des Auftraggebers verwenden darf (vgl. § 11 Abs. 3 BDSG). Der Auftragnehmer ist von dem Auftraggeber auch regelmäßig zu kontrollieren (vgl. § 11 Abs. 2 BDSG). Dementsprechend bleibt der Auftraggeber im Außenverhältnis voll verantwortlich für die Rechtmäßigkeit der Verarbeitung, während der Auftragnehmer im Verhältnis zu Dritten datenschutzrechtlich nicht haftet. Durch die Auftragsdatenverarbeitung wird also weder eine Erweiterung von behördlichen Befugnissen für den Auftragnehmer noch generell eine Zuständigkeitsverlagerung bewirkt.

Beispiel: Das Bundeskriminalamt kann Datenverarbeitung „im Auftrag“ der Länderpolizeien betreiben, § 2 Abs. 5 BKAG.

Eine solche gesetzliche Beschreibung der Auftragsdatenverarbeitung ist aus datenschutzrechtlicher Sicht problematisch. Denn hiervon können Daten betroffen sein, die nicht bundesweit relevant sind, sondern aus verfassungsrechtlichen Gründen grundsätzlich nur auf

---

25 Vgl. BVerfG v. 15.12.1983, BVerfGE 65, 1, 69.

26 Vgl. bereits BVerfG, a.a.O., 44 ff.

27 Vgl. ebenso Gola/Schomerus, BDSG (10. A. 2010), § 15 Rn. 9 für die Regelungen des BDSG.

28 Siehe dazu schon oben Teil II, Kap. 2.7.1.

Länderebene verarbeitet werden dürfen. In diesem Fall besteht die Gefahr, dass die von den jeweiligen Gesetzgebern getroffenen Aufgabenverteilungen zwischen Bundes- und Länderpolizeien unter dem Etikett der Auftragsdatenverarbeitung unterlaufen werden (vgl. dazu §§ 1, 2 BKAG). Die gesetzliche Erlaubnis, dass das Bundeskriminalamt als Zentralstelle die Länder auf deren Ersuchen hin bei deren Datenverarbeitung „unterstützt", ist deshalb als Ausnahmeregelung für Einzelfälle zu verstehen.[29]

2.3.2 Wesentliche Grundsätze der Datenübermittlung

Auch für die Datenübermittlung gilt das **Prinzip der Zweckbindung**. Das Zweckbindungsgebot ist gerade in Bezug auf die Datenübermittlung von zentraler Bedeutung, weil der Betroffene ansonsten die für ihn entstehenden Risiken einer hoheitlichen Datenverwendung nicht mehr überblicken kann. Deshalb können öffentliche Stellen personenbezogene Daten im Grundsatz nur zu dem Zweck übermitteln, zu dem sie diese Informationen erlangt oder gespeichert haben, vgl. z. B. § 15 Abs. 1 Nr. 1 BDSG. Auch die Daten empfangende Stelle darf die ihr übermittelten Daten grundsätzlich nur zu dem Zweck nutzen, zu dem sie ihr übermittelt worden sind, vgl. z. B. § 15 Abs. 3 Satz 1 BDSG. Freilich wird der Grundsatz der Zweckbindung auch in Bezug auf die Datenübermittlung vielfach durchbrochen, vgl. § 15 Abs. 1 Nr. 2, Abs. 3 Satz 2 BDSG.

In Bezug auf heimliche Ermittlungen der Sicherheitsbehörden ist die Zweckbindung in besonderer Weise technisch-organisatorisch zu gewährleisten. Da sie regelmäßig erheblich in die Grundrechte der beobachteten Personen eingreifen, sind zumeist besondere Anforderungen an die Rechtmäßigkeit der Datenverarbeitung zu beachten. Um diese im Rahmen einer Datenübermittlung auch beim Datenempfänger zu gewährleisten, muss die übermittelnde Stelle typischerweise Daten kennzeichnen, die sie durch verdeckte Ermittlungsmaßnahmen gewonnen hat. Die **Kennzeichnungspflicht** soll die Einhaltung von Zweckbindungsgeboten bei der weiteren Verwendung der Daten, insbesondere der Datenweitergabe, sicherstellen.[30]

Ähnlich wichtig wie der Grundsatz der Zweckbindung ist das **Erforderlichkeitsprinzip**. Es besagt, dass eine öffentliche Stelle nur die personenbezogenen Daten übermitteln darf, die für die Erfüllung des konkreten Übermittlungszwecks erforderlich sind.

Beispiel: Der Bürgermeister einer Gemeinde lehnt – gemeinsam mit einer Bürgerbewegung – die Errichtung einer Kläranlage in der Gemeinde ab. Demgegenüber unterstützt die Mehrheit des Gemeinderats das Projekt. Im Rahmen einer öffentlichen Gemeinderatssitzung verliest der Bürgermeister die Vornamen, Familiennamen und Straßenangaben von Personen, die ein Bürgerbegehren gegen die Errichtung einer Anlage in der Gemeinde unterstützt hatten. Er will auf diese Weise dem Gemeinderat vor Augen führen, dass das Bürgerbegehren von Bürgern aus dem gesamten Gemeindegebiet unterstützt wird.

Sofern eine Einwilligung der betroffenen Personen in die Verlesung der Daten fehlt, dürfen Unterschriftenlisten im Rahmen eines Bürgerbegehrens nur hinsichtlich der Frage ausgewer-

---

29 Ahlf/Daub/Lersch/Störzer, BKAG (2000), § 2 Rn. 57 f.

30 Vgl. BVerfG v. 14.07.1999, BVerfGE 100, 313, 360 f.; BVerfG v. 03.03.2004, BVerfGE 110, 33, 70 f.; BVerfG v, 02.03.2010, BVerfGE 125, 260, 333.

tet werden, ob sie von einer ausreichenden Zahl antragsberechtigter Bürger unterschrieben worden sind. Die Unterschriftenlisten dürfen zu anderen Zwecken weder innerhalb einer Gemeindeverwaltung noch an Dritte weitergegeben werden. Die Unzulässigkeit von Datenübermittlungen ergibt sich dabei bereits aus dem Grundsatz der Erforderlichkeit. Die kommunalen Organe benötigen für die Behandlung eines Bürgerbegehrens nur die Information, dass das erforderliche Quorum erreicht worden ist. Wer das Bürgerbegehren konkret unterstützt hat, ist für die inhaltliche Behandlung des Bürgerbegehrens ohne Belang. Erst recht ist die Weitergabe der Daten an die Öffentlichkeit nicht erforderlich.[31]

2.3.3 Anforderungen an die Zulässigkeit der Datenübermittlung

Hinsichtlich der Voraussetzungen von Datenübermittlungen unterscheiden die Datenschutzgesetze danach, ob der Datenempfänger eine öffentliche oder eine nicht-öffentliche Stelle ist.

Öffentliche Stellen als Datenempfänger

In Bezug auf **öffentliche Datenempfänger** unterstellt der Gesetzgeber regelmäßig, dass sie das Zweckbindungsprinzip kennen. Entspricht der Zweck der Datenverarbeitung bei der Daten empfangenden Stelle dem Zweck, zu dem die übermittelnde Dienststelle die Daten gespeichert hat, unterliegt die Datenübermittlung deshalb dem pflichtgemäßen Ermessen der übermittelnden Stelle, zumeist ohne dass sie weitere Zulässigkeitsvoraussetzungen beachten muss.

Es gibt bereichsspezifische gesetzliche Regelungen, die bestimmte Datenübermittlungen sogar verbindlich anordnen.

Beispiel: Die Bundespolizei ist nach § 32 Abs. 5 BPolG i.V.m. § 87 Abs. 2 AufenthG generell verpflichtet, die zuständige Ausländerbehörde zu unterrichten, wenn sie von gesetzlich näher bestimmten ausländerrechtlichen Sachverhalten erfährt.

In dem Beispiel nimmt der Gesetzgeber verfassungsrechtlich nicht unproblematisch einen generellen Vorrang staatlicher Verarbeitungsinteressen zulasten des Betroffenen an. Ein Gegenbeispiel hierzu bildet die nur grundsätzliche Übermittlungspflicht der Polizei nach § 8 Abs. 1 AsylVfG. Danach hat regelmäßig eine Weitergabe von Daten über einen Asylbewerber an ausländische Stellen zu unterbleiben, wenn sie die Gefahr von Verfolgung begründen oder erheblich steigern kann.[32]

Gleich ob eine generelle Übermittlungspflicht oder nur eine Übermittlungsbefugnis vorgesehen ist, trägt die übermittelnde Stelle auch die Verantwortung für die Zulässigkeit der Datenübermittlung. Sie hat deshalb sorgfältig zu prüfen, ob die Voraussetzungen für eine Datenübermittlung vorliegen. Die aus der Verantwortlichkeit resultierende **Pflicht zur Prüfung** der Rechtmäßigkeit einer Übermittlung besteht zeitlich vor dem Akt der Datenweitergabe. Dabei muss die Behörde zumindest den konkreten Übermittlungszweck (wozu soll

[31] Vgl. z. B. Bayerischer Landesbeauftragter für den Datenschutz, 19. TB 2002, Kap. 8.6 (= LT-Drs. 14/5438, S. 93 ff.).

[32] Im Einzelnen dazu BVerfG v. 26.01.2005, NVwZ 2005, 681 ff.

übermittelt werden?) und die Frage klären, ob die Daten empfangende Stelle zur Verfolgung dieses Zwecks zuständig und zur Verwendung der Daten auch konkret befugt ist. Zu beachten sind auch etwaige Beschränkungen von Übermittlungsbefugnissen. Eine besondere Prüfpflicht haben Sicherheitsbehörden etwa in Bezug auf besondere Amts- und Berufsgeheimnisse oder wenn sie als übermittelnde Dienststelle die Daten im Wege besonderer (verdeckter) Ermittlungsmethoden gewonnen haben.

Beispiel: Die Polizei darf nicht Daten einer Telekommunikationsüberwachung an eine Ordnungsbehörde zur Verfolgung einer Ordnungswidrigkeit weitergeben.

In diesem Fall ist eine Übermittlung unzulässig, wenn und weil die Daten empfangende Stelle keine Befugnis zu derartigen verdeckten Ermittlungsmethoden hat.

Erfolgt die Übermittlung **aufgrund eines Ersuchens** einer Behörde, gilt die beschriebene Prüfpflicht nur eingeschränkt. Die übermittelnde Behörde hat dann regelmäßig nur zu untersuchen, ob das Übermittlungsersuchen noch im Rahmen der Aufgaben des Datenempfängers liegt, vgl. z. B. § 15 Abs. 2 Satz 2 BDSG. Regelmäßig wird die übermittelnde Behörde dann also lediglich darauf achten, ob die Daten empfangende Behörde eine Zuständigkeit hat, die das Auskunftsbegehren trägt. Hintergrund dieser Regelung ist der Umstand, dass das Ersuchen auf eine Datenerhebung gerichtet ist. Die Gesetzgeber gehen davon aus, dass bereits die ersuchende Behörde die rechtlichen Voraussetzungen ihrer Datenerhebung selbst geprüft hat. Für Datenübermittlungen innerhalb des Bereichs der „öffentlichen Verwaltung" sehen sie deshalb lediglich eine Plausibilitätsprüfung durch die übermittelnde Behörde vor.

Weitergehende Prüfpflichten hat die übermittelnde Stelle danach nur, wenn „ein besonderer Anlass" zur Prüfung der Rechtmäßigkeit besteht.

Beispiel: Die Rechtmäßigkeit einer Datenübermittlung ist eingehend zu prüfen, wenn die ersuchende Stelle den Grundsatz der Direkterhebung beim Betroffenen zu missachten scheint (vgl. Teil II, Kap. 2.1.2).

Im Rahmen der Ausübung dieses pflichtgemäßen Ermessens hat die übermittelnde Dienststelle eine Datenübermittlung auch zu unterlassen, wenn erkennbar ist, dass sie schutzwürdige Interessen der betroffenen Person verletzt. Eine solche Pflicht zur Interessenabwägung sehen die Datenschutzgesetze zwar zumeist nur ausdrücklich für die Übermittlung an ausländische öffentliche Stellen oder nicht öffentliche Stellen vor. Die schutzwürdigen Interessen des Betroffenen sind jedoch generell zu berücksichtigen, weil jede Datenübermittlung gegenüber der Datenerhebung einen eigenständigen Grundrechtseingriff bedeutet. Die ersuchende Behörde hat dann auf Verlangen der übermittelnden Behörde die Rechtmäßigkeit ihres Ersuchens substantiiert und widerspruchsfrei darzulegen.[33]

Bei der Abwägung der widerstreitenden Interessen muss die öffentliche Stelle insbesondere berücksichtigen, ob die Weitergabe der Daten für den Betroffenen eine hohe Eingriffsintensi-

33 Ebenso Blümel/Drewes/Malmberg/Walter, BPolG (3. A. 2006), § 33 Rn. 8 unter Hinweis auf BVerfG v. 15.01.1970, BVerfGE 27, 344, 353.

tät bedeutet.[34] Einschränkungen von Übermittlungsbefugnissen können sich wie beschrieben aus besonderen gesetzlichen Verwendungsregeln, insbesondere besonderen Berufs- oder Amtsgeheimnissen, ergeben (vgl. dazu bereits oben Kap. 2.1.1 sowie Teil IV, Kap. 5, speziell zur ärztlichen Schweigepflicht). Einschränkungen können sich aber auch aus den **Regelungszielen bestimmter Gesetze** ergeben.

Beispiel: Auskünfte nach dem Bundeszentralregistergesetz (BZRG) darf die Polizei nur an andere öffentliche Stellen weitergeben, wenn dies gesetzlich ausdrücklich vorgesehen ist (wie z. B. in § 33 V BPolG; § 21 IV HSOG).

Wenn man von der Datenweitergabe im Rahmen eines Strafverfahrens absieht, ist eine solche Datenübermittlung an nichtpolizeiliche Stellen grundsätzlich unzulässig. Denn das BZRG enthält insoweit eine Regelung, die der Registerbehörde eine vorrangige Übermittlungsbefugnis einräumt. Eine Auskunft durch die Polizei ist nicht vorgesehen. Erst recht gilt dies für Informationen, die bereits aus dem Bundeszentralregister gelöscht sind. Nach dem insoweit eindeutigen Willen des Gesetzgebers sollen diese Daten regelmäßig nicht mehr beauskunftet werden.

Eine spezielle datenschutzrechtliche Problematik besteht, wenn öffentliche Stellen sich wechselseitig den automatisierten Zugriff auf ihre Datenbestände einräumen. In diesen Fällen der **gemeinsamen Verfahren** entfallen die Einzelfallprüfungen durch die übermittelnden Stellen.

Für die Einrichtung automatisierter Abrufverfahren sieht dazu § 10 Abs. 1 BDSG vor, dass ein solches Verfahren nur eingerichtet werden darf, soweit es „unter Berücksichtigung der schutzwürdigen Interessen der Betroffenen und der Aufgaben“ der beteiligten Stellen „angemessen ist“.[35] Die Einzelfallprüfung durch die übermittelnde Stelle wird dann durch die Pflicht zur Protokollierung der Abrufe, der abrufenden Stellen und der Abrufzwecke „ersetzt“. Die abrufende Stelle trägt dann die alleinige Verantwortlichkeit für die Rechtmäßigkeit des Abrufs, während die übermittelnde Stelle regelmäßig nur bei konkreten Anlässen die Zulässigkeit der Abrufe kontrolliert. Ob eine solche Verfahrensweise dem Schutz des Persönlichkeitsrechts hinreichend Rechnung trägt, darf auch in Bezug auf öffentliche Stellen bezweifelt werden. Zumindest muss bei der Einrichtung von gemeinsamen Verfahren sichergestellt werden, dass die Rechtmäßigkeit eines solchen Verfahrens zuvor eingehend geprüft wird, die Verantwortlichkeiten eindeutig festgelegt sind und die hiervon betroffenen Personen ihre Datenschutzrechte einfach ausüben können.[36]

Beispiel: Ein Verbund von Kreiskrankenhäusern räumt sich wechselseitig den Zugriff auf ihre Datenbestände ein. Dies geschieht im Rahmen eines „Krankenhausinformationssystems“ (KIS).[37]

---

34 In Bezug auf den Polizeibereich ebenso Blümel/Drewes/Malmberg/Walter, BPolG (3. A. 2006), § 33 Rn. 13.

35 Allgemein zur Einrichtung automatisierter Abrufverfahren s. schon oben Teil II, Kap. 2.5.

36 Vgl. Konferenz der Datenschutzbeauftragten des Bundes und der Länder, Ein modernes Datenschutzrecht für das 21. Jahrhundert, 2011, S. 15 f.

37 Zur Vertiefung lies 81. Konferenz der Datenschutzbeauftragten des Bundes und der Länder, Entschließung v. 16./17. März 2011: Datenschutzkonforme Gestaltung und Nutzung von Krankenhausinformationssystemen.

Bei derartigen Krankenhausinformationsverbünden stellt sich insbesondere die Frage, wie die ärztliche Schweigepflicht durch technisch-organisatorische Maßnahmen gewahrt werden kann.

Datenübermittlungen außerhalb des öffentlichen Bereichs

Strengere Voraussetzungen gelten für Datenübermittlungen an Stellen **außerhalb des öffentlichen Bereichs**.

Erfolgt eine Datenübermittlung nicht zur Aufgabenerfüllung der übermittelnden Stelle, muss die erhebende Stelle bestimmte Darlegungspflichten erfüllen. Sie hat zumeist glaubhaft darzulegen, dass sie ein berechtigtes Interesse an der Kenntnis der zu übermittelnden Daten hat, vgl. z. B. § 16 Abs. 1 Nr. 2 BDSG. Die übermittelnde Behörde hat dann zu prüfen, ob schutzwürdige Interessen der betroffenen Person einer Übermittlung entgegenstehen. Häufig bedingt diese Prüfung, dass die betroffene Person vor der entsprechenden Datenübermittlung informiert wird und Gelegenheit zur Stellungnahme erhält.

Der Datenempfänger darf die erhaltenen personenbezogenen Daten grundsätzlich für den Zweck verwenden, zu dessen Erfüllung sie ihm übermittelt werden. Die übermittelnde Behörde muss ihn hierauf hinweisen, vgl. z. B. § 16 Abs. 4 BDSG.

Weniger streng sind zumeist die Voraussetzungen für die Einsichtnahme in **öffentliche Register**.

Beispiel: § 12 Abs. 1 Satz 1 Grundbuchordnung (GBO) sieht vor, dass die Einsicht in das **Grundbuch** jedem gestattet ist, der ein berechtigtes Interesse darlegt. Weder verlangt der Wortlaut der Vorschrift, dass das berechtigte Interesse „glaubhaft" dargelegt wird, noch hat die Registerbehörde die betroffene Person anzuhören, um etwaige schutzwürdige Interessen in Erfahrung zu bringen, die einer Einsichtnahme entgegenstehen.

In Bezug auf öffentliche Register sind die Prüfanforderungen also nicht so streng wie bei einzelfallbezogenen Datenübermittlungen. Vermutlich hängt dies mit dem Umstand zusammen, dass Datenübermittlungen aus Registern sehr häufig erbeten und vollzogen werden (Datenübermittlungen als „Massengeschäft"). Eine eingehende Prüfung ist für die Register führende Behörde deshalb selbst dann praktisch schwer möglich, wenn es um sensible Daten geht.

Beispiel: Die Amtsgerichte führen in ihrer Eigenschaft als Vollstreckungsgerichte sogenannte „**Schuldnerverzeichnisse**". Darin sind unter anderem Personen erfasst, die in einem beim Amtsgericht anhängigen Verfahren einen „Offenbarungseid" über ihre wirtschaftlichen Verhältnisse abgeben mussten oder gegen die eine „Schuldnerhaft" angeordnet ist.[38] Personenbezogene Informationen aus dem Schuldnerverzeichnis dürfen nur für Zwecke der Zwangsvollstreckung verwendet werden sowie um gesetzliche Pflichten zur Prüfung der wirtschaftlichen Zuverlässigkeit zu erfüllen, um Voraussetzungen für die Gewährung von öffentlichen Leistungen zu prüfen oder um wirtschaftliche Nachteile abzuwenden, die daraus entstehen können, dass Schuldner ihren Zahlungsverpflichtungen nicht nachkommen, oder soweit dies zur Verfolgung von Straftaten erforderlich ist. Die Daten

[38] Vgl. dazu § 915 ZPO.

dürfen nur für den Zweck verwendet werden, für den sie übermittelt worden sind. Der Urkundsbeamte der Geschäftsstelle erteilt auf Antrag Auskunft, welche Angaben über eine bestimmte Person in dem Schuldnerverzeichnis eingetragen sind, wenn dargelegt wird, dass die Auskunft für einen der bezeichneten Zwecke erforderlich ist, § 915b ZPO.

Schuldnerverzeichnisdaten sind für die betroffenen Personen äußerst sensibel. Denn wer in einem Schuldnerverzeichnis eingetragen ist, genießt im Geschäftsverkehr keine Bonität mehr. Solche Daten sind überdies geeignet, die betroffenen Personen auch in ihrem gesellschaftlichen Umfeld zu ächten. Solche Risiken fallen umso mehr ins Gewicht, als in der Vergangenheit immer wieder Personen nur aufgrund von Namensgleichheiten versehentlich als eingetragene Schuldner angesehen wurden.[39]

Trotzdem sollen ab 2013 die Schuldnerverzeichnisse sogar über ein zentrales Internetportal verfügbar gemacht werden.[40] Dadurch soll die Einsichtnahme im Interesse eines effektiven Gläubigerschutzes vereinfacht werden. Die Übermittlung äußerst sensibler Daten im Wege eines Internetportals wirft allerdings zahlreiche datenschutzrechtliche Fragestellungen auf. Insbesondere ist durch geeignete technisch-organisatorische Verfahren sicherzustellen, dass nur Personen oder Stellen Schuldnerdaten erhalten, die ein berechtigtes Informationsinteresse haben (z. B. Registrierung). Des Weiteren muss der Umfang der übermittelten Daten strikt auf das erforderliche Maß begrenzt werden.[41]

Protokollierungs- und Dokumentationspflichten

Mit Datenübermittlungen typischerweise verbunden sind Protokollierungs- und Dokumentationspflichten. Sie ergeben sich aus der datenschutzrechtlichen Verantwortlichkeit der übermittelnden Stelle. Zwingend notwendig sind solche Pflichten insbesondere bei gemeinsamen Verfahren, die schon aufgrund der Art und Weise der Datenübermittlungen für die Betroffenen besonders risikoträchtig sind. Jedenfalls dann, wenn die Datenübermittlung einen erheblichen Grundrechtseingriff darstellt und mit ihr erhebliche Risiken für den Betroffenen entstehen, ist die Pflicht zur Protokollierung bzw. Dokumentation im Hinblick auf den grundrechtlichen Anspruch auf effektiven Rechtsschutz verfassungsrechtlich begründet. Falls sie nicht bereichsspezifisch geregelt ist, ergibt sie sich aus den allgemeinen datenschutzgesetzlichen Bestimmungen zur Gewährleistung eines technischen Datenschutzes und der Datensicherheit (Weitergabekontrolle, vgl. z. B. § 9 BDSG nebst Nr. 4 der Anlage zu § 9 BDSG). Die Protokollierung bzw. Dokumentation hat die Angaben zu umfassen, die erforderlich sind, um die Berechtigung einer Datenübermittlung überprüfen zu können. Damit sind regelmäßig der Anlass, der Inhalt, der oder die Empfänger und der Tag der Übermittlung zu erfassen.

39 Vgl. Petri, ZD, Editorial Heft 4/2012, S. 145 f.

40 Vgl. dazu Gesetz zur Reform der Sachaufklärung in der Zwangsvollstreckung vom 29. Juli 2009, BGBl. I, S. 2258.

41 Zur Problematik siehe LDI NRW, 20. TB 2011, S. 118 f.

Teil IV:
Datenverarbeitung im nicht-öffentlichen Bereich

1 Abgrenzung

1.1 Datenverarbeitung im öffentlichen und nicht-öffentlichen Bereich

Insbesondere bei den Datenverarbeitungsbefugnissen und den Betroffenenrechten unterscheidet das BDSG zwischen einer Datenverarbeitung im öffentlichen und im nicht-öffentlichen Bereich. Für beide Bereiche hält das BDSG jeweils getrennte Regelungsabschnitte bereit. Im 2. Abschnitt finden sich die Vorschriften für die Datenverarbeitung öffentlicher Stellen (§§ 12–26 BDSG), im 3. Abschnitt die Vorschriften für die Datenverarbeitung nicht-öffentlicher Stellen und öffentlich-rechtlicher Wettbewerbsunternehmen (§§ 27–38a BDSG). Das Bundesdatenschutzgesetz unterscheidet sich damit von den neueren bereichsspezifischen Datenschutzregelungen wie etwa den §§ 91 ff. TKG oder den §§ 11 ff. TMG, die eine solche Zweiteilung nicht kennen, sondern einheitliche Vorgaben für die Datenverarbeitung öffentlicher und nicht-öffentlicher Stellen normieren.[1]

1.1.1 Datenverarbeitung durch öffentliche Stellen

Sichtbarste Ausprägung des zweigeteilten Regelungsansatzes des BDSG sind die unterschiedlich ausgestalteten gesetzlichen Datenverarbeitungsbefugnisse öffentlicher und nicht-öffentlicher Stellen. Für die Datenverarbeitung durch öffentliche Stellen beschränken sich die §§ 13 ff. BDSG dem Grund nach auf die allgemeine Vorgabe, dass die Datenverarbeitung im Rahmen staatlicher Aufgabenerfüllung erfolgen muss; notwendig, aber auch ausreichend ist, dass sich der verfolgte Zweck der Datenverarbeitung als staatliche Aufgabe in einem Gesetz, einer Verordnung oder einer sonstigen Rechtsvorschrift findet.[2] Letztlich wird damit die Entscheidung über die Datenverarbeitungsbefugnis öffentlicher Stellen diesen anderen Rechtsvorschriften überlassen. Was hingegen die Datenverarbeitung nicht-öffentlicher Stellen angeht, findet sich im BDSG selbst in den §§ 28 ff. ein ausdifferenzierter Katalog der verschiedensten Zulässigkeitstatbestände, bei deren Erfüllung nicht-öffentliche Stellen grundsätzlich zur Datenverarbeitung befugt sind.

---

1 Siehe dazu auch schon oben Teil II, Kap. 1.1.

2 Gola/Schomerus, BDSG (10. A. 2010), § 13 Rn. 2.

1.1.2 Datenverarbeitung durch nicht-öffentliche Stellen

§ 2 Abs. 4 S. 1 BDSG definiert als nicht-öffentliche Stellen alle natürlichen und juristischen Personen, Gesellschaften und andere Personenvereinigungen des Privatrechts, die nicht unter die § 2 Abs. 1 bis 3 fallen. Voraussetzung für eine Anwendung des BDSG auf nicht-öffentliche Stellen ist, dass diese die Daten nicht lediglich für persönliche oder familiäre Tätigkeiten verwenden (§§ 1 Abs. 2 Nr. 3, 27 Abs. 1 S. 2 BDSG).

Nicht-öffentliche Stelle ist jede natürliche Person, also nicht nur diejenige, die sich wirtschaftlich oder beruflich betätigt, sondern auch jede Privatperson. Nicht-öffentliche Stelle ist weiterhin jede juristische Person (AG, GmbH, eG, KGaA, VVaG, eingetragener Verein, Stiftung). Schließlich fallen auch alle Gesellschaften und anderen Personenvereinigungen des privaten Rechts unter den Begriff der nicht-öffentlichen Stellen. Die BGB-Gesellschaft zählt hierzu ebenso wie der nicht-rechtsfähige Verein, die OHG und die Partnerschaftsgesellschaft nach dem PartGG. Auf das Maß der juristischen Selbstständigkeit kommt es ebenso wenig an wie auf den Kapitalisierungsgrad.[3]

§ 27 Abs. 1 S. 1 Nr. 2 BDSG bestimmt, dass öffentliche Stellen des Bundes (Nr. 2a) und der Länder (Nr. 2b), die als Unternehmen am Wettbewerb teilnehmen, ebenfalls den datenschutzrechtlichen Vorgaben für nicht-öffentliche Stellen (§§ 28 ff. BDSG) unterfallen. Dahinter steht die Erwägung, dass Wettbewerbsverzerrungen zwischen öffentlichen Unternehmen und Privatunternehmen vermieden werden sollen. Unternehmen, die miteinander konkurrieren, sollen nicht allein aufgrund ihrer Zugehörigkeit zum öffentlichen oder nicht-öffentlichen Bereich einen Wettbewerbsvorteil oder -nachteil haben, indem sie großzügigeren bzw. strengeren datenschutzrechtlichen Regelungen unterfallen.[4]

Am Wettbewerb nimmt ein öffentlich-rechtliches Unternehmen immer dann teil, wenn es keine rechtliche Monopolstellung einnimmt und die von ihm erbrachten Leistungen auch von privaten Stellen angeboten werden können.[5]

Typische **Beispiele** öffentlich-rechtlicher Unternehmen, die am Wettbewerb teilnehmen, sind Verkehrs- und Versorgungsunternehmen oder Krankenhäuser.

Auch im Falle eines *tatsächlichen* Monopols eines öffentlichen Unternehmens ist davon auszugehen, dass sich dieses Unternehmen im Wettbewerb befindet, da zumindest potentiell eine Konkurrenzsituation besteht und es nicht sachgerecht wäre, je nach Hinzukommen oder Wegfallen von Konkurrenten stets das anwendbare Recht wieder zu ändern.[6]

---

[3] Gola/Schomerus, BDSG (10. A. 2010), § 2 Rn. 20.

[4] Dammann in Simitis (Hg.), BDSG (7. A. 2011), § 27 Rn. 7.

[5] Bergmann/Möhrle/Herb (Hg.), BDSG (43. Ergänzungslieferung, Stand: 2011), § 27 Rn. 10.

[6] Siehe schon Vorauflage, S. 266.

1.2 Allgemeiner und bereichsspezifischer Datenschutz

Die viel kritisierte Unüberschaubarkeit des Datenschutzrechts rührt gerade auch von dem Nebeneinander allgemeiner und bereichsspezifischer Datenschutzregelungen her.[7] Eine der zentralen datenschutzrechtlichen Herausforderungen ist es oftmals schon, die Frage der Anwendbarkeit des allgemeinen und/oder des bereichsspezifischen Datenschutzrechts zu klären.

Grundsätzlich finden die bereichsspezifischen Datenschutzvorschriften, soweit ihr Anwendungsbereich eröffnet ist, vorrangig vor den allgemeinen Regelungen des BDSG Anwendung. Festgeschrieben ist diese Subsidiarität des BDSG in § 1 Abs. 3 S. 1 BDSG. Soweit danach andere Rechtsvorschriften des Bundes auf personenbezogene Daten einschließlich deren Veröffentlichung anzuwenden sind, gehen diese den Vorschriften des BDSG vor. Der Begriff der „anderen Rechtsvorschriften" ist weit auszulegen; erfasst sind davon neben Gesetzen im formellen Sinn auch alle materiellen Rechtsnormen.[8]

Stets setzt allerdings die vorrangige Anwendbarkeit bereichsspezifischer Datenschutzregelungen voraus, dass insoweit eine sog. **Tatbestandskongruenz** gegeben ist. Der Regelungsgegenstand der Spezialnorm muss deckungsgleich mit demjenigen der ansonsten einschlägigen Norm des BDSG sein. Das Schutzniveau ist hingegen irrelevant; so kann die spezialgesetzliche Regelung durchaus auch einen niedrigeren Schutzstandard haben und trotzdem das BDSG verdrängen.[9] Entscheidend ist allein, dass für einen bestimmten Teilbereich eine Sonderregelung getroffen werden sollte.

Von dem Fall, dass eine Spezialregelung einen Tatbestand des BDSG vollkommen ausfüllt und damit ohne Rückgriff auf das BDSG selbstständig regelt, ist derjenige zu unterscheiden, dass das Spezialgesetz nur eine Teilregelung trifft. Im letzteren Fall bleibt für diejenigen Bereiche, die keine Regelung durch die bereichsspezifische Norm erhalten haben, das BDSG anwendbar.

Beispiel Telemediengesetz
Selbst ein umfangreiches datenschutzrechtliches Regelwerk wie das der §§ 11 ff. TMG führt nicht zu einem vollständigen Zurücktreten der Regelungen des BDSG. Anwendbar bleiben vielmehr auch unter dem TMG etwa die Begriffsbestimmungen nach § 3 BDSG, die Regelungen zur Auftragsdatenverarbeitung nach § 11 BDSG oder die Betroffenenrechte nach § 35 BDSG (Berichtigung, Löschung, Sperrung).[10]

Teilweise klären die bereichsspezifischen Datenschutzregelungen selbst die Frage ihrer Anwendbarkeit. In einem solchen Falle braucht auf die Subsidiaritätsklausel des § 1 Abs. 3 S. 1 BDSG nicht mehr zurückgegriffen zu werden.[11] So ist etwa in § 12 Abs. 1 TMG das Spezialitätsverhältnis des TMG gegenüber dem BDSG festgeschrieben, wobei sich allerdings aus

---

7 Siehe schon oben Teil II, Kap. 1.2.

8 Gola/Schomerus, BDSG (10. A. 2010), § 1 Rn. 23.

9 Gola/Schomerus, BDSG (10. A. 2010), § 1 Rn. 24 (str.; differenzierend Dix in Simitis (Hg.), BDSG (7. A. 2011), § 1 Rn. 172).

10 Ausführlicher zum Telemediengesetz unten Kap. 6.

11 Dix in Simitis (Hg.), BDSG (7. A. 2011), § 1 Rn. 160.

dem Wortlaut des § 12 Abs. 1 TMG ergibt,[12] dass dies nur gelten soll, soweit es um eine Datenverarbeitung „zur Bereitstellung von Telemedien“ geht. Möglich bleibt ein Rückgriff auf die allgemeinen Vorschriften des BDSG, soweit es etwa um Begriffsbestimmungen (§ 3 BDSG), Regelungen zur Auftragsdatenverarbeitung (§ 11 BDSG) oder Betroffenenrechte (§ 35 BDSG) geht.[13]

[12] § 12 Abs. 1 TMG: „Der Diensteanbieter darf personenbezogene Daten zur Bereitstellung von Telemedien nur erheben und verwenden, soweit dieses Gesetz oder eine andere Rechtsvorschrift, die sich ausdrücklich auf Telemedien bezieht, es erlaubt oder der Nutzer eingewilligt hat“.

[13] Ausführlich (mit weiteren Beispielen) Moos in Taeger/Gabel (Hg.), BDSG (2010), § 12 TMG Rn. 17.

2 Der Erlaubnistatbestand der Einwilligung

2.1 Allgemeines

Gemäß § 4 Abs. 1 BDSG ist eine Verarbeitung personenbezogener Daten nur zulässig, soweit dies entweder gesetzlich erlaubt ist „oder der Betroffene eingewilligt hat.“[1] Der Einwilligung kommt damit schon nach dem Gesetz eine zentrale Bedeutung als Erlaubnistatbestand für die Datenverarbeitung zu. Mittels einer Einwilligung kann der Betroffene eine Verarbeitung der ihn betreffenden Daten durch die verantwortlichen Stellen „erlauben“. Die Einwilligung ist damit gerade auch ein Ausdruck informationeller Selbstbestimmung, der Einzelne entscheidet sich – zumindest nach der gesetzgeberischen Idealvorstellung – frei und selbstbestimmt dafür, dass ein bestimmter Datenverarbeiter in einem bestimmten Umfang auf eine bestimmte Art und Weise personenbezogene Daten des Betroffenen nutzen darf.

Die Einwilligung im Datenschutzrecht knüpft begrifflich an die bürgerlich-rechtliche Einwilligung an, wie sie in § 183 BGB normiert ist.[2] In § 183 BGB wird die Einwilligung als „vorherige Zustimmung“ definiert. Es ist deshalb notwendig, dass der Betroffene die Einwilligung *im Vorfeld* zur jeweiligen Datenverarbeitung erteilt. Eine erst nachträgliche Genehmigung sieht das Datenschutzrecht demgegenüber nicht vor. Auch ist es nicht möglich, eine unwirksame Einwilligung nachträglich noch zu heilen. Konsequenterweise führt eine verspätete Zustimmung des Betroffenen zur Unzulässigkeit der Datenverarbeitung.[3]

Grundsätzlich kann sich jede datenverarbeitende Stelle für die Verarbeitung personenbezogener Daten auf den Erlaubnistatbestand der Einwilligung stützen.[4] Eine Unterscheidung nach öffentlichen und nichtöffentlichen Datenverarbeitern sehen die §§ 4, 4a BDSG, die die Einwilligung in den Grundzügen regeln, nicht vor. Gleichwohl ist die Bedeutung der Einwilligung im Bereich der öffentlichen Datenverarbeitung nicht mit der im Bereich der nichtöffentlichen Datenverarbeitung vergleichbar. Für staatliche Stellen gilt primär das Gebot der Gesetzmäßigkeit der Verwaltung. Die Grenzen zulässiger Datenverarbeitung sind für staatliche Stellen grundsätzlich durch ihre gesetzlich definierten Aufgaben vorgegeben. Im Rahmen dieser Aufgabenerfüllung dürfen staatliche Stellen ohnehin Daten erheben, soweit dies erforderlich ist; insoweit hängt ihre Befugnis nicht von einem Einverständnis des Betroffenen ab.[5] Umgekehrt dürfen staatliche Stellen ihre Hoheitsbefugnisse aber auch nicht über

---

1 Zu den gesetzlichen Erlaubnistatbeständen unten Kap. 3.

2 Siehe auch Gola/Schomerus, BDSG (10. A. 2010), § 4a Rn. 2; Däubler in Däubler/Klebe/Wedde/Weichert, BDSG (3. A. 2010), § 4a Rn. 4; Simitis in ders. (Hg.), BDSG (7. A. 2011), § 4a Rn. 29.

3 Schaffland/Wiltfang, BDSG (Lieferung 2/11, Stand: 2011), § 4a Rn. 3; Holznagel/Sonntag in Roßnagel (Hg.), Handbuch Datenschutzrecht (2003), Kap. 4.8. Rn. 19.

4 Holznagel/Sonntag in Roßnagel (Hg.), Handbuch Datenschutzrecht (2003), Kap. 4.8. Rn. 24.

5 Vgl. § 13 Abs. 1, § 14 Abs. 1,§ 15 Abs. 1 BDSG.

diese Grenzen hinaus ausdehnen, indem sie sich von Betroffenen eine entsprechende Einwilligung erteilen lassen.[6] Anders ist die Situation im Bereich der privaten Datenverarbeitung. Die Datenverarbeitung auf Grundlage einer Einwilligung des Betroffenen ist hier an der Tagesordnung, gerade auch, um solche Formen der Datenverarbeitung zu legitimieren, die nicht bereits gesetzlich erlaubt sind.[7]

2.1.1 Regelungen zur Einwilligung

Der Erlaubnistatbestand der Einwilligung ist sowohl im BDSG als auch in diversen bereichsspezifischen Datenschutzgesetzen wie etwa TKG und TMG normiert. Darüber hinaus gibt es auch in den verschiedenen Landesdatenschutzgesetzen Einwilligungsregeln, die jedoch der Regelung im BDSG weitgehend entsprechen.[8]

BDSG

Im BDSG ist neben § 4 BDSG die Vorschrift des **§ 4a Abs. 1 BDSG** von zentraler Bedeutung, die eine Reihe von Wirksamkeitsvoraussetzungen für die Einwilligung normiert:

> *„Die Einwilligung ist nur wirksam, wenn sie auf der freien Entscheidung des Betroffenen beruht. Er ist auf den vorgesehenen Zweck der Erhebung, Verarbeitung oder Nutzung sowie, soweit nach den Umständen des Einzelfalles erforderlich oder auf Verlangen, auf die Folgen der Verweigerung der Einwilligung hinzuweisen. Die Einwilligung bedarf der Schriftform, soweit nicht wegen besonderer Umstände eine andere Form angemessen ist. Soll die Einwilligung zusammen mit anderen Erklärungen schriftlich erteilt werden, ist sie besonders hervorzuheben."*

§ 4a Abs. 1 BDSG normiert also diverse inhaltliche und formale Anforderungen an die Einwilligung, die erfüllt sein müssen, damit die Einwilligung als wirksam eingeordnet werden kann. Die Anforderungen sollen sicherstellen, dass der einzelne Betroffene vor allem **freiwillig und informiert** in eine Verarbeitung seiner personenbezogener Daten einwilligt (s. Satz 1 und 2). Mit der Schriftform des S. 3 möchte der Gesetzgeber gewährleisten, dass **nicht übereilt und unüberlegt** in eine Datenverarbeitung eingewilligt wird. Und das so genannte Hervorhebungsgebot des S. 4 soll sicherstellen, dass Datenverarbeiter datenschutzrelevante Einwilligungsklauseln nicht in ihren oft seitenlangen Formularverträgen „verstecken".

§ 4a Abs. 2 BDSG beinhaltet eine Sonderregelung für die wissenschaftliche Forschung; eine Einwilligung kann hier insoweit leichter eingeholt werden, als diese unter bestimmten Voraussetzungen keinem Formerfordernis unterliegt. § 4a Abs. 2 BDSG privilegiert damit die wissenschaftliche Forschung – eine Zielsetzung, die auch noch in anderen Vorschriften des Datenschutzrechts (insbesondere in § 40 BDSG) zum Ausdruck kommt. § 4a Abs. 3 BDSG schließlich beinhaltet eine Sonderregelung für den Fall, dass es um die Verarbeitung von so

---

6 Dammann/Simitis, EG-Datenschutzrichtlinie (1997), Art. 8, Erl. 9.

7 Zur Einwilligung im Bereich der nicht-staatlichen Datenverarbeitung s. Buchner, DuD 2010, 39.

8 Vgl. etwa § 4 BbgDSG, § 4 DSGLSA, § 7 DSG MV, § 4 LDSG BW, § 7 HDSG, § 4 DSG NRW, § 4 NDSG, § 4 SächsDSG, § 4 ThürDSG.

genannten sensitiven Daten i.S.d. § 3 Abs. 9 BDSG geht, die nach den Vorstellungen des Gesetzgebers als besonders schutzwürdig anzusehen sind.[9]

TKG und TMG

Regelungen zur Einwilligung finden sich nicht nur im BDSG, sondern auch in anderen bereichsspezifischen Datenschutzgesetzen. Für den Telekommunikations- und den Telemedienbereich sind insbesondere § 13 Abs. 2 TMG und § 94 TKG von Bedeutung, die die Einwilligung im elektronischen Verfahren regeln. Die Vorschriften tragen damit den Besonderheiten des elektronischen Informations- und Kommunikationsverkehrs Rechnung; würde der Gesetzgeber ausnahmslos an einem Schriftformerfordernis für die datenschutzrechtliche Einwilligung festhalten, liefe dies auf das wenig sachgerechte Ergebnis hinaus, dass im elektronischen Geschäftsverkehr eine Einwilligung in die Datenverarbeitung überhaupt nicht erteilt werden könnte. § 13 Abs. 2 TMG und § 94 TKG lassen daher auch eine elektronische Einwilligung zu, vorausgesetzt dass der Nutzer seine Einwilligung bewusst und eindeutig erteilt hat, die Einwilligung protokolliert wird, der Nutzer den Inhalt der Einwilligung jederzeit abrufen kann und der Nutzer die Einwilligung jederzeit mit Wirkung für die Zukunft widerrufen kann.[10]

2.1.2 Einwilligung und gesetzliche Erlaubnistatbestände

Neben der Einwilligung kommen als mögliche Legitimationsgrundlage für eine Verarbeitung personenbezogener Daten nach der Grundregel des § 4 Abs. 1 BDSG die gesetzlichen Erlaubnistatbestände in Betracht. Umstritten ist, in welchem Verhältnis diese beiden Arten von Erlaubnistatbeständen zueinander stehen.

Der Wunsch: Vorrang gesetzlicher Erlaubnistatbestände

Mit Blick auf den Wortlaut des § 4 Abs. 1 BDSG („oder") spricht zunächst einmal viel dafür, dass es datenverarbeitenden Stellen grundsätzlich freisteht, ob sie ihre Datenverarbeitung auf den Erlaubnistatbestand der Einwilligung oder auf einen gesetzlichen Erlaubnistatbestand stützen möchten. Gegen solch ein gleichrangiges Verhältnis zwischen Einwilligung und gesetzlichem Erlaubnistatbestand wenden sich jedoch viele Stimmen in der Literatur, die für die Einholung einer datenschutzrechtlichen Einwilligung nur dann Raum sehen, wenn die Verarbeitung personenbezogener Daten nicht durch einen gesetzlichen Erlaubnistatbestand legitimiert werden kann.[11] Dahinter steht in erster Linie die Erwägung, dass den Betroffenen ansonsten eine Entscheidungsmacht suggeriert wird, die so gar nicht besteht: Indem die datenverarbeitende Stelle beim einzelnen Betroffenen eine Einwilligung einholt, erweckt sie zunächst einmal den Eindruck, dass es für die Zulässigkeit einer Datenverarbeitung gerade

---

9 S. oben/unten Teil II, Kap. 2.2.

10 Siehe dazu auch Spindler/Nink in Spindler/Schuster (Hg.), Recht der elektronischen Medien (2. A. 2011), § 13 TMG Rn. 6; Eckhard in Spindler/Schuster (Hg.), Recht der elektronischen Medien (2. A. 2011), § 94 TKG Rn. 6.

11 Siehe etwa Gola/Schomerus, BDSG (10. A. 2010), § 4 Rn. 16; Däubler in Däubler/Klebe/Wedde/Weichert, BDSG (3. A. 2010), § 4 Rn. 4; Simitis in ders. (Hg.), BDSG (7. A. 2011), § 4 Rn. 6; Holznagel/Sonntag in Roßnagel (Hg.), Handbuch Datenschutzrecht (2003), Kap. 4.8. Rn. 16; Schaffland/Wiltfang, BDSG (Lieferung 2/11, Stand: 2011), § 4a Rn. 1.

auf dessen Entscheidung ankomme; steht jedoch alternativ ohnehin auch ein gesetzlicher Erlaubnistatbestand zur Verfügung, existiert eine solche Entscheidungskompetenz des einzelnen Betroffenen gerade nicht. Möchte man vermeiden, dass solch ein falscher Eindruck auf Seiten des Betroffenen entsteht, spricht viel dafür, die Einholung einer Einwilligung auf die Fälle zu beschränken, in denen für den konkreten Datenverarbeitungsvorgang kein gesetzlicher Erlaubnistatbestand existiert.

Die Praxis: Einwilligung als Erlaubnistatbestand erster Wahl

Wenn in der Praxis – vor allem im Bereich der nichtöffentlichen Datenverarbeitung – gleichwohl in ganz weitem Umfang unabhängig vom Bestehen eines gesetzlichen Erlaubnistatbestands auf die Einwilligung als Legitimationsgrundlage zurückgegriffen wird, so vor allem deshalb, weil es oftmals für Datenverarbeiter mehr oder weniger unklar ist, ob und in welchem Umfang ein gesetzlicher Erlaubnistatbestand für die konkret beabsichtigte Datenverarbeitung zur Verfügung steht. Die Rechtssicherheit, auf die Datenverarbeiter angewiesen sind, können die gesetzlichen Erlaubnistatbestände oftmals nicht bieten. Nicht nur sind die konkreten Vorgaben gesetzlicher Erlaubnistatbestände unklar, sondern auch ist mitunter noch nicht einmal sicher, welches der verschiedenen Datenschutzgesetze überhaupt einschlägig sein soll, in dem Datenverarbeiter dann nach einem gesetzlichen Erlaubnistatbestand für den konkreten Fall suchen könnten.[12] In solcherlei Fällen sind Datenverarbeiter darauf angewiesen, auf den Erlaubnistatbestand der Einwilligung als einzig verlässliche und praktikable Legitimationsgrundlage für eine Datenverarbeitung zurückzugreifen.

2.1.3 Für und Wider der Einwilligung

Die Einwilligung in ihrer Funktion als datenschutzrechtlicher Erlaubnistatbestand ist seit jeher heftig umstritten.[13] Teils wird der Einwilligung eine ganz zentrale Rolle als gesetzlicher Erlaubnistatbestand zugesprochen[14], teils wird ihre praktische Bedeutung aber auch als ganz gering eingeschätzt.[15] Die Einwilligung wird als „stumpfes Schwert des Datenschutzes"[16] kritisiert und dem Gesetzgeber vorgeworfen, wider besseres Wissen mit der Einwilligung an einer „Fiktion" festzuhalten.[17]

Vorteile der Einwilligung

Dem Grunde nach ist die Einwilligung zunächst einmal genuiner Ausdruck informationeller Selbstbestimmung. Der Einzelne hat die Möglichkeit, mittels Einwilligung privatautonom über das Ob und Wie der Verarbeitung „seiner" personenbezogenen Daten zu bestimmen; er entscheidet, ob er einen Eingriff in sein Recht auf informationelle Selbstbestimmung erlauben und damit „legalisieren" möchte oder nicht. Und zumindest nach der gesetzlichen

---

12 Ausführlich Buchner, DuD 2010, 39, 40.

13 So war bereits die Einwilligung als gleichwertige Zulässigkeitsvariante neben den gesetzlichen Erlaubnistatbeständen im BDSG 77 nicht unumstritten. Vgl. dazu v. Uckermann, DuD 1979, 63.

14 Roßnagel/Pfitzmann/Garstka, Modernisierung, S. 90 f.; Buchner, Informationelle Selbstbestimmung (2006), S. 231 ff.; Menzel, DuD 2008, 400, 401.

15 Siehe etwa Schaffland/Wiltfang, BDSG (Lieferung 2/11, Stand: 2011), § 4a Rn. 1.

16 Iraschko-Luscher, DuD 2006, 706, 706.

17 Simitis in ders. (Hg.), BDSG (7. A. 2011), § 4a Rn. 3 (m.w.N).

Grundidee trifft der Einzelne diese Entscheidung auch selbstbestimmt, d. h. freiwillig und informiert, da andernfalls gemäß § 4a Abs. 1 BDSG eine Einwilligung gar nicht wirksam und damit auch keine Legitimationsgrundlage für die Datenverarbeitung vorhanden wäre. Zugleich ist die Einwilligung, wie angesprochen, auch für die Datenverarbeiter von zentraler Bedeutung, da oftmals nur die Einwilligung das nötige Maß an Rechtssicherheit für Datenverarbeiter gewährleisten kann.[18]

Nachteile der Einwilligung

Gleichwohl, trotz dieser Vorteile, wird der Erlaubnistatbestand der Einwilligung zum Teil massiv kritisiert, vor allem weil die Einwilligung oftmals allein zu dem Zweck instrumentalisiert wird, eine Datenverarbeitung in ganz weitem Umfang zu ermöglichen. Die Rede ist von der Einwilligung als dem „Schlüssel zu einem nahezu unbegrenzten, von allen ansonsten zu beachtenden Schranken befreiten Zugang" zu den jeweils gewünschten Angaben.[19] Problematisch ist dies vor allem deshalb, weil die Einwilligung des einzelnen Betroffenen oftmals gerade nicht auf einer freien und informierten Entscheidung beruht. Gesetzlich mag zwar vorgeschrieben sein, dass es für die Wirksamkeit einer Einwilligung der Freiwilligkeit und Informiertheit bedarf; tatsächlich erweisen sich diese rechtlichen Vorgaben nicht selten aber als bloßer Papiertiger, dem keinerlei Beachtung zuteil wird.[20]

Die Betroffenen selbst tragen ihr Übriges dazu bei, die Legitimation der Einwilligung als datenschutzrechtlichen Erlaubnistatbestand weiter in Frage zu stellen. Mehr und mehr ist zu beobachten, dass der einzelne Betroffene die Einwilligung als ein Kommerzialisierungsinstrument nutzt. Der Einzelne macht sich den wirtschaftlichen Wert seiner personenbezogenen Daten mittels Einwilligung zunutze, indem er in eine Verarbeitung seiner Daten einwilligt, um dafür im Gegenzug vom Datenverarbeiter etwas zu erhalten, seien es Werbegeschenke, Rabatte, kostenlose Online-Dienste oder Ähnliches. Der Einzelne tauscht also in gewisser Weise seine Einwilligung ein; statt mit Geld bezahlt er mit einer Preisgabe seiner persönlichen Informationen.[21]

Beispiele:
Vor allem in der Online-Welt werden personenbezogene Daten in vielerlei Formen als eine Art „Ersatzwährung" eingesetzt. Paradebeispiel sind die sozialen Netzwerke wie studiVZ oder Facebook, die uns „kostenlos" an ihren Online-Communities teilhaben lassen, dafür aber auf der Grundlage unserer Einwilligung personenbezogene Daten zu Marketingzwecken verarbeiten.

Aber auch in der Offline-Welt haben sich zahlreiche Tauschmodelle etabliert, allen voran Kundenbindungssysteme wie etwa **Payback**, in deren Rahmen wir kostenlos Punkte o.Ä. sammeln und in Prämien eintauschen können, dafür aber als Gegenleistung darin einwilligen, dass unser Konsumverhalten protokolliert und zu Marketingzwecken ausgewertet wird.[22]

---

18 S. soeben Kap. 2.1.2.

19 Simitis in ders. (Hg.), BDSG (7. A. 2011), § 4a Rn. 4.

20 Ausführlicher zu den Vorgaben der Freiwilligkeit und Informiertheit sogleich unter Kap. 2.2.

21 Vgl. Simitis in ders. (Hg.), BDSG (7. A. 2011), § 4a Rn. 5; Buchner, DuD 2010, 39, 39.

22 S. dazu Wagner, DuD 2010, 30, 30.

Problematisch ist diese Tendenz hin zur Kommerzialisierung der eigenen Daten mittels Einwilligung vor allem deshalb, weil sich der Betroffene bei Erteilung dieser Einwilligung oftmals gar nicht der Tragweite seiner Entscheidung bewusst ist. Im Vordergrund steht für den Betroffenen der vermeintlich „kostenlose" Erhalt der angebotenen Dienstleistungen. Dass er dafür mit seinen Daten „bezahlt", nimmt er hingegen allenfalls am Rande wahr, geschweige denn weiß er im Einzelnen, in welche Art der Datenverarbeitung er einwilligt, in welchem Umfang seine Daten nach Erteilung der Einwilligung weiterverarbeitet werden oder auch an welche Unternehmen seine Daten für welche Zwecke übermittelt werden. Die ursprüngliche datenschutzrechtliche Grundidee, mit der Einwilligung den Betroffenen ein Instrument zur Verfügung zu stellen, mittels dessen er bewusst informiert und selbstbestimmt sein Recht auf informationelle Selbstbestimmung wahrnimmt, ist damit aber in weite Ferne gerückt.[23]

2.1.4 Formularmäßige Einwilligung

Eine Einwilligung in die Verarbeitung personenbezogener Daten wird heutzutage in den seltensten Fällen nach einem individuellen Aushandeln zwischen den Vertragsparteien erteilt. An der Tagesordnung ist vielmehr die Erteilung einer Einwilligung im Rahmen von vorformulierten Vertragsbedingungen (sog. Allgemeine Geschäftsbedingungen – AGB[24]). Einwilligungsklauseln sind regelmäßig ein selbstverständlicher und unvermeidbarer Bestandteil von Formularverträgen.

Beispiele: Wer einen Antrag auf Kontoeröffnung oder einen Mobilfunkvertrag unterschreibt, unterzeichnet damit regelmäßig auch die SCHUFA-Klausel;[25] wer eine Versicherung beantragt, wird dabei regelmäßig auch in die Weitergabe seiner Daten an andere Versicherungsunternehmen oder Hinweis- und Informationssysteme einwilligen; wer sich für eine Kundenkarte anmeldet, unterzeichnet regelmäßig auch Marketing-Klauseln, mit denen in eine Datennutzung für Marketingzwecke eingewilligt wird.

Für und Wider der formularmäßigen Einwilligung

Für datenverarbeitende Unternehmen ist die Einholung einer formularmäßigen Einwilligung in die Datenverarbeitung der einfachste und sicherste Weg, um sich eine Verarbeitung personenbezogener Daten in weitem Umfang legitimieren zu lassen. Entsprechend gerne greifen Unternehmen auf Einwilligungsklauseln zurück. Gerade weil über die Reichweite der gesetzlichen Erlaubnistatbestände so viel Unsicherheit besteht, bemühen sich Unternehmen um eine kalkulierbare Legitimationsgrundlage, wie sie die Einwilligung des Betroffenen bietet.

Teils stößt dies auf Kritik, insbesondere dann, wenn Datenverarbeiter ungeachtet möglicher gesetzlicher Datenverarbeitungsbefugnisse bereits „vorsorglich" auf eine Einwilligung des

---

23 Vgl. Simitis in ders. (Hg.), BDSG (7. A. 2011), § 4a Rn. 6.

24 Allgemeine Geschäftsbedingungen sind in § 305 Abs. 1 S. 1 BGB definiert als alle für eine Vielzahl von Verträgen vorformulierte Vertragsbedingungen, die eine Vertragspartei der anderen Vertragspartei bei Abschluss eines Vertrages stellt.

25 Ausführlicher zur SCHUFA-Klausel unten Kap. 4.

Betroffenen zurückgreifen. Die Rede ist von **„Angstklauseln"** der Unternehmen, welche aus Unsicherheit über die gesetzlichen Rahmenbedingungen sicherheitshalber Einwilligungen einholen.[26]

Beispiel: Mit Inkrafttreten des § 28a BDSG ist für Kreditinstitute an sich die Notwendigkeit entfallen, sich zur Legitimation einer Datenübermittlung an Auskunfteien auf eine Einwilligung des Betroffenen zu stützen; § 28a BDSG regelt ausdrücklich, welche Daten Kreditinstitute unter welchen Voraussetzungen an Auskunfteien weitergeben dürfen. Tatsächlich wird die SCHUFA-Klausel aber von der Kreditwirtschaft noch immer verwendet.

Ein Grund für das vorsorgliche Einholen von Einwilligungen ist sicherlich, dass sich die bestehenden Unklarheiten hinsichtlich Anwendbarkeit und Reichweite gesetzlicher Erlaubnistatbestände kaum leugnen lassen. Das unternehmerische Streben nach Rechtssicherheit mit Hilfe von Einwilligungsklauseln mag daher im Einzelfall durchaus nachvollziehbar sein.[27]

Im gerade genannten **Beispiel der SCHUFA-Klausel** berufen sich die Kreditinstitute darauf, dass § 28a Abs. 2 BDSG auf Vorschriften im KWG verweist, die nicht mehr existieren. Um die damit verbundene Rechtsunsicherheit zu beseitigen, seien die Schufa-Klauseln weiterhin vonnöten.

Problematischer ist aber ohnehin ein anderer Aspekt, der mit der Einholung von formularmäßigen Einwilligungen auch einhergeht: die Möglichkeit für Datenverarbeiter, Art und Umfang der Verarbeitung personenbezogener Daten mittels weitreichender Einwilligungserklärungen in erheblichem Maße auszudehnen und so das datenschutzrechtliche Ziel der Datensparsamkeit faktisch leerlaufen zu lassen. Umso wichtiger ist es daher, dass gerade im Falle einer formularmäßig eingeholten Einwilligung die allgemeinen Wirksamkeitsvoraussetzungen der Freiwilligkeit, der Informiertheit und der Bestimmtheit einer Einwilligung erfüllt sind.

Eine Möglichkeit, dies zu überprüfen, stellt die **AGB-rechtliche Kontrolle von Einwilligungsklauseln** nach den §§ 305 ff. BGB dar. Soweit sich die Rechtsprechung bislang mit der Frage der Wirksamkeit von datenschutzrechtlichen Einwilligungsklauseln auseinandergesetzt hat, ist dies fast immer im Rahmen einer AGB-rechtlichen Prüfung geschehen. Die zentralen Klarstellungen und Präzisierungen dahingehend, welche Einwilligungsklauseln in ihrer konkreten Ausgestaltung wirksam sind oder nicht, sind durchweg der AGB-Rechtsprechung zu verdanken, wobei die treibende Kraft hierbei insbesondere die Verbraucherverbände sind, denen über §§ 1, 3 UKlaG die Möglichkeit eröffnet ist, auf eine gerichtliche Überprüfung der Wirksamkeit von Allgemeinen Geschäftsbedingungen hinzuwirken.[28]

---

26 Wächter, Datenschutz im Unternehmen (3. A. 2003), Rn. 233.

27 S. schon soeben Teil IV, Kap. 2.1.2.

28 Gemäß §§ 1, 3 Abs. S. 1 Nr. 1 UKlaG (Unterlassungsklagengesetz) können Verbraucherverbände als sog. qualifizierte Einrichtungen im Falle unwirksamer AGBs einen Anspruch auf Unterlassung und Widerruf geltend machen.

AGB-Kontrolle

Setzt sich die Rechtsprechung mit der AGB-rechtlichen Wirksamkeit einer Einwilligungsklausel auseinander, wird regelmäßig in einem ersten Schritt klargestellt, dass derlei Einwilligungsklauseln überhaupt von der AGB-Kontrolle erfasst werden.[29] Dies ist deshalb nicht selbstverständlich, weil in § 305 Abs. 1 S. 1 BGB von „Vertragsbedingungen" die Rede ist, also von Regelungen, die den Vertragsinhalt gestalten sollen. Bei Einwilligungsklauseln handelt es sich hingegen um einseitige rechtsgeschäftliche Erklärungen, die nicht notwendigerweise zum Inhalt eines gleichzeitig abgeschlossenen Vertrages gehören.

Gleichwohl ist im Ergebnis anerkannt, dass auch Einwilligungen unter § 305 Abs. 1 BGB fallen sollen, soweit sie nur im Zusammenhang mit einer vertraglichen Beziehung stehen. Entscheidend ist, dass hier wie auch sonst bei der Vorformulierung eines Vertragstextes der Verwender für sich allein die rechtsgeschäftliche Gestaltungsfreiheit in Anspruch nimmt, wohingegen sein Gegenüber keinen Einfluss auf die inhaltliche Ausgestaltung der Erklärung hat, sondern nur darauf, ob er die vorformulierte Erklärung abgeben will oder nicht.

Prüfungsmaßstäbe

Dem Grunde nach lassen sich bei der Prüfung formularmäßiger Einwilligungen zwei rechtliche Maßstäbe unterscheiden:

- die AGB-rechtlichen Maßstäbe der §§ 305 ff. BGB sowie
- die datenschutzrechtlichen Maßstäbe des BDSG und anderer Datenschutzgesetze.

Teils sind die Maßstäbe der §§ 305 ff. BGB und des Datenschutzrechts allerdings mehr oder weniger vergleichbar. So entspricht die Vorgabe der Klarheit und Verständlichkeit von AGB-Klauseln nach § 307 Abs. 1 S. 2 BGB in vielerlei Hinsicht dem datenschutzrechtlichen Gebot der Bestimmtheit einer Einwilligung. Auch das Verbot überraschender Klauseln nach § 305c Abs. 1 BGB hat in seiner Zielrichtung vieles gemeinsam mit dem Gebot der besonderen Hervorhebung einer Einwilligungsklausel gemäß § 4a Abs. 1 S. 4 BDSG.

Ohnehin finden letztlich alle datenschutzrechtlichen Grundwertungen über § 307 BGB auch in die AGB-rechtliche Prüfung Eingang: Gemäß § 307 Abs. 1 S. 1 BGB sind Allgemeine Geschäftsbedingungen unwirksam, wenn sie den Vertragspartner des Verwenders unangemessen benachteiligen, und gemäß § 307 Abs. 2 Nr. 1 BGB ist eine solche unangemessene Benachteiligung im Zweifel dann anzunehmen, wenn eine Klausel „mit wesentlichen Grundgedanken der gesetzlichen Regelung, von der abgewichen wird, nicht zu vereinbaren ist". Eine konkrete Einwilligungsklausel ist damit also dann unwirksam, wenn sie mit den wesentlichen Grundgedanken des BDSG bzw. einschlägiger bereichsspezifischer Datenschutzgesetze nicht vereinbar ist. Spezifisch datenschutzrechtliche Wertungen finden also auch im Rahmen einer AGB-Prüfung nach §§ 305 ff. BGB Berücksichtigung.

Eine einheitliche Linie, wann die Wirksamkeit einer Einwilligungsklausel primär am Maßstab des AGB-Rechts und wann primär am Maßstab des Datenschutzrechts zu überprüfen ist, hat die Rechtsprechung bislang nicht entwickelt.[30] So kommt es, dass der BGH, wenn er die Unwirksamkeit von zu allgemein gehaltenen Einwilligungsklauseln feststellt, diese Unwirksamkeit im einen Fall auf die Unvereinbarkeit mit datenschutzrechtlichen Grundgedanken

---

[29] BGH v. 27.01.2000, NJW 2000, 2677, 2677.

[30] Kritisch Petri, RDV 2007, 153, 155.

stützt,[31] im anderen Fall dagegen auf den Verstoß gegen das AGB-rechtliche Transparenzgebot des § 307 Abs. 1 S. 2 BGB.[32] Im praktischen Ergebnis spielt es jedoch auch keine Rolle, ob eine Einwilligungsklausel bereits aufgrund der spezifisch AGB-rechtlichen Vorgaben der §§ 305 ff. BGB unwirksam ist oder erst aufgrund der Unvereinbarkeit der Klausel mit datenschutzrechtlichen Grundgedanken.

Beispiele aus der Rechtsprechung zur Wirksamkeit formularmäßiger Einwilligungserklärungen:

- BGHZ 95, 362 (SCHUFA-Klausel): Eine pauschale Einwilligungsklausel, die sich nicht auf bestimmte Daten beschränkt, ist mit den Grundgedanken des BDSG nicht vereinbar und daher unwirksam.
- BGH NJW 2003, 1237: Eine widersprüchlich oder unklar gefasste Einwilligungsklausel stellt eine unangemessene Benachteiligung nach § 307 Abs. 1 S. 2 BGB dar.
- OLG Köln DuD 2002, 436: Eine in Fettdruck gehaltene Einwilligungsklausel genügt nicht dem Hervorhebungsgebot des § 4a Abs. 1 S. 4 BDSG, wenn daneben auch andere Einwilligungsklauseln im Fettdruck gestaltet sind.
- BGH DuD 2010, 493 (Happy Digits): Eine freiwillige Entscheidung des Verbrauchers i.S.v. § 4a Abs. 1 S. 1 BDSG ist gewahrt, wenn auf die Möglichkeit der Streichung der Einwilligungsklausel hingewiesen wird.

2.2 Wirksamkeit der Einwilligung

Damit eine Einwilligung wirksam ist und eine Datenverarbeitung nach § 4 Abs. 1 BDSG legitimieren kann, müssen verschiedene formale und inhaltliche Voraussetzungen erfüllt sein. Ist dies nicht der Fall, bleibt es beim grundsätzlichen Verbot der Datenverarbeitung nach § 4 Abs. 1 BDSG, insbesondere kann sich die datenverarbeitende Stelle nicht hilfsweise doch wieder auf einen gesetzlichen Erlaubnistatbestand stützen, wenn sie gegenüber dem Betroffenen zum Ausdruck gebracht hat, dass es für die Zulässigkeit der Datenverarbeitung auf seine Entscheidung ankommen soll.[33]

2.2.1 Freiwilligkeit der Einwilligung

Nach § 4a Abs. 1 Satz 1 BDSG muss die Einwilligung insbesondere „auf der freien Entscheidung des Betroffenen" beruhen. Der Gesetzgeber hat damit Art. 2 lit. h der EG-Datenschutzrichtlinie von 1995 umgesetzt, wonach eine Einwilligung „ohne Zwang" des Betroffenen abgegeben werden muss.[34] Legitimationsgrundlage für eine Verarbeitung personenbezogener Daten ist die Einwilligung also nur dann, wenn sich der Betroffene bei Abgabe der Einwilligung nicht in einer faktischen Zwangssituation befunden hat.[35]

---

31 BGH v. 19. 09. 1985, BGHZ 95, 362, 367.

32 So BGH v. 23. 01. 2003, NJW 2003, 1237, 1241.

33 Zum Verhältnis zwischen Einwilligung und gesetzlichen Erlaubnistatbeständen s. oben Kap. 2.1.2.

34 Siehe auch Däubler in Däubler/Klebe/Wedde/Weichert, BDSG (3. A. 2010), § 4a Rn. 20; Gola/Schomerus, BDSG (10. A. 2010), § 4a Rn. 6.

35 Simitis in ders. (Hg.), BDSG (7. A. 2011), § 4a Rn. 62.

Das Problem der faktischen Zwangs

Eben in einer solchen faktischen Zwangssituation befindet sich der Betroffene aber in vielen Fällen, oftmals hat der Einzelne praktisch gar keine andere Wahl als eine Einwilligung in die Verarbeitung seiner personenbezogenen Daten zu erteilen.

Beispiele: Der Einzelne muss die SCHUFA-Klausel der Banken unterschreiben, wenn er ein Konto eröffnen oder einen Kredit in Anspruch nehmen möchte; der Bewerber für einen Arbeitsplatz muss, möchte er einen Arbeitsvertrag bekommen, einer Erfassung seiner Daten zustimmen; der potentielle Versicherungsnehmer muss sich mit einer Verarbeitung seiner gesundheitsbezogenen Daten einverstanden erklären, möchte er eine Lebens- oder Krankenversicherung abschließen.

Die Möglichkeit, sich den Informationsinteressen der verantwortlichen Stellen zu entziehen oder zumindest Einfluss auf deren Art und Weise der Datenverarbeitung auszuüben, ist in all diesen und ähnlichen Fällen tatsächlich nicht gegeben.[36] Zwar ist der Einzelne immer noch „frei", den Vertrag als ganzen abzulehnen und sich damit auch der Datenverarbeitung zu entziehen, gerade in solch Fällen wie dem Abschluss eines Girokonto-, Arbeits- oder Versicherungsvertrags ist diese Freiheit aber nur eine theoretische, weil der Einzelne tatsächlich auf solcherlei Leistungen angewiesen ist.

SCHUFA-Entscheidung des BGH

Der BGH hat das Problem der fehlenden Freiwilligkeit bereits vor mehr als zwanzig Jahren in seiner SCHUFA-Entscheidung kritisiert. Der Gerichtshof betont in dieser Entscheidung, dass in all den Fällen, in denen der Betroffene auf einen Vertragsschluss *angewiesen* ist, dieser Vertragsschluss aber von einer Einwilligung in die Datenverarbeitung abhängig gemacht wird, tatsächlich keine echte Entscheidungsfreiheit besteht, sondern die Einwilligung in solcherlei Konstellationen zu einer **„reinen Formalität absinkt"**.[37]

Grundsätzlich gilt nach der Rechtsprechung des BGH, dass es immer dann an einer Freiwilligkeit der Einwilligung fehlt, „wenn die Einwilligung in einer Situation wirtschaftlicher oder sozialer Schwäche oder Unterordnung erteilt wird".[38] Eben dies ist aber in den eben geschilderten Konstellationen regelmäßig der Fall.

Dessen ungeachtet wird jedoch die rechtliche Wirksamkeit solcherlei Einwilligungserklärungen heute praktisch nicht mehr in Frage gestellt, im Fall der SCHUFA-Klausel etwa mit der Begründung, dass es auf Seiten der kreditgebenden Wirtschaft ein „berechtigtes Informationsinteresse" gebe, das Risiko möglicher Kreditausfälle möglichst gering zu halten.[39] Im Versicherungsbereich wird sogar dahingehend argumentiert, dass es „angesichts der millio-

---

36 Vgl. BVerfG v. 19.10.1993, BVerfGE, 89, 214, 232; BVerfG v. 26.07.2005, BVerfGE 114, 1 34 f.; BVerfG v. 23.10.2006, RDV 2007, 20, 22. Siehe zum Problem des faktischen Zwanges auch Petri, RDV 2007, 153, 154; Buchner, Informationelle Selbstbestimmung (2006), S. 139.

37 BGH v. 19.09.1985, BGHZ 95, 362, 368.

38 BGH v. 16.07.2008, DuD 2008, 818, 820; BGH v. 11.11.2009, DuD 2010, 493, 495.

39 S. etwa Kamlah, MMR 1999, 395, 397; Kloepfer/Kutzschbach, MMR 1998, 650, 652; kritisch dazu Petri, RDV 2007, 153, 156.

nenfach unterzeichneten Einwilligungserklärungen nur theoretische Bedeutung haben“ kann, ob die Einwilligung in eine Datenverarbeitung zu Versicherungszwecken tatsächlich freiwillig erfolgt ist oder nicht.[40] Sonderlich überzeugen können solcherlei Argumente nicht, gerade letzteres Argument der „Macht des Faktischen“ ist mehr als fragwürdig.

Umso mehr ist es daher zu begrüßen, dass für den Fall der Entbindung von der ärztlichen Schweigepflicht gegenüber einem Versicherungsunternehmen das Bundesverfassungsgericht vor einiger Zeit in aller Deutlichkeit festgehalten hat, dass eine entsprechende Einwilligung unwirksam ist, wenn sie „praktisch nicht verhandelbar“ ist und vom einzelnen Betroffenen in zu weitgehendem Umfang ein Einverständnis in die Weitergabe seiner personenbezogenen Daten abverlangt.

Wirksamkeit einer Schweigepflichtentbindungsklausel (BVerfG)[41]
Im konkreten Fall ging es um die Wirksamkeit einer Schweigepflichtentbindungserklärung, die in einem Antragsformular für Leistungen aus einer Berufsunfähigkeitsversicherung enthalten war und das Versicherungsunternehmen ermächtigte, *„von allen Ärzten, Krankenhäusern und Krankenanstalten, bei denen ich in Behandlung war oder sein werde sowie von meiner Krankenkasse: ... und von Versicherungsgesellschaften, Sozialversicherungsträgern, Behörden, derzeitigen und früheren Arbeitgebern sachdienliche Auskünfte einzuholen.“*

Das Bundesverfassungsgericht stellt in seiner Entscheidung klar, dass in Konstellationen, in denen zwischen den Beteiligten ein „erhebliches Verhandlungsungleichgewicht“ besteht, eine Schweigepflichtentbindungserklärung nicht mehr als Ausdruck einer freien und selbstbestimmten Entscheidung des Betroffenen über den Umgang mit seinen personenbezogenen Daten gewertet werden kann. Wenn wie im konkreten Fall der Betroffene auf einen Vertragsschluss angewiesen ist und die Vertragsbedingungen für ihn **„praktisch nicht verhandelbar“** sind, ist es nach Überzeugung des Bundesverfassungsgerichts mit dem Recht auf informationelle Selbstbestimmung nicht mehr vereinbar, wenn sich der Betroffene in nahezu unbeschränktem Umfang mit einer Erhebung von sensiblen Gesundheitsinformationen einverstanden erklären muss, soweit diese nur irgendeinen Bezug zum Versicherungsfall haben. Das Gericht verweist darauf, dass es durchaus datenschutzfreundlichere Alternativen gibt, um auch den Informationsinteressen des Versicherungsunternehmens Rechnung zu tragen, etwa die Einholung von Einzelermächtigungen oder die Einräumung einer Widerspruchsmöglichkeit.

Die Ausführungen des Bundesverfassungsgerichts sind von ganz grundsätzlicher Bedeutung für die Rolle der Einwilligung als datenschutzrechtlicher Erlaubnistatbestand. Das Gericht geht nicht so weit, die Rolle der Einwilligung als Legitimationsgrundlage gänzlich in Frage zu stellen, auch nicht in Konstellationen, in denen zwischen den Beteiligten ein Verhandlungsungleichgewicht besteht. Was das Bundesverfassungsgericht jedoch zu Recht fordert, ist ein **Einsatz von Einwilligungsklauseln mit Augenmaß**. Je weniger frei der einzelne Betroffene in seiner Entscheidung ist, ob er sich mit einer Nutzung seiner Daten einverstanden erklären möchte oder nicht, desto sorgsamer muss bei der Formulierung einer Einwilli-

40 Naujok in Roßnagel (Hg.), Handbuch Datenschutzrecht (2003), Kap. 7.3 Rn. 34.
41 BVerfG v. 23.10.2006, DuD 2006, 817.

gungserklärung darauf geachtet werden, dass diese nicht zu pauschal ausfällt und so dem Betroffenen jegliche Möglichkeit eines informationellen Selbstschutzes genommen wird.

Art. 7 Abs. 4 DS-GVO-E („erhebliches Ungleichgewicht")
Die Kommission hat in ihrem Vorschlag für eine Datenschutz-Grundverordnung dem Problem des faktischen Zwangs bei Erteilung einer Einwilligung explizit Rechnung getragen. Nach Art. 7 Abs. 4 DS-GVO-E soll die Einwilligung keine Rechtsgrundlage für eine Verarbeitung personenbezogener Daten bieten, „wenn zwischen der Position der betroffenen Person und des für die Verarbeitung Verantwortlichen ein **erhebliches Ungleichgewicht** besteht." Nach den Erwägungsgründen (EG 34) soll dies vor allem dann der Fall sein, wenn sich der Betroffene „in einem Abhängigkeitsverhältnis von dem für die Verarbeitung Verantwortlichen befindet"; beispielhaft wird die Verarbeitung personenbezogener Daten des Arbeitnehmers durch den Arbeitgeber im Rahmen eines Beschäftigungsverhältnisses genannt.

Koppelungsverbot

Eine besondere Ausprägung hat die Freiwilligkeitsmaxime des § 4a Abs. 1 Satz 1 BDSG im so genannten Koppelungsverbot gefunden, wie es in § 28 Abs. 3b BDSG normiert ist. Danach darf die datenverarbeitende Stelle einen Vertragsschluss nicht von einer Einwilligung des Betroffenen abhängig machen, „wenn dem Betroffenen ein anderer Zugang zu gleichwertigen vertraglichen Leistungen ohne die Einwilligung nicht oder nicht in zumutbarer Weise möglich ist". § 28 Abs. 3b BDSG zielt damit auf die klassischen Konstellationen eines „take it or leave it" ab, also auf Konstellationen, in denen man sich mit der Datenverarbeitung zwar nicht einverstanden erklären „muss", in denen man aber, wenn man sich nicht einverstanden erklären sollte, dann eben auch keinen Vertrag bekommt. Allerdings ist die Reichweite dieses Koppelungsverbots beschränkt, erfasst werden von diesem Verbot nur solcherlei Einwilligungserklärungen, die eine Datenverarbeitung für Zwecke des Adresshandels oder der Werbung legitimieren sollen; obige Beispielsfälle wie die SCHUFA-Klausel oder die Datenverarbeitungsklauseln in Versicherungsverträgen fallen also gerade nicht unter § 28 Abs. 3b BDSG.

Beispiele: Erfasst werden vom Koppelungsverbot etwa Fälle wie die Mitgliedschaft in einem sozialen Netzwerk, das E-Mail-Konto oder die Kundenkarte, deren Inanspruchnahme jeweils unter die Bedingung gestellt wird, dass sich der Betroffene mit einer Verarbeitung seiner Daten zu Zwecken des Marketings einverstanden erklärt.

All diese und ähnliche Geschäftsmodelle, die jeweils auf der Idee „Leistung gegen Daten" fußen, verstoßen zunächst einmal gegen die datenschutzrechtliche Freiwilligkeitsmaxime im Allgemeinen und das Koppelungsverbot des § 28 Abs. 3b BDSG im Besonderen. Im Einzelnen besteht hier jedoch noch viel Klärungsbedarf: Fraglich ist insbesondere, wann davon auszugehen ist, dass „ein anderer Zugang zu gleichwertigen vertraglichen Leistungen… nicht in zumutbarer Weise möglich ist". Mitunter wird argumentiert, dass eine solche Unzumutbarkeit schon dann vorliegt, wenn ein Alternativangebot teurer, schlechter oder nur mit größerem Zeitaufwand zu erhalten ist. All die Anbieter von kostenlosen Online-Dienstleistungen, die ihr Angebot mit einer Marketing-Klausel verknüpfen, fallen nach dieser Ansicht also schon dann unter das Koppelungsverbot, wenn es zwar vergleichbare Alternativangebote gibt, diese aber nicht kostenlos sind.

Zwingend oder auch sonderlich überzeugend ist dies allerdings nicht: Zumutbar ist die Inanspruchnahme einer Leistung sehr wohl auch dann noch, wenn für sie ein normales Marktentgelt entrichtet werden muss. Ebenso ist etwa im Beispiel der Kundenkarten durchaus ein zumutbares Alternativangebot darin zu sehen, dass die gleichen Waren auch ohne Kundenkarte erworben werden können, wenn auch ohne Prämiengeschenke oder zu einem höheren Preis. Insoweit ist es wenig überzeugend, wenn ein Verstoß gegen das Koppelungsverbot allein damit begründet wird, dass die Kundenkarte selbst ohne eine Einwilligung in die Datenverarbeitung zu Marketingzwecken nicht verfügbar ist.

Schließlich kann man auch am Beispiel der **sozialen Netzwerke** wie studiVZ oder Facebook durchaus diskutieren, ob es bereits einen Verstoß gegen das Koppelungsverbot bedeutet, wenn solche sozialen Netzwerke die Teilnahmemöglichkeit zwingend von der Erteilung einer Einwilligung in die Datenverarbeitung zu Marketingzwecken abhängig machen. Selbst wenn alle sozialen Netzwerke ihr Angebot zwingend an eine solche Einwilligung koppeln sollten, ist immer noch zu fragen, ob ein zumutbares Alternativangebot nicht all die sonst zur Verfügung stehenden Kommunikationsinstrumente sein können – angefangen beim Telefon über SMS und E-Mail bis hin zu Twitter und Ähnlichem. Wie immer man sich entscheidet, wichtig ist jedenfalls festzuhalten, dass die Frage der Zumutbarkeit nicht zu streng beurteilt werden darf.

Opt-in versus Opt-out

Umstritten ist auch, ob die Freiwilligkeit einer Einwilligung möglicherweise daran scheitert, dass sich die datenverarbeitende Stelle die Einwilligung nicht in Form eines Opt-in, sondern in Form eines Opt-out einholt.

- Dass sog. **Opt-in-Modell** zeichnet sich dadurch aus, dass der Einzelne seine Einwilligung in die Datenverarbeitung *aktiv* erklären muss, also etwa durch Unterzeichnen einer gesonderten Einwilligungserklärung oder durch Ankreuzen eines für die Erteilung der Einwilligung vorgesehenen Kästchens.
- Beim sog. **Opt-out-Modell** wird dem Betroffenen dagegen im Ausgangspunkt zunächst einmal ein Einverständnis mit der Datenverarbeitung unterstellt, weil sich eine entsprechende Einwilligungsklausel bereits vorformuliert im Vertragswerk befindet. Es ist dann am einzelnen Betroffenen, durch Auskreuzen, Ausklicken, Durchstreichen o.Ä. diese Einwilligung im konkreten Fall wieder hinfällig zu machen.

Im Falle des Opt-out muss der Betroffene also aktiv werden, wenn er eine Datenverarbeitung nicht legitimieren will. Bleibt er hingegen untätig, sei es auch durch Nachlässigkeit, Unkenntnis oder auch aus Scheu, wird seine Einwilligung in die Datenverarbeitung ohne weiteres unterstellt. Eben deshalb ist das Opt-out-Modell bei Datenverarbeitern so beliebt und umgekehrt bei Daten- und Verbraucherschützern so unbeliebt; es bürdet letztlich dem einzelnen Betroffenen die Last zum Tätigwerden auf, wenn er die Verarbeitung seiner personenbezogenen Daten vermeiden will.

Im Falle des Opt-in-Modells ist es genau umgekehrt, Nichtstun auf Seiten des Betroffenen ist datenschutzrechtlich „ungefährlich“. Es ist hier am einzelnen Unternehmen, aktiv zu werden und seine Kunden zu Erteilung einer Einwilligung zu bewegen, wenn es eine Verarbeitung personenbezogener Daten über das gesetzlich zulässige Maß hinaus anstrebt. Die Notwendigkeit einer aktiven Handlung seitens des Betroffenen stellt so betrachtet für Unternehmen eine zusätzliche Hürde dar, wenn diese Daten verarbeiten wollen.

Der BGH hat in seinen beiden Entscheidungen zu den Kundenbindungs- und Rabattsystemen Payback und HappyDigits klargestellt, dass die Wirksamkeit einer datenschutzrechtlichen Einwilligung auch im Falle eines Opt-out-Modells grundsätzlich zu bejahen ist.[42]

Die Payback-Entscheidung des BGH

Gegenstand des Payback-Verfahrens war eine vorformulierte Klausel, mit der sich die Teilnehmer am Payback-Programm damit einverstanden erklären, dass zu Zwecken der Werbung und Marktforschung ihre Daten verarbeitet werden – sowohl die persönlichen Daten (Name, Geburtsdatum, Anschrift) als auch freiwillige Daten (etwa zu Familienstand, Kindern oder Einkommen) sowie die sog. Programmdaten (Art der gekauften Waren und Dienstleistungen, Preis, Rabattbetrag, Ort und Datum des Vorgangs). Die Einwilligungsklausel ist in dem Anmeldeformular enthalten, welches die Teilnehmer vor Ausstellung der Kundenkarte ausfüllen müssen. Die Klausel befindet sich am Schluss des Textes unmittelbar vor der Unterschriftenzeile und ist schwarz umrandet sowie durch Fettdruck hervorgehoben. Rechts neben dem Einwilligungstext befindet sich ein Kästchen mit dem Text: „Hier ankreuzen, falls die Einwilligung nicht erteilt wird."

Die HappyDigits-Entscheidung des BGH

Auch bei HappyDigits ging es um eine vorformulierte Einwilligungsklausel im Anmeldeformular für das HappyDigits-Programm. Unter der Überschrift „Einwilligung in Beratung, Information (Werbung) und Marketing" erklärt sich der Teilnehmer damit einverstanden, dass seine persönlichen und freiwilligen Daten sowie seine Programmdaten zu Zwecken der Werbung und Marktforschung verarbeitet werden. Die Einwilligungsklausel ist zusätzlich umrandet und ergänzt durch den in Fettdruck gehaltenen Zusatz: „Sind Sie nicht einverstanden, streichen Sie die Klausel."

Sowohl im Fall Payback als auch im Fall HappyDigits handelt es sich damit um klassische Beispiele für ein Opt-out-Modell: Den Teilnehmern, die das Anmeldeformular unterschreiben, wird im Ausgangspunkt eine Einwilligung in die Datenverarbeitung unterstellt und es ist an diesen, diese Einwilligung wieder aus der Welt zu schaffen, indem sie sich auskreuzen (Beispiel Payback) oder sie die entsprechende Einwilligungsklausel streichen (Beispiel HappyDigits).

Nach Auffassung des BGH sind solcherlei Opt-out-Modelle datenschutzrechtlich jedoch nicht zu beanstanden. Der BGH sieht in diesem Modell – entgegen anders lautenden Stimmen in Rechtsprechung und Literatur – keinen Verstoß gegen die Freiwilligkeitsmaxime des § 4a BDSG. Freiwillig erfolgt die Einwilligung im Fall von Payback und HappyDigits aus Sicht des Gerichtshofs schon deshalb, weil die Verbraucher bei ihrer Entscheidung über den Beitritt zu diesen Rabattsystemen keinem rechtlichen, wirtschaftlichen oder faktischen Zwang unterliegen. Aus Sicht des BGH stellt es keine „ins Gewicht fallende Hemmschwelle"

---

42 BGH v. 16.07.2008, DuD 2008, 818, 820; BGH v. 11.11.2009, DuD 2010, 493, 495.

dar, wenn von dem einzelnen Verbraucher verlangt wird, dass er, wenn er mit einer Datenverarbeitung zu Marketingzwecken nicht einverstanden ist, die entsprechende Klausel durchstreichen, auskreuzen oder Ähnliches muss. Allein deshalb werde der Verbraucher nicht davon abgehalten, von seiner Entscheidungsmöglichkeit Gebrauch zu machen. Ein solches Aktivwerden sei für den Verbraucher denkbar einfach, allein deshalb gerate er noch nicht in einen schwer lösbaren Konflikt, der ihm eine freie Entscheidung unmöglich macht.[43]

Beachte: Tatsächlich ist das Einholen einer Einwilligung mittels Opt-out kein Freiwilligkeitsproblem, sondern ein **Problem des fehlenden Einwilligungsbewusstseins**. Letzteres ist Wirksamkeitsvoraussetzung jeder Einwilligung, fehlt aber regelmäßig im Falle von Opt-out-Modellen.[44]

„Übermäßige Anreize"

Diskutiert wird die Freiwilligkeit einer Einwilligung auch dann, wenn der einzelne Betroffene etwa durch Werbegeschenke, durch Gewinnmöglichkeiten oder sonstige Arten von Prämien zu einer Preisgabe seiner personenbezogenen Daten motiviert werden soll. Der BGH geht davon aus, dass es an einer freien Entscheidung des Betroffenen jedenfalls dann fehlt, wenn dieser „durch übermäßige Anreize finanzieller oder sonstiger Natur zur Preisgabe seiner Daten verleitet wird".[45] Wann ein solcher übermäßiger Anreiz allerdings anzunehmen ist, fällt schwer zu beurteilen – letztlich wird es auf die Umstände des Einzelfalls ankommen.

Beispiele: Zweifel an einer Freiwilligkeit der Einwilligung hat die Rechtsprechung im Falle einer Auslosung von Preisen in Höhe von insgesamt 22.500 DM und eines Höchstpreises von 10.000 DM geäußert.[46]

Eine die freie Willensbildung beeinträchtigende psychische Drucksituation hat die Rechtsprechung auch dann bejaht, wenn die Teilnahme an einer Verlosung von einer Einwilligung in die Datenverarbeitung zu Marketingzwecken abhängig gemacht wird und der Verbraucher von dieser Koppelung zwischen Gewinnspielteilnahme und Einwilligungserklärung erst erfährt, nachdem er sich bereits für die Teilnahme an der Verlosung entschieden hat.[47]

---

[43] Eine andere Frage, die der BGH in diesem Zusammenhang diskutiert, betrifft die besondere Hervorhebung der Einwilligung, wenn diese zusammen mit anderen Erklärungen schriftlich erteilt werden soll – sog. Hervorhebungsgebot (§ 4a Abs. 1 S. 4 BDSG).

[44] Ausführlich dazu sogleich Kap. 2.2.2.

[45] BGH v. 16.07.2008, DuD 2008, 818, 820.

[46] S. LG Stuttgart v. 30.08.1998, DuD 1999, 294, 295.

[47] OLG Köln v. 12.09.2007 DuD 2008, 142, 144.

2.2.2 Informierte und bewusste Einwilligung

Informed consent

Soll eine Einwilligung in die Datenverarbeitung wirksam sein, muss sie nicht nur freiwillig, sondern auch informiert erteilt werden. Einer Einwilligung kann überhaupt nur dann eine Legitimation als datenschutzrechtlicher Erlaubnistatbestand zukommen, wenn der einzelne Betroffene weiß, in was er einwilligt. Ebenso wie ein Patient nur dann wirksam in eine ärztliche Heilbehandlung einwilligen kann, wenn ihn der Arzt zuvor umfassend über alle wichtigen Aspekte der Heilbehandlung aufgeklärt hat, kann auch der einzelne Betroffene nur dann wirksam in eine Verarbeitung seiner personenbezogenen Daten einwilligen, wenn dieser zuvor über die näheren Umstände der Datenverarbeitung informiert worden ist, insbesondere über Art und Weise, Umfang und Zweck der Datenverarbeitung.

§ 4a Abs. 1 Satz 2 BDSG nimmt diese Grundidee auf und schreibt vor, dass der Betroffene „auf den vorgesehenen Zweck der Erhebung, Verarbeitung oder Nutzung sowie … auf die Folgen der Verweigerung hinzuweisen ist". Der Betroffene muss abschätzen können, welche Auswirkungen die Erteilung einer Einwilligung für ihn hat, er muss daher die Umstände der Datenverarbeitung, die Tragweite seiner Einwilligung eindeutig und klar erkennen können (so genannter informed consent). Dieser Grundsatz der informierten Einwilligung ist zugleich auch eine konkrete Ausprägung des allgemeinen Transparenzgebots.[48]

In welchem Umfang der einzelne Betroffene über die beabsichtigte Datenverarbeitung informiert werden muss, lässt sich dem BDSG nicht eindeutig entnehmen. Allein eine Information über die Zweckbestimmung der Datenverarbeitung ist aber jedenfalls nicht ausreichend.[49] Vielmehr müssen dem Betroffenen all diejenigen Informationen rechtzeitig, d. h. *vor* Beginn der Datenerhebung zur Verfügung gestellt werden, die dieser benötigt, um abschätzen zu können, auf welche Weise und in welchem Umfang personenbezogene Daten auf Grundlage seiner Einwilligung verarbeitet werden.[50]

Beispiele: Informiert werden muss der einzelne Betroffene insbesondere darüber, welche Arten von Daten verarbeitet werden, wer die verantwortliche datenverarbeitende Stelle ist und wie diese zu erreichen ist sowie an welche Dritten die Daten im Falle der Übermittlung weitergegeben werden.[51]

Für den Fall, dass sensitive Daten i.S.d. § 3 Abs. 9 BDSG verarbeitet werden, muss auch dieser Umstand dem Betroffenen explizit kenntlich gemacht werden; denn gemäß § 4a Abs. 3 BDSG muss sich seine Einwilligung auch hierauf erstrecken.[52] Kurzum: Der Einzelne muss

---

48 Zur „Kultur der Transparenz" s. schon oben Teil I, Kap. 2.1.

49 So die allgemeine Ansicht. Vgl. etwa Simitis in ders. (Hg.), BDSG (7. A. 2011), § 4a Rn. 70 ff.; Däubler in Däubler/Klebe/Wedde/Weichert, BDSG (3. A. 2010), § 4a Rn. 8; Holznagel/Sonntag in Roßnagel (Hg.), Handbuch Datenschutzrecht (2003), Kap. 4.8 Rn. 45; Buchner, Informationelle Selbstbestimmung (2006), S. 241 ff.

50 S. Holznagel/Sonntag in Roßnagel (Hg.), Handbuch Datenschutzrecht (2003), Kap. 4.8 Rn. 48.

51 Däubler in Däubler/Klebe/Wedde/Weichert, BDSG (3. A. 2010), § 4a Rn. 8.

52 S. oben Teil II, Kap. 2.2.3.

eindeutig erkennen können, was der Anlass, das Ziel und die Folgen der Verarbeitung seiner personenbezogenen Daten sind.

Einwilligungsbewusstsein

Selbstverständliche Wirksamkeitsvoraussetzung jeder Einwilligung ist, dass sich der Einzelne der Erteilung einer solchen überhaupt bewusst ist. Zweifelhaft kann ein solches Bewusstsein vor allem in den Fällen sein, in denen eine Einwilligung mittels Allgemeiner Geschäftsbedingungen eingeholt wird und die Einwilligungsklausel dementsprechend in ein umfangreicheres Vertragswerk eingebettet ist. Ob in solchen Fällen noch davon ausgegangen werden kann, dass der Einzelne seine Einwilligung bewusst erteilt hat, ist mitunter schwer zu beurteilen und hängt von den konkreten Umständen des Einzelfalls ab. In vielen Fällen wird man darüber trefflich streiten können.

Beispiel: Im Fall Payback hat das Landgericht München die Einwilligungsklausel noch als unwirksam eingeordnet, weil aus Sicht des Gerichts das gesamte Antragsformular so ausgestaltet ist, dass der einzelne Verbraucher die Einwilligungsklausel regelmäßig überhaupt nicht bewusst wahrnehmen wird.[53] Genau entgegengesetzt beurteilt haben dies dann im Folgenden aber OLG München und BGH.[54]

Das LG München ging im Fall Payback sogar so weit, von dem fehlenden Bewusstsein auf eine Unfreiwilligkeit der Einwilligung zu schließen: Wenn der Einzelne sich der Erteilung einer Einwilligung schon gar nicht bewusst ist, kann eine solche Einwilligung nach Überzeugung des LG München auch nicht auf der freien Entscheidung des Betroffenen beruhen.[55]

Richtigerweise handelt es sich bei der unbewussten Erteilung einer Einwilligung jedoch nicht um ein Problem der Freiwilligkeit, sondern um eine Frage des **Einwilligungsbewusstseins als einer eigenständigen Wirksamkeitsvoraussetzung**. Es kann hier ohne weiteres die Parallele zum Bürgerlichen Recht gezogen werden: Was das Einwilligungsbewusstsein für die Einwilligung im Datenschutzrecht ist, ist für die Willenserklärung im Bürgerlichen Recht das so genannte Erklärungsbewusstsein, definiert als das Bewusstsein, überhaupt eine rechtsgeschäftliche Erklärung abzugeben. Ebenso wie im Bürgerlichen Recht das sog. Erklärungsbewusstsein (= das Bewusstsein, überhaupt eine rechtsgeschäftliche Erklärung abzugeben) ein Teil des subjektiven Tatbestands jeder Willenserklärung ist, muss auch das Einwilligungsbewusstsein im Datenschutzrecht ein Element des subjektiven Tatbestands jeder Einwilligung sein.

Fehlt es an einem solchen (Erklärungs-/Einwilligungs-) Bewusstsein, so führt dies jedenfalls dann zur Unwirksamkeit des Erklärten, wenn der Erklärungsempfänger nicht berechtigterweise darauf vertrauen durfte, dass der Erklärende sich auch tatsächlich seiner Erklärungshandlung bewusst war. Eben von einem solchen Bewusstsein aber kann der Erklärungs-

---

53 LG München v. 09.03.2006, DuD 2006, 309, 310; zur Payback-Klausel im Einzelnen s.o.

54 OLG München v. 28.09.2006, DuD 2006, 741, 742 f.; BGH v. 16.07.2008, DuD 2008, 818, 819 ff.; zur BGH-Entscheidung s. schon soeben unter Kap. 2.1.2.

55 LG München v. 09.03.2006, DuD 2006, 309, 310 f.

empfänger regelmäßig nicht ausgehen, wenn, wie etwa im Fall Payback, die Einwilligung in Form eines Opt-out eingeholt worden ist.[56]

Unzulässigkeit eines Opt-out nach dem DS-GVO-E

Die Kommission hat in ihrem Entwurf für eine Datenschutz-Grundverordnung das Erfordernis einer bewussten Einwilligung ausdrücklich festgeschrieben. Gemäß Art. 4 Ziff. 8 DS-GVO-E gilt als Einwilligung jede ohne Zwang, für den konkreten Fall und in Kenntnis der Sachlage erfolgte **„explizite Willensbekundung"** in Form einer Erklärung oder einer sonstigen „eindeutigen Handlung".

Nach den Erwägungsgründen soll mit dem Kriterium „explizit" sichergestellt werden, „dass der betreffenden Person **bewusst** ist, dass sie ihre Einwilligung in die Verarbeitung personenbezogener Daten gibt". Beispielhaft angeführt wird das Anklicken eines Kästchens beim Besuch einer Internetseite (= Opt-in); jedenfalls muss sichergestellt sein, dass der Betroffene in dem jeweiligen Kontext klar und deutlich sein Einverständnis mit der beabsichtigten Datenverarbeitung signalisiert. Und weiter heißt es: „Eine stillschweigende Einwilligung ohne Zutun der betroffenen Person stellt daher keine Einwilligung dar."

Die Einholung einer Einwilligung mittels Opt-out wird daher zukünftig, kommt es zu einer Umsetzung des Kommissionsvorschlags in seiner derzeitigen Fassung, nicht mehr möglich sein. Im Interesse eines effektiven Schutzes informationeller Selbstbestimmung ist dies ohne Einschränkung zu begrüßen.

Hervorhebungsgebot

In engem Zusammenhang mit dem Erfordernis einer bewussten Einwilligungserteilung steht das so genannte Hervorhebungsgebot des § 4a Abs. 1 Satz 4 BDSG. Eine Einwilligung ist danach, soll sie zusammen mit anderen Erklärungen schriftlich erteilt werden, besonders hervorzuheben. Von besonderer Bedeutung ist dieses Hervorhebungsgebot gerade dann, wenn Einwilligungen im Rahmen von **Allgemeinen Geschäftsbedingungen** vorformuliert sind. Die Vorgabe des § 4a Abs. 1 Satz 4 BDSG soll in solchen Fällen verhindern, dass die Einwilligung im so genannten Kleingedruckten der Formularverträge versteckt wird und sich der Betroffene daher bei seiner Unterschrift unter den gesamten Vertragstext gar nicht bewusst ist, dass er damit unter anderem auch eine Einwilligung in die Datenverarbeitung erteilt.[57] Um dem Hervorhebungsgebot § 4a Abs. 1 Satz 4 BDSG zu genügen, muss daher die Einwilligungsklausel so platziert sein, dass sie der Betroffene gerade nicht übersehen kann, etwa durch einen besonderen Abstand zum übrigen Text, durch eine Einrahmung oder Hervorhebung mittels Fettdruck.[58] Fehlt es an einer solchen Hervorhebung, ist die Einwilligung unwirksam und kann damit kein wirksamer Erlaubnistatbestand für die Datenverarbeitung sein.

Die Beurteilung, ob im Einzelfall dem Hervorhebungsgebot des § 4a Abs. 1 Satz 4 BDSG Rechnung getragen worden ist oder nicht, hängt insbesondere auch davon ab, wie weit oder

---

56 Vgl. Buchner, DuD 2010, 39, 42.

57 BGH v. 16.07.2008, NJW 2008, 3055 (Payback)/ BGH v. 11.11.2009, NJW 2010, 864 (HappyDigits) mit weiteren Nachweisen.

58 Holznagel/Sonntag in Roßnagel (Hg.), Handbuch Datenschutzrecht (2003), Kap. 4.8 Rn. 41; Gola/Schomerus, BDSG (10. A. 2010), § 4a Rn. 14; vgl. auch OLG Köln v. 11.01.2002, RDV 2002, 237, 238 („Der inflationäre Gebrauch von Fettschrift lässt die Hervorhebung hingegen möglicherweise scheitern.").

eng man die Verantwortung auf Seiten des Betroffenen und auf Seiten der datenverarbeitenden Stelle zieht. Der BGH tendiert dazu, vom einzelnen Betroffenen ein gehöriges Maß an Eigenverantwortung zu verlangen. Aus Sicht des Gerichtshofs ist dem Hervorhebungsgebot bereits dann Rechnung getragen, wenn eine Einwilligungsklausel so platziert und drucktechnisch so gestaltet ist, dass die Klausel vom so genannten „mündigen Verbraucher" zur Kenntnis genommen werden kann. Unerheblich ist es nach Ansicht des BGH demgegenüber, wenn ein unsorgfältiger oder oberflächlicher Verbraucher eine vorformulierte Einwilligungsklausel übersieht; denn jedenfalls ein „Mindestmaß an Aufmerksamkeit" sei jedem zuzumuten.

In erster Linie sieht der BGH also die Verbraucher, nicht die Unternehmen in der Pflicht. An den Verbrauchern ist es, sich entsprechend aufmerksam zu verhalten, nicht aber ist es an den Unternehmen, ihre Vertragswerke so zu gestalten, dass von vornherein ein Überlesen und Nichtwahrnehmen von Einwilligungserklärungen unmöglich gemacht wird. Letzteres könnten Unternehmen ohne weiteres dadurch gewährleisten, dass sie Einwilligungsklauseln in Form eines Opt-in ausgestalten. Eben dies sieht der BGH jedoch als nicht notwendig an – überzeugen kann dies nicht, zumindest dann nicht, wenn man Datenschutz ernst nimmt.

2.2.3 Bestimmtheitserfordernis

Dritte zentrale Wirksamkeitsvoraussetzung neben der Freiwilligkeit und Informiertheit einer Einwilligung ist deren Bestimmtheit. Eine pauschale Einwilligungsklausel, die sich nicht auf bestimmte Daten beschränkt, ist mit dem Grundgedanken des BDSG nicht vereinbar und daher unwirksam. Allgemeine Formulierungen und Zweckbestimmungen genügen dem Bestimmtheitsgebot nicht. Für den Betroffenen muss hinreichend klar erkennbar sein, welche Daten in welchem Umfang und zu welchem Zweck verarbeitet werden und an welche dritten Stellen diese Daten gegebenenfalls übermittelt werden.

Beispiele: Zu unbestimmt und damit unwirksam sind etwa

- die Einwilligungsklausel in einem Kontoeröffnungsantrag, wonach eine Bank Daten des Kunden über seine finanziellen und persönlichen Verhältnisse „im Rahmen des Bankvertrages erheben, verarbeiten und nutzen" darf;[59]
- die AGB-Klausel eines Rabattvereins, wonach „die jeweiligen Partnerunternehmen" und „die in diesem Zusammenhang beauftragten Dienstleistungsunternehmen" zur Verarbeitung und Nutzung personenbezogener Daten berechtigt sein sollen.[60]

Allein der Umstand, dass mittels einer Einwilligung eine sehr weitreichende Nutzung von Daten gestattet wird, führt dagegen noch nicht zu einer Verletzung des Bestimmtheitserfordernisses. Selbst wenn die von einer Einwilligung abgedeckten Daten weitreichende Einsichten in das Privatleben des Betroffenen ermöglichen, ist dies zulässig, vorausgesetzt, die Einwilligungsklausel listet die entsprechenden Daten im Einzelnen übersichtlich auf.[61]

59 OLG Frankfurt v. 26.02.1998, DuD 1999, 231, 233.

60 LG München I v. 01.02.2001, DuD 2001, 292, 294.

61 OLG Köln v. 17.06.2011, DuD 2011, 820, 821.

2.2.4 Widerruf der Einwilligung

Grundsatz der freien Widerrufbarkeit

Grundsätzlich hat der einzelne Betroffene jederzeit die Möglichkeit, eine einmal erteilte Einwilligung zu widerrufen.[62] Auch wenn das BDSG, anders als die meisten Landesdatenschutzgesetze,[63] ein solches Widerrufsrecht nicht ausdrücklich erwähnt, ist ein solches gleichwohl allgemein anerkannt.

Art. 7 Abs. 3 DS-GVO-E spricht dem Einzelnen ausdrücklich das Recht zu, seine Einwilligung jederzeit zu widerrufen. Die Rechtmäßigkeit der aufgrund der Einwilligung bis zum Widerruf erfolgten Verarbeitung soll allerdings durch den Widerruf nicht berührt werden.

Als Ausprägung des Rechts auf informationelle Selbstbestimmung kann der einzelne Betroffene auch auf sein Widerrufsrecht nicht endgültig und abschließend verzichten.[64] Es bleibt der freien Entscheidung des einzelnen Betroffenen überlassen, ob und in welchem Umfang er seine Einwilligung widerrufen möchte.[65] Er kann seine erteilte Einwilligung also auch nur ausschnittsweise widerrufen und nur in einer ganz bestimmten Form der ursprünglich erlaubten Datenverarbeitung widersprechen, die Einwilligungserklärung im Übrigen aber aufrechterhalten.

Von zentraler Bedeutung ist der Grundsatz der freien Widerrufbarkeit der Einwilligung vor allem deshalb, weil dem einzelnen Betroffenen zum Zeitpunkt der Erteilung seiner Einwilligung oftmals gar nicht bewusst ist – und auch noch gar nicht bewusst sein kann – welche Tragweite diese Einwilligung möglicherweise für seine informationelle Selbstbestimmung und für die Vertraulichkeit seiner Daten hat. Die tatsächlichen Konsequenzen einer einmal erteilten Einwilligung kann der Betroffene oftmals erst im Laufe der Zeit richtig abschätzen und dann möglicherweise auch seine datenschutzrechtlichen Präferenzen anders beurteilen. Es muss dem Einzelnen daher auch im Nachhinein noch möglich sein, seine informationelle Selbstbestimmung gegebenenfalls restriktiver zu handhaben, indem er der datenverarbeitenden Stelle die einmal erteilte Legitimation für eine Datenverarbeitung auch wieder entzieht.

Einschränkungen

Der Grundsatz der freien Widerrufbarkeit einer Einwilligung gilt nur dann uneingeschränkt, wenn die Einwilligung in eine Datenverarbeitung einseitig und isoliert erteilt worden ist. Oftmals wird die Einwilligung in der Praxis jedoch im Rahmen eines umfassenderen Vertragsverhältnisses erteilt oder ist sogar unverzichtbare Voraussetzung für ein solches Vertragsverhältnis. Entsprechend ist dann auch bei der Frage der Widerrufbarkeit diese rechtsgeschäftliche Einbindung der Einwilligung zu berücksichtigen. Die datenschutzrechtliche Literatur trägt dem dadurch Rechnung, dass sie einen Widerruf der Einwilligung nur noch

---

62 Däubler in Däubler/Klebe/Wedde/Weichert, BDSG (3. A. 2010), § 4a Rn. 35; Gola/Schomerus, BDSG (10. A. 2010), § 4a Rn. 18; Schaffland/Wiltfang, BDSG (Lieferung 2/11, Stand: 2011), § 4a Rn. 26; Schaar, MMR 2001, 644, 647.

63 Vgl. zum Beispiel die § 4 Abs. 2 S. 4 LDSG BW; § 5 Abs. 2 S. 2 HmbDSG; § 7 Abs. 2 S. 5 HDSG; § 4 Abs. 1 S. 5 DSG NRW; weitere Nachweise bei Simitis in ders. (Hg.), BDSG (7. A. 2011), § 4a Rn. 94.

64 Schaffland/Wiltfang, BDSG (Lieferung 2/11, Stand: 2011), § 4a Rn. 27; Holznagel/Sonntag in Roßnagel (Hg.), Handbuch Datenschutzrecht (2003), Kap. 4.8 Rn. 65.

65 Allgemeine Ansicht, vgl. statt aller Simitis in ders. (Hg.), BDSG (7. A. 2011), § 4a Rn. 97.

unter bestimmten Voraussetzungen zulässt; möglich soll ein Widerruf nur dann sein, wenn die Fortsetzung der Datenverarbeitung dem Betroffenen nicht mehr zumutbar ist oder wenn sich die für die Datenverarbeitung maßgeblichen Umstände wesentlich geändert haben.[66]

2.2.5 Form der Einwilligung

Schriftform

Nach § 4a Abs. 1 S. 3 BDSG bedarf die Einwilligung grundsätzlich der Schriftform, muss also gemäß § 126 BGB vom Betroffenen mit seiner **eigenhändigen Unterschrift** versehen worden sein. Das Schriftformerfordernis hat in erster Linie eine Warnfunktion. Die Notwendigkeit einer eigenhändigen Unterschrift schützt den einzelnen Betroffenen vor einer unüberlegten und vorschnellen Entscheidung; ihm wird nochmals bewusst gemacht, dass er im Begriff ist, etwas rechtlich Erhebliches zu erklären. Darüber hinaus schafft das Schriftformerfordernis für alle Beteiligten auch ein höheres Maß an Rechtssicherheit.

Elektronische Form

Erklärungen mittels Fax oder E-Mail genügen dem Erfordernis einer eigenhändigen Unterschrift ebenso wenig wie eine eingescannte Unterschrift.[67] Gemäß § 126 Abs. 3 BGB kann die Schriftform jedoch durch eine sog. **elektronische Form** ersetzt werden. § 126a BGB sieht hierfür vor, dass der Aussteller seine Erklärung mit einer qualifizierten elektronischen Signatur versehen muss. Bislang hat diese Form einer digitalen Signatur zwar kaum Verbreitung gefunden; möglicherweise wird sich dies aber mit der Einführung des neuen Personalausweises ändern, der für die Nutzung einer digitalen Unterschrift vorbereitet ist.

Die Signaturfunktion des neuen Personalausweises
Seit dem 1. November 2010 wird ein neuer Personalausweis im Scheckkartenformat ausgegeben, der nicht nur eine neue Online-Ausweisfunktion hat, sondern auch für die digitale Signatur vorbereitet ist. Um die Signaturfunktion nutzen zu können, muss ein Signaturzertifikat von einem zugelassenen Signaturanbieter erworben und auf den Ausweis geladen werden. Des Weiteren bedarf es einer separaten Signatur-PIN sowie eines Lesegeräts mit PIN-Pad, um diese PIN einzugeben. Auf diese Weise können dann auch online Erklärungen abgegeben und Verträge geschlossen werden, die sonst eine eigenhändige Unterschrift erfordern.

Ausnahmen vom Schriftformerfordernis

§ 4a Abs. 1 S. 3 BDSG lässt eine **Ausnahme** vom Schriftformerfordernis zu, soweit „wegen besonderer Umstände eine andere Form angemessen ist". Wie weit oder eng diese Ausnahme zu verstehen ist, wird unterschiedlich beurteilt. Teils wird gefordert, diese Ausnahme grund-

---

[66] Däubler in Däubler/Klebe/Wedde/Weichert, BDSG (3. A. 2010), § 4a Rn. 38; Gola, DuD 2001, 278, 279; Simitis in ders. (Hg.), BDSG (7. A. 2011), § 4a Rn. 100 ff.

[67] Däubler in Däubler/Klebe/Wedde/Weichert, BDSG (3. A. 2010), § 4a Rn. 11.

sätzlich restriktiv zu handhaben;[68] teils wird aber auch betont, die Anforderungen an ein Vorliegen „besonderer Umstände" dürften nicht zu hoch angesetzt werden.[69] Eine Ausnahme vom Erfordernis der Schriftform kommt insbesondere dann in Betracht, wenn der Betroffene selbst ein Kommunikationsmedium wählt, welches die Einholung einer schriftlichen Einwilligung nicht oder nur unter unzumutbarem Aufwand ermöglicht.

Beispiel: Ein Verbraucher ruft von sich aus bei der Hotline eines Weinhändlers an. Er lässt sich beraten und willigt in diesem Zusammenhang in die Erfassung seiner Daten zu Beratungszwecken ein. Man kann hier argumentieren, dass der Verbraucher selbst das Kommunikationsmedium Telefon gewählt hat und daher ausnahmsweise auch die Einwilligung mündlich erteilt werden kann. Abzulehnen ist demgegenüber eine Ausnahme vom Schriftformerfordernis, wenn umgekehrt der Weinhändler den Verbraucher telefonisch kontaktiert hat, um seine Produkte zu bewerben.

Nach den Plänen der Kommission sollen zwar grundsätzlich keine Formvorgaben mehr für die Erteilung einer Einwilligung gelten. Jedoch trägt die datenverarbeitende Stelle die Beweislast dafür, dass der Betroffene seine Einwilligung in die Verarbeitung personenbezogener Daten für eindeutig festgelegte Zwecke erteilt hat (s. **Art. 7 Abs. 1 DS-GVO-E**). Bei einer bloß mündlich erteilten Einwilligung wird dieser Nachweis regelmäßig nicht zu führen sein.

Einwilligung im Online- und Telekommunikationsbereich

Für den Online- und Telekommunikationsbereich sehen die §§ 13 Abs. 2 TMG und 94 TKG eine Erleichterung gegenüber dem Schriftformerfordernis des § 4a Abs. 1 S. 3 BDSG vor und lassen eine elektronische Erklärung ausreichen – vorausgesetzt dass die Einwilligung

- bewusst und eindeutig erteilt wird,
- protokolliert wird,
- ihr Inhalt jederzeit abgerufen werden kann und
- sie jederzeit mit Wirkung für die Zukunft widerrufen werden kann.[70]

---

68 Däubler in Däubler/Klebe/Wedde/Weichert, BDSG (3. A. 2010), § 4a Rn. 15.

69 Taeger in Taeger/Gabel (Hg.), BDSG (2010), § 4a Rn. 34.

70 S. dazu auch Spindler/Nink in Spindler/Schuster (Hg.), Recht der elektronischen Medien (2. A. 2011), § 13 TMG Rn. 6; Eckhard in Spindler/Schuster (Hg.), Recht der elektronischen Medien (2. A. 2011), § 94 TKG Rn. 6.

3 Gesetzliche Erlaubnistatbestände

3.1 Allgemeines

Eine der zentralen Vorgaben, die das Bundesverfassungsgericht im Volkszählungsurteil für das Datenschutzrecht festgehalten hat, lautet, dass Einschränkungen des Rechts auf informationelle Selbstbestimmung stets einer verfassungsmäßigen gesetzlichen Grundlage bedürfen (sog. Gesetzesvorbehalt). Nur der – demokratisch legitimierte – Gesetzgeber soll über das Ob und Wie einer zulässigen Datenverarbeitung bestimmen dürfen. Soweit daher der einzelne Betroffene nicht selbst in eine Verarbeitung seiner personenbezogener Daten eingewilligt hat (siehe unten), dürfen diese Daten nur dann verarbeitet werden, wenn dies durch eine gesetzliche Vorschrift erlaubt ist.

So gut gemeint der Gesetzesvorbehalt ist, so unpraktikabel ist das Datenschutzrecht gerade auch durch diese Vorgabe geworden. Die Vorgabe, für jede Art der Datenverarbeitung entsprechende gesetzliche Erlaubnistatbestände zu normieren, hat zu einer Flut datenschutzrechtlicher Regelwerke geführt, die selbst für Datenschutzrechtsexperten mitunter kaum noch überschaubar und handhabbar ist. Gesetzgeber wie Rechtsanwender sehen sich dabei vor allem zwei Problemen gegenüber: Sollen gesetzliche Erlaubnistatbestände für eine zulässige Datenverarbeitung möglichst eindeutig und präzise formuliert werden, führt dies schnell zu einer Detailversessenheit und Überregulierung, aufgrund derer sich das Datenschutzrecht seinen Ruf als unverständliche und überreglementierte Spezialmaterie eingehandelt hat. Wird demgegenüber die Alternative gewählt, möglichst allgemein gehaltene Erlaubnistatbestände zu normieren, so sind solcherlei Generalklauseln zwar flexibel handhabbar, lassen aber aufgrund der Allgemeinheit ihrer Vorgaben den Rechtsanwender oftmals gerade im Unklaren darüber, welche Art der Datenverarbeitung nun konkret noch erlaubt oder nicht mehr erlaubt ist. Paradebeispiel für solche allgemeinen Generalklauseln sind allgemeine Interessenabwägungsklauseln wie die der §§ 28, 29 BDSG.

3.2 Versuch einer Systematisierung

Möchte man trotz der Vielzahl und Mannigfaltigkeit gesetzlicher Erlaubnistatbestände den Versuch einer Systematisierung unternehmen, bietet sich im Ausgangspunkt ein Rückgriff auf **Art. 7 DSRL** an. Die Vorschrift zählt abschließend auf, in welchen Fällen Mitgliedstaaten eine Verarbeitung personenbezogener Daten zulassen dürfen.[1] Gleiches gilt für **Art. 6 DS-GVO-E**, der weitgehend auf Art. 7 DSRL fußt.

---

1 Dammann/Simitis, EG-Datenschutzrichtlinie (1997), Art. 7 Rn. 1.

Art. 7 DSRL differenziert – neben dem Erlaubnistatbestand der Einwilligung – nach fünf Kategorien möglicher gesetzlicher Erlaubnistatbestände. Gesetzlich erlaubt werden können danach folgende Arten einer Datenverarbeitung:

- Datenverarbeitung im Rahmen eines Schuldverhältnisses
- Datenverarbeitung zur Erfüllung einer rechtlichen Verpflichtung
- Datenverarbeitung zur Wahrung lebenswichtiger Interessen des Betroffenen
- Datenverarbeitung zur Erfüllung öffentlicher Aufgaben
- Datenverarbeitung auf Grundlage einer Interessenabwägung.

Für den Bereich der nicht-staatlichen Datenverarbeitung sind vor allem die beiden Kategorien von Erlaubnistatbeständen von Bedeutung, die die Datenverarbeitung **im Rahmen eines Schuldverhältnisses** oder auf Grundlage einer **Interessenabwägung** legitimieren. Unter diese beiden Kategorien lassen sich die meisten der praktisch wichtigen Erlaubnistatbestände fassen.

3.2.1 Datenverarbeitung im Rahmen eines Schuldverhältnisses

Gesetzliche Erlaubnistatbestände, die eine Datenverarbeitung im Rahmen eines Schuldverhältnisses legitimieren, normieren zunächst einmal eine Selbstverständlichkeit. Dass eine Datenverarbeitung, die für die Durchführung eines Schuldverhältnisses erforderlich ist, erlaubt sein muss, folgt schon aus der Natur der Sache. Stets muss eine Verarbeitung solcher Daten zulässig sein, ohne deren Kenntnis die datenverarbeitende Stelle ihre Leistung überhaupt nicht anbieten, erbringen oder auch abrechnen könnte.

Grundnorm des § 28 Abs. 1 S. 1 Nr. 1 BDSG

Zentraler Erlaubnistatbestand für eine Datenverarbeitung im Rahmen von Schuldverhältnissen ist im deutschen Datenschutzrecht § 28 Abs. 1 S. 1 Nr. 1 BDSG. Die Vorschrift knüpft die Zulässigkeit einer Datenverarbeitung an einen bestimmten rechtsgeschäftlichen Zweck und erlaubt eine Verarbeitung personenbezogener Daten, wenn dies für die Begründung, Durchführung oder Beendigung eines rechtsgeschäftlichen (1. Alt.) oder rechtsgeschäftsähnlichen Schuldverhältnisses (2. Alt.) mit dem Betroffenen erforderlich ist. Das BDSG setzt damit Art. 7 lit. b DSRL um, der die Verarbeitung personenbezogener Daten zulässt, wenn diese für die Erfüllung eines Vertrages oder die Durchführung vorvertraglicher Maßnahmen erforderlich ist.

Ob eine Verarbeitung personenbezogener Daten zur Begründung, Durchführung und Beendigung eines rechtsgeschäftlichen Schuldverhältnisses (Alt. 1) erforderlich ist, hängt davon ab, ob ein unmittelbarer sachlicher Zusammenhang zwischen der beabsichtigten Datenverwendung und dem konkreten Zweck des rechtsgeschäftlichen Schuldverhältnisses besteht.[2] Beurteilungsgrundlage hierfür ist in erster Linie der Vertragsinhalt. Stets kann § 28 Abs. 1 S. 1 Nr. 1 BDSG nur insoweit eine Legitimationsgrundlage für die Datenverarbeitung liefern, als es sich um Daten handelt, deren Verarbeitung objektiv für die Erfüllung des konkreten rechtsgeschäftlichen Schuldverhältnisses erforderlich ist. In vielen Konstellationen lässt sich eine solche Erforderlichkeit relativ eindeutig bejahen oder auch verneinen.

---

2 Simitis in ders. (Hg.), BDSG (7. A. 2011), § 28 Rn. 57.

Beispiel: Unstreitig bedarf es zur Abwicklung einer telefonischen Bestellung der Verarbeitung von personenbezogenen Daten wie Namen, Anschrift und Zahlungsdaten. Ebenso unstreitig ist es aber nicht erforderlich, diese Informationen auch nach Abwicklung der Bestellung noch zu Zwecken des Marketings zu speichern.

In anderen Konstellationen wiederum lässt sich die Frage nach der Erforderlichkeit einer bestimmten Datenverarbeitung im Rahmen eines Schuldverhältnisses nicht so klar und eindeutig beantworten. Vielmehr bedarf es zunächst einmal der Herausarbeitung dessen, was der eigentliche Zweck des konkreten Schuldverhältnisses ist und welche Datenverarbeitung somit für dessen Erreichung erforderlich ist.

Beispiel Kundenbindungssysteme
Moderne Kundenbindungssysteme in Form von Kundenkarten bezwecken anders als die herkömmlichen Rabattheftchen nicht mehr allein die Bindung des Kunden an ein Unternehmen, sondern insbesondere auch die Erhebung von Kundendaten. Indem der Einzelne beim Einkauf seine Bonus-, Treue- oder ähnliche Karte vorlegt, hebt er die bis dahin bestehende Anonymität der Kundenbeziehung auf und ermöglicht dem Unternehmen die Speicherung personenbezogener Daten wie Name und Adresse sowie Kaufgewohnheiten.[3] Diese Daten wiederum werden als Grundlage gezielter Kundenanalysen herangezogen, um Kaufgewohnheiten zu erforschen und individuelle Angebote unterbreiten zu können.[4] Motiviert werden die Kunden zur Teilnahme an solchen Kundenbindungssystemen und zur Preisgabe ihrer persönlichen Daten durch Geschenke, Vergünstigungen oder vergleichbare materielle Anreize.

Fraglich ist nun, in welchem Umfang eine Datenverarbeitung im Rahmen von Kundenbindungssystemen möglicherweise auf § 28 Abs. 1 S. 1 Nr. 1 BDSG gestützt werden kann. Die Beantwortung dieser Frage hängt davon ab, ob man den konkreten Zweck von Kundenbindungssystemen eher enger oder weiter auffasst.

- Bei einem **engem Verständnis** ist der Zweck darauf beschränkt, dem Kunden im Gegenzug für den Einsatz seiner Karte Gegenleistungen in Form von Geschenken etc. zukommen zu lassen. Entsprechend ist nur die Verarbeitung solcher personenbezogenen Daten zulässig, auf deren Kenntnis der Betreiber des Kundenbindungsprogrammes angewiesen ist, um entscheiden zu können, wem überhaupt ein Rabatt gutzuschreiben ist, in welcher Höhe etc. Soweit eine Datenverarbeitung hierzu erforderlich ist, lässt sich diese auf den gesetzlichen Erlaubnistatbestand des § 28 Abs. 1 S. 1 Nr. 1 BDSG stützen.[5]
- Bei einem **weiten Verständnis** geht der Zweck eines Kundenbindungsprogramms darüber hinaus auch dahin, dass ein möglichst genaues Kundenprofil erstellt wird, um die

---

3 Weichert, WRP 1996, 522,523.

4 ULD, Kundenbindungssysteme, S. 18.

5 Hierzu zählen zum einen die sog. Stammdaten des Kunden (persönliche Daten wie Name, Adresse und Geburtsjahr), zum anderen die entsprechenden Programmdaten (d. h. die erhobenen Daten anlässlich des einzelnen Geschäftsvorgangs, insb. Höhe des Rabattbetrags, Ort und Zeitpunkt des Vorgangs, Kennung des Partnerunternehmens und Preis der Ware oder Dienstleistung); siehe näher dazu *ULD*, Kundenbindungssysteme, S. 27 ff.

Teilnehmer individuell bewerben zu können. Entsprechend ließe sich dann auf § 28 Abs. 1 S. 1 Nr. 1 BDSG auch die zu diesen Marketingzwecken erforderliche Datenverarbeitung stützen. Zulässig ist dann insbesondere auch eine Verarbeitung sog. Programmdaten, die Auskunft darüber geben, wer welche Produkte und Dienstleistungen in welchem Umfang in Anspruch genommen hat, damit der Betreiber des Kundenbindungssystems daran die eigenen Marketingbemühungen ausrichten kann.

§ 28 Abs. 1 S. 1 Nr. 1 BDSG spricht in seiner zweiten Alternative neben dem rechtsgeschäftlichen Schuldverhältnis auch das sog. rechtsgeschäftsähnliche Schuldverhältnis an. Als ein solches rechtsgeschäftsähnliches Schuldverhältnis kommen vor- oder nachvertragliche Schuldverhältnisse, Gefälligkeitsverträge, unwirksame Verträge, Mitgliedschaften wie beispielsweise in Vereinen, Gewerkschaften oder Arbeitgeberverbänden sowie die Geschäftsführung ohne Auftrag (§§ 677 ff. BGB) in Betracht.[6] Auch hier gilt wieder, dass es zur Bejahung der Erforderlichkeit der Datenverarbeitung für die Begründung, Durchführung und Beendigung des rechtsgeschäftsähnlichen Schuldverhältnisses eines sachlichen Zusammenhangs zum Inhalt desselbigen bedarf. Ein solcher sachlicher Zusammenhang kann zum Beispiel bei der Erhebung und Speicherung der Bonitätsdaten eines möglichen Vertragspartners im Rahmen der Vertragsanbahnung gegeben sein, da diese für die Entscheidung über den Abschluss des spezifischen Vertrages erheblich sein können.[7]

Konkretere Vorgaben

Während der Erlaubnistatbestand des § 28 Abs. 1 S. 1 Nr. 1 BDSG naturgemäß stets einen gewissen Auslegungsspielraum dahingehend lässt, wie großzügig oder restriktiv man die „Erforderlichkeit" einer Datenverarbeitung im Rahmen eines Schuldverhältnisses versteht, sind andere Erlaubnistatbestände konkreter und schreiben explizit fest, welche Datenverarbeitungsvorgänge im Rahmen eines Schuldverhältnisses als erforderlich einzuordnen sind. Insbesondere bei komplizierten und technisch geprägten Datenverarbeitungsvorgängen im Telekommunikations- und Telemedienbereich hat der Gesetzgeber konkret festgeschrieben, welche Daten im Rahmen eines Schuldverhältnisses verarbeitet werden dürfen. Beispiele sind vor allem die Erlaubnistatbestände der §§ 95 ff. TKG und §§ 11 ff. TMG, die die Zulässigkeit der Verarbeitung sog. Nutzungs-, Verkehrs- oder Abrechnungsdaten regeln. Zulässig soll eine Verarbeitung dieser Daten danach stets dann sein, wenn dies erforderlich ist, um die Inanspruchnahme der angebotenen Dienste zu ermöglichen und abzurechnen, wobei in teils äußerst detaillierten und umfangreichen Bestimmungen diese Erforderlichkeit näher präzisiert wird. Damit tragen diese Vorschriften zu mehr Rechtssicherheit bei und ersparen gleichzeitig den Beteiligten die Mühe, sich mit Detailfragen einer zulässigen Datenverarbeitung auseinandersetzen zu müssen.

---

6 Vgl. Kühling/Seidel/Sivridis, Datenschutzrecht (2. A. 2011), S. 167.

7 Gola/Schomerus, BDSG (10. A. 2010), § 28 Rn. 27.

Beispiele:
- § 15 Abs. 5 S. 1 TMG: Zulässigkeit der Übermittlung von Abrechnungsdaten an Dritte, soweit dies zur Entgeltermittlung und zur Abrechnung mit dem Nutzer erforderlich ist;
- § 15 Abs. 7 S. 1 TMG: Zulässigkeit der Speicherung von Abrechnungsdaten für die Erstellung von Einzelnachweisen bis zu sechs Monate nach Rechnungsstellung;
- § 95 Abs. 1 S. 2 TKG: Zulässigkeit der Verarbeitung von Bestandsdaten im Rahmen eines Vertragsverhältnisses mit einem anderen Diensteanbieter;
- § 97 Abs. 5 TKG: Zulässigkeit der Übermittlung von Bestands- und Verkehrsdaten im Falle des Entgelteinzugs für Dritte.

3.2.2 Datenverarbeitung auf Grundlage einer Interessenabwägung

Gesetzliche Erlaubnistatbestände, die eine Datenverarbeitung auf Grundlage einer Interessenabwägung erlauben (sog. **Interessenabwägungsklauseln**), finden sich für den Bereich der nicht-staatlichen Datenverarbeitung an vielen Stellen. Dem Grunde nach lassen sich dabei zwei Arten von Interessenabwägungsklauseln unterscheiden: allgemeine und konkretisierte Interessenabwägungsklauseln. Erstere beschränken sich auf die allgemeine Vorgabe, eine Abwägung zwischen den „berechtigten Interessen" der verantwortlichen Stelle an einer Datenverarbeitung einerseits und den „schutzwürdigen Interessen" des Betroffenen an einer Vertraulichkeit seiner Daten andererseits vorzunehmen. Konkretisierte Interessenabwägungsklauseln hingegen sind regelmäßig dahingehend enger gefasst, dass sie bestimmte Datenverarbeitungszwecke als „berechtigte" Datenverarbeitungsinteressen einordnen, die sich dann aber gleichwohl einer Abwägung mit den schutzwürdigen Interessen der Betroffenen stellen müssen.

Allgemeine Interessenabwägungsklauseln

Paradebeispiel für eine allgemeine Interessenabwägungsklausel ist die Vorschrift des § 28 Abs. 1 S. 1 Nr. 2 BDSG. Eine Datenverarbeitung für eigene Geschäftszwecke ist danach zulässig,

> *„soweit es zur Wahrung berechtigter Interessen der verantwortlichen Stelle erforderlich ist und kein Grund zu der Annahme besteht, dass das schutzwürdige Interesse des Betroffenen an dem Ausschluss der Verarbeitung oder Nutzung überwiegt".*

Der Vorteil solcherlei allgemeiner Interessenabwägungsklauseln, die Flexibilität, ist zugleich auch einer der zentralen Problempunkte. Ob etwa die Interessen des von einer Datenverarbeitung Betroffenen schutzwürdig sind und insoweit einer Datenverarbeitung entgegenstehen, kann je nach datenschutzrechtlicher Sensibilität so oder so entschieden werden. Gleiches gilt für die Frage, welche Datenverarbeitungsinteressen als „berechtigt" einzuordnen sind. Es entspricht allgemeiner Auffassung, dass zu den „berechtigten Interessen" nicht nur ein rechtliches Interesse, sondern auch tatsächliche, wirtschaftliche oder ideelle Interessen der verantwortlichen Stellen zählen.[8] Wenig überraschend verstehen datenverarbeitende Unternehmen diesen ohnehin schon weiten Rahmen tendenziell großzügig und setzen umgekehrt die Schwelle für eine Schutzwürdigkeit der Interessen auf Seiten der Betroffenen umso höher an. Im Ergebnis führt dies dazu, dass auf der Grundlage allgemeiner Interessenabwägungsklauseln in großzügigem Umfang Daten verarbeitet werden, was sich wiederum – gerade weil die Begriffe des berechtigten Interesses und des schutzwürdigen Interesses so schwer greifbar sind – auch nur schwer kontrollieren und beschränken lässt.

Gleichwohl sind allgemeine Interessenabwägungsklauseln in jedem datenschutzrechtlichen Regulierungssystem unverzichtbar, weil es nur mit ihnen möglich ist, eine Vielzahl unterschiedlichster Sachverhalte zu erfassen und insbesondere auch auf die Folgen des rasanten Fortschritts in der Datenverarbeitungstechnik zu reagieren. Tatsächlich gibt es zu Interessenabwägungsklauseln keine wirkliche Alternative.[9] Zwar könnte der Gesetzgeber zu jedem datenschutzrechtlichen Problembereich ein sektorspezifisches Gesetz erlassen und auf diese Weise der Forderung des BVerfG nach „einer verfassungsmäßigen gesetzlichen Grundlage, die dem rechtsstaatlichen Gebot der Normenklarheit entsprechen muss“[10], nachkommen. In der Praxis besteht jedoch schon heute das Problem, dass selbst mit der Materie vertraute Fachleute die Vielzahl an datenschutzrechtlichen Gesetzen kaum mehr überblicken können. Immer weitere sektorspezifische Gesetze würden diese Entwicklung nur noch beschleunigen und damit letztlich zu einem noch größeren Vollzugs- und Verständnisdefizit im Datenschutzrecht führen.

Konkretisierte Interessenabwägungsklauseln

Nicht alle Interessenabwägungsklauseln sind so allgemein gehalten wie die des § 28 Abs. 1 S. 1 Nr. 2 BDSG. Vielmehr gibt es eine Vielzahl von gesetzlichen Erlaubnistatbeständen, die zwar eine Interessenabwägung voraussetzen, diese Abwägung jedoch in einigen Aspekten vom Gesetzgeber schon vorgezeichnet ist. Regelmäßig geschieht dies dadurch, dass die „berechtigten Interessen“ der datenverarbeitenden Stelle bereits konkret festgeschrieben sind, weil der jeweilige Erlaubnistatbestand die Verarbeitung personenbezogener Daten **für eine ganz bestimmte Zwecksetzung** unter bestimmten Voraussetzungen zulässt.

Anders als bei den allgemeinen Interessenabwägungsklauseln geht es also nicht mehr um die Frage, welche tatsächlichen, wirtschaftlichen oder ideellen Interessen der verantwortlichen Stellen an einer Datenverarbeitung als berechtigt oder unberechtigt einzustufen sind. Stattdessen wird Art und Umfang eines „berechtigten Interesses“ in diesen Erlaubnistatbeständen von vornherein vorgegeben, indem die Datenverarbeitung für einen bestimmten gesetzlich normierten Zweck unter bestimmten Voraussetzungen erlaubt wird. Die Prüfung dieser Erlaubnistatbestände erstreckt sich dann regelmäßig darauf, ob den zunächst einmal als berechtigt anerkannten Datenverarbeitungszwecken gleichwohl schutzwürdige Interessen des Betroffenen entgegenstehen und/oder ob die sonstigen Voraussetzungen des jeweiligen Erlaubnistatbestands erfüllt sind.

---

8 Siehe etwa Bergmann/Möhrle/Herb (Hg.), BDSG (43. Ergänzungslieferung, Stand: 2011), § 28 Rn. 222; Gola/Schomerus, BDSG (10. A. 2010), § 28 Rn. 33, § 29 Rn. 11; Schaffland/Wiltfang, BDSG (Lieferung 2/11, Stand: 2011), § 28 Rn. 85.

9 Buchner in Bauer/Kort/Möllers/Sandmann (Hg.), FS für Herbert Buchner (2009), S. 153, 156.

10 BVerfG v. 15.12.1983, BVerfGE 65, 1, 1.

Datenverarbeitungszwecke mit ausdrücklicher gesetzlicher Anerkennung (Beispiele)

Wissenschaftliche Forschung: Wissenschaftliche Forschung ist in vielen Fällen gerade auch auf die Auswertung personenbezogener Daten angewiesen. Der Gesetzgeber hat deshalb eine Verarbeitung personenbezogener Daten (einschließlich besonderer Arten von personenbezogenen Daten i.S.d. § 3 Abs. 9 BDSG) zu Forschungszwecken gemäß § 28 Abs. 2 Nr. 3 und Abs. 6 Nr. 4 BDSG unter bestimmten Voraussetzungen erlaubt. Zulässig ist eine Datenverarbeitung zu Forschungszwecken nach diesen Vorschriften, wenn es zur Durchführung wissenschaftlicher Forschung erforderlich ist, das wissenschaftliche Interesse an der Durchführung des Forschungsvorhabens das Interesse des Betroffenen erheblich überwiegt und der Zweck der Forschung auf andere Weise nicht oder nur mit unverhältnismäßigem Aufwand erreicht werden kann.

Markt- und Meinungsforschung: Mit § 30a BDSG existiert seit der BDSG Novelle 2009 auch für die Datenverarbeitung zu Zwecken der Markt- und Meinungsforschung eine ausdrückliche gesetzliche Regelung. Mit der Normierung eines eigenständigen Erlaubnistatbestands für die Markt- und Meinungsforschung soll vor allem deren Besonderheiten gegenüber der Werbung Rechnung getragen werden.

Gemäß § 30a Abs. 1 S. 1 BDSG dürfen Daten zu Zwecken der Markt- und Meinungsforschung verarbeitet werden,

- wenn entweder kein Grund zu der Annahme besteht, dass der Betroffene ein schutzwürdiges Interesse am Ausschluss der Verarbeitung hat (Nr. 1)
- oder aber wenn die Daten aus allgemein zugänglichen Quellen entnommen werden können bzw. die verantwortliche Stelle sie veröffentlichen dürfte und das schutzwürdige Interesse des Betroffenen das Interesse der verantwortlichen Stelle am Umgang mit den Daten nicht offensichtlich überwiegt (Nr. 2).

Zusätzlich wird dem informationellen Selbstbestimmungsrecht des Betroffenen auch dadurch Rechnung getragen, dass dieser einer Datenverarbeitung zu Zwecken der Markt- oder Meinungsforschung stets nach § 30a Abs. 5 i.V.m. § 28 Abs. 4 S. 1 BDSG widersprechen kann.

Werbung: Selbst die Datenverarbeitung zu Werbezwecken hat – in gewissem Umfang – gesetzliche Anerkennung gefunden. Zwar ist für eine solche Datenverarbeitung nach § 28 Abs. 3 S. 1 BDSG grundsätzlich die Einwilligung des Betroffenen erforderlich. § 28 Abs. 3 S. 2 BDSG zählt allerdings eine Reihe von Daten auf, die für bestimmte Werbezwecke auch ohne Einwilligung verarbeitet werden dürfen. Dahinter steht die Idee, dass bestimmte Daten nur eine geringere Aussagekraft haben und daher auch die datenschutzrechtlichen Grenzen großzügiger ausfallen können.

Überzeugen kann dies kaum: Bereits im Volkszählungsurteil hat das Bundesverfassungsgericht festgehalten, dass es unter den Bedingungen der automatisierten Datenverarbeitung kein für sich genommen belangloses oder harmloses Datum mehr gibt, sondern die Aussagekraft einer jeden Information stets von ihrem Verwendungskontext abhängt.[11] Entsprechend kontrovers ist daher auch die Sonderbehandlung bestimmter Daten, wie sie der Gesetzgeber in § 28 Abs. 3 S. 2 BDSG getroffen hat; die Rede ist von einer einseitigen Berücksichtigung der Interessen der Werbewirtschaft[12] und einer besonders problematischen Bestimmung des

---

[11] BVerfG v. 15.12.1983, NJW 1984, 419, 422.

[12] Wedde in Däubler/Klebe/Wedde/Weichert, BDSG (3. A. 2010), § 28 Rn. 96.

BDSG.[13] Allerdings hat der Gesetzgeber zumindest insoweit der Datenverarbeitung zu Werbezwecken Grenzen gezogen, als einer solcher Datenverarbeitung niemals schutzwürdige Interessen des Betroffenen entgegenstehen dürfen (§ 28 Abs. 3 S. 6 BDSG). Stets kann der Betroffene darüber hinaus einer rechtlich an sich zulässigen Datenverarbeitung zu Werbezwecken nach § 28 Abs. 4 S. 1 BDSG widersprechen.

§ 28 Abs. 3 S. 2 BDSG erlaubt die Verarbeitung personenbezogener Daten, soweit es sich hierbei um listenmäßig oder sonst zusammengefasste Daten handelt, die sich auf die folgenden Angaben beschränken:

- Angaben zur Zugehörigkeit des Betroffenen zu einer bestimmten Personengruppe
- Berufs-, Branchen- oder Geschäftsbezeichnung
- Namen
- Titel
- akademischer Grad
- Anschrift
- Geburtsjahr.

§ 28 Abs. 3 S. 2 BDSG zählt dann im Folgenden drei Arten von Werbung auf, zu deren Zweck diese Daten verarbeitet werden dürfen:

- Werbung für eigene Angebote (Nr. 1), vorausgesetzt, die Daten (außer zur Gruppenzugehörigkeit) sind beim Betroffenen nach § 28 Abs. 1 S. 1 Nr. 1 BDSG oder aus allgemein zugänglichen Verzeichnissen erhoben worden;
- Werbung im Hinblick auf die berufliche Tätigkeit des Betroffenen (Nr. 2), wobei die Werbung aber nur an die berufliche Anschrift versandt werden darf;
- Werbung für Spenden (Nr. 3).

§ 28 Abs. 3 S. 3 BDSG erlaubt darüber hinaus auch das sog. Hinzuspeichern von Daten. Unternehmen dürfen danach zum Zwecke der Werbung für eigene Angebote ihrem Datenbestand weitere Informationen hinzufügen, um Kunden noch gezielter bewerben zu können.[14] Die Listen mit nach Abs. 3 S. 2 zusammengefassten Daten dürfen außerdem unter bestimmten Voraussetzungen nach Abs. 3 S. 4 für Zwecke der Werbung auch an Dritte übermittelt werden sowie gemäß Abs. 3 S. 5 dazu genutzt werden, für fremde Angebote zu werben (sog. „Beipack-Werbung" – das Unternehmen macht nicht nur in eigener Sache Werbung, sondern betreibt zusätzlich auch Werbung für Angebote Dritter).

Zulässigkeit von Direktwerbung nach dem DS-GVO-E

Ursprünglich sah die Kommission in ihren Vorschlägen für eine Datenschutz-Grundverordnung das Erfordernis einer Einwilligung für eine Datenverarbeitung zu Zwecken des Direktmarketings vor. In dem letztlich von der Kommission vorgelegten Vorschlag wurde von diesem Einwilligungserfordernis jedoch wieder Abstand genommen. Art. 19 Abs. 2 DS-GVO-E sieht nunmehr lediglich ein (unentgeltliches) Widerspruchsrecht des Betroffenen gegen eine Datenverarbeitung zu Zwecken der Direktwerbung vor. Auf dieses Recht soll der Betroffene in einer verständlichen und von anderen Informationen klar abgegrenzten Form hingewiesen werden.

13 Simitis in ders. (Hg.), BDSG (7. A. 2011), § 28 Rn. 229.

14 BT-Drs. 16/12011, S. 28.

Gefahrenabwehr und Strafverfolgung: Auch Gefahrenabwehr und Strafverfolgung haben als Datenverarbeitungszwecke eine eigenständige Regelung in Form einer konkretisierten Interessenabwägungsklausel im BDSG gefunden. Gemäß § 28 Abs. 2 Nr. 2b BDSG dürfen verantwortliche Stellen, die personenbezogene Daten für eigene Geschäftszwecke verarbeiten, diese Daten für einen anderen Zweck übermitteln oder nutzen, soweit dies erforderlich ist

> *„zur Abwehr von Gefahren für die staatliche oder öffentliche Sicherheit oder zur Verfolgung von Straftaten und kein Grund zu der Annahme besteht, dass der Betroffene ein schutzwürdiges Interesse an dem Ausschluss der Übermittlung oder Nutzung hat".*[15]

Der Anwendungsbereich dieses Erlaubnistatbestands ist insoweit begrenzt, als es zahlreiche spezialgesetzliche Regelungen etwa in der StPO, der AO oder den Landes-Polizeigesetzen gibt, die die Zulässigkeit einer entsprechenden Datenverwendung vorrangig regeln und für die Heranziehung des § 28 Abs. 2 Nr. 2b BDSG keinen Raum mehr lassen.[16] Ist der Anwendungsbereich des § 28 Abs. 2 Nr. 2b BDSG eröffnet, stellt sich aus der Perspektive des Datenschutzes in erster Linie das Problem, dass das „schutzwürdige Interesse" des Betroffenen an einem Ausschluss der Datenverarbeitung gegenüber öffentlicher Gefahrenabwehr und Strafverfolgung wohl nur selten als schwerwiegender eingeordnet werden wird.[17]

3.2.3 Sonstige Erlaubnistatbestände

Datenverarbeitung zur Erfüllung einer rechtlichen Verpflichtung

Selbstredend gesetzlich legitimiert ist eine Datenverarbeitung stets auch dann, wenn diese für die Erfüllung einer rechtlichen Verpflichtung erforderlich ist, der die für die Verarbeitung verantwortliche Stelle unterliegt (vgl. Art. 7 lit. c DSRL; Art. 6 Abs. 1 lit. c DS-GVO-E). **Aufzeichnungs- und Aufbewahrungspflichten**, wie sie etwa das Handels-, Gewerbe-, Steuer- oder Sozialrecht normieren, zählen hierzu ebenso wie die ärztliche Dokumentationspflicht.

Datenverarbeitung zur Wahrung lebenswichtiger Interessen des Betroffenen

Erlaubnistatbestände, die eine Datenverarbeitung zur Wahrung lebenswichtiger Interessen des Betroffenen legitimieren (vgl. Art. 7 lit. d; Art. 6 Abs. 1 lit. d DS-GVO-E), sieht das BDSG nur vor, soweit es um die Verarbeitung von besonderen Arten personenbezogener Daten geht. Gemäß § 28 Abs. 6 Nr. 1 BDSG ist eine solche Datenverarbeitung für eigene Geschäftszwecke zulässig, wenn „dies zum Schutz lebenswichtiger Interessen des Betroffenen oder eines Dritten erforderlich ist, sofern der Betroffene aus physischen oder rechtlichen Gründen außerstande ist, seine Einwilligung zu geben". Regelmäßig angeführtes Beispiel in

---

15 Für die Übermittlung und Nutzung besonderer Arten personenbezogener Daten siehe § 28 Abs. 8 S. 2 BDSG.

16 Simitis in ders. (Hg.), BDSG (7. A. 2011), § 28 Rn. 192 f.

17 Vgl. Simitis in ders. (Hg.), BDSG (7. A. 2011), § 28 Rn. 191.

diesem Zusammenhang ist die Verarbeitung von Gesundheitsdaten im Falle hochinfektiöser Krankheiten.[18]

Datenverarbeitung zur Erfüllung öffentlicher Aufgaben

Erlaubnistatbestände, die eine Datenverarbeitung zur Erfüllung öffentlicher Aufgaben legitimieren (vgl. Art. 7 lit. e DSRL; Art. 6 Abs. 1 lit. e DS-GVO-E), sind für datenverarbeitende Stellen aus dem nicht-öffentlichen Bereich regelmäßig ohne Relevanz. Zwar können auch auf nicht-öffentliche Stellen hoheitliche Aufgaben der öffentlichen Verwaltung übertragen werden (sog. Beliehene). Soweit es dazu kommt, sind diese Stellen dann aber gerade nicht mehr als nicht-öffentliche, sondern als öffentliche Stellen einzuordnen und unterfallen damit den Regelungen für die Datenverarbeitung im öffentlichen Bereich.

[18] Simitis in ders. (Hg.), BDSG (7. A. 2011), § 28 Rn. 300; Wedde in Däubler/Klebe/Wedde/Weichert, BDSG (3. A. 2010), § 28 Rn. 170.

4 Datenverarbeitung durch Kreditauskunfteien (Credit Reporting)

Wird heutzutage ein Mobilfunkvertrag abgeschlossen, ein Kredit eingeräumt oder ein Girokonto eröffnet, ist dem regelmäßig die Einholung einer sog. Bonitätsauskunft (Credit Report) vorgeschaltet. Unternehmen, die in irgendeiner Form gegenüber Verbrauchern in Vorleistung gehen, wollen im Vorfeld eines Vertrags zunächst einmal wissen, ob ihr Gegenüber eine vertrauenswürdige Person ist, die ihre vertraglichen Verpflichtungen erfüllen wird.

Beispiele:

- Kreditinstitute und Leasinggesellschaften wollen sichergehen, dass ihre Vertragspartner die Kredit- und Leasingraten pünktlich und vollständig bedienen.
- Einzelhandelsunternehmen, die auf Rechnung liefern, sind darauf angewiesen, dass diese Rechnungen auch tatsächlich beglichen werden.
- Telekommunikationsunternehmen, die ein kostspieliges Endgerät bei Abschluss eines Mobilfunkvertrags überlassen, müssen sich darauf verlassen können, dass auch die monatlichen Telefonrechnungen vertragsgemäß beglichen werden.

Nachdem aber in der Anonymität des heutigen Wirtschaftsverkehrs potentielle Vertragspartner sich regelmäßig nicht persönlich kennen und daher auch ihre Zuverlässigkeit nicht einschätzen können, hat sich das System der Kreditauskunfteien entwickelt, die es übernehmen, Verbraucher in mehr oder weniger vertrauens- und kreditwürdige Vertragspartner einzuordnen und diese Informationen an Unternehmen, die gewerbsmäßig Geld- oder Warenkredite vergeben oder sonst in Vorleistung gehen, weiterzugeben.

Unterscheide: Warn- und Hinweisdienste

Kreditauskunfteien sind insbesondere von sog. Warn- und Hinweisdiensten abzugrenzen:

- **Auskunfteien** zielen grundsätzlich auf eine *vollständige,* d. h. sowohl positive als auch negative Aspekte umfassende Wiedergabe des wirtschaftlichen Bildes einer Person ab. Kreditauskunfteien kategorisieren gleichermaßen „gute“ wie „schlechte“ Schuldner; ist ein Verbraucher überhaupt nicht aktenkundig bei Auskunfteien, wird dies im Zweifel negativ ausgelegt.
- Im Falle der **Warn- und Hinweisdienste** verhält es sich gerade umgekehrt, diese zielen allein darauf ab, die „schwarzen Schafe“ ausfindig zu machen. Allein der Umstand, dass eine Person in besagten Systemen gespeichert ist, macht diese bereits zu einer uner-

wünschten Person und führt in der Regel zum Ausschluss von bestimmten Transaktionen.[1]

4.1 Beispiel Schufa

Größte und bekannteste Auskunftei in Deutschland ist die SCHUFA („Schutzgemeinschaft für allgemeine Kreditsicherung"), die nach eigenen Angaben 440 Mio. Informationen zu 65 Mio. erfassten Personen besitzt und jährlich 91,5 Mio. Auskünfte und Nachmeldungen erteilt (Stand 2008). Die Gründungsidee der Schufa stammt bereits aus dem Jahr 1927, als die Berliner städtische Elektrizitäts-Aktiengesellschaft (BEWAG) ihr Geschäftsmodell erweitern und neben der Lieferung von Strom auch Kühlschränke und Kochplatten auf Ratenzahlungsbasis anbieten wollte. Um hierfür die ratenzahlungswürdigen Kunden herauszufiltern, wurde eine Positivliste der regelmäßig zahlenden Kunden erstellt – getreu dem bis heute gültigen Motto: Wer ein zuverlässiger Kunde ist und dies belegen kann, bekommt leichter einen Kredit (und umgekehrt). In der Eigenwerbung der Schufa lautet dies heute folgendermaßen:

> *„Dank [der Schufa] ist es dem Versand- oder Internethändler möglich, höherwertige Waren auf Rechnung zu verschicken, dem Kaufhaus, Kundenkarten mit Kreditfunktion auszugeben oder der Bank, Bar- und Girokredite nach kurzer Prüfung am Schalter zur Verfügung zu stellen."*

Um die Kreditwürdigkeit der Verbraucher zu beurteilen, greift die Schufa auf eine Vielzahl von Daten zurück, die sie teils aus öffentliche Verzeichnissen bezieht wie etwa Schuldnerverzeichnissen (mit Informationen zur Abgabe von eidesstattlichen Versicherungen) oder Verzeichnissen zu Verbraucherinsolvenzverfahren. Vor allem aber erhält die Schufa Informationen von zahlreichen **Vertragspartnern** (ca. 4.500; Stand 2008), die sich in sog. A- und B-Vertragspartner unterteilen.

- Zu den A-Vertragspartnern der Schufa zählen Kreditkartenunternehmen, Kreditinstitute und Leasinggesellschaften.
- Zu den B-Vertragspartnern zählen alle Nicht-Banken: Versandhandel, Online- und Telekommunikationsunternehmen sowie alle sonstigen „vorleistenden" Unternehmen, die Leistungen oder Lieferungen gegen Kredit gewähren.

Diese Vertragspartner übermitteln den Auskunfteien sowohl sog. **Positivinformationen**, also z. B. Informationen über die Beantragung, Aufnahme und Abwicklung von Krediten oder den Abschluss eines Telekommunikationsvertrages, als auch sog. **Negativinformationen**, also z. B. Informationen über die Kündigung eines Kredits oder gemahnte und unbestrittene offene Forderungen.

---

1 Warn- und Hinweisdienste spielen vor allem im Bereich der Privatversicherung eine zentrale Rolle. Versicherungsunternehmen bedienen sich bracheninterner Warn- und Hinweissysteme, um das Risiko potentieller Versicherungsnehmer abschätzen zu können. Dabei geht es zum einen darum, solche Personen ausfindig zu machen, die aus Sicht der Versicherungswirtschaft ein besonderes Risiko darstellen. Zum anderen geht es darum, die Vertrauenswürdigkeit potentieller und aktueller Versicherungsnehmer abzuschätzen, um auf diese Weise Versicherungsmissbräuchen vorzubeugen und versuchte Missbräuche aufzudecken.

Im Gegenzug erhalten die Vertragspartner von der Schufa wiederum die bei ihr gesammelten und ausgewerteten Informationen zu einer bestimmten Einzelperson, um so die Kreditwürdigkeit eines potentiellen Kreditnehmers, Bestellers oder Mobilfunkkunden einschätzen zu können. Auch hier wird wieder zwischen A- und B-Vertragspartnern unterschieden: Während Erstere sowohl Negativinformationen als auch bestimmte Positivinformationen übermittelt bekommen, beschränken sich die Informationen an B-Vertragspartner regelmäßig auf die (negative) Auskunft, dass es zu Zahlungsstörungen gekommen ist. Allen Vertragspartnern gleichermaßen bietet die Schufa darüber hinaus die Übermittlung eines so genannten **Scorewerts** an, der Schufa-Partnern die Prognose erleichtern soll, ob ein Kunde seinen Zahlungsverpflichtungen nachkommen wird oder nicht.[2]

4.2 Datenübermittlung an Auskunfteien

Für die dargestellte Übermittlung von Positiv- und Negativinformationen über eine bestimmte Person an die Schufa (wie auch an alle anderen Auskunfteien) gilt: Auch diese Datenübermittlung ist nur zulässig, wenn sie entweder durch eine Einwilligung des Betroffenen selbst oder durch einen gesetzlichen Erlaubnistatbestand legitimiert ist. Hierfür ist zunächst einmal wieder zwischen besagten Positiv- und Negativinformationen zu unterscheiden, also zwischen Informationen, die eine wirtschaftliche Aktivität des Einzelnen belegen (Eröffnung eines Kontos, Inanspruchnahme eines Kredits, Abschluss eines Telekommunikationsvertrags etc.), und solchen Informationen, die eine negative Beurteilung der Kreditwürdigkeit einer bestimmten Person begründen (z. B. fristlose Vertragskündigung aufgrund von Zahlungsrückständen oder gemahnte und unbestrittene offene Forderungen).

4.2.1 Die Übermittlung von Negativinformationen

Vor Einführung des § 28a BDSG durch die BDSG-Novelle 2009 hing die Zulässigkeit einer Übermittlung von Negativinformationen an Auskunfteien von einer Interessenabwägung nach § 28 Abs. 1 Nr. 2 BDSG ab. Abzuwägen war danach das Interesse, Informationen über die Zahlungsunfähigkeit oder -unwilligkeit einer bestimmten Person zu kommunizieren, gegenüber dem Interesse des einzelnen Betroffenen an einer Vertraulichkeit auch solcher Negativinformationen. Schon mit Blick auf die primäre Zielsetzung der Datenübermittlung – Schutz vor Zahlungsausfällen durch unzuverlässige Schuldner – wurde im Ergebnis das Interesse an einer Datenübermittlung regelmäßig als gewichtiger eingeordnet.

Gerechtfertigt ist eine solche Interessengewichtung allerdings stets nur dann, wenn die zu übermittelnden Informationen auch tatsächlich eindeutig und unstreitig Rückschlüsse auf die Kreditwürdigkeit bzw. -unwürdigkeit einer bestimmten Person zulassen (sog. **„harte“ Negativinformationen**). Dies ist sicherlich dann der Fall, wenn über einen Zahlungsrückstand informiert wird, der so durch rechtskräftiges Urteil festgestellt worden ist. Keine eindeutige Aussagekraft hinsichtlich der Kreditwürdigkeit haben hingegen sog. **„weiche“ Negativinformationen** wie etwa Informationen über die Einleitung eines Inkasso- oder Mahnverfahrens, über behauptete Mietrückstände oder eine Vertragskündigung aufgrund nicht realisierter Forderung. All diese Informationen/Maßnahmen beruhen allein auf einer einseitigen Ein-

---

2 Siehe dazu unten Kap. 4.3.

schätzung und Veranlassung des Gläubigers und mögen daher in manchen Fällen zwar berechtigt sein, in anderen aber wiederum nicht.

Mit der Neuregelung des § 28a BDSG ist nunmehr geklärt, welche Negativinformationen aus Sicht des Gesetzgebers eindeutig und unstreitig Rückschlüsse auf die Zahlungsunfähigkeit oder -unwilligkeit einer Person zulassen und daher an die Auskunfteien übermittelt werden dürfen. Gemeldet werden darf danach eine offene Forderung an Auskunfteien, soweit die geschuldete Leistung trotz Fälligkeit nicht erbracht worden ist, die Übermittlung zur Wahrung berechtigter Interessen der verantwortlichen Stelle oder eines Dritten erforderlich ist und überdies eine der folgenden „harten" Negativinformationen die Kreditunwürdigkeit der betreffenden Person untermauert:

- die Forderung ist durch ein rechtskräftiges oder für vorläufig vollstreckbar erklärtes Urteil festgestellt worden oder es liegt ein Schuldtitel nach § 794 ZPO vor;
- die Forderung ist nach § 178 InsO festgestellt und nicht vom Schuldner im Prüfungstermin bestritten worden;
- der Betroffene hat die Forderung ausdrücklich anerkannt;
- der Betroffene ist erstens nach Eintritt der Fälligkeit der Forderung mindestens zweimal schriftlich gemahnt worden ist, zweitens liegen zwischen der ersten Mahnung und der Übermittlung mindestens vier Wochen, drittens hat die verantwortliche Stelle den Betroffenen rechtzeitig vor der Übermittlung der Angaben, jedoch frühestens bei der ersten Mahnung über die bevorstehende Übermittlung unterrichtet und schließlich viertens hat der Betroffene die Forderung nicht bestritten;
- das der Forderung zugrunde liegende Vertragsverhältnis kann aufgrund von Zahlungsrückständen fristlos gekündigt werden und die verantwortliche Stelle hat den Betroffenen über die bevorstehende Übermittlung unterrichtet.

4.2.2 Die Übermittlung von Positivinformationen

Für eine Übermittlung von Positivinformationen über die Aufnahme und ordnungsgemäße Abwicklung von Geschäftsverbindungen bedurfte es vor Einführung des § 28a BDSG stets einer Einwilligung des Betroffenen. Ein gesetzlicher Erlaubnistatbestand existierte insoweit nicht, auch die Interessenabwägungsklausel des § 28 Abs. 1 S. 1 Nr. 2 BDSG kam als Erlaubnistatbestand nicht Betracht, da im Falle von Positivinformationen ein überwiegendes Interesse an einer Datenübermittlung nicht angenommen wurde.[3]

Mit § 28a Abs. 2 BDSG existiert nunmehr auch ein gesetzlicher Erlaubnistatbestand für die Übermittlung von Positivinformationen an Auskunfteien. Konkret geht es um die Übermittlung von Daten über die „Begründung, ordnungsgemäße Durchführung und Beendigung eines Vertragsverhältnisses betreffend ein Bankgeschäft".[4] Banken dürfen diese Daten grundsätzlich an Auskunfteien übermitteln, es sei denn, dass „das schutzwürdige Interesse des Betroffenen an dem Ausschluss der Übermittlung gegenüber dem Interesse der Auskunftei an der Kenntnis der Daten offensichtlich überwiegt" (§ 28a Abs. 2 S. 1 BDSG a. E.). Der

---

3 Buchner, Informationelle Selbstbestimmung (2006), S. 126 m.w.N.

4 § 28a Abs. 2 S. 1 BDSG bezieht sich auf Bankgeschäfte nach „§ 1 Abs. 1 Satz 2 Nr. 2, 8 oder Nr. 9 des Kreditwesengesetzes", also konkret auf Kredit-, Garantie- und Girogeschäfte.

Betroffene ist vor Abschluss des Vertrags über die Übermittlung zu unterrichten (§ 28a Abs. 2 S. 2 BDSG).[5]

Wollen andere Unternehmen als Kreditinstitute (z. B. Telekommunikations- und Online-Unternehmen oder Versandhandelsunternehmen) Positivdaten an Auskunfteien vermitteln, ist § 28a BDSG nicht einschlägig. Als Erlaubnistatbestand für eine Datenübermittlung kommt dann nur die Einwilligung des Betroffenen in Frage – weithin bekannt unter dem Namen „Schufa-Klausel", wobei dieser Begriff umfassend für alle Einwilligungsklauseln verwandt wird, mittels derer der Betroffene in die Übermittlung von Positivdaten an Auskunfteien (nicht notwendigerweise nur an die Schufa, sondern auch andere Auskunfteien) einwilligt. Ergänzt wird diese Einwilligung regelmäßig um weitere Informationen über die Datenübermittlung von und an Auskunfteien sowie über sonstige Datenverarbeitungsvorgänge im Rahmen des Credit Reporting.

Beispiel für Schufa-Klausel (Mobilfunkvertrag Telekom)[6]

„Ich/Wir willige(n) ein, dass die Telekom der SCHUFA HOLDING AG, Hagenauer Straße 44, 65203 Wiesbaden, Daten über die Beantragung, Aufnahme und Beendigung dieses Telekommunikationsvertrages übermittelt und Auskünfte über mich/uns von der SCHUFA erhält.

Unabhängig davon wird die Telekom der SCHUFA auch Daten auf Grund nicht vertragsgemäßem Verhalten (z. B. Forderungsbetrag nach Kündigung, Kartenmissbrauch) übermitteln. Diese Meldungen dürfen nach dem Bundesdatenschutzgesetz nur erfolgen, soweit dies nach Abwägung aller betroffenen Interessen zulässig ist.

Die SCHUFA speichert und übermittelt die Daten an ihre Vertragspartner im EU-Binnenmarkt, um diesen Informationen zur Beurteilung der Kreditwürdigkeit von natürlichen Personen zu geben. ... [weitere Informationen zur Datenverarbeitung durch die Schufa] ... Bei der Erteilung von Auskünften kann die SCHUFA ihren Vertragspartnern ergänzend einen aus ihrem Datenbestand errechneten Wahrscheinlichkeitswert zur Beurteilung des Kreditrisikos mitteilen (Score-Verfahren).

Ich kann/Wir können Auskunft bei der SCHUFA über die mich/uns betreffenden gespeicherten Daten erhalten.

Weitere Informationen über das SCHUFA-Auskunfts- und Score-Verfahren enthält ein Merkblatt, das auf Wunsch zur Verfügung gestellt wird.

Die Adressen der SCHUFA lauten: [...]"

Datenschutzrechtlich umstritten ist die Schufa-Klausel (wie viele andere Einwilligungsklauseln auch) vor allem unter dem Aspekt der Freiwilligkeit und Informiertheit dieser Einwilligung. In der Praxis wird der einzelne Betroffene regelmäßig schon die tatsächliche Bedeutung dieser Klausel nicht nachvollziehen können. Hinzu kommt, dass der Einzelne ohnehin keine echte Wahl hat, ob er in die Datenübermittlung einwilligen möchte oder nicht, da die Schufa-Klausel fester Bestandteil des vertraglichen Regelwerks zwischen Unternehmen und

---

5 Nach § 28a Abs. 2 S. 3 BDSG werden jedoch Giroverträge, die keine Überziehungsmöglichkeit zum Gegenstand haben, aus dem Tatbestand des § 28a Abs. 2 S. 1 BDSG ausgenommen. In diesen Fällen überwiegt das schutzwürdige Interesse des Betroffenen; Weichert in Däubler/Klebe/Wedde/Weichert, BDSG (3. A. 2010), § 28a Rn. 15.

6 Abrufbar unter http://www.telekom.de/dlp/agb/pdf/38919.pdf (zuletzt abgerufen am 20.03.2012).

Kunde ist und ein Vertragsschluss von Seiten des Unternehmens im Zweifel von der Erteilung dieser Einwilligung abhängig gemacht wird („take it or leave it“). [7]

4.3 Scoring

Ein zentraler Streitpunkt jeder datenschutzrechtlichen Diskussion um die Datenverarbeitung durch Auskunfteien ist vor allem auch das sog. Scoring.

4.3.1 Definition

Scoring bezeichnet die Berechnung der Wahrscheinlichkeit eines vertragsgemäßen Verhaltens anhand mathematisch-statistischer Verfahren. Ein Score soll mit einer Zahl die Wahrscheinlichkeit von Geschäftsverläufen auf Kreditbasis beziffern. Auskunfteien geben mit den von ihnen berechneten Scores ihren Vertragspartnern gegenüber eine Prognose darüber ab, ob ein potentieller Kreditnehmer, Telefonkunde, Versandhandelsbesteller etc. ordnungsgemäß seine vertraglichen Pflichten, insbesondere die Zahlungspflicht, erfüllen wird oder nicht. Berechnet wird dieser Scorewert auf der Basis standardisierter, mathematisch-statistischer Methoden. Durch eine Auswertung verschiedenster, bereits vorhandener Datensätze werden verschiedene Merkmalsgruppen mit jeweils unterschiedlichen Risikowahrscheinlichkeiten gebildet. Sodann werden die Daten der angefragten Person der Risikowahrscheinlichkeit einer Gruppe mit gleichartigen Merkmalen und damit einer bestimmten Risikoklasse zugeordnet. Schließlich wird mittels des Scorewerts die so erfolgte Risikoklassifizierung in Form eines Punktewerts ausgedrückt. Je höher der Punktewert ist, desto besser waren in der Vergangenheit die Erfahrungen mit der entsprechenden Vergleichsgruppe und desto positiver fällt damit auch die Risikoprognose für die konkret angefragte Person aus, die dieser Vergleichsgruppe zugeordnet wird.

Beispiel: die Scores der Schufa
Die SCHUFA berechnet zweierlei Arten von Scores – den sog. Basicscore und die SCHUFA-Branchenscores:

- Mit dem **Basicscore** wird die generelle Wahrscheinlichkeit angegeben, mit der der einzelne Verbraucher ein Geschäft vertragsgemäß begleichen wird. Der Basicscore soll als „Orientierungswert“ für den Verbraucher dienen, der alle drei Monate neu berechnet wird und dessen bester Wert theoretisch 100 Prozent beträgt.
- Die SCHUFA **Branchenscores** sind demgegenüber branchenspezifische Scores, die für die Vertragspartnerunternehmen der Schufa bestimmt sind. Diese Branchenscores können für ein und denselben Verbraucher je nach Branche unterschiedlich gut oder schlecht ausfallen. Die Wahrscheinlichkeit etwa, dass jemand einen Kredit zur Finanzierung eines Hauses zurückzahlen wird, mag von der Schufa im Rahmen ihrer Scorewert-Berechnung höher eingestuft werden als die Wahrscheinlichkeit, dass eine Rechnung nach einer Bestellung im Versandhandel rechtzeitig beglichen wird.

[7] Dementsprechend wurde die Neuregelung des § 28a BDSG von der Bundesregierung im Jahr 2008 damit begründet, dass es „in der derzeitigen Praxis sehr zweifelhaft ist, ob die von den Betroffenen erteilten Einwilligungen noch als freiwillig anzusehen sind“, vgl. BT-Drs. 16/10529, S. 12 (rechte Spalte).

4.3.2 Problem Intransparenz

Umstritten ist das Scoring durch Auskunfteien vor allem deshalb, weil es für die Betroffenen in der Vergangenheit so gut wie gar nicht nachvollziehbar war, auf welche Weise ihr Scorewert zustande gekommen ist. Ursprünglich ging diese Intransparenz sogar so weit, dass den Betroffenen noch nicht einmal der der ihnen zugeordnete Scorewert seitens der Auskunfteien mitgeteilt wurde.[8] Lange Zeit weigerten sich die Auskunfteien unter Berufung auf ihre Geschäftsgeheimnisse auch beharrlich, die maßgeblichen Parameter und deren Gewichtung offenzulegen, die der Berechnung der Scorewerte zugrunde liegen. Der einzelne Betroffenen wurde in Unkenntnis darüber gehalten, aufgrund welcher persönlichen Eigenschaften und aufgrund welcher konkreten Geschäftsvorgänge aus seiner Vergangenheit er gerade in diese oder jene Vergleichsgruppe eingeordnet und ihm deshalb gerade dieser oder jener (gute oder schlechte) Score zugeordnet worden ist. Stattdessen gab und gibt es viele Spekulationen über die Art und Weise der Scorewert-Berechnung, etwa ob auch Käuferprofile oder soziodemographische Komponenten wie Nationalität und Wohnort für den Score eine Rolle spielen.

Zu hoffen bleibt, dass künftig die Neuregelungen des § 34 Abs. 2 und 4 BDSG zu mehr Transparenz mittels Stärkung des Auskunftsrechts des Betroffenen führen werden. **§ 34 Abs. 2 BDSG** normiert zunächst einen Auskunftsanspruch des Betroffenen für den Fall, dass Entscheidungen über einen möglichen Vertragsschluss auf einem Scorewert beruhen. Die für die Entscheidung verantwortliche Stelle hat hier dem Betroffenen auf dessen Verlangen Auskunft zu erteilen

- über die gespeicherten Wahrscheinlichkeitswerte („Scorewerte", Nr. 1),
- über die zur Berechnung des Scores genutzten Datenarten (Nr. 2),
- sowie über das Zustandekommen und die Bedeutung der Scorewerte (Nr. 3).

Der einzelne Betroffene soll dank dieser Informationen nachvollziehen können, warum ein Vertrag bisweilen gar nicht oder nur mit bestimmten Modalitäten zustande gekommen ist. Der Einzelne ist für eine effektive Wahrnehmung seiner Interessen darauf angewiesen, von der Datengrundlage des Scoring Kenntnis zu erlangen. Nur dann hat er etwa die Möglichkeit, Berechnungsfehler nachzuweisen oder auch die Aussagekraft bestimmter Beurteilungskriterien in Frage zu stellen.

Während § 34 Abs. 2 BDSG die Auskunftspflicht der für eine Entscheidung verantwortlichen Stelle regelt, normiert **§ 34 Abs. 4 BDSG** eine Auskunftspflicht derjenigen Stellen, die geschäftsmäßig Wahrscheinlichkeitswerte zum Zweck der Übermittlung verarbeiten (i. e. L. Auskunfteien). Die verantwortlichen Stellen haben hier dem Betroffenen auf sein Verlangen hin Auskunft zu erteilen

- über die innerhalb der letzten zwölf Monate vor dem Zugang des Auskunftsverlangens übermittelten Wahrscheinlichkeitswerte und die Adressen, an die übermittelt wurde (Nr. 1),
- über die Wahrscheinlichkeitswerte zum Zeitpunkt des Auskunftsverlangens (Nr. 2),
- über die der Berechnung zugrunde liegenden Datenarten (Nr. 3) sowie
- über das Zustandekommen und die Bedeutung der Wahrscheinlichkeitswerte (Nr. 4).

---

[8] BfD, 18. TB (1999–2000), S. 181.

§ 34 Abs. 4 BDSG zielt mit diesen Vorgaben darauf ab, für den Betroffenen im Fall des Scoring ein Mehr an Transparenz zu gewährleisten.[9] Dieser soll insbesondere wissen, welche Elemente die Scorewert-Berechnung beeinflussen und welcher Vergleichsgruppe er zugeordnet worden ist, um kontrollieren zu können, ob diese Zuordnung zu Recht so erfolgt ist.[10] Auf den bis dato häufig vorgebrachten Einwand des Geschäftsgeheimnisses können sich Auskunfteien im Rahmen des § 34 Abs. 4 BDSG nicht berufen. Letzteres ist allein im Rahmen des Auskunftsanspruchs nach § 34 Abs. 1 BDSG zu berücksichtigen (s. § 34 Abs. 1 S. 4 BDSG).[11]

4.3.3 Zulässigkeit des Scoring

Mit der BDSG-Novelle 2009 ist auch die Zulässigkeit des Scoring als solches ausdrücklich geregelt worden (§ 28b) BDSG. Allererste Voraussetzung für dessen Zulässigkeit ist danach, dass die zum Scoring genutzten Daten „unter Zugrundelegung eines wissenschaftlich anerkannten mathematisch-statistischen Verfahrens nachweisbar für die Berechnung der Wahrscheinlichkeit des bestimmten Verhaltens erheblich sind.“ Es ist also an der verantwortlichen Stelle, plausibel und nachvollziehbar zu belegen, dass die verwendeten Daten für die Scorewert-Berechnung von unmittelbarer Relevanz sind.[12]

Zweite Zulässigkeitsvoraussetzung ist nach § 28b Nr. 2 BDSG, dass im Falle der Scorewert-Berechnung durch eine Auskunftei die Voraussetzungen des § 29 BDSG erfüllt sind, in allen anderen Fällen die Voraussetzungen des § 28 BDSG. Entscheidend ist in diesem Zusammenhang also, ob es sich um ein Scoring durch eine Auskunftei für deren Vertragspartner („externes Scoring“, dann § 29 BDSG) oder um das Scoring-Verfahren eines Unternehmens zum Zweck der eigene Risikokalkulation handelt („internes Scoring“, dann § 28 BDSG). Regelmäßig kommt es dann im Rahmen dieser Prüfung zu einer Interessenabwägung nach § 28 Abs. 1 S. 1 Nr. 2 BDSG bzw. nach § 29 Abs. 1 S. 1 Nr. 1 BDSG.

Eine spezielle Regelung hat darüber hinaus die bis dato kontrovers diskutierte Frage gefunden, ob und inwieweit Daten über eine „gute“ oder „weniger gute“ Wohngegend in die Scorewert-Berechnung mit einfließen dürfen. In der Vergangenheit hatten Auskunfteien teils offensiv dafür geworben, auch adressbezogene Wohnumfelddaten in die Scorewert-Berechnung mit einzubeziehen. Fragwürdig ist diese Praxis insbesondere, weil es hier zu einer diskriminierenden „Sippenhaft“ für die Nachbarschaft und zu einer Form von „Redlining“ kommt, indem die Bewohner bestimmter Gebiete pauschal schlechter eingestuft und behandelt werden. § 28b Nr. 3 BDSG verbietet gleichwohl die Nutzung von Anschriftendaten nicht gänzlich, sondern nur für den Fall, dass ausschließlich diese für eine Scorewert-Berechnung herangezogen werden. Gemäß § 28b Nr. 4 BDSG besteht zudem im Falle der Nutzung von Anschriftendaten die Pflicht zur Information und Dokumentation.

---

9 Vgl. Gola/Schomerus, BDSG (10. A. 2010), § 34 Rn. 12d.

10 LG Berlin v. 01.11.2011, DuD 2012, 133, 134.

11 Ebenda.

12 Weichert in Däubler/Klebe/Wedde/Weichert, BDSG (3. A. 2010), § 28b Rn. 5.

4.4 Eigenauskunft

Als Kontrollinstrument von zentraler Bedeutung ist das Auskunftsrecht des Betroffenen.[13] Im Falle von Auskunfteien ist regelmäßig von der sog. Eigenauskunft die Rede, verstanden als Zusammenstellung aller Informationen, die über eine bestimmte Person bei einer Auskunftei vorliegen.

Zu diesen Informationen zählen regelmäßig Name, Geburtsdatum und Geburtsort, aktuelle und frühere Anschriften, alle Informationen, die von Vertragspartnern gemeldet wurden, z. B. Kredit- oder Leasingverträge mit Betrag und Laufzeit, Eröffnung eines Girokontos, Ausgabe einer Kreditkarte, Telekommunikationsvertrag oder Kundenkonto beim Handel. Enthalten sind darüber hinaus auch eventuelle Negativinformationen.

Grundsätzlich gilt, dass der Betroffene seinen Auskunftsanspruch **unentgeltlich** ausüben kann (s. § 34 Abs. 8 S. 1 BDSG); die Durchsetzung des Rechts auf informationelle Selbstbestimmung soll nicht von finanziellen Gegenleistungen abhängig gemacht werden. Gleichwohl mussten Betroffene früher für eine „SCHUFA-Auskunft" regelmäßig ein Entgelt entrichten, obwohl gerade im Fall der Datenverarbeitung durch Auskunfteien der Einzelne zur Wahrung seines Rechts auf informationelle Selbstbestimmung in besonderem Maße auf die Kenntnis der zu seiner Person gespeicherten Daten angewiesen ist. Auskunfteien wie die SCHUFA konnten sich für die Entgeltpflicht auf die Ausnahmeregelung nach § 34 Abs. 5 S. 2 BDSG a. F. berufen, wonach ein Entgelt für die Auskunft dann verlangt werden kann, wenn personenbezogene Daten geschäftsmäßig zum Zweck der Übermittlung gespeichert werden und der Betroffene die Auskunft gegenüber Dritten zu wirtschaftlichen Zwecken nutzen kann.

Als Rechtfertigung für die Entgeltpflicht verwiesen Auskunfteien regelmäßig auf die ansonsten bestehende Missbrauchsgefahr. Die Befürchtung ging dahin, dass etwa Vermieter oder Kreditinstitute, anstatt selbst (kostenpflichtige) Auskünfte über einen potentiellen Mieter, Kreditnehmer etc. bei Auskunfteien einzuholen, ihren potentiellen Vertragspartner dazu veranlassen könnten, dass dieser sich unentgeltlich eine Selbstauskunft bei SCHUFA und Co. einholt und diese dann zum Beleg seiner Kreditwürdigkeit vorlegt. Den Auskunfteien würde bei einer solchen Praxis letztlich die wirtschaftliche Grundlage entzogen.

Um der besonderen Bedeutung des Auskunftsrechts für eine effektive Ausübung informationeller Selbstbestimmung Rechnung zu tragen, hat der Gesetzgeber gleichwohl den Grundsatz der kostenfreien Ausübung des Auskunftsrechts gestärkt. Seit 1.4.2010 kann gemäß § 34 Abs. 8 S. 2 BDSG jeder Betroffene auch dann eine unentgeltliche Auskunft über die zu seiner Person gespeicherten Daten verlangen, wenn die datenverarbeitende Stelle die Angaben geschäftsmäßig zum Zwecke der Übermittlung gespeichert hat. Die Regelung zielt insbesondere darauf ab, dem einzelnen Betroffenen die Geltendmachung seines Auskunftsrechts gegenüber Auskunfteien zu erleichtern, um so dem viel beklagten Transparenzdefizit in diesem Bereich abzuhelfen. Den von den Auskunfteien vorgebrachten Bedenken trägt die gesetzliche Regelung durch eine Begrenzung der unentgeltlichen Auskunftspflicht auf eine Anfrage pro Kalenderjahr Rechnung (§ 34 Abs. 8 S. 2 BDSG). Alle weiteren Anfragen sind dann gemäß § 34 Abs. 8 S. 3 BDSG kostenpflichtig, wenn der Betroffene die Auskunft auch gegenüber Dritten zu wirtschaftlichen Zwecken nutzen kann.

---

[13] S. allgemein schon oben Teil II, Kap. 2.9.2.

5 Datenschutz im Gesundheitswesen

Datenschutz im Gesundheitswesen ist geprägt durch ein Nebeneinander von allgemeinem Datenschutzrecht, ärztlicher Schweigepflicht und Sozialdatenschutz. Schon dieses Nebeneinander bringt erhebliche Abgrenzungsprobleme mit sich. Hinzu kommt die Vielzahl datenschutzrechtlicher Regelungen für die verschiedensten Bereiche: Bundesdatenschutzgesetz (BDSG), Landesdatenschutzgesetze, Landeskrankenhausgesetze, kirchliche Datenschutzbestimmungen, eine Vielzahl medizinspezifischer Gesetze mit Einzelvorschriften zur Datenverarbeitung, SGB V und SGB X, etc.[1]

5.1 Ärztliche Schweigepflicht

Die ärztliche Schweigepflicht zählt zum Kernbereich der ärztlichen Berufsethik. Sie ist Grundlage der besonderen Vertrauensbeziehung zwischen Arzt und Patient. Rechtsgrundlage für die ärztliche Schweigepflicht ist § 9 Abs. 1 S. 1 der Musterberufsordnung für Ärzte (MBO-Ä): „Ärztinnen und Ärzte haben über das, was ihnen in ihrer Eigenschaft als Ärztin oder Arzt anvertraut oder bekannt geworden ist – auch über den Tod der Patientin oder des Patienten hinaus – zu schweigen."

Dem allgemeinen Vertrauen in die Verschwiegenheit des Arztes wird ein so hoher Stellenwert eingeräumt, dass es auch eine strafrechtliche Absicherung erfahren hat. Nach **§ 203 Abs. 1 Nr. 1 StGB** wird derjenige, der

> *„unbefugt ein fremdes Geheimnis, namentlich ein zum persönlichen Lebensbereich gehörendes Geheimnis oder ein Betriebs- oder Geschäftsgeheimnis, offenbart, das ihm als Arzt, Zahnarzt, Tierarzt, Apotheker oder Angehörigen eines anderen Heilberufs, der für die Berufsausübung oder die Führung der Berufsbezeichnung eine staatlich geregelte Ausbildung erfordert, anvertraut worden oder sonst bekanntgeworden ist, … mit Freiheitsstrafe bis zu einem Jahr oder mit Geldstrafe bestraft."*

Die ärztliche Schweigepflicht gilt grundsätzlich umfassend, insbesondere auch gegenüber anderen Ärzten und Familienangehörigen und auch über den Tod des Patienten hinaus. Umfasst vom Geheimnisbegriff des § 203 StGB sind alle Tatsachen, die nur einem bestimmten, abgrenzbaren Personenkreis bekannt sind und an deren Geheimhaltung der Betroffene ein sachlich begründetes Interesse hat. Hierzu zählen nicht nur die behandlungsspezifischen Tatsachen selbst, sondern etwa auch die persönlichen, beruflichen oder wirtschaftlichen Verhält-

---

1 Ausführlich zu den rechtlichen Grundlagen des Datenschutzes im Gesundheitswesen Buchner in ders. (Hg.), Datenschutz im Gesundheitswesen (2012), Kap. A; die folgenden Ausführungen sind eine Zusammenfassung dieses Kapitels.

nisse des Patienten, dessen Identität sowie der Umstand, dass der Patient überhaupt in ärztlicher Behandlung ist. Stets müssen jedoch die Informationen dem Arzt gerade in seiner Eigenschaft als Arzt bekannt geworden sein; erforderlich ist ein innerer Zusammenhang zwischen Kenntnisnahme und ärztlicher Tätigkeit.[2]

5.2 Ausnahmen von der ärztlichen Schweigepflicht

Jedoch gilt auch für die ärztliche Schweigepflicht wieder das aus dem allgemeinen Datenschutzrecht bekannte Grundmuster, dass im Ausgangspunkt zwar ein Datenverarbeitungsverbot besteht, eine Datenverarbeitung jedoch dann zulässig ist, wenn dies entweder gesetzlich vorgesehen ist oder wenn der Patient selbst darin eingewilligt hat.

Vorschriften, die für den Arzt nicht nur eine Erlaubnis, sondern sogar eine Pflicht zur Offenbarung von Patientendaten begründen, finden sich in den verschiedensten Gesetzen, angefangen bei spezifisch gesundheitsbezogenen Gesetzen wie dem Infektionsschutzgesetz bis hin zu allgemeinen Gesetzen wie dem Strafgesetzbuch oder der Insolvenzordnung. Befugt ist ein Arzt zur Offenbarung von Patientendaten darüber hinaus insbesondere auch dann, wenn eine gegenwärtige Gefahr für ein wesentlich überwiegendes Rechtsgut wie Leib oder Leben besteht und diese Gefahr nicht anders als durch eine Verletzung der ärztlichen Schweigepflicht abgewendet werden kann. § 34 StGB nimmt für eine solche Konstellation einen sog. **rechtfertigenden Notstand** an, der die Rechtswidrigkeit einer Verletzung der ärztlichen Schweigepflicht ausschließen kann.

Beispiele:
- Ein Arzt informiert den Lebenspartner eines Patienten über dessen lebensbedrohliche übertragbare Erkrankung.
- Ein Patient wird von seinem Arzt als fahruntauglich eingestuft, darüber wird die Verkehrsbehörde in Kenntnis gesetzt.[3]
- Ein Kinderarzt informiert das Jugendamt über gewichtige Anhaltspunkte für eine mögliche Kindesmisshandlung.

Fehlt es an einer gesetzlich normierten Offenbarungspflicht oder -befugnis des Arztes, hängt die Zulässigkeit einer Weitergabe von Patientendaten davon ab, ob der Patient selbst in eine solche Weitergabe eingewilligt hat, indem er den Arzt von seiner Schweigepflicht entbunden hat. § 9 Abs. 2 MBO-Ä regelt ausdrücklich, dass ein Arzt zur Offenbarung von Patientendaten befugt ist, soweit er von der Schweigepflicht entbunden worden ist. Ebenso stellt die Einwilligung des Patienten einen Rechtfertigungsgrund im Rahmen des § 203 StGB dar. Die Grundidee ist jeweils, dass in erster Linie der Wille des Patienten maßgeblich dafür sein soll, wie mit den ihn betreffenden Daten umzugehen ist.

---

2 Ulsenheimer in Laufs/Kern (Hg.), Handbuch des Arztrechts (4. A. 2010), § 66 Rn. 5.

3 Dazu BGH v. 08.10.1968, NJW 1968, 2288, 2290 f.

Mutmaßliche Einwilligung

Nicht immer kann ein Patient seine Einwilligung in die Datenweitergabe eindeutig oder auch nur stillschweigend zum Ausdruck bringen. Ist dies etwa in Notfällen bei Bewusstlosigkeit des Patienten nicht möglich, darf ausnahmsweise für die Zulässigkeit einer Datenweitergabe auf die mutmaßliche Einwilligung des Patienten abgestellt werden. Eine solche kann angenommen werden, wenn die Datenweitergabe im Interesse des Patienten ist oder er zuvor bereits einmal in eine vergleichbare Datenübermittlung eingewilligt hatte. Zulässig ist daher etwa eine Datenübermittlung vom Notarzt an den nachbehandelnden Krankenhausarzt.

5.3 Verhältnis zwischen BDSG und ärztlicher Schweigepflicht

Was das Verhältnis zwischen BDSG und ärztlicher Schweigepflicht angeht, gilt die Vorschrift des § 1 Abs. 3 S. 2 BDSG, welche bestimmt:

> *„Die Verpflichtung zur Wahrung gesetzlicher Geheimhaltungspflichten oder von Berufs- oder besonderen Amtsgeheimnissen, die nicht auf gesetzlichen Vorschriften beruhen, bleibt unberührt."*

Auch die ärztliche Schweigepflicht gehört zu diesen gesetzlich nicht ausdrücklich kodifizierten Berufsgeheimnissen und bleibt demgemäß von den Vorschriften des BDSG „unberührt". Was dies konkret bedeutet, wird allerdings in Literatur und Rechtsprechung unterschiedlich gedeutet:

- Teils ist von einem „Vorrang" der ärztlichen Schweigepflicht vor den datenschutzrechtlichen Vorschriften die Rede. Hieraus wird dann abgeleitet, dass derjenige, der die ärztliche Schweigepflicht einhält, zugleich auch die Regeln des Datenschutzes einhält.[4]
- Dieser Sichtweise wird jedoch entgegengehalten, es sei gerade nicht möglich, „Vorrang" und „Unberührtbleiben" gleichzusetzen. Letzteres „Unberührtbleiben" sei vielmehr dahingehend zu verstehen, dass das Arztgeheimnis lediglich dann vorrangig zu berücksichtigen ist, wenn es *strengere* datenschutzrechtliche Anforderungen aufstellt als das BDSG.[5]

Folgt man letzterer Ansicht, bleibt es also auch im Bereich der ärztlichen Schweigepflicht bei der Geltung des BDSG, wenn dessen Mindeststandard über das hinausgeht, was datenschutzrechtlich durch das Arztgeheimnis vorgegeben ist. Auch in der Rechtsprechung wird diese Auffassung vertreten:

Beispiel Einwilligung in Datenübermittlung
Ein Zahnarzt hat seine Honorarforderungen an eine externe Verrechnungsstelle abgetreten und hierfür auch die entsprechenden patientenbezogenen Abrechnungsdaten übermittelt.

---

4 Vgl. etwa Ratzel/Lippert, MBO-Ä (5. A. 2010), § 9 Rn. 68.

5 In diesem Sinne Dix in Simitis (Hg.), BDSG (7. A. 2011), § 1 Rn. 186.

Der Patient verweigert die Zahlung; er ist der Auffassung, dass die Abtretung unwirksam war, weil er nicht schriftlich in die Datenübermittlung eingewilligt hatte .[6]

Nach ständiger Rechtsprechung ist die Abtretung einer ärztlichen Honorarforderung an eine gewerbliche Verrechnungsstelle, die unter Übermittlung der Abrechnungsunterlagen erfolgt, wegen Verletzung der ärztlichen Schweigepflicht nichtig, wenn der Patient in die Datenübermittlung nicht eingewilligt hat.[7] Nach dem OLG Bremen sind für die Wirksamkeit einer solchen Einwilligung die Vorschriften des BDSG maßgeblich. Soweit dessen Anwendungsbereich eröffnet ist, gilt daher für die Einwilligung das Schriftformerfordernis des § 4a Abs. 1 S. 3 BDSG unabhängig davon, ob nach den Grundsätzen der ärztlichen Schweigepflicht eine Offenbarung von Patientendaten auch auf Grundlage einer stillschweigenden Einwilligung zulässig ist.

Sachgerecht ist dieser Ansatz der Rechtsprechung, soweit es sich wie hier im konkreten Fall um eine Datenübermittlung handelt, die für die Durchführung des eigentlichen Behandlungsverhältnisses nicht unbedingt erforderlich ist. Zu weit würde es dagegen gehen, mit Verweis auf die Formerfordernisse des BDSG generell eine Einwilligung des Patienten in schriftlicher Form zu verlangen. Vielmehr muss gerade im Verhältnis von Ärzten untereinander auch eine **konkludente oder mutmaßliche Einwilligung** des Patienten eine Datenübermittlung rechtfertigen können.

Soweit es um die Verarbeitung und Nutzung von Gesundheitsdaten zu Zwecken der medizinischen Versorgung geht, stellt **§ 28 Abs. 7 BDSG** klar, dass für deren Zulässigkeit nicht die gesetzlichen Erlaubnistatbestände des BDSG, sondern die ärztliche Schweigepflicht entscheidender Maßstab ist. Damit scheiden als gesetzlicher Erlaubnistatbestand für eine Datenverarbeitung insbesondere die allgemeinen Interessenabwägungsklauseln des BDSG aus.

---

6 OLG Bremen v. 18.11.1991, MedR 1992, 168.

7 S. grundsätzlich BGH v. 10.07.1991, MedR 1991, 327, 328 ff. mit Anm. Taupitz.

6 Datenverarbeitung im Online-Bereich (§§ 11 ff. TMG)

Werden personenbezogene Daten im Online-Bereich verarbeitet, gelten hierfür in erster Linie die bereichsspezifischen Datenschutzvorschriften der §§ 11 ff. TMG. Das Telemediengesetz (TMG) ist seit März 2007 in Kraft und fasst die wirtschaftsbezogenen Regelungen für Tele- und Mediendienste zusammen, wie sie zuvor im Teledienstegesetz (TDG), im Teledienstedatenschutzgesetz (TDDSG) und im Mediendienste-Staatsvertrag (MDStV) normiert waren. Mit der Ablösung von TDG, TDDSG und MDStV durch das TMG hat sich die bis dato nötige, oftmals aber kaum eindeutig zu treffende Differenzierung zwischen Telediensten einerseits (TDG und TDDSG) und Mediendiensten andererseits (MDStV) erübrigt. Zusammengefasst sind diese Dienste nunmehr in dem Begriff der Telemedien. Gleichwohl haben sich damit aber nicht sämtliche Abgrenzungsschwierigkeiten erledigt, insbesondere ist es auch unter dem Telemediengesetz weiterhin erforderlich, die dort geregelten Telemedien vom Bereich der Telekommunikation abzugrenzen.[1]

6.1 Überblick Telemediengesetz

Der Regelungsinhalt des Telemediengesetzes ist nicht auf den Datenschutz beschränkt. Im ersten Abschnitt des TMG finden sich zunächst einmal allgemeine Bestimmungen zu Anwendungsbereich und Begrifflichkeiten. Geregelt ist dort außerdem das sog. **Herkunftslandprinzip**, nach dem in Deutschland niedergelassene Diensteanbieter und ihre Telemedien dem deutschen Recht auch dann unterliegen, wenn sie ihre Dienste in einem anderen EU-Mitgliedstaat anbieten oder erbringen. Gemäß § 3 Abs. 3 Nr. 4 TMG gilt das Herkunftslandprinzip jedoch nicht für das Datenschutzrecht, insoweit bleibt es bei den allgemeinen Vorschriften des BDSG zur internationalen Anwendbarkeit deutschen Datenschutzrechts.[2]

In Abschnitt 2 sind die Zulassungs- und Anmeldefreiheit für Telemedien sowie allgemeine und besondere Informationspflichten für Anbieter von Telemediendiensten geregelt. § 5 TMG (allgemeine Informationspflichten) normiert für geschäftsmäßige Online-Angebote eine Pflicht zur Anbieterkennzeichnung – regelmäßig als „Impressum" bezeichnet. § 6 TMG normiert darüber hinaus besondere Informationspflichten für sog. kommerzielle Kommunikation, um für den Verbraucher bei Werbe- und sonstigen Marketingmaßnahmen ein Mindestmaß an Transparenz zu gewährleisten.

In Abschnitt 3 regelt das TMG sodann die „Verantwortlichkeit" der Anbieter von Telemediendiensten. Die § 7 ff. TMG sehen ein **abgestuftes Verantwortlichkeitskonzept** vor, je

---

1 Ausführlich dazu schon oben Teil I, Kap. 7.8.2.

2 S. dazu oben Teil II, Kap. 1.3.1.

nachdem, ob es sich um eigene Informationen des Diensteanbieters handelt oder um fremde Informationen, die vom Diensteanbieter durchgeleitet (§ 8 TMG), zwischengespeichert (§ 9 TMG) oder gespeichert (§ 10 TMG) werden. In letzteren Konstellationen ist ein Diensteanbieter für solch fremde Informationen jeweils nur unter bestimmten Voraussetzungen verantwortlich, wobei diese privilegierte „Verantwortlichkeit" allerdings nur vor einer Inanspruchnahme auf Schadensersatz schützt, nicht dagegen vor einer Inanspruchnahme auf Unterlassung oder Beseitigung (sog. Störerhaftung). Für eine mögliche datenschutzrechtliche Verantwortlichkeit von Diensteanbietern heißt das: Diese können sich, sollte es sich um fremde Informationen handeln, für die sie nach den §§ 8 ff. TMG möglicherweise nicht einstehen müssen, lediglich vor möglichen Schadensersatzansprüchen wegen unzulässiger oder unrichtiger Datenverarbeitung schützen; unberührt von der Haftungsprivilegierung der §§ 8 ff. TMG bleibt jedoch die Pflicht, eine unrichtige oder unzulässige Datenverarbeitung zu unterlassen sowie ggfs. Daten zu löschen, zu korrigieren oder zu sperren.

6.2 Anwendungsbereich der §§ 11 ff. TMG

Nicht alle Datenverarbeitungsvorgänge, die im Online-Bereich stattfinden, fallen ohne Weiteres auch unter die §§ 11 ff. TMG. Zwar ist gemäß § 1 TMG der Anwendungsbereich des Telemediengesetzes zunächst einmal sehr weit, weil das TMG für „alle elektronischen Informations- und Kommunikationsdienste" gelten soll. Allerdings nimmt § 1 TMG von diesem umfassenden Oberbegriff sogleich bestimmte Dienste wieder aus.

6.2.1 Ausnahme Telekommunikation

Ausgenommen vom Begriff der Telemedien sollen gemäß § 1 Abs. 1 TMG zunächst einmal Telekommunikationsdienste nach § 3 Nr. 24 TKG sein, die ganz in der Übertragung von Signalen über Telekommunikationsnetze bestehen, sowie sog. telekommunikationsgestützte Dienste nach § 3 Nr. 25 TKG.

Beispiele: Nicht erfasst vom Anwendungsbereich des Telemediengesetzes ist daher etwa die Internet-Telefonie (Voice over IP – VoIP). Ebenfalls nicht erfasst sind als sog. telekommunikationsgestützte Dienste nach § 3 Nr. 25 TKG alle sog. Mehrwert-Rufnummern (0190er Nummern, etc.), die gegen Bezahlung von Geld bestimmte Informations-, Kommunikations- oder sonstige Gelegenheiten bieten.

Besondere Schwierigkeiten wirft die Abgrenzung zwischen TKG und TMG insbesondere mit Blick auf die vielzitierte Medienkonvergenz auf. Spätestens mit dem Einzug von Smartphones ist die Trennung zwischen Telemedien- und Telekommunikationsbereich nur noch eine künstliche juristische Trennung. Bei vielen elektronischen Informations- und Kommunikationsdiensten lässt sich keine trennscharfe Linie mehr zwischen Telemedien und Telekommunikation ziehen, es handelt sich um einheitliche Dienste, die dann rechtlich wieder künstlich aufgesplittet werden müssen.[3] An sich war daher auch vorgesehen, nicht nur Tele-

[3] Siehe dazu schon oben Teil I, Kap. 7.8.2.

dienste und Mediendienste in einem einheitlichen Gesetz zusammenzufassen, sondern ebenso auch die Telekommunikation in ein neues, umfassendes Gesetz einzubeziehen; letztlich war aber solch ein allumfassender Novellierungsversuch nicht erfolgreich.

6.2.2 Ausnahme Rundfunk

Ausgenommen vom Begriff der Telemedien ist gemäß § 1 Abs. 1 Satz 1 TMG des Weiteren auch der „Rundfunk nach § 2 des Rundfunkstaatsvertrages". Rundfunk ist in § 2 RStV definiert als ein linearer Informations- und Kommunikationsdienst im Sinne einer für die Allgemeinheit und zum zeitgleichen Empfang bestimmten Veranstaltung und Verbreitung von Angeboten in Bewegtbild oder Ton entlang eines Sendeplans unter Benutzung elektromagnetischer Schwingungen. Rundfunk unterscheidet sich damit von Telemedien durch die fehlende Interaktivität mit dem Nutzer und die Passivität des Rezeptionsvorgangs, d. h. der Nutzer nimmt regelmäßig keinen Einfluss auf Art und Zeitpunkt der Inanspruchnahme des Rundfunkangebots, sondern „konsumiert" stattdessen lediglich dieses Angebot.

Für die Anwendbarkeit der datenschutzrechtlichen Vorschriften des TMG ist die Abgrenzung zwischen Telemedien und Rundfunk im Ergebnis allerdings ohne Bedeutung, da sich im Rundfunkstaatsvertrag für den Datenschutz wieder eine Rückverweisung auf die Vorschriften des Telemediengesetzes findet (siehe § 47 Abs. 1 RStV). Jedenfalls mittelbar kommt das TMG also auch bei Rundfunkdiensten für den Datenschutz wieder zur Anwendung.

6.2.3 Beispiele für Telemedien i.S.d. TMG

Zu den Informations- und Kommunikationsdiensten, die gemäß § 1 Abs. 1 TMG als Telemediendienste einzuordnen sind, zählen demnach insbesondere:

- Meinungsforen, Weblogs
- Suchmaschinen
- Verkehrs-, Wetter-, Umwelt-, Börsendatendienste
- Bestell- und Buchungsdienste
- Maklerdienste
- Internetauktionen
- Online-Spiele
- elektronische Presse.

Beachte: An sich fallen nach der Definition des § 1 Abs. 1 Satz 1 TMG auch **E-Mail-Dienste** und das **Internet Access Providing** in die Kategorie der Telemedien. Jedoch greift hier als Ausnahmevorschrift für den Datenschutz § 11 Abs. 3 TMG ein, wonach für diese Dienste nur § 15 Abs. 8 und § 16 Abs. 2 Nr. 4 TMG gelten sollen, im Übrigen aber dann die Vorschriften des TKG zur Anwendung kommen.

6.2.4 Anbieter-Nutzer-Verhältnis

Eine weitere Einschränkung des Geltungsbereichs der §§ 11 ff. TMG folgt daraus, dass diese Vorschriften nur für das sog. Anbieter-Nutzer-Verhältnis gelten sollen. Nur der Nutzer von Telemediendiensten, wie er in § 11 Abs. 2 TMG definiert ist, soll durch die §§ 11 ff. TMG datenschutzrechtlich geschützt werden.[4] Dritte hingegen, die nicht selbst Telemedien nutzen, können die Datenschutznormen des TMG nicht für sich beanspruchen, selbst wenn deren datenschutzrechtliche Interessen durch bestimmte Telemedien-Angebote möglicherweise ebenso (oder sogar in erster Linie) betroffen sind.

Beispiel Personenbewertungsportale
Bewertungsportale für Lehrer, Handwerker, Ärzte etc., wie sie immer mehr in der Online-Welt zu finden sind, sind typische Beispiele für Telemediendienste, die weniger die Persönlichkeitsrechte der Nutzer dieser Dienste betreffen als vielmehr die Persönlichkeitsrechte der bewerteten „Dritten". Regelmäßig steht bei dieser Art von Telemediendiensten nicht die Person des bewertenden Nutzers, sondern die des bewerteten, an der Nutzung selbst gar nicht beteiligten Dritten im Vordergrund. Letzterer kann sich aber, obwohl es sich bei derartigen Bewertungsportalen um Telemediendienste handelt, mangels Nutzereigenschaft nicht auf die datenschutzrechtlichen Vorschriften der §§ 11 ff. TMG stützen. Vielmehr gelten insoweit die allgemeinen Vorschriften des BDSG sowie das allgemeine Persönlichkeitsrecht.[5]

§ 11 Abs. 1 schränkt den Geltungsbereich der §§ 11 ff. TMG weiterhin auch dahingehend ein, dass diese Vorschriften nicht gelten sollen, soweit die Bereitstellung von Telemediendiensten im Rahmen von Dienst- und Arbeitsverhältnissen zu ausschließlich beruflichen oder dienstlichen Zwecken erfolgt. Eine weitere Ausnahme gilt für die Bereitstellung von Telemediendiensten „innerhalb von oder zwischen nicht öffentlichen Stellen oder öffentlichen Stellen ausschließlich zur Steuerung von Arbeits- oder Geschäftsprozessen".

Beispiele: Die §§ 11 ff. TMG gelten daher etwa dann nicht, wenn Beschäftigte in Unternehmen oder Behörden Internet und E-Mail nutzen, immer vorausgesetzt, dass eine solche Nutzung „ausschließlich" zu dienstlichen Zwecken erfolgt.
Beispiele für die Bereitstellung zur Steuerung von Arbeits- oder Geschäftsprozessen sind Verkaufs- und Einkaufssysteme, Telefon- und Mitarbeiterverzeichnisse oder auch Location Based Services etwa zur Steuerung einer Fahrzeugflotte.[6]

---

4 Spindler/Nink in Spindler/Schuster (Hg.), Recht der elektronischen Medien (2. A. 2011), § 11 TMG Rn. 13.

5 Buchner in BeckOG BDSG, § 29 Rn. 40; zum Bewertungsportal spickmich.de siehe BGH v. 23.06.2009, DuD 2009, 565, 566 ff.

6 Diese und weitere Beispiele bei Moos in Taeger/Gabel (Hg.), BDSG (2010), § 11 TMG Rn. 21.

6.2.5 Medienprivileg

Auch für den Telemedienbereich gilt das sog. Medienprivileg. Nach diesem Medienprivileg sind Unternehmen und Hilfsunternehmen der Presse, soweit sie Daten ausschließlich zu eigenen journalistisch-redaktionellen oder literarischen Zwecken verarbeiten, weitestgehend von den datenschutzrechtlichen Vorgaben befreit. Mit dieser Privilegierung soll der verfassungsrechtlich gewährleisteten Medienfreiheit des Art. 5 Abs. 1 GG Rechnung getragen werden, die bei einer uneingeschränkten Geltung der datenschutzrechtlichen Vorgaben über Gebühr eingeschränkt werden würde. Gemäß § 57 Abs. 1 Rundfunkstaatsvertrag gilt dieses Medienprivileg auch für Presseunternehmen, die als Anbieter von Telemedien eine solche journalistisch-redaktionelle oder literarische Zweckbestimmung verfolgen.

Hingegen bleibt es bei der Anwendbarkeit der Vorschriften des TMG, soweit es sich um Daten handelt, die nicht ausschließlich mit journalistisch-redaktioneller oder literarischer Zweckbestimmung verarbeitet werden. Hierzu gehört etwa der Umgang mit Daten aus der Abonnentenverwaltung oder auch eine Datenverarbeitung zum Zwecke von Leseranalysen.[7]

6.3 Allgemeine datenschutzrechtliche Vorgaben des TMG

6.3.1 Grundsätze des § 12 TMG

Allgemeine datenschutzrechtliche Grundsätze für Telemedien sind in § 12 TMG normiert. Gemäß § 12 Abs. 1 TMG gilt auch für den Telemedienbereich das schon von § 4 Abs. 1 BDSG bekannte **Verbotsprinzip mit Erlaubnisvorbehalt**. Auch für Anbieter von Telemediendiensten ist also eine Verarbeitung personenbezogener Daten nur dann zulässig, wenn dies gesetzlich erlaubt ist oder der Nutzer eingewilligt hat. § 12 Abs. 2 TMG enthält den hieran anknüpfenden **Zweckbindungsgrundsatz**, der klarstellt, dass nach Abs. 1 erhobene Daten allein für den angegebenen Zweck genutzt werden dürfen, sofern nicht auch bezüglich der anderweitigen Verwendung auf eine Rechtsvorschrift oder eine Einwilligung zurückgegriffen werden kann.

Besagtes Verbotsprinzip mit Erlaubnisvorbehalt ist in § 12 Abs. 1 TMG noch weiter dahingehend konkretisiert, dass andere Rechtsvorschriften als die des TMG eine Datenverarbeitung nur dann legitimieren können, wenn sich diese Vorschriften ausdrücklich auf Telemedien beziehen. Der Gesetzgeber bringt mit dieser Vorgabe noch einmal deutlich das Spezialitätsverhältnis der Erlaubnistatbestände des TMG zu den allgemeinen datenschutzrechtlichen Erlaubnistatbeständen zum Ausdruck.[8]

Wiederum gilt jedoch, dass dieses Spezialitätsverhältnis gegenüber allgemeinen Vorschriften (insbesondere des BDSG) nur insoweit besteht, als derselbe Regelungsgegenstand betroffen ist – sog. Tatbestandskongruenz.[9] Abschließend sind daher die Vorschriften des TMG nur, soweit es um eine Datenverarbeitung „zur Bereitstellung von Telemedien" geht (§ 12 Abs. 1 TMG). Demgegenüber bleibt ein Rückgriff auf die allgemeinen Vorschriften des BDSG

7 Ausführlich Buchner in BeckOK BDSG, § 41 Rn. 23 ff.

8 Begründung zum ElGVG, BT-Drs. 16/3078, S. 16.

9 S. schon oben Teil II, Kap. 1.2.2 (zur Subsidiarität des BDSG).

möglich, soweit es etwa um Begriffsbestimmungen (§ 3 BDSG), Regelungen zur Auftragsdatenverarbeitung (§ 11 BDSG) oder um die Betroffenenrechte nach § 35 BDSG (Berichtigung, Löschung, Sperrung) geht.[10] Raum für einen Rückgriff auf das BDSG soll des Weiteren auch dann sein, wenn es um die Zulässigkeit einer Verarbeitung von sog. Inhaltsdaten geht, da sich die Regelungen des TMG auf Bestands- und Nutzungsdaten beschränken; im Einzelnen ist hier jedoch vieles streitig.[11]

6.3.2 Allgemeine Pflichten des Diensteanbieters nach § 13 TMG

Allgemeine Pflichten des Diensteanbieters sind in § 13 TMG geregelt. Die Vorschrift normiert eine ganze Reihe von Informationspflichten gegenüber dem Nutzer. Gewährleistet werden soll die Transparenz der Datenverarbeitung, weshalb sich die Unterrichtungspflicht gerade auch auf solche Daten erstreckt, zu deren Erhebung und Verwendung der Anbieter bereits durch gesetzliche Regelungen legitimiert ist.

Absatz 4 verpflichtet den Diensteanbieter zu bestimmten technischen und organisatorischen Maßnahmen, um die übergeordneten datenschutzrechtlichen Vorgaben der Datenvermeidung und -sparsamkeit sowie der Datensicherung (vgl. §§ 3a und 9 BDSG) zu erfüllen. Ebenso zielt auch Absatz 6 (Ermöglichung der anonymen und pseudonymen Nutzung) auf das Ziel der Datenvermeidung ab. Absatz 7 schließlich stellt klar, dass sich das Auskunftsrecht des Nutzers nach § 34 BDSG auch auf die unter seinem Pseudonym gespeicherten Daten erstreckt.

6.4 Erlaubnistatbestände der §§ 14, 15 TMG

Die §§ 14 und 15 TMG regeln die Zulässigkeit einer Verarbeitung personenbezogener Daten durch Telemediendienste. Die Vorschriften differenzieren hierfür zunächst einmal nach verschiedenen Arten von Daten:

- Bestandsdaten
- Nutzungsdaten
- Abrechnungsdaten.

Die **Grundidee** der §§ 14 und 15 TMG lässt sich dahingehend – vereinfacht – zusammenfassen, dass all die Datenverarbeitungsvorgänge erlaubt sein sollen, die erforderlich sind, um einen Telemediendienst ordnungsgemäß erbringen zu können (**Erforderlichkeitsgrundsatz**): Bestandsdaten dürfen nach § 14 Abs. 1 TMG verarbeitet werden, soweit dies für die Begründung, Ausgestaltung und Änderung des Vertragsverhältnisses erforderlich ist. Nutzungsdaten dürfen nach § 15 Abs. 1 S. 1 TMG verarbeitet werden, soweit dies für die Diensteerbringung und Abrechnung erforderlich ist. Und schließlich wird nach dem in den Abs. 4 ff. normierten Erforderlichkeitsprinzip für Abrechnungsdaten auch die Speicherung über das Nutzungsende hinaus sowie die Übermittlung an Dritte erlaubt, soweit dies für die Abrechnung oder die Ermittlung des Entgelts erforderlich ist.

---

10 Ausführlich (mit weiteren Beispielen) Moos in Taeger/Gabel (Hg.), BDSG (2010), § 12 TMG Rn. 17.

11 Ausführlich hierzu sogleich unter Kap. 6.4.5.

6.4.1 Bestandsdaten

Gemäß § 14 Abs. 1 TMG darf ein Diensteanbieter *„personenbezogene Daten eines Nutzers nur erheben und verwenden, soweit sie für die Begründung, inhaltliche Ausgestaltung oder Änderung eines Vertragsverhältnisses zwischen dem Diensteanbieter und dem Nutzer über die Nutzung von Telemedien erforderlich sind (Bestandsdaten).“*

Die Vorschrift regelt damit dem Grunde nach zweierlei: Zum einen stellt sie für die Frage der Zulässigkeit einer Datenverarbeitung den gerade eben angesprochenen Erforderlichkeitsgrundsatz auf. Und zum anderen liefert sie eine Begriffsbestimmung für Bestandsdaten – definiert als all diejenigen personenbezogenen Daten, die im Zuge der Begründung, der inhaltlichen Ausgestaltung und der Änderung eines Vertragsverhältnisses anfallen.[12]

Beispiele für Bestandsdaten: Bestandsdaten lassen sich als die „Grunddaten“ eines Vertragsverhältnisses charakterisieren;[13] typische Beispiele sind

- Name, Anschrift, Geburtsdatum des Nutzers
- Rufnummer, E-Mail-Adresse, IP-Adresse
- Benutzername, Kennwort
- Zahlungsart und Zahlungsdaten.

Auskunftserteilung über Bestandsdaten (§ 14 Abs. 2 TMG)

§ 14 Abs. 2 TMG trifft eine Regelung zur Auskunftserteilung über Bestandsdaten. Hiernach dürfen Diensteanbieter im Einzelfall Auskunft über Bestandsdaten erteilen, soweit dies für Zwecke der **Strafverfolgung**, der **Gefahren- und Terrorismusabwehr** erforderlich ist. Die Vorschrift hat – verglichen mit der Vorgängerregelung des § 5 S. 2 TDDSG – hinsichtlich des Empfängerkreises eine erhebliche Erweiterung erfahren. War § 5 S. 2 TDDSG noch auf Strafverfolgungsbehörden beschränkt, so erfasst § 14 Abs. 2 TMG nunmehr auch die Auskunftsbegehren von Polizei- und Verfassungsschutzbehörden, Bundesnachrichtendienst und Militärischem Abschirmdienst.[14]

Die zweite Erweiterung des Empfängerkreises betrifft die Auskunftserteilung an Dritte, soweit dies zur **Durchsetzung geistiger Eigentumsrechte** erforderlich ist. § 14 Abs. 2 TMG setzt insoweit die sog. Enforcement-Richtlinie 2004/48/EG um und soll gewährleisten, dass die zugunsten der Rechteinhaber bestehenden Auskunftsansprüche gegenüber Providern nicht wegen datenschutzrechtlicher Einwände leerlaufen.[15]

ACTA-Übereinkommen (Anti-Counterfeiting Trade Agreement)
Auch das – derzeit heftig umstrittene – ACTA-Übereinkommen enthält einen Regelungsabschnitt zur „Durchsetzung der Rechte des Geistigen Eigentums im digitalen Umfeld“ (Abschnitt 5) und regelt dort in Art. 27 Abs. 4 die Offenlegung von Informationen zur

---

12 Kritisch zu dieser Doppelfunktion des § 14 Abs. 1 TMG Zscherpe in Taeger/Gabel (Hg.), BDSG (2010), § 14 TMG Rn. 14: „Vermischung von Begriffsbestimmung und Rechtmäßigkeitsvoraussetzungen“.

13 Spindler/Nink in Spindler/Schuster (Hg.), Recht der elektronischen Medien (2. A. 2011), § 14 TMG Rn. 3.

14 Bestimmend für diese Erweiterung war in erster Linie der Gedanke der präventiven Terrorismusbekämpfung; Zscherpe in Taeger/Gabel (Hg,), BDSG (2010), § 14 TMG Rn. 44.

15 Zscherpe in Taeger/Gabel (Hg.), BDSG (2010), § 14 TMG Rn. 45.

Identifizierung eines Abonnenten, dessen Konto zur mutmaßlichen Rechtsverletzung genutzt wurde. Die Vertragsparteien des Übereinkommens können danach unter bestimmten Voraussetzungen Behörden dazu ermächtigen, dass diese einem Online-Diensteanbieter gegenüber anordnen, dem Rechteinhaber die nötigen Informationen zur Identifizierung offenzulegen.

Zu beachten ist, dass § 14 Abs. 2 TMG selbst keine Ermächtigungsvorschrift zur Datenweitergabe darstellt, sondern lediglich bestimmt, dass der Anbieter die ihm gegenüber geltend gemachten Auskunftsansprüche nicht aus datenschutzrechtlichen Erwägungen zurückweisen kann.[16] § 14 Abs. 2 TMG legt also lediglich fest, dass die Vorschriften des TMG einer Auskunfterteilung nicht entgegenstehen, nicht aber regelt die Vorschrift die Zulässigkeit einer Auskunfterteilung als solche. Für die Klärung letzterer Frage wiederum ist die anordnende bzw. auskunftsverlangende Stelle datenschutzrechtlich verantwortlich.

6.4.2 Nutzungs- und Abrechnungsdaten

Die Verarbeitung von Nutzungs- und Abrechnungsdaten ist in § 15 TMG geregelt. Gemäß § 15 Abs. 1 TMG darf der Diensteanbieter *„personenbezogene Daten eines Nutzers nur erheben und verwenden, soweit dies erforderlich ist, um die Inanspruchnahme von Telemedien zu ermöglichen und abzurechnen (Nutzungsdaten).“* Bei den Nutzungsdaten handelt es sich im Gegensatz zu den Bestandsdaten deshalb nicht lediglich um „Grunddaten“, die das Vertragsverhältnis als solches betreffen, sondern darüber hinaus vor allem um Daten, die für dessen ordnungsgemäße Abwicklung erforderlich sind.

Beispiele für Nutzungsdaten: Typische Nutzungsdaten sind nach § 15 Abs. 1 S. 2 TMG
- Merkmale zur Identifikation des Nutzers (z. B. IP-Adresse, Benutzernamen, Kennwort),
- Angaben über Beginn und Ende sowie den Umfang der jeweiligen Nutzung (z. B. Surfverhalten des Nutzers auf einer Website – sog. Clickstream),
- Angaben über die vom Nutzer in Anspruch genommenen Telemedien.

Eine eigene Untergruppe der Nutzungsdaten sind sodann die **Abrechnungsdaten** – definiert in § 15 Abs. 4 S. 1 TMG als diejenigen Nutzungsdaten, deren Verarbeitung zum Zwecke der Abrechnung mit dem Nutzer erfolgt. Dabei dürfen gem. § 15 Abs. 2 TMG, soweit dies für Abrechnungszwecke erforderlich sein sollte, Nutzungsdaten eines Nutzers über die Inanspruchnahme verschiedener Telemedien zusammengeführt werden.

Die Absätze 4 ff. regeln, unter welchen Voraussetzungen und Modalitäten diese Abrechnungsdaten auch über das Nutzungsende hinaus gespeichert oder an Dritte übermittelt werden dürfen; auch insoweit gilt besagter Erforderlichkeitsgrundsatz. Zudem gilt gemäß § 15 Abs. 5 S. 4 TMG für die Übermittlung von Abrechnungsdaten wiederum § 14 Abs. 2 TMG (Auskunfterteilung zu Zwecken der Strafverfolgung, Gefahrenabwehr u. a.; s. soeben).

---

[16] Vgl. BT-Drs. 16/3078, S. 16.

6.4.3 Nutzungsprofile

§ 15 Abs. 3 TMG regelt, unter welchen Voraussetzungen Diensteanbieter sog. Nutzungsprofile erstellen dürfen. Nutzungsprofile zeichnen sich dadurch aus, dass bestimmte Einzeldaten (z. B. IP-Adresse oder Zeitpunkt und Dauer einer bestimmten Dienstenutzung), die für sich genommen wenig aussagekräftig sind, durch ihre Zusammenführung zueinander in Bezug gesetzt werden und auf diese Weise einen neuen, eigenständigen und im Vergleich zu den Einzeldaten deutlich aussagekräftigeren Informationsgehalt aufweisen. Dieses „Mehr" an Aussagekraft gegenüber bloßen Nutzungsdaten macht die Nutzungsprofile zu besonders sensiblen Daten, vergleichbar einem klassischen Persönlichkeitsprofil, weshalb § 15 Abs. 3 TMG eine Erstellung solcher Nutzungsprofile nur unter engen Voraussetzungen erlaubt.

Grundsätzlich darf eine Profilbildung ausschließlich für Zwecke der Werbung, Marktforschung oder zur bedarfsgerechten Gestaltung der Telemedien erfolgen. Weiterhin müssen sämtliche Profile unter Verwendung von Pseudonymen erstellt werden, § 15 Abs. 3 S. 1 TMG, wobei es nach § 15 Abs. 3 S. 3 TMG ausdrücklich untersagt ist, die erstellten Nutzungsprofile mit Daten über den Träger des Pseudonyms zusammenzuführen.[17] Selbst wenn diese Voraussetzungen erfüllt sind, hat der einzelne Nutzer jedoch stets die Möglichkeit, der Erstellung eines Nutzungsprofils zu widersprechen und diese damit zu unterbinden; auf dieses Widerspruchsrecht hat der Diensteanbieter den Nutzer gem. §§ 15 Abs. 3 S. 2, 13 Abs. 1 TMG zu Beginn des Nutzungsvorgangs hinzuweisen.

6.4.4 Inhaltsdaten

Nicht geregelt, zumindest nicht explizit, ist in den §§ 14 f. TMG die Verarbeitung so genannter Inhaltsdaten. Zu den Inhaltsdaten werden vor allem solche Daten gezählt, die zwischen Nutzer und Anbieter zwar online ausgetauscht werden, dies allerdings, um ein Vertrags- und Leistungsverhältnis zu begründen, das isoliert betrachtet gerade keinen Telemediendienst mehr darstellt.[18]

Klassisches **Beispiel** ist der Bücherkauf bei Amazon: Obwohl der Besuch der Amazon-Website zunächst einmal ein typisches Anbieter-Nutzer-Verhältnis im Sinne des TMG begründet, hat der Bücherkauf als solcher mit diesem Anbieter-Nutzer-Verhältnis nur noch mittelbar etwas zu tun, die Abwicklung des Kaufs (Bezahlung, Zusendung) gleicht vielmehr einem „normalen" Offline-Sachverhalt.

Streitig ist, wie die Verarbeitung der Inhaltsdaten zu behandeln ist, die im Rahmen eines solchen „hinter" dem eigentlichen Telemediendienst stehenden (Vertrags-)Verhältnisses anfallen (im konkreten Beispiel also etwa die Daten zu Buchbestellung und Lieferadresse). Teils wird vertreten, dass die Datenschutzregeln des TMG insoweit überhaupt keine Anwendung finden sollen, also selbst die online erfolgende Dateneingabe des Nutzers zur Bestellung des Buches nicht unter das TMG, sondern unter das BDSG fallen soll. Sehr wohl soll das TMG aber auf

---

17 Eine Ausnahme hiervon macht § 13 Abs. 7 TMG, falls es um Auskünfte des Nutzers zu seiner eigenen Person geht.

18 Ausführlich Schmitz in Hoeren/Sieber (Hg.), Hdb. Multimedia-Recht (29. Ergänzungslieferung, Stand: 08.2011), Teil 16.2 F IV 1 Rn. 208 ff.

denselben Online-Bestellvorgang anzuwenden sein, wenn das betreffende Buch nicht in Papierform bestellt wird, sondern als eBook direkt vom Nutzer downgeloadet wird. Zu Recht wird gegen eine solche Differenzierung eingewandt, dass die damit einhergehenden Wertungswidersprüche nur schwer zu erklären sind.[19]

Richtigerweise ist das Anbieter-Nutzer-Verhältnis im Sinne des TMG weit zu verstehen und auch die Zulässigkeit einer Verarbeitung sog. Inhaltsdaten grundsätzlich nach den §§ 14 f. TMG zu beurteilen. Ohnehin stellt sich die Frage nach der Sinnhaftigkeit einer Differenzierung zwischen Nutzungsdaten und Inhaltsdaten bei einem einheitlichen Vorgang wie etwa dem Online-Kauf. Es ist kein Grund ersichtlich, warum nicht der gesamte Vorgang – Besuch einer Website, Surfen auf dieser Website und ggf. eben auch Bestellung bestimmter Artikel bei dieser Website – als eine „Inanspruchnahme von Telemedien" i.S.d. § 15 Abs. 1 TMG eingeordnet und damit dann auch die Zulässigkeit der damit einhergehenden Datenverarbeitung nach dieser Vorschrift beurteilt werden sollte. Gerade aus Datenschutzperspektive ist eine solche einheitliche Betrachtungsweise geboten, damit der Schutzstandard in der Online-Welt einheitlich hoch ist.

Im **Beispiel Amazon** etwa macht es kaum Sinn, die Zulässigkeit einer Profilbildung einmal nach TMG, einmal nach BDSG zu beurteilen, abhängig allein davon, ob der Amazon-Kunde im konkreten Fall auf der Amazon-Website nur herumgesurft ist oder auch etwas bestellt hat.

6.4.5 Beispiel Soziale Netzwerke

Mit der Nutzung sozialer Netzwerke ist in ganz erheblichem Umfang die Preisgabe personenbezogener Daten verbunden; der Einzelne schafft und präsentiert hier oftmals – bewusst oder unbewusst – ein digitales Dossier zu seiner Person, das in seiner Aussagekraft weit über das hinausgeht, was zukünftige Arbeitgeber, missgünstige Kollegen oder sonstige wissbegierige Dritte andernfalls in mühevoller Kleinarbeit an Informationen über den Einzelnen zusammensuchen müssten. Auch die „Selbstbestimmung" bei sozialen Netzwerken ist ein Problem, etwa die schwierige oder gar unmögliche Löschung von einmal ins Netz gestellten Profilen, Kommentaren und Bilder auf anderen Seiten oder auch die unfreiwillige Verlinkung („semantisches Netz").

Für die Frage der Zulässigkeit einer Datenverarbeitung durch soziale Netzwerke ist zunächst einmal in einem ersten Schritt zu klären, welche der drei vorgenannten Datenkategorien (Bestands-, Nutzungs-, Inhaltsdaten) bei einer Nutzung sozialer Netzwerke verarbeitet werden.[20] Soweit es um die Verarbeitung von **Bestandsdaten** geht, gilt für die Zulässigkeit § 14 TMG. Im Falle sozialer Netzwerke zählen zu diesen Bestandsdaten all die „Grunddaten" des Nutzungsverhältnisses, also regelmäßig Name, E-Mail und Alter des jeweiligen Nutzers, je nach

NB

[19] Schmitz in Hoeren/Sieber (Hg.), Hdb. Multimedia-Recht (29. Ergänzungslieferung, Stand: 08.2011), Teil 16.2 F IV 1 Rn. 210.

[20] Unterstellt wird im Folgenden die Anwendbarkeit deutschen Datenschutzrechts; dazu siehe schon oben Teil II, Kap. 1.3.1.

Ausgestaltung des Netzwerkes ggf. auch Benutzername oder Kennwort. Eine Verarbeitung dieser Bestandsdaten ist nach § 14 Abs. 1 TMG unproblematisch zulässig.

Von diesen Bestandsdaten als „Grunddaten" sind diejenigen personenbezogenen Daten zu unterscheiden, die nicht das Vertragsverhältnis als solches bzw. die Anmeldung als Nutzer zu einem bestimmten Netzwerk betreffen, sondern weitergehend nach der Anmeldung aufgrund des Kommunikations- und Nutzungsverhaltens im Netzwerk anfallen (insb. auch Clickstream-Daten). Ordnet man diese Daten – da sie eng mit dem Nutzungsvorgang einer Website verknüpft sind – als **Nutzungsdaten** ein, so ist deren Verarbeitung nach § 15 Abs. 1 S. 1 TMG zulässig, soweit dies erforderlich ist, um die Inanspruchnahme des Netzwerks zu ermöglichen und abzurechnen. Bereits dieser Erforderlichkeitsgrundsatz erlaubt die Verarbeitung von Nutzungsdaten durch soziale Netzwerke also nur in engen Grenzen. Hinzu kommen die zusätzlichen Voraussetzungen des § 15 Abs. 3 TMG für die Erstellung von Nutzungsprofilen, insbesondere die Vorgabe, dass diese nur unter Verwendung von Pseudonymen erstellt und nicht mit Daten zur Person verknüpft werden dürfen. Im Ergebnis lassen sich damit all die personenbezogenen Auswertungen, wie sie für das Kommunikations- und Nutzungsverhalten von Teilnehmern sozialer Netzwerke an der Tagesordnung sind, nicht auf eine gesetzliche Legitimationsgrundlage stützen, sondern allenfalls auf den Erlaubnistatbestand der Einwilligung (dazu sogleich unter Kap. 6.5).

Des Weiteren sind auch die von den Nutzern selbst auf den jeweiligen Profilseiten eingestellten persönlichen Informationen (Beruf, Hobbys, Beziehungsstatus etc.) als Nutzungsdaten i.S.d. § 15 TMG einzuordnen. Auch bei diesen Profildaten handelt es sich um Daten, die typischerweise bei der Inanspruchnahme dieser Art von Telemediendienst anfallen. Für die Einordnung als Nutzungsdaten kommt es auch nicht darauf an, ob die Erhebung und Verwendung von Profildaten erforderlich ist, damit ein soziales Netzwerk überhaupt genutzt werden kann; dieser Umstand ist allein maßgeblich dafür, ob eine Datenverarbeitung auf Grundlage des § 15 Abs. 1 TMG zulässig ist, nicht aber dafür, ob Profildaten dem Grunde nach als Nutzungsdaten einzuordnen sind.

Für eine einheitliche Einordnung sämtlicher Daten als Nutzungsdaten (und nicht als Inhaltsdaten)[21] spricht insbesondere, dass eine Grenzziehung zwischen Nutzungs- und Inhaltsdaten im Falle sozialer Netzwerke stets mehr oder weniger willkürlich ausfallen müsste. Auch kann eine Einordnung bestimmter Daten als Inhaltsdaten in ihrer rechtlichen Konsequenz nicht überzeugen, wenn infolgedessen ein einheitlicher Online-Sachverhalt je nach Datenart einem anderen Regelungsregime unterworfen werden müsste, weil für die Verarbeitung von Inhaltsdaten nicht die Regeln des TMG, sondern die des BDSG gelten sollen.

Im Ergebnis gilt also für die Erhebung und Verwendung personenbezogener Daten in sozialen Netzwerken (soweit es sich nicht um Bestandsdaten handelt) der Erforderlichkeitsgrundsatz des § 15 Abs. 1 TMG und, wenn Nutzungsprofile erstellt werden, die Pseudonymisierungsvorgabe des § 15 Abs. 3 TMG. Soweit man diese Erforderlichkeit ablehnt, weil zumindest die Grundfunktionen sozialer Netzwerke regelmäßig auch genutzt werden können, ohne dass der Betreiber die anfallenden Nutzungsdaten verarbeitet, bleibt als möglicher Erlaubnistatbestand nur noch die Einwilligung in die Datenverarbeitung durch den Betroffenen selbst.

21 Vgl. Buchner in BeckOK BDSG, § 29 Rn. 37 f.; anderer Ansicht ULD, Datenschutzrechtliche Bewertung der Reichweitenanalyse durch Facebook (2011), S. 19: Inhaltsdaten.

6.5 Einwilligung des Nutzers

6.5.1 Allgemeines

Gemäß § 12 Abs. 1 TMG darf der Diensteanbieter personenbezogene Daten zur Bereitstellung von Telemedien nur erheben und verwenden, soweit dies durch Rechtsvorschriften erlaubt ist *„oder der Nutzer eingewilligt hat“*. Dabei steht die Einwilligung des Nutzers als Zulässigkeitsalternative gleichberechtigt neben den gesetzlichen Erlaubnistatbeständen[22] und kommt als Erlaubnistatbestand für eine Datenverarbeitung stets dann in Betracht, wenn gesetzliche Erlaubnistatbestände nicht existieren bzw. diese zu eng gefasst sind. In der Praxis ist die Einwilligung der zentrale Erlaubnistatbestand für eine Datenverarbeitung im Online-Bereich, um die eng gefassten gesetzlichen Verarbeitungsbefugnisse des TMG zu erweitern.

Die Voraussetzungen für eine wirksame Einwilligungserklärung sind in der Online-Welt grundsätzlich dieselben wie im allgemeinen Datenschutzrecht, welches die Einwilligungserteilung in § 4a BDSG regelt. Insbesondere muss auch die Einwilligung im Telemedienbereich informiert, freiwillig und bestimmt erteilt werden.[23] Auch im Telemedienbereich wird zudem eine Einwilligung oftmals mittels Allgemeiner Geschäftsbedingungen eingeholt. In diesen Fällen unterliegt die Einwilligungserklärung der AGB-rechtlichen Inhaltskontrolle und ist unwirksam, wenn sie den Vertragspartner des Verwenders „unangemessen benachteiligt“ (§ 307 Abs. 1 S. 1 BGB). Letzteres ist nach § 307 Abs. 2 Nr. 1 BGB im Zweifel immer dann anzunehmen, wenn die Einwilligungsklausel mit wesentlichen Grundgedanken der gesetzlichen Regelung, von der abgewichen wird, nicht zu vereinbaren ist. Solche gesetzlichen Regelungen sind im vorliegenden Falle in erster Linie die datenschutzrechtlichen Bestimmungen, für die Einwilligung speziell § 4a BDSG.[24]

6.5.2 Elektronische Einwilligung

Zwar gelten im Ausgangspunkt für die Einwilligungserteilung in der Online- und der Offline-Welt die gleichen Grundsätze. Gerade hinsichtlich der Formvorgaben ist jedoch auf die spezifischen Eigenheiten des Internets Rücksicht zu nehmen. Nach der Grundregel des § 4a Abs. 1 S. 3 BDSG bedarf die Einwilligung zu ihrer Wirksamkeit der Schriftform, welche nach § 126 BGB die eigenhändige Namensunterschrift auf einer Urkunde erfordert. Würde diese Vorgabe auch für Einwilligungen im Telemedienbereich gelten, wäre damit jede online erteilte Einwilligung mangels Wahrung des Schriftformerfordernisses unwirksam. Deshalb sieht § 13 Abs. 2 TMG abweichend von der Grundregel des § 4a Abs. 1 S. 3 BDSG die Möglichkeit vor, die Einwilligungserklärung auch ohne Wahrung der Schriftform elektronisch abzugeben, wenn *„sichergestellt ist, dass*

1. *der Nutzer seine Einwilligung bewusst und eindeutig erteilt hat,*
2. *die Einwilligung protokolliert wird,*
3. *der Nutzer den Inhalt der Einwilligung jederzeit abrufen kann und*
4. *der Nutzer die Einwilligung jederzeit mit Wirkung für die Zukunft widerrufen kann.“*

---

22 Vgl. BT-Drs. 14/1191, S. 16.

23 Allgemein dazu oben Kap. 2.2.

24 Ausführlich dazu oben Kap. 2.1.4

6.5.3 Bewusste und eindeutige Einwilligung

Wie bei der „Offline-Einwilligung" stellt sich auch im Online-Bereich die Frage, ob die Einwilligungserteilung in Form eines Opt-out ausreichend ist oder ob die Einwilligung in Form eines Opt-in erklärt werden muss, der Nutzer also seine Einwilligung *aktiv* erteilen muss.[25]

Typische **Beispiele** für Opt-in sind etwa das Unterzeichnen einer gesonderten Einwilligungserklärung oder das Anklicken eines für die Erteilung der Einwilligung vorgesehenen Kästchens. Beispiele für Opt-out sind demgegenüber etwas das Durchstreichen oder Ausklicken einer zunächst einmal dem Betroffenen unterstellten Einwilligung.

Der BGH hat 2008 in seiner Payback-Entscheidung die Einholung einer Einwilligung mittels Opt-out grundsätzlich für zulässig erklärt, soweit nur das datenschutzrechtliche Hervorhebungsgebot gewahrt ist.[26] Allerdings betraf diese Entscheidung eine Einwilligung auf dem Papier. Geht es wie hier jedoch um eine elektronische Einwilligung, müssen zusätzlich die Voraussetzungen des **§ 13 Abs. 2 TMG** berücksichtigt werden, muss also insbesondere auch sichergestellt sein, dass der Nutzer seine Einwilligung **„bewusst und eindeutig erteilt"** (§ 13 Abs. 2 Nr. 1 TMG).

Letztere Vorgabe einer bewussten und eindeutigen Einwilligungserteilung trägt dem Umstand Rechnung, dass im Internet die Gefahr nochmals größer ist, mittels Mausklicks oder ähnlich flüchtiger Handlungen übereilt und unbewusst Erklärungen abzugeben, die so weder vom Willen noch vom Bewusstsein des Nutzers getragen sind. „Bewusst und eindeutig" im Sinne des § 13 Abs. 2 Nr. 1 TMG wird eine Einwilligung in der Online-Welt etwa dann erteilt, wenn der Nutzer zunächst aktiv die Checkbox neben einer Einwilligungserklärung anklicken muss und sodann zur Bestätigung auf eine weitere Schaltfläche klicken muss.[27] Zu Recht wird dagegen bereits in Frage gestellt, ob auch noch das einfache Setzen eines Häkchens neben einer vorformulierten Einwilligungserklärung dem Erfordernis des § 13 Abs. 2 Nr. 1 TMG genügt:[28] denn selbst bei einer solchen Form der Opt-in-Einwilligung werden sich viele Nutzer der rechtlichen Bedeutung eines solchen Mausklicks nicht mehr bewusst sein. Erst recht ist dann aber jede Form einer Opt-out-Einwilligung abzulehnen, bei der es auf Seiten des Nutzers überhaupt keiner aktiven Willensbetätigung bedarf, um ihm ein Einverständnis mit einer Datenverarbeitung zu unterstellen.

Unzulässigkeit eines Opt-out nach dem DS-GVO-E

Mit dem Erfordernis der **„expliziten Willensbekundung"** (Art. 4 Nr. 8 DS-GVO-E) als notwendiges Element jeder Einwilligung stellt die Kommission in ihrem Entwurf für eine Datenschutz-Grundverordnung klar, dass die Einholung einer Einwilligung mittels Opt-out nicht zulässig sein soll. Vielmehr muss sichergestellt sein, dass der Betroffene sich der Erteilung einer Einwilligung **bewusst** ist (EG 25). Stets bedarf es daher der Einwilligung mittels

25 Zur Unterscheidung von Opt-in und Opt-out siehe oben unter Kap. 2.2.1.

26 Ausführlich dazu schon unter Kap. 2.2.1 und Kap. 2.2.2.

27 Moos in Taeger/Gabel (Hg.), BDSG (2010), § 13 TMG Rn. 17.

28 Vgl. Moos in Taeger/Gabel (Hg.), BDSG (2010), § 13 TMG Rn. 17.

Opt-in, beispielhaft hierfür führt die Kommission das Anklicken eines Kästchens beim Besuch einer Internetseite an.[29]

6.5.4 Freiwillige Einwilligung

Gerade in der Online-Welt zeichnen sich viele Angebote dadurch aus, dass sie nicht gegen Entgelt erbracht werden, sondern auf dem Tauschmodell „Leistung gegen Einwilligung" beruhen.

Beispiel: Ein soziales Netzwerk nimmt seine Mitglieder zwar „kostenlos" auf, diese müssen im Gegenzug aber darin einwilligen, dass ihre personenbezogenen Daten zu Marketingzwecken verarbeitet werden.

Wenn in solchen Konstellationen Diensteanbieter ihre Leistungserbringung zwingend von einer Einwilligung des Nutzers in die Datenverarbeitung abhängig machen, stellt sich die Frage, ob eine solche Einwilligung noch auf der „freien Entscheidung des Betroffenen" (§ 4a Abs. 1 S. 1 BDSG) beruht oder ob nicht vielmehr ein Verstoß gegen das sog. Koppelungsverbot anzunehmen ist.[30] Nach diesem Koppelungsverbot – als Ausprägung des allgemeinen Freiwilligkeitsgrundsatzes – dürfen Diensteanbieter ihre Leistungserbringung nicht davon abhängig machen, dass der Nutzer in eine Datenverarbeitung zu kommerziellen Zwecken einwilligt, wenn es für diesen nicht möglich bzw. nicht zumutbar ist, eine gleichwertige Leistung auch ohne eine solche Einwilligung zu erlangen. Im Einzelnen ist hier vieles streitig, insbesondere wann ein zumutbarer Zugang zu einer gleichwertigen Leistungsalternative anzunehmen ist. Grundsätzlich sollte aber das Koppelungsverbot nicht zu streng ausgelegt werden.[31]

Beispiele:
Grundsätzlich ist der Einzelne in seiner Entscheidung auch dann noch frei, wenn er im Internet die Wahl hat, entweder unter Verzicht auf Vertraulichkeit kostenlose und besonders innovative Dienste in Anspruch zu nehmen oder aber stattdessen auf datenschutzfreundlichere Angebote auszuweichen, auch wenn diese kostenpflichtig oder weniger innovativ sein sollten.
Ebenso hat der Einzelne im Falle sozialer Netzwerke die freie Wahl, sich unter Preisgabe seiner Privatsphäre für eine Mitgliedschaft in diesen Netzwerken zu entscheiden oder aber auf andere – datenschutzfreundlichere – Art und Weise mit anderen zu kommunizieren.[32]

---

[29] Ausführlich dazu schon oben unter Kap. 2.2.2.

[30] Das Koppelungsverbot war ursprünglich speziell für den Online-Bereich in § 12 Abs. 3 TMG a.F. normiert, seit der BDSG-Novelle von 2009 ist es nunmehr aber allgemein in § 28 Abs. 3b BDSG geregelt; zur Geltung des § 28 Abs. 3b BDSG auch für den Bereich Telemedien siehe Spindler/Nink in Spindler/Schuster (Hg.), Recht der elektronischen Medien (2. A. 2011), § 12 TMG Rn. 8.

[31] Ausführlich dazu oben unter Kap. 2.2.1.

[32] S. a. Buchner, DuD 2010, 39, 41.

6.5.5 Einwilligung von Minderjährigen – Beispiel Online-Spiele

Viele Angebote der Online-Welt sind gerade auch auf Kinder und Jugendliche ausgerichtet. Soweit bei Nutzung dieser Dienste personenbezogene Daten verarbeitet werden, stellt sich wiederum die Frage der Zulässigkeit; fraglich ist insbesondere, ob und unter welchen Voraussetzungen auch Minderjährige eine Verarbeitung ihrer Daten durch Erteilung einer Einwilligung legitimieren können.

Beispiel Online-Spiele
Die meisten der heutzutage vermarkteten Spielprogramme unterstützen zahlreiche Online-Funktionen, die es Nutzern erlauben, in Echtzeit mit anderen Spielern in Kommunikation und Interaktion zu treten. Mit der Nutzung von Online-Spielen geht oftmals in weitem Umfang eine Verarbeitung personenbezogener Daten einher: Registrierungs- und Zahlungsdaten, Informationen zu Spiel- und Kommunikationsverhalten, Freundschaftsbeziehungen, Fotos, Videos und Profilinformationen, ortsbezogene Informationen oder sogar Gesundheitsdaten etwa zum Fitnesszustand eines Spielers.[33] Soweit solcherlei Daten von minderjährigen Spielern herrühren, stellt sich die Frage, unter welchen Voraussetzungen diese verarbeitet werden dürfen.

Zunächst einmal bestimmt sich auch die Zulässigkeit einer Datenverarbeitung im Rahmen von Online-Spielen nach den §§ 14, 15 TMG.[34] So handelt es sich bei Registrierungsdaten wie etwa Name, Anschrift, Mailanschrift oder Geburtsdatum des Spielers um klassische Bestandsdaten, die nach § 14 Abs. 1 TMG verarbeitet werden dürfen. Gleiches gilt im Falle kostenpflichtiger Angebote für Zahlungsdaten (z. B. PayPal-Konto, Kreditkartennummer). Andere personenbezogene Daten, die während des Spiels anfallen (etwa Daten zu Spiel- und Kommunikationsverhalten), dürfen gemäß § 15 Abs. 1 TMG verarbeitet werden, soweit dies erforderlich ist, um die Inanspruchnahme eines Online-Spiels zu ermöglichen oder abzurechnen. Soweit jedoch personenbezogene Daten darüber hinaus verarbeitet werden, etwa um Werbung passgenau auf das Profil eines bestimmten Spielers abzustimmen und in das Spielgeschehen einzublenden (In-Game-Advertising)[35], ist dies nur auf Grundlage einer Einwilligung des Betroffenen möglich.

Auch Kinder und Jugendliche, die noch nicht 18 Jahre alt und damit noch nicht voll geschäftsfähig sind, können – unter bestimmten Voraussetzungen – eine solche Einwilligung wirksam abgeben. Grundsätzlich bedarf es für die Erteilung einer wirksamen Einwilligung keiner Geschäftsfähigkeit im Sinne der bürgerlich-rechtlichen Vorschriften. Voraussetzung für eine wirksame Einwilligung ist jedoch, dass Minderjährige hierfür die entsprechende **Einsichtsfähigkeit** besitzen. Bei unter 7-Jährigen ist eine solche Einsichtsfähigkeit generell abzulehnen, auch bei Kindern zwischen 7 und 12 Jahren kann man eine solche regelmäßig noch nicht annehmen. Ab einem Alter von 13 Jahren hingegen muss die Frage der Einsichtsfähigkeit grundsätzlich einzelfallbezogen beurteilt werden, sie hängt von der

---

[33] Ausführlich zum Datenschutz in Online-Spielen die gleichnamige Studie des ULD aus dem Jahr 2010, abrufbar unter www.datenschutzzentrum.de/dos/.

[34] Soweit das deutsche Datenschutzrecht anwendbar ist; siehe dazu allgemein oben Teil II, Kap. 1.3.1 und speziell auch zu Online-Spielen ULD, Studie zum Datenschutz in Online-Spielen (2010), S. 48 ff.

[35] ULD, Studie zum Datenschutz in Online-Spielen (2010), S. 117 f.

Fähigkeit des Minderjährigen zu selbständigem und verantwortungsbewusstem Handeln ebenso ab wie von Art und Zweck der konkreten Datenverarbeitung.[36]

Maßgebliche Beurteilungsfaktoren sind im Fall von Online-Spielen nicht nur das konkrete Alter des Nutzers, sondern vor allem auch, welche Daten auf welche Weise und zu welchem Zweck verarbeitet werden. Handelt es sich um besonders schutzwürdige Daten wie etwa Standort- oder Gesundheitsdaten, sind an die Einsichtsfähigkeit des Minderjährigen besonders strenge Anforderungen zu stellen. Gleiches gilt, wenn etwa wie im Falle der Einbindung von Online-Spielen in soziale Netzwerke (z. B. die Spiele FarmVille und Mafia Wars bei Facebook) aufgrund der Vermengung von Online-Spiel und sozialem Netzwerk kaum noch zu überblicken ist, welche Arten von Daten zu welchen Zwecken verarbeitet werden.[37]

Ausblick DS-GVO

Nach dem Kommissionsentwurf für die neue Datenschutz-Grundverordnung sind für die Verarbeitung personenbezogener Daten von Minderjährigen zunächst einmal die Altersgrenzen von 13 und 18 Jahren maßgeblich. Ausgehend vom legaldefinierten Begriff des Kindes in Art. 4 Nr. 18 DS-GVO sind Kinder alle Personen bis zur Vollendung des 18. Lebensjahres. Für die Verarbeitung personenbezogener Daten von Kindern normiert Art. 8 Abs. 1 S. 1 DS-GVO, dass bis zum Alter von 13 Jahren eine Datenverarbeitung ausschließlich auf Grundlage einer Einwilligung seitens der gesetzlichen Vertreter (Eltern bzw. Vormund) zulässig ist.

Offen bleibt nach dem Kommissionsentwurf zunächst einmal, ob und inwieweit Minderjährige im Alter von 13 bis 17 Jahren wirksam in eine Verarbeitung ihrer personenbezogenen Daten einwilligen können. Die Kommission geht offensichtlich davon aus, dass sie selbst im Wege der delegierten Rechtsetzung (Art. 290 AEUV) die näheren Voraussetzungen für die Erteilung einer Einwilligung durch Minderjährige bestimmen wird.[38] Eine ausdrückliche Befugnisübertragung gerade für diesen Regelungsgegenstand findet sich allerdings im Kommissionsentwurf nicht.[39] Zudem ist zweifelhaft, ob solch eine grundsätzliche Fragestellung wie die der Einwilligungsfähigkeit von Minderjährigen überhaupt delegationsfähig ist; es handelt sich hierbei nicht mehr nur um eine „nicht wesentliche Vorschrift" i.S.d. Art. 290 AEUV, sondern vielmehr um eine ganz wesentliche politische Grundentscheidung, ob und inwieweit man Minderjährigen im Alter von 13 bis 17 Jahren den eigenverantwortlichen Umgang mit ihrem Recht auf informationelle Selbstbestimmung zusprechen kann und will.

---

36 Simitis in ders. (Hg.), BDSG (7. A. 2011), § 4a Rn. 21.

37 ULD, Studie zum Datenschutz in Online-Spielen (2010), S. 43.

38 Siehe Erwägungsgrund 129 des Vorschlags: „...Delegierte Rechtsakte sollten insbesondere erlassen werden ... zur Festlegung der Kriterien und Bedingungen für die Einwilligung eines Kindes, ...".

39 Art. 6 Abs. 5 DS-GVO-E bezieht sich auf die allgemeine Interessenabwägungsklausel und damit auf einen gesetzlichen Erlaubnistatbestand, Art. 8 Abs. 3 DS-GVO-E bezieht sich allein auf die Einwilligung der gesetzlichen Vertreter.

7 Datenverarbeitung im Telekommunikationsbereich (§§ 91 ff. TKG)

Bereichsspezifische Datenschutzvorschriften für die Datenverarbeitung im Telekommunikationsbereich sind in den §§ 91 ff. TKG normiert. Zu einer Zusammenführung der Datenschutzbestimmungen für Telekommunikations- und Telemediendienste ist es – trotz immer wieder erhobener Forderungen dahingehend – bis heute noch nicht gekommen.[1]

7.1 Anwendungsbereich der §§ 91 ff. TKG

Der Anwendungsbereich der datenschutzrechtlichen Vorschriften des TKG bestimmt sich nach § 91 TKG. Danach regeln die §§ 91 ff. TKG „den Schutz personenbezogener Daten der Teilnehmer und Nutzer von Telekommunikation bei der Erhebung und Verwendung dieser Daten durch Unternehmen und Personen, die geschäftsmäßig Telekommunikationsdienste erbringen oder an deren Erbringung mitwirken."

Unter Telekommunikation im Sinne des TKG fallen sowohl Telekommunikationsdienste gemäß § 3 Nr. 24 TKG als auch telekommunikationsgestützte Dienste gemäß § 3 Nr. 25 TKG. Telekommunikationsdienste sind dabei in der Regel gegen Entgelt erbrachte Dienste, die ganz oder überwiegend in der Übertragung von Signalen über Telekommunikationsnetze bestehen.

Beispiele für Telekommunikationsdienste im Sinne des § 3 Nr. 24 TKG sind nicht nur Sprachtelefoniedienste, sondern auch Datenübertragungsdienste und Internetprovider, die den Netzzugang vermitteln.

Unter telekommunikationsgestützten Diensten sind solche zu verstehen, die keinen räumlich und zeitlich trennbaren Leistungsfluss auslösen, sondern die Inhaltsleistung noch während der Telekommunikationsverbindung erfüllen.

Beispiele für telekommunikationsgestützte Dienste i.S.d. § 3 Nr. 25 TKG sind 0900er-Sonderrufnummern, deren Abrechnung über die Telefonrechnung erfolgt.

---

1 Zum Problem der Abgrenzung zwischen den Regelungsbereichen TKG und TMG siehe schon oben Teil I, Kap. 7.8.2.

7.2 Grundzüge der datenschutzrechtlichen Regelungen des TKG

Hinsichtlich Inhalt und Systematik sind die datenschutzrechtlichen Vorschriften der §§ 91 ff. TKG in vielerlei Hinsicht mit den Datenschutzregelungen für den Telemedienbereich vergleichbar. Hier wie dort sehen die Regelungen bestimmte Informationspflichten für die Diensteanbieter vor, erlauben eine elektronische Erteilung der Einwilligung unter bestimmten Voraussetzungen und differenzieren hinsichtlich der Zulässigkeit der Datenverarbeitung nach bestimmten Datenkategorien.

Informationspflichten (§ 93 TKG): Ebenso wie Diensteanbieter im Telemedienbereich müssen auch TK-Diensteanbieter umfassend über die Art und Weise ihrer Datenerhebung und -verwendung informieren, um den Nutzern in allgemein verständlicher Form Kenntnis von den stattfindenden Verarbeitungstatbeständen zu verschaffen und ihnen die Möglichkeit zu geben, durch Wahl- und Gestaltungsmöglichkeiten auf die Datenverarbeitung einzuwirken. Daneben kann der Nutzer weiterhin sein Auskunftsrecht nach § 34 BDSG geltend machen (§ 93 Abs. 1 S. 4 TKG). Abs. 2 enthält eine Informationspflicht des Anbieters für den Fall, dass ein besonderes Risiko der Verletzung der Netzsicherheit besteht. Und Abs. 3 verweist (ebenso wie § 15a TMG) auf eine entsprechende Geltung der Informationspflicht des § 42a BDSG für den Fall einer unrechtmäßigen Kenntniserlangung von Daten durch Dritte (sog. „Breach Notification“).[2]

Einwilligung im elektronischen Verfahren (§ 94 TKG): § 94 TKG erlaubt ebenso wie auch § 13 Abs. 2 TMG in Abweichung vom Schriftformerfordernis des § 4a Abs. 1 S. 3 BDSG die elektronische Erteilung einer Einwilligung. Dadurch wird den tatsächlichen Gegebenheiten des Telekommunikationsbereichs Rechnung getragen, wo die ausnahmslose Vorgabe einer schriftlich erteilten Einwilligung unpraktikabel wäre. Die Voraussetzungen für die Zulässigkeit einer elektronischen Erklärung sind dabei dieselben wie nach TMG. Sichergestellt sein muss nach § 94 TKG, dass die Einwilligung bewusst und eindeutig erteilt wird, die Einwilligung protokolliert wird, ihr Inhalt jederzeit abrufbar ist und die Einwilligung jederzeit mit Wirkung für die Zukunft widerrufen werden kann. Auch für die elektronische Einwilligung nach TKG gilt, dass diese nicht im Wege des Opt-out wirksam erteilt werden kann.[3]

Zulässigkeit der Datenverarbeitung (§§ 95 ff. TKG): Regelungsgegenstand der §§ 95 ff. TKG ist die Zulässigkeit der Datenverarbeitung. Wie nach TMG hängt auch nach TKG die Zulässigkeit einer Datenverarbeitung jeweils davon ab, um welche Art von personenbezogenen Daten es sich handelt. Differenziert wird im TKG nach

- Bestandsdaten
- Verkehrsdaten
- Abrechnungsdaten als Unterfall der Verkehrsdaten sowie
- Standortdaten.

---

2 Zu § 42a BDSG siehe oben Teil II, Kap. 2.11.4.

3 Siehe oben Kap. 6.5.3 zu § 13 Abs. 2 TMG.

7.2.1 § 95 TKG (Bestandsdaten)

Die Vorschrift des § 95 TKG regelt den Umgang mit Bestandsdaten durch den Diensteanbieter. Bestandsdaten sind in § 3 Nr. 3 TKG definiert als „Daten eines Teilnehmers, die für die Begründung, inhaltliche Ausgestaltung, Änderung oder Beendigung eines Vertragsverhältnisses über Telekommunikationsdienste erhoben werden“.

Typische **Beispiele** für Bestandsdaten sind Name, Vorname und Anschrift des Teilnehmers, Anschlussnummer, die technischen Merkmale des Anschlusses und rechnungsrelevante Daten.

§ 95 Abs. 1 S. 1 TKG stellt die Zulässigkeit einer Verarbeitung solcher Daten unter den **Erforderlichkeitsgrundsatz**, der Diensteanbieter darf solche Daten also nur erheben und verwenden, soweit dies für die Begründung, inhaltliche Ausgestaltung, Änderung oder Beendigung eines TK-Vertrags erforderlich ist. Zulässig ist nach § 95 Abs. 1 S. 2 TKG auch der Austausch von Bestandsdaten im Rahmen der Zusammenarbeit von Diensteanbietern[4] – insoweit gilt wieder der Erforderlichkeitsgrundsatz. Was die Übermittlung von Bestandsdaten an Dritte angeht, hält § 95 Abs. 1 S. 3 TKG nochmals ausdrücklich fest, dass diese nur bei Einwilligung des Teilnehmers zulässig ist, soweit nicht ausnahmsweise ein gesetzlicher Erlaubnistatbestand einschlägig ist.

§ 95 Abs. 2 TKG regelt die Verarbeitung von Bestandsdaten insbesondere für Zwecke der **Beratung, Werbung und Marktforschung**. Nach Abs. 2 S. 1 gelten hierfür zwei Voraussetzungen: die Einwilligung des Teilnehmers und die Erforderlichkeit der Datenverarbeitung. Eine Ausnahme vom Einwilligungserfordernis normiert Abs. 2 S. 2 für die Verwendung von Rufnummer und Postadresse (incl. E-Mail-Adresse). Wenn der Diensteanbieter im Rahmen einer bestehenden Kundenbeziehung von diesen Daten rechtmäßig Kenntnis erlangt hat, darf er sie für die Versendung von Text- oder Bildmitteilungen verwenden (nicht für Anrufe!). Allerdings kann der Teilnehmer einer Versendung weiterer Nachrichten jederzeit widersprechen; über dieses Widerspruchsrecht ist er sowohl bei der Erhebung und erstmaligen Speicherung seiner Rufnummer oder Adresse als auch bei jeder Versendung einer Nachricht „deutlich sichtbar und gut lesbar“ hinzuweisen (§ 95 Abs. 2 S. 3 TKG).

Neben Regelungen zur Löschung von Bestandsdaten (Abs. 3) und der Vorlage von Ausweisdokumenten (Abs. 4) findet sich in § 95 TKG des Weiteren auch das schon aus dem allgemeinen Datenschutzrecht bekannte **Koppelungsverbot** normiert (Abs. 5).[5] Danach darf die Erbringung von Telekommunikationsdienstleistungen nicht von der Einwilligung des Teilnehmers in eine Datenverarbeitung zu anderen Zwecken abhängig gemacht werden, „wenn dem Teilnehmer ein anderer Zugang zu diesen Telekommunikationsdiensten ohne die Einwilligung nicht oder nicht in zumutbarer Weise möglich ist.“

Beispiele: Nach dem Koppelungsverbot ist es daher etwa unzulässig, wenn ein TK-Anbieter seine Leistungserbringung unter die Bedingung stellt, dass sich die Teilnehmer mit

4 Zum Beispiel bei Call-by-Call-Angeboten; Eckhardt in Spindler/Schuster (Hg.), Recht der elektronischen Medien (2. A. 2011), § 95 TKG Rn. 4.

5 Zum Koppelungsverbot im Online-Bereich s. oben Kap. 6.5.4.

einer Übermittlung ihrer Daten an Dritte im Wege des Adresshandels einverstanden erklären.

Anders ist hingegen der Fall zu beurteilen, dass ein TK-Anbieter eine Einwilligung in die Übermittlung personenbezogener Daten an externe Wirtschaftsauskunfteien wie z. B. die SCHUFA verlangt.[6] Insoweit handelt es sich nicht um eine Datenverwendung für „andere" Zwecke, da die Datenübermittlung regelmäßig zu dem Zweck erfolgt, im Gegenzug von den Auskunfteien Informationen zur Bonität eines Kunden zu erhalten. Die Verwendung solcher Bonitätsdaten wiederum ist für die Begründung und inhaltliche Ausgestaltung eines TK-Vertrags jedenfalls dann erforderlich, wenn Diensteanbieter bei einem TK-Vertrag in Vorleistung gehen (Beispiel Mobilfunkvertrag) und daher die Entscheidung über das Ob und Wie eines Vertragsschlusses gerade von der Bonität des Kunden abhängt.[7]

Stets gilt das Koppelungsverbot aber nur unter dem Vorbehalt, dass kein anderer Zugang zu den nachgefragten Diensten möglich bzw. zumutbar ist. Der Schutzzweck des § 95 Abs. 5 TKG geht dahin, dem Missbrauch einer marktbeherrschenden Stellung vorzubeugen, wenn TK-Unternehmen eine bestimmte Kommunikationsleistung exklusiv erbringen und insoweit konkurrenzlos dastehen.[8] Ob im konkreten Fall ein anderer Zugang zu den nachgefragten Telekommunikationsdiensten möglich bzw. zumutbar ist, hängt von den konkreten Umständen ab.

Beispiel: Ein anderer Zugang ist nicht schon allein deshalb unzumutbar, weil das Alternativangebot im Unterschied zu dem gekoppelten Angebot kostenpflichtig ist.[9]

Gilt im konkreten Fall das Koppelungsverbot und ist eine Einwilligung unter Verstoß gegen dieses Verbot eingeholt worden, ist die Einwilligung nach § 95 Abs. 5 S. 2 TKG unwirksam.

7.2.2 § 96 TKG (Verkehrsdaten)

§ 96 TKG regelt die Zulässigkeit einer Verarbeitung sog. Verkehrsdaten. Verkehrsdaten sind in § 3 Nr. 30 TKG definiert als „Daten, die bei der Erbringung eines Telekommunikationsdienstes erhoben, verarbeitet oder genutzt werden". Vergleichbar den Nutzungsdaten im Sinne des § 15 TMG handelt es sich dabei um Daten, die beim Telekommunikationsvorgang selbst anfallen; im Unterschied zu Bestandsdaten beruhen Verkehrsdaten regelmäßig nicht auf willentlichen Angaben des Teilnehmers, sondern fallen automatisch im Zuge der Erbringung von Telekommunikationsdiensten an.[10] § 96 Abs. 1 S. 1 TKG zählt in den Nummern 1 bis 5 detailliert auf, welche Verkehrsdaten TK-Anbieter zunächst einmal erheben dürfen. Hierzu zählen insbesondere:

---

6 Beispiel bei Fetzer in Arndt/Fetzer/Scherer (Hg.), TKG (2008), § 95 Rn. 24.

7 A. A. Fetzer in Arndt/Fetzer/Scherer (Hg.), TKG (2008), § 95 Rn. 24.

8 Vgl. Kannenberg in Scheurle/Mayen (Hg.), TKG (2. A. 2008), § 95 Rn. 74, 77.

9 Vgl. Eckhardt in Spindler/Schuster (Hg.), Recht der elektronischen Medien (2. A. 2011), § 95 TKG Rn. 27.

10 Munz in Taeger/Gabel (Hg.), BDSG (2010), § 96 TKG Rn. 5.

- Nummer und Anschlusskennung, personenbezogene Berechtigungskennungen wie etwa PIN-Nummern, ggf. bei Kundenkarten deren Nummern sowie bei mobilen Anschlüssen die Standortdaten (Nr. 1)
- Angaben über Beginn und Ende von Kommunikationsverbindungen und übermittelte Datenmengen (Nr. 2)
- Art des in Anspruch genommenen Telekommunikationsdienstes (Nr. 3)
- bei festgeschalteten Verbindungen[11] deren Beginn und Ende sowie übermittelte Datenmengen (Nr. 4)
- „sonstige zum Aufbau und zur Aufrechterhaltung der Telekommunikation sowie zur Entgeltabrechnung notwendige Verkehrsdaten" (Nr. 5).

Für die Erhebung ebenso wie auch für die weitere Verwendung all dieser Verkehrsdaten gilt wieder der **Erforderlichkeitsgrundsatz**, stets ist eine Datenerhebung und -verwendung nur zulässig, soweit dies für den jeweiligen Datenverarbeitungszweck erforderlich ist.

Was die zulässigen Datenverarbeitungszwecke angeht, benennt § 96 Abs. 1 TKG relativ allgemein die „in diesem Abschnitt genannten Zwecke", bezieht sich also auf die in den §§ 91 bis 107 TKG benannten Zwecke; konsequenterweise müsste man zum Kreis zulässiger Datenverarbeitungszwecke an sich etwa auch die in § 95 TKG genannten Zwecke der Beratung, Werbung oder Marktforschung zählen. In seiner früheren Fassung normierte § 96 TKG noch eine Einschränkung dahingehend, dass die gespeicherten Verkehrsdaten über das Ende der Verbindung hinaus nur verwendet werden durften, soweit sie für die in den §§ 97, 99, 100 und 101 TKG genannten Zwecken erforderlich waren, also für die Zwecke Entgeltermittlung und -abrechnung, Erstellung eines Einzelverbindungsnachweises, Maßnahmen gegen Störungen und Missbrauch sowie Fangschaltungen. Wenngleich diese Einschränkung so nicht mehr in § 96 TKG normiert ist, ist auch weiterhin davon auszugehen, dass sich der Erlaubnistatbestand des § 96 TKG nicht differenzierungslos auf alle in den §§ 91 ff. TKG genannten Verarbeitungszwecke erstrecken soll.

Insgesamt ist festzuhalten, dass die Regelung des § 96 TKG unnötig kompliziert und vor allem nicht sonderlich systematisch ausgefallen ist. Der Sache nach soll § 96 TKG die Erhebung und Verwendung von Verkehrsdaten legitimieren, soweit dies für die Erbringung eines Telekommunikationsdienstes erforderlich ist. Soweit es dagegen um andere Zwecke der Datenerhebung und -verwendung geht, ist stattdessen ohnehin auf die jeweils einschlägigen, spezifischen Erlaubnistatbestände abzustellen, also etwa auf § 97 TKG für die Entgeltermittlung und -abrechnung oder auf § 98 TKG für die Verwendung von Standortdaten.

Auskünfte über Verkehrsdaten gegenüber Strafverfolgungs- und Sicherheitsbehörden

§ 96 Abs. 1 S. 2 TKG erlaubt die Verwendung von Verkehrsdaten auch, soweit dies für die „durch andere gesetzliche Vorschriften begründeten Zwecke" erforderlich ist. Mit dieser nachträglich eingefügten Öffnungsklausel wollte der Gesetzgeber klarstellen, dass die in StPO, BVerfSchG und anderen Gesetzen geregelte Auskunftserteilung gegenüber Strafverfolgungs- und Sicherheitsbehörden durch die Vorgaben des § 96 TKG keine Einschränkungen erfährt. Verkehrsdaten, zu denen die nach den entsprechenden Gesetzen berechtigten Behör-

---

[11] Bei sog. festgeschalteten Verbindungen erfolgt kein kurzfristiger Verbindungsaufbau wie bei Telefondiensten, vielmehr steht den Teilnehmern in der Regel für eine bestimmte Zeit eine Verbindung exklusiv zur Verfügung (z. B. Verbindung zwischen zwei Rechenzentren zur Übertragung großer Datenmengen); s. Königshofen, TDSV (2001), § 6 Rn. 11.

den Auskunft verlangt haben, sollen „aus der für den Regelfall betrieblich üblichen, möglichst kurz zu haltenden Speicherfrist herausgenommen werden“.[12]

Die Erweiterung des § 96 Abs. 1 S. 2 TKG um die „durch andere gesetzliche Vorschriften begründeten Zwecke“ ist rechtspolitisch sehr umstritten. Kritisiert wird zum einen die Unbestimmtheit der Klausel, die nicht hinreichend präzise festlege, welche Behörden zugriffsberechtigt sind. Zum anderen wird befürchtet, dass sich diese Erweiterung zu einem Einfallstor für die Berücksichtigung immer neuer staatlicher Informationsbegehrlichkeiten entwickelt.[13]

§ 96 Abs. 3 TKG erlaubt dem Diensteanbieter die Verwendung teilnehmerbezogener Verkehrsdaten zum Zwecke der **Vermarktung** von Telekommunikationsdiensten, zu ihrer bedarfsgerechten Gestaltung oder zur Bereitstellung von Diensten mit Zusatznutzen (z. B. Navigationsdienste) „im dazu erforderlichen Zeitraum ..., sofern der Betroffene in diese Verwendung eingewilligt hat.“ Für die Einwilligung gelten die allgemeinen Grundsätze des § 4a BDSG sowie des § 94 TKG (im Falle der elektronisch erteilten Einwilligung); zusätzlich hat der Diensteanbieter bei der Einholung der Einwilligung die in § 96 Abs. 4 TKG bezeichneten Informationspflichten zu beachten. Soweit es um die Verwendung von Verkehrsdaten geht, die nicht teilnehmer-, sondern zielnummernbezogen sind, bedarf es hierfür nach Abs. 3 S. 3 der Einwilligung des Angerufenen.

7.2.3 § 97 TKG (Verkehrsdaten als Abrechnungsdaten)

§ 97 TKG regelt in Ergänzung zu § 96 TKG die Erhebung und Verwendung von Verkehrsdaten zu Zwecken der Entgeltermittlung und -abrechnung. Abs. 5 erweitert die zulässigen Zwecksetzungen nach § 97 TKG noch dahingehend, dass es auch um eine Datenübermittlung zum Zweck der Durchsetzung einer Forderung gehen kann.

Die Grundidee des § 97 TKG erschöpft sich zunächst einmal weitgehend im bereits gut bekannten **Erforderlichkeitsgrundsatz**: Verkehrsdaten dürfen stets insoweit erhoben und verwendet werden, als dies für die Entgeltermittlung und -abrechnung erforderlich ist. Kompliziert wird die Regelung des § 97 TKG dadurch, dass die verschiedensten Konstellationen einer Entgeltzahlung im Einzelnen geregelt werden:

- Entgelte für Leistungen, die Diensteanbieter über ihr eigenes Telefonnetz erbracht haben (Abs. 1 S. 1)
- Entgelte für Leistungen, die Diensteanbieter mittels eines fremden Netzbetreibers erbracht haben (Abs. 1 S. 2)
- Entgelte, mit deren Einzug Diensteanbieter einen Dritten beauftragt haben (Abs. 1 S. 3 bis 5)
- Entgelte, die der Diensteanbieter mit anderen Diensteanbietern abrechnet, weil beispielsweise mehrere Diensteanbieter gemeinsam eine Leistung erbracht haben (Abs. 4)
- Entgelte, die der Diensteanbieter für Leistungen Dritter einzieht.

§ 97 TKG normiert für all diese verschiedenen Konstellationen im Einzelnen, ob und wie Diensteanbieter, Netzbetreiber und Dritte mit welchen Verkehrsdaten umgehen und diese unter Umständen auch untereinander austauschen dürfen. Neben dem Erforderlichkeitsgrundsatz, der sich als eine Art „roter Faden“ durch den gesamten § 97 TKG zieht, normiert

---

12 BT-Drucks. 15/5213, S. 24.

13 Siehe im Einzelnen Munz in Taeger/Gabel (Hg.), BDSG (2010), § 96 TKG Rn. 12.

die Vorschrift u. a. bestimmte Pflichten Dritter, die mit dem Entgelteinzug beauftragt worden sind (vertragliche Verpflichtung auf Wahrung des Fernmeldegeheimnisses sowie auf Wahrung der datenschutzrechtlichen Vorgaben der §§ 93, 95–97, 99,100 TKG) sowie in Abs. 3 die zulässigen Höchstspeicherfristen für Verkehrsdaten (sofortige Löschung aller nicht zur Entgeltberechnung erforderlichen Daten; max. sechsmonatige Speicherung aller erforderlichen Daten ab Rechnungsversand; ggf. längere Speicherung, falls Entgeltabrechnung streitig).

Eine – an sich weitreichende – Ausnahme von der Vorgabe, dass Verkehrsdaten, soweit sie für die Entgeltabrechnung nicht erforderlich sind, unverzüglich zu löschen sind, stellt der Verweis auf § 113a TKG dar. Letztere Vorschrift sah eine anlasslose sechsmonatige Speicherpflicht für Verkehrsdaten vor (**Vorratsdatenspeicherung**); § 113a TKG ist jedoch wegen Verletzung von Art. 10 Abs. 1 GG vom Bundesverfassungsgericht für nichtig erklärt worden.[14]

7.2.4 § 98 TKG (Standortdaten)

§ 98 TKG regelt die Verarbeitung von Standortdaten bei sog. Diensten mit Zusatznutzen. Dienste mit Zusatznutzen sind in § 3 Nr. 5 TKG definiert als Dienste, die eine Verarbeitung von Verkehrs- oder Standortdaten in einem Maße erfordern, das über das für die Nachrichtenübermittlung oder Entgeltabrechnung erforderliche Maß hinausgeht. Zumeist handelt es sich bei diesen Diensten mit Zusatznutzen um standortbezogene Dienste („Location Based Services" – LBS), welche die Position des Nutzers eines mobilen Endgeräts (z. B. via Mobilfunkzelle) ermitteln, um ihm dann Dienste anzubieten, die auf seinen jeweiligen Aufenthaltsort zugeschnitten sind.

Beispiele für solche Location Based Services sind etwa Navigationsdienste, Informationen zu Restaurants und Sehenswürdigkeiten vor Ort oder auch ortsgebundene Werbung.[15]

Der Begriff der Standortdaten ist in § 3 Nr. 19 TKG definiert; danach handelt es sich um „Daten, die in einem Telekommunikationsnetz erhoben oder verwendet werden und die den Standort des Endgeräts eines Endnutzers eines Telekommunikationsdienstes für die Öffentlichkeit angeben". Allgemein werden Standortdaten als besonders sensible Daten eingestuft; das Wissen, wer sich wann wo aufhält, lässt weitreichende Rückschlüsse auf Lebensgewohnheiten und Persönlichkeit des Betroffenen zu (Stichwort „Bewegungsprofil"). Eben diese besonders sensiblen Daten fallen aber in immer umfangreicherem Maße im TK-Bereich an, weil das Angebot an Location Based Services (LBS) ständig zunimmt. Vor diesem Hintergrund ist § 98 TKG zu sehen, der für den Umgang mit Standortdaten einen eigenständigen und engen Regelungsrahmen vorsieht, um der Bedeutung und Sensibilität von Standortdaten adäquat Rechnung zu tragen.

---

14 BVerfG v. 02.03.2010, BVerfGE 125, 260, 363 f.; s. dazu schon oben Teil I, Kap. 5.1.2.

15 Vgl. Jandt/Laue, K&R 2006, 316, 316; Jandt/Schnabel, K&R 2008, 723, 723 (jeweils m.w.N.).

Zulässigkeit der Datenverarbeitung

Nach der Ausgangsregelung des § 98 Abs. 1 S. 1 TKG ist eine Verarbeitung[16] der Standortdaten von Endnutzern „nur im zur Bereitstellung von Diensten mit Zusatznutzen erforderlichen Maß und innerhalb des dafür erforderlichen Zeitraums“ erlaubt und auch dies nur dann, wenn

- entweder die Daten anonymisiert wurden (Alt. 1)
- oder wenn der Teilnehmer seine Einwilligung erteilt hat (Alt. 2).

§ 98 Abs. 1 S. 1 TKG normiert also einen strikten **Erforderlichkeitsgrundsatz**, sowohl hinsichtlich des Umfangs zulässiger Datenverarbeitung als auch hinsichtlich der zulässigen Verwendungsdauer.[17] Selbst im Rahmen dieser Erforderlichkeit ist aber eine Verarbeitung von Standortdaten nur zulässig, wenn entweder die Daten anonymisiert wurden, also nicht mehr auf eine bestimmte Person beziehbar sind (§ 3 Abs. 6 BDSG)[18], oder die Datenverarbeitung durch eine Einwilligung legitimiert ist. Letztere Einwilligung kann sich auch auf die wiederholte Inanspruchnahme eines standortbezogenen Dienstes beziehen; es reicht aus, wenn hier die Einwilligung einmalig dem Grunde nach erteilt worden ist. § 98 Abs. 1 S. 5 TKG stellt allerdings klar, dass eine solche Einwilligung jederzeit mit Wirkung für die Zukunft widerrufen werden kann.

Nutzer und Teilnehmer

§ 98 TKG regelt im Ausgangspunkt die Verarbeitung von Standortdaten des „Nutzers“, für die Legitimation der Datenverarbeitung soll es dann aber auf die Einwilligung des „Teilnehmers“ ankommen. Sowohl Nutzer als auch Teilnehmer sind in § 3 TKG definiert. Nutzer ist gem. § 3 Nr. 14 TKG „jede natürliche Person, die einen Telekommunikationsdienst für private oder geschäftliche Zwecke nutzt, ohne notwendigerweise Teilnehmer zu sein“. Entscheidend für die Einordnung als Nutzer ist also allein die *tatsächliche* Inanspruchnahme eines Telekommunikationsdienstes, ein Vertragsverhältnis mit dem Diensteanbieter muss hingegen nicht bestehen. Demgegenüber kommt es für die Einordnung als Teilnehmer allein auf das Bestehen eines Vertragsverhältnisses an: Gemäß § 3 Nr. 20 TKG gilt als Teilnehmer „jede natürliche oder juristische Person, die mit einem Anbieter von Telekommunikationsdiensten einen Vertrag über die Erbringung derartiger Dienste geschlossen hat“.

Beispiele:

- Die Eltern schließen einen Mobilfunkvertrag ab, zur Verfügung stehen soll das entsprechende Endgerät allerdings ihrer Tochter. Die Tochter ist hier „Nutzer“, die Eltern sind die „Teilnehmer“.
- Der Arbeitnehmer („Nutzer“) wird von seinem Arbeitgeber („Teilnehmer“) mit einem Geschäftshandy ausgestattet.

---

16 Der Begriff der Verarbeitung in § 98 Abs. 1 S. 1 TKG ist weit zu verstehen und umfasst auch die Erhebung von Standortdaten; Eckhart in Spindler/Schuster (Hg.), Recht der elektronischen Medien (2. A. 2011), § 98 TKG Rn. 10.

17 Auch in Abs. 4 wird dieser Grundsatz nochmals explizit festgeschrieben, dort auch mit Blick auf den Personenkreis, der Standortdaten verarbeiten darf.

18 Anonymisiert sind Daten gemäß § 3 Abs. 6 BDSG dann, wenn sie derart verändert wurden, dass die Einzelangaben über persönliche oder sachliche Verhältnisse nicht mehr oder nur mit einem unverhältnismäßig großen

Besondere Missbrauchsgefahren bei Ortungsdiensten

Problematisch ist das Abstellen allein auf die Einwilligung des Teilnehmers vor allem bei Ortungsdiensten, die den jeweiligen Standort eines Mobiltelefons bestimmen. Wenn hier – wie in den obigen Fällen – Teilnehmer und Nutzer personenverschieden sind, aber nur der Teilnehmer seine Einwilligung in eine Ortung des Mobiltelefons erteilen muss, besteht im praktischen Ergebnis die Gefahr, dass der eigentliche Nutzer des Mobiltelefons ohne sein Wissen und Wollen geortet wird.

Beispiele: Eltern orten heimlich ihre Kinder, Arbeitgeber erheben heimlich ein Bewegungsprofil ihrer Arbeitnehmer.

Der Gefahr einer heimlichen Ortung versucht der Gesetzgeber dadurch vorzubeugen, dass er in § 98 Abs. 1 S. 4 TKG eine Informationspflicht normiert hat; danach muss der Teilnehmer „Mitbenutzer über eine erteilte Einwilligung unterrichten." Der Arbeitgeber muss also seine Arbeitnehmer darüber informieren, wenn deren Mobiltelefone zur Ortung freigegeben sind. Ebenso müssen auch Eltern ihre Kinder unterrichten, vorausgesetzt diese sind bereits so alt, dass sie die nötige Einsichtsfähigkeit besitzen.[19] Auf dem Papier ist damit dem Schutzbedürfnis der Nutzer sicherlich ausreichend Rechnung getragen; fraglich ist allerdings, ob sich die Einhaltung einer solchen Informationspflicht jemals effektiv kontrollieren lässt.[20]

Ganz grundsätzlich sieht der Gesetzgeber bei Ortungsdiensten eine erhebliche Missbrauchsgefahr und hat daher in § 98 TKG besonders strenge Anforderungen an die Wirksamkeit einer Einwilligung normiert.[21] Soweit hier Standortdaten an einen anderen Teilnehmer oder an Dritte übermittelt werden,[22] soll dem einwilligenden Teilnehmer „deutlicher vor Augen geführt werden, dass er die Feststellung des Standortes seines Mobilfunkendgerätes ermöglicht."[23] § 98 Abs. 1 S. 2 TKG legt hier fest, dass die vom Teilnehmer zu erteilende Einwilligung in die Ortung abweichend von § 94 TKG ausdrücklich, gesondert und schriftlich zu erteilen ist. Die Einwilligung im elektronischen Verfahren, aber auch im Rahmen von AGB, ist folglich ausgeschlossen.

Eine weitere, speziell für Ortungsdienste normierte Besonderheit ist die Informationspflicht des Diensteanbieters nach § 98 Abs. 1 S. 3 TKG. Im Falle einer Einwilligung in die Ortung hat der Diensteanbieter den Teilnehmer nach höchstens fünfmaliger Feststellung des Standortes des Mobilfunkendgerätes über die Anzahl der erfolgten Standortfeststellungen mit einer Textmitteilung zu informieren, es sei denn, der Teilnehmer hat einer Zusendung von Mitteilungen gem. § 95 Abs. 2 S. 2 TKG widersprochen.

Eine besondere Form der informationellen „Selbstbestimmung" gewährleistet § 98 Abs. 2 TKG: Danach müssen Teilnehmer über die Möglichkeit verfügen, die Verarbeitung von Standortdaten für jede Verbindung zum Netz oder für jede Übertragung einer Nachricht auf

---

Aufwand an Zeit, Kosten und Arbeitskraft einer bestimmten oder bestimmbaren natürlichen Person zugeordnet werden können.

19 Siehe Munz in Taeger/Gabel (Hg.), BDSG (2010), § 98 TKG Rn. 6.

20 Vgl. ebenda.

21 BT-Drs. 16/12405, S. 15.

22 Kein „Dritter" ist nach § 98 Abs. 1 S. 2 TKG derjenige Anbieter, der den Ortungsdienst selbst bereitstellt.

23 BT-Drs. 16/12405, S. 15.

einfache Weise und unentgeltlich gesondert zu untersagen. Diese Untersagungsmöglichkeit tritt neben das Widerrufsrecht aus § 98 Abs. 1 S. 5 TKG für den Fall, dass der Teilnehmer zwar grundsätzlich weiterhin mit einer Verarbeitung seiner Standortdaten einverstanden ist, für den Einzelfall aber eine Verarbeitung unterbinden will.

Für die Telefonate mit Notfalldiensten bestimmt § 98 Abs. 3 TKG, dass der Diensteanbieter – vor allem auch im Interesse des Nutzers – sicherzustellen hat, dass nicht im Einzelfall oder dauernd die Übermittlung von Standortdaten ausgeschlossen wird.

Teil V: Datenschutz und IT-Sicherheit

Innerhalb der Computerwissenschaften beschäftigt sich die IT-Sicherheit mit der Einhaltung von Sicherheitsstandards, die die Verfügbarkeit, Unversehrtheit und Vertraulichkeit von Informationen betreffen[1]. Die in den Standards definierten Sicherheitsmaßnahmen betreffen sowohl die technischen Systeme als auch die organisatorische Prozesse im Umgang mit den technischen Systemen, um Informationen in ihren vielfältigen Erscheinungsformen umfassend zu schützen. Dabei sind personenbezogene Daten eine Teilmenge der zu schützenden Informationen. Obwohl IT-Sicherheit kein Teilgebiet des Datenschutzes ist, werden Methoden, Prozesse und Maßnahmen der IT-Sicherheit oft eingesetzt, um datenschutzrechtliche Anforderungen umzusetzen. Die Erfüllung dieser Anforderungen, die teilweise aufeinander bezogen sind, wird inzwischen als fester Bestandteil der IT-Sicherheit angesehen und sowohl in den europäischen als auch in den nationalen Datenschutzgesetzen eigens behandelt.[2] Sie sollen den Datenschutz in der Wirklichkeit der vernetzten Informationsgesellschaft des 21. Jahrhunderts mitgestalten und gewährleisten. So betont die Europäische Kommission in dem Entwurf einer Allgemeinen Datenschutzgrundordnung (DS-GVO-E) vom 25. Januar 2012 den **Datenschutz durch Technik**, insbesondere die Sicherung des Datenschutzes durch Privacy by Design und Voreinstellungen.[3] Recht und Technik erscheinen hier in einem Verhältnis gegenseitiger Ergänzung. Ein effektiver Datenschutz setzt unter diesen Bedingungen die Verfügbarkeit datenschutzfreundlicher Technik (Privacy Enhancing Technologies, PET) voraus. Das Konzept eines Datenschutzes durch Technik ist daher immer an zwei Adressaten zu richten:

- die Hersteller (für die faktische Verfügbarkeit der Technik)
- die Anwender (für den praktischen Einsatz).

Beide sind auf rechtliche Kriterien für die Gestaltung und Anwendung der Technik angewiesen.[4]

---

1 Die Definitionen der Begrifflichkeiten der IT-Sicherheit gehen teilweise auf die Begriffsdefinitionen des BSI-Gesetzes vom 14. August 2009 (BGBl. I S. 2821) zurück.

2 Vgl. etwa § 9 und Anlage im BDSG, der die Datensicherheit ausdrücklich in den Regelungsbereich des Datenschutzes einbezieht.

3 Teil I, Kap. 6.4.2.

4 Zur Techniksteuerung durch Recht vgl. Roßnagel, Rechtswissenschaftliche Technikfolgenforschung. Umrisse einer Forschungsdisziplin (1993).

1 Aktuelle Entwicklung der IT-Sicherheit

IT-Sicherheit ist ein Querschnittsthema, welches viele andere Themenbereiche beeinflusst und von vielen anderen Themenbereichen beeinflusst wird. Sie muss immer im Kontext der zu schützenden Informationen gesehen werden und für die jeweilige Einsatzdomäne angepasst werden. Deswegen wird die Entwicklung der IT-Sicherheit durch Trends der EDV und aktuelle Angriffe stark geprägt.

1.1 Entwicklung der EDV

In den aktuellen Trends der IT hallt immer noch das Aufkommen des Internets und des World Wide Webs nach, welches die IT-Landschaft ebenso wie den menschlichen Umgang mit der IT nachhaltig verändert. Ein Trend, der erst aufgrund der flächendeckenden und qualitativ hochwertigen Vernetzung möglich geworden ist, bezieht sich auf die „Datenverarbeitung in der Wolke". Nach der Orientierungshilfe zum Cloud Computing, die auf der 82. Konferenz der Deutschen Datenschutzbeauftragten verabschiedet wurde, wird unter dem Begriff *„eine über Netze angeschlossene Rechnerlandschaft [verstanden], in welche die eigene Datenverarbeitung ausgelagert wird"*.[1] Es geht also um die Bereitstellung von IT-Dienstleistungen über Netzwerke. Beispielsweise nutzen Web-Anwendungen die Vorzüge einer Bereitstellung von Funktionalität über das Internet. Die Omnipräsenz der miteinander vernetzen IT-Systeme, die zunehmend in alle Lebensbereiche hineinwirken, nimmt zu. Sehr deutlich wird dies im Bereich Smart Metering und Smart Grid. Im Trend liegen auch Smartphones, welche umfangreiche Dienste zur Verfügung stellen, die durch so genannte Apps nahezu unbegrenzt erweitert werden können. Alle diese Entwicklungen sind mit neuen Risiken verbunden und stellen große Herausforderungen für die IT-Sicherheit und den Datenschutz dar.[2]

1.1.1 Cloud Computing

Beim Cloud Computing werden IT-Dienstleistungen (z. B. aufwändige Berechnungen, umfangreiche Datenverarbeitung oder Speicherung von großen Datenmengen) nicht mehr auf eigenen Systemen durchgeführt, sondern an Dienstleister ausgelagert. Es handelt sich also um eine Form des Outsourcings. Die externen Dienstleistungen können sich auf Anwendungen, Plattformen für Anwendungsentwicklungen und Anwendungsbetrieb sowie auf die Basis-Infrastrukturen beziehen. Die drei wichtigsten Organisationsformen sind:

- Software as a Service (SaaS)

---

1 Orientierungshilfe Cloud Computing, abrufbar unter: http://www.datenschutz-bayern.de/technik/orient/oh_cloud.pdf.

2 Vgl. Teil I, Kap. 1.

- Plattform as a Service (PaaS) und
- Infrastructure as a Service (IaaS).

Da der innere Aufbau der Systeme des IT-Dienstleistungserbringers für den Nutzer nicht transparent ist, das System aus mehreren weltweit verteilten Rechenzentren bestehen kann, spricht man oft davon, dass ein Dienst durch eine „Cloud" erbracht wird, ein Dienst „in der Cloud" ausgeführt wird oder Daten „in der Cloud" gespeichert werden. Unterschieden wird hierbei noch zwischen Public Clouds und Private Clouds. Dienste einer Public Cloud werden dem Nutzer von einem fremden Hersteller durch fremde Systeme über das Internet zur Verfügung gestellt. Eine Private Cloud wird hingegen von einem Unternehmen selbst angeboten. Sie bietet auch nur dem eigenen Unternehmen IT-Dienstleistungen an. Eine Private Cloud kann aber sehr wohl von einem Dienstleister betrieben werden.

Problematisch ist die Verwendung einer Public Cloud dadurch, dass Daten bzw. Anwendungen aus dem eigenen Verantwortungsbereich herausgegeben werden. Je nach Cloud Computing Dienstleister verlassen damit Daten die Bundesrepublik Deutschland oder sogar die Europäische Union. 2011 wurde bekannt, dass amerikanische Cloud-Anbieter auf Anforderung staatlicher Stellen die Daten europäischer Unternehmen an US-amerikanische Behörden geben, selbst wenn die Daten in der Europäischen Union gespeichert werden. Der „Patriot Act" macht es möglich.[3] Nicht nur der Standort des Cloud Computing Anbieters ist von Interesse, sondern auch die Frage, ob Unteraufträge an andere Firmen vergeben werden, wo diese Firmen ihren Standort haben und wie die IT-Sicherheit durch den Cloud Computing Anbieter und eventuelle Unterauftragnehmer sichergestellt wird. Zur Sicherstellung eines angemessenen Daten-Schutzniveaus sind deshalb oft umfangreiche Vertragswerke notwendig.

Ein weiteres Sicherheitsrisiko stellt die gemeinsame Nutzung einer einzigen Infrastruktur durch mehrere Auftraggeber dar. Gelingt einem Angreifer der Einbruch bei einem Auftraggeber, so muss sichergestellt sein, dass sich dieser nicht auch auf Systeme anderer Auftraggeber ausbreiten kann.

Weitere Vorbehalte gegenüber dem Cloud Computing betreffen die Verfügbarkeit. Denn Cloud Computing Dienste einer Public Cloud sind nur nutzbar, wenn auch eine Internetverbindung besteht.

Eigenmächtige und ungeprüfte Benutzung von Cloud Computing durch Beschäftigte (so genanntes Personal Outsourcing) stellt sowohl aus datenschutzrechtlichen als auch aus IT-sicherheitstechnischen Gründen ein Risiko dar.

Aus diesen Gründen prognostiziert das Bundesamt für Sicherheit in der IT Technik ein zunehmendes Gefährdungspotential durch Cloud Computing.[4]

Cloud Computing wird vermehrt von mobilen Geräten wie z. B. dem Apple iPhone verwendet. Dadurch werden in der Regel eine große Menge personenbezogener Daten erhoben und gespeichert. Das bedeutet, dass Cloud Computing eine ernstzunehmende Herausforderung für den Datenschutz darstellt.

Wenn Beschäftigte das Outsourcing eigenmächtig selbst betreiben, da ihnen die Unternehmens-IT die „wirklich benötigten" Anwendungen vermeintlich nicht oder nur in „unakzeptabler" Qualität zur Verfügung stellt, spricht man auch vom Personal Outsourcing oder eigen-

---

3 Böken, Zugriff auf Zuruf? Patriot Act und Cloud Computing, iX 1/2012, S. 110.

4 Bundesamt für Sicherheit in der Informationstechnik, „Die Lage der IT-Sicherheit in Deutschland 2011", S. 39, Technischer Bericht BSI-LB11502, Mai 2011.

mächtigen Outsourcing. Diese eigenmächtige, ungeprüfte und damit unberechtigte Nutzung externer Dienstleistungen durch Beschäftigte ist sowohl aus datenschutzrechtlichen als auch aus IT-sicherheitstechnischen Gründen abzulehnen und gefährdet das Unternehmen.[5]

1.1.2 Omnipräsenz von miteinander vernetzten IT-Systemen in allen Lebensbereichen

In den letzten Jahren hat sich die Durchdringung der menschlichen Umwelt durch IT-Systeme weiter fortgesetzt. Systeme, die früher abgeschlossene elektrotechnische Systeme waren, setzen heute IT-Plattformen ein, die auch im Desktop-Bereich üblich sind und für den Einsatz dort optimiert wurden.

In modernen Automobilen sind vielfältige IT-Systeme zu finden. Auch in Bezug auf das zukünftige Stromnetz und die Haushaltselektronik kann man davon ausgehen, dass Standard IT-Systeme eingesetzt werden. In Verbindung mit einer Anbindung an das Internet werden vielfältige Daten über diese IT-Systeme zugänglich, die bisher nicht oder nur schwer erfasst werden konnten. Im Automobilbereich können z. B. umfangreiche Bewegungsprofile der Nutzer erstellt werden. Im Bereich des intelligenten Stromnetzes ist es ebenfalls möglich, Profile der Nutzer zu erstellen (z. B. über den Stromverbrauch oder auch über die Kommunikation mit intelligenten Haushaltsgeräten oder sogar Gebäudemanagementsystemen). In allen Fällen besitzt der Nutzer keine nennenswerten Möglichkeiten, die Datenerfassung zu unterbinden. Die Erfassung ist dabei nicht nur auf das eigene Zuhause beschränkt. Auch Gebäude mit Publikumsverkehr setzen vermehrt intelligente Haustechnik ein. Die einzige Möglichkeit zum Schutz der persönlichen Daten besteht oft darin, entsprechend ausgerüstete Produkte zu meiden. Darüber hinaus sind solche Systeme aus Sicht der IT-Sicherheit oft nicht hinreichend geschützt und der Nutzer hat wenig Möglichkeit, das Sicherheitsniveau des Systems zu ermitteln oder zu beeinflussen. Ein Beispiel ist das Patch Management: Vielfach ist nicht sichergestellt, dass zeitnah Patches eingespielt werden, die sicherheitskritische Verwundbarkeiten von Systemen schließen. Während das regelmäßige Einspielen von Patches für das Betriebssystem Windows inzwischen den meisten Nutzern geläufig ist, kann davon bei Automobilen oder in der Gebäudetechnik noch nicht die Rede sein. Oftmals ist es für das Einspielen von Software Updates im Automobilbereich notwendig, das Kraftfahrzeug in eine Werkstatt zu bringen. Mit zunehmender Anbindung der Automobile an das Internet ist dies nicht mehr akzeptabel. Wo bereits Wartungszugänge der Hersteller verfügbar sind, ist jedoch darauf zu achten, dass Systeme dadurch möglicherweise in öffentlichen Netzen exponiert werden und somit ein besonderer Schutzbedarf besteht. Ebenso ist der Zeitpunkt der Updates genau zu planen, da in vielen kritischen Systemen neben Anforderungen aus der IT-Sicherheit (engl. IT Security) auch Anforderungen der Betriebssicherheit (engl. Safety) sowie der Verfügbarkeit beachtet werden müssen.

---

5 Gerling, DatenschutzPraxis, Juni 2012 im Druck.

1.1.3 Smart Grid, Smart Metering und Smart Home

Mit Smart Grid wird das intelligente Stromnetz der Zukunft bezeichnet. Die „Intelligenz“ des Stromnetzes entsteht durch eine umfassende Vernetzung von Stromerzeugern und Stromnutzern. Dadurch werden intelligente Steuerungen der Stromerzeugung und der Stromnutzung möglich, welche geeignet sind, Lastspitzen und Unterlastsituationen im Stromnetz kostengünstig zu beseitigen. In den heute diskutierten Systemarchitekturen werden Haushaltsgeräte aus den Haushalten der Nutzer ins Stromnetz integriert, man spricht dann auch von einem Smart Home. Diese Haushaltsgeräte übermitteln Daten über den aktuellen Verbrauch und geplante Aktivitäten. So kann z. B. eine intelligente Waschmaschine dem intelligenten Stromnetz mitteilen, dass beabsichtigt ist Wäsche zu waschen. Das intelligente Stromnetz ermittelt dann einen geeigneten Zeitpunkt, zu dem günstig Strom für diese Aktion zur Verfügung steht und startet zum gegebenen Zeitpunkt die Waschmaschine. Oft sind in das Smart Grid auch Smart Metering Infrastrukturen integriert. Mit Smart Metering wird das elektronische Auslesen von Strom-, Wasser- und Gaszählern bezeichnet. Die heutigen Smart Metering Infrastrukturen ermöglichen es, den aktuellen Verbrauch minutengenau aus der Ferne zu erheben.

Da inzwischen sowohl Smart Metering, Smart Grid als auch Smart Home bis in die Wohnung der Nutzer hineinreichen und dadurch die Stromanbieter problemlos eine Vielzahl von personenbezogenen Daten erheben können, sind Smart Grid, Smart Metering und Smart Home von erheblicher Datenschutzrelevanz.

1.1.4 Web-Anwendungen ersetzen Desktop-Anwendungen

In den letzten Jahren ist vermehrt zu beobachten, dass Anwendungen für Nutzer in Form von Web-Anwendungen zur Verfügung gestellt werden, d. h. über das Internet oder ein Intranet basierend auf Technologien des Web 2.0. Dies geht einher mit der Abnahme von traditionellen Desktop-Anwendungen. Web-Anwendungen bieten zahlreiche Vorteile, z. B. Plattformunabhängigkeit, installationslose Bereitstellung von Funktionalität, einfache Erweiterbarkeit und vereinfachtes Einspielen von Updates. Bedingt durch die Bereitstellung von zentralen Servern werden vielfältige Daten von und über Nutzer auf zentralen Systemen gespeichert.

Web-Anwendungen sind, bedingt durch die Bereitstellung über ein Netzwerk, in diesem Netzwerk exponiert und können deshalb einfach über Netzwerke aus der Ferne angegriffen werden. Zudem lässt die Softwarequalität von Web-Anwendungen oft zu wünschen übrig, so dass vielfältige Angriffe möglich sind. Das Open Web Application Security Project (OWASP)[6] listet eine Reihe der häufigsten Angriffe auf Web-Anwendungen. Regelmäßig steht hier der Angriff SQL Injection, ein Angriff auf Vertraulichkeit und Integrität von gespeicherten Daten, auf den ersten Plätzen. Naturgemäß speichern Web-Anwendungen eine Vielzahl personenbezogener Daten, zu deren Schutz erforderliche Datenschutzmaßnahmen implementiert werden müssen.

---

[6] Open Web Application Security Project, www.owasp.org.

1.1.5 Smartphones und Apps

Neue datenschutzrechtliche Fragen zeichnen sich durch die zunehmende Verbreitung von Smartphones ab. Als Smartphones wird eine Klasse von Mobiltelefonen bezeichnet, welche sich durch vergleichsweise große Rechenkapazität, vielfältigen Funktionsumfang und Erweiterbarkeit auszeichnen. Obwohl Smartphones bereits vor dem iPhone existierten, führte erst die Markteinführung des iPhones zu einem Boom dieser Geräteklasse.

Üblicherweise kann der Funktionsumfang eines Smartphones durch spezielle Anwendungen, so genannte Apps, deutlich erweitert werden. Die populären Smartphone Betriebssysteme bieten den Bezug dieser Anwendungen ausschließlich über einen eigenen Marktplatz an. Beispiele für solche Marktplätze sind der App Store in iOS (iOS ist das Betriebssystem für mobile Geräte des Herstellers Apple) sowie der Marketplace in Android (Android ist das Betriebssystem für mobile Geräte des Herstellers Google). Problematisch für Datenschutz und IT-Sicherheit erweisen sich folgende Eigenschaften: Smartphones sind üblicherweise in technischen Systemen eingebettet, die als „Fenced Gardens" ausgelegt sind, d. h. das System wird vom Hersteller gegen die Umgebung abgekapselt und der Hersteller sichert sich meist einen weitreichenden Durchgriff auf die Smartphones. Dies dient primär dem Schutz der Business-Modelle der Hersteller. Für den Nutzer geht dies beispielsweise mit eingeschränkten Konfigurationsmöglichkeiten des Smartphones einher. So können in iOS z. B. nur Apps installiert werden, die durch den App Store zur Verfügung gestellt werden. In den App Store dürfen nur Anwendungen eingestellt werden, die den Richtlinien von Apple genügen. Problematisch wird dies dadurch, dass die Hersteller der gängigsten Smartphones nicht in Deutschland oder Europa angesiedelt sind. Zudem haben die Nutzer keinen vollen Zugriff auf die Konfiguration des Geräts und können dadurch auch nicht vollständig über ihre Daten entscheiden.

Weiterhin fehlt vielen Nutzern das Bewusstsein für die Bedeutung der IT-Sicherheit auf Mobiltelefonen. Laut Bundesamt für Sicherheit in der Informationstechnik (BSI) wissen zwar rund 60 Prozent der Smartphone-Nutzer, dass ihre mobilen Endgeräte die gleichen Sicherheitsanforderungen haben wie ein PC, jedoch haben 47 Prozent der Nutzer noch nie ein Sicherheitsupdate auf ihr Smartphone eingespielt.[7]

Klassische Schutzmaßnahmen wie Virenscanner und Personal Firewall sind auf Smartphones üblicherweise nicht oder nur mit eingeschränkter Funktionalität vorhanden. Die Smartphones sind deshalb anfällig für alle Arten von Angriffen. So ist z. B. ein Überspringen von Schadsoftware von einem Computer auf ein Smartphone technisch möglich. Da das Aufladen von Smartphones oft über den USB-Anschluss geschieht, welcher ebenfalls für den Datenaustausch mit einem PC verwendet wird, werden auch öffentliche „Stromtankstellen" (z. B. an Flughäfen) für Smartphones zur Gefahr, da es oft möglich ist über die Austauschfunktion Daten von diesen zu erhalten.

Darüber hinaus sind heutige Smartphones meist mit einem GPS-Chip ausgerüstet, so dass sie genaue Bewegungsprofile erfassen können. 2011 wurde festgestellt, dass iPhones Bewegungsdaten erfassten und heimlich an Apple übermitteln[8]. Zugriff auf den GPS-Chip haben

7 Bundesamt für Sicherheit in der Informationstechnik, „Die Lage der IT-Sicherheit in Deutschland 2011", 34, Technischer Bericht BSI-LB11502, Mai 2011.

8 Mac&i, „Mac-Software liest gespeicherte iPhone-Aufenthaltsorte aus", http://www.heise.de/mac-and-i/meldung/Mac-Software-liest-gespeicherte-iPhone-Aufenthaltsorte-aus-1231120.html, 24.04.2011.

üblicherweise auch Apps. Ortsabhängige Dienste über Apps können oft den Aufenthaltsort an die Systeme des App-Herstellers kommunizieren. Auf diese Weise ist es nicht nur Geräteherstellern, sondern auch den Herstellern von Apps möglich, umfassende Bewegungsprofile von Nutzern anzulegen.

Seit kurzer Zeit werden Cloud Computing Dienste (siehe oben) auf Smartphones benutzt, um auch rechenintensive Dienste auf Smartphones verwenden zu können. Ein Beispiel hierfür ist Siri, die Sprachsteuerung des iPhone 4S. Nutzer können Siri einen Sprachbefehl geben. Der gesprochene Befehl wird vom Smartphone aufgezeichnet, aufbereitet und an die Apple Cloud zur Auswertung gesendet. In den Rechenzentren von Apple liegen also potenziell nicht nur vielfältige Stimmproben der iPhone 4S Besitzer vor, sondern auch eine Sammlung von Kommandos, welche die jeweiligen Anwender durchführen.

Beispiel für Sprachkommandos:
„Rufe Anika Hof an",
„Welche Termine habe ich morgen?",
„Erstelle für Freitag um 10:00 Uhr einen Termin zur Besprechung der Leistungsbewertung Maier!".

Beispiel für Nutzung eines Cloud Services: Der Photostream im iPhone 4S kann mit dem Smartphone aufgenommene Fotos in der Apple Cloud speichern und mit anderen Systemen (z. B. dem eigenen Computer) abgleichen. Damit liegen alle Photos, die mit einem iPhone aufgenommen werden bei aktiviertem Photostream auch auf einem zentralen System von Apple vor.

1.1.6 Social Media

Das Aufkommen so genannter sozialer Netze hat den Umgang mit persönlichen Daten stark verändert.[9] Soziale Netze ermöglichen es Nutzern Profile anzulegen und sich mit anderen Nutzern virtuell zu vernetzen („befreunden"). Über regelmäßige Kurzmeldungen (Status Updates genannt) besteht die Möglichkeit, allen befreundeten Kontakten Nachrichten zukommen zu lassen. Fotos können den Kontakten zur Verfügung gestellt werden. Das bekannteste soziale Netz ist derzeit Facebook im privaten und LinkedIn bzw. XING im geschäftlichen Bereich.

Datenschutzrelevante Risiken entstehen unter anderem dadurch, dass persönliche Daten auf Servern außerhalb von Deutschland und der EU gespeichert werden. Eine kritische Situation ergibt sich durch besonders sensible Datenverknüpfungen. So bietet z. B. Facebook Webseitenbetreibern einen „Like"-Button an, der schon bei Besuch einer Seite mit diesem Button personenbezogene Daten an Facebook sendet. Technisch ermöglicht dieser Button die Überwachung von Nutzern.

Insbesondere kritisch zu sehen ist der soziale Druck, der durch die weite Verbreitung von sozialen Netzen entsteht und es schwierig macht, sich sozialen Netzen zu entziehen. Eine be-

---

9 Vgl. auch Teil I, Kap. 1.3.

sondere Gefahr für den Datenschutz stellt der Friends Finder von Facebook dar: Ein Facebook-Nutzer gibt Facebook Zugriff auf sein E-Mail-Konto. Facebook durchsucht dieses E-Mail-Konto und damit assoziiertes Adressbuch und ermittelt potentielle „Freunde". Durch den Zugriff auf das E-Mail-Konto erhält Facebook Einsicht in alle E-Mails, die der Facebook-Nutzer aktuell in seinem Account hält. Insbesondere sind hier oft auch Nachrichten und E-Mail-Adressen von Personen enthalten, die kein Mitglied bei Facebook sind und sich gegen diese Datenübertragung auch nur schwer schützen können, z. B. durch E-Mail-Verschlüsselung (so der benutzte Schlüssel Facebook nicht zur Kenntnis gebracht wird).

1.1.7 Geschäftsmodelle im Internet

Ganz im Gegensatz zu Vorläufernetzen wie z. B. BTX wird das Internet vorwiegend von einer „Umsonst"-Kultur bestimmt, vielfältige Dienstleistungen und Informationen werden für den Nutzer kostenlos zur Verfügung gestellt. Die Geschäftsmodelle der Dienstanbieter basieren oft auf Werbung oder auf dem Verkauf von Nutzerdaten.[10] Höhere Werbeumsätze sind insbesondere dadurch zu erzielen, dass das Nutzerverhalten und seine persönlichen Daten ausführlich analysiert werden. Dies ist z. B. in Google Mail zu beobachten, wenn einem Nutzer passend zum Inhalt der gerade angezeigten E-Mail kontextbezogene Werbung angezeigt wird. Kritisch zu sehen sind solche kontextbezogene Werbungen insbesondere dann, wenn ein einziges Unternehmen oder ein Verbund von Unternehmen viele Dienste anbietet und die gewonnenen Daten über die Nutzer zusammenführt. Ein solcher dominierender Anbieter ist z. B. Google. Bruce Schneier führte dazu aus: „We're not Google's customers; we're Google's product that they sell to their customers."[11]

1.1.8 Zukünftige Trends

Es ist zu erwarten, dass zukünftige Fahrzeuggenerationen Dienste anbieten, die vergleichbar sind mit denen von Smartphones. So arbeiten z. B. alle großen Fahrzeughersteller an Möglichkeiten, Apps für Automobile anzubieten. Ebenfalls seit längerem diskutiert wird eine Vernetzung der Fahrzeuge untereinander und mit der Infrastruktur des Automobilherstellers. Dies ist ähnlich kritisch zu sehen wie die enge Bindung der Smartphone-Plattformen an die Hersteller der Smartphones, da auch mittels der Überwachung von Automobilen umfassende Bewegungsmodelle erstellt werden können.

Ein weiterer Trend sind kostengünstige Kleinstcomputer, welche eine umfangreiche Erfassung von Daten aus ihrer Umgebung ermöglichen. Durch miteinander vernetzte Kleinstcomputer wird eine umfangreiche Überwachung von Gebieten ermöglich. Aktuell werden die Folgen von der Forschung unter dem Begriff Sensornetze oder Pervasive Computing untersucht. Eine Weiterentwicklung stellen Cyber-Physical Systems dar, welche Daten aus der realen, physischen Welt erfassen, diese Daten aufbereiten, mit anderen Daten verknüpfen und auf Basis dieser Daten Dienste im Internet zur Verfügung stellen, die wiederum auf die reale, physische Welt einwirken.

---

10 Vgl. Stephan Doesinger, Der veruntreute Bürger, NZZ v. 30.04.2012, S. 17 und Kurz/Rieger, Die Datenfresser, 2011.

11 Schneier, „Security in 2020", http://www.schneier.com/blog/archives/2010/12/security_in_202.html, Zugriff am 08.03.2012.

Inzwischen existieren qualitativ hochwertige Methoden der „Gesichtserkennung". In Sozialen Netzen finden sich umfangreiche Kataloge der Bilder von Nutzern mit zugehörigen Namen, die als Referenz für die Gesichtserkennung dienen. Es ist damit zu rechnen, dass zukünftig Dienste angeboten werden, die auf beliebigen Bildern abgebildete Menschen identifizieren.

1.2 Entwicklung von Angreifern und Angriffen

In den letzten Jahren zeichnet sich ab, dass die Angreifer auf IT-Systeme professioneller als zuvor arbeiten.[12] Gingen Angriffe in den 80er Jahren des 20. Jahrhunderts noch überwiegend von Hobby-Hackern aus, so geht heute ein Großteil der Angriffe auch von der organisierten Kriminalität sowie von staatlichen Stellen fremder Staaten aus. Im Verfassungsschutzbericht 2010 des Landes Bayern heißt es dazu:

> *„Seit Jahren werden zahlreiche elektronische Angriffe mit mutmaßlich nachrichtendienstlichem Hintergrund auf deutsche Bundesbehörden und Wirtschaftsunternehmen festgestellt. Im Vergleich zum Vorjahr erhöhte sich die Anzahl der erkannten Angriffe noch einmal deutlich. Die überwiegende Zahl dieser Angriffe ist auf Stellen in der Volksrepublik China zurückzuführen.*
> *Es ist davon auszugehen, dass elektronische Angriffe durch fremde Nachrichtendienste weiter zunehmen werden und dabei neben Spionage vermehrt auch Sabotage gegen kritische Infrastrukturen verfolgt wird. Als Anzeichen hierfür sind die Angriffe gegen Prozesssteuerungen in Industrieanlagen zu bewerten, die im Sommer bekannt wurden und möglicherweise einen nachrichtendienstlichen Hintergrund besitzen (Stuxnet-Vorfall)."*[13]

Analog zur Entwicklung der Angreifer hat sich die IT-Sicherheit von einer Randdisziplin der Computerwissenschaften zu einem Schwerpunktthema mit hoher gesellschaftlicher Relevanz und großem Marktpotential entwickelt. So hat z. B. die CeBIT, die weltgrößte Computermesse, 2012 den Schwerpunkt „IT-Sicherheit" gewählt.

---

12 Teil I, Kap. 1.4.

13 Bayerisches Staatsministerium des Inneren, „Verfassungsschutzbericht 2010", S. 221–222:

2 Informationstechnische Bedrohungen

Informationstechnische Systeme sind heutzutage einer Vielzahl von Gefahren ausgesetzt. Nicht alle Gefahren berühren jedoch den Bereich des Datenschutzes. Für Datenschutz und IT-Sicherheit gleichermaßen relevante Gefahren umfassen unter anderem:

- Schadsoftware (Malware)
- Ausnutzen von Sicherheitslücken
- Social Engineering
- Abfangen und Ausspähen von Daten
- Ausnutzen von schlechter Konfiguration
- Bedienfehler aufgrund von mangelhafter Benutzbarkeit oder lückenhaftem Wissen der Nutzer.

Auf diese Gefahren wird im Folgenden eingegangen.

2.1 Schadsoftware

Mit dem Begriff Malware wird Schadsoftware aller Art bezeichnet, z. B. Viren, Würmer oder Spyware. Malware wird oft nicht nur dazu eingesetzt, um Nutzern zu schaden, sondern die Rechner der Nutzer werden zu so genannten Botnetzen zusammengeschaltet, die von Kriminellen gesteuert werden. Botnetze werden vor allem genutzt, um ungewünschte Werbesendungen (Spam) zu versenden und Angriffe auf die Verfügbarkeit von mit dem Internet verbundenen Systemen durchzuführen. Jedoch werden oft auch systematisch Passwörter und andere sensible Informationen der Nutzer ausgespäht. Das Bundesamt für Sicherheit in der Informationstechnik (BSI) nimmt sich inzwischen mit einer Initiative dieser Problematik an.

Malware umfasst unter anderem:

- Viren: Programme, die eine Kopie ihrer selbst (Reproduktion) in andere Programme integrieren (Infektion) und bei deren Ausführung Schaden anrichten können,
- Würmer: ablauffähige Programme, die sich vervielfältigen und über Netzwerke verbreiten,
- Trojanische Pferde: Programme mit unerwünschten Zusatzfunktionen, z. B. zum Ausspähen von Daten,
- Rootkits: Programme, die eine Hintertür zum System und/oder den eigentlichen Schadcode verbergen,
- Scareware: Programme, die durch psychologische Tricks (insbesondere Angst und Schrecken) den Nutzer dazu bringen wollen, eine vom Angreifer vorgesehene Handlung durchzuführen.

Mittlerweile ist es nicht mehr möglich, einen Arbeitsplatzrechner und einen E-Mailserver ohne Virenschutzmaßnahmen zu betreiben. Die Malware wird technisch immer raffinierter.

Neben den Einfallstoren durch das Netz (im Wesentlichen durch Web-Surfen, E-Mail) ist auch das Einschleppen von Malware über Notebooks, die wechselweise in der Firma ans Netz und außerhalb der Firma – möglicherweise ungeschützt – ans Internet angeschlossen werden, eine neue Bedrohung. Infizierte Datenträger wie z. B. USB Sticks sind ebenfalls dazu geeignet, Schadprogramme auf geschützte Systeme in internen Netzen zu übertragen.

Während für PCs und Laptops effektive Schutzmaßnahmen existieren und große Verbreitung finden, existieren für Smartphones bisher nur wenige Virenscanner. Malware kann auf einem System durch den Nutzer unabsichtlich zur Ausführung gebracht werden (z. B. als versehentlich angeklickter E-Mail-Anhang) oder Malware nutzt eine Software-Schwachstelle auf dem Zielsystem aus.

2.2 Ausnutzen von Sicherheitslücken

Das Bundesamt für Sicherheit in der Informationstechnik registrierte in seinem Lagebericht zur IT-Sicherheit in Deutschland für das Jahr 2010 eine Zunahme von Software-Schwachstellen auf einem hohen Niveau.[1]

Die Ursachen für Software-Schwachstellen sind dabei vielfältig. Einerseits ignorieren viele Entwickler nach wie vor den Themenbereich IT-Sicherheit, bedingt auch durch einen großen Termin- und Kostendruck. Andererseits bieten moderne Softwareentwicklungsprozesse wie z. B. Scrum wenig Unterstützung zur Entwicklung von sicherer Software.

Bei den Sicherheitsschwachstellen unterscheidet man zwischen Sicherheitsschwachstellen, die durch Coding-Fehler ausgelöst werden und Sicherheitsschwachstellen, die durch Design-Fehler entstehen. Während Coding-Fehler üblicherweise durch Patches beseitigt werden können, sind Design-Fehler deutlich schwieriger zu beheben – sie bedingen meist ein Redesign der Software.

Ein besonderes Problem im Bezug auf Software-Schwachstellen sind Web-Anwendungen. Web-Anwendungen bieten vielfältige Angriffsmöglichkeiten. Ein populärer Angriff ist die sogenannte SQL-Injection. SQL an sich ist eine Anfragesprache für Datenbanken. Da heutige Web-Anwendungen meist auf einer Datenbank basieren, findet SQL breite Anwendung. SQL-Injection wird ermöglicht durch eine fehlende oder fehlerhafte Eingabeüberprüfung von Nutzereingaben, die für einen Datenbankzugriff verwendet werden. Durch geschickte Wahl der Eingabe gelingt es einem Angreifer von ihm festgelegte SQL-Befehle durchzuführen, die den Absichten des Programmierers der eigentlichen Abfrage zuwiderlaufen. Ein Angreifer kann durch SQL-Injection Zugriff auf alle in einer Datenbank abgelegten Daten erhalten und im schlimmsten Fall Systemzugriff auf den Datenbankserver erlangen. Damit sind nicht nur die Daten auf dem Datenbankserver in Gefahr, sondern eine Web-Anwendung kann als Einfallstor in interne Netze dienen.

Das Auftreten von Software-Schwachstellen führt zu einer stetige Folge von so genannten Sicherheits-Patches, also kleinen Reparaturprogrammen, die von dem Hersteller der Software zur Fehlerbehebung angeboten und in der Regel über das Internet heruntergeladen und sodann in die Software eingespielt werden. IT-Abteilungen sind dazu nicht in der Lage, wenn

[1] Bundesamt für Sicherheit in der Informationstechnik, „Die Lage der IT-Sicherheit in Deutschland 2011", S. 9 ff, Technischer Bericht BSI-LB11502, Mai 2011.

die Konzepte für ein sicheres und automatisches Patch-Management fehlen. Im Unternehmen müssen Patches vor ihrem Einspielen sorgfältig geprüft werden. Für Heimanwender ergeben sich unter Umständen besondere Bedrohungen. Softwarehersteller veröffentlichen Patches für bekannte Sicherheitslücken heute oft nicht mehr sofort, sondern nur noch periodisch an sogenannten Patch Days. Am 07.03.2012 veröffentlichte z. B. Apple ein Update für das iPhone, welches 91 Schwachstellen schloss. Die verzögerte gesammelte Bereitstellung von Patches kann dazu führen, dass eine bekannte Verwundbarkeit längere Zeit nicht geschlossen wird und Administratoren deshalb provisorische Schutzmaßnahmen ergreifen müssen, um die von ihnen betreuten Systeme bis zur Herausgabe des Patches zu schützen. Dies erzeugt regelmäßig großen Aufwand. Sobald Patches zur Verfügung stehen, müssen diese vor dem Einspielen getestet und dann auf alle in Frage kommenden Rechner verteilt werden. Dies geschieht unter großem Zeitdruck, weil der Patch verteilt sein soll, bevor die ersten Angriffstools, die die entsprechende Sicherheitslücke ausnutzen, verfügbar sind. Unter diesen Bedingungen sind weitere Fehler nicht ausgeschlossen. Darüber hinaus muss berücksichtigt werden, dass auf kritischen Systemen Patches unter Umständen nicht sofort eingespielt werden können, um deren Betrieb nicht zu stören. Beispielsweise darf ein Rechner zur Ansteuerung eines Endoskops in einem Operationssaal nur gepatcht werden, soweit keine Operation stattfindet und der Operationssaal nicht in Bereitschaft gehalten werden muss. Oft schließen Zertifizierungen eine Veränderung am zertifizierten System im Nachhinein aus. Automatismen sind hier also sehr kritisch zu sehen.

2.3 Social Engineering und Phishing

Mit Social Engineering bezeichnet man in der IT-Sicherheit einen Angriff, der auf die Ausnutzung menschlicher Schwächen, insbesondere durch gezielte Manipulation bzw. Beeinflussung durch den Angreifer zielt. Dazu gehört z. B. ein Anruf bei einem Mitarbeiter unter einem falschen Vorwand, um Passwörter für einen Zugang zu erfragen.

Ein Beispiel für Social Engineering ist der Phishing-Angriff. Ziel des Angreifers ist es meist, personenbezogene Daten und geheime Daten wie Passwörter zu erhalten. Dazu bedient sich der Angreifer meist einer gefälschten E-Mail, welche einer offiziellen E-Mail z. B. einer Bank gleicht. Diese E-Mail lockt den Angreifer jedoch auf eine gefälschte Webseite, welche wiederum einen offiziellen Eindruck erweckt. Auf dieser Webseite sollen dann Zugangsdaten eingegeben werden. Heutzutage werden für Phishing-Mails meist keine Massenmails mehr verwendet, sondern die Angreifer recherchieren zuerst den Hintergrund des Opfers und setzen das erlangte Wissen ein, um glaubwürdige E-Mails zu erstellen. Man spricht in diesem Fall auch von einer Targeted Attack.

2.4 Lauschangriff

Mit Lauschangriff wird in der IT-Sicherheit jedweder Angriff bezeichnet, der auf einem System oder in einem Netzwerk Daten unberechtigt mitliest. Es existieren vielfältige Methoden, um Informationen unautorisiert abzuhören, z. B. durch einen Key Logger, eine Software oder eine Hardware, welche alle Tastenanschläge auf einem System mitschreibt. Malware verfügt oft über die Möglichkeit des Lauschangriffs. Informationen können aber auch im Netz abgehört werden. Hierzu werden üblicherweise so genannte Packet Sniffer eingesetzt, welche Nachrichten aus dem Netzwerk aufnehmen und in aufbereiteter Version dem Angreifer zur Verfügung stellen. So können z. B. Bestelldaten, Kreditkarteninformationen und die Anschrift eines Kunden mitgelesen werden, falls der Webshop, in welchem der Nutzer seine Bestellung aufgibt, keine Verschlüsselung einsetzt. Lauschangriffe dienen aber nicht nur dazu personenbezogene Daten mitzuhören, sondern können auch als erste Stufe eines Angriffs benutzt werden, z. B. um eine Information zu erlangen, die im weiteren Ablauf des Angriffs benutzt werden kann, um Zugang zu Systemen zu erlangen. Diesen Angriff zeigte das Angriffswerkzeug Fire Sheep sehr eindrucksvoll: Das Werkzeug lauscht in ungeschützten WLAN-Netzen, z. B. in einem Internet-Café, auf Anmeldungen in Sozialen Netzen (Facebook, MySpace …) der anderen Nutzer des WLAN-Netzes. Im Fall einer Anmeldung über eine ungesicherte Verbindung speichert das Angriffswerkzeug Fire Sheep[2] eine Information (Cookie mit Session ID), welche später eine unautorisierte Anmeldung des Angreifers unter dem Namen des abgehörten Nutzers ermöglicht.

2.5 Ausnutzen von schlechter Konfiguration

In der Regel wird Software in Grundkonfigurationen ausgeliefert, die nicht unter Sicherheitsaspekten erstellt worden sind. Häufig steht für den Hersteller (und auch für den Anwender) zunächst die Lauffähigkeit in den vorgesehenen Anwendungsumgebungen im Vordergrund.

Betriebssysteme aktivieren Dienste (Web-Server, Mail-Server, Name-Server und viele andere), die in diesem Umfang häufig nicht benötigt werden. Dies führt dazu, dass Betreiber von dem folgenschweren Irrtum ausgehen, dass sie ihren Server für einen bestimmten Dienst nicht freigegeben haben. Da der Betreiber mit dieser Sicherheitslücke nicht rechnet, wird auch ein Sicherheits-Patch nicht eingespielt.

Grundsatz der Systemkonfiguration muss sein, dass auf einem Rechner nur die Software installiert ist, die zur Aufgabenerfüllung des Rechners auch erforderlich ist. Jedwede andere Software muss deinstalliert werden. Nur so kann sichergestellt werden, dass die Zahl der Angriffsmöglichkeiten auf den Rechner minimiert wird. Die benötigte Software darf nur berechtigten Anwendern zugänglich sein.

Anwendungsprogramme besitzen jedoch im Auslieferungszustand häufig mächtige Superuser-Berechtigungen, die nur schwer oder gar nicht reduziert werden können. Das führt dazu, dass viele Nutzer mit Administratorrechten oder unter Verwendung der Administrator-Nutzerkennung arbeiten. Sie können so alle Daten lesen, ändern oder löschen, auch versehentlich. Eine besondere Risikolage entsteht, wenn ein solcher Nutzer schadensstiftende Software auf dem System installiert und diese in Unkenntnis der Folgen mit den Rechten des Administrators startet. Die Folgen der inkriminierten Software können für das Gesamtsystem schwerwiegend sein.

Auch Anwendungen verfügen heute über vielfältige Konfigurationsoptionen. Das für Systeme Gesagte gilt analog auch für Anwendungen: Oft sind sie im Auslieferungszustand nicht nach Sicherheitsaspekten konfiguriert. Das Prinzip „Secure Default“ aus der IT-Sicherheit besagt, dass Anwendungen im Auslieferungszustand so konfiguriert sein müssen, dass sie

---

2 Firesheep, https://github.com/codebutler/firesheep.

sicher sind. Ein erhöhter Konfigurationsaufwand für den Nutzer zur Aktivierung zusätzlicher Funktionen wird billigend in Kauf genommen.

2.6 Fehler aufgrund von mangelhafter Benutzbarkeit

Eine weitere Gefahr ist der Nutzer selbst, der mit seinen Daten und Geheimnissen (Schlüssel kryptographischer Verfahren etc.) oft zu arglos vorgeht. In diesem Bereich ist zu beobachten, dass sowohl die Angriffe als auch die Schutzmechanismen gegen diese Angriffe komplexer werden und von durchschnittlichen Nutzern nur noch mit Schwierigkeiten verstanden werden können. Die Problematik wird noch dadurch verschärft, dass die Benutzbarkeit von Sicherheitsmechanismen heutzutage der Komplexität derselben in keiner Weise angemessen ist.

3 IT-Sicherheitskriterien und IT-Sicherheitsmanagement

Schon früh wurde (insbesondere im militärischen Bereich) deutlich, dass die technischen Anforderungen an die IT-Sicherheit formalisiert vorgegeben werden sollten. Der militärische Hintergrund führte lange zu einer Überbetonung der Vertraulichkeit, während z. B. der Schutz vor Viren oder die Garantie der Verfügbarkeit nur von untergeordneter Bedeutung waren.

Mit dem Orange-Book (1983, DoD Trusted Computer System Evaluation Criteria) wurde in den USA Anfang der 80er Jahre eine erste Richtlinie zur IT-Sicherheit eingeführt. Die Schutzklasse C2 erlangt eine gewisse Berühmtheit, weil Microsoft Windows NT 3.5 Service Pack 3 unter gewissen Voraussetzungen[1] diese Schutzklasse erreichte.

In Deutschland wurden 1989 die „Kriterien für die Bewertung der Sicherheit von Systemen der IT" (Grünbuch) zwischen 1989 und 1990 von der damaligen „Zentralstelle für Sicherheit in der Informationstechnik (ZSI)", dem Vorläufer des heutigen Bundesamtes für die Sicherheit in der Informationstechnik (BSI)[2], entwickelt und veröffentlicht. Sie trennen erstmals die Funktionalität von der Qualität der Implementierung.

In Europa wurden 1998 die „Information Technology Security Evaluation Criteria" (ITSEC) im Rahmen des europäischen Abkommens zur gegenseitigen Anerkennung der Zertifikate der ITSEC-Evaluation in Kraft gesetzt. In Analogie zum Grünbuch wird in den ITSEC zwischen Funktionalität und Vertrauenswürdigkeit unterschieden. Zur Definition geeigneter funktionaler Anforderungen bieten die ITSEC z. T. in Anlehnung an die Nomenklatur das Orange Book vordefinierte Beispielklassen (Funktionalitätsklassen) an. Bei der Vertrauenswürdigkeit wird zwischen Korrektheit (Evaluationsstufen von E1 bis E6) und Wirksamkeit (Bewertung der Stärke der Mechanismen nach niedrig, mittel und hoch) unterschieden.

Die „Gemeinsamen Kriterien für die Prüfung und Bewertung der Sicherheit von Informationstechnik" (Common Criteria) sind schließlich in der Version 2.0 im Jahr 1998 unter Beteiligung Deutschlands, Frankreichs, Großbritanniens, Kanadas, der Niederlande und der USA abschließend fertig gestellt worden. In der Version 2.1 (2000) sind die Common Criteria durch die ISO unter der Nummer 15408 ein internationaler Standard geworden. Die Common Criteria führen sog. Schutzprofile ein. Diese werden von Anwendergruppen geschrieben und definieren die IT-Sicherheitsfunktionalität von Produktgruppen. Bekannt sind das „Controlled Access Protection Profile" der NSA in der Version 1.d vom Oktober 1999: Es ist die Basis der Evaluierung für Microsoft Windows 2000.

---

1 Spezielle Konfigurationsvorgaben müssen erfüllt sein und der Rechner darf keinerlei Netzwerkfunktionalität haben.

2 Errichtungsgesetz BSIG, BGBl. I 1990, 2834.

Der Britsch Standard (BS) 7799 (auch als ISO/IEC 17799 genormt) befasst sich vorrangig mit dem Aufbau eines IT-Sicherheitsmanagements und seiner Verankerung in der Unternehmens-Organisation. In diesem Standard finden sich keine detaillierten Umsetzungshinweise, aber übergreifende allgemeine Organisations-Anforderungen, die unter den konkreten Anwendungsbedingungen präzisiert werden müssen. Der Schwerpunkt liegt in der Beschreibung des IT-Sicherheits-Management-Systems. Es wird dargestellt, „was" gemacht werden soll, jedoch nicht „wie". Der Standard enthält weder konkrete Sicherheitsmaßnahmen noch die Beschreibung möglicher Vorgehensweisen.

Im Unterschied zu dem eben skizzierten BS 7799 beschreibt der deutsche BSI IT-Grundschutzkatalog detailliert Standard-Sicherheitsmaßnahmen, die praktisch für jedes IT-System zu beachten sind. Anhand von ausführlichen Checklisten kann eine IT-Sicherheitsanalyse im Unternehmen durchgeführt werden, um dann die geeigneten Sicherheitsmaßnahmen auszuwählen und umzusetzen. Der IT-Grundschutzkatalog besteht aus folgenden Teilen:

- Einstieg und Vorgehensweise: Konzeption und Vorgehensweise zur Erstellung eines Sicherheitskonzepts
- Informationssicherheitsmanagement: Planung- und Lenkungsaufgaben zum Aufbau eines Sicherheitsmanagements
- Bausteine: Bausteine für IT-Sicherheit, gegliedert in
  - übergreifende Aspekte der Informationssicherheit
  - Sicherheit der Infrastruktur
  - Sicherheit der IT-Systeme
  - Sicherheit im Netz
  - Sicherheit in Anwendungen
- Gefährdungskatalog: Beschreibung der Gefährdungen, die in den Bausteinen angenommen wurden, insbesondere höhere Gewalt, organisatorische Mängel, menschliche Fehlhandlungen, technisches Versagen und vorsätzliche Handlungen
- Maßnahmenkatalog: konkrete Maßnahmen, die in den Bausteinen eingesetzt werden, gegliedert in
  - Infrastruktur
  - Organisation
  - Personal
  - Hard- und Software
  - Kommunikation
  - Notfallvorsorge
- Hilfsmittel: enthält Checklisten, Formulare, Muster etc.

Der IT-Grundschutzkatalog wird regelmäßig aktualisiert und an neuere technische Entwicklungen angepasst. Die aktuellste Ausgabe zur Drucklegung ist die 12. Ergänzungslieferung des IT-Grundschutzkatalogs.

Ein Unternehmen kann sich die Konformität seiner Maßnahmen durch das BSI bestätigen lassen (IT-Grundschutz-Zertifikat).[3]

[3] Vgl. Verordnung der Erteilung des Sicherheitszertifikats durch das BSI v. 7.7.1992, BGBl. I, 1230.

3.1 Vorgehensweise bei einem IT-Sicherheitskonzept

Ein Sicherheitskonzept muss immer an die konkreten Umstände angepasst werden. Bei einem datenschutzbezogenen Konzept empfiehlt sich unter Einbeziehung der Sicherheitsstandards des BSI folgende Vorgehensweise:

- Bewertung der zu schützenden Daten (Art und Brisanz der Daten, Zweck und Bedeutung ihrer Verarbeitung),
- Analyse der Anforderungen (Rahmenbedingungen),
- Ermittlung der Bedrohungen,
- Bewerten der konkreten Risiken unter Berücksichtigung der Eintrittswahrscheinlichkeiten der Bedrohungen,
- Ermittlung möglicher Maßnahmen,
- Bewertung der Maßnahmen,
- Nutzwert-Analyse,
- Auswahl, Abstimmung und Implementierung,
- Kontrolle (DSB/Revision/Zertifikat/Audit).

Wie bereits ausgeführt bewegen sich die Ziele der IT-Sicherheit auch im Dienst des Persönlichkeitsschutzes in den klassischen Bereichen: Vertraulichkeit, Integrität und Authentizität, Verfügbarkeit und Kontrollierbarkeit der personenbezogenen Daten. Hersteller und Entwickler von Hard- und Software befassen sich mit den Anforderungen.

3.2 Allgemeine Ziele der IT-Sicherheit

Zu den Sicherheitszielen gehören Wahrung von Vertraulichkeit, Integrität und Authentizität:

Vertraulichkeit bedeutet in der IT-Sicherheit, dass kein unautorisierter Erkenntnisgewinn geschehen darf, d. h. nur autorisierte Nutzer dürfen die Möglichkeit haben, im Rahmen ihrer Befugnisse auf personenbezogene Daten zuzugreifen. Die Vertraulichkeit bezieht sich sowohl auf gespeicherte als auch solche Daten, die in Netzwerken übertragen werden. Zur Realisierung der Vertraulichkeit können folgende Maßnahmen eingesetzt werden:

- Schutz gespeicherter oder übertragener Daten vor unbefugter Einsichtnahme (z. B. durch Verschlüsselung),
- Zutrittskontrolle durch bauliche Maßnahmen,
- Nutzerauthentifikation und -identifikation in Kombination mit Autorisierung zum Zugriff,
- Rechteverwaltung,
- Wiederaufbereitung von freigegebenen Speicherbereichen, physikalisches Löschen oder Überschreiben,
- Klassifikation von Dokumenten in Kombination mit Vorschriften zum Umgang mit Dokumente aus einer Klasse, beispielsweise Einteilung aller Dokumente in die Klassen „Internal use only", „Confidential", „Secret" und „Top Secret" sowie Vorgaben wie z. B.: Dokumente der Klasse Confidential dürfen nur mittels verschlüsselter E-Mail versendet werden.

Unter das Sicherheitsziel **Integrität** fällt die Unversehrtheit von gespeicherten oder übertragenen Daten und Programmen. Eine Veränderung des Systems darf nur durch berechtigte

Nutzer erfolgen beziehungsweise unautorisierte Veränderungen dürfen nicht unbemerkt erfolgen können. Das Einschleusen von Viren, Würmern und Trojanischen Pferden muss verhindert werden. Integrität meint also den Schutz vor beabsichtigter oder unbeabsichtigter Veränderung, unabhängig davon, ob es sich um gespeicherte oder übertragene Daten handelt. Hierbei sei jedoch darauf hingewiesen, dass in der IT-Sicherheit die eigentliche Manipulation der Daten nicht verhindert wird, da dies oft nicht möglich ist, z. B. bei der Übertragung über öffentliche Netze. Jedoch wird sichergestellt, dass Manipulationen erkannt und manipulierte Nachrichten nicht akzeptiert werden.

Maßnahmen zur Wahrung der Integrität von Daten und Programmen sind all diejenigen, die eine unbefugte Manipulation des Systems oder der Daten vermeiden beziehungsweise dazu führen, dass Veränderungen bemerkt werden können. Dies kann etwa erfolgen durch:

- kryptographische Maßnahmen (z. B. kryptographische Prüfsummen, Digitale Signatur),
- Fernladen der Programme von einem sicheren System (z. B. einem besonders gesicherten Server),
- Zugangskontrollen zu Rechnern, Datenträgern und Datenleitungen, Rechtevergabe und Rechtekontrolle,
- regelmäßige Überprüfung der System-Integrität durch Virenscanner.

Authentizität meint die nachweisbare Bindung von Daten an eine Identität, z. B. den Absender. In vielen Fällen schließt Authentizität bereits Integrität ein. Sie wird sichergestellt durch

- digitale Signatur zum Nachweis der Echtheit eines Dokuments und der eindeutigen Zuordnung zum Unterzeichner durch ein digitales Zertifikat,
- kryptographische Prüfsumme (z. B. HMAC),
- alle anderen Maßnahmen zur Authentifikation von Rechnern, Programmen, Nutzern und Daten.

Verfügbarkeit heißt, dass keine unautorisierte Beeinträchtigung von durch ein System angebotenen Diensten möglich ist. Das beinhaltet die Sicherung vor Verlusten und Ausfällen. Einzelne Maßnahmen zur Gewährleistung der Verfügbarkeit sind:

- bauliche Maßnahmen,
- Schutz vor unbefugtem Löschen (durch Vergabe von Zugriffsrechten)
- Maßnahmen zur Fehlererkennung und Fehlerkorrektur
- redundante Systeme oder Systemkomponenten (z. B. Spiegelplatten, RAID-Systeme, redundante Server),
- Sicherheitskopien (Backup) zur schnellen Wiederherstellung von zerstörten Daten,
- Verwendung von Captchas (Bild mit verzerrter Ziffern- und Zahlenfolge, welche von einem Benutzer eingegeben werden muss) für den Zugang zu rechenintensiven Diensten, um automatisierte Angriffe durch Botnetze zu verhindern.

Kontrollierbarkeit bedeutet, Instrumentarien zu schaffen, um die Ordnungsmäßigkeit der DV (z. B. durch die Revision) zu prüfen. Dies kann sowohl durch organisatorische als auch durch technische Maßnahmen geschehen:

- Protokollierung und
- technische Sicherstellung der Ordnungsmäßigkeit.

Im Folgenden sollen einige aktuelle technische Sicherungsmaßnahmen näher beschrieben und eingeschätzt werden.

3.3 Firewalls

Firewalls fungieren als „virtuelle Pförtner" am Übergang von Netzen oder Subnetzen. Dort kontrollieren sie den ein- und ausgehenden Datenverkehr nach vorgegebenen Regeln. Genau wie bei einem richtigen Pförtner ist die Kontrolltiefe je nach Firewalltyp unterschiedlich.

Ein Paketfilter, als einfachste Form einer Firewall, überprüft auf Basis von IP-Adressen und Port-Nummern, ob der Datenverkehr erlaubt ist oder nicht. Dieses Verfahren ist sehr schnell, hat aber klare Grenzen. Viele Router[4] haben heute die Möglichkeit, gleichzeitig auch als Paketfilter zu fungieren. Diese Fähigkeit der Router dient der Sicherheit.

Eine Firewall mit Stateful Inspection baut Tabellen auf, in denen aktive Verbindungen eingetragen werden. Es werden dann nur noch Pakete durchgelassen, die auf Grund dieser Tabelleneinträge einer bestehenden Verbindung zugeordnet werden können. Nur noch das erste Paket einer Verbindung muss nach den Paketfilterregeln überprüft werden.

Beide Firewalltypen können nicht feststellen, ob über eine Verbindung auch ein zur Portnummer passender Dienst läuft. Technisch ist es jedenfalls kein Problem, z. B. über Port 80 (http[5]) einen anderen Dienst (z. B. telnet[6], eigentlich Port 23) auszuführen.

Eine weitergehende Kontrolle von Datenverkehr bieten so genannte Application Gateways: sie analysieren den Datenverkehr einzelner Anwendungen und ermöglichen eine feingranulare Kontrolle basierend auf den übermittelten Anwendungsdaten. Jedoch wird für jede Anwendungsklasse ein eigenes Application Gateway benötigt.

Es gibt viele Möglichkeiten, ein Firewallsystem aufzubauen. Die folgende Abbildung zeigt ein weit verbreitetes klassisches Beispiel. Die Firewall unterscheidet zwischen internen und externen Netzen. Gleichzeit wird eine neutrale Zone (DMZ = demilitarisierte Zone) eingerichtet, in der die Server aufgestellt werden, die aus dem externen Netz erreicht werden müssen. Damit sind diese Server durch die Firewall geschützt, aber ein Angreifer, der in eines dieser Systeme einbricht, ist noch nicht im internen Netz. Die Trennung von DMZ und internem Netz ermöglicht es, striktere Filterregeln an den Netzgrenzen einzusetzen, da mehr über die verwendeten Dienste bekannt ist.

Firewalls bieten keine absolute Sicherheit. Insbesondere erkennen sie keine Angriffe, die im Inneren der Firma (hinter der Firewall) stattfinden, da dieser Datenverkehr die Firewall nicht passieren muss.

Firewalls sind nicht in der Lage, verschlüsselten Datenverkehr zu kontrollieren. Hierbei spielt es keine Rolle, ob es sich um die Dienste https[7], ssh[8] oder pptp[9] und IPsec[10] Verbindungen handelt. Deshalb muss beim Einsatz entsprechender Protokolle mit Verschlüsselung darauf geachtet werden, dass die Daten entschlüsselt werden, bevor sie die Firewall passieren. Verschlüsselte Tunnel können einfach umgesetzt werden. Bei der Endanwender-Verschlüsse-

---

4 Router vermitteln die Datenpakete zwischen unterschiedlichen Netzen. Sie bilden die Kerninfrastruktur des Internet.

5 Hypertext transfer protocol, das Internet-Protokoll für die Übertragung von Web-Seiten.

6 Terminal-Protokoll zur Bedienung eines entfernten Rechners.

7 Sicheres http, genauer: http über SSL (Secure Socket Layer).

8 Secure Shell, eine sichere Alternative zu telnet.

9 Point-to-point tunneling protocol.

10 IP Secure, Protokoll zum vertraulichen und authentischen Transport von IP-Paketen.

lung, z. B. Mail-Verschlüsselung mit OpenPGP oder S/MIME ist dies technisch aufwändig. Es wird allerdings teilweise von Unternehmen zum Schutz vor Spionage gefordert. Wenn die Daten vor der Firewall entschlüsselt werden, kann der Schlüssel nicht mehr im alleinigen Besitz des Endverbrauchers (z. B. des Empfängers einer E-Mail) sein.

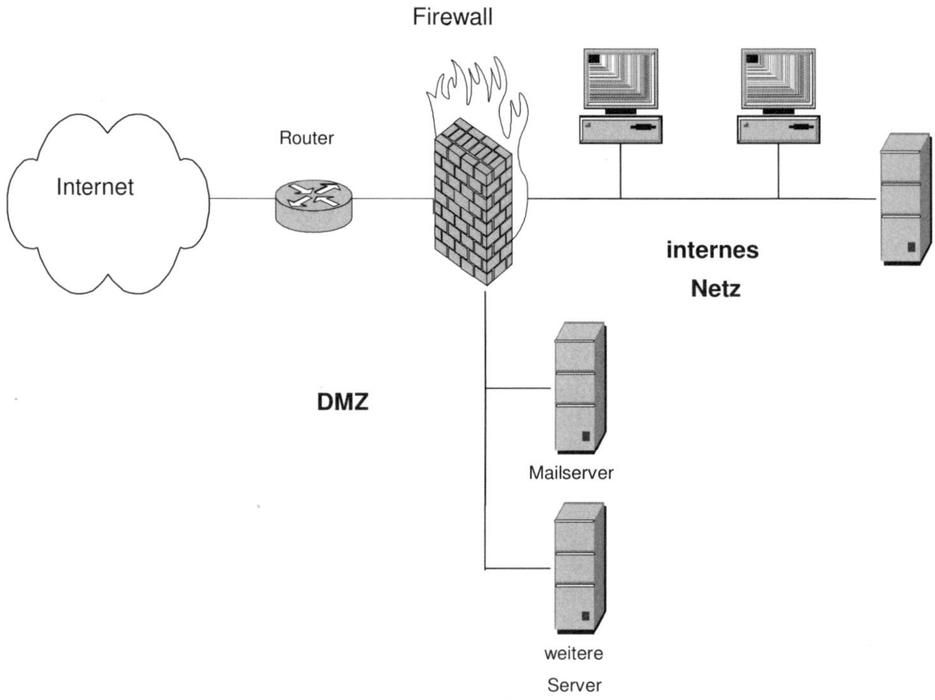

Abb. 20: Typische Firewall-Konfiguration

Der aktuelle Trend besteht darin, immer mehr Dienste über Port 80 (http) zu leiten. Da dieser in vielen Firewalls geöffnet ist, konterkarieren solche Konzepte den Schutzmechanismus Firewall. In diesen Fällen muss ein Application Gateway aufwändig den Datenverkehr auf seine Inhalte kontrollieren.

3.4 Intrusion Detection

Angriffe auf Sicherheitsmaßnahmen sollen entdeckt werden können. Aus diesem Grunde werden Einbruchserkennungswerkzeuge (sog. Intrusion Detection Systems – IDS) eingesetzt. Man unterscheidet zwischen netzwerkbasierten und hostbasierten IDS. In einem gewissen Sinne ist ein netzwerkbasiertes IDS die Erweiterung des Virenscannens auf das interne Netz. Ein Virenscanner untersucht jede Datei der Festplatte auf Zeichenfolgen, die einem Virus zuzuordnen sind. Ein IDS untersucht jedes Datenpaket im Netz auf Zeichenfolgen, die

einem Angriff zuzuordnen sind. Hierzu ist ein Mitlesen des gesamten Netzwerkverkehrs erforderlich.
In aktuellen, strukturiert verkabelten Netzen ist es mitunter schwierig, eine Stelle zu finden, an der der komplette Datenverkehr überwacht werden kann. Hier sind mehrere „Messpunkte“ erforderlich. Wichtige Messpunkte liegen unmittelbar hinter der Firewall und vor den internen Servern. Nahe an der Firewall kann der gesamte ein- und auslaufende Datenverkehr beobachtet werden. An Messpunkten vor den internen Servern kann man Angriffe entdecken, die aus dem internen Netz kommen.

Beim hostbasierten IDS werden die Log-Dateien in Echtzeit ausgewertet um Angriffsspuren zu finden. Viele Anwendungen protokollieren (loggen) relevante Ereignisse, so dass auf ohnehin vorhandene Daten zurückgegriffen werden kann. Der Nachteil dieser Methode ist, dass der Angriff bereits stattgefunden hat, wenn seine Spuren in der Log-Datei erscheinen.

3.5 Verschlüsselung

Der Datenschutz fordert den Schutz der Vertraulichkeit und Integrität der personenbezogenen Daten. Da technisch nicht immer ausgeschlossen werden kann, dass Unbefugte Zugriff auf Datenströme oder Dateien haben, muss sichergestellt werden, dass sie trotz Zugriff den Inhalt nicht in Erfahrung bringen können. Die klassische Methode, dies sicherzustellen, ist der Einsatz von Verschlüsselungsverfahren (zum Schutz der Vertraulichkeit) in Kombination mit digitalen Signaturen oder kryptographischen Prüfsummen (zum Schutz der Integrität).

Verschlüsselungstechnik galt viele Jahre als eine Domäne für Geheimdienste. Heute ist die Verschlüsselungstechnik ein Teilgebiet der modernen Mathematik und damit auch Gegenstand einer freien wissenschaftlichen Forschung.

Um verantwortungsvoll mit Verschlüsselungsverfahren umgehen zu können, muss der Einzelne einige grundlegende Kenntnisse über die Verfahren haben. Dabei geht es nicht um ein mathematisches Verständnis, sondern um ein Wissen um die Art der Benutzung, z. B. um den Unterschied zwischen öffentlichen (public) und privaten (private) Schlüsseln und den richtigen Umgang mit diesen Schlüsseln.

3.5.1 Symmetrische Verfahren

Die klassischen Verschlüsselungsverfahren nutzen für die Verschlüsselung und die Entschlüsselung den gleichen Schlüssel (symmetrische Verfahren, vgl. Abb. 21). Der Schlüssel muss bei symmetrischen Verfahren geheim gehalten werden und jedes Paar aus Sender und Empfänger benötigt einen eigenen Schlüssel. Aus diesem Grund skalieren symmetrische Verschlüsselungsalgorithmen schlecht in Fällen, in denen viele Sender und Empfänger von zu verschlüsselnden Nachrichten existieren. Ein weiteres Problem stellt der Schlüsselaustausch dar, da der verwendete Schlüssel jederzeit geheim gehalten werden muss.

Bekannte symmetrische Verschlüsselungsalgorithmen sind DES, 3DES, und AES.[11] Heutzutage ist der Einsatz von AES zu empfehlen.

---

11 Schneier, Applied Cryptography: Protocols, Algorithms and Source Code, in: C. John Wiles & Sons, Inc., 2. A. (1996).

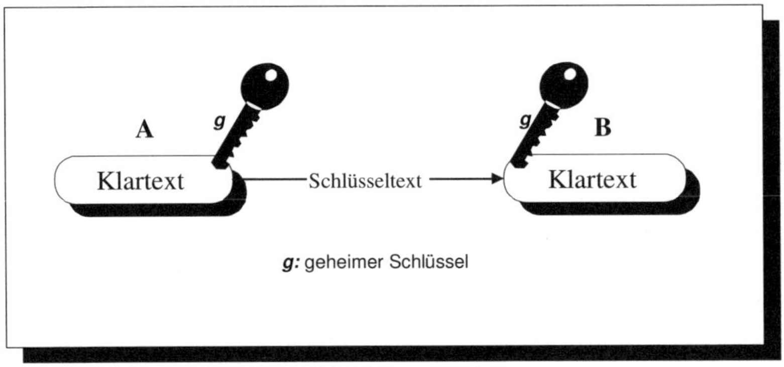

Es wird mit gleichem Schlüssel, den beiden Kommunikationspartner kennen müssen, verschlüsselt und entschlüsselt.

Abb. 21: Symmetrische Verschlüsselung

AES ist ein aktueller Verschlüsselungsalgorithmus, der von 1997 bis 2001 von der NSA in einem offenen und transparenten Wettbewerb als DES-Nachfolger ermittelt wurde. Er gilt derzeit als sicher. Empfehlungen für kryptographische Algorithmen und zu verwendende Schlüssellängen werden regelmäßig vom Bundesamt für Sicherheit in der Informationstechnik (BSI) ausgesprochen. Es empfiehlt sich, diese Empfehlungen bei der Auswahl und Konfiguration kryptographischer Algorithmen zu berücksichtigen. Die verwendete Schlüssellänge bestimmt maßgeblich die Sicherheit der Verschlüsselung mit.

3.5.2 Asymmetrische Verschlüsselungsverfahren

Bei den asymmetrischen Verfahren werden für die Verschlüsselung und für die Entschlüsselung verschiedene Schlüssel verwendet (Abb. 22). Die beiden Schlüssel gehören zusammen und werden nicht vom Anwender ausgewählt, sondern mit einigem mathematischen Aufwand berechnet. 1977 publizierten Rivest, Shamir und Adleman das bisher berühmteste asymmetrische Krypto-System: den RSA-Algorithmus. Möchte ein Sender eine Nachricht an einen Empfänger senden, so verwendet er für die Verschlüsselung den öffentlichen Schlüssel des Empfängers. Möchte der Empfänger die Nachricht entschlüsseln, so verwendet er dazu seinen eigenen geheimen Schlüssel. Öffentliche Schlüssel können publiziert werden und jeder Empfänger benötigt lediglich einen einzigen öffentlichen Schlüssel, der von allen Sendern verwendet werden kann. Aus diesem Grund skalieren asymmetrische Verschlüsselungsverfahren deutlich besser als symmetrische Verschlüsselungsverfahren bei steigender Zahl von Sendern und Empfängern. Auch das Schlüsselaustauschproblem ist abgeschwächt, da der öffentliche Schlüssel nicht geheim gehalten werden muss. Jedoch kommt einem authentischen Schlüsselaustausch eine große Bedeutung bei.

In der praktischen Anwendung ist der RSA-Algorithmus zum Verschlüsseln großer Textmengen viel zu langsam. Außerdem tendiert er dazu, beim Verschlüsseln die Datenmenge im Mittel zu vergrößern. Deshalb werden in der Praxis fast immer hybride Verschlüsselungsverfahren eingesetzt. Dabei werden die Daten mit einem symmetrischen Algorithmus verschlüsselt. Als Schlüssel wird dabei ein zufällig generierter sogenannter Sitzungsschlüssel verwendet. Lediglich dieser Sitzungsschlüssel wird mit dem RSA-Verfahren und dem öffentlichen Schlüssel des Empfängers verschlüsselt. Sowohl der verschlüsselte Sitzungsschlüssel als auch die mit dem Sitzungsschlüssel verschlüsselten Daten werden an den Empfänger übermittelt. Dieser entschlüsselt mit seinem geheimen Schüssel und dem asymmetrischen Entschlüsselungsverfahren den Sitzungsschlüssel und entschlüsselt dann mit dem Sitzungsschlüssel die eigentlichen Daten.

Bei diesem Hybrid-Verfahren wird die Geschwindigkeit eines symmetrischen Verfahrens mit den Vorteilen eines asymmetrischen Verfahrens kombiniert, insbesondere der besseren Skalierung und dem vereinfachten Schlüsselaustausch.

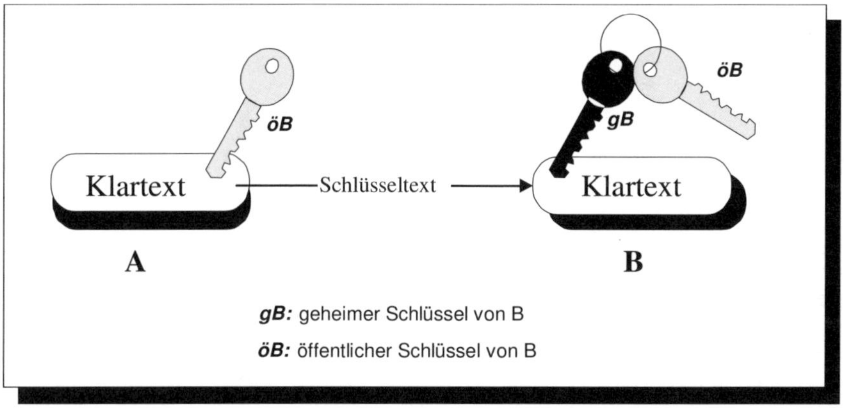

Zum Verschlüsseln ist der öffentliche Schlüssel des Empfängers erforderlich, zum Entschlüsseln der zugehörige private Schlüssel des Empfängers.

Abb. 22: Asymmetrische Verschlüsselung

Große Sorgfalt muss bei der Generierung der Sitzungsschlüssel angewandt werden. Normalerweise werden die Sitzungsschlüssel über Pseudo-Zufallszahlen-Generatoren erzeugt. Werden kryptographisch schlechte, d. h. vorhersagbare, Pseudozufallszahlen-Generatoren verwendet, kann der Sitzungsschlüssel geraten werden. Dann ist es unter Umständen sehr einfach, eine Nachricht zu entschlüsseln. Ein typisches Beispiel ist das Erzeugen des Sitzungsschlüssels aus der Systemzeit eines Rechners. Wird eine E-Mail mit einem solchen Sitzungsschlüssel verschlüsselt, dann kann über das Absendedatum der E-Mail die ungefähre Systemzeit und damit der Sitzungsschlüssel bestimmt werden. Es muss nicht mehr der gesamte Schlüsselraum (z. B. 2^{128} Schlüssel) durchsucht werden, sondern nur einige Zehntausend Schlüssel. Und das ist mittels schneller Rechner kein Problem mehr.

Neben RSA werden heutzutage oft auch asymmetrische Algorithmen auf Basis von Elliptischen Kurven verwendet. Das BSI veröffentlicht regelmäßig Empfehlungen zum Einsatz von asymmetrischen Algorithmen sowie zur Konfiguration dieser Algorithmen (z. B. empfohlene Schlüssellänge).

3.5.3 Digitale Signaturen

Um sicherzustellen, dass eine Nachricht nicht verändert worden ist, wird eine Nachricht digital signiert. Die digitale Signatur verwendet ebenfalls ein asymmetrisches Verfahren, welches einen öffentlichen Schlüssel und einen privaten Schlüssel verwendet. Ein Nutzer erzeugt eine Digitale Unterschrift mit seinem eigenen privaten Schlüssel. Andere Nutzer können die Unterschrift mit dem öffentlichen Schlüssel des Unterschreibenden überprüfen. In vielen Fällen soll eine Digitale Signatur eindeutig einer Person zuordenbar sein. Deshalb wird eine Zuordnung zwischen einer Identität (Unterschreibender) und dem öffentlichen Schlüssel des Unterschreibenden, welcher zur Prüfung der Unterschrift verwendet wird, benötigt. Eine solche Zuordnung zwischen einer Identität und einem öffentlichen Schlüssel bieten digitale Zertifikate.

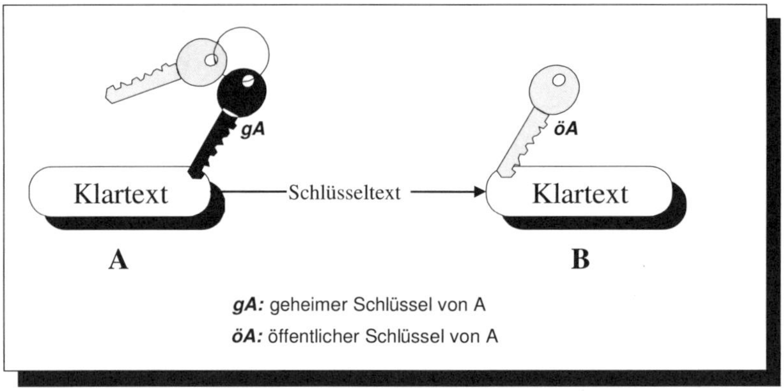

Zum Signieren ist der private Schlüssel des Senders erforderlich, zum Verifizieren der zugehörige öffentliche Schlüssel des Senders.

Abb. 23: Elektronische Unterschrift

Auch bei der digitalen Signatur wird aus Geschwindigkeitsgründen ähnlich wie bei den Hybridverfahren gearbeitet.

Dazu wird ein so genannter Hashwert der Nachricht berechnet. Dies ist eine Art digitaler Fingerabdruck der Nachricht. Und nur dieser Fingerabdruck wird mit dem privaten Schlüssel des Absenders verschlüsselt. Hashwerte werden über eine Hashfunktion berechnet. Eine Hashfunktion ist eine kryptographische Einwegfunktion, d. h. mit realistischem Aufwand ist es nicht möglich, zu einem Hashwert einen zweiten Ausgangstext zu finden, der den gleichen Hashwert erzeugt. Durch diese Eigenschaft kommt die Verwendung als Fingerabdruck eines zu unterzeichnenden Dokuments zustande.

Theoretisch ist es zwar möglich, eine zweite Nachricht zu finden, die den gleichen Hashwert hat; dies ist aber mit großem Aufwand verbunden. Kleine Veränderungen an der Nachricht führen immer zu einem anderen Hashwert. Jeder kann nun, indem er den Hashwert erneut berechnet, und ihn mit dem entschlüsselten Hashwert vergleicht (möglich mit dem öffentlichen Schlüssel des Absenders), die Unversehrtheit und die Urheberschaft der Nachricht überprüfen (Abb. 24) Dieses Verfahren wird auch „Digitale Signatur" genannt.

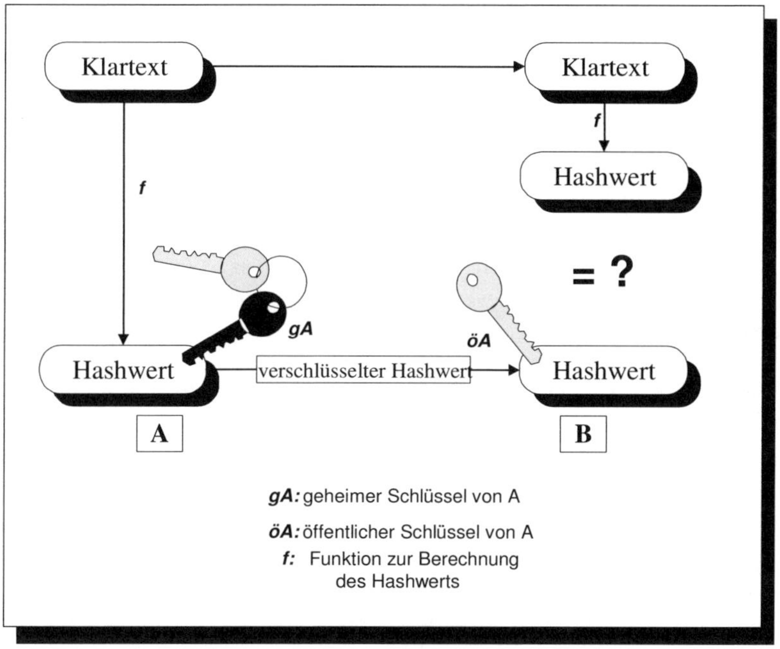

Nicht die Nachricht, sondern der aus der Nachricht berechnete Hashwert wird mit dem privaten Schlüssel des Absenders verschlüsselt. Zur Signaturprüfung wird der entschlüsselte Hashwert mit dem erneut berechneten verglichen.

Abb. 24: Digitale Signatur

Ein weiterer Vorteil dieser Signaturverfahren über den Hashwert ist die Unversehrtheit der Nachricht. Die Signatur kann unabhängig von der Nachricht gespeichert werden. Damit ist sichergestellt, dass die Nachricht trotz Signatur noch ohne Hilfsmittel gelesen werden kann.

3.5.4 Verschlüsselung in der Praxis

In Vor- und Internetzeiten war das Verbot bzw. eine umfassende Regulierung des Zugriffs auf starke Verschlüsselungsverfahren ein Weg, um vertrauliche Nachrichten zu kontrollieren. Spätestens seitdem Software aus dem Internet heruntergeladen werden kann, lassen sich derartige Regelungen ebenso wie ausgefeilte In- und Exportverbote nur noch unzureichend umsetzen, auch wenn die Regelungen teilweise noch rechtlichen Bestand haben. Wenn Unternehmer vertrauliche Korrespondenz an potenzielle Kunden oder Bürgerrechtlicher in autoritären Regimes Nachrichten in der Weltöffentlichkeit verbreiten wollen, dann sind sie auf die Nutzung von effektiven Verschlüsselungsverfahren angewiesen.[12] Zu der Software, mit der E-Mails effektiv verschlüsselt werden können, gehört einerseits der Open PGP-Standard und

---

12 Zur Bedeutung der Kryptographie, DuD 5/2012, im Druck.

andererseits der S/Mime-Standard, der in vielen E-Mail Programmen fest eingebaut ist. In beiden Standards wird auch das digitale Signieren der E-Mails unterstützt.
Die Verschlüsselung von Dateien ist auf viele Arten möglich. Einen Standard gibt es nicht. Eine verschlüsselte Dateiablage ist in vielen Bereichen üblich. Allerdings ist eine sorgfältige Planung mit geeigneten Zugriffskonzepten erforderlich, damit nicht versehentlich die eigenen Daten ausgesperrt werden. In Unternehmen müssen Zugriffsmöglichkeiten für den Fall des Tods oder des Ausscheidens eines Mitarbeiters existieren.

Oft werden nicht einzelne Dateien verschlüsselt, sondern es werden so genannte verschlüsselte Container erzeugt. Diese Container lassen sich in das Betriebssystem ähnlich einem Laufwerk einbinden und verschlüsseln auf diesem Laufwerk abgelegte Daten transparent. Zur Erstellung von verschlüsselten Containern kann z. B. das Werkzeug Truecrypt eingesetzt werden. Einen Schritt weiter geht Festplattenverschlüsselung: Alle Daten, welche auf die Festplatte geschrieben werden, werden automatisch und transparent verschlüsselt. Auch hierfür kann Truecrypt eingesetzt werden, unter anderem ist auch die Software BitLocker im Einsatz. Betriebssysteme wie Apple Mac OS X bringen bereits eine Festplattenverschlüsselung mit. Festplattenverschlüsselung ist eine einfache, umfangreiche und komfortable Schutzmaßnahme und heute unbedingt zu empfehlen, insbesondere bei mobilen Systemen, welche einer erhöhten Diebstahlgefahr ausgesetzt sind. Performanceverluste durch die Verschlüsselung fallen auf aktuellen Systemen bei der täglichen Arbeit nicht weiter ins Gewicht.

Die Verschlüsselung des Netzwerkverkehrs ist u. a. durch SSL/TLS, Secure Shell (SSH) und IPsec möglich. Secure Shell ist das Standard Tool der Systemadministratoren, um aus der Ferne Unix- und Linux-Rechner zu warten. Telearbeitsplätze erhalten über IPsec-verschlüsselte Verbindungen Zugriff auf die EDV-Resourcen der Firma. Beim Internet-Banking oder -Shopping kommen https-verschlüsselte Verbindungen infrage – dabei wird das Protokoll http über eine verschlüsselte SSL/TLS-Verbindung transportiert. Zur Überprüfung der Echtheit von Webseiten setzt https Zertifikate ein. Diese Zertifikate werden von Zertifizierungsstellen für Webseitenbetreiber ausgegeben. Die Deutsche Telekom betreibt z. B. solch eine Zertifizierungsstelle. Gängige Browser sind bereits mit einer Anzahl vertrauenswürdiger Zertifizierungsstellen vorkonfiguriert. Bei einem Angriff[13] auf eine dieser vertrauenswürdigen Zertifizierungsstellen (DigiNotar) gelang es einem Angreifer, Zertifikate für beliebige Webseiten zu erstellen. Die Echtheitsüberprüfung wurde damit unterlaufen.

3.6 Biometrie

Herkömmliche Authentisierungsverfahren beruhen entweder auf dem Wissen eines Geheimnisses (Passwort, PIN) oder dem Besitz eines Gegenstandes (Schlüssel, Chipkarte, RSA Token). Sowohl Wissen als auch Besitz kann weitergegeben, gestohlen oder verloren werden. Biometrische Verfahren versuchen dagegen die physiologischen oder verhaltenstypischen besonderen Merkmale (biometrische Daten) einer Person zu erfassen. Sie werden insbesondere im Zusammenhang mit Ausweisdokumenten diskutiert oder bereits eingesetzt.[14] Mit Hilfe biometrischer Verfahren soll eine sichere und effiziente Grenzkontrolle eingerichtet wer-

[13] Kunz, iX, 4/2012, 88.

[14] Dazu Petermann/Scherz/Sauter, Biometrie und Ausweisdokumente, in: TAB, Arbeitsbericht Nr. 93 (2003).

den.[15] Zur Überprüfung des einzelnen Passinhabers, der den Pass in Händen hält, wird etwa die Methode Gesichtserkennung technisch als geeignet eingestuft. Als untauglich gilt sie dagegen (noch) für die Überwachung von Menschenmassen mit dem Ziel, ein Individuum zu erkennen.[16]

Folgende Eigenschaften müssen erfüllt sein, damit ein biometrisches Merkmal für ein biometrisches Verfahren eingesetzt werden kann:

- Universalität: Jeder besitzt das Merkmal
- Eindeutigkeit: Merkmal für jede Person verschieden
- Beständigkeit: Merkmal ändert sich nicht
- Erfassbarkeit: muss mit Sensoren quantitativ erfassbar sein
- Performance: Genauigkeit und Geschwindigkeit
- Akzeptanz: durch Nutzer
- Fälschungssicherheit.

Diskutiert wird der Einsatz einzelner biometrischer Verfahren bzw. deren Kombination:

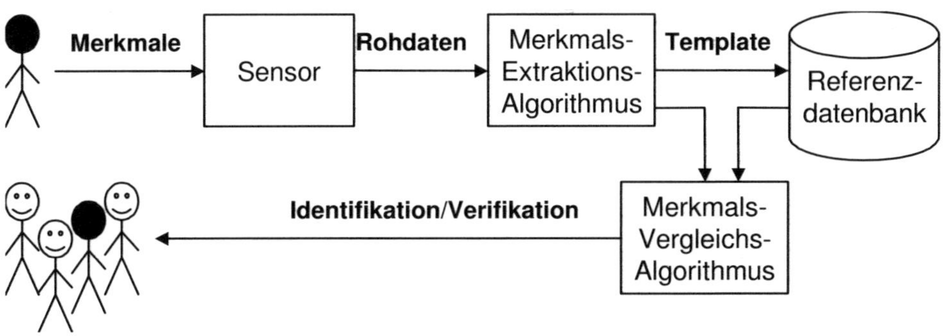

Abb. 25: Biometrische Verfahren

Fingerabdruckverfahren (Handgeometrie-, Handvenenmuster): Im Rahmen von kriminaltechnischen Verfahren werden etwa das Muster der Hautleisten auf den Fingerkuppen aufgenommen und die Verzweigungs- und Endpunkte der Linien (Minutien) analysiert.

Iris- oder Retinaerkennung*:* Das Muster auf dem Gewebe um die Pupille (Iris) gilt als eindeutig und ist für die Identifizierung einer Person geeignet. Aufnahmen des Augenhintergrundes (Retina) lassen Hinweise auf Krankheiten wie Diabetes, Bluthochdruck usw. zu. Es handelt sich also um sensitive Daten.

Gesichtserkennungsverfahren: Hier handelt es sich um die optische Vermessung der Geometrie des Gesichtes z. B. Augenabstand, Größe der Nase. Bei passiven Verfahren ist es immer wichtig, eine Lebenderkennung durchzuführen, damit der Messsensor nicht durch ein nachgemachtes Merkmal (Gummifinger oder Foto des Gesichts) getäuscht werden kann.

Sprecher- oder **Schrifterkennung** (verhaltensbasierte Merkmale): Es handelt sich um aktive Verfahren. So wird bei der Unterschrift nicht nur das optische Muster, sondern auch die Ge-

---

15 Markus Hofmann, Bitte nicht lachen. Begrenzte Kontrollmöglichkeiten mit biometrischen Daten, NZZ v. 23.9.2003, 13.

16 Zur mangelhaften Bildqualität vgl. Cattin, Biometric Authentication System Using Human Gate, Diss ETH Zürich No. 14603 (2002).

schwindigkeit und die Druckverteilung des Stiftes beim Schreiben erfasst und mit ausgewertet.

Allen Verfahren gemeinsam ist die vorhergehende Aufnahme des Merkmals (Enrollment) zur Erstellung eines Template. Das Template dient als Referenzdatensatz für den biometrischen Vergleich.

Erfassung von Biometriedaten[17]

Je nach natürlicher Variation des Merkmals (Unterschriften sind nie genau gleich) muss das Merkmal mehrfach erfasst werden. Mit der Genauigkeit der Erfassung und der Auswertung der Parameter fällt die False Acceptance Rate (FAR), es werden nur wenige (im Idealfall keine) Nutzer unberechtigt vom System zugelassen. Mit kleiner werdender FAR steigt die False Rejection Rate: Berechtigte Nutzer werden vom System fälschlicherweise abgewiesen. Die FAR und die FRR eines Systems können nicht unabhängig voneinander optimiert werden. Folgende Abbildung zeigt schematisch die prinzipielle Form der Kurven.

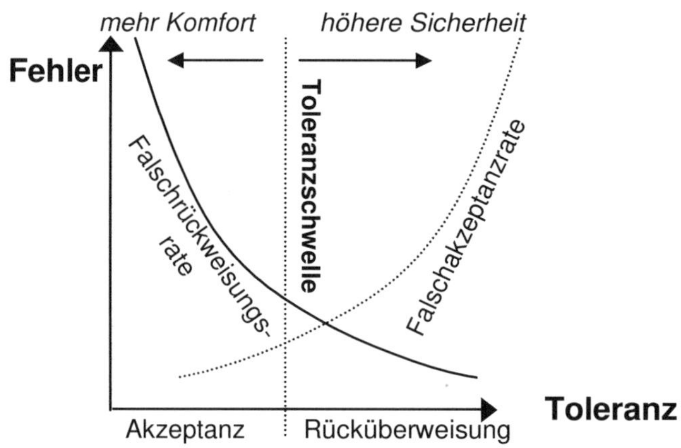

Schematische Darstellung der Fehlerrate des FAR und des FRR als Funktion der Übereinstimmung mit den Templates. Der Schnittpunkt der Kurven stellt die Optimierung beider Fehlerraten dar.

Abb. 26: FAR und FFR

Prinzipiell muss zwischen Identifizierung und Verifikation (Authentisierung) des Nutzers unterschieden werden. Bei der Identifizierung muss das System aufgrund der hinterlegten Templates den Nutzer erkennen. Der Einsatz von Überwachungskameras zum Erkennen von gesuchten Straftätern ist immer eine Identifizierung. Die Identifizierung setzt eine zentral vorgehaltene Template-Datenbank voraus. Technisch weniger anspruchsvoll ist dagegen die Authentisierung. Durch die Eingabe einer Nutzerkennung oder durch das Einstecken einer Chipkarte gibt der Nutzer dem System an, wer er ist. Das System nimmt sodann eine Überprüfung auf Basis der biometrischen Merkmale vor und überprüft, ob es sich wirklich um

---

17 Abbühl, Datenschutzrechtliche Aspekte bei der Aufnahme biometrischer Merkmale in Ausweispapiere, Seminararbeit FH-München (2004).

den angegebenen Nutzer handelt. Abbildung 27 zeigt den Unterschied zwischen Identifizierung und Authentifizierung, wobei die dunkelgrauen Kreise den gespeicherten Referenzwerten im Merkmalraum entsprechen. Hellgrau dargestellt ist der Akzeptanzbereich bei der Authentifikation, das x markiert einen gemessenen Wert im Merkmalraum.

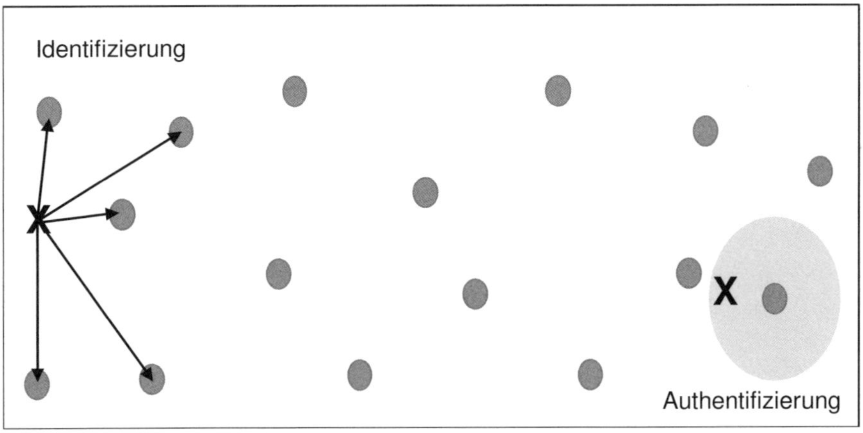

Abb. 27: Unterschied Identifizierung und Verifikation (Authentifizierung)

Von besonderer datenschutzrechtlicher Relevanz ist bei einem Biometrie-Einsatz die Frage des Speicherorts der Merkmale. Sie werden entweder dezentral (z. B. auf einer Chipkarte) oder zentral auf einem Server gespeichert. Die zentrale Speicherung weckt Ängste, wenn z. B. bei der Speicherung von Fingerabdrücken zu Authentisierungszwecken eine Datenbank entsteht, die Begehrlichkeiten weckt.

Bei schlechter Implementierung der Authentisierung ist eine zentrale Speicherung der Merkmale unter Umständen kontraproduktiv. Der naive Ansatz, einen biometrischen Datensatz wie ein statisches Passwort zum Server zwecks Prüfung zu schicken, ist riskant. Genau wie das Passwort kann der biometrische Datensatz abgehört und dann missbraucht werden. Während das Passwort nach einer bekannt gewordenen Kompromittierung gewechselt werden kann, ist das Körpermerkmal nicht änderbar. Die Kompromittierung der biometrischen Datensätze muss verhindert werden. Ein Vorteil biometrischer Verfahren ist die fehlende Möglichkeit, das Merkmal weiterzugeben oder auszuleihen. Über die Einbeziehung biometrischer Merkmale in die Authentisierung werden Berechtigungen eng an den Nutzer gebunden.

4 Wichtige Kontrollbereiche

In der Anlage zu § 9 Satz 1 BDSG werden wichtige Kontrollbereiche im Hinblick auf die automatische Verarbeitung von personenbezogenen Daten aufgelistet. Die Vorschrift beschränkt sich darauf, das Ob von Maßnahmen festzulegen. Wie sie zu realisieren sind, wird in dieser Anlage nicht erläutert, sondern die Konkretisierung bleibt der für die Datenverarbeitung verantwortlichen Stelle überlassen.

Das BDSG verlangt Schutzmaßnahmen nur, *„wenn ihr Aufwand in einem angemessenen Verhältnis zu dem angestrebten Schutzzweck steht"*. Es wird also nicht verlangt, das technisch Mögliche ohne Rücksicht auf Kosten umzusetzen, sondern bei der Festlegung der Schutzmaßnahmen die Bedeutung der Daten zu beachten. Es steht außer Zweifel, dass das Schutzniveau einer Datenbank mit den Adressen aller HIV-positiv diagnostizierten Patienten in einer Klinik höher liegen muss als das für die Adressen der Mitglieder eines Modellbauvereins. Daher empfiehlt sich eine Einstufung der Daten nach Schutzstufen.

In der Praxis hat es sich bewährt, im Wesentlichen drei Schutzstufen zu verwenden. Andernfalls besteht die Gefahr, dass die Nutzer mit der Klassifizierung der Daten überfordert sind. Die festgelegten Sicherheitsmaßnahmen müssen Schutzstufen zugeordnet werden. Aus der Klassifizierung der Daten ergeben sich die erforderlichen Maßnahmen.

Zu den durch das BDSG vorgegebene Kontrollbereichen nach der Anlage zu § 9 zählen:

- **Zutrittskontrolle** (Nr. 1):
  Unbefugten ist der *„Zutritt zu Datenverarbeitungsanlagen, mit denen personenbezogene Daten verarbeitet oder genutzt werden, zu verwehren"*. Unter einer Zutrittskontrolle i.S.d. BDSG wird also der physikalische Zugang zum System verstanden. Dieser kann durch einen Objektschutz erfolgen, etwa durch das Absperren der Räume oder das Verschließen des Rechners durch ein integriertes Schloss oder ein verschließbares Gehäuse. Sehr gut geeignet sind auch spezielle verschließbare Rechnerschränke, die auch u. a. mit Klimatechnik ausgerüstet werden können.
  Derartige Maßnahmen sind für dezentralisierte Arbeitsplätze allerdings schwierig zu realisieren. Dagegen ist für stark zentralisierte Komponenten, wie etwa den Server eines Netzwerkes oder auch zentrale Netzwerkkomponenten ein physikalischer Zugangsschutz möglich. Bei sensiblen Daten bietet es sich an, den Zutritt nur über biometrische Verfahren zu gestatten.
- **Zugangskontrolle** (Nr. 2):
  Es muss verhindert werden, dass Datenverarbeitungssysteme von Unbefugten benutzt werden. Zur Verwirklichung der Benutzerkontrolle bedarf es also einer Einrichtung, die den Zugang prüft und gegebenenfalls verhindert. Voraussetzung ist auch hier, dass Identifikations- (z. B. Eingabe eines Benutzernamens oder Einführen einer Chipkarte) und Authentifikationsmechanismen (z. B. durch Überprüfung eines Passwortes oder eines Fingerabdruckes) vorhanden sind.

Bei der Verarbeitung personenbezogener Daten dürfen keine Systeme ohne seriöse Benutzerverwaltung eingesetzt werden. Auch muss sichergestellt werden, dass niemand ein System dann benutzen kann, wenn der Benutzer seinen Arbeitsplatz verlässt, z. B. für ein Pause. Hier helfen oft einfache Maßnahmen wie z. B. ein Bildschirmschoner mit Passwortschutz.

Ein Zugang ins Netz der Firma oder Behörde ist aber auch über die Internetanbindung möglich. In diesen Fällen hilft eine Firewall, den Zugang zu verhindern.

- **Zugriffskontrolle** (Nr. 3):
  Unter dem Stichwort Zugriffskontrolle in der Anlage verbirgt sich die Forderung, dass nur berechtigte Nutzer eines Datenverarbeitungssystems auf die „ihrer Zugriffsberechtigung unterliegenden Daten zugreifen können“. Diese Forderung beinhaltet, dass Zugriffsberechtigungen für die einzelnen Benutzer vergeben werden und geprüft wird, ob die Benutzer im Rahmen ihrer Befugnisse handeln. Nur so kann eine unbefugte Modifikation, Löschung oder Kenntnisnahme von „fremden“ Daten ausgeschlossen werden. Von großer Bedeutung ist die Erstellung und intensive Auswertung von Zugriffsprotokollen unter Sicherheitsaspekten. Sie dient sowohl der Erkennung von unbefugten Innen- als auch von Außentätern.
  Eine verschlüsselte Speicherung der personenbezogenen Daten hilft, eine Kenntnisnahme durch Unbefugte zu verhindern. Denn nur auf diese Weise ist es möglich, dass Administratoren oder Wartungstechniker, die notwendigerweise physikalischen Zugriff auf die Dateien haben, mangels Schlüssel zum Entschlüsseln Kenntnis vom Inhalt nehmen.
- **Weitergabekontrolle** (Nr. 4):
  Übertragene und transportierte Daten sind vor jeglicher unbefugten Kenntnisnahme, vor Kopieren, Veränderung oder Löschung durch Unbefugte zu schützen. Die Weitergabekontrolle erfordert somit eine vorbeugende Sicherheitsvorkehrung, etwa durch Verschlüsselung der Daten. Diese kann bei einer automatischen Datenübertragung in Verbindung mit einem geeigneten Protokoll realisiert werden, das einen Verlust oder eine technisch bedingte Veränderung von Daten erkennt und gegebenenfalls korrigiert. Außerdem muss überprüft werden, an welche Stellen personenbezogene Daten durch Datenübertragungseinrichtungen übermittelt werden. Als Maßnahmen kommen in Frage:
  - Einrichtung einer Rechteverwaltung,
  - Verhinderung des Einspielens neuer Software durch Unbefugte,
  - benutzerbezogene Sperrung von Schnittstellen,
  - revisionsfähige Protokollierung.

  Besteht keine Möglichkeit, technische Einschränkungen der Übermittlungsmöglichkeiten für einen bestimmten geschlossenen Datenbereich vorzunehmen, so ist die Protokollierung aller Übermittlungen notwendig.

Beispiel: Eine technische Einschränkung der Weitergabemöglichkeiten lässt sich nach dem mandatory-access-Prinzip erzielen. Danach sind alle Daten (und Programme) des Systems in Schutzklassen einzuteilen. Dabei ist die Klassifizierung untrennbar mit den Daten verbunden, d. h. ein Verändern der Schutzkategorie z. B. durch den Benutzer ist nicht möglich. Dadurch kann für harmlose Daten eine offene Kommunikation ermöglicht werden, die jedoch für die sensiblen personenbezogenen Daten ausgeschlossen ist.

Einen unbefugten Zugriff auf Daten während des Transports im Netz kann nur durch Verschlüsselung verhindert werden. E-Mails mit sensiblen Inhalten werden verschlüsselt verschickt und durch digitale Signaturen vor Manipulationen geschützt. Werden die Daten verschlüsselt im Backup gespeichert, kann das Backup der sensiblen Daten auch bei einem Dienstleister erfolgen.

- **Eingabekontrolle** (Nr. 5):
  Es muss nachträglich geprüft und festgestellt werden können, welche personenbezogenen Daten von wem und zu welcher Zeit in ein Datenverarbeitungssystem eingegeben wurden. Voraussetzung für jede Maßnahme zur Eingabekontrolle sind Identifikations- und Authentifikationsmechanismen, die eine eindeutige Identifizierung des Benutzers gestatten. Eine mögliche Maßnahme ist die Protokollierung aller Benutzeraktivitäten durch das Betriebssystem oder durch ein Anwendungsprogramm; dabei muss eine Manipulation der Protokolldaten ausgeschlossen sein.
- **Auftragskontrolle** (Nr. 6):
  Werden personenbezogene Daten im Auftrag verarbeitet, so darf die Verarbeitung nur im Rahmen der Weisungen des Auftraggebers erfolgen. Dieses Ziel kann durch sorgfältige Auswahl des Auftragnehmers und durch eindeutige Vertragsgestaltung über die zu treffenden Datensicherungsmaßnahmen erreicht werden. Eine Kontrolle der Einhaltung der entsprechenden Verträge kann z. B. im Rahmen der Kontrolle der Arbeitsergebnisse durch die verantwortliche Stelle erfolgen.
- **Verfügbarkeitskontrolle** (Nr. 7):
  Eine kritische Anwendung muss jederzeit zur Verfügung stehen. Ein Ausfall der Anwendung zu einem ungünstigen Zeitpunkt kann erhebliche Nachteile für den Betroffenen bedeuten. Diese Vorschrift stellt hohe Anforderungen an die Betriebsqualität. Hierzu gehört, dass Daten verfügbar bleiben und nicht durch technische Pannen unwiederbringlich gelöscht werden. Mögliche Maßnahmen hierzu sind Datensicherungen (Backup) oder redundante (mehrfache) Datenhaltung z. B. auf RAID-Systemen.
- **Gewährleistung der Zweckbindung, Trennungsgebot** (Nr. 8):
  Die Zweckbindung soll sicherstellen, dass Daten nur für den Zweck verarbeitet werden, für den sie erhoben worden sind. Damit wird sichergestellt, dass die Betroffenen gezielt Daten nur für einen bestimmten Zweck zur Verfügung stellen können. Es muss verhindert werden, dass Daten in einen anderen Zusammenhang gestellt werden und dadurch eine völlig neue (und möglicherweise falsche Bedeutung) erhalten.
  Werden in einem Rechenzentrum verschiedene Datenbestände verarbeitet (z. B. die Daten eines Sozialamtes und die Buchungsdaten einer Fluglinie), so müssen diese Daten strikt getrennt werden, damit keine unzulässigen Verknüpfungen und Bezüge hergestellt werden können.

Es ist oft schwierig, das angemessene Maß an Sicherheit zu finden. Viele Schutzanforderungen können auch effektiver und billiger realisiert werden, wenn der Schutzbedarf der Informationen durch **Anonymisierung bzw. Pseudonymisierung** herabgesetzt wird. Diese Lösung ist für **Protokolldaten** (vgl. auch § 31 BDSG) nicht möglich. Es kann nur im Wege der **revisionssicheren** Vollprotokollierung festgestellt werden, welche Personen Daten unbefugt eingegeben, verändert oder gelesen haben.

Der aktuelle Prozess der Neuregelung des Datenschutzes in der Union bietet die Chance, auch den Ansatz des **Datenschutzes durch Technik** weiter voranzutreiben. Die Kommission hat in ihrem DS-GVO-E den „Datenschutz durch Technik" an mehreren Stellen angesprochen und als allgemeine Pflicht des für die Verarbeitung Verantwortlichen auch ausdrücklich normiert.[1] Datenschutz durch Technik darf allerdings nicht nur als Pflicht der datenverarbeitenden Stelle eingeordnet werden, sondern muss vielmehr gerade auch als ein **Recht der Betroffenen** auf Selbstdatenschutz verstanden werden. Der betroffene Bürger muss die Möglichkeit haben, seine Privatsphäre aktiv durch entsprechende technische Instrumentarien (etwa Verschlüsselungsverfahren) selbst zu schützen. Die Debatte ist durch das Internet längst global geworden. Sie ist Gegenstand einer **Zivilgesellschaft**[2] mit selbstverantwortlichen „citoyens", die Verantwortung für ihre Grundrechte übernehmen und mitgestalten wollen.

---

1 Siehe Art. 23 Abs. 1 DS-GVO-E sowie auch die zentrale Sicherheitsvorschrift in Art. 30 Abs. 1 DS-GVO-E: *„Der für die Verarbeitung Verantwortliche und der Auftragsdatenverarbeiter treffen unter Berücksichtigung des Stands der Technik und der Implementierungskosten technische und organisatorische Maßnahmen, die geeignet sind, ein Schutzniveau zu gewährleisten, das den von der Verarbeitung ausgehenden Risiken und der Art der zu schützenden Daten angemessen ist."*

2 Teil I, Kap. 1.1 und Kap. 1.2.

Abkürzungsverzeichnis

A.	Auflage
a.M.	anderer Meinung
ABl.	Amtsblatt
ACTA	Anti-Counterfeiting Trade Agreement
AEUV	Vertrag über die Arbeitsweise der Europäischen Union
AfP	Archiv für Presserecht (Zeitschrift für Medien- und Kommunikationsrecht)
AGBG	Gesetz zur Regelung des Rechts der allgem. Geschäftsbedingungen
AGG	Allgmeines Gleichbehandlungsgesetz
AktG	Aktiengesetz
AO	Abgabenordnung
ArbG	Arbeitsgericht
ArbGG	Arbeitsgerichtsgesetz
ArbSichG	Arbeitssicherstellungsgesetz
ASOG	Allgemeines Sicherheits- und Ordnungsgesetz des Landes Berlin
AsylVfG	Asylverfahrensgesetz
ATDG	Antiterrordateigesetz
AufenthG	Aufenthaltsgesetz
AuR	Arbeit und Recht
AuslG	Ausländergesetz
AVAD	Auskunftsstelle für den Versicherungsaußendienst
BAFin	Bundesanstalt für Finanzdienstleistungen
BAG	Bundesarbeitsgericht
BAGE	Entscheidung des Bundesarbeitsgerichts
BÄK	Bundesärztekammer
BAnz.	Bundesanzeiger
BayHSchG	Bayerisches Hochschulgesetz
BayKrG	Bayerischen Krankenhausgesetzes
BayLT	Bayrischer Landtag
BayPAG	Bayerisches Polizeiaufgabengesetz
BayVSG	Bayrisches Verfassungsschutzgesetz

BB	Betriebsberater
BBankG	Gesetz über die deutsche Bundesbank
BBG	Bundesbeamtengesetz
BDSG	Bundesdatenschutzgesetz
BerlHG	Berliner Hochschulgesetz
BerufO	Berufsordnung
BetrVG	Betriebsverfassungsgesetz
BfDI	Bundesbeauftragter für den Datenschutz und die Informationsfreiheit
BFStrMG	Bundesfernstraßenmautgesetz
BGB	Bürgerliches Gesetzbuch
BGH	Bundesgerichtshofs
BGHSt	Entscheidungssammlung des Bundesgerichtshof in Strafsachen
BGHZ	Entscheidungen des Bundesgerichtshofes in Zivilsachen
BKA	Bundeskriminalamt
BKAG	Gesetz über die Einrichtung eines Bundeskriminalamtes
BlnDSG	Berliner Datenschutzgesetz
BND	Bundesnachrichtendienst
BNDG	Gesetz über den Bundesnachrichtendienst
BPersVG	Bundespersonalvertretungsgesetz
BPolG	Bundespolizeigesetz
BRAO	Bundesrechtsanwaltordnung
BR-Drucks.	Drucksache des Deutschen Bundesrates
BRRG	Beamtenrechtsrahmengesetz
BSG	Bundessozialgericht
BSGE	Enscheidung des Bundessozialgerichts
BSI	Bundesamt für Sicherheit in der Informationstechnik
BStatG	Bundesstatistikgesetz
BT-Drucks.	Drucksache des Deutschen Bundestages
BVerfG	Bundesverfassungsgericht
BVerfGE	Entscheidung des Bundesverfassungsgerichts
BVerfSchG	Bundesverfassungsschutzgesetz
BVerwG	Bundesverwaltungsgerichts
BVerwGE	Entscheidung des Bundesverwaltungsgerichts
BYOD	Bring Your Own Device
BZR	Bundeszentralregister
BZRG	Bundeszentralregistergesetz
CAD	Computer aided design

CAM	Computer aided manufacturing
CCC	Chaos Computer Club
CCTV	Closed Circuit Television
CGK	Corporate Governance Codex
CIS	Customs Information System
CR	Computer und Recht
CRM	Customer Relationship Management
CTG	Counter Terrorist Group
DDoS	Dedicated Denial of Service
DIN	Deutsches Institut für Normung
DMZ	demilitarisierte Zone
DNA	Desoxyribonukleinsäuren
DNS	Desoxyribonukleinsäuren
DSB	Datenschutzbeauftragter
DSG-EKD	Datenschutzgesetz der Evangelischen Kirche in Deutschland
DS-GVO	Datenschutzgrundverordnung
DS-GVO-E	Entwurf einer Datenschutzgrundverordnung der Union
DSRL	EU-Datenschutzrichtlinie
DSRL-IJ	Datenschutzrichtlinie für den Bereich Inneres und Justiz der Union
DSRL-IJ-E	Entwurf einer Datenschutzrichtlinie für den Bereich Inneres und Justiz der Union
DSVO	Datenschutzverordnung
DvD	Datenschutz und Datensicherheit
DvH	Declaration of Helsinki
DVO	Durchführungsverordnung
DWG	Deutsche-Welle-Gesetz
EAG	Europäische Atomgemeinschaft
ECJ	European Court of Justice
EEA	Einheitliche Europäische Akte
EFTA	Europäische Freihandelszone
EG	EG-Vertrag in der nach dem 1.5.1999 geltenden Fassung
EG	Europäische Gemeinschaft(en)
EG	Erwägungsgründe
EGKS	Europäische Gemeinschaft für Kohle und Stahl
EGMR	Europäischer Gerichtshof für Menschenrechte
EGRC	Europäische Grundrechte-Charta
EMRK	Europäische Menschenrechtskonvention

endg.	endgültig
EP	Europäisches Parlament
EU	Europäische Union
EU	EU-Vertrag in der nach dem 1.5.1999 geltenden Fassung
EuG	Europäisches Gericht 1. Instanz
EuGH	Europäischer Gerichtshof
EuGRZ	Europäische Grundrechte-Zeitschrift
Euratom	Europäische Atomgemeinschaft
Eurodac	Fingerabdruckdatenbank
EurRatS	Satzung des Europarates
EUV	EU-Vertrag
EWG	Europäische Wirtschaftsgemeinschaft
EZB	Europäische Zentralbank
FAR	False Acceptance Rate
FIDE	Customs File Identification Database
fMRT	funktionelle Magnetresonanztomographie, auch Kernspintomographie
FS	Festschrift
GASP	Gemeinsame Außen- und Sicherheitspolitik
GATS	Allgemeines Übereinkommen über den Handel und Dienstleistungen
GATT	Allgemeines Zoll- und Handelsabkommen
GBO	Grundbuchordnung
GenDG	Gendiagnostikgesetz
GewO	Gewerbeordnung
GPS	Global Positioning System
GRUR	Gewerblicher Rechtsschutz und Urheberrecht
HGB	Handelsgesetzbuch
HSOG	Hessisches Gesetz über die öffentliche Sicherheit und Ordnung
IaaS	Infrastructure as a Service
ICMP	Internet Control Message Protocol
IFG	Informationsfreiheitsgesetz
IfSG	Infektionsschutzgesetz
ILO	Internationale Labour Organization (Internationale Arbeitsorganisation)
IP	Internet Protocol
ISO	International Organization for Standardization
ITK	Informations- und Telekommunikationstechnologie
JMStV	Jugendmedienschutz-Staatsvertrag
JR	Juristische Rundschau

JZ	Juristische Zeitung
KDO-DVO	Anordnung über den kirchlichen Datenschutz-Durchführungsverordnung
KGaA	Kommanditgesellschaft auf Aktien
KIS	Krankenhausinformationssystem
KJM	Kommission für den Jugendmedienschutz
KMK	Kultusministerkonferenz
KUG	Kunsturhebergesetz
LBS	Location Based Services
LDSG	Landesdatenschutzgesetze
MAD	Militärischer Abschirmdienst
MADG	Gesetz über den militärischen Abschirmdienst
MAVO	Mitarbeitervertretungsordnung der katholischen Kirche
MDStV	Mediendienste-Staatsvertrag
MedR	Medizinrecht (Zeitschrift)
MfS	Ministeriums für Staatssicherheit
MMR	MultiMedia und Recht
MPI	Max-Planck-Institut
MVG-EKD	Mitarbeitervertretungsgesetz der Evangelischen Kirche in Deutschland
NATO	North Atlantic Treaty Organization
NJW	Neue Juristische Wochenschrift
NZA	Neue Zeitschrift für Arbeitsrecht
OECD	Organization for Economic Co-operation and Development
OEEC	Organization for European Economic Cooperation
OWASP	Open Web Application Security Project
OWiG	Ordnungswidrigkeitengesetz
PaaS	Plattform as a Service
PartGG	Partnerschaftsgesellschaftsgesetz
PassG	Passgesetz
PDA	Personal Digital Assistant
PET	Privacy Enhancing Technologies
PID	Präimplantationsdiagnostik
PJZS	polizeiliche und justizielle Zusammenarbeit in Strafsachen
PND	pränatale Diagnostik
PNR	Passenger Name Records
PolG	Polizeigesetz
QuoS	Quality of Service
RDV	Recht der Datenverarbeitung

REFA	Verband für Arbeitsstudien und Betriebsorganisation e.V.
RFC	Request for Comment
RFID	Radio Frequency Identification
RL	Richtlinie
RNA	Ribonukleinsäuren
RStV	Rundfunkstaatsvertrag
SaaS	Software-as-a-Service oder Storage-as-a-Service
SächsPolG	Sächsisches Polizeigesetz
SchulG	Schulgesetz
SDÜ	Schengener Durchführungsbestimmungen
SGB	Sozialgesetzbuch
SIM	Subscriber Identity Module
SIS	Schengener Informationssystem
Slg	Sammlung (der Rechtsprechung des EuGH)
SOX	Sarbanes-Oxley Act
SprAuG	Gesetz über Sprecherausschüsse der leitenden Angestellten
SSL	Secure Socket Layer
StGB	Strafgesetzbuch
StPO	Strafprozessordnung
StUG	Stasi-Unterlagen-Gesetz
SÜG	Gesetz über die Voraussetzungen und das Verfahren von Sicherheitsüberprüfungen des Bundes
TCP	Transmission Control Protocol
TDDSG	Teledienstedatenschutzgesetz
TDG	Teledienstegesetz
TK	Telekommunikation
TKG	Telekommunikationsgesetz
TKÜ	TK-Überwachung
TMG	Telemediengesetz
TRIPS	Agreement on Trade Related Aspects of Intellectual Property Rights
TVG	Tarifvertragsgesetz
UDP	User Datagram Protocol
UKlaG	Unterlassungsklagengesetz
UN	United Nations
UNESCO	United Nations Educational, Scientific and Cultural Organization
URI	Uniform Resource Indicator
URL	Uniform Ressource Locators

VG	Verwaltungsgericht
VGH	Verwaltungsgerichtshof
VIS	Visa-Informationssystem
VO	Verordnungen
VvA	Vertrag von Amsterdam
VVaG	Versicherungsverein auf Gegenseitigkeit
VvL	Vertrag von Lissabon
VvM	Vertrag von Maastricht
VvN	Vertrag von Nizza
VwGO	Verwaltungsgerichtsordnung
VwVfG	Verwaltungsverfahrensgesetz
VZG	Volkszählungsgesetz
WEU	Westeuropäische Union
WHO	World Health Organization
WMA	World Medical Association
WRV	Weimarer Reichsverfassung
WSA	Wirtschafts- und Sozialausschuss
WTO	World Trade Organization
WWW	World Wide Web
ZD	Zeitschrift für Datenschutz
ZPO	Zivilprozessordnung
ZSHG	Gesetz zur Harmonisierung des Schutzes gefährdeter Zeugen
ZSI	Zentralstelle für Sicherheit in der Informationstechnik

Literaturverzeichnis

Literaturnachweise

Ahlf, Ernst H./ **Daub**, Ingo/ **Lersch**, Roland/ **Störzer**, Hans U., Bundeskriminalamtsgesetz, Stuttgart u. a. 2000

Albers, Marion, Informationelle Selbstbestimmung, Baden-Baden 2005

Arndt, Hans-Wolfgang/ **Fetzer,** Thomas/ **Scherer,** Joachim (Hg.), TKG Kommentar, Berlin 2008

Bäumler, Helmut/ **Breinlinger,** Astrid/ **Schrader,** Hans H. (Hg.), Datenschutz von A-Z, Loseblattsammlung, Neuwied 1999

Benda, Ernst/ **Maihofer,** Werner/ **Vogel,** Hans-Jochen (Hg.), Handbuch des Verfassungsrechts, 2. A., Berlin 1995

Bergmann, Lutz/ **Möhrle,** Roland/ **Herb,** Armin, Datenschutzrecht. Kommentar Loseblattsammlung, Stuttgart Stand: 09/2011

Blümel, Karl-Heinz/ **Drewes**, Michael/ **Malmberg**, Karl Magnus/ **Walter**, Bernd, Bundespolizeigesetz, 3. A., Stuttgart u. a. 2006

Buchner, Benedikt, Informationelle Selbstbestimmung im Privatrecht, Tübingen 2006

Buchner, Benedikt (Hg.), Praxishandbuch Datenschutz im Gesundheitswesen, Remagen 2012

Dammann, Ulrich/ **Simitis,** Spiros, EG-Datenschutzrichtlinie. Kommentar, Baden-Baden 1997

Däubler, Wolfgang/ **Klebe,** Thomas/ **Wedde,** Peter/ **Weichert,** Thilo, Bundesdatenschutzgesetz Kommentar, 3. A., Frankfurt a. M. 2010

Droste, Bernadette, Handbuch des Verfassungsschutzrechts, Stuttgart u. a. 2007

Ehmann, Eugen/ **Helfrich**, Marcus, EG-Datenschutzrichtlinie. Kurzkommentar, Köln 1999

Fischer, Klemens, Der Vertrag von Lissabon, Baden-Baden 2008

Fischer, Peter/ **Köck**, Heribert F./ **Karollus**, Margit M., Europarecht, 4. A., Wien 2002

Gola, Peter/ **Schomerus**, Rudolf / Klug, Christoph/ Körffer, Barbara, BDSG Kommentar, 10. A., München 2010

Götting, Horst-Peter/ **Schertz,** Christian/ **Seitz,** Walter, Handbuch des Persönlichkeitsrechts, München 2008

Grote, Rainer/ **Marauhn,** Konstantin/ **Alleweldt,** Ralf, EMRK/GG: Konkordanzkommentar zum europäischen und deutschen Grundrechtsschutz, Tübingen 2006

Hesse, Konrad, Grundzüge des Verfassungsrechts der Bundesrepublik Deutschland, 20. A., Heidelberg 1999

Hoeren, Thomas/ **Sieber**, Ulrich (Hg.), Handbuch Multimedia Recht, Loseblattsammlung, München Stand: 02/2011

Jarass, Hans D./ **Pieroth**, Bodo, Grundgesetz Kommentar, 11. A., München 2011

Klee, Reinhard, Neue Instrumente der Zusammenarbeit von Polizei und Nachrichtendiensten, Baden-Baden 2009

Kloepfer, Michael, Informationsrecht, München 2002

Königshofen, Thomas, TDSV, Heidelberg 2001

Kühling, Jürgen/ **Seidel**, Christian/ **Sivridis**, Anastasios, Datenschutzrecht, 2. A., Heidelberg 2011

Laufs, Adolf/ **Kern,** Bernd-Rüdiger (Hg.), Handbuch des Arztrechts, 4. A., München 2010

Meyer, Jürgen/ **Bernsdorff,** Norbert, Charta der Grundrechte der Europäischen Union, 3. A., Baden-Baden 2011

Paschke, Marian/ **Berlit,** Wolfgang/ **Meyer,** Claus (Hg.), Hamburger Kommentar: gesamtes Medienrecht, 2. A., Baden-Baden 2012

Ratzel, Rudolf/ **Lippert,** Hans-Dieter, Kommentar zur Musterberufsordnung der deutschen Ärzte (MBO), 5. A., Berlin/Heidelberg 2010

Roßnagel, Alexander (Hg.), Handbuch Datenschutzrecht, München 2003

Roßnagel, Alexander/ **Pfitzmann,** Andreas/ **Garstka,** Hansjürgen, Modernisierung des Datenschutzrechts. Gutachten im Auftrag des Bundesministerium des Innern, Berlin 2002

Schaffland, Hans-Jürgen/ **Wiltfang,** Noeme, BDSG Kommentar, Loseblattsammlung, Berlin Stand: 02/2011

Scheurle, Klaus-Dieter/ **Mayen,** Thomas (Hg.), Telekommunikationsgesetz Kommentar, 2. A., München 2008

Simitis, Spiros (Hg.), Bundesdatenschutzgesetz Kommentar, 7. A., Baden-Baden 2011

Spindler, Gerald/ **Schuster,** Fabian (Hg.), Recht der elektronischen Medien, 2. A., München 2011

Steinmüller, Wilhelm; **Lutterbeck,** Bernd; Mallmann, **Christoph**, Grundfragen des Datenschutzes, Gutachten im Auftrag des Bundesministeriums des Innern, Bonn Juli 1971

Streinz, Rudolf, EUV/ AEUV Kommentar, 2. A., München 2012

Ström, Die Überwachungsmafia, München 2005

Stubenrauch, Julia, Gemeinsame Verbunddateien von Polizei und Nachrichtendiensten, Baden-Baden 2008

Taeger, Jürgen/ **Gabel,** Detlev (Hg.), Kommentar zum BDSG und den einschlägigen Vorschriften des TMG und TKG, Frankfurt a. M. 2010

Thüsing, Gregor, Arbeitnehmerdatenschutz und Compliance, München 2010

Vedder, Christoph/ **Heintschel von Heinegg**, Wolf (Hg.), Europäisches Unionsrecht. Handkommentar, Baden-Baden 2012

von Mangoldt, Hermann/ **Klein,** Friedrich/ **Starck,** Christian, Kommentar zum Grundgesetz, 6. A., München 2010

von Wulffen, Matthias, SGB X, 6. A., München 2008

Wächter, Michael, Datenschutz im Unternehmen, 3. A., München 2003

Wolff, Hans J./ **Bachof**, Otto/ **Stober**, Rolf/ **Kluth**, Winfried, Verwaltungsrecht I, 13. A., München 2012

Zilkens, Martin, Datenschutz in der Kommunalverwaltung, 3. A., Berlin 2011

Online-Fundstellenverzeichnis

Rechtsprechung:

EGMR	www.echr.coe.int	(zweisprachig englisch oder französisch; unter case-law oder Jurisprudence, ab 1960)
EuGH	curia.europa.eu	(deutschsprachige Entscheidungssuche unter de)
BVerfG	www.bundesverfassungsgericht.de	unter Entscheidungen (ab Januar 1998)
BGH	www.bundesgerichtshof.de	unter Entscheidungen (ab Januar 2000)
BAG	www.bundesarbeitsgericht.de	unter Entscheidungen (ab Januar 2008)
BSG	www.bundessozialgericht.de	unter Entscheidungstexte (ab Januar 2008)
BVerwG	www.bundesverwaltungsgericht.de	unter Entscheidungen (ab Januar 2002)

Gerichte von Bundesländern:

Einige Bundesländer haben frei zugängliche Rechtsprechungsdatenbanken bereit gestellt. Zahlreiche zitierte Entscheidungen sind veröffentlicht:

Hessen	www.lareda.hessenrecht.hessen.de
Rheinland-Pfalz	www.mjv.rlp.de/Rechtsprechung
Berlin/Brandenburg	www.gerichtsentscheidungen.berlin-brandenburg.de
Niedersachsen	www.rechtsprechung.niedersachsen.de
Mecklenburg- Vorpommern	www.landesrecht-mv.de

Datenschutzorganisationen:

Artikel 29 – Datenschutzgruppe http://ec.europa.eu/justice/data-protection/article-29/

Die **Datenschutzbehörden des Bundes und der Länder** betreiben zusammen mit anderen Datenschutzinstitutionen ein **gemeinsames Webportal** www.datenschutz.de. Unter „Über uns"/ „Projektpartner" sind die Webseiten der einzelnen Datenschutzbehörden ermittelbar.

Entschließungen der Konferenz der Datenschutzbeauftragten des Bundes und der Länder sind auf den Webseiten fast aller Datenschutzbeauftragten zu finden, z. B.

- www.bfdi.bund.de unter Datenschutz/Entschließungen oder
- www.datenschutz-bayern.de unter Konferenzen.

Index